W0405653

Dietrich Schulze-Marmeling / Werner Steffen

Und du stehst immer wieder auf...

Die Geschichte von Borussia Dortmund

Gerd Niebaum zum 50. Geburtstag

Dietrich Schulze-Marmeling
Werner Steffen

Und du stehst immer wieder auf

Die Geschichte von Borussia Dortmund

Aus der Reihe „Große Traditionsvereine"
Mit Fotos von Horst Müller und
aus dem BVB-Archiv von Gerd Kolbe

VERLAG DIE WERKSTATT

CIP-Titeleintrag der Deutschen Bibliothek:

Schulze-Marmeling, Dietrich:
Und du stehst immer wieder auf : die Geschichte von Borussia Dortmund / Dietrich Schulze-Marmeling ; Werner Steffen. - Göttingen : Verl. Die Werkstatt, 1998
(Aus der Reihe: "Große Traditionsvereine")
ISBN 3-89533-237-2

Danksagung
Der Verlag dankt allen Freunden und Sponsoren des BVB, die das Erscheinen dieses Buches freundlicherweise unterstützt haben:
Aramark GmbH, Borussia Dortmund Merchandising, Citi-Bank, Die Continentale Versicherung, Dortmunder Actien-Brauerei/DAB, Dortmunder Union-Ritter Brauerei GmbH, gepa Fair Handelshaus, Revier-Sport, taz Ruhr, agon-Sportverlag sowie Hattrick-Fußballmagazin.

1998 1999 2000 2001 4 3 2 1

Copyright © 1998 Verlag Die Werkstatt GmbH,
Lotzestr. 24a, D-37083 Göttingen
Alle Rechte vorbehalten
Gestaltung: Verlag Die Werkstatt
Druck und Bindung: Clausen & Bosse

ISBN 3-89533-237-2

Inhalt

Lexikon wichtiger BVB-Spieler

Statistischer Anhang

Ein großer Moment in der Vereinsgeschichte: Im letzten Endspiel um die Deutsche Fußballmeisterschaft besiegt der BVB 1963 den 1. FC Köln mit 3:1. Wessel, Konietzka, Sandmann, Bracht, Wosab und Geisler (von links) feiern Kapitän Burgsmüller mit der Trophäe.

PROLOG

Stimmen zum Spiel

► „Das Leben schlägt den Fußball, wenn es um Trauer geht; selbst für uns ist eine Niederlage nicht so schlimm wie ein Todesfall. Aber der Fußball schlägt das Leben, wenn es um Glück geht."
Nick Hornby, Schriftsteller und Fußballfan

► „Wir haben alle unseren Weg gemacht, und sicher lag das auch am Sport. Der Fußball hat uns geformt. Uns Disziplin beigebracht, Teamgeist. Vor allem aber die Erkenntnis: Allein bist du eine Pflaume."
Helmut Bracht, Deutscher Fußballmeister mit Borussia Dortmund 1956, 1957 und 1963, Vorsitzender des BVB-Ältestenrats

► „Die Leute haben auch zur Borussia gestanden, als sie in der zweiten Liga gespielt hat. Dortmund ist eine Stadt, in der Fußball zum Lebensgefühl gehört."
Dr. Gerd Niebaum

► „Wir sind stolz auf unsere Tradition als Arbeiterverein, aber genauso wie sich die Gesellschaft zu einer Dienstleistungsgesellschaft entwickelt, entwikkelt sich der Verein von einem Arbeiterverein zu einem Dienstleister. Wir bieten den Fußballfans Sport als Dienstleistung. Mit der Einschränkung, daß wir in unseren Nachwuchsabteilungen auch die Aufgabe wahrnehmen, den Jugendlichen den Sport näherzubringen. Doch im Zeitalter der Globalisierung des Spitzenfußballs ist es überhaupt nicht mehr möglich, eine Mannschaft nur noch aus der Arbeiterklasse zu rekrutieren. Aber wir werden unsere Wurzeln niemals vergessen und uns unsere Volksnähe auch weiterhin bewahren."
Helmut Bracht

► „Du hast den Gipfel erklommen, wanderst ins Tal zurück, beginnst mit dem nächsten Aufstieg und mußt dabei den inneren Schweinehund überwinden."
Michael Zorc, Deutscher Fußballmeister mit Borussia Dortmund 1995 und 1996, DFB-Pokalsieger 1989, Champions League-Sieger 1997 und Weltpokal-Sieger 1997

SEIT SEPTEMBER IM HANDEL!
DER NEUE BVB
FANKATALOG!!!
FAN-KATALOG
BORUSSIA DORTMUND
98/99
DM 4,90
TOP
über 100 neue Artikel
SALE
16 Seiten Special Offers
GEWINNSPIEL
Superpreise
BACKSTAGE
Das neue Westfalenstadion
DIE NEUEN
JAHRES KATALOG 98/99
HERBST BIS SOMMER
1998/99
UNSERE BESTELL-HOTLINE
02 31 - 43 44 44
24 STUNDEN ERREICHBAR

PROLOG

Worte des Vorsitzenden

Gerd Niebaum über Fußball, Kommerz, Medien und Gesellschaft

► „Ich habe immer schon meiner Sorge Ausdruck gegeben, daß die Kommerzialisierung zu Lasten der Tradition und Emotionalität gehen kann. Aber es ist nun mal so, daß sich der Fußball wandelt, und da können Sie mitmachen und vorne dabeisein oder aussteigen."

► „Wir sind keine Weltverbesserer, sondern Teil dieser Welt des bezahlten Fußballs. Das ist teilweise eine bizarre Mischung aus Sport und Showbusiness. Und wir bedienen uns der Mittel und Instrumentarien, die dieses Geschäft bereithält. Das tun wir sehr offensiv und sind mit Bayern München zusammen sicherlich Vorreiter, ob es nun um das Investment in Spieler, Stadionerweiterung oder Merchandising geht. Anders geht es nicht, sonst kann man in dem Geschäft nicht bestehen oder rangiert unter 'ferner liefen'. Wir versuchen aber auch, an Botschaften zu glauben wie Tradition, Bodenständigkeit oder Fannähe. Nur könnten Sie die ohne Erfolg gar nicht transportieren, weil niemand auf Sie hören würde."

► „Borussia Dortmund darf keine geschichtslose Angelegenheit werden, bei der man so tut, als wäre der Verein gerade neu erfunden worden."

► „Wir müssen die Identifikationsbereitschaft mit dem Verein bewahren. Borussia muß sich immer wieder der sozialen Verantwortung stellen und die Aufmerksamkeit, die wir genießen, nicht seelenlos vermarkten."

► „Im Ruhrgebiet wird Fußball gearbeitet. Deshalb wird der Typ des hart arbeitenden Spielers verehrt, ähnlich wie im englischen Fußball. Ich glaube nicht, daß das bei Bayern genauso ist. In Dortmund verläßt man das Stadion zufrieden, wenn man gesehen hat, daß 90 Minuten lang alles gegeben worden ist, auch wenn nicht immer gewonnen wird. (...) Es gibt dieses sehr feine Gespür für das, was man hier 'Lau-Malocher' nennt. Derjenige, der sich in einer Arbeitskolonne auf Kosten anderer durchziehen läßt. Diesen 'Lau-Malocher' auf dem Fußballplatz zu entdecken, ist ein beliebtes Suchspiel für den Fan. Und wenn man ihn entdeckt hat, hat man eine berechtigte Freude daran. Der enge Bezug eines Ruhrgebietsvereins wie Borussia Dortmund zur Arbeitswelt existiert immer noch. Es kann aber sein, daß sich das in zwanzig Jahren verflüchtigt hat."

► „Der Bundesligaverein ist ein Spiegelbild unserer Gesellschaft, mit allen Stärken und Schwächen dieser Gesellschaft."

► „Der Fußball wird eine geradezu verrückte Entwicklung nehmen. Ob das immer positiv ist, ist eine andere Frage. Es ist auch nicht unbedingt ein Kompliment für unsere Gesellschaft. Im alten Rom hat man schon gesagt: Brot und Spiele, das ist wichtig. Mir kommt es mitunter so vor, daß es heute auch so ist. Es kann einfach nicht angehen, und ich finde es höchst bedauerlich, daß Fußballübertragungen im Fernsehen eine wesentlich höhere Einschaltquote haben als Bundestagsdebatten und andere Ereignisse."

► „Im Laufe der vergangenen Jahre wurde Fußball bei Sat.1 mehr und mehr zur seichten Unterhaltung – Bundesliga als Effekt-Show. Der gelungene Purzelbaum eines Torschützen erhält zuweilen mehr Sendezeit als die Analyse über die Entstehung seines Tores. Und immer häufiger werden Nebensächlichkeiten zu Sensationen aufgeblasen, Banal- und Null-Nachrichten, die während der Woche schon in verschiedenen Zeitungen zu lesen waren, werden zu konstruierten Top-News. Somit wird der Erstverwerter der Bundesliga-TV-Rechte zum Zweitverwerter alter Themen. Die Tatsache, daß sich Millionen von Menschen im ganzen Land wirklich intensiv und ernsthaft mit Fußball beschäftigen, tagtäglich ausgiebig darüber diskutieren und demzufolge auch umfassend informiert sein wollen, wird zu wenig berücksichtigt. Außerdem ist Fußball keine Wegwerfware, nach dem Motto heute gesendet, morgen vergessen. Im Fußball stecken Tradition und stete Weiterentwicklung – auch das verlangt nach einer gewissen Ernsthaftigkeit in der Präsentation."

► „Falls dies biologisch möglich wäre, sollten Fußballer vor ihrer Karriere erst 15 bis 20 Jahre in einem normalen Beruf arbeiten."

► „Heutzutage haben die Spieler doch mehr Pressekontakte als Ballkontakte. Der Fußball darf nicht im Entertainment untergehen."

BORUSSIA
Zum
Wohlsein
gehört echte
Begeisterung...
Zum
Wohlsein gehört
braufrisches
DAB.
DORTMUNDER
DAB
ACTIEN-BRAUEREI
Pilsener
ZUM WOHLSEIN. DAB

Ein Ballarbeiter als „Fußballgott“: Jürgen Kohler.

Vorwort

Borussia Dortmund – das ist die beeindruckendste Erfolgsstory im deutschen Profifußball der 90er Jahre.

Als 1963 mit der Gründung der Bundesliga und der Legalisierung des Professionalismus ein neues Zeitalter im deutschen Fußball anbrach, verschlief das Gründungsmitglied Borussia die Entwicklung. Zwar startete der BVB als frischgebackener Deutscher Meister in das Abenteuer Bundesliga und holte 1966 als erster deutscher Vertreter eine europäische Trophäe, doch nur sechs Jahre nach dem bis dahin größten Triumph in der Vereinsgeschichte fand sich der Verein in der Zweitklassigkeit wieder. Am 27. November 1971 unterlag der BVB beim FC Bayern München mit 1:11. Eine Niederlage von hoher symbolischer Bedeutung. Der moderne FC Bayern war obenauf und sollte zur dominierenden Kraft im deutschen Fußball und zu einer europäischen Top-Adresse avancieren. Der BVB hingegen maß sich in den nächsten Jahren nicht mit AC Mailand, Ajax Amsterdam oder Dynamo Kiew, sondern mit dem FC Mülheim-Styrum, Lüner SV und DJK Gütersloh. Und selbst gegen diese Gegner hatte er so seine Probleme.

Der BVB galt zwar weiterhin als Verein mit viel Tradition, aber nur wenige sahen für ihn auch eine Zukunft. Der Borussia fehlte es nicht nur an guten Spielern, sondern auch – was viel schwerwiegender war – an visionärer Kraft. Hinzu kam, daß die soziale Basis bröckelte, die den Fußball im Ruhrgebiet jahrzehntelang getragen hatte. Und der BVB erweckte nicht den Eindruck, als könne er sich der neuen Situation offensiv stellen. Der Verein verhielt sich zyklisch: Mit den traditionellen Industrien und dem traditionellen Arbeitermilieu erfuhr auch der BVB einen Niedergang.

1995 – 32 Jahre nach Gründung der Bundesliga und 23 Jahre nach Borussias Abstieg in die Zweitklassigkeit – durfte die Ruhrgebiets- und Westfalenmetropole endlich die erste Bundesligameisterschaft feiern. Es war das erste Mal überhaupt, daß ein Verein aus dem Ruhrgebiet – in den 30er, 40er und 50er Jahren die Hochburg des deutschen Fußballs – Ligameister wurde. 1996 gelang dem BVB die Titelverteidigung. 1997 gewann der Verein sogar den prestigeträchtigsten europäischen Wettbewerb, die Champions League. Einige Monate später fand auch noch der Weltpokal den Weg in Borussias

Trophäensammlung. Borussia Dortmund war nun der erfolgreichste deutsche Profiverein der 90er Jahre und – seit dem unfreiwilligen Abdanken Borussia Mönchengladbachs – der ernsthafteste Konkurrent des Branchenführers FC Bayern. Der BVB, über dem in der Vergangenheit wiederholt der Pleitegeier kreiste (wie für die Vereine aus dem Ruhrgebiet fast schon Tradition), hatte sich in finanzieller Hinsicht zu einem „Riesen" entwickelt. Die Borussia von heute ist nach dem FC Bayern das umsatzstärkste Unternehmen des deutschen Fußballs. Borussia Dortmund ist ein Markenzeichen von nationaler und internationaler Ausstrahlungskraft. Derjenige, der diese Entwicklung am Abend des 27. November 1971 vorausgesagt hätte, wäre wohl für komplett verrückt erklärt worden.

Wenn der Wandel eine Heimat hat, dann heißt sie Ruhrgebiet. Der „Pott" hat sich verändert. Zechen und Hochöfen dominieren nicht mehr länger die regionale Wirtschaft. Aus ehemaligen Industrieanlagen wurden Industriemuseen. Doch der Fußball vibriert in dieser Region wie eh und je, schafft den Brückenschlag zwischen gestern und heute, ist neben dem Wandel des Ruhrgebiets dessen einzige Konstante. Dies ist ein wesentlicher Grund für seine Faszination. Allerdings haben auch der Fußball und seine Vereine sich den veränderten Bedingungen anpassen müssen. Den wilden Straßenkick gibt es auch hier kaum noch, folglich geben in den Stadien des Ruhrgebiets vornehmlich Legionäre den Ton an.

Von ihrer Geschichte her ist die Borussia ein „bürgerlicher Arbeiterverein". Auch wenn der BVB der 90er Jahre ein modernes mittelständisches Unternehmen ist, dessen Akteure sich kaum aus der Arbeiterschaft rekrutieren und dessen Fans ein erheblich breiteres soziales Spektrum repräsentieren, verfolgt und prägt ihn seine Sozialgeschichte noch heute. Und dies in zweierlei Hinsicht: Zum einen wird man Fußball-Millionarios hier immer etwas kritischer betrachten als etwa beim Konkurrenten FC Bayern; zum anderen wird der Großteil des Publikums hier stets verlangen, daß Fußball zumindest auch „gearbeitet" wird.

Die moderne Borussia stürzt ihre eher „traditionell" gesinnten Fans – zu denen sich auch die Autoren zählen – in ein Wechselbad der Gefühle. Weniger auf dem Spielfeld als jenseits davon: Der BVB „kandidiert" für die umstrittene Europaliga, will an die Börse gehen etc. Aber würde sich der Verein nicht so verhalten, würde ihm ein ähnliches Schicksal drohen wie nach dem Europapokalgewinn 1966. Der BVB ist in einem gewissen Maß Gefangener einer Logik, die ursprünglich darauf zielte, es mit dem FC Bayern aufzunehmen und endlich wieder Titel nach Dortmund zu holen.

Als Gerd Niebaum bei seinem Amtsantritt als BVB-Präsident von den großen alten Zeiten sprach, an die wieder anzuknüpfen sei, gab er lediglich die

Auch sie „stehen immer wieder auf…“: BVB-Fans auf der Südtribüne des Westfalenstadions.

Träume der schwarz-gelben Fangemeinde wieder. Insbesondere jener Fans, die sowohl das „goldene Jahrzehnt“ 1956 bis 1966 wie den folgenden Niedergang miterlebt hatten. Niebaum war es, der die angebliche Zwangsläufigkeit dieses Niedergangs hinterfragte und somit dem Trauma, das auf Verein und Fans lastete, ernsthaft an die Wurzeln ging. Was folgte, wird gemeinhin etwas schwammig mit „Modernisierung“ beschrieben. Die Wirklichkeit ist indes viel prägnanter: Die Borussia der Ära Niebaum charakterisiert, daß sie sich ehrgeizige Ziele setzt, um diese dann mit dem notwendigen Engagement auch tatsächlich zu verfolgen. Die Borussia der Ära Niebaum mag zwar mal eine Atempause einlegen, aber sie begnügt sich nicht mit dem Verwalten von Zuständen, und sie haßt den Stillstand.

Seit der Saison 1997/98 erlebt der BVB einen neuerlichen Umbruch. Wie schon 1966 war es 1997 erneut ein europäischer Triumph, der das Ende einer Entwicklung markierte. Hier enden jedoch die Parallelen. War 1966 Stillstand angesagt, so befindet sich der Nach-1997-BVB weiterhin in einem Prozeß des Wachstums, der sich zur Zeit allerdings weniger auf dem Spielfeld manifestiert. Zwar kann die Mannschaft seither die gehegten Erwartungen nur bedingt erfüllen, dennoch hat der Umbruch einen reinigenden Charakter. Denn nicht nur die Profis waren „satt" und von Motivationsproblemen geplagt, sondern auch viele Zuschauer. Vier Titel innerhalb von nur drei Jahren waren „zuviel". Die Verhältnisse mußten wieder geradegerückt werden. Fußball wird heute in Dortmund anders gespielt als früher, weniger „industriell". Und doch bleibt er hier zumindest auch ein „Arbeitsprogramm".

„An dir schauen viele Menschen auf, du findest immer einen Weg, du stehst immer wieder auf", heißt es in Bruno Knusts Lied „Borussia", einem der besseren Vereinslieder der Liga. „Du stehst immer wieder auf" – exakt hier liegt der rote Faden der Geschichte des Vereins Borussia Dortmund und auch der Region, in der der BVB beheimatet ist. In einer Stadt und ihrem Umland, in der Fußball wichtiger Bestandteil des Seelenlebens ist, verkörpert ein Verein wie der BVB auch die Mentalität der Menschen und beeinflußt deren Stimmungslage. Borussia Dortmund, das ist die wechselvolle Geschichte eines Vereins, der mehr als nur einmal abgeschrieben wurde, um sich dann doch immer wieder zu berappeln und schließlich gar zu triumphieren. Als der BVB 1966 Europapokalsieger wurde, hieß ein populäres Borussen-Lied „Aber eins, aber eins, das bleibt bestehn, Borussia Dortmund wird nie untergehn". Als ob man damals schon geahnt hätte, daß die Borussia erstmal bergab gehen würde – aber eben niemals unter.

Das vorliegende Buch baut auf dem Titel „Der Ruhm, der Traum und das Geld" auf, den wir 1994 vorgelegt haben. Die stürmische Entwicklung, die der BVB seither vollzogen hat, machte eine gründliche Überarbeitung notwendig. Der historische Teil wurde ergänzt und an vielen Stellen verändert, ebenso der statistische Anhang. Die Ereignisse der vergangenen vier Jahre haben ihren gebührenden Platz erhalten. So ist letztlich ein neues Buch entstanden, das neben dem alten seinen Platz findet. Wir danken allen Leserinnen und Lesern, die mit Kritik und Anregungen zum Gelingen beigetragen haben.

Wir haben dieses Buch Dr. Gerd Niebaum gewidmet, Präsident des BVB seit 1986. Der Aufstieg der Borussia von einem bankrotten Abstiegskandidaten zu einer nationalen und internationalen Topadresse ist ganz wesentlich das Werk dieses Mannes. Wie kein anderer Präsident vor ihm erkannte und aktivierte Niebaum das in diesem Verein schlummernde Potential. Wir wünschen dem Verein, der im kommenden Jahr seinen 90. Geburtstag feiert, und seinem Präsidenten auch weiterhin viel Erfolg.

Dietrich Schulze-Marmeling, Oktober 1998

Im Jahr 1911 trat der Ballspielverein Borussia Dortmund zu seinen ersten offiziellen Spielen an.

1909 bis 1945

Vom Stadtteilverein zum städtischen Repräsentationsverein

Im Jahr 1909, als der „Ballspielverein Borussia" (BVB) Dortmund gegründet wurde, war das Fußballspiel bereits seinen Kinderschuhen entwachsen. Vor der Jahrhundertwende war Fußball in Deutschland noch eine vorwiegend akademische Angelegenheit gewesen, die an den höheren Lehranstalten betrieben wurde, vor allem von aufmüpfigeren Schülern. Allerdings sahen sich die Fußballpioniere zunächst häufig der Verfolgung durch Schulbehörden und Turnfanatiker ausgesetzt. Als Professor Konrad Koch 1874 an seiner Braunschweiger Lehranstalt den ersten Schüler-Fußballverein gründete, hatte das Spiel in England bereits die soziale Exklusivität der Public Schools verlassen und sich zu einem (auch) proletarischen Sport entwickelt.

Die Anfänge des Fußballspiels

Als wildes Volksspiel existierte Fußball in England bereits lange vor dem modernen Soccer. Es war ein hartes, ja häufig brutales Spiel, bei dem es zuweilen sogar Tote gab. Nicht auf den Zuschauerrängen, sondern auf dem Spielfeld, das keine präzise Begrenzung kannte. Das Spielfeld konnte die ganze Stadt mit den beiden Stadttoren oder die Felder, Wiesen und Wälder zwischen zwei Dörfern sein. Auch bei der Spielzeit existierte keine genaue Begrenzung; der Abpfiff erfolgte bei Einbruch der Dunkelheit. Die Mannschaften waren keine im heutigen Sinne: Oftmals standen sich die komplette männliche Bevölkerung von zwei Vierteln oder Dörfern gegenüber.

Das Ende des wilden Volksspiels kam mit dem Übergang von der Feudal- zur Industriegesellschaft. Der industrielle Alltag kannte zunächst keine Zeit für das Spiel, die Verstädterung raubte den dafür notwendigen Raum, und die Abwanderung in die Städte führte zur Auflösung der dörflichen Gemeinschaften, die die Träger des wilden Volksfußballs gewesen waren. Die Industriearbeiterschaft durfte sich bis 1870 nur Ostern und Weihnachten über einige freie Tage freuen. Samstags wurde gearbeitet, und der Sonntag kam in vielen Gegenden aus religiösen Gründen für das Spiel nicht in Betracht. Das Spiel verschwand in die elitären Public Schools, deren Protagonisten es bis dahin eher verachtet und bekämpft hatten, da sie die wilden Schlachten als Bedrohung des gesellschaftlichen Status quo betrachteten. In den Public Schools erfolgte die Verregelung des einstigen Volksspiels und seine Anpassung an die neuen Gegebenheiten. Seine Nachfolger hießen Rugby und Soccer. Spielfeld, Spielzeit und Spielerzahl waren nun begrenzt, die Gewalt wurde eingehegt. In den Public Schools wurden somit die Voraussetzungen geschaffen, die das Fußballspielen auch in der neuen Industriegesellschaft ermöglichten. Ab 1870 begann sich das Spiel sozial auszubreiten. Die Einführung des freien Samstagnachmittags und von Feiertagen sowie Lohnerhöhungen bedeuteten für die Arbeiterschaft Zeit und Geld zur Freizeitgestaltung.

Bereits 1863 war in London die Football Association (FA) gegründet worden, der weltweit erste nationale Fußballverband. 1885 gestattete die FA die Bezahlung von Fußballern, auf Drängen von Klubs und Spielern aus den Industrieregionen. 1888 erfolgte der Startschuß zur Football League, der weltweit ersten nationalen Fußballiga. Die League bestand ausschließlich aus Profivereinen, deren Akteure und Fans vornehmlich der Facharbeiterschaft und dem Kleinbürgertum angehörten.

Der erste deutsche Fußballverein war der Deutsche Fußballverein 1878 Hannover. Gespielt wurde allerdings nur Rugby, die härtere Variante des Fußballs, die zunächst auch das „Hacking", das Treten gegen die Beine der Gegenspieler, gestattete. Der erste Klub in Deutschland, bei dem die Soccer-Variante gespielt wurde, war der heute nicht mehr existierende Bremer Football-Club. Seine Gründer waren englische Bürger. Auch bei vielen anderen alten deutschen Klubs spielten Engländer – zumeist Kaufleute und Studenten – eine Pionierrolle. Der Einfluß des englischen Imperialismus beschränkte sich nicht nur auf jene Länder, in denen er direkte politische und soziale Kontrolle ausübte. Briten lebten, reisten und betrieben Handel rund um den Globus. Fußball avancierte zum erfolgreichsten und langlebigsten Exportprodukt des Empires und war Ausdruck seiner auch kulturellen Vormacht.

Daß sich der Fußball in Deutschland erst relativ spät durchsetzen konnte – bis 1890 war hier der Fußball ein nahezu reines Schulspiel –, lag u.a. an der Existenz der Turnerbewegung, die den Platz einer „nationalen Sportdisziplin" bereits frühzeitig besetzt hatte. Der Alleinvertretungsanspruch der Turnbewegung sorgte dafür, daß das organisierte Sporttreiben mit der Mitgliedschaft im Turnverein identisch war. Aber auch die ideologische Ausrichtung der

Bewegung bereitete dem Fußball Probleme. Die Turnbewegung war zu weiten Teilen deutschtümlerisch, militaristisch und antisemitisch. Ihre Führer betrachteten die „Fußlümmelei“ als „englischen Aftersport“ (Turnführer Karl Planck), „roh“, „undeutsch“, „ungesund“ und – wie die Turner bereits 1875 ausmachten – „weitab von jeder Kultur“. Als das Ballspiel nicht mehr zu verhindern war, versuchten die Turner, es unter ihrer Kontrolle zu halten. Aber nach und nach emanzipierten sich die Fußballer, gründeten ihre eigenen Abteilungen und schließlich auch Vereine.

Der DFB war 1900 von 36 Vertretern, die 86 Vereine repräsentierten, gegründet worden. 1904 zählte er erst 194 reine Fußballvereine mit 9.317 Mitgliedern, 1913 waren es immerhin schon 161.613 Mitglieder. Der Erste Weltkrieg schwächte die Vorherrschaft der Turner erheblich. Viele der nationalistischen und autoritären Turnväter waren „an der Front“ gewesen; sofern sie lebend zurückkehrten, hatte die Jugend vielerorts bereits Fakten geschaffen und das Fußballspiel durchgesetzt. Entsprechend stieg die Mitgliederzahl sprunghaft an. 1920 hatte der DFB 756.703 Mitglieder und 1925 sogar 823.425, d.h. fünfmal so viele wie vor dem Krieg.

Der Fußball avancierte nun auch in Deutschland zum Arbeitersport Nr. 1, trotz einer gewissen Fußballfeindlichkeit der organisierten Arbeitersportbewegung. Das Spiel war „billig“, da man lediglich einen runden Gegenstand und eine kleine Wiese (oft tat es bereits eine Straße oder ein Hinterhof) benötigte, um es als Hobby zu betreiben. Um in einem „richtigen“ Spiel mitzuwirken, mußte man nur Schuhe, Hemd und Hose besitzen. In diesem Sinne war der Fußball „demokratischer“ als etwa Cricket. Die Regeln des Spiels waren simpel und somit für eine große Masse von Menschen leicht verständlich. Anfänglich existierten lediglich 14 Regeln, beim Rugby indes 59. Und im Gegensatz zur Rugby-Variante, wo nur große und kräftige Akteure gefordert waren, bot der Fußball für jeden Typen eine Rolle. Den kickenden Industriearbeitern forderte das Spiel Bekanntes ab: Kraft, Härte, Ausdauer und kollektives Handeln. Aber im Gegensatz zum militaristischen und oft stumpfsinnigen Turnen eröffnete der neue Sport eine Alternative zum fremdbestimmten industriellen Arbeitsalltag. Fußball war eine ideale Kompensation, da er die Entfaltung einer ansonsten unterdrückten Kreativität und Intelligenz ermöglichte. Zu den typischen Qualitäten proletarischer Fußballspieler zählten deshalb häufig nicht nur Kraft und Robustheit, Härte und Ausdauer, sondern auch körperliche Gewandtheit, List und Schlitzohrigkeit.

Zudem verlegte der Fußball Glücksmomente und Siegestaumel nicht ins Reich der Utopie. Darin war er religiösen und politischen Ideologien überlegen. Selbst das armseligste Team durfte sich Hoffnungen machen, daß der Traum vom großen Sieg schon im nächsten Spiel wahr würde – und oft genug kam es auch so. Fußball wurde zu einem fest fixierten Brenn- und Endpunkt einer Woche, dem man vom Montag an entgegenfiebern durfte. Fußball bot ein schier endloses Gesprächsthema, mit dem man eine komplette Woche verbringen konnte. Menschen, die sich ansonsten wenig zu sagen hatten, fanden im Fußball ein gemeinsames Thema. In den Industrieregionen gewann das Spiel eine für die Identität vieler Menschen und „Communities" prägende Bedeutung. Der Fußball konstruierte „Communities", die es im übrigen Alltag kaum gegeben hätte, die aber dem weitverbreiteten menschlichen Bedürfnis nach Anerkennung und Harmonie entsprachen. Menschen unterschiedlichster sozialer oder politischer Lager fanden sich als verschworene Anhängerschar ein und desselben Vereins zusammen. Die Entwicklung der Borussia zu einer Institution, mit der sich eine ganze Großstadt identifiziert, liefert dafür genügend Belege.

Die ersten Klubs in Dortmund: DFC und Alemannia

Der BVB war nicht der erste Fußballklub in Dortmund. Der 1895 gegründete bürgerliche Dortmunder Fußball-Club 95 (später Dortmunder Sport-Club 95, heute – nach Fusion mit Dortmunds ältestem Sportverein – TSC Eintracht 48/95) aus der südlichen Innenstadt, wo die „bessere Gesellschaft" zu Hause war, ist 14 Jahre älter als die Borussen. Der DFC 95, den man auch „die Südlichen" nannte, war einer der ersten Fußballklubs in Westdeutschland. Noch heute gilt der Dortmunder Süden als bürgerliche Wohngegend, wo die höheren Angestellten und Beamten, Freiberufler, Selbständigen und Akademiker leben.

Die Gründer des DFC waren ausschließlich Schüler des Realgymnasiums an der Luisenstraße. Auf dem dortigen Schulhof sollen 1890 auch die ersten Fußballspiele stattgefunden haben, im Rahmen der Turnspiele, die dort an jedem Mittwochnachmittag im Sommer abgehalten wurden. Die Führungskräfte des DFC hießen u.a. August Andernach, Karl Lüdecke und Walter Sanß. Sanß wurde später Geschäftsführer des DFB, der seine Geschäftsstelle und seine Bundespressestelle von 1910 bis 1914 in Dortmund hatte (Neuer Graben und Gutenbergstraße; das Haus in der Gutenbergstraße war elterlicher Familienbesitz der Sanß'), bevor er nach Berlin umzog. Dortmund war einige Jahre die treibende Kraft in der Organisation des deutschen Fußballs. Die Stadt zählte zu den ersten in Deutschland, die einen die diversen Stadtteilvereine einigenden Rasensportverband hatte. Der Verband war das Werk des Organisationsgenies Walter Sanß.

Sanß war auch Mitinitiator des Westdeutschen Spielverbands (WSV), der heute Westdeutscher Fußballverband (WFV) heißt. Die erste Gründung eines Regionalverbands war 1898 in einem Düsseldorfer Hotel vollzogen worden. Zu den Gründerklubs gehörten außer dem DFC 95 noch der Pionier-Klub München-Gladbach (Schreibweise bis 1961), Duisburger Turnverein von 1848, Kölner Turnverein, Düsseldorfer Turnverein von 1847, Bonner Turnverein, Rheydter Fußballclub, Turngesellschaft Düren und Hochfelder Turnerbund. Alle Gründungsmitglieder waren bürgerliche Klubs, und der DFC 95 war der einzige, der nicht der „Rheinschiene" angehörte. Aufgrund der Dominanz der „Rheinschiene" hieß der Verband zunächst Rheinischer Spielverband. 1900 erfolgte seine Umbenennung in Rheinisch-Westfälischer Spielverband (RWSV), 1906 – die Zahl westfälischer Mitglieder hatte weiter zugenommen – schließlich zum Westdeutschen Spielverband. Auch der WSV hatte seine Zentrale zeitweise in Dortmund, nämlich im Stadtteil Brünninghausen.

Die ersten Gäste kamen aus Schalke

Sein erstes Spiel gegen eine auswärtige Mannschaft bestritt der DFC 95 gegen den SuS Schalke 1896. Die Dortmunder, die in blau-weißen Trikots spielten, siegten mit 1:0. Als Austragungsort diente der bereits erwähnte Schulhof Ecke Luisen- und Beurhausstraße. Anschließend spielte der DFC zunächst auf einem Grashubbelfeld an der Funkenburg, bevor man auf die Hobertsburg am Fredenbaum wechselte. Dort trug der DFC 1904 auch das erste internationale Spiel aus, bei dem die niederländische Mannschaft des FC Twente 5:1 geschlagen wurde.

Mittlerweile gab es in fast allen Stadtteilen Sportplätze, die oft von den Vereinsmitgliedern selbst hergerichtet wurden. Die Hauptzentren fußballerischer Aktivitäten lagen nahe dem Steinernen Turm, also unweit der später errichteten Stadien Rote Erde und Westfalenstadion, im Hafengebiet, in der Umgebung der großen Industrieanlagen (Union, Phönix, Hoesch) und in den Grünanlagen am Stadtrand.

Daß die Klubs ihre Plätze wiederholt wechseln mußten, lag daran, daß sich das Beschaffen von Gelände häufig schwierig gestaltete. Die rasante Stadtentwicklung gestattete lediglich den Abschluß kurzfristiger Pachtverträge. Einen eigenen Platz erhielten „die Südlichen" erst 1908, als ihnen in einem feierlichen Akt ein Gelände an der Hohen Straße (wo sich heute das Polizeipräsidium befindet) übergeben wurde. Welche gesellschaftliche Anerkennung der DFC 95 bald besaß, wird daraus ersichtlich, daß sein Ehrenvorsitzender der Oberbürgermeister Dr. Ernst Eichhoff war. Der neue Platz bewirkte eine Ausdehnung des Spielbetriebs. Der FC Union und später auch der Ballspielverein 04 schlossen sich dem DFC 95 korporativ an. Noch vor dem 1. Weltkrieg erfolgte die Umbenennung des DFC in Dortmunder Sport-Club 1895 (DSC 95).

Der erste lokale Rivale des DFC/DSC kam mit dem 1897 gegründeten Verein für Bewegungsspiele (VfB) ebenfalls aus dem Süden. Da der VfB jedoch ständig im Schatten des DSC stand, fusionierte er 1926 mit Alemannia 05 zum VfB Alemannia 1897. Die Spiel- und Sportvereinigung Alemannia 05 war der erste Konkurrent des DSC gewesen, der nicht aus dem Süden stammte, sondern nördlich der Bahnlinie beheimatet war. Im VfB wurde keineswegs nur Fußball betrieben, sondern auch Turnen, Schwimmen, Handball und Leicht- und Schwerathletik. Die Alemannen wurden auch „die Nördlichen“ genannt und waren viele Jahre „Wanderers“. Zunächst waren sie im Hafengebiet zu Hause. Als Umkleidekabinen diente die Kleinkinder-Schule in der Union-Vorstadt, ein gutes Stück vom Platz entfernt. Anschließend wanderte der Verein nach Dorstfeld, wo sein Platz jedoch der Erweiterung eines Industriebetriebs weichen mußte. Die nächsten Stationen waren der Krükkenweg und die alte Radrennbahn im Kaiser-Wilhelm-Tal. 1921 konnte der Klub schließlich seinen Platz an der Ebertstraße einweihen. Vor 5.000 Zuschauern feierte man einen 5:1-Sieg gegen den BV Altenessen. Anschließend wurden hier so renommierte Mannschaften wie Sparta Prag, WAF Wien und Boldklubben Kopenhagen empfangen.

Daß der älteste Dortmunder Fußballverein eine bürgerliche Schöpfung war, verwundert angesichts der Geschichte des deutschen Fußballs kaum. Die Klubs der „ersten Generation“ hatten allesamt bürgerlich-akademische Wurzeln. Die proletarischen Klubs formierten sich erst Jahre später.

Einer dieser Fußballklubs der „zweiten Generation“ war der BVB. Sein Gründungsjahr 1909 war für einen Arbeiterverein noch ein relativ frühes Datum. Trotzdem war der BVB nicht Dortmunds erster proletarischer Klub. Außer dem bereits erwähnten Alemannia 05 gab es u.a. Arminia Marten 08, ein klassischer Vorortklub, dessen Gründer allerdings Gymnasiasten waren. Die Arminen gab es eigentlich schon seit 1905. Damals gründeten die drei Gebrüder Weiß, die in der Hakortstraße (jetzt Overhoffstraße) lebten, den Sportklub Viktoria. Dieser war einige Zeit dem Turnverein Arminius 81 angegliedert, bevor man sich 1908 von ihm trennte und in Sportverein 08 Marten umbenannte. Die Angliederung an Turnvereine erfolgte in der Regel, weil dies die Aufnahme in den RWSV bzw. WSV und damit einen geregelten Spielbetrieb erleichterte. 1919 fusionierte der Verein mit dem TV Arminius, aber bereits 1924 kam es zur erneuten Trennung. Infolge von Differenzen zwischen der Deutschen Turnerschaft und dem DFB mußte der Verein entscheiden, welchem Verband er in Zukunft angehören wolle.

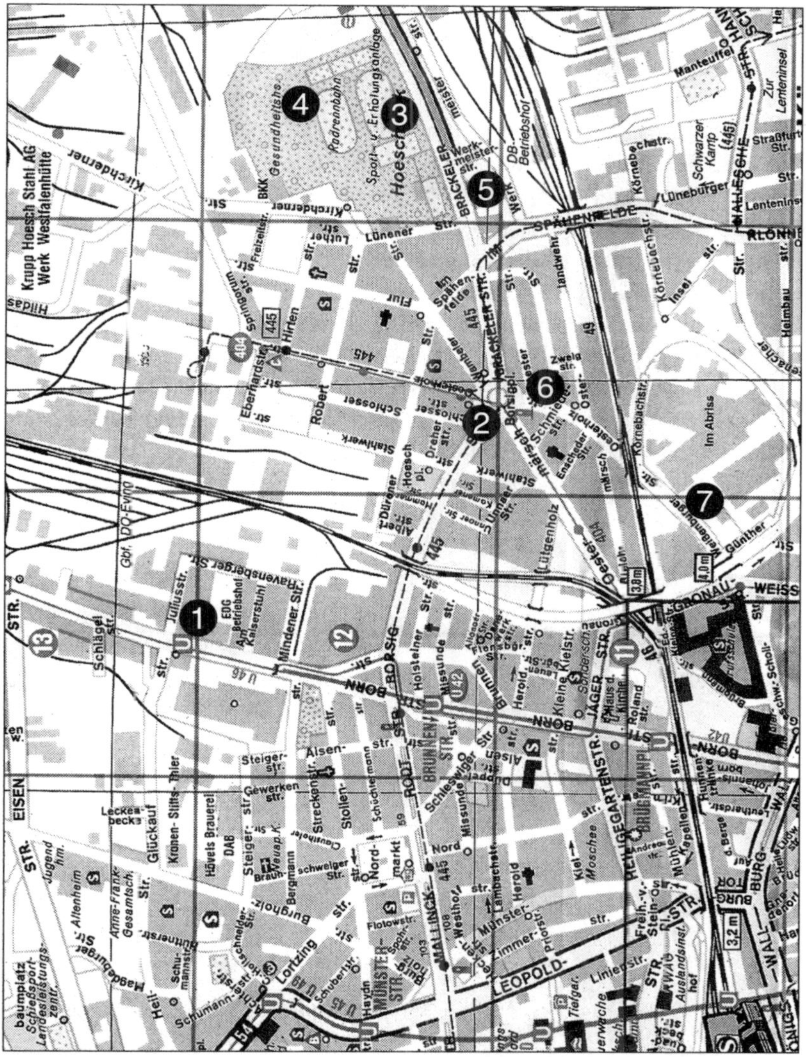

1 Ehemaliger Standort der Zeche Kaiserstuhl an der Bornstraße
2 Fanhouse am Borsigplatz (ehemalige Gaststätte von August Lenz)
3 Kampfbahn im Hoeschpark
4 Ehemaliger Standort der „Weißen Wiese"
5 Ehemaliger Standort der BVB-Anlage „Brackeler Straße"
6 Oesterholzstraße (Wirtshaus „Zum Wildschütz", Gründungsstätte des BVB und dessen erste Vereinskneipe)
7 Weißenburger Straße (ehemalige Geschäftsstelle des BVB)

Die Region der Immigranten

Der Dortmunder Norden, wo die Wiege des BVB stand, war zur Jahrhundertwende eine proletarische Gegend. Viele der besser gestellten Menschen des Dortmunder Südens betrachteten die Bahnlinie, die Dortmund in Ost-West-Richtung durchzieht, als eine Barriere, die nur im „Notfall" zu überschreiten war. Es soll noch heute in Dortmund Alteingesessene geben, die niemals in ihrem Leben den Norden betreten haben. Im Zuge der Industrialisierung avancierte der Norden, zu dem auch das Viertel um den Borsigplatz gehört, zum Hauptsiedlungsgebiet der Arbeiter. Während der Weimarer Republik war der Norden eine Hochburg der KPD, und auch nach 1933 wagten sich die Nazis zunächst nur in größeren Verbänden dorthin.

Die meisten proletarischen Klubs im Ruhrgebiet gingen aus den drei institutionellen Zusammenhängen Kirche, Kneipe oder Betrieb hervor. Eine vierte Kategorie bildeten die sogenannten „wilden" Vereine, die als Straßenmannschaften begannen, meist allerdings einen bestimmten sozialen Bezugspunkt besaßen. Man traf sich in einer Kneipe und im Dunstkreis der Kirchengemeinde oder kannte sich aus dem Betrieb. Bei vielen proletarischen Klubs in jener Frühphase betätigten sich kleine Selbständige als Motoren und Mäzene.

Viele Aktive stammten aus Familien von Arbeitsimmigranten. Die gewaltige Industrialisierungswelle hatte in den letzten beiden Jahrzehnten des 19. Jahrhunderts eine beispiellose Völkerwanderung ins Ruhrgebiet ausgelöst. 1800 waren in der Region zwischen Ruhr und Emscher noch ca. 230.000

Der Borsigplatz etwa zur Zeit der BVB-Vereinsgründung.

Tonnen Kohle von ca. 1.500 Bergleuten gefördert worden. Der Bergbau löste die frühe Energie-Frage der Industrialisierungsepoche. Die Investoren kamen nicht selten aus dem Ausland, was sich auch an den Namen einiger Werke ablesen läßt.

Bis zur Reichsgründung 1871 stiegen Fördermenge und Belegschaftsgröße auf ca. 12 Mio. Tonnen und ca. 52.000 Bergleute, wofür vor allem die Einführung privatkapitalistischer Prinzipien verantwortlich war. In den folgenden Jahren bewirkten die vom besiegten Frankreich erpreßten enormen Reparationsgelder einen Gründer-Boom. Bevor 1873 die Weltwirtschaftskrise einsetzte, wuchs die Belegschaft weiter um ca. 30.000 Mann, während die Fördermenge nun bei 16 Mio. Tonnen lag. Eine zweite, 1881 einsetzende Expansionswelle führte zu einer erneuten Ausweitung der Belegschaft um weitere 20.000 Mann und ließ die Förderung auf 28,3 Mio. Tonnen anschnellen. Bis zum Ausbruch des 1. Weltkrieges wuchs die Belegschaft des Ruhrbergbaus um 280.000 Arbeiter und die Fördermenge auf 110 Mio. Tonnen.

Neben dem Bergbau siedelten sich Hüttenwerke an, die ebenfalls eine große Zahl von Arbeitskräften benötigten. Um Kohle, Eisen und Stahl herum kam es zwangsläufig zu einer Massierung der weiterverarbeitenden Industrie. So avancierte eine ehemals agrarisch geprägte und als rückständig verrufene Region innerhalb weniger Jahrzehnte zum bedeutendsten Industriegebiet Europas. Außenstehende und Teile der „Kohlbürgerschaft" betrachteten die rasante Entwicklung mit einer Mischung aus Ehrfurcht und Verachtung. Die Region erhielt den Beinamen „Wilder Westen", und auch der Ruhrgebietsschriftsteller Erik Reger schrieb noch 1931, die Region habe immer „das rätselhafte, gefährliche Antlitz eines unerforschten Vulkans" behalten.

Zum Zentrum der Immigration, deren legale Basis das von der preußischen Regierung auf Druck der Industrie erlassene „Freizügigkeits-Gesetz" für Arbeitskräfte (1860) war, wurde die Emscherregion mit Gelsenkirchen. Die Immigranten kamen vornehmlich aus den preußischen Ostprovinzen, darunter den Gebieten, die seit der Teilung Polens unter preußischer Herrschaft standen. Zwar bildeten sie keine ethnisch und sprachlich einheitliche Gruppe, aber trotzdem wurden sie pauschal „Polen" genannt, ob sie nun Deutsche, Polen, Masuren, Schlesier oder Litauer waren. In ihrer Mehrzahl waren die „Ruhrpolen" preußische Staatsbürger. Polizei und Verwaltung begegneten ihnen trotzdem mit tiefem Mißtrauen. Polen galten im preußischen Staat als „Reichsfeinde", die die Teilung ihres Landes nicht akzeptieren wollten.

Ähnlich wie später die türkischen Immigranten, wollten viele „Ruhrpolen" zunächst nur für eine begrenzte Zeit in der Ruhrindustrie arbeiten. Doch da sich ihre Pläne, in einem kurzen Zeitraum möglichst viel Geld zu sparen, um anschließend „wohlhabend“ in die Heimat zurückzukehren, zumeist zerschlugen, holten sie Frauen und Kinder nach oder gründeten eine Familie. So wurden die „Ruhrpolen“ im Ruhrgebiet seßhaft. Ein Großteil von ihnen lebte in vom Bergbau oder der Stahlindustrie errichteten Werkskolonien. Deren Wohnungen waren nicht nur preiswert, sondern boten mit ihren Gärten, die zum Gemüsebau und zur Kleinviehhaltung einluden, den Immigranten außerdem die Möglichkeit, ein Teil ihrer ländlichen Herkunft mit hinüberzuretten. Die Straßen der Werkskolonien und umliegende Wiesen und Brachgelände wurden bald zur Wiege ganzer Generationen von „Ruhrpott“-Kickern.

1816/18 lebten erst 221.537 Menschen im Gebiet an Ruhr und Emscher. 1905 waren es bereits 2.613.897, womit sich ihre Zahl mehr als verzehnfacht hatte. 1933 betrug die Bevölkerung bereits 3.996.048. 1861 wurden in den Provinzen Rheinland und Westfalen insgesamt nur 16 Polen von der Statistik erfaßt, die alle im Regierungsbezirk Düsseldorf lebten. Bis zum Ausbruch des 1. Weltkrieges wuchs ihre Zahl jedoch auf ca. 500.000. Aus Ostpreußen allein emigrierten von 1885 bis 1900 ca. 450.000 Menschen ins Ruhrgebiet, was ca. 75 % der damaligen ostpreußischen Bevölkerung entsprach. Für Gelsenkirchen ergab die Volkszählung von 1890, daß 81 % der dortigen Einwohner polnischer oder masurischer Herkunft waren.

Auch Dortmund erfuhr eine rasante Bevölkerungsentwicklung. 1850 zählte Dortmund erst 11.216 Einwohner, im Jahr der BVB-Gründung waren es bereits über 200.000. 1930 betrug die Dortmunder Bevölkerung gar 543.421. Der erste Schub Zuwanderer kam aus Dortmunds benachbarten Regionen: dem Sauerland, dem Münsterland und dem umliegenden Hellweggebiet. Da aber auch die anderen Ruhrgebietsstädte sich darum bemühten, Arbeitskräfte aus den Nachbargegenden zu rekrutieren, konnten die Zugänge von dort die Nachfrage der Dortmunder Industrie bald nicht mehr befriedigen. Deshalb entsandte man Werber in die Gebiete östlich der Elbe, nach West- und Ostpreußen, Masuren, Schlesien und in die Provinz Posen. Auch für Dortmund galt, daß die Arbeitsimmigranten vor allem im Bergbau zu finden waren. Eine statistische Erhebung des Bergbau-Vereins kam 1907 zu dem Ergebnis, daß auf der Dortmunder Zeche Fürst Hardenberg 47,13 % der Beschäftigten „Reichsdeutsche aus den östlichen Provinzen“ und 15,81 % Ausländer waren. Für die Bergreviere Dortmund II (Ost) und Dortmund III (West) lauteten entsprechende Angaben 27,05 % und 10,12 % bzw. 33,84 % und 6,61 %.

Allerdings wurde Dortmund nicht im gleichen Ausmaß von polnischen Immigranten aufgesucht wie die „Verteilerstelle“ Gelsenkirchen. Die Zusammensetzung der Immigration fiel differenzierter aus, wie auch eine Umfrage unter Dortmunder Schülern aus dem Jahr 1938 belegt. Die Frage nach der

Herkunft ihrer Eltern und Großeltern beantworteten die Schüler wie folgt: Die Vorfahren kamen zu 24,29 % aus Dortmund, zu 15,0 % aus Westfalen, zu 12,19 % aus Ostpreußen, zu 7,71 % aus dem Ruhrgebiet, zu 6,89 % aus Westpreußen, zu 5,84 % aus dem Rheinland und aus Süddeutschland, zu 5,7 % aus Posen, zu 3,8 % aus Hessen, zu 3,7 % aus Schlesien und zu 2,69 % aus dem Ausland (u.a. Italien).

Aber Dortmund unterschied sich noch in anderer Hinsicht von Gelsenkirchen: Die Hellwegstadt hatte nicht nur Kohle zu bieten, sondern auch Bier und Stahl und verfügte somit über mehr als nur einen industriellen Stützpfeiler. Die erstmals im Jahr 880 als Throtmani erwähnte Stadt war von 1220 bis 1803 eine Freie Reichsstadt und ein führendes Mitglied der Hanse. Dortmund besaß somit bereits vor der Aufnahme der Förderung von Kohle und der Produktion von Stahl eine wirtschaftliche Bedeutung. Das Bürgertum war hier ausgeprägter und konnte auf eine längere Tradition blicken als in manch anderer Gegend des Ruhrgebiets.

Die Gründung des BVB

Der BVB entstand im Umfeld der Kirche. Für die aus Posen kommenden Immigranten, die zum großen Teil katholischen Glaubens waren, errichtete man Anfang dieses Jahrhunderts die Dreifaltigkeitskirche. Die Kirchengemeinde, deren zentraler Einzugsbereich das Gebiet um den Borsigplatz war, sollte den Fremden die Integration in die neue Heimat erleichtern und einen festen Bezugspunkt in der Fremde bieten. Mit Hilfe der Kirche wurden Theater-, Musik- und Sportvereine gegründet.

Der Fußball war für die Immigranten ein ideales Betätigungsfeld. Zum Kicken bedurfte es lediglich einer Freifläche und eines runden Gegenstands. Außerdem waren „auf und unter dem grünen Rasen alle gleich". Die Werkskolonien und der Fußball bewirkten, daß landsmannschaftliche Unterschiede zwischen den Immigranten sowie zu den lokalen Pohlbürgern mehr und mehr verschwammen.

Der Vereinsgründer, langjährige Vorsitzende sowie Ehrenvorsitzende des BVB, Franz Jacobi.

Der am 19. Dezember, dem 4. Adventssonntag des Jahres 1909 in einem Nebenraum der Gaststätte „Zum Wildschütz" gegründete BVB ging aus einer Fußballmannschaft des Jünglingsvereins der Dreifaltigkeitsgemeinde hervor (siehe ausführlicher Kapitel „Kirche und Fußball"). Erster Vorsitzender des Klubs wurde Heinrich Unger, dem schon bald Franz Jacobi folgte. Unger, der 1910 nach Delmenhorst zog, und Jacobi waren die hauptsächlichen Motoren der BVB-Gründung. Jacobi war von Beruf Hüttenbeamter und wohnte in der Wambeler Straße unweit des Borsigplatzes. Da die Wiege des BVB in der Hoeschstadt stand, war es naheliegend, daß viele der ersten Mitglieder aus dem Milieu der Stahlindustrie kamen. Der Standort bedingte auch in den folgenden Jahren, daß die meisten Aktiven und Anhänger Arbeiter waren. Allerdings zählten sich Jacobi und die meisten anderen BVB-Initiatoren nicht gerade zu den „einfachen Arbeitern".

Der BVB war anfangs gleich in mehrfacher Hinsicht eine „Protestbewegung". Seiner Gründung war eine Auseinandersetzung mit der Führung der Dreifaltigkeitsgemeinde vorausgegangen. Die erste Spielkluft bestand aus einem blau-weißen (!!!) Trikot und einer schwarzen Hose. Über dem längsgestreiften Hemd trug man eine rote Schärpe, mit der die Akteure ihre Solidarität mit der Arbeiterbewegung kundtaten. Auch war der BVB zunächst ein „wilder Verein", der nicht dem bürgerlichen Spielverband angehörte. Nach seinem Beitritt zum Verband erhielt der BVB Verstärkung durch die Nachbarklubs „Britannia", „Rhenania" und „Deutsche Flagge", was sein Wachstum erheblich beschleunigte. Die Mitgliederzahl wuchs von 13 auf 40. Auch wurden die Vereinsfarben gewechselt. Fortan trugen die Borussen schwarze Hosen und gelbe Hemden, wobei das Gelb der Hemden zitronenfarben war.

Mit dem Vereinsnamen die Verbundenheit mit einer bestimmten Region oder gar die nationale Zugehörigkeit zu demonstrieren, war zu dieser Zeit gang und gäbe, wie Vereinsnamen wie „Westfalia" (z.B. Herne), „Rhenania" (z.B. der spätere Derwall-Klub Würselen, der in den 50ern in der Oberliga West spielte), „Germania" (z.B. Hamm), „Preußen" (z.B. Münster) oder „Borussia" (lateinisch für Preußen) dokumentieren. Die Namen „Preußen" und „Borussia" waren besonders populär. Patriotismus wurde in diesen Jahren „klassenübergreifend" groß geschrieben. Im Fall der Borussia wird die Namensgebung jedoch einem Zufall zugeschrieben. Als man im Hinterzimmer des „Wildschütz" zusammensaß und über den richtigen Vereinsnamen grübelte, streifte Jacobis Blick die Wand, an der ein Emailleschild der Dortmunder Brauerei „Borussia" angebracht war, die sich in der Nähe des Borsigplatzes (Steigerstraße) befand und deren Bier hier ausgeschenkt wurde. Da keine besseren Vorschläge existierten, wurde der Name der Brauerei übernommen.

Als Vereinslied entschieden sich die Borussen für den folgenden Text:

„Wir zieh'n vergnügt und froh dahin,
schwarz-gelb ist unsere Tracht.
Wir haben stets einen heiteren Sinn,
sind lustig, nie verzagt.
Wir kennen eine Feindschaft nicht,
wir schaffen Hand in Hand.
Stets ruhig Blut, ein froh' Gesicht
ist jedem wohlbekannt.
Wir halten fest und treu zusammen,
Ball-Heil-Hurra! Borussia!
Vor keinem Gegner wir verzagen,
Ball-Heil-Hurra! Borussia!

Wohl auf dem ganzen Erdenkreis
ist unser Sport bekannt.
Borussia-Spieler, wie man weiß,
die halten dem Stärksten stand.
Und wenn die Fußballflöte schrillt,
Borussia tritt hervor,
zum Wettspiel sind wir stets bereit,
verteidigen unser Tor.
Wir halten fest und treu zusammen,
Ball-Heil-Hurra! Borussia!
Vor keinem Gegner wir verzagen,
Ball-Heil-Hurra! Borussia!

So lang' die Kehl' noch singen kann,
soll klingen unser Lied.
So lange bis der letzte Mann
noch einen Fußball spielt.
Und sinkt auch einer in das Grab,
der Mann kann untergeh'n,
ein and'rer löst ihn sofort ab,
Borussia bleibt besteh'n.
Wir halten fest und treu zusammen,
Ball-Heil-Hurra! Borussia!
Vor keinem Gegner wir verzagen,
Ball-Heil-Hurra! Borussia!

Und naht uns einst die letzte Stund',
wo wir zusammensteh'n,
dann wollen wir uns noch einmal
fest in die Augen seh'n.
Und ruft uns einst auch das Geschick
wohl in ein fernes Land,
dann schlingt sich stolz um uns're Brust
das schwarz und gelbe Band.
Wir halten fest und treu zusammen,
Ball-Heil-Hurra! Borussia!
Vor keinem Gegner wir verzagen,
Ball-Heil-Hurra! Borussia!"

Der Historiker Siegfried Gehrmann, der über den Fußball im Ruhrgebiet ausgiebig geforscht hat, schreibt über die Bedeutung der damaligen Vereinslieder: „Als Möglichkeit der Selbstdarstellung hatte das Vereinslied für jeden Klub einen besonderen Wert. Zumeist handelte es sich um nichts anderes als um eine triviale Gelegenheitsdichtung, deren poetischen Gehalt darzulegen nicht der Mühe wert und deren Autor gewöhnlich unbekannt ist. Solche Lieder mußten ohne Schwierigkeiten singbar sein, weshalb den Texten allgemein bekannte Melodien zugrunde gelegt wurden. Durchgängiger Tenor war fast immer die sentimental-gemüthafte Beschwörung der Freundschaft, der Kameradschaft und der Treue zum Verein, verbunden mit der Versicherung, daß diese niemals untergeht."

Die ersten Punktspiele

Nicht nur die Schalker waren also ein „Polackenverein". Und doch gab es von Beginn an einen gewissen Unterschied zwischen Schalkern und Dortmundern. Auch die Schalker waren zunächst ein „wilder Verein", benötigten jedoch erheblich länger, bis sie vom bürgerlichen Verband aufgenommen wurden. Bis zur Nazi-Zeit blieb das Verhältnis zwischen den Schalkern und den bürgerlichen Verbandsfunktionären gespannt. Es scheint, als seien die Borussen in diesem Milieu hoffähiger gewesen.

Die Fußballabteilung des BVB wurde bereits am 3.12.1910 in den WSV aufgenommen, der an diesem Tag im Dortmunder Restaurant „Krone am Markt" zusammenkam. Hierbei kamen dem BVB seine guten Beziehungen zu Walter Sanß zugute. Zuvor gehörten die Borussen dem Verband bereits als „Leichtathletikabteilung" an, was jedoch, wie der BVB-Chronist Gerd Kolbe schreibt, nicht mehr als ein „trojanisches Pferd" war, wenngleich die Borussen

Zur Aufnahme gemeldet haben sich:

5. Bezirk: Barmen, Sportverein. Vereinsadr.: Hans Roxin, Loherstraße 16. Mitgliederzahl 42.

Berg.-Neukirchen, Spiel-Verein. Vereinsadr.: Alex Hirschfeld, B.-Neukirchen. Mitgliederzahl 22. Wettspielkleidung?

4. Bezirk: Dortmund; Leichtathl.-Abt. des B. V. Borussia. Vereinsadresse: Heinr. Unger, Schmiedestraße 18. Mitgliederzahl 35. Wettspielkleidung?

Das trojanische Pferd des BVB: 1910 bewarb sich die Leichtathletikabteilung des BV Borussia um die Aufnahme in den Westdeutschen Spielverband.

Aufgenommen wurden:

4. Bezirk: Dortmund: Leichtathl.-Abt. des B. V. Borussia. Vereinsadresse: Franz Risse, Ostermärschstraße 5. Wettspielkleidung: blau-weiß längsgestreifte Jerseys mit roter Schärpe. Mitgliederzahl 13.

6. Bezirk: Einbeck: F. C. „Sport". Vereinsadr.: W. Ude, Maschenstr. 25. Wettspielkleidung: gelb-schwarz gestreifte Trikots. Mitgliederzahl 58.

Göttingen: F. C. „Sport". Vereinsadresse: Alfred Prell, Groner Chaussee 23. Mitgliederzahl 47.

*

Wenige Monate später: Die Aufnahme der BVB-Leichtathleten ist vollzogen.

9. Neu aufgenommen wird die Fußballabteilung des Ballspielvereins „Borussia 1909" Dortmund.

10. Folgenden Vereinen, welche sich zur Aufnahme gemeldet haben, wird die Spielerlaubnis für drei Monate erteilt, mit der Bedingung, daß die Spiele von bestätigten Schiedsrichtern geleitet werden: Hörder Fußballklub, Fußballklub Union in Heven b. Witten, Sportverein L. F. C. Laer b. Bochum.

11. Das Aufnahmegesuch des Fußballklubs Teutonia Lippstadt wird zurückgestellt.

Dezember 1910: Auch die Fußballabteilung des BVB ist jetzt offiziell Mitglied des Westdeutschen Spielverbands.

tatsächlich die Leichtathletik betrieben. Und dies mit Erfolg. Die ersten Presseberichte über den BVB handelten nicht vom Fußball, sondern von der erfolgreichen Teilnahme an den Sedanspielen und der Castroper Olympiade. Daß Fußballer zugleich die Leichtathletik betrieben, war zu dieser Zeit keineswegs außergewöhnlich. Schon als Mitglieder der Jünglingssolidität hatten sich die späteren Borussen, allen voran Franz Jacobi, als gute Sprinter und Staffelläufer hervorgetan.

In diesen Jahren entstanden allerorten neue Fußballklubs. Der WSV und andere regionale Verbände konnten diesen Zustrom nicht mehr bewältigen, weshalb man zeitweise gar einen totalen Aufnahmestopp erließ. Kolbe: „Im Frühjahr 1910 wurde der Aufnahmeantrag gestellt und kurze Zeit später Borussia Dortmund als 'Leichtathletikabteilung' in den Westdeutschen Spielverband aufgenommen. So ist es nicht verwunderlich, daß die ersten dokumentarischen Aufzeichnungen über Aktivitäten von Borussensportlern eben leichtathletische Aktivitäten sind.

Während der BVB nun dem Verband angehörte, blieben andere „wilde Vereine" wie „Rhenania", „Britannia" und „Deutsche Flagge" draußen vor der Tür, denn der Aufnahmestopp des WSV hatte nach wie vor Gültigkeit. Dies war auch der Grund, warum sich die drei genannten Vereine 1912/1913 in den BVB auflösten, was dessen Mitgliedschaft stark ansteigen ließ. Schalke 04 wurde erst 1912 zum bürgerlichen Verband zugelassen, nachdem die Fußballer dem Schalker Turnverein von 1877 beigetreten waren.

Das erste in der BVB-Chronik festgehaltene Spiel fand am 15. Januar 1911 gegen den VfB statt (9:3), auf der „Weißen Wiese" nahe der Wambeler Straße. Das erste reguläre Meisterschaftsspiel erfolgte am 10. September 1911 in Rauxel gegen die Fußballmannschaft der Spielabteilung des Turnerbundes Rauxel (1:0). Dazwischen lagen sogenannte „Gesellschaftsspiele", denn zum offiziellen Spielbtrieb wurde der BVB erst mit der Saison 1911/12 zugelassen.

Der BVB begann in der C-Klasse, der dritten und untersten Liga. Das Ligenwesen stand in Deutschland noch am Anfang. Von der Gründung einer nationalen Liga war man noch weit entfernt, im Gegensatz zum „Mutterland des Fußballs" England, aber auch Österreich. Nicht mal auf regionaler Ebene (Westfalen) existierte ein einheitlicher Zusammenschluß.

Der BVB wurde in seiner ersten Saison (1911/12) gleich Meister und stieg in die B-Klasse auf.

In der ersten Aufstiegsmannschaft des BVB spielten

► Willi Jacobi, Heinrich Schäfer, Otto Hagedorn, Werth, Robert Unger, G. Pellmann, Weber, Franz Jacobi, Bohnekamp, Becker und Karl Wienke.

In der B-Klasse kickten noch eine Reihe anderer Dortmunder Vereine wie der VfB, Lütgendortmund, der FC Merkur und die Sportvereinigung 95.

Am 5.1.1911 führte der BVB sein erstes offizielles Spiel gegen den VfB durch. Die Mannschaft (von links): Claus, Lücke, Wienke, Unger, Jacobi (in Zivil), Busse, Hagedorn I, Winkler, Wilma, Braun, Hemesath, Schröder, Hegel und Schäfer.

Das erste bekannte Foto mit einer Spielszene des BVB (Januar 1911).

Das erste offizielle Spiel des BVB war ein kleines gesellschaftliches Ereignis. Im Hintergrund: Böckmann's Wäldchen, in dem sich ein Ausflugslokal befand.

In seiner Sitzung vom 14.2.1913 genehmigte der WSV einen Antrag des BVB, dessen Auswirkungen zum unverwechselbaren sportlichen Erkennungszeichen eines Vereins, ja einer ganzen Stadt wurden: Dem BVB wurde ein zitronengelbes Trikot mit einem schwarzen „B" genehmigt.
Hier präsentiert sich die BVB-Mannschaft von 1915 in den neuen Trikots. Auf dem Foto zu erkennen: Meier, Diel, Hetting, Jacobi III, Parys, Lücke, Bretin, Rösener, Scherer, Westerschulte sowie Vereinsvorsitzender Jacobi (in Zivil).

Der BVB wurde 1912/13 Dritter. Im zweiten Jahr B-Klasse gewann der BVB 1913/14 die Meisterschaft und wurde somit erstmals erstklassig, was indes aufgrund der geringen Zahl von Vereinen und dem kleinen Einzugsbereich der A-Klasse nicht viel hieß. Wegen des 1. Weltkriegs mußte die Meisterschaftsrunde 1914/15 abgebrochen werden. An die Stelle von Meisterschaftsspielen traten nun freundschaftliche Begegnungen, deren Erlös dem Roten Kreuz zugute kamen. Der Höhenflug der Borussen war zunächst gestoppt. Es folgten Spaltungen, Querelen, Platzprobleme.

Als 1917/18 wieder eine Meisterschaftsrunde gespielt wurde, war der BVB nicht dabei, weil fast alle Spieler noch im Krieg waren. Eine Reihe der Vereinsgründer und Spieler kehrte aus dem Völkergemetzel nicht mehr zurück. So u.a. der Mitgründer Julius Jacobi, ein Bruder von Franz Jacobi.

1918/19 war der BVB wieder in der A-Klasse vertreten. Ebenfalls 1919 erfolgte die Ausarbeitung einer Vereinssatzung und die Eintragung des BVB in das amtliche Vereinsregister, womit der Verein endlich Rechtsfähigkeit erhielt. Fast zehn Jahre lang war die Borussia ein Verein ohne Rechtsfähigkeit im Sinne des Vereinsrechts gewesen. Auf Jahreshauptversammlungen am 4. Januar und 19. April 1919 wurden eine Satzung und eine Spielordnung verabschiedet. Außerdem erhielt der BVB mit Franz Jacobi, Emil Hemesath und Heinrich Schäfer einen ordnungsgemäßen Vorstand. Am 24. Mai 1919 wurde der „Ballspielverein Borussia 1909" ins Vereinsregister eingetragen.

Die erste Satzung des Vereins verlangte noch von allen Mitgliedern, an sämtlichen Sitzungen und Übungsstunden teilzunehmen. Ein Hinweis darauf, daß der BVB damals noch nicht besonders groß war. Aktive, Mitglieder und Zuschauer waren zu dieser Zeit noch bei vielen Vereinen weitgehend identisch. Der Fußball war noch lange nicht in dem Maße ein Zuschauersport, wie er es nun bald werden sollte. In der ersten BVB-Satzung hieß es des weiteren: „Der Verein bezweckt die Hebung der Volksgesundung durch Pflege des Fußballspieles und anderer Bewegungsspiele. Als ordentliches Mitglied kann aufgenommen werden, wer mindestens 16 Jahre alt und unbescholten ist. Sämtliche Mitglieder sind verpflichtet, für die Ehre und Bestrebungen des Vereins bei jeder Gelegenheit nach besten Kräften einzutreten." Die Spielordnung betonte die Autorität des Spielführers, der zu diesem Zeitpunkt in Personalunion auch noch Trainer war: „Den Anordnungen des Spielführers ist unbedingt Folge zu leisten. Spieler, die seinen Anforderungen nicht nachkommen, kann derselbe vom Spiele ausschließen." Unentschuldigtes Fehlen bei Wettspielen wurde „mit einer Mark bestraft", und den Spielern wurde das Rauchen „während der Spielzeit streng untersagt". Aus heutiger Sicht wirkt das Rauchverbot ein wenig skurril, aber Disziplinlosigkeit auf dem Spielfeld war in der Nachkriegszeit ein ernstes Problem. So kam es wiederholt vor, daß Spieler den Rasen mit einer Zigarette zwischen den Lippen betraten. In diesen Jahren registrierte man auch die ersten ernsthafteren Zuschauerausschreitungen.

„Rauchen ist beim Spielen untersagt."

Für das Bemühen, Rechtsfähigkeit zu erlangen, gab es handfeste Gründe. Der BVB beabsichtigte den Ausbau seiner Heimat „Weiße Wiese". BVB-Chronist Gerd Kolbe: „Da dieses Vorhaben aber ausgesprochen investitionsrelevant war, wollte man zunächst den BVB vom Rechtsstatus her entsprechend einbetten, um beispielsweise auch die haftungsrechtlichen Fragen bezüglich des Vorstands und der Mitglieder im Sinne des bestehenden Vereinsrechtes zu regeln."

Der BVB ist zweitklassig

In sportlicher Hinsicht gab es indes zunächst einmal Rückschläge, denn 1919/20 bedeutete die A-Klassen-Zugehörigkeit nur noch Zweitklassigkeit.

Aufgrund des Booms, den der Fußball nach dem Kriege erfuhr, war das Ligenwesen auf vier Ligen erweitert worden. Die neue Eliteklasse war nun in Westdeutschland die Bezirksklasse. Acht Bezirke – Bergisch-Mark, Niederrhein, Rhein, Mittelrhein, Ruhr, Südwestfalen, Hessen-Hannover und Westfalen – ermittelten jeweils ihre Meister und Vizemeister. Anschließend spielten die Bezirksmeister eine Punktrunde um den Titel eines Westdeutschen Meisters. Die Vizemeister ermittelten durch K.O.-Runde ebenfalls einen Sieger, der dann in einem Entscheidungsspiel auf den Dritten der Meisterrunde traf. Der Sieger durfte dann – gemeinsam mit dem Sieger und Vizemeister der Meisterrunde – an der Endrunde zur Deutschen Meisterschaft teilnehmen.

Es gibt unterschiedliche Theorien darüber, warum der BVB in der neuen Eliteklasse nicht dabei war, obwohl er in der alten Klasse den 3. Platz belegt hatte, was eigentlich für die Qualifikation gereicht hätte. Eine Version besagt, daß der BVB nicht zugelassen wurde, weil der BVB-Platz nicht eingezäunt war und somit nicht die vom Verband geforderten Voraussetzungen erfüllte. Hierbei ging es nicht um die Einzäunung des Spielfeldes, sondern der gesamten Anlage. Die Einzäunung der Anlagen erfolgte mit der Entwicklung des Fußballs zum Zuschauersport und ermöglichte die Erhebung von Eintrittsgeldern. Willy Meisl, einer der international profiliertesten Sportjournalisten der damaligen Zeit, in seiner berühmten Schrift „Der Sport am Scheideweg“: „Sie zogen Zäune um ihre Spielfelder, machten Türen in diese Zäune, Kassen zu diesen Türen und setzten Türhüter in diese Kassen, zu hüten den Weg zum Platze des Sports.“ Bereits in diesen Jahren begann sich der Fußball, trotz der offiziellen Amateurbestimmungen, zum Business zu entwickeln – eine logische Folge seines Aufstiegs zum Zuschauersport. BVB-Chronist Gerd Kolbe hält die Version, dem BVB sei aufgrund seiner nicht vorschriftsmäßigen Anlage die Aufnahme in die neue Eliteklasse verweigert worden, allerdings für unwahrscheinlich. „Die einzigen Hinweise in den offiziellen Verbandsmitteilungen beziehen sich auf die Bitte des Verbandes, daß Clubs, die nicht über eine eigene Anlage verfügen, Mitteilung geben sollen, damit sie in die Dispositionen der zur Verfügung stehenden Sportanlagen einbezogen werden können.“ Eine andere Version behauptet, daß der Tabellenvierte VfB anstelle des BVB aufstieg, weil der Verein sowohl in der Meisterschaftsrunde der „Nordgruppe“ als auch in der (annullierten) Hinrunde 1918/19 den BVB hatte schlagen können. 1919/20 verlor der BVB gegen den Lokalrivalen SV Dortmund 08 das Entscheidungsspiel um den 2. Platz mit 2:4 und verpaßte erneut den Aufstieg.

In der Saison 1920/21 verbuchte der DSC 95 den bis dahin größten Erfolg einer Dortmunder Fußballmannschaft. Es war zugleich auch die ruhmvollste

Auf der „Weißen Wiese" 1919. Hinten (von links): Heini Staas, Robert Unger, Karl Wienke, Franz Jacobi; untere Reihe: Karl Westerschulte, Wilhelm Biertwirth.

des Klubs bis heute. Der DSC, in diesen Jahren mit ca. 800 Mitgliedern der größte Rasensport treibende Verein in Dortmund, wurde Meister des Hellweg-Kreises. Anschließend wurde der DSC auch noch durch Siege gegen Emschermeister Gelsenkirchen 07 (4:3) und Niederrheinmeister Buer-Erle (4:2) Champion des Ruhrgaues. Damit hatte sich der DSC für die Endrunde der Westmeisterschaft qualifiziert. Die Spiele fanden auf neutralem Platz statt. Zum Auftakt besiegte der DSC Preußen Münster in Recklinghausen 4:2. In Aachen verlor man gegen den Kölner Ballspiel-Club (mit dem berühmten Binder) 1:2. Gegen den Duisburger Spielverein schaffte man in Bochum ein 2:2, gegen „Sport" Kassel spielte der DSC auf dem Dortmunder Viktoriaplatz 1:1. Mit gewisser Verbitterung vermerkt die Chronik des DSC: „Die Spieler, die diese Leistung brachten, waren zu dieser Zeit genauso beliebt und berühmt wie später die Cracks Stachorra, Prenz, Lenz, Preißler, Erdmann, Michallek, Sandmann, Emmerich oder Held vom BVB." Und weil dem vielleicht wirklich so war, sollen sie hier nicht unerwähnt bleiben:

► Ewald und Franz Bauer, Hubert und Karl Dickel, Isenberg, Pauli, Reetz, Rekersbrink, Roeber, Schilling, Schlink, Schumann, Fritz Twente und Karl Hermann.

1924 wurde der DSC heimatlos, als die Stadt an der Stelle der DSC-Anlage mit dem Bau des Stadions „Rote Erde“ begann. Bis zur Fertigstellung der „Roten Erde“ trug der DSC seine Spiele meistens auf dem Mendesportplatz aus.

Auch der BVB hatte – wie bereits angedeutet – Platzprobleme, weshalb er 1921 mit dem Nachbarn Sportverein 08 fusionieren wollte. Der SV 08 verfügte über eine ansehnliche Platzanlage, aber seine Mitglieder erteilten dem Fusionsbegehren eine Absage (siehe auch nebenstehenden „Einwurf“). Der BVB ließ sich dadurch aber nicht entmutigen. Vielmehr erfuhren Einsatz und Tatkraft für den Verein durch die Absage einen Motivationsschub.

Ignaz Peters, erster Sponsor und erstes Ehrenmitglied des BVB. Der Bauunternehmer, Vater des späteren BVB-Nationalspielers Wolfgang Peters, trug wesentlich dazu bei, daß der Sportplatz „Weiße Wiese“ in den Jahren 1923/24 statutenmäßig ausgebaut werden konnte.

1923 trat Franz Jacobi vom Vorsitz zurück, um Heinz Schwaben, Direktor der Union-Brauerei, Platz zu machen. Schwaben war dem Verein 1912 beigetreten und wohnte im Einzugsgebiet des BVB. Mit Schwaben wurde erstmals ein Mann aus der Dortmunder Industrie BVB-Vorsitzender. Von dem renommierten Wirtschaftsfachmann erhoffte man sich eine Forcierung des Stadionbaus, denn das ehrgeizige, aber überlebensnotwendige Projekt konnte nur mit entsprechendem gesellschaftlichen und wirtschaftlichen Hintergrund angegangen werden. Schwaben hatte einen Bauunternehmer namens Ignaz Peters an der Hand, der die Stadionpläne in die Tat umsetzte und später Borussias erstes Ehrenmitglied wurde. Ignaz Peters war der Adoptivvater des späteren BVB-Nationalspielers Wolfgang „Sully“ Peters. Zur gleichen Zeit wurde ein gewisser August Busse Betreuer und Obmann der 1. Mannschaft. Im August 1924 konnte die ausgebaute „Weiße Wiese“ in Betrieb genommen werden. Im gleichen Monat gründete der BVB eine eigene Handballabteilung. Ebenfalls 1924 wurde die Boxabteilung ins Leben gerufen.

Ohne das Mitwirken von Leuten wie Schwaben hätten „Arbeitervereine“ wie der BVB ihren Aufstieg kaum bewerkstelligen können. Die „Arbeitervereine“ waren diesbezüglich auf die Hilfe von gutbürgerlichen Philantropen angewiesen, nicht nur in finanzieller Hinsicht.

► FORTSETZUNG S. 43

EINWURF

Die „Weiße Wiese"

Das erste Spielfeld des BVB war ein Acker an der Ecke Wambler Straße/ Kirchderner Straße. Allerdings war das Gelände in der Mitte abschüssig. Die Kicker zogen ein wenig weiter nach Osten, wo sie in der Nähe des Brügmannwäldchens, wo die polnischen Gastarbeiter ihre Feiern veranstalteten, das städtische Gelände „Weiße Wiese" belegten, die zur ersten richtigen Heimat der Borussen wurde. Die „Weiße Wiese" lag nur unweit vom Borsigplatz und grenzte an die Felder des Bauern Wibbecke. Die Fußballtore bestanden aus Kanthölzern und Querlatten und wurden nach den Spielen stets abgebaut, da sie ansonsten geklaut wurden. Heute befindet sich dort die Rollschuhbahn des Hoeschparks.

Das Problem mit der „Weißen Wiese" war, daß sie – entgegen den Vorschriften des Verbands – über keine Einzäunung verfügte. Da die Rücklagen des BVB lediglich 1.000 DM betrugen, erwog der Verein eine Fusion mit dem benachbarten Sportverein 08, der bereits eine vorschriftsmäßige Anlage besaß. Auch der Vorstand des Sportvereins war nicht abgeneigt, aber seine Mitglieder verwarfen den Fusionsgedanken. So blieb dem BVB nichts anderes übrig, als den Ausbau der „Weißen Wiese" zu betreiben.

1923 wurde die „Weiße Wiese" vom BVB angemietet. 1924 erfolgte ihr Ausbau. Die Kosten beliefen sich auf 25.000 DM. Möglich wurde dieser finanzielle Kraftakt durch einen Wechsel an der Vereinsspitze – Franz Jacobi trat ins zweite Glied zurück und übergab das Amt des Vereinsvorsitzenden an den Brauereidirektor Heinz Schwaben – sowie die Unterstützung des Bauunternehmers Ignaz Peters. Hinzu kam noch der Erlös aus dem Verkauf von Bausteinen an Mitglieder, Freunde und Gönner. 25.000 RM waren zu dieser Zeit eine erkleckliche Summe, und der Ausbau wäre noch teurer gekommen, wären nicht viele Arbeiten von freiwilligen Helfern ausgeführt worden. Das Spielfeld wurde neu hergerichtet und eine 450 m lange und 1,80 m hohe Mauer um die Anlage gebaut. Außerdem wurden Zuschauerwälle errichtet und Kassen- und Umkleideräume gebaut. Das Fassungsvermögen der ausgebauten Anlage, die am 14. August 1924 von Oberbürgermeister Eickhoff eingeweiht und den Borussen übergeben wurde, soll 12.000 betragen haben.

Der Bau von Zäunen und Mauern war unvermeidlich, wollten die Vereine an der Entwicklung des Fußballs zum Zuschauersport finanziell profitieren. Die Einhegung der Plätze schränkte deren öffentlichen Charakter zwar ein, erhöhte aber zugleich die Identifikation mit dem Klub. Denn dessen Fans und Mitglieder durften sich nun als „ideelle Eigentümer“ des Klubs betrachten.

Die Einweihung der modernisierten Anlage wäre allerdings um ein Haar ins Wasser gefallen – im wahrsten Sinne des Wortes. BVB-Chronist Gerd Kolbe: „Orkanartige Wolkenbrüche verwandelten das Spielfeld in einen See. Die nördliche Seite der neu hergerichteten Mauer war den Wassermassen nicht gewachsen und stürzte auf einer Länge von 60 Metern um. In Tag- und Nachtarbeit wurde der Schaden rechtzeitig zur Eröffnung beseitigt.“

1937, dreizehn Jahre nach dem kostspieligen Ausbau, mußte der BVB die Anlage verlassen, ohne dafür auch nur einen Pfennig Entschädigung zu erhalten. Heinrich Czerkus, der später von den Nazis ermordete Platzwart, soll unter diesem Verlust besonders gelitten haben. Die „Weiße Wiese“ fiel dem Bauprogramm der Hoesch AG zum Opfer, die aufgrund der staatlich verordneten Kriegsrüstung expandierte. Die Verbindungen zur Stadt und zur Hoesch AG funktionierten zu dieser Zeit offensichtlich noch nicht so blendend wie Jahre später. Der Krieg war wichtiger als der Fußball, und der BVB war noch kein städtischer Repräsentationsverein mit regionaler Ausstrahlung, dem das Interesse von Politik und Wirtschaft sicher war. ■

1934: Die umzäunte „Weiße Wiese“ mit dem Umkleidegebäude.

Mitte August 1924 konnte der Ausbau der „Weißen Wiese" abgeschlossen werden. Das Foto zeigt die aktivsten Mithelferinnen und Mithelfer vor dem Kassenhäuschen. Im Hintergrund ist die vom Verband geforderte und den Sportplatz abschließende „Umzäunung" zu erkennen.

Am 3. Mai 1925 kam es zum ersten Aufeinandertreffen mit Schalke 04. In einem Spiel zur Kreisligameisterschaft des Ruhrgaus unterlag der BVB den Schalkern in Herne mit 2:4. Das erste Pflichtspieltor der Borussen gegen Schalke erzielte ein Akteur namens Fischer. Schalkes Überlegenheit basierte auf einem durchdachteren Spielsystem. Der Ball wanderte kurz und flach von Mann zu Mann. Bei den unterlegenen Borussen wußte insbesondere Keeper Knipprath zu überzeugen. Daß Dortmund gegen Schalke noch einmal zu dem Revierderby schlechthin avancieren sollte, konnte zu diesem Zeitpunkt noch niemand erahnen.

An der Zweitklassigkeit des BVB änderte sich bis 1926 nichts. In diesem Jahr wurde der BVB Vizemeister in der 2. Bezirksklasse bzw. Kreisliga Mark und stieg in die 1. Bezirksklasse (Ruhrbezirksklasse Dortmund-Gelsenkirchen) auf. Um den Klassenerhalt zu sichern, kaufte die Borussia nun erstmals in ihrer Geschichte „groß" ein, u.a. den als Spitzenspieler gehandelten Piotrowicz. Obwohl es offiziell untersagt war, an Spieler Geld zu zahlen, wurde auch schon in den 20er Jahren mit Hilfe von finanziellen Versprechungen abgeworben. Spieler der Lokalrivalen Dorstfeld, Hörde und vom Traditionsklub DSC 95 wechselten nun zu den ambitionierten Schwarz-Gelben, aber der erhoffte Erfolg blieb aus. Im Entscheidungsspiel um den Klassenerhalt verlor der BVB gegen die punktgleiche Mannschaft von Langendreer 04 mit

1:3 n.V. Die erste Bezirksklassen-Mannschaft des BVB bestand aus folgenden Spielern:

► Knipprath, Wolf, Weiß, Weih, K. Hagedorn, Jakubowitz, Fischer, Kleff, Zeitzer, Schlabbers, Kopacki, Bärenfänger, Dörsing, J. Pobanz, Piotrowicz, Gersmeier.

Dortmunds Vertreter in der höchsten Spielklasse waren nun nur noch der DSC 95 und der VfB Alemannia. Nach dem Abstieg besann man sich wieder auf die eigenen Kräfte und stärkte die Jugendarbeit – mit Erfolg.

Amateure, Profis & Skandale

In diesen Jahren spielten die Essener Vereine – ETB bzw. Schwarz-Weiß und der BV Altenessen – die erste Geige im Revier, sollten jedoch bald von Schalke 04 abgelöst werden. Der Dortmunder Fußball war nur noch von untergeordneter Bedeutung. Schalke war ebenfalls erst 1926 in die Ruhrbezirksklasse aufgestiegen, wurde jedoch auf Anhieb Meister. Bei der Westdeutschen Meisterschaft unterlagen die Blau-Weißen erst im Finale dem Duisburger SpV., der lange Zeit den westdeutschen Fußball dominierte. 1929 gewann Schalke seinen ersten westdeutschen Meistertitel (19 Jahre früher als der BVB), 1930 folgte der zweite. Die Ruhrbezirksmeisterschaft gewannen die Blau-Weißen – mit Ausnahme der Saison 1930/31 – im Abonnement.

Trotz der großen Zahl erfolgreich kickender Arbeiter im Ruhrgebiet konnte sich ein organisierter und politisch gebundener Arbeiterfußball selbst hier nicht durchsetzen. Allerdings scheiterten später auch die Nazis mit ihren Bemühungen, den Fußball vom anderen Ende des politischen Spektrums her einzubinden.

Der Fußball förderte erheblich das Selbstwertgefühl der Arbeiterschaft im Ruhrgebiet. Aber nicht nur die Arbeiterschaft, sondern die gesamte Region sollte vom Aufstieg ihrer proletarischen Klubs profitieren. Denn deren Erfolge ermöglichten erstmals eine positive Außendarstellung des Ruhrgebiets jenseits von Kohle, Ruß, Schlacke und Stahl.

Daß sich die überwiegende Mehrzahl der kickenden Arbeiter nicht in den Zusammenschlüssen der politischen Arbeitersportbewegung, sondern unter bürgerlichem Dach einfand, lag nicht zuletzt darin begründet, daß sie den Fußball eher als unpolitischen Zufluchtsort betrachteten. Schalkes Idol Ernst Kuzorra: „Wir wollten Fußball spielen, Politik und Religion spielten bei uns im Verein überhaupt keine Rolle." Zudem waren die „bürgerlichen Arbeitervereine" materiell wesentlich besser ausgestattet.

Der unaufhaltsame Aufstieg der Schalker in jenen Jahren wurde nur unterbrochen durch einen Skandal um die Bezahlung ihrer Spieler. Schalke war

1926 spielte die Mannschaft des BVB zum ersten Mal in der höchsten deutschen Spielklasse, der Bezirksklasse. Unser Bild zeigt die damalige Mannschaft, die allerdings den Klassenerhalt nicht schaffte.

nicht der einzige Klub, der seine Spieler von den steigenden Zuschauereinnahmen profitieren ließ. Daß derartige Verstöße gegen das Amateurgebot gehäuft im Ruhrgebiet vorkamen, war angesichts der miserablen sozialen Lage der Arbeiterschaft, aus der sich das Gros der Kicker rekrutierte, nicht verwunderlich. Bei einer Reihe von Vereinen, vornehmlich solchen, die mit Betrieben der Schwerindustrie in Verbindung standen, bestand das Profitum darin, daß Spieler mit Arbeitsplätzen versorgt wurden. Zwar blieben die Kikker der von der lokalen Industrie unterstützen „Arbeitervereine" in der Regel „Kinder ihrer Klasse" und ihrem Wohnviertel verhaftet, aber schon damals ermöglichte der Fußball ein „besseres Leben". Die Fußballer kamen mehr herum, und die Arbeit, die die Kicker in der Industrie verrichteten, firmierte auch als „leichte Arbeit". Wer beispielsweise im Bergbau ohne Fußball „unter Tage" gelandet wäre, arbeitete nun über Tage und durfte für das Training und die Spiele seinen Arbeitsplatz verlassen. Einigen gelang mit Hilfe des Fußballs der Aufstieg in die Selbständigkeit.

Im August 1930 wurde Schalke 04 wegen Verletzung der Amateurbestimmungen vom WSV hart bestraft. 14 Spieler wurden zu Berufsspielern erklärt und erhielten unterschiedlich lange Strafen. Acht Funktionäre der Schalker wurden vom Verband ausgeschlossen. Nicht nur die Anhänger von Schalke 04 betrachteten das Urteil als bürgerliche Kampfansage an den Aufstieg der Arbeitervereine, denn der WSV wurde von den Funktionären der bürgerlichen Klubs dominiert. Entsprechend groß fiel die Solidarität aus. Zahlreiche Revierklubs forderten die Begnadigung der Schalker. Kurzzeitig kam es im Westen sogar zur Bildung eines Profifußballverbands, dem sich die meisten der gesperrten Schalker Spieler anschlossen. Der massive Protest nötigte den

WSV schließlich zum Einlenken. Der WSV forderte nun eine reinliche Scheidung von Amateuren und Profis, wobei letztere allerdings weiterhin dem Verband unterstellt bleiben sollten. Deutschland hinkte der internationalen Entwicklung hinterher, denn nicht nur in England und Schottland, sondern auch in Österreich, Ungarn, der Tschechoslowakei wurde bereits offiziell Profifußball gespielt. Italien und Frankeich sollten bald folgen.

1927/28 wurde der BVB hinter Sportfreunde Dortmund Vizemeister der 2. Bezirksklasse. In dieser Spielzeit schloß sich ein junger Mann namens August Lenz dem Schüler- und Jugendfußball der Borussen an. 1928/29 lagen gleich sechs lokale Rivalen in dieser Klasse vor den Borussen: Sportfreunde, Dorstfeld, Sportverein 08, Hombruch und der Hörder SC. 1929/30 war die 2. Bezirksklasse durch die Einführung der „Sonderklasse" nur noch die dritthöchste Klasse. Hinter den Lokalrivalen VfL Hörde und Arminia Marten belegte der BVB den 4. Platz und qualifizierte sich damit für die 1. Bezirksklasse. 1933 mußte der BVB im Entscheidungsspiel um die Gruppenmeisterschaft gegen den SV Arminia Marten antreten. Die Arminen gewannen das Spiel, das im Stadion „Rote Erde" stattfand, durch ein Tor in der 104. Minute mit 2:1. Infolge der Neuordnung des Ligenwesens blieben die Arminen jedoch weiterhin nur Bezirksligist. 1935/36 gelang dem BVB schließlich der Aufstieg in die seit der Saison 1933/34 existierende Gauliga Westfalen, die nun als Eliteklasse den gesamten westfälischen Raum abdeckte.

Die Aufstiegsmannschaft des BVB:

► Jeuschede, Bretzkalla, E. Göbel, Heiner, Janowski, Burzik, Romanowski, Beerheider, Zideller, Lukasiewicz, Emil Stachorra, August Lenz, Marsiske, Kolodzig, Eron, Büttner, Dunnay.

Zum ersten Mal existierte eine reichsweit vergleichbare höchste Spielklasse, denn bis 1933 wurde in den verschiedenen Regionen des deutschen Reichs in den unterschiedlichsten Systemen gespielt. Zunächst existierten 16 Gauligen: Ostpreußen, Pommern, Brandenburg-Berlin, Schlesien, Sachsen, Mitte, Nordmark, Niedersachsen, Westfalen, Niederrhein, Mittelrhein, Hessen, Südwest, Baden, Württemberg, Bayern. Die Meister dieser Ligen ermittelten in vier Gruppen à vier Mannschaften die Teilnehmer des Halbfinales zur Deutschen Meisterschaft. Dort galt das K.O.-System – die beiden Sieger standen im Endspiel. Mit dem Kriegsbeginn und Hitlers Eroberungsfeldzug veränderte sich die Zahl der Gauligen jedoch ständig.

Die Borussen waren nicht der erste Dortmunder Vertreter in der neuen Eliteklasse. Noch immer hatte der DSC 95 die Nase vorn, denn in der Auftaktsaison 1933/34 spielten die Sportfreunde 95 in der Liga, aus der sie jedoch sofort wieder abstiegen. Die Sportfreunde 95 waren eine Zwangsfusion von BC Sportfreunde 06 und DSC 95, die 1935 wieder aufgelöst wurde. Nach dem

Abstieg machte sich der DSC wieder selbständig, wurde dafür aber mit der Eingliederung in die Kreisklasse bestraft. Zuvor war dem DSC vom Verband mündlich wie schriftlich versichert worden, daß er bei einem Scheitern in der Gauliga erneut der Bezirksklasse zugeteilt würde. Auch der BVB sollte zunächst fusionieren. Die Nazis plädierten für ein Aufgehen des BVB in eine Betriebssportgemeinschaft Hoesch, doch aus derartigen Plänen wurde nichts.

Fußball im Faschismus

Die faschistische Sportpolitik brachte auch für den Fußball wesentliche Veränderungen. Die Organisationen der Arbeitersportbewegung wurden aufgelöst und verboten, wodurch der DFB eine Monopolstellung erhielt. Dem „wilden" Straßenfußball wurde ein Ende bereitet, denn aus der Sicht des totalitären Staates erschienen Straßenmannschaften, die sich außerhalb jeder offiziellen Kontrolle bewegten und auch gesellschaftliche Außenseiter integrieren konnten, als eine Bedrohung für das staatliche Gefüge. Außerdem nahm die Zahl der Vereine und der in ihnen aktiven Fußballspieler in einer proletarischen Region wie dem Ruhrgebiet deutlich ab. Dafür sorgten Fusionen und der Aufbau von NS-Konkurrenzorganisationen, noch mehr aber die staatliche Repressions- und Verbotspolitik gegenüber Verbänden und Vereinen, die in politisch-ideologischer Gegnerschaft zum Regime standen. Und last but not least stoppte die Nazi-Ideologie die Legalisierung des Profifußballs und das Entstehen einer zentralen Liga.

Auch im „roten" Dortmund machte sich die faschistische Bewegung breit. Begünstigt wurde ihr Aufstieg durch die soziale Not in der Stadt. Während im Reich die Arbeitslosigkeit von 1929 1,8 Mio. auf 1932 über 5,1 Mio. anstieg, vergrößerte sich in Dortmund ihre Zahl in diesem Zeitraum von 9.125 auf 75.602. Dies entsprach einer Arbeitslosenquote von ca. 33 %. Die Zahl der im Bergbau Beschäftigten sank von 41.000 auf 18.000. Die Stahlindustrie entließ 40 % ihrer Arbeiter. 1932 errang die NSDAP in Dortmund, wo sie bis dahin nie auch nur einen Stadtverordneten durchbringen konnte, respektable 17,7 %, wenngleich ihr Anteil damit deutlich unter dem Reichsergebnis von 33 % blieb und der spätere Reichspropagandaminister Joeph Göbbels notierte: „Eine Fahrt ins Ruhrgebiet ist mit Lebensgefahr verbunden."

Nach der Machtergreifung tobte auch in Dortmund der Terror. Zur traurigen Berühmtheit gelangte dabei das im Norden gelegene Polizei-Gefängnis Steinwache, von den Gegnern des Regimes „die Hölle Westdeutschlands" genannt. Für viele, die hierhin verschleppt wurden, geriet die Wache zur ersten Station auf dem Weg ins KZ und in die Vernichtung. Auch in Dortmund galt das besondere Augenmerk der Nazis der jüdischen Bevölkerung.

Im Zuge der 1847 erlassenen Gewerbe-Freiheit für Juden vom Land hatten sich viele Juden in die Ruhrgebietsstädte begeben. Insbesondere das seit 1914 zu Dortmund gehörige ländlich geprägte Dorstfeld verfügte über eine zahlenmäßig bedeutendere jüdische Gemeinde. 1938 wurden auch im Dortmunder Stadtzentrum und in Hörde die Synagogen zerstört. Die Gestapo nahm in der „Reichskristallnacht“ ca. drei Viertel der männlichen Juden Dortmunds in „Schutzhaft“. Über die „Steinwache“ wurden sie ins KZ Sachsenhausen verschleppt. In den Jahren 1942-45 wurden über 2.400 Dortmunder Juden im Rahmen der „Endlösung der Judenfrage“ ermordet. Die Ruhr-Arbeiterschaft verhielt sich gegenüber dem von den Großindustriellen der Region gesponserten Regime weitgehend passiv. Nennenswerter Widerstand war nur in den Anfangsjahren der braunen Ära zu registrieren. Sabotageakte in Betrieben blieben Einzelaktionen. Die Mehrheit der Arbeiter beteiligte sich weder am Widerstand, noch schloß sie sich begeistert der NS-Bewegung an. Vielmehr bevorzugte man den Rückzug ins Private, und hierzu zählte auch der Fußball. Vom wirtschaftlichen Aufschwung, den die Region dank der strategischen Bedeutung von Kohle und Stahl erfuhr, profitierte auch die Arbeiterschaft. Wie bereits vor dem 1. Weltkrieg wurde das Ruhrgebiet erneut zur Waffenschmiede der Nation, und Hitler ernannte die Bergarbeiter zu „Soldaten der Heimat“.

Auch der Arbeiterverein BVB blieb von der braunen Bewegung nicht unberührt. In der Festschrift zum 30. Geburtstag des BVB (1939) wird stolz hervorgehoben, daß 80 % der 1. Mannschaft SA-Angehörige seien. Bei der Mehrheit von ihnen soll es sich allerdings nur um „pro-forma“-Mitglieder gehandelt haben. Dies galt jedoch nicht für August Busse, der den beruflich zu stark belasteten Vereinsvorsitzenden Heinz Schwaben 1928 vorübergehend beerbt hatte. Busse war ein hundertprozentiger Nazi und bewegte sich in der NS-Hierarchie auf der mittleren Funktionärsebene. Der vom NS- Reichssportführer Hans von Tschammer und Osten geforderten Einführung des „Führerprinzips“ in den Sportorganisationen hatte Busse es zu verdanken, daß er 1934 erneut BVB-Vorsitzender wurde. Die alte, vermutlich eher „linkslastige“ Führung um Egon Pentrup, der sich geweigert hatte, der NSDAP beizutreten, wurde kaltgestellt. Busse hatte zunächst bis 1933 den Vorsitz geführt, wohl zum Unwillen einiger anderer BVB-Aktivisten. Jedenfalls gibt es gewisse Hinweise darauf, daß Busse bereits vor dem Machtantritt der Nazis seine Ellenbogen einzusetzen wußte. Zu den Erziehungsforderungen, die von Tschammer und Osten gegenüber den Vereinen postulierte, gehörte auch die Einführung eines „Dietwarts“. Dieser hatte den Mitgliedern das nationalsozialistische Erziehungsideal zu vermitteln. Die Position wurde von Paul Brettin bekleidet, einem ehemaligen Abwehrspieler.

Ein Nazi wird „Vereinsführer“

Der von den Nazis ermordete BVB-Platzwart Heinrich Czerkus auf den Schultern seiner Mitarbeiter, die mit ihm gemeinsam die „Weiße Wiese" bearbeiteten.

Doch der BVB bestand zwischen 1933 und 1945 nicht nur aus Nazis und Mitläufern. Tatsächlich war der BVB, wie die meisten Vereine, in seiner Haltung zum Regime gespalten. So soll Pat Koschmieder, nach dem Kriege BVB-Kapitän, Kommunist gewesen sein. Gleiches wird von Heinrich Czerkus behauptet, dem Platzwart der Schwarz-Gelben, der Opfer eines Massakers wurde. Am Karfreitag 1945 verhaftete die Gestapo 267 Widerständler, Kriegsgefangene und ausländische Zwangsarbeiter. Nach ihrer Folterung wurden die Gefangenen in den Rombergpark und in den Stadtforst Bittermark gebracht, wo man sie ermordete. Czerkus und anderen wurde vorgeworfen, sich an Widerstandsaktivitäten beteiligt zu haben.

Nicht wenige BVB-Mitglieder dürften sich in eine Art „innere Emigration" begeben haben. Der Sport schien eine Möglichkeit der Flucht und des Ausstiegs aus einem politischen Leben zu bieten, wobei man den Nazi-Terror ignorieren konnte. Gerd Kolbe schreibt, Dietwart Paul Brettin habe es nicht leicht gehabt: „Denn die jungen Sportlerinnen und Sportler wollten eben primär eines: Sport treiben. Ihnen lag wenig daran, dem Dietwart zuliebe dem

Führer zu huldigen." Nach dem Ende der NS-Herrschaft gab es in der BVB-Führung keinen Platz mehr für August Busse. Nun hatten wieder diejenigen das Sagen, die zuvor von Busse und Konsorten an die Luft gesetzt worden waren.

Von Schalke lernen

Vor dem Aufstieg 1935/36 hatte der BVB den früheren Schalker Mittelstürmer Fritz „Spölle" Thelen, wie Namensvetter Szepan ein Schwager Ernst Kuzzoras, als Trainer verpflichtet, der – so eine Chronik des Vereins – „durch die Einführung der erfolgreichen Schalker Schule bei uns den eigentlichen Grundstock legte, der im Jahre 1936 zur abermaligen Erringung der höchsten deutschen Fußballklasse führte. Somit waren seit 1927 neun Jahre ernster Aufbauarbeit und systematischen Trainings notwendig, um wieder Anschluß an die Spitzenklasse im Fußball zu finden." Ein Schalker betätigte sich also bei den Borussen als Entwicklungshelfer. Zuvor hatten allerdings die Schalker Nachhilfeunterricht aus Dortmund erhalten, wenn auch nicht vom BVB. Der berühmte „Schalker Kreisel" wurde von den Gebrüdern Fritz und Hans Ballmann eingeführt, beide gebürtige Dortmunder und von Beruf Fabrikarbeiter. Die Familie Ballmann war vor dem 1. Weltkrieg nach England emigriert, wurde dort während des Krieges interniert und anschließend abgeschoben. Im Internierungslager lernten sie den Schalker Fred Kühne kennen. Durch Vermittlung von Fred Kühne schlossen sich die Ballmanns dann dem Schalker Turn- und Sportverein an. Ihr Mitbringsel war das schottische Flach- und Kurzpaßspiel, das zur Basis des Kreiselspiels wurde.

Die erstmalige Verpflichtung eines Trainers war von einschneidender Bedeutung, dokumentierte sie doch eine gewisse Professionalisierung des BVB, der nun zielstrebiger denn je zuvor an seinen Ambitionen arbeitete. Unter der Regentschaft von August Busse, der in der erwähnten Vereinschronik als „Motor und Initiator in einer Person" charakterisiert wird, erfolgten entscheidende Weichenstellungen, weshalb man die Jahre 1934/35 auch als zweite Gründung des BVB bezeichnen kann. Bis dahin unterschied sich der BVB kaum von anderen Dortmunder Mannschaften, stieg mal auf und mal ab, versuchte dieses und jenes, ohne sich aber auch nur in der eigenen Stadt entscheidend durchsetzen zu können.

August Lenz und das W-M-System

Der Aufstieg des BVB in die Erstklassigkeit, zur Dortmunder Nr. 1 und schließlich zu einer deutschen Spitzenmannschaft ist aber vor allem mit dem bereits erwähnten Namen August Lenz verknüpft. Lenz spielte bei der weite-

Die BVB-A-Jugend 1924 in Lünen. In der Mitte als Torhüter (!) August Lenz, der seine Karriere zwischen den Pfosten begann.

ren Entwicklung des BVB eine vielleicht noch bedeutendere Rolle als Szepan und Kuzorra beim Aufstieg Schalkes. Hätte Lenz sich seinerzeit nicht dem BVB, sondern dem bürgerlichen Lokalrivalen angeschlossen, würde der Dortmunder Vertreter im Profifußball heute vielleicht DSC 95 heißen, die Borussia hingegen das Dasein eines relativ unbedeutenden Stadtteilklubs fristen. In jenen Jahren hing das Schicksal der Vereine viel stärker von einzelnen Spielern ab als heute.

Lenz begann seine Karriere beim BVB zunächst als Torwart. Von 1930 bis 1933 kickte der arbeitslose Lenz nebenbei für Straßenklubs („Kasten Bier für den Sieger"). Lenz' große Stunde kam, als sich der etatmäßige Stürmer Hannes Jakubowitz verletzte. August Busse schlug Lenz als Ersatz vor, und als der BVB in Mengede spielte, erzielte Lenz nicht weniger als neun Tore zum 14:0-Sieg. Am 28.4.1935 absolvierte Lenz sein erstes Länderspiel und ging damit in die Vereinsannalen als erster Nationalspieler des BVB ein. Der Gegner hieß Belgien, und der Debütant schoß zwei Tore zum deutschen 6:2-Sieg. Insgesamt trug Lenz vierzehnmal das Nationaltrikot und erzielte dabei neun Tore. Bei der WM 1938 wurde er Opfer der „großdeutschen Vereinigung" mit dem österreichischen Nationalteam. Obwohl der Aufstieg des BVB ohne den Namen Lenz undenkbar gewesen wäre, blieb dem Kicker der ganz große Triumph vorenthalten. Als der BVB 1949 erstmals ein Finale um die Deutsche Meisterschaft bestritt, saß Lenz nur noch auf der Tribüne. Daß Lenz damals bereits eine Gaststätte führte, diente als Vorwand, ihn nicht mehr aufzustellen.

Ein weiterer Grund für den Aufstieg des BVB war das neue W-M-System, das vom englischen Fußballtrainer Herbert Chapman kreiert worden war. Chapman, der Huddersfield Town (1913-25) und Arsenal London (1925-34) trainierte, gilt als Vater des modernen Fußballs. Chapman war zudem der erste Profi der Trainerbranche, „ein kühler Stratege, der den Unterhaltungswert und die wirtschaftliche Bedeutung seines Sports schon erkannt hatte, als alle Welt dies noch für eine lustige Freizeitbeschäftigung hielt“, wie der Sportjournalist Ludger Schulze schreibt. Chapmans W-M-Formation blieb nicht ohne Auswirkungen auf die Organisation seines Klubs. Denn nun wurde die Taktik erstmals nicht vom Mannschaftskapitän vorgegeben, sondern vom Trainer, was ihm eine Machtstellung verschuf. Das Spiel wurde durch das W-M-System intellektueller, komplizierter und arbeitsteiliger. Jeder Spieler hatte nun eine festumrissene Aufgabe zu verrichten. Der Erfolg gab Chapman recht: Zwischen 1930 und 1938 wurde Arsenal, ein Klub, der von Arbeitern eines Rüstungsbetriebs gegründet worden war, fünfmal Meister und zweimal Pokalsieger.

In Deutschland wurde das W-M-System durch den damaligen „Reichstrainer“ Dr. Otto Nerz eingeführt, der ein Faible für den englischen Fußball besaß. Daß die Dortmunder es so erfolgreich praktizierten, lag daran, daß die Schlüsselpositionen des Systems, Stopper und Mittelstürmer, mit Emil Stachorra und August Lenz – Renner, Brecher, Reißer und Schütze in einer Person – ideal besetzt waren.

Dem Aufstieg des BVB lag somit eine gewisse Modernität und Professionalität zugrunde. Das W-M-System wurde mit der Zeit von fast allen Klubs adaptiert, wobei es sich im westdeutschen Raum besonderer Beliebtheit erfreute. Der BVB sollte in den 50ern zum qualifiziertesten Repräsentanten dieses Systems werden und zu einem Synonym für Kraft und Eleganz.

Mit dem Aufstieg in die Gauliga 1936 waren die Borussen nicht länger eine Fahrstuhlmannschaft. 36 Jahre – bis zum Bundesligaabstieg 1972 – sollte der BVB nun ununterbrochen erstklassig bleiben. Zum ersten Mal wurden in Dortmund feste Prämien bezahlt. Pro Spiel gab es zwei Mark, drei Mettbrötchen und zwei halbe Liter Bier beim Gastwirt Trott im „Wildschütz“. Hätten die Nazis den Professionalismus nicht so rigoros abgelehnt, es wäre wohl deutlich mehr gewesen. Die „schwarzen Kassen“ waren weitgehend abgeschafft worden. Der Aufstieg der Borussen war allerdings eine denkbar knappe Angelegenheit gewesen. Beim letzten Spiel in Hagen benötigte der

Der BVB steigt 1936 in die Gauliga Westfalen auf. Die Mannschaft von links: Beerheide, Janowski, Lenz, Romanowski, Heiner, Burdzik, Goebel II, Cideller, Lukaschewitz, Stachorra, Bretzkalla.

BVB noch einen Punkt. Der BVB lag zunächst 0:2 zurück, erst in der letzten Minute gelang der Ausgleich durch Lenz. Hätte der BVB verloren, wäre an seiner Stelle der TBV Mengede in die Gauliga aufgestiegen.

In der ersten Gauligasaison belegten die Borussen auf Anhieb den 4. Platz, 16 Punkte hinter Schalke 04, das diese Saison – wie bereits 1935/36 und später noch 1940/41 und 1942/43 – mit nur einem Minuspunkt beendete. Gegen die Blau-Weißen gab es beim 1:4 in Gelsenkirchen und 0:7 in Dortmund klare Niederlagen. Es war in dieser Saison, daß sich der BVB als der führende Verein in der Stadt Dortmund etablieren konnte. Im gleichen Jahr mußte der BVB die vereinseigene Anlage an der Wambeler Straße aufgeben und zog in das am südlichen Rand der Stadtmitte gelegene städtische Stadion „Rote Erde" um. Der Umzug verstärkte die Entwicklung vom nördlich der Bahnlinie beheimateten Stadtteilverein zum städtischen Repräsentationsverein. Im Juli 1936 war Trainer Thelen („Kreisel-Fritz") vom Wiener Ferdl Swatosch abgelöst worden. Die Verpflichtung österreichischer Fußballehrer war in diesen Jahren weit verbreitet. Der österreichische Fußball mit seiner „Wiener Schule" galt dem deutschen gegenüber bis Ende der 30er als in technischer und spielerischer Hinsicht überlegen. Auf Swatosch folgte in der Saison 1937/38 mit Willy Sevzik ein weiterer Österreicher.

► FORTSETZUNG S. 61

EINWURF

„Passing Game“ und „W-M-System“

„Passing Game“ und W-M-System waren wichtige Marksteine in der Entwicklung des Fußballs. Die Teams der englischen Public Schools, wo der moderne Soccer seine Wiege hatte, bevorzugten das individualistische „dribbling game“. So ist überliefert, daß 1847 der Siegtreffer beim Spiel Oxford - Cambridge von einem „Oxonian“ erzielt wurde, der mit dem Ball über die gesamte Länge des Spielfelds dribbelte. Sofern im „dribbling game“ der Ball zu einem Mitspieler gepaßt wurde, erfolgte dies ausschließlich nach vorne. Den Ball zurückzuspielen, war bei den „gentlemen“ verpönt.

Mitte der 1870er begann das proletarisch geprägte „passing game“ das „dribbling game“ abzulösen. Dabei gab es zunächst zwei Varianten: Die einflußreichen schottischen Teams Queen's Park und Vale of Leven praktizierten ein Kurzpaßspiel, was möglicherweise auf die stürmischen Witterungsverhältnisse in Schottland zurückzuführen war. Blackburn Olympic indes bevorzugte den „langen Ball“. Die Ablösung des „dribbling game“ durch das „passing game“ war ein wesentlicher Grund dafür, daß Soccer sich gegenüber der zunächst weiterverbreiteten Fußball-Variante Rugby durchsetzte. Durch das „passing game“ wurde Soccer abwechslungsreicher, offener und flüssiger – kurzum: attraktiver.

Die kickenden Industriearbeiter bevorzugten das „passing game“ allein schon deshalb, weil sie nicht die Möglichkeit besaßen, das in den Public Schools gepflegte „dribbling game“ zu erlernen. Außerdem reflektierte das „passing game“ in vielfacher Hinsicht ihre Alltagserfahrung: Wie das „passing game“ war die Industriearbeit in einzelne Prozesse zerlegt, die von den Arbeitern spezifische Rollen erforderten. Um zum angestrebten „Endprodukt“ zu gelangen, bedurfte es vieler Hände, die sich gegenseitig unterstützten. Außerdem galt insbesondere für die Bergarbeiterschaft, daß die Härten des Alltags nur durch ein System gegenseitiger Solidarität zu überstehen waren.

Mit dem kollektiveren „passing game“ drangen nun auch taktische Überlegungen in den Vordergrund. Bis dahin waren systematisches Training und taktische Vorbereitung weithin unbekannt. Das „dribbling game“ widersetzte sich allen taktischen Anweisungen; jeder konnte letztlich machen, was er wollte. Die Public School-Teams spielten nicht selten mit sieben oder acht Stürmern. Fürs „Verteidigen“, gar „Grätschen“ waren sich die meisten Akteure zu schade, schließlich entsprachen derartige „Drecksarbeiten“ nicht ihrem gesellschaftlichen Status. Außerdem war Fußball nicht mehr als eine nette Freizeitbeschäftigung. Der Taktik wurde kaum Bedeutung beigemessen, da nicht der Sieg, sondern Spaß und individuelle Selbstverwirklichung im Vordergrund standen. Den Sieg zum obersten Ziel zu erheben, stand im Widerspruch zum elitären Amateurethos. „Den Sieg zu organisieren", wie Herbert Chapman, der Vater des W-M-Systems, später die Aufgabe des Trainers beschrieb, war den Public School Teams völlig fremd. Wie unprofessionell die Public-School-Teams dachten, dokumentiert eine von Sir Frederick Wall überlieferte Episode. Wall, von 1894 bis 1934 Sekretär der englischen Football Association (FA), verschlang vor dem Anpfiff eines FA-Cup-Spiels seiner Royal Engineers ein riesiges Rumpsteak, da er sich über den Ausgang der Begegnung nicht die geringsten Gedanken machte.

Profifußball war in England zwar bereits seit 1885 legalisiert, aber professionell gespielt wurde erst, nachdem Herbert Chapman mit Huddersfield Town der Titel-Hattrick (1924, 1925, 1926) gelungen war. Chapman war der Sohn eines Bergarbeiters aus dem Süden der Grafschaft Yorkshire. Vater Chapman konnte weder schreiben noch lesen, aber Sohn Herbert erwies sich als „Überflieger", dem die Flucht vor der Arbeit unter Tage auch ohne die Hilfe des Fußballs gelang. So absolvierte er an der Technischen Universität in Sheffield ein Ingenieurstudium. Die Pflege von Teamgeist, methodisches Planen und ausgefeilte Taktik waren die wichtigsten Bausteine der Trainerarbeit des Visionärs Chapmann.

Die dem sehr deckungsorientierten W-M-System zugrundeliegende Überlegung beschrieb der Stratege so: „Wenn es uns gelingt, ein Tor zu verhindern, haben wir einen Punkt gewonnen. Schießen wir aber zudem noch ein Tor, dann haben wir beide Punkte." Chapman beorderte die beiden Innenstürmer ins Mittelfeld, wo sie die Verbindung zwischen Abwehr und Angriff herstellten. Zusammen mit den Außenläufern bildeten sie ein Viereck. Auch der Mittelläufer, bis dahin quasi ein zusätzlicher Stürmer, wurde zurückbeordert und ergänzte nun die Abwehr durch einen „Stopper". So entstand eine Formation, die aussah wie ein W, das auf ein M gesetzt worden war – deshalb hieß das System W-M.

Der Wille, „den Sieg zu Organisieren", war offenbar – was den Fußball anging – in der Arbeiterschaft ungleich weiter verbreitet als bei den höheren Schichten. Der industrielle Alltag bot ansonsten wenig Möglichkeiten, Triumphe zu feiern. Der Fußballplatz war eine Bühne, auf dem ein anderes Stück als im Arbeitsleben aufgeführt wurde: auf dem Fußballplatz konnte die Arbeiterschaft siegen. Fußball bot den von Industriearbeitern zu Fußballprofis aufgestiegenen Kickern somit nicht nur einen komfortableren Lebensstil, sondern auch ein „psychisches Einkommen". ■

EINWURF

Die „Rote Erde“

Nach dem Verlust der „Weißen Wiese“ (1937) war der BVB gewissermaßen heimatlos. Für seine Spiele mußte der Klub aus dem Nordosten in den Südwesten der Stadt umziehen, in die am 6. Juni 1926 eröffnete Kampfbahn „Rote Erde“. Allerdings korrespondierte dieser Umzug mit dem Aufstieg des BVB zur Dortmunder Nr.1 und zum städtischen Repräsentationsverein. Vor dem BVB war bereits Dortmunds Traditionsverein DSC 95 heimatlos geworden, dessen Anlage dem neuen städtischen Stadion weichen mußte. Der DSC mußte die „Rote Erde“ mit vielen anderen Vereinen teilen. Eine richtige Heimat wurde sie für den Klub nie.

Als das Dortmunder Stadion gebaut wurde, dachte noch niemand daran, daß die „Rote Erde“ und Borussia Dortmund einmal Synonyme werden würden. Vater der „Roten Erde“ war der Stadtbaurat Dipl. Ing. Hans Strobel, nach dem später auch die Straße vor dem Stadion benannt wurde. Daß Dortmund

Am 1. April 1924 begannen die vom Hochbauamt angeordneten Bauarbeiten für das Stadion „Rote Erde“ im Süden der Stadt. Das Foto zeigt die sich entwickelnde Südtribüne mit dem Marathontor.

Der BVB 1939 im Stadion Rote Erde. Von links: Dunnay, Büttner, Eron, Kolodzig, Marsiske, Cideller, E. Goebel, Stachorra, Lukaschewitz, Jeuschede, Lenz. Das Foto tauchte nach 1945 in einer gereinigten Fassung auf – ohne Hakenkreuzfahnen.

heute die vielleicht schönste (und grünste) Stadt im Ruhrgebiet ist, hat die Stadt nicht zuletzt diesem Mann zu verdanken. Als Strobel im Mai 1914 nach Dortmund kam, hatte er sich bereits in Bremen und Leipzig als progressiver Architekt einen Namen gemacht. Der Visionär und Kritiker des Parteienklüngels veröffentlichte 1918 eine Denkschrift, in der er als einer der ersten auf die kommende Wohnungsnot hinwies und entsprechende Vorkehrungen empfahl. Strobel betrieb die Schaffung des Dortmunder Wohnungsamtes und die Gründung der Gemeinnützigen Siedlungsgesellschaft. Der Stadtbaurat betrieb mit Nachdruck den Bau weiträumiger Siedlungen und die Versorgung sämtlicher Stadtteile mit Kinderspielplätzen. Unter Strobel wurde in Dortmund aber nicht nur fachlich korrekt und zweckmäßig gebaut, sondern auch ansehnlich.

Sein größtes Projekt war aber der Dortmunder Volkspark mit der Kampfbahn „Rote Erde", der Westfalenhalle, dem Schwimmbad und der Volkswiese. Strobel: „Als ich den Zirkelschlag machte, stand mir die zukünftige Gestaltung des Volksparks klar vor Augen: Die Kampfbahn das Herz, die Westfalenhalle die Krone." Nach seinem Ausscheiden aus dem öffentlichen Dienst (1927) gründete Strobel eine eigene „Baustube für Architektur und Städtebau" in Dortmund. Als die „Rote Erde" eingeweiht wurde, kam es gleich zu

Die Rote Erde während eines BVB-Spiels in den 50er Jahren.

zwei Feiern, da der bürgerliche Stadtverband für Leibesübungen und die Arbeitersportbewegung getrennte Veranstaltungen organisierten.

In seinem Buch „Deutschlands Kampfbahnen" (1928) beschrieb Max Ostrop das Stadion: „Die prächtige Gesamterscheinung wird durch die Bauweise und den Baustein erzielt, in dem das gesamte Stadion ausgeführt ist. Bei allen Bauten, auch bei den Stufen des Walls, ist der heimische Ruhrkohlesandstein verwandt worden, der die löbliche Eigenschaft besitzt, um so schöner zu wirken, je weniger man an ihm herumarbeitet. Er besitzt in seinen wundervollen wechselnden Farben, seinen Kohlekristallen und Kernbildungen, bruchrauh verarbeitet, Flächen von Lebendigkeit und Frische, gegen die keine ornamentale oder farbige Behandlung aufkommt, hält sich ganz ausgezeichnet und stempelt die Kampfbahn mit ihren vielen stattlichen Bauten zu einem Prachtstück. In der einfachen, formstrengen Tribüne, dem gegenüberliegenden geschmackvollen Musikhäuschen, den großzügigen Eingangs- und Kassenbauten und dem wieder gegenüberliegenden wuchtigen, burgbrückenartigen

Ausgangstorbogen kommt dieser Baustoff reich und wundervoll zur Geltung, jede Zierart ist überflüssig und vermieden... Der Gesamteindruck dieser Kampfbahn ist ganz eigenartig. Wuchtig und trutzig ... wächst sie aus dem Land der roten Erde hervor, selbst ein Sinnbild der Kraft, die in diesem Boden steckt und die zu erhalten dies beitragen soll."

Die „Rote Erde" war eine typisch deutsche Kampfbahn, die sich hinsichtlich Konzeption und Kapazität von der Schalker „Glückaufkampfbahn" kaum unterschied. Eine mit Sitzbänken ausgestattete überdachte Haupttribüne wurde von unüberdachten Stehrängen eingeschlossen. Die ganz überwiegende Zahl der Plätze waren Stehplätze. In der „Roten Erde" kamen noch das Marathontor in der Südkurve und der Musikpavillion auf der Gegengeraden hinzu. Komfort spielte bei der Planung der Kampfbahnen eine relativ geringe Rolle. In erster Linie ging es darum, Kapazitäten zu schaffen. Der Hauptunterschied zwischen den beiden Anlagen liegt in ihrem jeweiligen Umfeld. Anders als die „Glückaufkampfbahn", in deren Nachbarschaft sich Industrieanlagen und Wohngebiete befanden, war die „Rote Erde" kein Stadtstadion. Am ehesten war sie noch mit dem Duisburger Wedau-Stadion vergleichbar, ein in einem Waldgelände angesiedeltes Geschenk der Firma Krupp-Rheinhausen.

Der 2. Weltkrieg ging auch an der „Roten Erde" nicht vorbei. Nach einem schweren Luftangriff am 12. März 1945 wurden nicht weniger als 96 Bombentrichter in der Arena gezählt. Auch die Katakomben unterhalb der Haupttribüne waren zerstört worden, weshalb sich die Mannschaften zunächst im Schwimmstadion hinter dem Marathontor umkleiden mußten.

Die A-Nationalmannschaft gastierte nur zweimal in der „Roten Erde". Am 5. Mai 1935 spielte hier die Nationalelf gegen Irland und gewann mit 3:1. Mit dabei war Dortmunds erster Nationalspieler August Lenz. Am 8. April 1967 fand in der „Roten Erde" das EM-Gruppenspiel Deutschland - Albanien statt, das die DFB-Auswahl mit 6:0 gewann. Einziger Dortmunder auf dem Feld war Hans Tilkowski, der bei dieser Gelegenheit sein 39. und letztes Länderspiel absolvierte.

Was im Westfalenstadion die Südtribüne ist, war für die „Rote Erde" die Nordkurve. Die gegnerischen Fans versammelten sich in der Regel in der Südkurve. Eine Trennung wie heute existierte allerdings noch nicht. So können sich die Autoren noch an Derbys gegen Schalke erinnern, bei denen Gelsenkirchener Fans auch einen Teil der Nordkurve belegten, in der es dann immer wieder zu Auseinandersetzungen kam.

Vor dem Bundesligastart wurde die Gegengerade der „Roten Erde" überdacht und um einige Sitzränge aufgestockt. Die eigentümliche Architektur war viele Jahre das „Wahrzeichen" des Stadions. Außerdem wurde die Südkurve um eine Stahlrohrtribüne ergänzt. Nach dem Umzug in das Westfalenstadion wurden beide Konstruktionen wieder abgebaut.

Dank der ausgiebigen Stehränge beträgt das Fassungsvermögen der „Roten Erde" heute noch 28.000. Allerdings wird die Arena nur noch von Leichtathleten und zu Trainingszwecken benutzt.

Noch vor der „Roten Erde" besaß Dortmund mit dem Mendespielplatz am Fredenbaum eine der imposantesten Sportanlagen des Deutschen Reiches. Vater des Platzes war der Buchhändler Wilhelm Mende, der bei seinem Tod der Stadt ein Vermögen von 835.000 RM übereignete. Die Spende war zweckbestimmt. Mit dem größten Teil des Geldes hatte die Stadt eine ausgedehnte Sportplatzanlage zu bauen. Auf dem Mendesportplatz fanden auch Ausscheidungsspiele um die Deutsche Fußball-Meisterschaft statt. ■

Ein Derby nimmt Konturen an

In der Saison 1937/38 wurde der BVB Vizemeister und halbierte den Punkterückstand auf Abonnementsmeister Schalke 04. Beim 3:3 im Hinspiel gegen Schalke holte der BVB seinen ersten Punkt gegen die Blau-Weißen, nachdem man bis zur 68. Minute mit 0:3 zurückgelegen hatte. Die Tore für den BVB schossen Zideller (2) und Marsiske. Mehr als 25.000 Zuschauer sahen die Dortmunder Aufholjagd in der „Roten Erde“. In den folgenden Jahren gab es allerdings nur noch Schalker Siege im Revierderby, die es zumeist an Klarheit nicht vermissen ließen. Es sollte fast sechs Jahre dauern, bis Schwarz-Gelb sein zweites Erfolgserlebnis gegen Blau-Weiß feiern durfte.

Mit dem SV Arminia Marten 08 befand sich nun ein weiterer Dortmunder Arbeiterverein in der Gauliga. Die Martener waren eng mit der Zeche Germania verbunden. Die Stützen der Martener Gauligamannschaft, die am Wischlinger Weg spielte und sehr heimstark war, hießen Willi Kronsbein, Piontek, „Papa“ Kunz und Bäumker. Die Arminen hielten sich vier Spielzeiten in der Liga, bevor sie 1940/41 (aufgrund einer Reduzierung der Liga) als Drittletzte abstiegen. In den vier Jahren Gauliga kamen die Arminen über den drittletzten Platz nie hinaus. Ihre beste Saison war zweifellos 1938/39, als sie mit 17:19 Punkten abschlossen, nur drei Punkte (aber fünf Positionen) hinter dem Dritten BVB.

In dieser Saison gelang den Arminen auf der heimischen Anlage gegen Schalke 04 ein 0:0. 8.000 Zuschauer wohnten der Begegnung bei. Die Saison 1939/40 bescherte den Arminen einen ganz besonderen Erfolg: Es war die einzige Saison, in der Marten bei der Endabrechnung vor den Borussen stand, um zwei Punkte und einen Platz. Der BVB wäre in dieser Saison als Vorletzter abgestiegen, aber zum Glück für die Borussen wurde die Liga von zehn auf zwölf Vereine aufgestockt. Der 9. Platz war die schlechteste Plazierung für den BVB während seiner Gauligajahre.

1941/42 gelang Marten noch einmal der Aufstieg in die Gauliga, aber die Arminen mußten bereits nach einem Jahr wieder absteigen, als sie abgeschlagen auf dem letzten Platz landeten. Im Jahr des Martener Wiederaufstiegs wurde der BVB zum zweitenmal Vizemeister, erneut mit acht Punkten Rückstand auf Schalke. Wie groß die Kluft zwischen den Schalkern und dem BVB noch immer war, verdeutlichen auch die Ergebnisse aus diesen Spielzeiten. 1939/40 unterlag der BVB den Blau-Weißen in der Gauliga mit 0:7 und 0:9, 1940/41 mit 0:2 und 0:10. Das Debakel vom 20. Oktober 1940 ist die bis heute höchste Niederlage der Borussen im Derby. 1941/42 verlor Schwarz-Gelb zweimal mit 1:6 und 1942/43 mit 0:7 und 0:2. In acht Begegnungen gelangen den Borussen ganze zwei Tore, während die Blau-Weißen 49mal ins Dortmunder Gehäuse trafen.

Ein Grund der Dortmunder Probleme war das Fehlen einer eigenen Trainingsanlage. So schrieb die Lokalpresse nach dem 0:9 vom 10. Dezember 1939: „Den Borussen, die seit zwei Jahren ohne eigenen Platz sind, fehlt die aufbauende Übungsarbeit, die jedem einzelnen ihrer Spieler auch die körperliche Verfassung gibt, aus der heraus sich nur eine erfolgversprechende Gesamtleistung zu entwickeln vermag."

1943/44, der BVB wurde in dieser Saison Dritter, gab es dann erstmals zaghafte Anzeichen für eine Wachablösung: 12.000 Zuschauer in der „Roten Erde" wurden Zeugen des ersten Borussen-Sieges über Schalke 04, der mit 1:0 allerdings knapp ausfiel. Das Tor des Tages fiel bereits in der 8. Minute durch August Lenz. Bei den Borussen wußte vor allem die Läuferreihe mit Müller, Stachorra und Goebel zu gefallen, die einen unüberwindbaren Riegel vor ihrem Tor bildeten. Im Rückspiel setzte es dann erneut eine Niederlage – Schalke gewann mit 4:1. Letztlich lagen Welten zwischen den Rivalen, wie eine Bilanz aller Gauliga-Derbys belegt. Von den 16 Begegnungen, die der BVB und Schalke zwischen 1936 und 1944 in der Gauliga gegeneinander austrugen, gewannen die Schalker nicht weniger als 14. Eine Begegnung endete mit einem Unentschieden, eine konnte der BVB für sich enscheiden. Das Torverhältnis betrug 84:11 zugunsten der Blau-Weißen. Während die Schalker alle elf Gauligameisterschaften gewannen, mußten sich die Borussen mit zwei Vizemeisterschaften bescheiden. Außerdem gewannen die Schalker im Zeitraum 1933/34 – 1943/44 sechs ihrer insgesamt sieben deutschen Meistertitel sowie 1937 den Tschammerpokal, der erstmals 1935 ausgespielt wurde. Der Wettbewerb, benannt nach dem bereits erwähnten NS-Reichssportführer, war der Vorläufer des heutigen DFB-Vereinspokals. Insgesamt standen die Blau-Weißen fünfmal im Endspiel dieses Wettbewerbs. Das beste Abschneiden des BVB im Tschammerpokal war 1937 der Einzug unter die letzten acht Mannschaften. Im Viertelfinale unterlag der BVB dem SV Waldhof Mannheim mit 3:4. Zuvor hatte man Paderborn 08, Spvg Herten, VfL Geseke, Hamburger SV, Werder Bremen und Duisburg 08 ausgeschaltet. Das Erreichen des Viertelfinales war vielleicht der größte sportliche Erfolg der Seniorenmannschaft des BVB vor dem 2. Weltkrieg. Das Spiel gegen die Mannheimer bestritt der BVB mit der folgenden Aufstellung:

▶ Leonhardt, Schmidt, Eron, Janowski, Stachorra I, Büttner, Beerheide, Heinen, Lukaschewitz, Lenz, Dunnay.

1938/39 holte der BVB den Dortmunder Ostland-Pokal. Die Borussen dominierten den Wettbewerb total, was ihren noch immer jungen Status als Nr. 1 in der Stadt bestätigte. Lediglich in der 2. Runde wurde es knapp, als der BVB den VfL Hörde mit 3:2 besiegte. Im Endspiel wurde der SV Schüren mit 10:1 abgekanzelt. Der BVB war zu dieser Zeit jedoch noch weit davon ent-

Die A-Jugend als Westfalenmeister 1939. Von links: Wessel, Rosteck, Jürgens, Harnacke, Koschmieder, Michallek, Leidecker, Ruhmhofer, Bleija, Stachorra, Schimetzki, Tregel.

fernt, ein Zuschauermagnet wie die Schalker zu sein. Die Dortmunder „Rote Erde" wurde häufiger vom FC Schalke als vom BVB gefüllt. Zwischen 1927 und 1936 gastierten die Schalker fünfmal in der Roten Erde, um Begegnungen der Endrunde zur Deutschen Meisterschaft auszutragen. Im Mai 1927 sahen hier 30.000 die 1:3-Niederlage der Blau-Weißen gegen 1860 München in der Vorrunde der Endrunde zur Deutschen Meisterschaft. 1929 wohnten gar 40.000 der Schalker 1:4-Niederlage gegen Hertha BSC Berlin in der 2. Runde bei. 1933 wurden dann 33.000 Zeugen des ersten Schalker Sieges in der Roten Erde, 4:1 in der Vorrunde gegen Viktoria 89 Berlin. Mit dem gleichen Ergebnis wurde 1934 vor 40.000 in den Gruppenspielen der TV Eimsbüttel geschlagen. 1936 unterlag Schalke vor 40.000 in den Gruppenspielen Polizei Chemnitz mit 2:3. Die Rote Erde-Bilanz der Schalker fiel somit negativ aus.

Die Borussen konnten die Kampfbahn nur füllen, wenn die Schalker zu Gast waren. Am 12.11.1939 erlebte die Rote Erde erstmals einen Massenandrang bei einem Spiel des BVB. 30.000 sahen die 3:7-Niederlage der Schwarz-Gelben.

Obwohl die NS-Politik die Jugendarbeit der Vereine durch die Rekrutierung in die Hitlerjugend (HJ) erheblich erschwerte, verzeichnete der BVB in diesen Jahren seinen größten sportlichen Erfolg im Jugendbereich. 1939 wurde die A-Jugend zunächst Westfalenmeister und anschließend auch noch

Westdeutscher Meister. Mit dabei war u.a. ein gewisser Max Michallek, von dem noch später die Rede sein wird. Im Finale besiegte die BVB-Jugend Schalke 04 sensationell mit 4:2. Obwohl eine Reihe von Spielern den Krieg nicht überlebte, war diese Mannschaft ein Vorbote der ruhmreichen 50er Jahre.

Die soziale Ausbreitung des Fußballs zu einem Arbeitersport manifestierte sich auch in der Zusammensetzung seiner Eliteklasse. Von den zwölf Klubs aus dem Ruhrgebiet, die in der Saison 1939/40 den beiden Gauligen „Westfalen" und „Niederrhein" angehörten, war nur noch einer eine bürgerliche Adresse, nämlich ETB Schwarz-Weiß Essen. Hingegen waren sieben Klubs eindeutig im proletarischen Milieu beheimatet: Schalke 04, Arminia Marten, Spielvereinigung Röhlinghausen und Hamborn 07 waren Bergarbeiterklubs, während die Aktiven von Gelsenguß Gelsenkirchen, FV Duisburg 08 und dem BVB überwiegend Metallarbeiter waren. Bezeichnenderweise waren die ersten beiden Absteiger der Gauliga Westfalen in der Saison 1933/34 die beiden bürgerlichen westfälischen Fußballpioniere DSC 95 (bzw. Sportfreunde 95) und Arminia Bielefeld. Preußen Münster wurde nur Drittletzter, und der vierte westfälische Fußballpionier mit bürgerlichem Hintergrund, die Hammer SpVg. 03/04, Westfalenmeister von 1920, konnte sich für die neue Eliteklasse erst gar nicht qualifizieren, sondern stürzte 1936 sogar in die Drittklassigkeit.

Während des Krieges verloren Liga- und Pokalspiele zunehmend an sportlichem Wert, da durch Einberufung und Tod Mannschaften auseinandergerissen und dezimiert wurden. Auch die aktiven und passiven Mitglieder des BVB wurden von Hitler zu den Waffen gerufen, um seinen wahnwitzigen Plan der Eroberung der Welt durch die „germanische Rasse" zu assistieren. Einige aktive Vereinsmitglieder kamen nicht mehr zurück: Hanns Büttner, Paul Burzik, Willy Dunnay, Karl Eron, Paul Gruhn, Josef Lukasiewiecz, Hans Orth, Andreas Ortlewski, Hans Piotrowicz, Heini Raszio, Hans Schimetzki, Otto Sombetzki, Hermann Stachorra, Paul Tregel. Die alliierte Kriegsführung, die schließlich zum Sturz des Terrorregimes führte, richtete in Dortmund große Verwüstung an: 70 % aller Wohnhäuser waren bei Kriegsende nicht mehr bewohnbar, der Zerstörungsgrad der Innenstadt – einschließlich des Hoeschviertels – lag bei 95 %. Aufgrund seiner Industrieanlagen kam Dortmund bei der Zerschlagung von Hitlers Kriegsmaschine strategische Bedeutung zu. Zerbombt wurden auch das Stadion Rote Erde und die Geschäftsstelle des BVB. 6.341 Zivilisten kamen im Bombenhagel ums Leben, 12.520 Dortmunder wurden an der „Front" getötet.

EINWURF

Göttliche Kicker – Der Fußball und die Kirche

Der BVB ist nur einer von vielen Fußballvereinen, die im kirchlichen Milieu gegründet wurden. Ungefähr ein Viertel der ersten englischen Klubs ging auf kirchliche Initiativen zurück. Bei vielen englischen Geistlichen war der Glaube an die heilende moralische Kraft des Athletismus („muscular Christianity") nicht weniger stark ausgeprägt als der Glaube an Gott. Sport war Teil eines kirchlichen Programmes zur Bekämpfung der „Krankheiten" der Industriegesellschaft wie das epidemische Trinkproblem und die Wettleidenschaft, die sich zu einem proletarischen Hobby entwickelt hatte. Das kirchliche Engagement für die populärste proletarische Freizeitbeschäftigung war auch eine Reaktion auf den schwindenden Einfluß der Religion auf die Arbeiterschaft, die sich zu Teilen sozialradikalen Vorstellungen zuwandte.

1885 unterhielten 25 der 111 Liverpooler Fußballzusammenschlüsse Verbindungen zu religiösen Einrichtungen. In Birmingham waren 83 der 344 Klubs „Kirchenvereine". Der Birminghamer Premier-League-Klub Aston Villa wurde beispielsweise 1872 von Schülern einer wesleyanischen Bibelschule gegründet. Der von John Wesley begründete Methodismus war zur Religion der Arbeiterschaft geworden – möglicherweise verdankt die britische Labour Party ihren politischen Einfluß stärker dieser Religion als dem Marxismus. Übten die Kirchenmänner aber einen zu großen ideologischen Druck auf die Fußballer aus, reagierten diese nicht selten mit der Beendigung ihrer Beziehungen zur Kirche. Der Boltoner Klub Christ Church FC, später Bolton Wanderers, trennte sich 1877 von der Kirche, nachdem der zuständige Vikar den Kickern erklärt hatte, daß er ihr Treiben nur unter einer bestimmen Bedingung auch weiterhin unterstützen würde: Die Kicker sollten sich zumindest ab und an in seiner Kirche sehen lassen.

Auch in Deutschland gingen die Arbeitervereine in der Regel aus den vier institutionellen Zusammenhängen Betrieb, Kneipe, Nachbarschaft und eben Kirche hervor. Nicht wenige Klubs im Ruhrgebiet können auf kirchliche Ursprünge verweisen. So auch der BVB, der aus dem katholischen Jünglingsverein „Dreifaltigkeit" entstand – allerdings nicht mit Hilfe der Kirchenleitung, sondern als entschlossene Protestbewegung gegen kirchliche Bevormundung. Die Geschichte der St. Dreifaltigkeitskirche, die sich in der Flurstraße befindet, in unmittelbarer Nähe zum ehemaligen BVB-Platz „Weiße

Wiese" und zur Hoesch-Westfalenhütte, ist eng mit dem Hoesch-Werk und der Hoeschstadt verbunden. In den Jahren 1900 bis 1913 trafen hier insbesondere Zuwanderer aus Schlesien, Posen, Westpreußen und Ostpreußen ein. 1920 betrug die Einwohnerzahl des Hoeschviertels 25.717. Davon waren 5.263 Polen. 14.500 der Einwohner gehörten dem katholischen Glauben an.

Die 1892 gegründete St. Josefsgemeinde bemühte sich bereits 1896 um einen Bauplatz, um für die damals schon 4.000 Katholiken im Hoeschviertel eine Kirche zu bauen. Die St. Josefskirche sollte so entlastet werden. Außerdem galt es, den langen Kirchweg für die Katholiken im Hoeschviertel zu verkürzen. 1897 wurde ein Kirchbauverein gegründet.

1901 waren mehr als ein Drittel der Gemeindemitglieder Polen, weshalb man zunächst alle zwei Monate einen Gottesdienst in polnischer Sprache abhielt. Ab 1908 gab es jeden Sonntag einen Polengottesdienst. Im Hoeschviertel gab es drei polnische Arbeitervereine und ab 1911 gar eine Rosenkranzbruderschaft, die fast tausend Mitglieder hatte. Die Gemeinde gestattete den Polen, ihre nationalen Eigenheiten zu pflegen. Der Pfarrer Lepper wurde deshalb beschuldigt, den nationalpolitischen Bestrebungen der Polen Vorschub zu leisten und keine vaterländischen Gefühle zu zeigen: Die „Ruhrpolen" galten als „Reichsfeinde" und ihre Anwesenheit beschwor in den Augen der preußischen Beamtenschaft die Gefahr einer nationalpolnischen Bewegung, ja gar eines Polenstaates im Westen herauf.

Die Jünglingssodalität „Dreifaltigkeit" wurde im November 1901 gegründet. Die Sodalität widmete sich nicht nur der religiösen Erziehung und der Beteiligung am kirchlichen Leben, sondern auch dem Sport, der Musik und dem Theaterspielen. Die sportlichen Aktivitäten wurden im Jahr 1906 aufgenommen. Auf sportlichem Gebiet beschäftigte sich der Jünglingsverein zunächst nur mit Turnen und Leichtathletik. Aber angesichts seines Einzugsgebietes war es nur logisch, daß bald auch Fußball gespielt wurde. Sehr zum Unwillen des zuständigen Kaplans Hubert Dewald, der 1906 die Jünglingssodalität übernommen hatte. Dewald haßte nicht nur das „rohe" Spiel, sondern auch dessen „kulturelles Umfeld", wozu insbesondere das Wirtshaus „Zum Wildschütz" in der Osterholzstraße am Borsigplatz gehörte. Lilli Trott, die Tochter des Inhabers Heinrich Trott, war mit dem späteren BVB-Gründer Franz Jacobi befreundet. Außerdem kollidierten die Spiele der Fußballer mit der Gottesdienstordnung, genauer der sonntäglichen Messe und der Andacht am Sonntagnachmittag. Dewald bezog von der Kanzel Stellung gegen das „rohe" und „wilde Treiben". Er erweiterte das sonntägliche Kirchenprogramm sogar und machte es für die Jünglingssodalität zur Pflicht, wohl in der Hoffnung, die Mitglieder würden nun vom Fußball lassen. Erst nach der Nachmittagsandacht wurde der Ball freigegeben.

Der Stein des Anstoßes: Das Wirtshaus „Zum Wildschütz" in der Oesterholzstraße 156. Hier wurde am 19.12.1909 die Gründung des Ballspielvereins Borussia vollzogen.

Doch Dewald hatte seine Rechnung ohne die Fußballbegeisterung der jungen Balltreter gemacht. Obwohl einige von ihnen noch zwischen Frühmesse und Nachmittagsandacht als Jungbergleute oder als Stahlarbeiter arbeiten mußten, spielten sie auch weiterhin Fußball. Die Fußballer gebärdeten sich zusehends autonomer und widersetzten sich Dewalds Vorschriften. Offensichtlich bestand ein gewisser Zusammenhang zwischen dem „rohen" Spiel und dem Verhalten der Akteure außerhalb des Spielfelds. Das Spiel förderte das Selbstbewußtsein der Jugendlichen. Als Dewald von den Kickern forderte, auf den Besuch des Wirtshauses „Zum Wildschütz" zu verzichten und statt dessen ihre Treffen in das neue Pius-Gemeindehaus zu verlegen, kam es zum offiziellen Bruch.

Der Vorschlag zur Gründung eines eigenen Vereines kam von Reinhold Richter, dem ersten Schriftführer des BVB. Richter, der zunächst Kellner war, war erst wenige Jahre vor der BVB-Gründung aus London zurückgekehrt. Dort hatte er von einem Bekannten Heinrich Trotts vernommen, daß dieser die Verpachtung seines Wirtshauses beabsichtige, woraufhin Richter sich nach Dortmund begab. Allerdings stellte sich die Information als falsch heraus.

Am 19.12.1909, einem Adventssonntag, gründeten im „Wildschütz" 18 „Verschwörer" aus Protest gegen Kaplan Dewald den BVB. Die Versammlung verlief keineswegs konfliktfrei. Zunächst waren ca. 50 Teilnehmer anwesend, von denen sich jedoch nicht wenige gegen eine Trennung von der Kirche aussprachen. Nach etwa einer Stunde waren nur noch 18 Fußballer im Sitzungszimmer. Einer der Ausgezogenen informierte Dewald, der dann persönlich erschien, um die Versammlung aufzulösen. Doch die Zurückgebliebenen verwehrten ihm den Zutritt.

Der Kaplan benutzte wenige Tage später den Heiligabendgottesdienst, um die BVB-Gründer der Gemeindespaltung zu beschuldigen. Die „Rebellen" wurden aus der Jünglings-Sodalität herausgeworfen. Einige der 18 Ausgeschlossenen verließen die Borussen unter dem Druck der Kirche und ihrer Familien wieder und begaben sich zurück in die Jünglings-Sodalität. Als der BVB am 11. Mai 1911 sein erstes offizielles Gesellschaftsspiel als Mitglied des WSV veranstaltete, ließen die Vereinsgründer von diesem Ereignis mehrere Fotos machen, die sie dann nachts an der Tür des Pius-Hauses befestigten – um Kaplan Dewald zu zeigen, daß sie es endgültig geschafft hatten.

An der Gründung des BVB waren die folgenden Personen beteiligt:

► Heinrich Cleve, Franz Braun, Paul Braun, Hans Debest, Paul Dziendzielle, Franz Jacobi, Julius Jacobi, Wilhelm Jacobi, Hans Kahn, Gustav Müller, Franz Risse, Fritz Schulte, Hans Siebold, August Tönnesmann, Heinrich Unger, Fritz Weber, Franz Wendt, Robert Unger. 1. Vorsitzender wurde Heinz Unger, Kassierer und Geschäftsführer Franz Jacobi.

1920 entstand aus der Jünglingssodalität ein weiterer Verein, der jedoch einen anderen Charakter hatte als der BVB. Die DJK-Unitas blieb als Mitglied der katholischen Sportbewegung der Kirche verbunden.

Der BVB ist nicht der einzige Dortmunder Klub, dessen Wiege die Kirche war. Der VfB 1897, nach dem DFC/DSC 95 Dortmunds zweitältester Klub, entstand ebenfalls aus einem Jünglingsverein. 1897 wurde der „Evangelische Verein junger Männer des westlichen Stadtbezirks" gegründet, in dem auch gekickt wurde. Spätestens ab 1903 nahm der evangelische Jünglingsverein am Spielbetrieb des Westdeutschen Spielverbandes teil. 1905 trennten sich die Fußballer vom Jünglingsverein und gründeten den VfB.

1975, die Dreifaltigkeitsgemeinde feierte ihr 75jähriges Bestehen, wurden die kirchlichen Wurzeln des BVB noch einmal reaktiviert. Das Festprogramm beinhaltete u.a. ein Fußballspiel der Traditionsmannschaft des BVB gegen eine Gemeindeauswahl. Austragungsort war der Hoeschpark, wo sich einst der erste Platz des BVB befand. ■

1945 bis 1963

Wachablösung im Revier
Dortmund vor Schalke

Empfang des Vize-Meisters 1949 im noch zerstörten Dortmund. Auf den Schultern begeisterter Fans: Max Michallek. Auch damals verstand man es bereits, Vizemeisterschaften zu feiern – wie 43 Jahre später.

Das Ruhrgebiet blieb auch nach 1945 Fußball-Hochburg, obwohl der FC Schalke 04 nicht mehr länger dominierte. Mit Borussia Dortmund, Rot-Weiß Essen, Westfalia Herne, Schwarz-Weiß Essen und einigen Vorortvereinen machten nun auch andere Adressen von sich reden. Der Fußball gewann weiter an Popularität. „Fußball im Kohlenpott entwickelte sich zur Überlebenshilfe und zum Medium von Realitätsflucht" (Norbert Seitz). Ein Essener Bergarbeitersohn namens Otto Rehhagel viele Jahre später: „Der einzige Weg war der Fußball. Auf der Straße. Vor der Schule und nach der Schule nur Fußball gespielt – wie die Verrückten."

Dem Zusammenbruch und Nachkriegselend folgte schon bald das „Wirtschaftswunder", dessen Kernland 15 Jahre lang das Ruhrgebiet sein sollte. Der Aufschwung fand zunächst in den Energie- und Investitionsgüter produzierenden Industriebereichen statt, wovon vor allem die Schwerindustrie profitierte – und mit ihr eine Reihe von Arbeitervereinen, die in der Nachbarschaft der Unternehmen existierten und von diesen Unterstützung erhielten. Dies galt auch für Dortmund und ihre Borussia. Noch 1960 sollten in Dortmund 43.094 Menschen im Bergbau und in Betrieben der Energiegewinnung arbeiten. In der lokalen Eisen- und Metallerzeugung und -verarbeitung betrug die Zahl der Beschäftigten sogar 72.352.

Nach dem 2. Weltkrieg begann der Aufstieg des BVB zu einer deutschen Spitzenmannschaft, auch wenn die Dortmunder im ersten Nachkriegsaufeinandertreffen mit Schalke 04 (12.1.1946) 1:3 unterlagen.

Trotz der erheblichen Zerstörungen, die der Krieg in Dortmund angerichtet hatte, wurde beim BVB bereits ab August 1945 wieder gespielt. Bei Kriegsende hatte der BVB zwar faktisch nicht mehr existiert, aber schon bald traf man sich illegal beim damaligen Vereinswirt Schneider am Borsigplatz. In Zusammenarbeit mit dem noch provisorischen Kreissportverband wurde die Reaktivierung und Wiederzulassung des BVB betrieben. Am 15. Juli hatte die Militärregierung einen kommissarischen Vorstand mit Willi Bietzek als Vorsitzenden und Franz Jacobi als Stellvertreter und Kassierer bestätigt.

Die Vereinslandschaft wurde nach dem Krieg zunächst von Zwangsauflösungen, Zwangszusammenschlüssen und Umbenennungen bestimmt, denn die Alliierten waren – zu Recht – der Auffassung, daß der organisierte Sport der Mittäterschaft am Nationalsozialismus schuldig war. So hieß es in den Ausführungsbestimmungen der am 15. September 1945 erlassenen alliierten Verordnungen 8 bis 13, in denen die Bedingungen für die Wiedergründung von Vereinen formuliert wurden, u.a.: „Die Mil.-Reg.-Kommandanten werden jedoch daran erinnert, daß die Geschichte von Sportvereinen unter dem Naziregime zeigt, daß sie ein mächtiges Werkzeug zur Verbreitung von Nazilehren und Einprägung von Militarismus bilden. Es ist klar, daß die gegenwär-

Der BVB anläßlich eines „Kalorien-Spiels" in Niedermasberg: Koschmieder (2. v.l.), Herbert Sandmann (mit Akkordeon), August Lenz (Mitte) sowie der Vereinsvorsitzende Rudi Lückert (hinten links). In der Mitte beim Kartoffelschälen Adi Preißler.

tige Lockerung der Einschränkung ihrer Tätigkeit die Gefahr enthält, daß sie wieder in dieser Weise mißbraucht werden."

Der BVB war zunächst als „Sportgemeinschaft Borussia von 1898" neugegründet worden. Zuvor hatte sich der Stadtverband für Leibesübungen bemüht, den BVB mit dem FS 98 und der ehemaligen Werksportgemeinschaft Hoesch zu vereinigen, was jedoch verhindert wurde. Mit dem 15. Juli hießen die Schwarz-Gelben wieder BV Borussia 09 Dortmund.

Bereits im Spätsommer 1945 war es im Altenbögger „Haus Timmering", dem legendären Vereinslokal des Bergarbeitervereins VfL Altenbögge, zu einem Treffen von Vertretern ehemaliger Klubs der Gauliga Westfalen gekommen. Die Anwesenden vereinbarten, daß alle Mitglieder der alten Gauliga, die dort zwischen 1939 und 1944 vertreten waren, zu Punktspielen in einer „1. Division West" antreten sollten. Für den BVB bedeutete dies, daß er automatisch wieder erstklassig war. Der BVB wurde der Gruppe II (Landesliga Westfalen Staffel 2) der zweigleisigen Liga zugeteilt und belegte dort 1946 den 4. Platz. Gruppensieger wurde die mit der Schachtanlage „Ewald-Fortsetzung" verbündete SpVg. Erkenschwick. Borussias Abstand zum Gruppenmeister betrug sechs Punkte. Der Staffel gehörten nur neun Vereine an, unter ihnen auch Arminia Marten und VfB Alemannia Dortmund.

Eine Versammlung von westdeutschen Vereinsvertretern in Essen kam überein, mit Beendigung der Spielzeit 1946/47 eine eingleisige westdeutsche Eliteklasse zu schaffen, die später Oberliga West genannt wurde. „Sie soll aus 12 Vereinen bestehen, und zwar vier aus Westfalen, je drei aus dem Nieder- und Mittelrhein sowie zwei Vereine, die sich aus einer Sechser-Qualifikationsrunde qualifizieren." Dies bedeutete, daß sich der Geltungsbereich der Oberliga West über das gesamte spätere Bundesland Nordrhein-Westfalen erstrecken sollte. Der große Geltungsbereich der Oberligen brachte längere Fahrten als bislang und erforderte allein schon deshalb eine gewisse finanzielle Entschädigung. Ohne eine Lockerung der harschen Amateurbestimmungen konnten die Oberligen nicht funktionieren. Trotzdem tat sich der DFB mit dem Professionalismus unverändert schwer. Am 24. Juli 1949 wurde auch im Westen und in Norddeutschland der Vertragsspieler eingeführt, nachdem der Süden dies bereits im Juli 1948 getan hatte. Schon im Dezember 1947 hatte dort eine „erste deutsche Fußball-Profi-Tagung" stattgefunden. Der Status des Vertragsspielers entsprach einem Kompromiß zwischen zwei Epochen. Der Vertragsspieler war zwar nicht mehr Amateur, aber auch noch kein Vollprofi. So hieß es im § 3, Absatz 1 des Vertragsspielerstatuts einschränkend: „Der Spieler muß einen Beruf ausüben." Die monatlichen Gehälter durften zunächst 160 DM, später 320 DM und 400 DM (1958) nicht überschreiten, was allerdings oft nicht eingehalten wurde. Ablösesummen errechneten sich aus dem Jahresgehalt eines Spielers zuzüglich einem Gastspiel des neuen Vereins.

Borussia schlägt Schalke

Der BVB spielte in den ersten Nachkriegsjahren häufiger im Hoesch-Park und somit wieder im Norden der Stadt. So beispielsweise im Januar 1947, als 12.000 zu einem Freundschaftsspiel gegen Schweinfurth 05 kamen.

Für den BVB hieß die Einführung der neuen Liga, daß er in der folgenden Punkterunde in seiner Gruppe mindestens den 3. Platz belegen mußte, um im neuen Oberhaus dabei zu sein. Meister und Vizemeister stiegen automatisch auf, während dem Drittplazierten noch die Chance der Qualifikationsrunde blieb. Zuvor wählten die Borussen am 26. Mai 1946 ihren ersten „richtigen" Nachkriegsvorstand, dem Rudi Lückert (Vorsitzender), Egon Pentrup (Stellvertreter), Willi Bietzek (Geschäftsführer) und Fritz Schaaf (Kassierer) angehörten. Als Trainer war erneut Fritz Thelen verpflichtet worden. Der BVB wurde in der Saison 1946/47 mit drei Punkten Vorsprung vor Erkenschwick Meister. Die anderen in der Liga vertretenen Vereine aus Dortmund, Hombruch 09, TBV Mengede 08 und Arminia Marten, konnten sich hingegen für die Oberliga West nicht qualifizieren. In der anderen Gruppe der 1. Division West/Westfalenliga hatte Schalke 04 die Meisterschaft errungen. Zwischenzeitlich war Thelen von dem Diplom-Sportlehrer Ferdinand Fabra abgelöst worden.

Der 18. Mai 1947 geriet zu einem Markstein in der schwarz-gelben Geschichte. 30.000 Zuschauer strömten ins Herner Stadion Schloß Strünkede, um bei nicht minder strömendem Regen das Endspiel um die Westfalenmeisterschaft zu sehen. Mindestens die Hälfte von ihnen waren Borussen-Fans. So schrieb der *Sport am Sonntag:* „Wären nicht militärische Ausdrücke verpönt, so müßte man von einer Invasion der Dortmunder Fußballfreunde sprechen." Der BVB schlug den FC Schalke 04 in einem hochklassigen Spiel mit 3:2 und beendete damit eine 21 Jahre währende Ära blau-weißer Dominanz. Zweimal lagen die Schalker in Front, aber am Ende siegte Borussia. Die Schalker waren zwar das technisch versiertere Team, aber dafür zeigte der BVB auf dem schweren Boden den größeren Kampfgeist und agierte geradliniger. Vater des Dortmunder Sieges war August Lenz, der den Schalker Otto Tibulski neutralisierte und den 1:1-Ausgleich durch Michallek sowie das Siegtor durch Sandmann vorbereitete. Außer Michallek und Sandmann traf auch noch der starke Verteidiger Ruhmhofer für den BVB. Bis zur 78. Minute hatten die Schalker mit 2:1 in Führung gelegen, und kaum jemand am Schloß Strünkede glaubte noch an eine Wende. Der Siegtreffer fiel fünf Minuten vor dem Abpfiff. Der Überraschungssieg wurde allerdings auch möglich, weil die Schalker in der 2. Halbzeit faktisch nur noch mit zehn Mann spielten – der verletzte Berni Klodt humpelte nur noch herum – und ihr Keeper Hans Klodt einen rabenschwarzen Tag erwischte. Ruhmhofers Weitschuß zum 2:2 galt als haltbar, und beim Siegtreffer durch Sandmann kam Klodt nicht schnell genug wieder auf die Füße. Beim Abonnementsmeister war die Enttäuschung so groß, daß seine Spieler gar nicht erst zur Siegerehrung erschienen. Der *Sport am Sonntag* resümierte: „Es war ein Triumph des größeren Siegeswillen über die unbestreitbar immer noch reifere Spielkultur." Bezeichnenderweise schrieb die *Rhein-Ruhr-Zeitung* anschließend nicht „Borussia Westfalenmeister!", sondern „Schalke nicht mehr Westfalenmeister!" Für Hans-Dieter Baroth, Chronist des Ruhrgebietsfußballs, war der Dortmunder Sieg „die Wende im Westen. Der ewige Zweite, Borussia Dortmund, wurde zunächst in der Nachkriegszeit die dominierende Mannschaft des Ruhrgebiets und die erfolgreichste der Oberliga West. Mit dem Spiel im traditionsreichen Herner Stadion Schloß Strünkede ging für Schalke ein Fußballzeitalter zu Ende." Erst am 12. März 1950 sollte Schalke wieder gelingen, was über zwei Dekaden selbstverständlich gewesen war: ein Sieg über den BVB. Dazwischen lagen vier Niederlagen und ein Unentschieden.

Nach dem Gewinn der Westfalenmeisterschaft drang der BVB durch Siege gegen Werder Bremen (4:2) und VfR Köln 04 (5:4 n.V.) bis ins Meisterschaftsfinale der Britischen Zone vor. Dort unterlag er allerdings vor 60.000 Zuschauern im Düsseldorfer Rheinstadion dem Hamburger SV mit 0:1. Viele Spieler dieser Jahre kamen aus der Gegend zwischen Bornstraße und Borsigplatz und verdingten sich auf der an der Bornstraße gelegenen Zeche Kaiserstuhl I, deren Direktorium dem BVB sehr verbunden war. Die Spieler erhielten „leichte Arbeit“ über Tage. Herbert Sandmann, der den Borussen im Alter von neun Jahren beitrat und bereits mit 18 sein Debüt in der 1. Mannschaft gab: „Wir besorgten die Eintrittskarten, und dafür machten die anderen unsere Arbeit.“

Oberliga

Zwecks Vorbereitung auf die neue Liga bezog der BVB im Sauerland ein Trainingslager. Als die Frau von Werner Erdmann nach der Rückkehr ihres Mannes in dessen Koffer einen Büstenhalter fand, hatte dies erstmals in der Geschichte des BVB eine Spielersitzung mit Frau zur Folge. Die Angelegenheit entpuppte sich allerdings als Scherz. Im Garten der Borussen-Unterkunft hatte Damenunterwäsche auf der Leine gehangen. Das „gute Stück“ war von Mitspieler Willi Kronsbein entwendet und Erdmann in den Koffer gelegt worden.

1947/48 wurde der BVB erster Meister der neu gegründeten Oberliga West, der zu diesem Zeitpunkt 13 Vereine angehörten. August Lenz wurde mit 22 Treffern erster Torschützenkönig der neuen Eliteklasse. Schalke 04 landete auf dem 6. Platz, zwölf Punkte hinter dem BVB. Zum ersten Oberligaspiel empfingen die Borussen am 14. September 1947 den späteren Vizemeister Sportfreunde Katernberg. Der BVB gewann vor 25.000 Zuschauern in der „Roten Erde“ mit 3:0. Die Katernberger Knappenelf, die ihre Heimspiele auf einem Aschenplatz austrug, führte lange Zeit die Tabelle an. Die Wende kam erst am 20. Spieltag, als der BVB gegen die TSG Vohwinkel 80 mit 5:0 gewann, während Katernberg in Oberhausen eine 2:5-Niederlage erlitt. Am Ende betrug der Vorsprung der Großstädter gegenüber dem Vorortverein nicht mehr als zwei Punkte.

Die Oberliga wurde im fußballdichten Westen begeistert aufgenommen. In der Auftaktsaison besuchten über 2,2 Mio. Zuschauer die 156 Spiele, was einem Schnitt von ca. 14.000 pro Spiel entsprach. Die zwölf Heimspiele des BVB mobilisierten fast ein Viertel der Gesamtzuschauerzahl. Im Schnitt fanden sich über 24.000 bei den Heimspielen des BVB ein, mehr als später in der ersten Bundesligasaison. Für den Fußball waren das spezifische Milieu der

Westmeister 1947/48: Borussia Dortmund. Von links: Lenz, Kronsbein, Koschmieder, Ruhmhofer, Podgorski, Schanko, Halfen, W. Erdmann, H. Erdmann, Preißler, Janowski, Michallek, Sandmann, Spielausschußvorsitzender Lerch, Trainer Fabra.

Ein sporthistorisches Dokument. Mit diesem Anstoß übergibt der britische General Byrnes das Olympiastadion wieder in deutsche Hände. Adi Preißler und August Lenz (links) beobachten die Szene (aus einem Vorrundenspiel der Deutschen Meisterschaft 1949).

ersten Nachkriegsjahre eine ungemein fruchtbare Zeit, zumal im Revier. Denn dort war der Fußball in diesen Jahren auf dem Sektor von Freizeit und Unterhaltung nahezu konkurrenzlos. Andere Ereignisse waren Mangelware. Fast jede Begegnung der Borussen mobilisierte große Massen. Die Attraktivität des Gegners und die Wetterlage spielten noch keine große Rolle, der mangelhafte Komfort in den Arenen war ebenfalls kein Thema. Mit den Jahren sollte sich dies jedoch wieder ändern. Je mehr sich der Freizeit- und Unterhaltungssektor erholte und Normalität einkehrte, desto wählerischer wurde das Publikum.

In den späten 40ern, frühen 50ern festigte die Bevölkerung des Ruhrgebiets ihren Ruf, ein Volk von Sportlern und Zuschauern sportlicher Ereignisse zu sein, für das Sport weit mehr war als nur ein netter Freizeitausgleich. Noch Mitte der 90er zählte der Kommunalverband Ruhrgebiet 5.748 Sportvereine mit 1,3 Mio. Mitgliedern in der Region. Bei Vernachlässigung von Mehrfachmitgliedschaften bedeutete dies, daß etwa jeder vierte Bewohner des Ruhrgebiets in einem Sportverein organisiert war.

Vor dem Start in die neue Liga waren u.a. der Torhüter Willi Kronsbein und Erich Schanko verpflichtet worden. Kronsbein hatte zuvor beim Lokalrivalen Arminia Marten im Tor gestanden. In den letzten Kriegsjahren hatte er dem Kader der Nationalmannschaft angehört. Erich Schanko kam aus Bövinghausen, einem westlichen Vorort Dortmunds und Heimat der berühmten Schachtanlage Zollern. Schanko wurde nach Lenz Borussias zweiter Nationalspieler und kam hier ebenfalls auf 14 Einsätze. Sein Debüt feierte er bereits 31jährig am 17. Juni 1951 in Berlin gegen die Türkei, als er für den Kölner Jupp Röhrig ins Spiel genommen wurde. Die DFB-Elf verlor sensationell mit 1:2.

In der Zonenmeisterschaft schlug der BVB zunächst im Viertelfinale Werder Bremen mit 3:2 n.V. Im Halbfinale war dann der FC St. Pauli Endstation. In Gladbeck trennte man sich 2:2 n.V., aber das Wiederholungsspiel gewannen die Hamburger in Braunschweig mit 1:0. Im Spiel um den 3. Platz traf der BVB auf den TSV Braunschweig und siegte mit 2:0.

Erstmals im DM-Finale

1948/49 errang der BVB erneut die Westdeutsche Meisterschaft, diesmal deutlich überlegen. Der Vorsprung gegenüber Vizemeister Rot-Weiß Essen betrug acht Punkte. Die Spiele gegen Schalke wurden mit 5:2 und 1:0 gewonnen. Dortmunder und Schalker trennten in der Endabrechnung nicht weniger als 20 Punkte – die Schalker wurden nur Zwölfter und Vorletzter und wären damit normalerweise abgestiegen. Doch die Einführung des Vertragsspielertums – mit Beginn der Saison 1949/50 gab es vier Vertragsoberligen à 16 Klubs (außer West noch Süd, Südwest und Nord), nur Berlin folgte erst 1950/51 – rettete die Blau-Weißen vor der Zweitklassigkeit, da die Liga nun auf 16 Vereine aufgestockt wurde. Schalkes Mannschaft war hoffnungslos überaltert. Bis zum Januar 1949 mußte sogar noch der mittlerweile 43jährige Ernst Kuzorra mitkicken. Torschützenkönig wurde Borussias Adi Preißler (25 Tore). Den 2. Rang belegte – wie schon im Vorjahr – Alfred Kelbassa (16 Tore) vom STV Horst-Emscher, der einige Jahre später zum BVB wechseln sollte.

Ein Wiener prägt Borussias Spielkultur

Mit dem Wiener Edy Havlicek hatte der BVB zur Saison 1948/49 erneut einen Österreicher als Trainer verpflichtet, unter dem die Mannschaft einen fast heiter-verspielten Stil pflegte. Im Spiel um die Zonen-Meisterschaft besiegte der BVB den Hamburger SV klar mit 5:2, womit sich der BVB für die Spiele zur Deutschen Meisterschaft qualifiziert hatte. Im Viertelfinale der DM-Endrunde mußte der BVB zunächst ins Berliner Olympiastadion reisen, wo er vor 50.000 Zuschauern den Berliner SV 92 mit 5:0 deklassierte. Halbfinalgegner war der 1.FC Kaiserslautern. Vor 57.000 Zuschauern im Münchener Stadion an der Grünwalder Straße hieß es auch noch nach 120 Minuten 0:0, dank zweier glänzend aufgelegter Torhüter – Bubi Rau (BVB) und Karl Adam (1. FCK). Rau, zuvor für den Lokalrivalen VfB Alemannia aktiv, hatte den verletzten Kronsbein abgelöst. Um ein Haar wäre Rau beim englischen Profiklub Tottenham Hotspurs gelandet. Das Wiederholungsspiel fand im Müngersdorfer Stadion zu Köln statt und mobilisierte mit 60.000 erneut eine große Kulisse. Es war das Spiel des Außenläufers Erich Schanko, der den Lauterer Fritz Walter zur Bedeutungslosigkeit verurteilte. Der BVB gewann mit 4:1, wobei die Torschützen Michallek, Preißler (2) und Erdmann hießen.

Zum ersten Mal in ihrer nun fast 40jährigen Vereinsgeschichte stand die Borussia in einem Endspiel um die Deutsche Meisterschaft. Zum Finale gegen den VfR Mannheim pilgerten 93.000 ins Stuttgarter Neckarstadion, dessen Fassungsvermögen durch die Errichtung von Stahlrohrtribünen eigens für das große Ereignis erweitert worden war. Kartenvorbestellungen gab es fast eine Million. In dem als „Hitzeschlacht" in die Annalen eingegangenen Finale behielten die Mannheimer gegenüber den leicht favorisierten Borussen mit 3:2 n.V. die Oberhand. Eine Stunde lang dominierte die Borussia mit ihrer glänzenden Läuferreihe Michallek – Koschmieder – Schanko das Spiel und führte durch einen Treffer von Erdmann mit 1:0. Dabei ging Michallek verletzt ins Finale und mußte dies deshalb zum Schluß mit nur einem Schuh bestreiten. Und Schanko sollte im Spiel durch eine schmerzhafte Kopfverletzung und den Verlust von vier Zähnen gehandicapt werden. Eine höhere Führung der technisch überlegenen Dortmunder verhinderte die Kampfkraft der Mannheimer. Als Havlicek seine Mannen anwies, den Vorsprung über die Zeit zu bringen, verfügte der VfR plötzlich über mehr Raum, den Löttke in der 74. Minute zum Ausgleich nutzte. Der BVB ging zwar in der 82. Minute erneut durch Erdmann ein zweites Mal in Führung, aber nur drei Minuten später gelang Langlotz der verdiente Ausgleich. Die Verlängerung war dann für die restlos ausgepumpten Akteure reine Nervensache. Der VfR verfügte an diesem Tag über das stabilere Nervenkostüm: In der 108. Minute erzielte Löttke den 3:2-Siegtreffer.

Das erste Borussen-Team, das ein DM-Finale bestritt:

▶ Rau – Ruhmhofer, Halfen – Buddenberg, Koschmieder, Schanko – Erdmann, Michallek, Kasperski, Preißler, Ibel.

Der einzige ehemalige Gauligaspieler in dieser Elf war Herbert Erdmann. August Lenz war nur Zuschauer. Lenz machte hierfür später einige Neider im Verein verantwortlich. Es kursierte das Gerücht, daß der BVB ihm eine Gastwirtschaft in Aussicht gestellt hatte. Nach seinem Karriereende übernahm Lenz tatsächlich eine Kneipe am Borsigplatz, die er mit seiner Frau Mia über drei Jahrzehnte betrieb.

Borussen kontra Atom

In der Saison 1949/50 gewann der BVB die dritte Westmeisterschaft in Folge. Seit dem 24. Juli 1949 war auch im Westen der Vertragsspieler legalisiert, im Süden war dies bereits seit einem Jahr der Fall. Um die schwarz-gelben Meisterschaftsambitionen war es zunächst nicht gut bestellt. Zum Meisterschaftsauftakt verlor man beim durch die Ex-Schalker Flotho und Klodt verstärkten STV Horst-Emscher mit 0:1. Horst-Emscher wurde sogar Herbstmeister, aber als härtester Konkurrent sollte sich das Sensationsteam vom SC Preußen Dellbrück erweisen, bei dem der spätere Nationalkeeper Fritz Herkenrath im Tor stand. Am 7. April 1950 fügten die Dellbrücker dem BVB die erste Heimniederlage seit Bestehen der Oberliga zu, als ihnen Sekunden vor dem Abpfiff der Siegtreffer zum 1:0 gelang. Am Ende lag der BVB dennoch vier Punkte vor den Preußen. Alfred Preißler wurde mit 24 Treffern Torschützenkönig. Schalke wurde in dieser Saison in der „Roten Erde“ mit 5:1 besiegt. Die *Westfälische Rundschau (WR)* schrieb anschließend von einem „Sieg der Routine über talentierte Schüler großer Vorbilder“. In der Endrunde zur Deutschen Meisterschaft kam es im Achtelfinale zur Neuauflage des Finales von 1949. Die Chance zur Revanche blieb ungenutzt. Im Gladbecker Stadion unterlagen die Borussen dem VfR Mannheim mit 1:3. Die 38.000 Zuschauer bedeuteten die mit Abstand größte Kulisse bei den acht Achtelfinalbegegnungen.

Endspiel um die Deutsche Fußballmeisterschaft zwischen dem BVB und VfR Mannheim: Koschmieder, Schiedsrichter Zacher und Henniger bei der Seitenwahl.

Sportlich war für den BVB die Saison damit beendet, doch die Politik kannte keine Sommerpause. So meldete das FDJ-Zentralorgan *Junge Welt* in seiner Ausgabe vom 14. Juli 1950: „Borussia Dortmund unterzeichnete Stockholmer Friedensappell. Die Ereignisse in Korea haben in der ganzen Welt dazu beigetragen, daß sich der nationale Widerstand aller friedliebenden demokratischen Menschen gegen die imperialistischen Kriegsbrandstifter von Tag zu Tag verstärkt. Das findet seinen stärksten Ausdruck in der Unterschriftenkampagne zur Ächtung der Atomwaffe. Ein schönes Beispiel lieferte der Fußballmeister der westdeutschen Oberliga, Borussia Dortmund, der sich nach einer Protestkundgebung gegen die imperialistische Aggression in Korea mit seiner Mannschaft in die Listen zur Ächtung der Atomwaffe eintrug. (...) Sportfreunde, die nicht nur verstehen, guten Fußball zu spielen, sondern die sich aktiv für den Frieden bekennen, wenn es darauf ankommt – sie können für jeden Sportler ein Beispiel sein."

Von Großen und von Kleinen

1950/51 war dann endlich wieder Schalke 04 an der Reihe. Die Einführung des Vertragsspielers blieb nicht ohne Folgen für Borussias Personalpolitik: So hatten die Schwarz-Gelben den Verlust ihrer beiden Stürmer Preißler und Schulz zu beklagen, die beide zum ambitionierten und mit hohen Handgeldern lockenden SC Preußen Münster wechselten. Der BVB machte sich seinerseits über das Spielerreservoir des kleineren STV Horst-Emscher her, von dem Sahm, Sikuda, Wieding und Wischner an den Borsigplatz wechselten. Die Fans der „Emscherhusaren" waren darob so erbost, daß sie dem Gastronom Heinz Dolle, Borussias Obmann und „Einkäufer", der sich vereinsintern mit einem anderen Gastronom, dem ehemaligen Großmarktkönig Menne Lerch, einen Machtkampf lieferte, die Autoreifen zerstachen. Herbert Sandmann: „Heinz Dolle hat diesen Verein kaputt gemacht. Dabei paßte die Mehrzahl dieser Spieler überhaupt nicht zu unserer Mannschaft." Die Neuzugänge mußten ohnehin zunächst wegen „Verstoßes gegen das Vertragsspielerstatut" pausieren.

Der personelle Umbruch war wohl mit ein Grund, warum der BVB am Ende der Saison mit drei Punkten Abstand auf Meister Schalke „nur" den 3. Platz belegte, obwohl er 18 Spiele hintereinander ungeschlagen geblieben war. Außerdem verlor der BVB am „grünen Tisch" zwei Punkte, da der Dorstfelder Neuzugang Alfred Meinsen seine Freigabepapiere gefälscht hatte. Die Begegnung gegen Borussia Mönchengladbach, die der BVB mit 5:0 gewonnen hatte, wurde mit 0:0 Toren und 2:0 Punkten zugunsten der Gladbacher gewertet und Alfred Meinsen bis zum 9. März 1953 gesperrt. Borussias erfolgreichster Torschütze war in dieser Saison Josef Linneweber, der mit 21 Treffern hinter dem Schalker Hans Kleina auf Platz 2 der Torschützenliste kam.

Am 9. Mai 1951 bestritt der BVB sein erstes Spiel auf ausländischem Boden. Beim englischen Erstdivisionisten Derby County erreichte man ein 1:1.

1951/52 hieß der Westmeister erstmals Rot-Weiß Essen. Der BVB kam mit elf Punkten Rückstand auf den 4. Rang. Erfolgreichster Torschütze war mit 19 Treffern Neuzugang Alfred Niepieklo.

1952 wurde der Rechtsanwalt Dr. Werner Wilms zum neuen BVB-Präsidenten gewählt. Der BVB wurde nun von einem Mann geführt, der nicht im Umfeld des Borsigplatzes aufgewachsen war. Wilms war zudem der erste Nachkriegs-Präsident der Borussia, der repräsentierte. Er leitete damit eine neue Ära an der BVB-Spitze ein. Ihm folgten in den 50ern, 60ern und 70ern u.a. zwei Brauereidirektoren, ein Hoesch-Prokurist, ein Bergwerksdirektor und ein VEW-Vorständler, der zuvor Dortmunder Stadtdirektor geworden war. Egon Pentrup wurde 2.Vorsitzender, Karl Hagedorn „Dritter". Hauptkassierer wurde Werner Bigge und Fußballobmann Heinz Dolle.

In der Saison 1952/53 hieß der Westmeister wieder Borussia Dortmund. Es war die Saison, in der Borussias Torjäger besonders erfolgreich waren. In 30 Spielen trafen die Schwarz-Gelben 87mal. Erfolgreichster Torschütze war mit 17 Treffern erneut Alfred Niepieklo, vor dem Rückkehrer Adi Preißler (15). Seit 1951 wurde der BVB mal wieder von einem Ex-Schalker trainiert: Hans „Bumbas" Schmidt. Unter dem ehemaligen Nationalspieler des 1. FC Nürnberg (16 Länderspiele, einmal Spielführer) hatten Szepan, Kuzorra und Co. ihre großen Erfolge gefeiert. 1949 hatte Schmidt (Markenzeichen: krumme Virginia im Mundwinkel) die Mannheimer zum Titel geführt und galt somit zu Recht als „Meistermacher".

Die Gruppenspiele der Endrunde beendete der BVB mit 10:2 Punkten. Die einzige Niederlage erlitt der BVB gegen den VfB Stuttgart, der in der Endabrechnung ebenfalls 10:2 Punkte aufwies. Auch die Tordifferenz war mit 17:7 (BVB) bzw. 16:6 (VfB) identisch. Obwohl der BVB ein Tor mehr erzielt hatte, bedeutete das damals übliche Divisionsverfahren, daß sich der VfB für das Finale qualifizierte. Der BVB wartete weiterhin auf seine erste Deutsche Meisterschaft, während das Team immer älter wurde.

Die Saison 1952/53 brachte eine Neuerung von historischer Tragweite für den deutschen Fußball. Im August 1952 war es zum ersten Mal zu einer Live-Übertragung eines Fußballspiels im Fernsehen gekommen (Hamburger SV – Altona 93). Ab Februar 1953 wurde Fußball zum festen Programmbestandteil des deutschen Fernsehens. Von nun an wurden regelmäßig jeden Sonntagnachmittag Begegnungen der Oberliga übertragen. Die Vereine kassierten hierfür zwischen 1.000 und 2.500 DM pro Spiel. Der Fußball – und hier insbesondere die WM 1954 – sollte einen bedeutenden Beitrag zur Etablierung des Fernsehens leisten.

In der Saison 1953/54 reichte es für den BVB nur zum 5. Platz. Nach dieser Spielzeit verließ „Bumbas“ Schmidt den BVB bereits wieder. Sein Traum, den BVB zu seiner ersten Deutschen Meisterschaft zu führen, blieb unerfüllt. Schmidts Nachfolger wurde ein anderer Ex-Mannheimer: Helmut Schneider.

Nach Saisonschluß gingen die Borussen auf eine dreiwöchige USA-Reise. In New York verlor man gegen Fortuna Düsseldorf mit 0:6, die höchste Borussen-Niederlage seit Kriegsende. Die Reise ging weiter nach Chicago, Cleveland, in die Biermetropole Milwaukee, dem Hauptsitz des einladenden Visconson Soccer-Klubs, Los Angeles und Kalifornien. Ein weiteres Freundschaftsspiel in Chicago wurde ebenfalls verloren.

1954/55 landete der BVB auf dem 4. Platz, 15 Punkte hinter dem souveränen Westmeister Rot-Weiß Essen. Mit 30:30 war Borussias Punktekonto ausgeglichen und damit das schlechteste in 16 Jahren der Oberligazugehörigkeit. Vom Vorletzten und Absteiger Meidericher SpV. trennten den BVB lediglich vier Punkte. Die Essener waren bereits 1953 Pokalsieger geworden, was den ersten nationalen Titel für einen Ruhrgebietsklub nach Ende des Krieges bedeutete. Auch was den Meistertitel anbetraf, sollten die Essener schneller als der BVB und Schalke sein: Rot-Weiß qualifizierte sich für das Finale und gewann hier gegen den 1.FC Kaiserslautern mit 4:3. Eine Schlüsselrolle beim Aufstieg der Essener spielte Georg Melches, nach dem später auch das Stadion an der Hafenstraße benannt wurde. Der „gute Geist von Bergeborbeck“ war Betriebsführer einer Zeche, die sich für die Rot-Weißen ähnlich engagierte wie die Zeche „Consolidation“ in den 20ern und 30ern für die Schalker „Knappen“. Als Rot-Weiß Essen Meister wurde, hatte die Kohleförderung in Essen ihren Höhepunkt erreicht. Mit 60.000 Bergarbeitern war Essen die größte Bergbau-Stadt des Kontinents. 1959 sollte auch noch der „andere“ Essener Klub für Furore sorgen: Obwohl lediglich Zweitligist, gewann ETB Schwarz-Weiß Essen den DFB-Pokal.

Vor der Saison hatte der BVB wieder einmal einen Akteur des STV Horst-Emscher verpflichtet: Alfred Kelbassa, einer der erfolgreichsten Torjäger der Oberliga West, der in seiner ersten Saison am Borsigplatz allerdings nur auf 19 Einsätze und neun Tore kam. Nach der Saison beendete Paul „Pat“ Koschmieder seine Spielerkarriere beim BVB. In seiner letzten Saison war er nur noch an den ersten drei Spieltagen zum Einsatz gekommen. Koschmieder wurde anschließend 3. Vorsitzender des Vereins.

Ein goldenes Jahrzehnt beginnt

1956 hieß der Westmeister zum fünften Male BVB. Dabei war der Start des BVB in die neue Oberligasaison eher bescheiden verlaufen. Nach vier Spieltagen hatte man bereits einen Rückstand von vier Punkten auf die beiden verlustpunktfreien Mannschaften von Preußen Dellbrück und Fortuna Düsseldorf. Doch eine kleine Serie von drei Siegen hievte den BVB am 7. Spieltag erstmals an die Tabellenspitze. Mit 26:6 Punkten wurde der BVB vor Fortuna Düsseldorf und Schalke 04 Herbstmeister. In der Rückrunde ließen die Borussen nichts mehr anbrennen. Vom 16. bis zum 30. Spieltag blieben sie ununterbrochen Spitzenreiter, wobei ihr Vorsprung zeitweise sechs Punkte betrug. Mit 45:15 Punkten wurde der BVB Meister, Vizemeister Schalke lag vier Zähler dahinter. Von den 78 Treffern, die der BVB erzielte, gingen nicht weniger als 63 auf das Konto des Innensturmtrios Alfred Niepieklo, Alfred Kelbassa und Alfred Preißler, auch die „drei Alfredos" genannt. Niepieklo wurde mit 24 Toren vor Kelbassa (22) Torschützenkönig der Oberliga West.

63 Treffer durch die „drei Alfredos"

In den Gruppenspielen zur Deutschen Meisterschaft hatte sich der endrundenerfahrene BVB mit dem Hamburger SV (Nordmeister), dem VfB Stuttgart (Süd-Vize) und Viktoria 98 Berlin (Berliner Meister) auseinanderzusetzen. Zum Auftakt mußten die Borussen ins Stuttgarter Neckarstadion reisen, wo sie vor 60.000 Zuschauern durch zwei Treffer von Niepieklo, darunter ein direkt verwandelter Eckstoß, mit 2:0 gewannen. Kapitän Schanko wurde kurz vor dem Anpfiff aus der Mannschaft genommen und durch den jungen Bracht ersetzt. Für Schanko bedeutete dies der Anfang vom Ende seiner BVB-Karriere, denn in der gesamten Endrunde kam er nur noch einmal zum Einsatz. Im folgenden Heimspiel verspielten die Borussen ihre hervorragende Ausgangsposition, als sie vor 37.000 Zuschauern gegen Viktoria Berlin über ein 1:1 nicht hinauskamen. Die Gäste waren gar zunächst in Führung gegangen und vergaben kurz vor dem Abpfiff noch eine hundertprozentige Möglichkeit. Im letzten Hinrundenspiel empfing der BVB mit dem Hamburger SV den ärgsten Konkurrenten. 40.000 sahen ein großes Spiel ihrer Schwarz-Gelben, deren 5:0-Sieg aus Hamburger Sicht sogar noch schmeichelhaft ausfiel. Die „drei Alfredos" waren an diesem Tag nicht zu bremsen. Alle fünf Treffer gingen auf das Konto des Dortmunder Innensturmtrios, wobei Mittelstürmer Niepieklo ein lupenreiner Hattrick gelang.

Der BVB war nun eindeutiger Favorit auf den Gruppensieg und die Endspielteilnahme. Ein 6:0-Sieg im ersten Rückrundenspiel bei Viktoria 89 Berlin untermauerte diese Favoritenstellung. Vor 61.000 Zuschauern lag der BVB im Olympiastadion zur Halbzeit bereits mit 4:0 in Front. Nach dem Wiederanpfiff ließ man es merklich langsamer angehen, um sich für das schwere Spiel beim HSV zu schonen. Obwohl der HSV in dieser Begegnung u.a. auf Uwe Seeler verzichten mußte, behielten die Gastgeber vor 77.500 Zuschauern im Volksparkstadion mit 2:1 die Oberhand. Der BVB war zunächst nach 17 Minuten durch Kelbassa in Führung gegangen, doch Schlegel und Stürmer schossen für die Rothosen noch vor dem Halbzeitpfiff die 2:1-Führung heraus. Daß der BVB nicht noch weitere Treffer kassierte, hatte er in erster Linie seinem überragenden Keeper Kwiatkowski zu verdanken.

Durch den HSV-Sieg war in der Gruppe 2 wieder alles offen. Mit jeweils 7:3 verfügten BVB und HSV über ein identisches Punktekonto. Der BVB besaß zwar den deutlich besseren Torquotienten, aber trotzdem durfte er am letzten Spieltag nicht schlechter abschneiden als der HSV. Gegen den VfB Stuttgart kamen über 40.000 in die „Rote Erde", die damit völlig überfüllt war. Der BVB begann nervös, aber in der 22. Minute gelang Preißler das erlösende 1:0. Nur neun Minuten später war Preißler erneut erfolgreich. In der 50. Minute zeigte der Schiedsrichter nach einem Handspiel im Stuttgarter Strafraum auf den Elfmeterpunkt. Preißler ließ sich die Chance nicht entgehen und erhöhte auf 3:0. Der Stuttgarter Simon und Borussias Niepieklo sorgten dann für den Endstand von 4:1. Daß der Hamburger SV in Berlin ebenfalls gewann (3:1), war durch den klaren Dortmunder Sieg nur noch von statistischer Bedeutung. Der weitaus bessere Torquotient bedeutete für die Borussia, daß sie zum zweitenmal nach 1949 in das Endspiel um die Deutsche Meisterschaft einzog.

Der Gegner war die technisch versierte Mannschaft des Karlsruher SC, die nur dank der umstrittenen Quotientenregel den Gruppensieg errungen hatte. Der KSC hatte die Gruppe punktgleich mit Schalke 04 und dem 1. FC Kaiserslautern beendet. Schalke verfügte über die bessere Tordifferenz (16:12 gegenüber 7:5), aber die Quotientenregel honorierte die abwehrstärkste Elf. Die Schalker verpaßten das Finale um 0,07 Tore! So blieb dem Revier ein Endspiel Dortmund - Schalke vorenthalten. Beim Finale zeigten Borussen-Fans ein Transparent, auf dem geschrieben stand: „Trotz Unkenruf und böser Geister, nach Westfalen kommt doch der deutsche Meister. Wurde Schalke in Karlsruhe auch verschoben, so wird Borussia den Titel nach Westfalen holen."

Der BVB wurde als klarer Endspielfavorit gehandelt, weshalb „nur" 75.000 Zuschauer in das Berliner Olympiastadion kamen, darunter ca. 5.000 aus Dortmund. Auch das schlechte Wetter spielte sicherlich eine Rolle. Im Gegensatz zu den vorausgegangenen Endspielen konnte man seine Eintrittskarte auch noch an der Tageskasse erwerben. Die Paarung BVB - KSC war nicht das Wunschfinale der Berliner, die anstelle der Badenser den 1. FC Kaiserslautern oder Schalke 04 vorgezogen hätten. Kurz vor dem Anpfiff durch Schiedsrichter Dusch hörte der Dauerregen auf. In der 9. Minute ging der KSC durch Kunkel überraschend in Führung. Doch nur sechs Minten später gelang Niepieklo der Ausgleich. Mit ihrem bekannten schnellen Kombinationsspiel setzten die Westfalen die Badenser nun gehörig unter Druck. Bei einem Eckball des BVB zögerte KSC-Keeper Fischer zu lange, so daß Kelbassa in der 27. Minute zum 2:1 einköpfen konnte. Bis zum Halbzeitpfiff folgten weitere gute Chancen durch Niepieklo und Bracht, die nur knapp das Tor verfehlten. Nach dem Wiederanpfiff war zunächst der KSC am Drücker, doch die erste Chance des BVB führte in der 53. Minute zum 3:1, als sich ein abgefälschter 25-Meter-Schuß von Preißler hinter Keeper Fischer ins Karlsruher Netz senkte. Nur vier Minuten später fiel die Vorentscheidung: Erneut machte Fischer eine unglückliche Figur, als er nach einem hart getretenen Kelbassa-Freistoß den Ball nach vorne abprallen ließ, so daß Peters zum 4:1 abstauben konnte. Durch ein Eigentor von Burgsmüller (62. Minute) kam der KSC zwar noch einmal auf 2:4 heran. Doch die technisch überlegenen Borussen hielten den Ball in den eigenen Reihen. In den wenigen Situationen, in denen Gefahr drohte, war der wieder einmal großartig aufgelegte Keeper Kwiatkowski zur

4:1 für den BVB. BVB-Keeper Kwiatkowski macht übermütig einen Klimmzug an der Querlatte.

Stelle. 22 Jahre nach dem FC Schalke 04 und ein Jahr nach Rot-Weiß Essen durfte sich nun auch Borussia Dortmund Deutscher Meister nennen.

Ein schönes und packendes Spiel sahen die 75.000 mitnichten. Der „meisterschaftsüberreife" BVB spielte streckenweise mit geradezu provozierender Arroganz. Die *Sport-Illustrierte* berichtete: „'Spinne' Michallek kann sich einen das Publikum hochreißenden Hackentrick bei einer Sommerlatt-Flanke getrost leisten – die von dem Dortmunder Stopper ausgehende Ruhe ist beinah unnatürlich und wirkt, wie später noch bei manch anderer Gelegenheit, direkt aufreizend. (...) Schade nur, daß die Borussen sich in den letzten Minuten viel von der ihnen spontan zugeflogenen Sympathie verderben – mit einem als 'Zeitschinden' gedeuteten Dreiecksspiel im Mittelfeld." Der Begeisterung der Dortmunder tat solche Kritik keinen Abbruch. 250.000 Menschen säumten Dortmunds Straßen, um den neuen Deutschen Meister zu empfangen. Der Reporter des *Sport-Magazin* berichtete über die Rückkehr der Borussen: „Borussias Siegesmarsch auf zwei flachen LKW glich einem Triumphzug. Die voranschreitende, pausenlos intonierende Musikkapelle wurde überdröhnt vom Beifall der wie ein Wall die Straßen säumenden Massen. 'Gelb-schwarz' beherrschte die Stadt. Alles verblaßte gegenüber dem, was sich auf dem Borsigplatz, der inneren Heimat des Deutschen Meisters, abspielte. Der ganze Platz war eine von einem Fahnenmeer eingefaßte Menschentraube. Unvorstellbare Freudenszenen spielten sich ab." Franz Jacobi, nun Ehrenvorsitzender des Klubs, schrieb in einer Grußadresse: „Es ist müßig aufzuzeigen, wieviel Mühe und Arbeit nötig waren, um unseren Verein zu dem heute bestehenden Block zusammenzuschweißen. In guten und schlechten Tagen hat sich die Treue der Mitglieder zu ihrer Gemeinschaft bestens bewährt. Es hat sich im Laufe der Jahre immer wieder erwiesen, daß gerade in Zeiten der größten Sorgen echter Borussengeist unserem Verein eine granitene Rückenstärkung gab. (...) In der Stunde dieses großen Erfolges muß es daher für uns alle Verpflichtung sein, sich die Hände zu reichen zu dem Gelöbnis, miteinander den weiteren Weg zu beschreiten, damit unserem Ballspielverein Borussia 09 die Achtung im deutschen Fußballsport für alle Zeiten erhalten bleibt."

1.000 DM Prämie für die Meisterschaft

Vor dem Spiel hatte Adi Preißler übrigens versucht, im Namen der Mannschaft eine höhere Prämie auszuhandeln – vergebens. Von ihren Kollegen aus Süd- und Norddeutschland wußten die BVB-Spieler, daß dort teilweise erheblich mehr gezahlt wurde als die in Dortmund ausgelobten 1.000 DM. Der BVB-Vorsitzende Dr. Werner Wilms blockte Preißlers Vorstoß brüsk ab: „Herr Preißler, was haben Sie mit mir vor, wollen Sie mich ins Gefängnis bringen. Das DFB-Statut verbietet jede Prämie. Wenn ich Ihnen nur eine Mark zahle, stehe ich mit einem Bein im Zuchthaus."

Die erste Meisterelf des BVB.

Preißler kommentierte später: „Mit solchen Erklärungen ließen wir uns damals abspeisen. Die Vorstandschaft hat sich dann eins ins Fäustchen gelacht, wenn wir uns mit unserem monatlichen Vertragshonorar von 400 Mark zufriedengaben." Allerdings wurden den Spielern als Lohn für die Meisterschaft ein VW versprochen. Eine Zusage, die freilich nicht eingehalten wurde.

Ein weiterer Streitpunkt zwischen Mannschaft und Vereinsführung betraf die Zukunft von Erich Schanko, der zu diesem Zeitpunkt zwar kein Stammspieler mehr war, aber trotzdem noch ein wichtiger Teil der Mannschaft. Im Berliner Trainingslager wurde ihm die Kündigung mitgeteilt. Die Mannschaft rebellierte – mit Erfolg: Schankos Vertrag wurde um ein weiteres Jahr verlängert. Außerdem wurde der Ex-Nationalspieler als 12. Mann in die Prämienregelung eingeschlossen. Die erste schwarz-gelbe Meisterelf:

► Kwiatkowski – Burgsmüller, Sandmann – Schlebrowski, Michallek, Bracht – Peters, Preißler, Kelbassa, Niepieklo, Kapitulski.

In der gleichen Saison, in der die Borussia ihren ersten Deutschen Meistertitel errang, konnte auch die ehemalige lokale Nr. 1 noch einmal einen Erfolg verbuchen, wenngleich die Kluft zwischen dem BVB und dem DSC 95 bereits riesengroß war. Dem DSC gelang der Aufstieg in die 2. Liga. Zunächst wurde der DSC Meister in seiner Landesliga-Gruppe, mit zwei Punkten Vorsprung auf den ehemaligen westfälischen Vizemeister und Schalke-Verfolger VfL Altenbögge. Die Landesliga war damals die höchste Amateurklasse. Die Gruppe 5, in der der DSC spielte, erstreckte sich von Dortmund bis Hamm. Aus Dortmund waren in dieser Saison außerdem noch SV Schüren, Hombruch 09, TBV Mengede, TuS Eving-Lindenhorst und VfL Hörde dabei. Der lokale Amateurfußball war in der höchsten Amateurklasse also stark vertreten. Anschließend wurde der DSC auch noch westfälischer Amateurmeister und erhielt vom Kontrollausschuß des DFB die Lizenz für die 2. Liga West und den Vertragsfußball.

Ein Jahr zuvor war die neue Platzanlage an der Flora eröffnet worden, die später noch um ein Klubhaus und eine Tribüne ergänzt wurde. Über einen guten Mittelplatz kam der DSC in der Zweitklassigkeit allerdings nie hinaus. Zumeist hatte er gegen den Abstieg zu kämpfen. Als mit der Einführung der Bundesliga auch das Zweitligawesen neu geordnet wurde, verfehlte der DSC die Qualifikation für die neue Regionalliga West nur um einen Punkt. Die Saison 1962/63 sollte somit bis heute die letzte sein, in der zwei Dortmunder Vereine im Vertragsfußball vertreten waren. 1963/64 wurde der DSC nach drei Spielen gegen Eintracht Gelsenkirchen Vizemeister und verpaßte knapp den Wiederaufstieg in die Zweitklassigkeit. Von nun an ging es mit dem Klub bergab: Ein Jahr später folgte der Abstieg in die Landesliga, 1969/70, nach der Fusion zum TSC Eintracht 95/45, gar in die Bezirksklasse.

Debüt in Europa

Doch zurück zum BVB: Als Deutscher Meister qualifizierten sich die Borussen für den Europapokal der Landesmeister, der erstmals in der Saison 1955/56 ausgespielt worden war. Vater des Wettbewerbs war der *L'Equipe*-Chefredakteur Gabriel Hanot. Waren die Engländer die „Erfinder“ des modernen Spiels und für seine weltweite Verbreitung verantwortlich, so wirkten Franzosen als Pioniere internationaler Institutionen (FIFA, UEFA) und Wettbewerbe. Im Dezember 1954 hatte die französische Sport-Tageszeitung, in deren Redaktionsstube nach der Jahrhundertwende bereits die Tour de France erfunden worden war, einen Plan ihres Fußballchefs Gabriel Hanot für eine „Europameisterschaft der Klubs“ veröffentlicht, an der die Landesmeister teilnehmen sollten. Die ersten deutschen Vereine, die zur Teilnahme an dem neuen Wettbewerb eingeladen wurden, waren Rot-Weiß Essen (als Deutscher Meister) und der 1. FC Saarbrücken als Vertreter des Saarlands, das damals noch sportpolitisch selbständig war.

Forciert wurde die Entwicklung des Wettbewerbs nicht zuletzt durch das Zusammenrücken der westeuropäischen Staaten in der EWG und den Ausbau der Flugverkehrslinien. Die Spiele fanden in häufig prall gefüllten Arenen statt, unter gleißendem Flutlicht und am Abend eines Werktages. Hierdurch erhielt der Wettbewerb sein eigenes Flair und bot auch optisch einen Kontrast zum „grauen Ligaalltag“. Der Besuch ausländischer Teams war damals noch immer etwas Besonderes, auch und gerade wenn ihre Heimat hinter dem sogenannten „eisernen Vorhang" lag. Heute, wo Urlaubsreisen ins europäische Ausland Normalität sind, der „eiserne Vorhang" nicht mehr existiert und eine internationale Fußballbegegnung die andere jagt, haben die europäischen Wettbewerbe viel von ihrem ursprünglichen Flair und ihrer Besonderheit eingebüßt. In der ersten großen BVB-Zeit zwischen 1956 und 1966 fanden in Dortmund 14 Europapokalspiele statt. Im kürzeren Zeitraum 1992 bis 1998 sollten es hingegen 29 sein.

Schon bald nahm sich das Fernsehen des Wettbewerbs an. Der Europapokal trieb den mit der WM 1954 begonnenen Aufbau des europäischen Fernsehnetzes voran. Mit den Europacupspielen verfügte das Fernsehen plötzlich auch „unter der Woche" über eine vergleichsweise billige Sendung, die jedoch gewaltige Einschaltquoten versprach. Der Europacup beschleunigte die Entwicklung des Fußballs zum Show-Business und war ein Meilenstein auf dem Weg zur Verquickung von Fußball und Fernsehen.

Das erste Europapokalspiel auf deutschem Boden hatte am 14. September 1955 in Essen stattgefunden. Rot-Weiß Essen, international völlig unerfahren, verlor gegen den schottischen Vertreter Hibernian Edinburgh mit 0:4. Der BVB brachte es nun eine Saison später eine Runde weiter, mußte sich allerdings auch zunächst nur mit einem sogenannten „Fußballzwerg" messen. Trotzdem tat sich der BVB gegen Spora Luxemburg äußerst schwer. Einem 4:3-Heimsieg folgte eine 1:2-Auswärtsniederlage. Da zu diesem Zeitpunkt noch nicht die Regel galt, nach der auswärts erzielte Tore bei gleicher Tordifferenz doppelt zählen, mußte ein drittes Spiel anberaumt werden. Ansonsten wären die Borussen vorzeitig ausgeschieden. Im Entscheidungsspiel behielt der BVB mit 7:0 klar die Oberhand.

Im Achtelfinale wartete Manchester United auf den BVB. In Manchester verlor der BVB vor 76.000 Zuschauern nach großem Spiel mit 2:3, wobei „Heini" Kwiatkowski eine glänzende Vorstellung bot, die ihm den Beinamen „Flutlicht-Heini" einbrachte. Im Rückspiel, bei dem die Flutlichtanlage in der „Roten Erde" eingeweiht wurde, gab es ein achtbares 0:0, was das Ende der ersten Europapokalteilnahme der Schwarz-Gelben bedeutete. Mit 45.000 war die „Rote Erde" hoffnungslos überfüllt. Das Stadion erwies sich für Begegnungen dieser Größenordnung als zu klein – eine Erkenntnis, zu der man bereits während der Endrunden zur Deutschen Meisterschaft gelangt war. Der BVB hätte für das Gastspiel der legendären „Busby Babes" erheblich mehr Karten verkaufen können.

Die deutschen Vereinsmannschaften hatten in diesen Jahren im Europapokal noch nicht viel zu bestellen, da sie in Sachen Professionalismus und zentraler Liga vielen anderen Ländern – vor allem den romanischen – arg hinterherhinkten. Eine 1:3-Niederlage der Nationalmannschaft gegen Schottland veranlaßte Sepp Herberger zu der Prognose: „Auch die Schotten werden uns beweisen, daß wir ohne die Bundesliga immer mehr aus den vorderen Rängen des internationalen Wettbewerbs ausscheiden! Die anderen sind heute bereits soweit, daß wir ihnen vielleicht auch nach der Einführung einer moderneren Spielordnung ohne den Berufssport nicht mehr zu folgen vermögen." Doch die DFB-Präsidenten Dr. Peco Bauwens (Kommentar eines BVB-Spielers, der diese Zeit aktiv miterlebte: „Der rief immer noch 'Sieg Heil'") und Gössmann hatten mit dem Professionalismus nichts im Sinn. Ihr deutschtümlerischer Amateurismus verhinderte die Etablierung einer nationalen Liga, da diese ohne die völlige Legalisierung des Berufsspielertums nicht denkbar war. Die Zersplitterung in regionale Ligen mußte aber auf das Leistungsniveau drükken. Bedenkt man, daß alle BVB-Spieler nebenbei noch arbeiteten, während die Spieler der europäischen Gegner in der Regel Vollprofis waren, schlug sich der BVB recht prächtig. Manchesters Manager Matt Busby, der später zu einem Übervater im britischen Fußball avancierte, war voll des Lobes für die Gäste aus Dortmund: „Dortmund hat uns über den Hochleistungsstand des mitteleuropäischen Fußballs aufgeklärt. Eine faszinierende Mannschaft."

Do it again

1957 wurde der BVB zum sechsten und letzten Male Westmeister. Hartnäkkigster Konkurrent war der wiedererstarkte Duisburger SpV. Als die Duisburger am 7. Spieltag den BVB vor 35.000 Zuschauern in der „Roten Erde" sensationell mit 1:0 besiegten, stellte die Presse die Frage: „Wer soll diese Duisburger schlagen?" Bis zum 23. Spieltag führte die ehemalige westdeutsche Nummer 1 die Tabelle souverän an, doch gegen Ende der Saison ging der Überraschungsmannschaft die Luft aus, so daß der BVB doch noch mit zwei Punkten Vorsprung Meister werden konnte. Das Rückspiel in Duisburg endete im übrigen vor 31.000 Zuschauern mit einem 1:1. Alfred Kelbassa schoß 30 der 73 Borussen-Treffer und beerbte seinen Vereinskameraden Alfred Niepieklo als Torschützenkönig der Oberliga West.

Die Endrunde wurde nach einem neuen Modus gespielt. Statt Hin- und Rückspielen trafen die Konkurrenten nur einmal aufeinander, und dies an einem neutralen Ort. Der BVB mußte in der Gruppe II gegen Kickers Offenbach, 1. FC Kaiserslautern und Hertha BSC Berlin antreten. Ihr erstes Gruppenspiel gewannen die Borussen gegen Kickers Offenbach mit 2:1. Ort des Geschehens war das Ludwigshafener Südwest-Stadion, wo 55.000 die Begegnung sahen. Auch gegen den 1. FC Kaiserslautern behielt der BVB vor 75.000 im Hannoveraner Niedersachsenstadion knapp die Oberhand: Beim Schluß-

Die „drei Alfredos": Preißler, Kelbassa, Niepieklo.

pfiff hieß es 3:2. Zu ihrem letzten Gruppenspiel mußten die Schwarz-Gelben nach Braunschweig reisen. Gegner Hertha BSC hatte durch zwei Niederlagen (darunter ein 1:14 gegen Kaiserslautern) längst alle Finalchancen verspielt, so daß nur 15.000 den Weg ins Braunschweiger Stadion fanden. Der BVB siegte mit 2:1, beendete die Gruppenspiele somit verlustpunktfrei und stand zum dritten Mal im DM-Finale. In allen drei Gruppenspielen hatte man zunächst mit 0:1 zurückgelegen. Daß man sich dadurch nie beirren ließ, zeugte von der Souveränität und Professionalität der Mannschaft. Trotzdem herrschte beim BVB nicht eitel Sonnenschein. Adi Preißler, Alfred Kelbassa und Helmut Kapitulski hatten ihre Verträge gekündigt. Auch Trainer Helmut Schneider beabsichtigte, den BVB aufgrund interner Querelen zu verlassen.

Das Finale fand in Hannover statt, und Gegner war der Hamburger SV, der sich in der Gruppe I vor dem Duisburger Spv. durchgesetzt hatte. 82.000 kamen ins Niedersachsenstadion, davon 40.000 aus dem Ruhrgebiet. Die Borussia lief mit exakt derselben Mannschaft auf wie im Vorjahr, und mit dem Lauterer Albert Dusch war auch der Referee ein alter Bekannter. Als der junge Uwe Seeler den um 14 Jahre älteren Max Michallek mit den selbstbewußten Worten begrüßte „Na Opa, was willst Du in Deinem Alter denn noch hier auf dem Platz?", soll der Angesprochene souverän erwidert haben: „Bübchen, Dich halte ich noch, wenn ich 70 bin."

Der BVB galt erneut als klarer Favorit, und erneut tat die Mannschaft nicht mehr, als sie für notwendig erachtete. Zehn Minuten Fußball vom Feinsten reichten dem BVB, um die Meisterschaft zu seinen Gunsten zu entscheiden. Borussia gewann durch je zwei Tore von Kelbassa und Niepieklo souverän mit 4:1. Die fantastischen „drei Alfredos" verbuchten somit sieben der acht Tore, die der BVB bei seinen Titelgewinnen 1956 und 1957 erzielte. Berücksichtigt man auch noch die Gruppenspiele, dann entfielen auf das Trio 29 von Borussias insgesamt 34 Endrundentoren.

Das klare Ergebnis gab den tatsächlichen Spielverlauf nicht einmal richtig wieder. Im Dortmunder Kombinationswirbel ging der HSV zeitweise regelrecht unter, aber nach dem vorentscheidenden 3:1, das bereits in der 26. Minute fiel, hatte die Mannschaft im Stile abgebrühter Profis einige Gänge zurückgeschaltet, was die neutralen Zuschauer – wie bereits ein Jahr zuvor in Berlin – verärgerte. Der *Kicker* schrieb über das Finale: „Borussia spielte, zermahlte, jonglierte, bluffte, siegte – mühelos 'aus dem Fußgelenk'... und begeisterte dennoch nicht." Und der Reporter der *Sport-Illustrierte:* „Wer hätte diese Westfalen im Endspiel bezwingen sollen?! Müßige Frage; denn diese Borussia war zur Endspielzeit – genau wie ein Jahr zuvor – die stärkste deutsche Vereinsmannschaft. (...) Ich habe mit den Buchprüfern des DFB nichts zu tun und werde mich hüten, bei den Dortmundern Verstöße gegen das Vertragsspielerstatut zu suchen. Wenn ich sage, die Borussen haben während der letzten Wochen im Niedersachsen-Stadion zweimal auf mich gewirkt wie eine Profimannschaft, dann denke ich nicht an Bezahlung und Lebensführung, sondern ausschließlich an die Spielweise, die Leistung. Ich will also ausdrücken, daß man Fußball in solcher Perfektion, wie ihn die Borussen spielen, eigentlich nur von einer Profimannschaft erwarten könne. (...) Die Dortmunder übertreffen die gesamte deutsche Konkurrenz, weil sie über eine Kondition verfügen, die ihnen die Ausführung all dessen gestattet, was in wachen Köpfen und auch in den Beinen steckt." Ein resignierter HSV-Kapitän und Weltmeister Jupp Posipal: „Jeder möge uns glauben, daß wir das Beste wollten, aber diese Borussia schien überall auf dem Platz zu sein. Schwarz-Gelb wohin man auch sah."

250.000 jubeln den Meistern zu

Zurück in Dortmund, wurde die Mannschaft erneut von 250.000 begeisterten Menschen empfangen, die den Weg vom Hauptbahnhof zum Borsigplatz säumten. Nur einem Borussen war nicht so recht zum Jubeln zumute. Da Borussen-Trainer Helmut Schneider die Mannschaft gegenüber dem Vorjahr partout nicht ändern wollte, mußte der frischgebackene Nationalspieler Alfred „Aki" Schmidt, der zum Saisonbeginn von der Spielvereinigung Berghofen, einem südlichen Vorort Dortmunds, zum BVB gewechselt war, mit einem Platz auf der Tribüne vorliebnehmen. Es war das erste und einzige Mal in der Geschichte des deutschen Fußballs, daß einem Klub mit der gleichen Aufstellung die Titelverteidigung gelang.

Nach der Meisterschaft wechselte Helmut Schneider zum FK Pirmasens. Begleitet wurde er von Helmut Kapitulski, dem „Benjamin" der Meisterelf. Schneiders Nachfolger wurde zunächst der Sportlehrer Hans Tauchert.

Mit den Titelgewinnen von 1956 und 1957 ergriff eine große Mannschaft ihre allerletzte Chance, denn die Meisterelf „litt" unter ihrem hohen Alter. Bereits 1956 war der BVB mit einem Durchschnittsalter von 29 die älteste der acht Endrundenmannschaften gewesen. Adi Preißler zählte nun mittlerweile 35 Lenze, der Spielgestalter Max „Spinne" Michallek erreichte das gleiche Alter nur wenige Monate nach dem Endspiel.

Die Stärken des BVB-Teams wurden von der *Sport-Illustrierte* wie folgt beschrieben: „Borussia Dortmund hat einen bombigen Angriff – siehe die diversen 'Schützenfeste', die es in der Saison 1955/56 gegeben hat! Borussia Dortmund hat in Schlebrowski-Bracht-Niepieklo-Preißler ein 'magisches Viereck', das, wenn schließlich auch nicht einmalig im deutschen Fußball, doch allererste Klasse ist! Aber Borussia Dortmund hat noch etwas, was mir in derartiger Ausgeprägtheit in den Nachkriegsjahren noch bei keiner anderen deutschen Vereinself aufgefallen ist: der fünffache West-Meister hat eine 'T-Achse'. Sie wird gebildet von Kwiatkowski - Michallek und dem Innentrio Preißler - Kelbassa - Niepieklo. Wobei die beiden Erstgenannten den 'Schaft' und das Terzett der 'Drei Alfredos' (wie sie der Volksmund angesichts ihrer Vornamensgleichheit getauft hat) den 'Balken' dieses 'T' bilden. Darin, daß die Borussia, je nach taktischer Notwendigkeit, dieses 'T' zu variieren und mal in ein 'L', mal in ein 'P' umzubiegen vermag, liegt eine besondere Stärke, die dem jeweiligen Gegner nachhaltig zu schaffen macht."

Fast alle Neuverpflichtungen, die der BVB in den 40ern und 50ern tätigte, schienen für das Borussen-System wie geschaffen. Unabhängig davon, welcher Trainer gerade für die Mannschaft verantwortlich war. Allerdings gab es hinsichtlich der reinen Fußballtechnik in Deutschland bessere Teams, auch im Westen. Hier sind vor allem Schalke 04, 1. FC Köln und Rot-Weiß Essen zu nennen. Das Dortmunder Spiel wurde von Kraft und Wucht bestimmt. Der Feuilletonist und Fußballfan Helmut Böttiger schrieb später über das Borussen-Spiel jener Jahre im Vergleich zur Schalker Spielweise: „Ihr Typus vom Fußball war praktischer, effektiver; hier wurden typische Eigenschaften wie Kampfgeist, Körpereinsatz, Kondition offensiv eingesetzt. Damit verkörperten die Dortmunder den neuen Geist des Ärmelaufkrempelns, des Wiederaufbaus, der Schnörkellosigkeit. Der typische Dortmunder 'Konterfußball', die harte Attacke, die die Flanken des Gegners wie mit einem scharfen Messer aufschnitt – das war eine neue Zeit, die in Schalke erst einmal eine Götterdämmerung anberaumte. In den fünfziger Jahren galt es als das höchste Lob, wenn man jemanden 'Hammer' nannte, sozusagen die Umsetzung der Ideale der Schwerindustrie auf dem Fußballplatz: Die Dortmunder Kelbassa und Niepieklo aus der einzigartigen Meistermannschaft der Jahre 1956 und 1957 bezogen die Anerkennung aus derlei Eigenschaften. Proletarische Wucht, gepaart mit mannschaftlicher Geschlossenheit, Effektivität im Spielaufbau – das ist der Idealtypus des Fußballs in den Industriegesellschaften. (...) Borussia Dortmund: Das war die 'moderne', die geradlinige Version des Ruhrpottfußballs, das war der Erfolg nach Schalke 04, ein Generationswechsel."

Allerdings gelang es Trainer Helmut Schneider durchaus, Momente von Spielkultur hinzuzufügen. Schneider nach dem Titelgewinn 1956: „Wir haben uns redlich bemüht, unserem Spiel wieder möglichst helle 'spielerische' Lichter aufzusetzen – weil ich auf dem Standpunkt stehe, daß die Schönheit im Fußball endlich wieder zu Worte kommen soll! Verstehn Sie mich recht: wir müssen unserem Spiel wieder einen Inhalt geben!"

Der BVB und Herberger

Obwohl Deutscher Meister, spielte der BVB in der Nationalmannschaft keine Rolle. Nicht wenige witterten hier eine Benachteiligung des BVB, des Ruhrgebiets und des Westens und eine Begünstigung von Klubs und Fußballern aus dem Süden der Republik. Borussias Probleme mit dem Bundestrainer begannen genau genommen bereits mit Erich Schanko, Borussias spätberufenem Nationalspieler. Das letzte Qualifikationsspiel zur WM 1954 (3:1 gegen das Saarland) durfte Schanko noch mitmachen, aber bei der Endrunde ließ Herberger statt seiner den Fürther Karl Mai auf der linken Außenbahn spielen.

In dem Buch „Deutscher Fußballmeister 1955/56" wurde hingegen gefordert: „Das Schwergewicht des deutschen Fußballs hat sich wieder, wie zu Schalkes großen Zeiten, an Rhein und Ruhr verlagert. Möge auch Herberger daraus die Lehren ziehen." Klagen und Kritik an Herberger las man nicht nur in der „Parteiliteratur". Auch die *Sport-Illustrierte* verwarf das Argument, die Dortmunder Spieler seien für die Nationalelf zu alt: „'Entscheidend ist die Leistung, nicht das Alter eines Spielers!', hat Freund Sepp höchstselbst einmal gesagt. Und ob Preißler-Kelbassa-Niepieklo an Schröder-Biesinger-Pfaff heranreichen oder nicht, muß wohl erst in der Praxis nachgewiesen werden! Es hat schließlich Zeiten gegeben im deutschen Fußball, da stellte der Deutsche Meister regelmäßig Spieler in die Nationalmannschaft ab. Warum ausgerechnet Borussia Dortmund in dieser Beziehung eine (negative) Ausnahmestellung einnehmen sollte, dafür müßte erst eine plausible Erklärung gegeben werden."

Die (fußballerische) Nord-Süd-Konkurrenz beeinflußte schon damals die Dynamik des deutschen Fußballs. Zwar erhielten in den Meisterjahren 1956 und 1957 vier BVB-Spieler die Gelegenheit, das Nationaltrikot zu tragen, aber addiert kamen Kwiatkowski, Kelbassa, Peters und Schlebrowski lediglich auf 13 Einsätze. Für ein Team, das bereits seit einigen Jahren zu den Topadressen im bundesdeutschen Fußball zählte, auffallend wenig. Kwiatkowski, im übrigen ein echtes Schalker Gewächs, ging dabei als der unglücklichste Torhüter in die Geschichte der deutschen Nationalelf ein. Der Keeper absolvierte lediglich zwei Länderspiele, beide während eines WM-Turniers, in denen er allerdings 14 Tore kassierte (1954 gegen Ungarn 3:8, als sich die Nationalelf bewußt ersatzgeschwächt ihrem späteren Endspielgegner stellte, und 1958 im Spiel um den 3. Platz gegen Frankreich 3:6). Alfred Kelbassa kam auf sechs Länderspiele. Bei der WM 1958 in Schweden durfte er – wie Mannschaftskamerad Heini Kwiatkowski – lediglich im bedeutungslosen Spiel um den 3. Platz mitwirken. Vor der WM 1954 hielt die *Westfälische Rundschau* Kwiatkowski für bessser als seinen Düsseldorfer Konkurrenten Toni Turek. So hieß es nach einem Derby gegen Schalke, in dem der Borussen-Keeper eine überragende Vorstellung geboten hatte: „Man kann wohl behaupten – auch ohne lokalpatriotisch angehaucht zu sein –, daß Nationaltormann Toni Turek mit seiner altersbedingten Nonchalance dreimal mehr hinter sich gegriffen hätte." Auch Herberger war sich zunächst unschlüssig, wer bei der WM 1954 die Nummer 1 sein sollte. Einzig Aki Schmidt, den Schneider aber im Finale 1957 nicht auflaufen ließ, kam auf eine beeindruckendere Zahl von Länderspielen. Zwischen 1957 und 1964 trug Schmidt, der als Herberger-Liebling galt, 25mal das Nationaltrikot und erzielte dabei acht Tore. Da Schmidt zum Zeitpunkt der Mei-

Der 2. Nationalspieler, den der BVB hervorbrachte, war Erich Schanko. Auf unserem Foto sehen wir ihn gemeinsam mit Nationaltorhüter Toni Turek.

sterschaft 1957 erst 21 Jahre alt war, scheint sein Fall zu bestätigen, daß der Grund für die wenigen Einsätze von Borussen im Nationalteam mehr ein Problem des fortgeschrittenen Alters der Kandidaten war und weniger eine Diskriminierung durch den DFB und den Bundestrainer.

Trotzdem bleibt ein Restverdacht. Der geniale Regisseur Adi Preißler verbuchte im BVB-Trikot lediglich zwei B-Länderspiele und diese bereits vor 1956/57. Auch die A-Nationalspieler Kwiatkowski und Schmidt wurden im B-Team eingesetzt. Herbert Sandmann kam nur auf ein B-Länderspiel. Einer internationalen Karriere stand allerdings nicht zuletzt sein „Wackelknie" entgegen, durch das er auch 1958 die WM-Teilnahme verpaßte. Sandmann: „Ich wurde immer wieder eingeladen, war dann aber verletzt."

Die größten Probleme mit der Nationalmannschaft hatte allerdings Max Michallek, ein Supertechniker, der auf der Position des letzten Mannes fast schon wie der moderne Libero agierte (Herbert Sandmann: „Der Max konnte die nächsten drei, vier Spielzüge bereits im voraus erahnen. Einen besseren Mittelläufer gab es nicht"). Heinz Storck, der in den 40ern und 50ern für den legendären Bergarbeiterklub VfL Altenbögge stürmte, beschrieb Michallek so: „Er war auch als Persönlichkeit eine Ausnahmeerscheinung. Irgendwie ein Star. Der stand, und das meine ich durchaus positiv, irgendwie neben der Mannschaft, keineswegs aber darüber. Ich bin auch überzeugt, daß es für einen Trainer wichtig war, mit ihm auszukommen, nicht umgekehrt." Die „Spinne" blieb ohne Länderspieleinsatz, obwohl Michallek neben Helmut Rahn und Fritz Walter wohl der beste Spieler seiner Zeit war. Herberger zeigte sich verärgert, als Michallek einen Lehrgang absagte, weil seine Frau erkrankt war. Michallek hatte damals ein Geschäft für Spielzeugwaren am Borsigplatz und mußte dieses geöffnet halten. Es sollte das erste und einzige Mal sein, daß der Bundestrainer den Dortmunder einlud. Herberger interpretierte Michalleks Absage als Desinteresse und Arroganz, zumal Michallek mit Ruhmhofer einen anderen Borussen beauftragt hatte, den Bundestrainer von seinem Fernbleiben zu unterrichten. Nach eigenem Bekunden tat Ruhmhofer dies auch noch in etwas unglücklicher Form. So ging Michallek als Borussias „verhinderter Nationalspieler" in die Vereinsannalen ein.

Über die „Spinne" und Herberger existieren eine Reihe von Geschichten. So soll Michallek dem Bundestrainer mitgeteilt haben: „Trainer, Fußballspielen lernen muß ich nicht, das kann ich bereits." Herberger wiederum soll zu Michallek, der rauchte und gelegentlich auch einen trank, gesagt haben: „Herr Michallek, von mir können Sie nicht erwarten, daß ich Ihnen in der Halbzeit jeweils einen Asbach serviere und Ihnen die Zigarette anzünde." Eine andere Geschichte behauptet gar, Michallek habe Herberger am Telefon mit dem berühmten Götz-Zitat bedacht, als der ihn endlich zur National-

Max Michallek (links) als Spielgestalter.

mannschaft einlud, weil sich der etatmäßige Außenläufer Paul Mebus verletzt hatte. Herbert Sandmann bestreitet diese Version allerdings energisch: „Das mit dem 'Leck-mich-am-Arsch' stimmt nicht, das ist frei erfunden. So sprachen wir nicht mit Herberger." Auch der BVB-Chronist Gerd Kolbe bezweifelt den Wahrheitsgehalt so mancher Story, die über das Verhältnis Michallek-Herberger erzählt wird. Von der Person Michallek abgesehen (Kolbe: „Sicherlich um Klassen besser als Werner Liebrich – auch zum Zeitpunkt der WM 1954") habe es keine Benachteiligung Dortmunder Spieler gegeben. Kolbe: „Jeder Bundestrainer sieht zu, daß er die stärkste Mannschaft aufstellt."

In den 60ern bekam dann Keeper Hans Tilkowski Probleme mit Herberger, allerdings zu einem Zeitpunkt, als er noch bei Westfalia Herne unter Vertrag stand. Im letzten Spiel vor der Abreise zur WM in Chile ließ Herberger den jungen Ulmer Wolfgang Fahrian zwischen den Pfosten debütieren. Wie üblich, sollte der zweite Mann wenigstens in einem Länderspiel geprüft werden. Nicht nur Tilkowski, der zu diesem Zeitpunkt bereits 18mal das Tor der DFB-Auswahl gehütet hatte, ging weiter fest davon aus, beim Weltturnier die Nummer eins zu sein. Zwischen den Pfosten waren Tilkowski und Fahrian ähnlich unterschiedlich wie zuvor Kwiatkowski und Turek. Fahrian war ein sogenannter „Flieger", der bei jeder sich bietenden Gelegenheit spektakulär nach dem Ball hechtete. Tilkowski bestach indes durch Sachlichkeit und ein gutes Stellungsspiel. Beim Auftakt gegen Italien stand dann erneut Fahrian im deutschen Tor, was viele noch für ein Geburtstagsgeschenk hielten. Aber auch in den folgenden Spielen gab Herberger dem jungen Ulmer gegenüber dem erfahreneren Tilkowski den Vorzug. Dieser soll daraufhin in einem Wutanfall das Mobilar seines Zimmers in der deutschen Unterkunft zertrümmert und mit der vorzeitigen Heimreise gedroht haben.

„Til" wollte nie wieder in der Nationalelf spielen, und tatsächlich legte der Keeper zunächst eine Länderspielpause ein. Doch zwei Spielzeiten später kam es nach Borussias legendärem Europacup-Spiel gegen Benfica Lissabon zur Versöhnung zwischen Herberger und dem „schwarzen Hans". Die Rückkehr ins Tor der Nationalelf erfolgte am Neujahrstag 1964, als Tilkowski in Algier gegen Algerien (0:2) für den Kölner Ewert hereinkam. Fahrian sollte anschließend nur noch einmal das DFB-Tor hüten.

Anders als für Sandmann und Kolbe ist für Helmut Bracht, der einmal als „einer der vergessenen Nationalspieler" bezeichnet wurde, die Sache noch heute sonnenklar: „Wir wußten, daß der Seppel uns nicht leiden mochte. Wir waren deshalb gar nicht motiviert, die Nationalmannschaft besaß für uns keinen Stellenwert. Wir wußten, der hatte seine fünf Pfälzer. Herberger kam von der Bergstraße. Vielleicht mochte er uns nicht, weil wir aus dem Ruhrgebiet waren. Vielleicht waren wir ihm zu laut."

1963: Die letzte Meisterschaft

Der BVB mußte nach seinem zweiten Titelgewinn eine neue Mannschaft aufbauen. In der Saison 1957/58 wurde der BVB in der Oberliga nur Fünfter, fünf Punkte hinter Meister Schalke 04. Alfred Kelbassa wurde mit 24 Treffern Torschützenkönig. Im Europapokal kam erneut in der 2. Runde das Aus. In der 1. Runde benötigte der BVB wieder drei Begegnungen, allerdings war der Gegner Armeeklub Bukarest auch von einem anderen Kaliber als ein Jahr zuvor Luxemburg. 42.000 sahen zunächst einen 4:2-Heimerfolg des BVB, nachdem man bis zur 62. Minute noch 1:2 zurückgelegen hatte. Im Rückspiel besiegte der Armeeklub den BVB vor 60.000 Zuschauern mit 3:1. Das Entscheidungsspiel in Bologna gewann der BVB schließlich mit 3:1. Der nächste Gegner hieß AC Mailand. Die Vollprofis erwiesen sich für den BVB als mindestens eine Nummer zu groß. In Dortmund reichte es noch durch ein Eigentor der Italiener in der letzten Minute zu einem 1:1, doch das Rückspiel ging mit 4:1 klar an die Mailänder.

Schalke gewann nicht nur die Oberligameisterschaft, sondern anschließend auch noch die „Deutsche". Es sollte bis heute die letzte für die „Knappen" sein, und es war die vierte Meisterschaft in Folge für einen Klub aus dem

BVB in Europa: Aki Schmidt und Herbert Sandmann vor dem Mailänder Dom.

wirtschaftlich blühenden Ruhrgebiet (RWE 1955, BVB 1956 und 1957). Im Westen der Bundesrepublik übernahm nun bald der 1. FC Köln das Zepter. Der junge Fusionsklub aus dem aufstrebenden Dienstleistungszentrum am Rhein wurde weitaus moderner geführt als seine westdeutsche Konkurrenz. Verantwortlich hierfür war insbesondere sein visionärer Präsident Franz Cremer. Kölns Modernität äußerte sich auch in so scheinbar nebensächlichen Dingen wie einem Klubhaus und Aufenthaltsräumen für Spieler, Funktionäre und Sponsoren im Stadion.

Zwischen den beiden Spielzeiten 1957/58 und 1958/59 erlag der erst 54jährige Borussen-Trainer Tauchert einem Herzinfarkt. Sein Nachfolger wurde mit Max Merkel mal wieder ein Wiener. Zuvor hatte Merkel ADO Den Haag und Rapid Wien trainiert. Der BVB betrieb nun die Verjüngung seines in die Jahre gekommenen Teams. Im WM-Quartier der Nationalmannschaft wurde der junge Sodinger Hans „Cissy" Cieslarczyk für den BVB verpflichtet, der jedoch an Verletzungen litt und die in ihn gesetzten Erwartungen nie richtig erfüllen konnte. Friedhelm „Timo" Konietzka, den Heinz Dolle aus Lünen holte, sollte erst in der folgenden Saison richtig zum Zuge kommen.

Doch zunächst wurde die Borussia 1958/59 erneut nur Fünfter, mit zehn Punkten Abstand auf Sensationsmeister SC Westfalia Herne, bei dem ein junger Mann das Gehäuse hütete, der vor den Toren Dortmunds aufgewachsen war: Hans Tilkowski. Der 1. FC Köln wurde Vizemeister, die Bergbauklubs SV Sodingen und STV Horst-Emscher erste Fußballopfer des einsetzenden Zechensterbens. Erstmals in der Geschichte der Oberliga tauchte kein BVB-Spieler unter den erfolgreichsten Torschützen auf. Im Jahr seines 50jährigen Bestehens durfte der BVB mit der Brackeler Straße allerdings wieder eine vereinseigene Anlage einweihen und seine Rückkehr nach Wambel feiern, wo ihn 1937 Hitlers Rüstungspolitik vertrieben hatte.

1959/60 wurde der BVB Dritter, während der 1. FC Köln seine erste Westmeisterschaft errang. Es war das erste Mal in der Geschichte der Oberliga West, daß ein Klub den Titel gewann, der nicht aus dem Ruhrgebiet kam und nicht von den Montanindustrien geprägt war. Mit 81 Toren erzielten die Schwarz-Gelben nach dem Westmeister die zweitmeisten Tore. Der BVB verfügte wieder über einen jungen und durchsetzungsfähigen Sturm. Jürgen „Charlie“ Schütz, den Dolle von Urania Lütgendortmund geholt hatte, wurde mit 31 Toren Torschützenkönig. Auf dem 3. Platz folgte Friedhelm Konietzka, der auf 25 Treffer kam. Als der BVB im August 1959 bei Viktoria Köln antrat, sorgte das bald „Max und Moritz“ getaufte Sturmduo für eine Kuriosität. Als der Schiedsrichter im Kölner Strafraum auf den Elfmeterpunkt zeigte, verwandelten Schütz und Konietzka gemeinsam, indem der eine Stürmer dem anderen „vorlegte“.

1960/61 konnten sich die Borussen nach vierjähriger Abstinenz wieder für die Endrunde zur Deutschen Meisterschaft qualifizieren. Die Borussen wurden hinter Köln Vizemeister und Jürgen Schütz mit 27 Toren erneut Torschützenkönig. Das Hinspiel in Köln gewann der BVB mit 3:2. Am viertletzten Spieltag kam es zum Rückspiel in der „Roten Erde“, das vor 42.000 Zuschauern mit 3:3 endete. Drei Punkte aus den verbleibenden drei Spielen waren zu wenig, um den Domstädtern den Titel noch streitig zu machen.

In den Gruppenspielen traf der BVB auf Eintracht Frankfurt, Hamburger SV und 1. FC Saarbrücken. Zum Auftakt gab es einen 5:2-Sieg beim HSV, dem 67.000 Zuschauer beiwohnten. Bis zur 67. Minute hatten die Rothosen noch mit 2:1 in Front gelegen. Ein 0:1 daheim gegen Eintracht Frankfurt dämpfte am 2. Spieltag die Endspielträume. Am 3. Spieltag gastierte der 1. FC Saarbrücken in der „Roten Erde“. Nach nur acht Minuten lag der BVB bereits mit 0:2 zurück, was auch der Halbzeitstand war. Konietzka und Kelbassa gelang dann wenigstes noch der Ausgleich. Nach einer 3:4-Niederlage in Saarbrükken schienen die Dortmunder Meisterschaftshoffnungen beendet. Am 5. Spieltag mußte der BVB zum Tabellenführer Eintracht Frankfurt reisen.

68.000 Zuschauer waren ins Waldstadion gekommen, um ihre Schwarz-Roten weiter in Richtung Endspiel eilen zu sehen. Alles schien nach Plan zu laufen, denn nach 19 Minuten führte die Eintracht mit 1:0. Doch Schmidt und Peters sorgten noch für einen überraschenden 2:1-Sieg.

Vor dem letzten Spieltag führte der HSV mit sechs Punkten vor den punktgleichen Dortmundern und Frankfurtern (je 5) und dem 1. FC Saarbrücken (4), womit die Entscheidung über den Gruppensieg wieder völlig offen war. Der BVB empfing den Hamburger SV, beide Teams mußten unbedingt gewinnen. Am Ende feierten 42.000 einen 7:2-Kantersieg der Dortmunder. Vierfacher Torschütze war Jürgen Schütz. Frankfurt gewann zwar in Saarbrücken mit 5:2 ebenfalls deutlich, aber das bessere Torverhältnis (19:12 gegenüber 13:9) bescherte den Dortmundern ihre vierte Endspielteilnahme.

Das Finale fand – wie bereits 1957 – in Hannover statt. Gegner war der 1. FC Nürnberg, der sich in der anderen Gruppe mit vier Siegen und zwei Unentschieden souverän durchgesetzt hatte. Unter den 82.000 im Niedersachsenstadion dominierte klar Schwarz-Gelb, aber auf dem Feld hatten die Schwarz-Roten das Sagen. Gegen die junge Mannschaft von der Noris erwies sich der BVB, bei dem mit Kwiatkowski, Burgsmüller, Peters und Kelbassa noch vier Endspielteilnehmer von 1956 und 1957 mitwirkten, als chancenlos. Am Ende besiegten die Franken die Westfalen mit 3:0. Die Niederlage war nicht zuletzt der schlechten Vorbereitung geschuldet. So hieß es, Mannschaft und Trainer hätten fröhliche Vorbereitungstage verbracht, dabei aber wenig über Taktik und Konzept nachgedacht.

Langeweile im Finale

Gegen den HSV hatte Merkel einen „Vierer-Sturm" aufgeboten. Mit der gleichen Variante wollte er auch den Nürnbergern begegnen, was jedoch bedeutete, daß er deren starken Kombinationsfußballern das Mittelfeld überließ. Der *Kicker* kommentierte die eindeutige Angelegenheit als eines „an Dramatik, an Spannung ärmsten ... aller rund 50 deutschen Endspiele". Die Borussen mußten sich mit dem Lob begnügen, „jederzeit fair" agiert zu haben. Die Dortmunder Endspielformation:

► Heinz Kwiatkowski – Willi Burgsmüller, Rolf Thiemann – Dieter Kurrat, Lothar Geisler, Wolfgang Peters – Alfred Kelbassa, Alfred Schmidt, Jürgen Schütz, Friedhelm Konietzka, Gerd Cyliax.

Helmut Bracht bezeichnete die Dortmunder Mannschaft später als „Übergangself" aus Routiniers und aufstrebenden Talenten. Von der Klasse der Meisterjahre 1956 und 1957 waren die Borussen noch ein gutes Stück entfernt. Bracht selbst konnte am Finale verletzungsbedingt nicht teilnehmen. Selbstbewußt verkündete er: „Und ich werde mit der Borussia doch noch einmal Deutscher Meister werden!"

Trainer Max Merkel mit dem BVB-Vorsitzenden Dr. Werner Wilms (links) und Obmann Herbert Sandmann (rechts).

Nach dem Finale verließ Max Merkel den BVB. Er heuerte beim TSV 1860 München an, wo er nach Einführung der Bundesliga zum ersten Großverdiener der Trainergilde avancierte. Auch beim BVB hatte Merkel, der heute mit Vorliebe gegen das große Geld im Fußball wettert, ein fürstliches Salär kassiert.

Als Nachfolger des autoritären Merkel verpflichtete der BVB den sachlichen, freundlichen und integeren Hermann Eppenhoff. In der Saison 1961/62 trainierte damit zum dritten Male ein ehemaliger Schalker die Borussen. Als Spieler war Eppenhoff mit den Schalkern dreimal Deutscher Meister geworden. Der BVB war seine erste erstklassige Trainerstation. Neu bei der Borussia war auch ein junger Mann namens Wolfgang Paul, der vom VfL Schwerte kam und noch von Max Merkel entdeckt worden war. Bis dahin spielte Paul im WM-System auf der Position des Halbstürmers. Nicht zuletzt aufgrund seiner Kopfballstärke wurde er beim BVB bald zum Libero gekürt.

Im Jahr nach dem Debakel von Hannover landete der BVB nur auf dem 8. Platz, zwölf Punkte hinter dem Meister 1. FC Köln und elf hinter Vizemeister Schalke 04. Es war Borussias schlechteste Oberligasaison, aber die Mannschaft befand sich weiterhin im Umbruch und Neuaufbau. Der 1. FC Köln wurde anschließend auch noch Deutscher Meister, mit einer Mannschaft, die ausschließlich aus Nicht-Kölnern bestand und somit auch in dieser Hinsicht den Zeitenwechsel im deutschen Fußball symbolisierte.

1962/63 war die letzte Saison der Oberligen im Bundesgebiet, denn am 28. Juli 1962 hatte der DFB-Bundestag im Goldsaal der Dortmunder Westfalenhalle die Einführung der Bundesliga und des Lizenzspielers beschlossen. Durch die Zersplitterung in regionale Ligen und die Ablehnung des Vollprofitums drohte die Bundesrepublik auf das Niveau eines europäischen Fußballentwicklungslandes zu sinken. Besonders deutlich wurde dies in den europäischen Vereinswettbewerben, in denen die Teams aus den romanischen Ländern klar den Ton angaben. Die erheblichen Niveauunterschiede innerhalb der einzelnen Oberligen wirkten leistungshemmend. Die Top-Mannschaften wurden oft erst in der Endrunde richtig gefordert. Dies blieb nicht ohne Auswirkungen auf den Zuschauerzuspruch und hatte somit nicht nur sportliche, sondern auch finanzielle Konsequenzen. Eine Reihe von Top-Spielern hatte dem deutschen Oberligafußball den Rücken gekehrt, um ins italienische Liraparadies zu wechseln, wo sie nicht nur hohe Gehälter kassierten, sondern auch ein für sie bis dahin unbekanntes Maß an Anerkennung seitens der führenden Kreise von Kultur, Wirtschaft und Politik genossen.

Da der Lizenzspieler zunächst im Durchschnitt nicht mehr als monatlich 1.200 DM, in Ausnahmefällen 2.500 DM erhalten durfte (plus bei einem Vereinswechsel ein Handgeld von 10 % der Ablösesumme, die allerdings die 50.000 DM nicht übersteigen durfte), wurde die Abwanderung in den Süden kaum gestoppt. Viele Vereine unterliefen die Bestimmungen, in denen sie an besonders wertvolle und von der Konkurrenz umworbene Spieler „Schwarzgelder" zahlten.

Im März 1962 erlebte der BVB eine turbulente Hauptversammlung, die erst weit nach Mitternacht ihr Ende fand. Heinz Dolle, der ehemalige Spielausschußvorsitzende, führte eine Opposition an, die zum Frontalangriff gegen den Wilms-Vorstand ausholte. Doch der Aufstand endete mit einer Niederlage. In seine letzte Oberligasaison ging der BVB mit dem Vorstand Werner Wilms (Vorsitzender), Egon Pentrup, Günter Seckler, Klemens Jansing (Hauptkassierer) und Herbert Sandmann (Spielausschußobmann).

Der letzte Meister der Oberliga West hieß erneut 1. FC Köln. Für die Kölner war es die vierte Oberligameisterschaft in Folge, was keiner anderen Mannschaft im Westen gelang. Kölns hartnäckigster Widersacher war der BVB. Erst am letzten Spieltag fiel die Entscheidung: Während die Borussia beim Absteiger Wuppertaler SV mit 0:1 unterlag, schlug der 1. FC Köln Hamborn 07 mit 4:0. Die Kölner wurden mit zwei Punkten Vorsprung Meister. Hätte die Eppenhoff-Elf in Wuppertal gewonnen, wäre die Meisterschaft nach Dortmund gegangen, denn der BVB, dessen Jürgen Schütz erneut Torschützenkönig wurde, verfügte über das bessere Torverhältnis. Der Kölner Titelgewinn war aber alles andere als unverdient. Schließlich hatten die Domstädter beide Spiele gegen den BVB gewonnen. Vor jeweils 38.000 Zuschauern unterlag Borussia in Dortmund mit 2:3 und in Köln mit 1:2. Die Prunkstücke der neuen Dortmunder waren das Sturmduo Konietzka und Schütz sowie der aus den „Veteranen" Bracht und Burgsmüller und den „Neuen" Wolfgang Paul (Libero) und Bernhard Wessel (Torwart) bestehende Abwehrblock.

In den Gruppenspielen mußte sich der BVB mit dem von Max Merkel trainierten TSV 1860 München, Außenseiter Borussia Neunkirchen und einmal mehr mit dem Hamburger SV auseinandersetzen. Wie schon 1960/61, sah es für die Borussia zunächst überhaupt nicht gut aus. Einer 2:3-Niederlage in München folgte in der Roten Erde ein enttäuschendes 0:0 gegen Neunkirchen. Am letzten Spieltag der Hinrunde gewann der BVB sein Heimspiel gegen den HSV vor 39.000 Zuschauern mit 3:2. Nach drei Spieltagen führte die Merkel-Elf mit einem Punkt Vorsprung vor dem BVB und Borussia Neunkirchen. Am ersten Rückrundenspieltag gewann der BVB vor 60.000 Zuschauern in Hamburg mit 1:0, während die Löwen beim Neunkirchener Überraschungsteam, das im übrigen als einziger Endrundenteilnehmer nicht in die neue Bundesliga aufgenommen wurde, unerwartet mit 1:2 unterlagen. Dortmund und Neunkirchen rangierten nun punktgleich an der Spitze, so daß beim folgenden direkten Aufeinandertreffen der Borussen-Teams eine Vorentscheidung erwartet wurde. Aufgrund des großen Zuschauerinteresses hatten die Neunkirchener ihre Endrundenspiele in den Saarbrückener Ludwigspark verlegt. Vor 43.000 Zuschauern gingen die Gastgeber in der 26. Minute durch einen Elfmeter in Führung, doch am Ende hieß es 5:2 für den BVB.

Am letzten Spieltag ließ der BVB nichts mehr anbrennen. In der „Roten Erde“ sahen 43.000 einen klaren 4:0-Sieg über den TSV 1860 München. Das Spiel gegen die „Sechziger“ war eines der besten, das der BVB bis dahin geliefert hatte. Max Merkel schwor Rache, die ihm auch drei Jahre später an gleicher Stelle leider gelingen sollte. Der vierte Sieg in Folge bedeutete den fünften Einzug ins DM-Finale. Die drei Dortmunder Heimspiele wurden von 113.000 Zuschauern besucht. Bei aller Vorfreude auf die neue Bundesliga, schwebte auch Wehmut mit. So schrieb der *Kicker* vor Beginn der Gruppenspiele: „Die Bundesliga wird sich anstrengen müssen, um die Endrunde vergessen zu machen, vor allem das Endspiel. Die Endrunde hatte ihre romantischen Seiten. Wir werden es spätestens merken, wenn es keine Endrunde mehr gibt. Das neue Fußballzeitalter dürfte ungleich nüchterner sein.“

In der anderen Gruppe hieß der ungeschlagene Erste 1. FC Köln. Die torhungrige Cajkovski-Elf hatte in den sechs Spielen 29mal ins gegnerische Netz getroffen, was einen neuen Endrundenrekord bedeutete. Somit kam es im Finale zum ersten rein westdeutschen Duell seit 1933. Trotzdem mußten beide Teams und ihre Fans bis nach Stuttgart reisen. 30 Jahre zuvor hatte Fortuna Düsseldorf gegen den Favoriten Schalke 04 mit 3:0 gewonnen. Ein gutes Omen für die Borussia, die sich als klarer Außenseiter in die baden-württembergische Landeshauptstadt begab.

Am Tag des Finales mußte der Favorit auf seinen Goalgetter Christian Müller verzichten, der in den Gruppenspielen neun Tore erzielt hatte. Die

Borussen konnten indes in Bestbesetzung auflaufen, wozu auch Wilhelm Burgsmüller und Helmut Bacht zählten, die bereits 1956 und 1957 dabei gewesen waren. Wie schon beim Finale 1949 herrschten auch dieses Mal in Stuttgart tropische Temperaturen. Bereits nach neun Minuten brachte der kleine „Hoppy" Kurrat seine Schwarz-Gelben mit 1:0 in Führung. Kölns Abwehr wirkte unsicher und unentschlossen, der müllerlose Sturm blaß. Erst gegen Ende der ersten Halbzeit kamen die Domstädter zu ihrer ersten echten Chance, die Borussen-Keeper Wessel jedoch zu vereiteln wußte. In der 57. Minute nutzte Wosab einen schweren Fehler des wohl schon von Italien träumenden Kölner Abwehrspielers Schnellinger zum 2:0. Als Cajkovski alles auf eine Karte setzte und Schnellinger nach vorne beorderte, erzielte Schmidt in der 65. Minute gar das 3:0. Acht Minuten später konnte der spätere AC Mailand-Star zwar noch auf 1:3 verkürzen, aber der Sieg war den Borussen nicht mehr zu nehmen. Der *Kicker* konstatierte einen „Triumph der westfälischen Art": „Konzentriert, kaltblütig, mit Köpfchen spielend." Der BVB gewann seinen dritten Deutschen Meistertitel mit folgender Aufstellung:

„Konzentriert, kaltblütig, mit Köpfchen"

▶ Bernhard Wessel – Wilhelm Burgsmüller, Lothar Geisler – Helmut Bracht, Wolfgang Paul, Dieter Kurrat – Reinhold Wosab, Alfred Schmidt, Jürgen Schütz, Friedhelm Konietzka, Gerd Cyliax.

Auf die Frage, was die BVB-Meistermannschaften der Jahre 1956/57/63 von den heutigen Profis im Borussia-Trikot unterscheide, antwortet Helmut Bracht, der bei allen drei Titelgewinnen dabei war: „Die Mannschaft war damals homogener. Alle erhielten die gleiche Prämie und die gleiche Ausrüstung. Alle kamen aus der Region. Es herrschte noch nicht diese Überkonzentriertheit wie heute. Heute sitzen alle schweigend im Mannschaftsbus."

Vor dem Startschuß zur neuen Bundesliga verlor der deutsche Vereinsfußball nicht nur Karl-Heinz Schnellinger in Richtung Italien, sondern auch Jürgen „Charlie" Schütz, der für die Rekordablösesumme von 600.000 DM zum AS Rom wechselte. Vor Schnellinger und Schütz waren bereits Janda, Buthz, Spikofski, Zaro, Kölbl, Waldner, Szymaniak, Geiger, Brülls und Haller dem Ruf ins Lira-Paradies gefolgt.

Die Zulassung zur neuen Bundesliga hatte der BVB bereits Monate vor dem Titelgewinn erhalten. Im Januar 1963 hatte der DFB eine erste Vorauswahl getroffen, bei der außerdem Schalke 04, 1. FC Köln, 1. FC Nürnberg, Eintracht Frankfurt, Hamburger SV, Werder Bremen, 1. FC Saarbrücken und Hertha BSC die Aufnahme in die neue Eliteklasse zugesichert wurde.

Der BVB hatte in der Saison 1962/63 noch ein weiteres Eisen im Feuer. Zum erstenmal in der Vereinsgeschichte stand der Klub im Finale des DFB-

1963 gewann der BVB das letzte „richtige“ Endspiel um die Deutsche Meisterschaft. Nach dem 3:1-Sieg gegen den 1. FC Köln präsentiert der am Kopf verletzte Willi

Burgsmüller stolz die Meisterschale. Links daneben Torhüter Bernhard Wessel und Lothar Geisler.

Pokals. Die Borussen hatten somit die Chance, als zweiter Verein nach den Schalkern (1937) das „Double" zu gewinnen. Bis dahin hatte der BVB im Pokalwettbewerb absolut nichts zu bestellen gehabt. Nur dreimal – 1936/37, 1937/38 und 1952/53 – war es ihm gelungen, über die Landesebene hinaus vorzudringen. Im Meisterjahr 1957 scheiterte er bereits in der 1. Runde an Westfalia Herne. Ebenso 1958, als er von Langendreer 04 mit 4:1 geschlagen wurde. 1958/59 kam das Aus in der 2. Runde gegen Bergisch-Gladbach. 1960/61 gelang dem sauerländischen SF Neheim die Sensation, den BVB bereits in der 1. Runde auszuschalten.

Im Pokalfinale wartete der Hamburger SV auf den BVB. Der frischgebakkene Meister galt als Favorit. Schließlich hatten die Borussen gegen den 1. FC Köln eine überzeugende Vorstellung geboten, und außerdem war der HSV ein Gegner, gegen den man in den letzten Jahren fast immer die Oberhand behalten hatte. Zuletzt erst in der DM-Endrunde, die der HSV als abgeschlagener Gruppenletzter beeendet hatte. Trotzdem gab sich Hamburgs Uwe Seeler optimistisch: „Die fühlen sich so sicher, daß sie uns mal eben so im Vorbeigehen vernaschen können. Das ist unsere Chance." Als der BVB am 14. August 1963 im Hannoveraner Niedersachsenstadion auflief, fehlten drei Spieler aus dem DM-Finale. Jürgen Schütz war bereits gen Süden gezogen, während Wolfgang Paul und Friedhelm Konietzka verletzungsbedingt ausfielen. 70.000 Zuschauer, Rekordbesuch für ein DFB-Pokalfinale, sahen das Ende des Hamburger „Borussia-Komplexes". Mit einem glatten 3:0-Sieg gelang den Hamburgern die Revanche für die zahlreichen Demütigungen, die ihnen der „Dauergegner" BVB zugefügt hatte. Dreifacher Torschütze war Uwe Seeler. BVB-Trainer Hermann Eppenhoff nach dem Spiel: „Wir mußten zwar auf Paul, Schütz und Konietzka verzichten, doch das soll keine Entschuldigung sein. Wir waren uns unserer Sache wohl zu sicher." Daß dem Bundestrainer die Borussen „trotz der Niederlage spielerisch besser gefallen" hatten, war nur ein schwacher Trost.

16 Jahre Oberliga West – Eine Bilanz

Borussia Dortmund errang in der Oberliga West die meisten Meistertitel (6), vor dem 1. FC Köln (5), Schalke 04 und Rot-Weiß Essen (jeweils 2). Der BVB gehörte zu den drei Klubs, die in allen 16 Oberligajahren dabei waren. Die anderen beiden waren Alemannia Aachen und Schalke 04. In der „Ewigen Tabelle" der Oberliga West führt der BVB mit 600:336 Punkten klar vor Schalke (555:381) und dem 1. FC Köln (543:281). Von den sechs Deutschen Meistertiteln, die von Vereinen der Oberliga West im Zeitraum 1948 bis 1963 gewonnen wurden, gingen drei nach Dortmund und jeweils einer nach Essen

(1955), Schalke (1958) und Köln (1962). Zweimal wurde der BVB Vizemeister (1949 und 1961). Siebenmal konnte sich der Verein für die DM-Endrunde qualifizieren. Nur der Hamburger SV und der 1. FC Kaiserslautern können eine bessere Endrundenbilanz vorweisen. Allerdings kickten beide Vereine in leistungsschwächeren Oberligen.

Neunmal wurden BVB-Spieler Torschützenkönig in ihrer Oberliga (1948 Lenz, 1949 und 1950 Preißler, 1956 Niepieklo, 1957 und 1958 Kelbassa, 1960, 1961 und 1963 Schütz). Mit Heini Kwiatkowski stellte der BVB außerdem den Rekordspieler der Liga. Der Keeper bestritt 411 von 468 möglichen Spielen, allerdings nicht alle im Borussen-Team. 74mal war Kwiatkowski für Schalke im Einsatz, 38mal für Rot-Weiß Essen und 299mal für den BVB.

Trotzdem waren die Dortmunder nicht im gleichen Maße dominant wie die Schalker zwischen 1934 und 1944, auch wenn die Borussen den direkten Vergleich mit dem Rivalen klar für sich entschieden. Von den 32 Begegnungen, die der BVB und Schalke zwischen 1947/48 und 1962/63 in der Oberliga West gegeneinander bestritten, gewann der BVB 15. Zehnmal trennte man sich mit einem Unentschieden, siebenmal behielten die Schalker die Oberhand. Das Torverhältnis betrug 73:46 zugunsten der Dortmunder. Erst beim sechsten Aufeinandertreffen (Saison 1949/50) errangen die Schalker ihren ersten Sieg (2:1) über den BVB. Die höchsten Siege der Dortmunder über Schalke waren zweimal ein 5:1 – in den Spielzeiten 1949/50 und 1958/59.

In den späteren Jahren der Oberliga West kam der hauptsächliche Konkurrent des BVB jedoch nicht aus dem Ruhrgebiet, sondern aus der rheinischen Dienstleistungsmetropole Köln. Die Domstädter waren Ende der 50er/Anfang der 60er der modernste Klub in Westdeutschland, vielleicht gar in der Bundesrepublik überhaupt, bei dem auch Bayern Münchens Wilhelm Neudecker Anleihen nehmen sollte. Die Auseinandersetzung mit dem 1. FC hatte auch einen sozialen Aspekt: Hier die „bodenständigen" Kicker aus der Bier-, Kohle-, und Stahlstadt, dort die „Aufsteiger" aus der rheinischen Dienstleistungsmetropole, die zu allem Überfluß auch noch die modischsten Trikots der Liga trugen. Helmut Bracht: „Die haben schon ein elitäres Denken gehabt." Gleiches galt auch für Fortuna Düsseldorf, deren Spieler – so Bracht – „mit Binder in die Kabine kamen".

Für Bracht war der Sieg gegen Köln 1963 eindeutig der schönste seiner drei Titelgewinne. „Die Freude über die dritte Meisterschaft war besonders groß. Es war auch eine gewisse Schadenfreude. Nicht nur Dortmund, das ganze Ruhrgebiet jubelte mit dem BVB." Den Kölnern sei in diesem Finale nicht zuletzt ihr elitäres Gehabe und ihre Hochnäsigkeit zum Verhängnis geworden. Am Vortag des Finales waren die Kölner im Porsche-Werk von Huschke von Hanstein empfangen worden. Als am nächsten Tag ein Foto davon in der

Zeitung erschien, das die Kölner Truppe mit modischen Hüten und Frisuren zeigte, habe man sich im Lager der Dortmunder köstlich amüsiert. Die Aufnahme wäre eine zusätzliche Motivation gewesen.

Auch der heutige BVB-Präsident Gerd Niebaum erinnert sich noch daran, daß der damalige Hauptwidersacher nicht Schalke, sondern Köln hieß: „Schalke war eher ein Verein wie heute der MSV Duisburg oder der VfL Bochum, gegen den man nicht großartig etwas hatte. Der große Rivale war in Dortmund der 1. FC Köln. Das waren die 'feinen Pinkel', die eine bessere Welt verkörperten. Die hatten den Touch Arroganz, der heute teilweise den Bayern nachgesagt wird, und sie haben das auch bewußt ausgespielt. Die Kölner waren im Prinzip spielerisch besser, zelebrierten Fußball aus der Feinkostabteilung, und wir machten das hier mit Kampf und Herzblut wett."

„Die feinen Pinkel aus Köln"

Der 1. FC Köln bestritt erst 1949/50 seine erste Oberliga-Saison. Die Oberliga-Bilanz zwischen den Kölnern und dem BVB gestaltete sich mit jeweils zehn Siegen und acht Unentschieden ausgeglichen. Das Torverhältnis betrug aus Dortmunder Sicht 55:62. Im letzten Drittel der Oberliga-Ära wendete sich das Blatt allerdings zugunsten der Kölner. In den letzten zehn Oberliga-Begegnungen zwischen dem BVB und dem 1. FC gab es nur zwei Dortmunder Siege, den letzten in der Hinrunde 1960/61. Die Kölner hingegen verbuchten vier Siege, ebenfalls vier Begegnungen endeten mit einem Remis. Berücksichtigt man lediglich die letzten vier Oberliga-Begegnungen, so gab es keinen Dortmunder Sieg mehr, wohl aber drei Kölner Siege. Um so überraschender kam der Sieg der Dortmunder im letzten Meisterschaftsfinale.

Was den Zuschauerzuspruch betraf, so war die Oberliga West eine Erfolgsstory. Die 3.648 Oberligaspiele wurden von 51.289.000 Zuschauern besucht, was einen Zuschauerschnitt von ca. 14.000 pro Spiel bedeutet. Borussias Zuschauerschnitt für die gesamten 16 Jahre beläuft sich auf 19.700 und lag damit deutlich über dem Gesamtschnitt der Liga. Der höchste wurde mit über 26.000 in der letzten Oberligasaison 1962/63 registriert, gefolgt von den 24.400, die im Schnitt die Spiele des BVB in der Auftaktsaison 1947/48 besuchten. Neben dem spannenden Kopf-an-Kopf-Rennen um die Meisterschaft mit dem 1. FC Köln, dem Meidericher SV und Preußen Münster dürfte 1962/63 auch die Vorfreude auf die Bundesliga eine Rolle gespielt haben. Den Rekordschnitt für eine Oberligasaison erzielte allerdings Schalke mit 29.000 in der Saison 1953/54. Borussias schlechtester Zuschauerschnitt waren die 11.600 in der Saison 1954/55. Von der Plazierung her war es zwar nicht die schwächste Saison der Borussen – in der Endabrechnung wurde man Vierter –, aber der Abstand zum Meister Essen betrug satte 15 Punkte. In den folgenden beiden Jahren, in denen der BVB Deutscher Meister wurde, lag der

Schnitt mit 17.900 (1955/56) und 18.900 (1956/57) unter dem Gesamtschnitt. Das Publikum war bereits wählerischer geworden, und viele stiegen erst mit der DM-Endrunde, die namhafte Teams aus anderen größeren Städten nach Dortmund brachte, ein. Daß die Zuschauer nun stärker auf die Leistungen schauten, belegen auch die deutlich unterdurchschnittlichen Besucherzahlen der Spielzeiten 1957/58 (16.700) und 1961/62 (15.900), als der BVB nur den 5. bzw. 8. Platz belegte. Die Oberliga hatte bereits einiges von ihrer anfänglichen Attraktivität eingebüßt und war nicht mehr der Selbstläufer der ersten Nachkriegsjahre. Nicht nur in den Dienstleistungsmetropolen, auch in Städten wie Dortmund lechzte man nach mehr.

Der Zuschauerzuspruch der Oberliga West lag über dem der anderen Oberligen. Hierzu trug vor allem der Ballungsraum Ruhrgebiet bei, der vielen Begegnungen Derby-Charakter verlieh. Den West-Vereinen wurde ihre gegenseitige Abhängigkeit gewahr, was ihre Kooperation förderte. Harte sportliche Konkurrenz wurde von gegenseitiger Solidarität begleitet. Bei allen Unterschieden und trotz ihrer Rivalität, waren Dortmund und Schalke doch Teil ein und derselben Firma, die „Ruhrgebietsfußball" hieß. Die Konkurrenz belebte das Geschäft. So wie in Glasgow Celtic und Rangers, bildeten im Ruhrgebiet auch Dortmund und Schalke eine informelle „Old Firm", die auch noch in der Bundesliga Bestand haben sollte. Schalke und Köln waren auch die Zuschauermagneten im Stadion „Rote Erde", wenngleich die Massen, die bei Schalker Gastspielen mobilisiert wurden, insgesamt deutlich größer waren.

Zum ersten Aufeinandertreffen mit den Kölnern (1949/50) kamen immerhin 22.000, aber 50.000 sahen BVB - Schalke. 1952/53 kam es erstmals zu einem Massenandrang anläßlich eines Gastspiels des 1. FC. Die 40.000 waren nach dem Revier-Derby (43.000) der zweitbeste Besuch in dieser Saison im „Rote Erde". Es war die erste Saison, in der der Westen einen Zweikampf Dortmund - Köln erlebte. 1953/54 überflügelte der 1. FC erstmals die Schalker: 40.000 kamen ins „Rote Erde", um die Domstädter zu sehen, 25.000 besuchten das Revier-Derby. Köln wurde in dieser Saison erstmals Westmeister. 1954/55 hatten wieder die Schalker die Nase vorn, während Köln lediglich 8.000 Zuschauer mobilisierte, einer der schlechtesten Besuche in dieser Saison im „Rote Erde", unterboten nur von den Gastspielen der Leverkusener, Duisburger und Dellbrücker. Dortmunder wie Schalker spielten in dieser Saison bei der Vergabe der Meisterschaft keine Rolle. 1955/56 wollten nur 12.000 den 1. FC sehen – Dortmund wurde Meister, die Kölner landeten nur im oberen Mittelfeld. 1956/57 überflügelte der 1. FC die Schalker zum zweiten Male – 35.000 sahen die Kölner, 28.000 die Schalker. In diesem Jahr war das Titelrennen ein Dreikampf zwischen dem BVB, dem Duisburger Spv.

und den Kölnern. Von nun an ging es im Jahrestakt weiter: 1957/58 Schalke, 1958/59 Köln, 1959/60 Schalke, 1960/61 Köln, 1961/62 Schalke, 1962/63 Köln. Der Zuschauerandrang bei Gastspielen des 1. FC Köln in Dortmund hing stark davon ab, ob die Domstädter Titelanwärter waren und ob sie in der Tabelle zu den näheren Konkurrenten des BVB gehörten. Bei den Schalkern verhielt es sich anders, da das Revier-Derby bereits Ende der 40er/Anfang der 50er eine feste Institution und somit konjunkturunabhängiger war.

In den Jahren der Oberliga West avancierte der BVB somit zum Zuschauerkrösus in Westdeutschland, gefolgt von Schalke 04, das diese Rolle in den 30ern und frühen 40ern spielte. Bereits in den zwölf Heimspielen der Auftaktsaison 1947/48 mobilisierte der BVB insgesamt 292.000 Zuschauer.

Außerdem begannen sich nun die Repräsentationsklubs größerer Städte gegenüber den Vorort- und Stadtteilklubs und Klubs aus kleineren Gemeinden durchzusetzen. Dies war eine Folge der Einführung des Vertragsspielers. Barzahlungen spielten nun gegenüber anderen Formen der „Entlohnung" von Spielern („leichte Arbeit" etc.) eine immer größere Rolle. Zu den Zeiten der Gauliga konnte ein Verein wie der VfL Altenbögge die geringe Einwohnerzahl seiner Heimat und die daraus resultierenden geringen Zuschauerzahlen durch die gute Connection zur lokalen Schachtanlage kompensieren. Nun aber wuchs die Bedeutung des Zuschauerzuspruchs weiter an. Gegenüber den Klubs aus den Vororten und kleineren Städten besaßen Vereine wie der BVB, Rot-Weiß Essen, Schalke 04, Preußen Münster oder der 1. FC Köln natürlich erheblich bessere Karten. Um nur zwei Beispiele aus der Saison 1947/48 zu nennen: 25.000 sahen das Heimspiel des BVB gegen die SF Katernberg. Beim Rückspiel in Katernberg wurden hingegen „nur" 12.000 gezählt. Ebenfalls 25.000 sahen den BVB zu Hause gegen die Spvg. Erkenschwick, aber nur 7.000 kamen zum Rückspiel in Erkenschwick.

Das finanzielle Gefälle zwischen den städtischen Repräsentationsklubs und den Vorortklubs wurde immer größer. In den ersten beiden Spielzeiten kamen noch relativ viele Klubs aus Vororten bzw. kleineren Gemeinden; neben Katernberg und Erkenschwick sind hier u.a. noch der TuS Horst, Hamborn 07 und Rhenania Würselen zu nennen. Im letzten Jahr der Oberliga West war von diesen Klubs nur noch Hamborn 07 in der Eliteklasse vertreten. Die Klubs aus den größeren Städten begannen, sich auf Kosten der zumeist mit dem Bergbau verbundenen Vorortklubs durch- und abzusetzen. Auch wenn der BVB ein Arbeiterverein war, unterschied er sich von Katernberg und Horst-Emscher doch ganz erheblich. Diese Kluft sollte nach Einführung der Bundesliga weiter zunehmen. Mit der Verbreitung des PKWs gewann das Fußballpublikum weiter an Mobilität. Bereits zu Oberligazeiten war es wählerischer geworden. Viele Fans fühlten sich immer stärker zu den großen

Tumult beim Oberligaspiel ETB Schwarz-Weiß Essen – BVB, nachdem Borussen-Spieler und Ordner aneinandergeraten waren.

Fußballereignissen in den großen Städten angezogen, anstatt die Derbys in den unteren Klassen aufzusuchen.

Verstärkt wurde dieser Prozeß noch durch die krisenhafte Entwicklung im Bergbau und seine Umstrukturierung. Arbeitsplätze waren nun nicht mehr im gleichen Ausmaß verfügbar wie früher. Die Zentralisierung des Bergbaus durch die Einrichtung der Ruhrkohle AG 1968 sollte die Macht der lokalen „Zechenfürsten“ endgültig beenden. Diese Macht war aber eine wesentliche Voraussetzung für das Mäzenatentum der lokalen Anlagen gewesen.

Obwohl die Vereinsfarben der Borussen angeblich Kohle und Bier symbolisierten (tatsächlich waren sie wohl nur eine Folge der Fusion von 1910), hatte der BVB mit dem Bergbau nur bedingt zu tun und blieb deshalb von seinem Niedergang zunächst unberührt. Die „Hauptsponsoren“ des BVB wurden Hoesch, die Union-Brauerei sowie die Stadt und die Stadtwerke, die dem BVB Arbeitsplätze zur Verfügung stellten, die besser waren als beispielsweise die dreckige und mühsame Arbeit unter Tage. Insbesondere Hoesch wurde für den BVB von immer größerer Bedeutung. Vollprofitum bedeutete dies jedoch zunächst nicht, denn die beim Mäzen beschäftigten Spieler mußten in der Regel bei ihrem Arbeitgeber tatsächlich erscheinen. So beschreibt der BVB-Spieler Kurt Sahm in Hans-Dieter Baroths Geschichte der Oberliga West seinen Tagesablauf: „Jeden Morgen, sechsmal in der Woche, stand ich in aller Frühe auf, fuhr dann mit der Straßenbahn von Gelsenkirchen-Horst nach Altenessen. Von dort mit dem Zug nach Dortmund. Vom Dortmunder Hauptbahnhof fuhr ich mit dem Bus zur Westfalenhütte. Dort hatte man mir in der Verwaltung eine Stelle besorgt. Mit der Aktentasche unter dem Arm ging es noch drei- bis viermal in der Woche zum Training. Tägliches Training war unbekannt. Zwischen 22.30 Uhr und 23.00 Uhr kam ich dann wieder in Horst an. Am anderen Morgen ging es wieder in die Tretmühle, sonntags wurde in der Oberliga West gespielt."

Erst später wurden einige Spieler – so u.a. Held und Emmerich – nur pro forma beschäftigt. Für Barzuwendungen kam die Dortmunder Industrie in der Regel nicht auf, sieht man einmal von der Hoesch-Rettungsaktion für den BVB in den 70er Jahren ab.

Die geographischen und sozialen Verschiebungen hatten bereits nach der WM 1954 begonnen. Die WM wurde auch von Menschen verfolgt, die bis dahin den Fußball als proletarische Vergnügungsveranstaltung links liegen gelassen hatten. Doch mit dem deutschen Finalsieg begann der Fußball sein Image als reiner Proletensport abzulegen. Die Hochburgen des Fußballs waren nun nicht mehr nur Städte mit hohem Industriearbeiteranteil. Dienstleistungszentren wie Köln, Frankfurt und München schoben sich immer mehr in den Vordergrund und veränderten im Fußball die sozialgeographische Landkarte nachhaltig.

In den 50ern und 60ern waren der Süden und der Norden der Republik dem Ruhrgebiet in Sachen Professionalismus weit voraus. Hier wurde bereits in den 50ern oft deutlich mehr bezahlt, als das Vertragsspielerstatut gestattete. Die große Ausnahme im Westen war der 1. FC Köln. So sah sich der BVB nach der Legalisierung des Professionalismus (1963) mit ähnlichen Problemen konfrontiert wie zuvor Katernberg, Erkenschwick und Co. nach der Einführung des Vertragsspielers. Zumal das Stadion zu klein war, um durch die Zuschauereinnahmen das Fehlen finanzkräftiger Sponsoren zu kompensieren. Für die Oberliga war die „Rote Erde" ausreichend, nicht jedoch für die Endrundenspiele zur Deutschen Meisterschaft. 1956 strömten zu den drei Endrundenspielen insgesamt 126.000 in die Kampfbahn. Auswärts sahen dagegen 190.000 die Borussia. Mit insgesamt 316.000 Zuschauern war der BVB zwar das Team mit der größten Anziehungskraft in dieser Endrunde. Aber da die „Rote Erde" zu klein war, kamen die Heimspiele des BVB für nur knapp 40 % dieser Zuschauermassen auf.

Der Niedergang, den der BVB nach 1966 erlebte, hat somit eine Vorgeschichte, die bis in die 50er Jahre zurückreicht. Der Gewinn der Deutschen Meisterschaft 1963 und des Europapokals 1966 täuschen darüber hinweg, daß der BVB – trotz einer schlagkräftigen Mannschaft – ungenügend vorbereitet in das Abenteuer Bundesliga ging.

EINWURF

Das Hoeschviertel – Wiege des BVB

Der Dortmunder Norden, wo die Wiege des BVB stand, galt und gilt noch immer als die Gegend der Arbeiter und der sozialen Randgruppen. Im 2. Weltkrieg wurde die Nordstadt stark zerstört. In den 60ern folgte – wie auch in anderen bundesdeutschen Großstädten – die Kahlschlagsanierung. Der Hochhaus-Bau, dessen prominentestes Projekt die Großwohnanlage Hannibal I in der Bornstraße war (1972), konnte durch Bürgerproteste gestoppt werden. Anstelle weiterer Hochbauten entstanden schließlich anspruchsvollere Wohn-Höfe.

Viele Einwohner der Nordstadt wurden in große Trabantensiedlungen am Rande Dortmunds umgesiedelt. Wer es sich leisten konnte, zog in den Süden. Es entstanden große Freiflächen. Zurück blieb eine überalterte Bevölkerung, die durch Arbeitsimmigranten vornehmlich aus der Türkei, Griechenland und Jugoslawien aufgefrischt wurde. Einst eine „rote" Hochburg, wurde der Norden Anfang der 90er zum Tummelplatz für die rechtsradikalen Republikaner. Auch die berüchtigte „Borussen-Front" und die Nazi-Schlägertruppe FAP wurzelten im Dortmunder Norden.

Bemühungen der Stadt, das Gebiet wieder attraktiver zu gestalten, blieben nicht ohne Auswirkungen. Die Nordstadt, in der man durchaus auch gediegenere Straßenzüge findet, entwickelte sich langsam zu einem Spekulationsgebiet für Eigentumswohnungen, in das es auch Yuppies, Studenten und Alternative zog.

Ein Viertel entsteht

Mitte des 19. Jahrhunderts entstanden im Dortmunder Raum die ersten Tiefbauzechen. Die Anlagen bzw. Betreibergesellschaften hießen u.a. Freie Vogel, Louise Tiefbau, Dorstfeld, Borussia (!), Hansa, Glückauf Tiefbau, Tremonia, Schleswig, Minister Stein. Gleichzeitig wurden auch die ersten großen Eisenhüttenwerke errichtet: u.a. die Hermannshütte in Hörde, die Eisenhütte Blücher in Aplerbeck und die Paulinenhütte.

Nach dem Krieg von 1870/71 wurde die industrielle Entwicklung weiter beschleunigt. Neue Schachtanlagen wurden abgeteuft: Hardenberg, Westhausen, Kaiserstuhl, Holstein, Germania, Gneisenau, Hansemann, Scharnhorst, Kurl, Preußen und andere. Aber auch weitere Eisenwerke entstanden:

Das Eisen- und Stahlwerk Hoesch um 1885.

vor allem die Eisen- und Stahlwerke Hoesch, Dortmunder Union, Maschinenfabrik Deutschland, Maschinenfabrik Wagner & Co., die eisenverarbeitenden Werke Holstein & Klappert, Schüchtermann & Kremer, Jucho, Klönne und Orenstein & Koppel.

Für die Borussia sollte vor allem das Hoesch-Werk von Bedeutung sein, das im Osterholz entstand, einem sumpfig-morastigen Gebiet nordöstlich der ehemaligen Stadtgrenze, das bis dahin nicht genutzt wurde. Dortmund war als Stahlstandort attraktiv, weil man hier auf der Kohle saß und zugleich Roheisen frachtgünstig sowohl aus Westfalen von der Georgsmarienhütte wie aus dem Siegerland beziehen konnte. 1874 betrug die Jahresproduktion der Hoesch-Werke erst 11.000 Tonnen, aber 1881 waren es bereits 48.000 Tonnen. Der Grund war die Wiederbelebung des alten Schutzzollsystems, für das Leopold Hoesch als Vorsitzender des „Vereins Deutscher Eisenhüttenleute“ leidenschaftlich gekämpft hatte. 1889/99 erwarb Hoesch die benachbarten Zechen Kaiserstuhl I und Kaiserstuhl II, die im BVB-Leben ebenfalls eine Rolle spielten, um die Versorgung des Werks mit Koks in eigener Regie zu gestalten.

Mit dem Stahlstandort Dortmund ging es nun steil aufwärts. So heißt es in einem zeitgenössischen Bericht aus dem Jahr 1914: „Im Norden der Stadt das Eisen- und Stahlwerk Hoesch, dessen Produktion vor dem Kriege hingereicht hätte, um mit ihrem Erlös den ganzen Roggenimport Deutschlands zu dekken, im Süden der Hörder Verein, dessen Erzeugung an Fertigfabrikaten zur gleichen Zeit täglich etwa zehn lange Eisenbahnzüge von ungefähr 50 Wagen füllte, und im Westen, näher dem Weichbild der Stadt, die Dortmunder

Union, deren Jahresproduktion an Schienen zur Herstellung einer Gleisstrecke vom Nordkap bis Konstantinopel reichte."

Die industrielle Entwicklung hatte zur Folge, daß die Einwohnerzahl Dortmunds sprunghaft stieg. Als sich die Firma Hoesch 1871 in Dortmund niederließ, war die Stadt mit 44.420 Einwohnern bereits nach Essen die zweitgrößte im Ruhrgebiet. Doch die Bevölkerung nahm weiter sprunghaft zu. 1885 zählte Dortmund 78.435 Einwohner, 1895 111.232 und 1910, dem Jahr nach der BVB-Gründung, 212.725. Um die hineinströmenden Arbeitskräfte unterzubringen, mußte neuer Wohnraum geschaffen werden. 1872 beantragte Hoesch die Konzession für den Bau von Arbeiter- und Meisterhäusern in der Gemarkung Oesterholz, wo später das Straßenviereck zwischen Stahlwerk-, Schlosser-, Robert- und Eberhardstraße entstand. Den Anfang beim Werkswohnungsbau hatten allerdings bereits andere gemacht. In Hörde waren der „Alte Clarenberg" und die ersten Häuser der Kolonie „Felicitas" entstanden, und Ende der 50er/Anfang der 60er Jahre waren Häuser für Arbeiter der „Union" gebaut worden. Vor den zwei nördlich des Bahnhofs gelegenen Hüttenwerken Hoesch und Union bildeten sich nun zwei Arbeiter-Vorstädte heraus: im Westen die „Union-Vorstadt" (Unionstraße/Sunderweg), im Nordosten die „Hoesch-Vorstadt". Als Marktplatz wurde 1857 der heutige Freiherr-vom-Stein-Platz projektiert. Neben der politischen und sozialen Kontrolle, die Kolonien wie das „Hoeschviertel" versprachen, gab es aber auch ökonomische Gründe für die Errichtung einer großen Zahl von gleichen Häusern als einzelne Gebäude: Eine derartige Bauweise war billiger.

Um 1900 hatte sich vor dem Werkstor von Hoesch „ein bauliches Ensemble entwickelt, das den sozialen Kosmos des Unternehmens vom Direktor bis zum Facharbeiter widerspiegelte: vorne der Direktor mit der Villa im Park, dann die Beamten und Meisterhäuser und hinten die Arbeiter. Baugestalt und Grundriß ließen zwar eine unübersehbare Rangfolge erkennen, aber alle wohnten zusammen wie eine 'Werksfamilie' in der wachsenden Großstadt." (Renate Kastorff-Viehmann, Das Hoeschviertel, in: Wohnen und Leben im Schatten der Hochöfen, hrsg. von der Hoesch AG/Abteilung Öffentlichkeitsarbeit, Dortmund 1991). Eine erste Zählung 1895 ergab, daß das Hoeschviertel zu diesem Zeitpunkt bereits 6.420 Einwohner hatte, in ihrer Mehrzahl junge Menschen. Das Werk beschäftigte um die Jahrhundertwende 6.515 Arbeitskräfte. Bis 1920 wuchs die Belegschaft auf 15.000. Das Hoeschviertel entwickelte sich zur Stadt in der Stadt. Es entstanden nicht nur Wohnhäuser, sondern auch Schulen und Kirchen.

Das Hoeschviertel, dessen zentraler Punkt der Borsigplatz ist, wurde zur Wiege des BVB. Hier befanden sich das Gasthaus „Zum Wildschütz" (Oesterholzstraße), die erste Sportanlage (Wambeler Straße) und die Kneipe von August Lenz, dem ersten BVB-Nationalspieler. Auch nach 1945 blieb die Gegend um den Borsigplatz zunächst noch die eigentliche Heimat des BVB, obwohl der BVB längst ein städtischer Repräsentationsverein war und seine Spiele mehrere Kilometer entfernt im „Rote Erde“ austrug. Nach dem Triumph von 1966 wurde der Borsigplatz in schwarz- gelben Farben angestrichen. Die Geschäftsstelle des BVB befand sich bis Mitte der 70er in der Weißenburger Straße, die zum Borsigplatz hinführt. Nur die Geschäftsstelle der Amateure, die allerdings lediglich aus einem Schreibtisch bestand, blieb noch bis Ende der 80er im Norden. Mitte der 70er Jahre fand auch erstmals die ordentliche Hauptversammlung nicht mehr am Borsigplatz statt, sondern im Goldsaal der Westfalenhalle.

Noch 1960, der Montanrausch war längst vorüber, arbeiteten in Dortmund 43.094 Menschen im Bergbau und in den Betrieben der Energiegewinnung. In der Eisen- und Metallerzeugung und -verarbeitung waren es gar 72.352. 42,1% aller in Dortmund Beschäftigten verdingten sich somit in der Montanindustrie. Seither hat sich das lokale Beschäftigungsmuster deutlich gewandelt. Dortmund ist heute (auch) eine Dienstleistungsmetropole, entsprechend gestaltet sich die Unterstützung durch die Wirtschaft anders als früher. Trotzdem ist die Firma Hoesch, die an Borussias erstem glorreichen Jahrzehnt einen wesentlichen Anteil hatte und den Verein in den 70ern vor dem völligen Absturz rettete, dem BVB auch noch heute verbunden. Als die Borussia 1989 mit dem DFB-Pokal die erste Trophäe der Ära Niebaum holte, hieß der Vorsitzende des BVB-Wirtschaftsrates Hero Brahms, seines Zeichens Finanzchef beim Stahlkonzern.

Der BVB und das Hoeschviertel heute

Bis vor kurzem tauchte der BVB nur noch im Norden auf, wenn es Triumphe zu feiern galt. Die Ehrenrunde um den Borsigplatz galt immer noch als obligatorisch. Einen Teil der Fans zog und zieht es allerdings nach jedem Spiel dorthin. In Zukunft könnten dies noch mehr sein, denn mit dem neuen „BVB-Fanhouse“ am Borsigplatz, untergebracht im Haus Nr. 5b, wo einst August Lenz das Bier ausschenkte, beteiligt sich nun auch der BVB an der Revitalisierung seiner ursprünglichen Heimat. Das „Fanhouse“ soll den Fans als zentrale Anlaufstelle dienen. Außerdem trifft sich hier der Ältestenrat. Und möglicherweise erfährt die BVB-Infrastruktur im Norden demnächst einen weiteren Ausbau: So existiert die Idee, der BVB-Jugend in der unweit vom Borsigplatz gelegenen Sport- und Erholungsanlage Hoeschpark (Brackeler Straße), wo sich einst die „Weiße Wiese“ befand, eine eigene Heimat zu verschaffen.

Der Borsigplatz feiert den BVB.

Der Hoeschpark wurde vom BVB nicht nur zu Trainingszwecken genutzt, sondern nach dem 2. Weltkrieg bestritt der BVB hier auch einige Spiele. So sahen z.B. 12.000 Zuschauer im Januar 1947 ein Freundschaftsspiel gegen Schweinfurth 05. Das Mannschaftsfoto des frischgebackenen Europapokalsiegers von 1966, das auch das Cover von Bergmanns „Fussball Bilder-Sam-

Die Kampfbahn im Hoeschpark.

melband 1966/67" zierte, wurde in der Kampfbahn des Hoeschparks aufgenommen. Mit Steegmann war damals ein Mann von Hoesch 1. Vorsitzender der Borussen.

Bis Mitte der 90er Jahre feierte der BVB im Hoeschpark seine Saisoneröffnung. In den letzten Jahren wohnten jeweils über 30.000 dem Spektakel bei, was die *Westfälische Rundschau (WR)* als Indiz dafür wertete, daß „die Wurzeln des BVB auch für die Fans weiter am Borsigplatz liegen".

Herzstück des Hoeschparks ist eine alte Kampfbahn jener Art, wie sie Unternehmen der Schwerindustrie einst auch in anderen Städten und Gemeinden des Ruhrgebiets – wenngleich häufig nicht in dieser Größe – errichteten. Das klassische Werksstadion besteht aus einem großzügigen Rasenfeld, das eine Aschenbahn und 17 Stehränge umgeben. Direkt nebenan liegt eine alte Radrennbahn mit Rasenspielfläche, die ebenfalls von Stehrängen gesäumt wird. Von der Radrennbahn sind allerdings nur noch Bruchstücke vorhanden. ■

1963 bis 1972

Triumph und Tragödie: Europapokal und Abstieg

Stadion Rote Erde: Einmarsch der Mannschaften von Borussia Dortmund und Inter Mailand zu einem Europapokalspiel 1964.

Sportlich schien der BVB gut gerüstet für die neue Bundesliga. Der nach 1957 notwendige Umbau wurde erfolgreich bewerkstelligt. Die Mannschaft, die 1963 Meister wurde, war dabei gewissermaßen eine „Übergangslösung" (Helmut Bracht). Die Sichtung potentieller Neuzugänge erfolgte nicht selten durch BVB-Spieler. Als „Diamantenauge" erwies sich dabei Herbert Sandmann, der 1960 Obmann wurde und damals einer der Jüngsten der Branche war. Sandmann tingelte unermüdlich über die Dörfer. Die Mannschaft, die 1966 den Europacup gewann, war nicht zuletzt Sandmanns Werk.

Die Spieler, die im Zeitraum 1957 bis 1963 zum BVB fanden, kamen in der Regel aus Dortmund und der näheren Umgebung. Dieter „Hoppy" Kurrat kam aus der eigenen Jugend. Friedhelm „Timo" Konietzka kam aus Lünen-Süd, Jürgen Schütz von Urania Lütgendortmund, Lothar Emmerich aus dem Dortmunder Stadtteil Dorstfeld. Gerd Cyliax und Hans Tilkowski mußten zwar aus Herne geholt werden, waren aber vor ihrem Wechsel zur Westfalia bei den Dortmunder Vorortklubs Mengede und Husen aktiv gewesen. Lothar Geisler kam via Bochum, spielte aber vorher bei Eving. Reinhold Wosab kam aus Marl, Wolfgang Paul vom VfL Schwerte. Cyliax, Tilkowski und Geisler hatten in Herne und Bochum gewissermaßen nur „geparkt", da zu dem Zeitpunkt, als sie sich für Oberliga-Aufgaben empfahlen, im BVB-Team keine Plätze frei waren. Theo Redder kam von Preußen Werl, was schon fast die weiteste Entfernung war. Bei Tilkowski und Franz Brungs, die beide den BVB zum Bundesligastart 1963/64 verstärkten, kam dem BVB entgegen, daß deren Klubs Westfalia Herne bzw. Borussia Mönchengladbach das harte Auswahlverfahren für die neue Eliteklasse nicht überstanden hatten.

1963/64 5:0 gegen das „Wunderteam"

Der BVB begann in der neuen Liga mit einem Fehlstart. Zwar erzielte „Timo" Konietzka am 24. August 1963 in Bremen nach weniger als einer Minute das erste Bundesliga-Tor überhaupt, aber am Ende siegte Werder gegen den amtierenden Meister mit 3:2, wobei die Bremer knüppelhart zur Sache gingen. Von Konietzkas Treffer existiert kein Filmdokument, denn das Fernsehen verpaßte den Start der Bundesliga. Die Verhandlungen mit dem DFB waren noch im Gange. Erst am 14. September 1963 lieferte die ARD ihren ersten 25-minütigen Bericht über den aktuellen Spieltag. Ab Ende Oktober wurde dann jeden Samstag zwischen 17.45 und 18.30 Uhr unter dem Titel „Fußball-Bundesliga" über Tore und Punkte berichtet. Im April 1965 wurde aus dieser Sendung schließlich die legendäre „Sportschau". Zu diesem Zeitpunkt waren auch endlich die Verhandlungen zwischen DFB und den Fernsehanstalten beendet. Die Übertragungsrechte für die Saison 1965/66 kosteten ARD und ZDF 127.000 DM.

Für den BVB sollten Fehlstarts zu einem Charakteristikum in der neuen Liga werden. In den neun Spielzeiten bis zum Abstieg 1972 erlitt der BVB am ersten Spieltag sieben Niederlagen, dem nur ein Unentschieden und ein Sieg gegenüberstanden. Am Ende der Saison 1963/64 belegte der Deutsche Meister nur den 4. Platz, zwölf Punkte hinter dem 1. FC Köln, der erster Bundesligameister wurde. Kein anderer Klub hatte sich auf die neue Situation so professionell vorbereitet wie die Domstädter. Zwar erzielte der BVB die zweit-

Fußball-Ballett mit Friedhelm Konietzka. Wegen seines kurzen Bürstenhaarschnitts riefen ihn die Mitspieler nach dem sowjetischen General Timoschenko kurz „Timo".

meisten Tore nach den Kölnern, aber nur fünf Mannschaften kassierten mehr Gegentore als die Dortmunder. Timo Konietzka kam in der Torschützenliste mit 21 Toren auf den 2. Platz – hinter Uwe Seeler, der 30mal traf. Lothar Emmerich erzielte in seiner ersten Saison im BVB-Trikot immerhin 16 Treffer, Franz Brungs kam auf elf. Zusammen konnte das Trio somit nicht weniger als 48 der insgesamt 73 BVB-Tore verbuchen. Zu den „Fantastischen Fünf", die das Dortmunder Angriffsspiel prägten, zählten außerdem noch „Aki" Schmidt und Reinhold Wosab. Ihren höchsten Saisonsieg erzielten die Borussen beim 9:3 gegen den 1. FC Kaiserslautern, an dem alle fünf genannten Spieler mit Toren beteiligt waren. Nach Abschluß der ersten Bundesligasaison beendeten die dreifachen Deutschen Meister Helmut Bracht und Willi Burgsmüller ihre aktive Karriere beim BVB. Burgsmüller kam in dieser Saison noch auf 19 Einsätze, Bracht auf 11.

Während die Bundesliga für die Borussen eher enttäuschend verlief, landeten sie im Europapokal der Landesmeister ihren bis dahin größten internationalen Erfolg. In der 1. Runde wurde der norwegische Vertreter Lyn Oslo lokker mit 4:2 und 3:1 ausgeschaltet. Lediglich zwei Schlachtenbummler begleiteten den BVB auf seine lange Reise in die norwegische Hauptstadt. In den 90ern sollte der BVB für seine Fans Sondermaschinen chartern. Die Borussen logierten im selben Hotel wie der damalige Präsident Lindon B. Johnson, der nach dem Spiel zu den ersten Gratulanten gehörte. In der 2. Runde bekam der BVB Benfica Lissabon zugelost. Die Portugiesen hatten den Wettbewerb 1961 und 1962 gewonnen und damit die Ära des fünffachen Cup-Siegers Real Madrid beendet. 1963 waren sie erst im Finale vom AC Mailand gestoppt worden. Der BVB ging in die Spiele gegen das Wunderteam um den Stürmerstar Eusebio, der bei der WM 1966 Torschützenkönig werden sollte, als krasser Außenseiter. Aber in Lissabon unterlag der BVB nach einer Abwehrschlacht lediglich mit 1:2, dank des Torgebälks, das die Portugiesen binnen weniger Minuten gleich viermal trafen, und diverser Paraden des fantastisch aufgelegten Hans Tilkowski. Zwischenzeitlich war Wosab gar der Ausgleich gelungen.

Das Rückspiel in der mit 43.000 Zuschauern überfüllten „Roten Erde" geriet zu einer der besten und denkwürdigsten Vorstellungen, die ein deutsches Team in den europäischen Wettbewerben jemals abgeliefert hat. Der heutige BVB-Präsident Gerd Niebaum charakterisierte es einmal als das Spiel, „von dem inzwischen 200.000 Menschen behaupten, sie hätten es gesehen".

Der große Auftritt des „Goldköpfchens"

Die Borussen machten an diesem Abend ihren edlen goldenen Satintrikots alle Ehre. Es war vor allem der große Auftritt von „Goldköpfchen" Franz Brungs, der bei den Borussen ansonsten eine eher launische Zeit verlebte. Innerhalb von nur 180 Sekunden ging der BVB zwischen der 32. und 35. Minute durch Brungs (2) und Konietzka mit 3:0 in Führung. In der zweiten Halbzeit schossen noch einmal Brungs und Wosab den BVB zu einem sensationellen 5:0-Sieg. Das Resultat hätte sogar noch deutlich höher ausfallen können. Wiederholt mußten Latte, Pfosten oder ein Verteidiger für den bereits geschlagenen Keeper der Portugiesen retten, die ihren Gegner offenbar völlig unterschätzt hatten. Benficas Trainer Lajosw Czeisler, der sich vor dem Spiel so sicher fühlte, daß er seinen angeschlagenen Star Eusebio nicht auflaufen ließ, meinte anschließend: „Ich bin der Verlierer, aber ich schätze mich glücklich, diesen herrlichen Fußball gesehen zu haben." Die französische *L'Equipe* schrieb martialisch: „Benfica von Borussia exekutiert." Der BVB bestritt dieses bis heute unvergessene Fußballfest mit folgender Aufstellung:

► Tilkowski, Burgsmüller, Redder, Kurrat, Geisler, Sturm, Wosab, Schmidt, Brungs, Konietzka, Emmerich.

Im Viertelfinale mußte der BVB zunächst bei Dukla Prag antreten. Der BVB gewann in Prag souverän mit 4:0. Das Rückspiel verlor der BVB zwar mit 1:3, aber trotzdem geriet der erst dritte Einzug einer deutschen Mannschaft in ein europäisches Halbfinale niemals in Gefahr. Borussias Gegner hieß Inter Mailand und wurde von der Trainerlegende Helenio Herrera trainiert. Der mit seinem viel zu kleinen Stadion geschlagene BVB-Vorstand wollte nach Hannover ins Niedersachsenstadion umziehen, um endlich einmal eine große Einnahme zu verbuchen. Doch der Plan stieß auf den erbitterten Widerstand der Fans und wurde deshalb schnell verworfen. Das erste Spiel fand in Dortmund statt, wo die „Rote Erde" mit 43.000 Zuschauern erneut bis an den Rand gefüllt war. Einen 0:1-Rückstand aus der 3. Minute verwandelte der BVB durch zwei Tore von Brungs innerhalb von nur 23 Minuten in eine 2:1-Führung. Doch kurz vor dem Halbzeitpfiff gelang den Italienern den Ausgleich. 20 Minuten vor dem Ende schoß Brungs ein drittes Tor, das jedoch wegen angeblicher Abseitsstellung nicht gegeben wurde.

Das Rückspiel verlor der BVB vor 80.000 Zuschauern im San Siro mit 2:0. Unrühmlicher Höhepunkt des Spiels war ein brutaler Tritt von Luis Suarez in den Unterleib von „Hoppy" Kurrat, den Schiedsrichter Tesanic großzügig übersah. 15 Monate später wurde Tesanic von seinem Verband auf Lebenszeit disqualifiziert. Inter Mailand gewann dann auch noch das Finale, und es sollte nun zehn Jahre dauern, bis sich mit Bayern München wieder ein deutscher Klub für das Landesmeister-Halbfinale qualifizieren konnte. In der Saison 1963/64 avancierte Borussia Dortmund auch international zu einem Begriff. Gegenüber dem Ausland durfte Dortmund nun neben Stahl und Bier noch ein weiteres Markenzeichen präsentieren: „König Fußball".

Ausgerechnet zu diesem Zeitpunkt kam es beim BVB zum Hauskrach: Ein von allen guten Geistern verlassener BVB-Vorstand teilte Trainer Hermann Eppenhoff, der bei den Spielern großes Ansehen genoß, seine Entlassung mit. BVB-Vorsitzender war zu dieser Zeit Kurt Schönherr, Direktor der Union-Brauerei, der Werner Wilms abgelöst hatte. Als sein Souffleur agierte der mächtige Heinz Dolle. Eppenhoff wurde vorgeworfen, sich über den Verein

Trainer Hermann Eppenhoff und Obmann Herbert Sandmann.

abfällig geäußert zu haben. Außerdem sei er „zu weich". Spieler, Obmann und Fans waren anderer Meinung und rebellierten. Eppenhoff blieb im Amt, während der blamierte Schönherr-Vorstand zurücktrat. Mit Eppenhoff blieben auch Brungs und Kurrat, die zunächst ihrem ehemaligen Mannschaftskameraden Jürgen Schütz nach Italien folgen wollten und denen Angebote von Atlanta Bergamo vorlagen. Schönherrs Nachfolger wurde der Hoesch-Prokurist Willi Steegmann. Mit Steegmann an der Spitze nahm sich Hoesch nun „offiziell" des BVB an.

In der Bundesliga war der BVB noch weit davon entfernt, ein Zuschauerkrösus zu sein. Mit einem Zuschauerschnitt von 22.113 landete der BVB in der Zuschauergunst auf Platz 9. Angeführt wurde die Tabelle von den „Metropolen" Stuttgart (40.459), Berlin (34.606), Köln (33.028), Hamburg (32.246) und München (31.949). Aber selbst der Meidericher SV, der in dieser Saison überraschend Vizemeister wurde, lag mit 25.119 noch vor den Borussen. Erstmals ausverkauft bei einem Bundesligaspiel war die Rote Erde am 13. Spieltag, als der spätere Meister Köln seine Visitenkarte abgab. Die 2:3-Niederlage der Borussen wurde von 42.000 Zuschauern gesehen.

1964/65 DFB-Pokalsieger

In der Saison 1964/65 verbesserte sich die Borussia auf den 3. Platz, fünf Punkte hinter Meister Werder Bremen. An Neuzugängen verzeichnete der BVB u.a. den Hertener Youngster Rudi Assauer, der via Bundeswehrauswahl zum BVB fand. Assauer war nicht der erste und nicht der letzte Borusse, der diesen Weg nahm. Neben Hoesch, Union, der Stadt und den Stadtwerken hatte der BVB noch einen weiteren „Sponsor": die Bundeswehr in Gestalt von Ottmar Rhein. Der gelernte Forstwirt und Journalist leitete als aktiver Offizier die Pressestelle der 7. Panzergrenadierdivision und gehörte zum Spielausschuß des BVB. Rhein führte den Borussen Akteure der Bundeswehrauswahl zu. Und mußte ein Borusse einrücken, dann sorgte Rhein dafür, daß er wenigstens nach Unna kam und seine Physis nicht überfordert wurde. Rhein bezahlte sein Engagement mit einem Beförderungsstopp.

Das denkwürdigste Spiel dieser Bundesligasaison war aus Sicht des BVB vielleicht der 6:2-Sieg in Schalke, nachdem man zur Halbzeit bereits mit 6:0 geführt hatte. Ganze 26 Minuten benötigte der BVB für seine sechs Treffer. „Timo" Konietzka schoß binnen 180 Sekunden zwei Treffer. Der Revierrivale beendete die Saison auf dem letzten Platz. Nur die Aufstockung der Bundesliga auf 18 Vereine rettete die Blau-Weißen vor dem Abstieg.

Timo Konietzka wurde mit 22 Treffern erneut Zweiter in der Torschützenliste. Brungs erzielte elf Treffer, Emmerich zehn. Mit 43 von insgesamt 67 BVB-Treffern war das Trio erneut für das Gros der Tore verantwortlich. Im November 1964 verzeichnete der BVB seinen bis heute gültigen Zuschauer-Minus-Rekord für Bundesliga-Heimspiele. Dem torlosen Remis gegen den Meidericher SV wohnten in der „Roten Erde" lediglich 5.000 Zuschauer bei.

Im DFB-Pokal nahm der BVB die erste Hürde nur mit Mühe. Erst kurz vor dem Abpfiff der regulären Spielzeit gelang Reinhold Wosab der goldene Treffer zum 1:0-Sieg beim Bundesligaabsteiger Preußen Münster. Auch im Achtelfinale mußte der BVB zu einem Regionalligisten reisen. Tennis Borussia Berlin wurde mit 2:1 geschlagen. Es folgten ein 2:0-Sieg bei Eintracht Braun-

Bundespräsident Heinrich Lübke überreicht Kapitän Alfred „Aki" Schmidt den DFB-Pokal.

schweig und ein 4:2 zu Hause im Halbfinale gegen den 1. FC Nürnberg. Damit hatte sich der BVB zum zweiten Mal in seiner Geschichte für das DFB-Pokalfinale qualifiziert.

Gegner war mit der Aachener Alemannia erneut ein lediglich zweitklassiger Verein. Wie schon bei der Deutschen Meisterschaft 1956 platzte der Traum vom großen Revierderby, denn im anderen Halbfinale unterlagen die favorisierten Schalker der vom späteren BVB-Trainer Oswald Pfau trainierten Alemannia sensationell mit 3:4. Vor dem Finale gab es bei der Borussia ein Gerangel um die Torwartposition. Der von Tilkowski verdrängte Wessel forderte seine Nominierung, als Belohnung für seine fantastische Vorstellung im DM-Endspiel von 1963. Doch der Vorstand und Eppenhoff lehnten ab. Auch „Goldköpfchen" Franz Brungs war zutiefst erbost darüber, daß der Trainer ihn nicht berücksichtigte.

Der BVB gewann ein mäßiges Finale mit 2:0, wobei der Endstand bereits nach 19 Minuten erzielt war. Vor 68.000 Zuschauern in Hannover hemmte die Borussen die Furcht vor einer Blamage. Nur Bundespräsident Lübke wollte „ein schönes Spiel" gesehen haben. Hermann Eppenhoff bat „um eine Gesamtbetrachtung der Pokalbegegnungen." Für den Trainer war „der Erfolg der anzulegende Maßstab. (...) Ich freue mich über den Pokal, mit dem ich mich von Borussia Dortmund verabschiede." Die Torschützen der Borussen waren Schmidt und Emmerich, der ausnahmsweise mal nicht mit seiner berüchtigten „linken Klebe", sondern mit dem schwachen rechten Fuß traf. Emmerichs große Zeit sollte allerdings erst in der folgenden Saison beginnen, als er mit dem von Kickers Offenbach nach Dortmund wechselnden Sigi Held einen kongenialen Partner erhielt. Das Pokalsiegerteam des BVB:
▶ Tilkowski, Cyliax, Redder, Kurrat, Paul, Straschitz, Wosab, Sturm, Schmidt, Konietzka, Emmerich.

Im europäischen Messe-Pokal (seit 1971 UEFA-Cup), an dem in dieser Saison 48 Mannschaften aus 24 Ländern teilnahmen, traf der BVB in der 1. Runde auf Girondins Bordeaux. Der Messe-Pokal war bei weitem nicht so attraktiv wie sein Nachfolger UEFA-Cup, so daß sich zum Hinspiel lediglich 8.000 Zuschauer in der „Roten Erde" einfanden. Der BVB gewann die Begegnung, von den Franzosen äußerst hart geführt, mit 4:1. Das Rückspiel verloren die Borussen 0:2. In der 2. Runde mußte sich der BVB erneut mit Manchester United auseinandersetzen. Bei United spielte zu dieser Zeit bereits das Trio Bobby Charlton, Dennis Law und George Best, drei Jahre später das Herzstück jener Mannschaft, die als erste englische den Europacup der Landesmeister gewann. Das Heimspiel geriet vor 15.000 Zuschauern zu einer Lehrstunde für den BVB. Die Gäste siegten mit 6:1, den Ehrentreffer erzielte Kurrat per Elfmeter. Auch im Rückspiel besaßen die Schwarz-Gelben nicht den Hauch einer Chance. Da ein Weiterkommen nach dem Hinspiel-Desaster ohnehin nicht mehr möglich war, verzichtete Eppenhoff auf einige Stammspieler. Der BVB unterlag den „Roten Teufeln" mit 0:4.

Die BVB-Mannschaft dieser Saison bestand noch immer zum ganz überwiegenden Teil aus Akteuren, die, so Lothar Emmerich, „das Fußballspielen in Dortmund oder der näheren Umgebung gelernt hatten. Alles Jungs aus dem Ruhrpott. Eppenhoff kam auch aus dem Ruhrpott. Er hatte zwar vor seiner Trainerzeit in Schalke gespielt, aber wir sprachen die gleiche Sprache." Brungs und Hermann Straschitz, der von Fortuna Düsseldorf zur Borussia gekommen war, waren die Ausnahmen, aber immerhin kamen beide noch aus dem westdeutschen Raum. Mit Hans Tilkowski wurde 1965 zum ersten Male ein Borusse zum „Fußballspieler des Jahres" gewählt. Es sollte 31 Jahre dauern, bis mit Matthias Sammer einem weiteren BVB-Spieler diese Ehre zuteil wurde.

1965/66 Borussia holt den Europapokal

Zur Saison 1965/66 verpflichtete der BVB einen frischgebackenen Meistermacher als Trainer: Willi „Fischken" Multhaup, der mit Werder Bremen zweiter Bundesligameister geworden war. Seinen Spitznamen verdankte der gebürtige Essener der elterlichen Fischhandlung. Der Eppenhoff-Nachfolger kleidete sich modisch und benutzte zum Studium der Presse ein Monokel. Gegenüber den Spielern pflegte der etwas eitel wirkende Multhaup ein eher distanziertes Verhältnis. Seine Stärken lagen nicht zuletzt im psychologischen Bereich. Besonders Emmerich sollte hiervon profitieren. Während der Europapokalkampagne vermittelte der Trainer seiner Mannschaft den Eindruck, sie sei ein europäisches Topteam, das keinen Gegner fürchten müsse. Zu seinen psychologischen Tricks gehörte auch, vor wichtigen Spielen die Spielerfrauen ins Hotel zu holen, um eine entspanntere Atmosphäre zu schaffen. Multhaup konnte auf ein eingespieltes und selbstbewußtes Team zurückgreifen, wenngleich Konietzka von seinem Ziehvater Max Merkel zu 1860 München geholt wurde und Brungs zum 1. FC Nürnberg wechselte. Mit den finanziellen Offerten der Südklubs konnte der BVB nicht konkurrieren. Doch dank des Engagements des Spielausschußvorsitzenden Heinz Storck konnten die Lücken mit der Verpflichtung von Reinhard „Stan" Libuda (Schalke 04) und Siegfried „Sigi" Held (Kickers Offenbach) geschlossen werden. Den Schalker, der zu einem der genialsten Rechtsaußen der deutschen Fußballgeschichte avancieren sollte, lockte der Recklinghäuser Möbelfabrikant mit einer schweren Eichengarnitur. Sein Entdecker war ein alter Bekannter gewesen: Fritz Thelen, der den BVB einst in die Gauliga geführt

Hans Tilkowski einmal machtlos. Im Europacup der Landesmeister (1964) hat Jair (Inter Mailand) soeben das zweite Tor für seine Farben erzielt. Der Schuß landete genau in Tilkowskis schwacher Ecke.

hatte und in den 50ern den Schalker Nachwuchs trainierte. Held war der erste prominente Borussen-Spieler, der nicht aus dem Kohlenpott oder zumindest Westdeutschland kam. Vom Dortmunder Vorortverein SV Schüren stieß außerdem noch das Talent Jürgen Weber zum BVB.

Der Saisonstart fiel mit einem 0:4 in Braunschweig erneut miserabel aus. Doch anschließend kamen die Borussen immer besser in Schwung. Trotz der zusätzlichen Belastung durch den Europapokal legte die Mannschaft in der Rückrunde eine Serie von 19:5 Punkten hin. Schalke 04 wurde in der „Roten Erde“ mit 7:0 abgekanzelt, der bis heute höchste Derby-Sieg der Borussen. Allein zwischen der 67. und der 76. Minute fielen vier Tore. Fünf der Dortmunder Treffer wurden per Kopf erzielt. Die Flügelzange Held-Libuda sorgte mit ihren Durchbrüchen und gekonnten Flankenbällen immer wieder für höchste Gefahr vor dem Schalker Tor.

Dabei hatte es der scheue Rechtsaußen zunächst nicht leicht in Dortmund. So schrieb die *Westfälische Rundschau* nach dem verpatzten Auftakt in Braunschweig: „Libuda ging in die Kabine, ohne daß ein Schweißtröpfchen sein Trikot verunzierte. Man konnte ihm nachfühlen, daß er die Lust verlor, weil er kaum einen Ball zugespielt bekam, ja regelrecht 'geschnitten' wurde.“ Bei seinen Gelsenkirchener Freunden beschwerte sich Libuda: „Der Wosab und seine Clique, die wollen mit mir nichts zu tun haben." Wosab fühlte sich als Verlierer der Libuda-Verpflichtung: „Zwei Rechtsaußen konnten nun mal nicht auflaufen, und dementsprechend wechselte ich in die Abwehr."

Der Kantersieg im Revierderby am 23. Spieltag bedeutete, daß der BVB in der Tabelle an den beiden Münchener Klubs nach einer langen Verfolgungsjagd vorbeizog. In den folgenden Wochen führten die Schwarz-Gelben die Tabelle zwischenzeitlich mit fünf Punkten Vorsprung an. Drei Spieltage vor Schluß war die Differenz gegenüber dem TSV 1860 München allerdings auf einen Zähler zusammengeschmolzen. Am Ende reichte es nur zur Vizemeisterschaft, drei Punkte hinter den Münchenern. Die Entscheidung fiel am vorletzten Spieltag, als die „Sechziger" in der „Roten Erde" gastierten. In der ersten Halbzeit präsentierten sich die Gäste stark defensiv, ja gradezu destruktiv. Nach Wiederanpfiff setzten die „Löwen", die offenbar spürten, daß dieser BVB zu packen war, alles auf eine Karte und siegten schließlich durch Tore von Rudi Brunnenmeier (66.) und Peter Grosser (86.) mit 2:0. Überragender Mann auf dem Platz war Münchens Keeper Petar „Radi" Radenkovic, der Borussias Stürmer zur Verzweiflung brachte. Bereits eine Woche vorher hatte man beim amtierenden Meister Bremen 0:1 verloren. Eine 1:4-Niederlage am

„Endspiel" in der „Roten Erde": Brunnenmeier erzielt ein Tor für den TSV 1860. Im Hintergrund die Holztribüne der Gegengeraden, die erst in den 60er Jahren errichtet wurde.

letzten Spieltag in Frankfurt bedeuteten 0:6 Punkte in den letzten drei Begegnungen der Saison.

Schuld am Einbruch der schwarz-gelben Meisterschaftskampagne war der zu diesem Zeitpunkt größte Erfolg in ihrer Vereinsgeschichte, der Gewinn des Europapokals der Pokalsieger, sowie eine taktische Fehlleistung von Trainer Multhaup. Das Spiel gegen 1860 München fand nur drei Tage nach dem 120-Minuten-Finale von Glasgow statt. Obwohl die Mannschaft völlig ausgelaugt war, ließ Multhaup die gleiche Formation auflaufen wie beim Europapokalmarathon. Selbst der junge Vorstopper Rudi Assauer, den in Glasgow ständig Krämpfe geplagt hatten, mußte noch einmal ran. Reinhold Wosab: „Das konnte nicht gutgehen. Einige Spieler waren schlicht am Ende, und sie hätten ersetzt werden müssen."

Das Torverhältnis des Vizemeisters betrug 70:36. Vier Teams schossen mehr Tore als der BVB, aber die Borussen verfügten über die beste Abwehr. Im hinteren Bereich war die Mannschaft eindeutig stabiler geworden. Mit 31 Treffern gewann Lothar Emmerich die Torjäger-Kanone, die das *Sport-Magazin,* das 1966 mit dem *Kicker* fusionierte, zum ersten Mal an den erfolgreichsten Torschützen der Liga verlieh. Emmerichs Tore bedeuteten einen neuen Rekord. Bis heute sollte es lediglich zwei anderen Stürmern gelingen, mehr Tore in einer Bundesligasaison zu erzielen: 1969/70, 1971/72 und 1972/73 Gerd Müller, 1976/77 dessen Namensvetter Dieter Müller.

Der erst 1960 aus der Taufe gehobene Europapokal der Pokalsieger war der jüngste der europäischen Wettbewerbe. 1964/65 konnte sich mit 1860 München erstmals eine deutsche Mannschaft für das Pokalsiegerfinale qualifizieren. Die „Löwen" unterlagen dem Londoner Klub West Ham United mit 0:2. 1965/66 hatten sich 31 Mannschaften für den Pokalsieger-Wettbewerb gemeldet. Lediglich die Vertreter Albaniens und Schwedens fehlten. Dafür war mit Dynamo Kiew erstmals der sowjetische Pokalsieger vertreten. Ein weiteres Novum war, daß nun bei Punkt- und Torgleichheit die auswärts erzielten Tore doppelt gewertet wurden. Der Grund hierfür war finanzieller Natur. Die meisten Entscheidungsspiele auf einem neutralen Platz hatten mit einem Defizit geendet, da in der Regel nur wenige Fans der beteiligten Mannschaften die weite Reise antraten. Oft deckten diese Spiele nicht einmal die Unkosten der Kontrahenten.

In der 1. Runde gab es für die Borussen einen Gegner zum Aufwärmen. Der maltesische Pokalsieger Floriana La Valetta wurde auf der Mittelmeer-Insel mit 5:1 geschlagen. Zum Rückspiel in der „Roten Erde" kamen lediglich 10.000 Zuschauer, die allerdings einen 8:0-Sieg des BVB sahen, bei dem Lothar Emmerich sechs Tore schoß. Zum ersten Mal hatte sich der Linksaußen den Ruf eines Goalgetters erworben, den er nun in den folgenden Bundesligaspielen festigen sollte. In der 2. Runde hieß der Gegner CSKA Sofia. Das Hinspiel in der „Roten Erde" wurde vor 30.000 Zuschauern souverän mit 3:0 gewonnen, was Trainer Multhaup zu der Feststellung veranlaßte: „Hier zeigt sich doch, daß die Bundesliga das Niveau gehoben hat."

Im Rückspiel gab es vor 50.000 Zuschauern im Armee-Stadion eine 2:4-Niederlage. Der ruppigen Partie drohte eine Viertelstunde vor dem Ende der Abbruch. In der 87. Minute wurde „Hoppy" Kurrat des Platzes verwiesen. Der „Rotsünder": „Jakimoff hatte Libuda umgesäbelt. Ich wollte den Bulgaren zur Ordnung rufen. Bei dieser Gelegenheit hat mir Jakimoff dann ein paar Ohrfeigen verpaßt. Ich habe mich nur schützen wollen." Wenig später wurde auch noch Held verletzt vom Platz getragen. Die *Westfälische Rundschau* charakterisierte das Spiel als „mörderische Schlacht". Die Borussen-Kabine sei anschließend ein „Lazarett" gewesen. Das anschließende Bankett verließen die Borussen vorzeitig, nachdem ihnen der türkische Schiedsrichter Savan mitgeteilt hatte: „Die Deutschen sind ja sonst ganz faire Spieler. Aber die Borussen sind keine Gentlemen."

Im Viertelfinale traf der BVB auf Atletico Madrid. In der spanischen Hauptstadt verkauften sich die Borussen glänzend und gingen in der 58. Minute durch Emmerich sogar in Führung. Erst vier Minuten vor Schluß gelang den Madrilenen der Ausgleich zum Endstand von 1:1. Aufgrund der neuen Regel genügte somit bereits ein torloses Unentschieden, um ins Halbfinale einzuziehen. Entsprechend ging man beim Rückspiel auch zu Werke. 34.000 enttäuschte Zuschauer sahen ein ruppiges und miserables Spiel, das der BVB durch ein von Emmerich bereits in der 16. Minute erzieltes Tor mit 1:0 gewann. Der BVB stand nun zum zweiten Mal nach 1963/64 im Halbfinale eines europäischen Wettbewerbs, gemeinsam mit den drei britischen Mannschaften West Ham United, FC Liverpool und Glasgow Celtic.

Das Los entschied, daß es der BVB mit dem Titelverteidiger aus dem Londoner Osten aufnehmen mußte. Unter den gegebenen Umständen war West Ham jedoch die beste der drei Optionen. Der Klub steckte in einer Formkrise und kämpfte in der 1. Division sogar gegen den Abstieg. Zudem wurde der Verein von internen Querelen heimgesucht, nachdem Mannschaftskapitän Bobby Moore erklärt hatte, er wolle auf die Transferliste gesetzt werden. Gegen Dortmund bot United zwar sein bestes Spiel seit Monaten, aber der Sieger hieß trotzdem Borussia. In der 52. Minute ging West Ham durch Nationalspieler Peters in Führung. Als das Publikum einen zweite Treffer der Londoner erwartete, schoß Emmerich in der 86. Minute den Ausgleich. Nur eine Minute später gelang „Emma" nach schöner Einzelleistung von Sigi Held auch noch der Siegtreffer zum 2:1. Eine überragende

Held flankt, Emma verwandelt

Leistung bot an diesem Abend Vorstopper Wolfgang Paul, „Turm“ in der Dortmunder „Abwehrschlacht“.

Der BVB befand sich somit in einer glänzenden Ausgangsposition für das Rückspiel. Die Hoffnung Uniteds, in Dortmund den Spieß noch umdrehen zu können, wurde vor 35.000 Zuschauern bereits nach 30 Sekunden enttäuscht, als es erneut Emmerich war, der seine Farben mit 1:0 in Führung brachte. Nach 90 Minuten hieß es durch einen weiteren Treffer „Emmas“ und ein Tor von Cyliax 3:1 für den BVB, der damit als dritter deutscher Verein nach Eintracht Frankfurt und 1860 München in das Finale eines europäischen Wettbewerbs einzog. Im *Fußballsport* stand anschließend zu lesen: „'Emma' hat die Londoner buchstäblich mit seinen Granaten zerfetzt.“ Nicht nur in der Bundesrepublik, sondern auch im Mutterland des Fußballs, Austragungsort der bevorstehenden Fußball-Weltmeisterschaft, war der Linksaußen rechtzeitig zur WM in aller Munde.

Im anderen Halbfinale hatte sich der FC Liverpool durchgesetzt, allerdings unter Begleitumständen, die für das Finale noch Auswirkungen haben sollten. Im Hinspiel hatten die Merseysider bei Glasgow Celtic mit 0:1 verloren. Im Rückspiel führten die „Reds“ zwei Minuten vor Schluß mit 2:0, als der Ball plötzlich im Liverpooler Tor landete. Doch der Schiedsrichter entschied auf Abseits, was Zuschauerausschreitungen auslöste, die mehrere Verletzte forderten. Im Falle eines 2:1-Sieges der Heimmannschaft wären – aufgrund der neuen Regel – nicht die „Reds“, sondern die „Hoops“ ins Finale eingezogen. Die schottischen Schlachtenbummler schworen, beim Endspiel in Glasgow die Borussen anzufeuern, als wäre es die eigene Mannschaft. Trainer Multhaup hörte es mit Freuden: „Wir werden diese Unterstützung gut brauchen können; denn der FC Liverpool ist ein starker, schwerer Gegner...“ Deren Trainer Bill Shankly verkündete selbstbewußt: „Wir holen den Cup!“ Das Angebot der UEFA, den Spielort von Glasgow ins neutrale Lausanne zu verlegen, schlug der BVB-Vorstand großzügig aus.

Am 5. Mai 1966 herrschte in Glasgow Schmuddelwetter. Der FC Liverpool galt als Favorit. Dementsprechend lautete Multhaups letzte Anweisung an seine Spieler: „Meine Herren, wir wollen unsere Haut so teuer wie möglich verkaufen.“ In Borussias „Spiel des Lebens“ vermochte die Mannschaft nicht zu brillieren. Keiner der elf Borussen befand sich an diesem Tag in Hochform. Vor allem das Paßspiel geriet mehr oder weniger zum Desaster. Nur selten erreichte der Ball den freien Mann. Der FC Liverpool war die bessere Mannschaft und diktierte einen Großteil des Spielgeschehens. Die Liverpooler setzten den BVB vom Anpfiff an unter Druck. Auch die zweite Hälfte begann mit einer Liverpooler Offensive. Der BVB antwortete mit Kampfgeist, Kollektivität, kühlem Kopf und ... einer gehörigen Portion Glück. Als Held in der

Luftkampf zwischen BVB-Stopper Paul und Liverpool-Stürmer Ian St. John.

61. Minute einen Dortmunder Konter mit dem 1:0 abschloß, widersprach dies dem Spielverlauf. Nur sieben Minuten später konnte Hunt für Liverpool ausgleichen. Die Borussen protestierten, da sie den Ball bereits vorher hinter der Torauslinie gesehen hatten, doch der französische Schiedsrichter Schwinte deutete zum Mittelkreis.

Liverpool stürmte weiter, während Borussias Kräfte zu erlahmen schienen. Einige Spieler wirkten dem Zusammenbruch nahe, vor allem, als das Spiel in die Verlängerung ging. Nachdem man die folgenden 15 Minuten schadlos überstanden hatte, erhielt die Mannschaft noch einmal Auftrieb. 107 Minuten hatten die Dortmunder eher den Anschein erweckt, als ginge es ihnen lediglich darum, eine Niederlage zu vermeiden, da brachte Libuda die Borussen erneut in Führung. Ein kurioser Treffer, der mit viel Glück zustande kam. Zunächst war Held vorbei an Lawler, Milne und Yeats in den Liverpooler Strafraum eingedrungen und hatte Keeper Lawrence angeschossen. Den Abpraller schoß Libuda in hohem Bogen aufs leere Tor. Der Ball wäre vom Gebälk ins Feld zurückgeprallt, aber Liverpools Stopperriese Ron Yeats nahm bei seinem dilettantischen Rettungsversuch den Ball mit ins eigene Tor.

Das Tor zum 2:1 setzte beim BVB noch einmal erstaunliche Kraftreserven frei. Als Schiedsrichter Schwinte die Partie endlich abpfiff, war die Mannschaft völlig ausgelaugt. Kapitän Wolfgang Paul später: „Ich glaube nicht, daß wir jemals nach einem Spiel so fertig waren." Trainer Multhaup nach dem Spiel: „Die Engländer waren ungemein gefährlich, aber etwas Glück gehört auch zum Fußball, und das hatten wir nun mal." Und ein restlos enttäuschter Bill Shankly: „Die bessere Mannschaft hat das Spiel verloren. So ist das nun einmal im Fußball." Spieler und Fans des FC Liverpool erwiesen sich als schlechte Verlierer. Nach dem Schlußpfiff belagerten Hunderte Liverpooler die Borussen-Kabine. Die *Westfälische Rundschau:* „Schlachtenbummler und Spieler bedrohten und schlugen die Borussen. Wosab wurde regelrecht k.o. geschlagen, Aki Schmidt erhielt einen Tritt gegen das Schienbein und Torhüter Tilkowski einen Boxhieb in die Magengrube. Außerdem schimpften einige Liverpooler Spieler lauthals auf die Spielweise ihres Gegners."

Die erhoffte massenhafte Unterstützung durch die Fans von Glasgow Celtic war im übrigen ausgeblieben. Celtics Fans und andere Glaswegians waren dem Spiel ferngeblieben, da sie dem FC Liverpool keine gute Einnahme gönnten. Möglicherweise spielte auch eine Rolle, daß ihre eigene Mannschaft am Vorabend des Europapokalfinales schottischer Champion geworden war, woraufhin man im Glasgower Eastend ausgiebig gefeiert hatte. So waren nur 42.000 in den Hampden Park gekommen, Europas größtes Stadion, dessen Kapazität zu diesem Zeitpunkt 135.000 betrug. (In Schottland kursierte über die riesige Arena der Spruch: „Schottland hat kein Parlament, Schottland hat Hampden Park.") Die überwiegende Mehrheit der Zuschauer waren Fans der „Reds", den BVB hatten ca. 3.000 bis 4.000 in die schottische Industriemetropole begleitet. Die weiten Betonkurven des Stadions waren fast menschenleer geblieben, nur in zwei, drei Blöcken hatte Gedränge geherrscht. Vom Desinteresse der Glaswegians wurde auch der BVB betroffen: Das große Geld, daß sich der BVB-Vorstand insgeheim erhofft hatte, blieb aus. Vor den Bildschirmen verfolgten hingegen 40 Millionen Zuschauer das Finale, aber das Fernsehen war damals noch kein bedeutender Geldgeber. Die Fans von Glasgow Celtic gingen erst auf die Straße, als alles vorbei war. Zu Tausenden standen sie an den Straßenkreuzungen, um den abreisenden Liverpooler Troß auszulachen und ihren angestauten Unmut abzuladen. Die Siegesfeier im Hotel mußte improvisiert werden, denn der Vorstand hatte einen Sieg für völlig ausgeschlossen erachtet und folglich keine Vorbereitungen getroffen. Um so stürmischer sollte es beim Empfang in der Heimat zugehen. Folgende elf Spieler gingen als die „Helden von Glasgow" in die BVB-Annalen ein:

► Tilkowski, Paul, Redder, Cyliax, Kurrat, Assauer, Libuda, Schmidt, Held, Sturm, Emmerich.

Rudi Assauer hatte seinen Einsatz dem Umstand zu verdanken, daß sich Friedhelm Groppe, der sich während der Saison einen Stammplatz erkämpft hatte, vor dem Finale verletzte. Als der BVB einige Tage später daheim gegen

Nach dem Europacup-Sieg in Glasgow gegen den FC Liverpool wird der BVB in der Heimat stürmisch gefeiert. Mit dem Europacup Mannschaftskapitän Wolfgang Paul, links Willi Multhaup.

den TSV 1860 München spielte, erhielt die Mannschaft – als erste Fußballmannschaft überhaupt! – aus den Händen von Bundeskanzler Ludwig Erhard das Silberne Lorbeerblatt.

Die Saison 1965/66 war das große Jahr des Sturmduos Emmerich-Held, von der britischen Presse „the terrible twins" („die schrecklichen Zwillinge") getauft. Mit 14 Treffern schoß Emmerich die Hälfte aller Dortmunder Europacup-Tore. Lediglich in zwei der neun Europapokalbegegnungen blieb „Emma" ohne Torerfolg – beim 3:0 Heimsieg gegen Sofia sowie im Endspiel. Doch erst in der Partnerschaft mit Sigi Held wurde Emmerich zum torgefährlichsten Stürmer weit und breit, weshalb die britische Presse „Emma" auch als das „dritte Bein" von Held bezeichnete. Der Fußball-Feuilletonist Helmut Böttiger: „Lothar Emmerich, ein Karosseriebauer aus Dortmund-Dorstfeld, war von der Bezirksklasse direkt in die Bundesliga gelangt und machte zwar dann und wann ein Tor, aber er unterschied sich nicht wesentlich von den anderen Stürmern im Ruhrpott. Mit Held wurde das anders. Die beiden verstanden sich auf Anhieb: Wenn der eine losrannte, wußte der andere sofort wohin, sie rochierten von der Mitte auf den Flügel und schoben sich die Bälle ins Freie, daß es eine Lust war. Held war dabei eher der Stratege, der die Situation witterte, Emma hingegen sein Erfüllungsgehilfe, der Vollstrecker." Und Sigi Held selbst: „Ich glaube, daß ich als Spieler insgesamt lauf- und dribbelstärker war, einer, der sich im Spiel eins gegen eins durchsetzen konnte. Lothar Emmerich war vor dem Tor eiskalt und hat manchmal aus keiner Chance einen Treffer gemacht."

Sigi Held in Aktion.

Emmas Jahrhunderttor bei der WM 1966 gegen Spanien.

In der Nationalmannschaft traten beide nur fünfmal gemeinsam auf. Auf mehr Länderspiele kam Emmerich auch nicht. Sein erstes absolvierte er im März 1966 gegen die Niederlande in Rotterdam, als er zum 4:2-Sieg einen Treffer beisteuerte. Die restlichen vier Einsätze erfolgten im gleichen Jahr während der WM in England. In seinem zweiten Länderspiel gegen Spanien erzielte Emmerich sein zweites und letztes Tor im Trikot der Nationalmannschaft, mit dem er sich allerdings ein Denkmal setzte. Im Birminghamer Villa Park, Heimat von Aston Villa, stand es 1:0 für die Spanier, als Emmerich in der 38. Minute nach einem Einwurf von Held in Ballbesitz gelang. Aus spitzem Winkel schmetterte er den Ball mit dem linken Fuß in die rechte obere Ecke des spanischen Tores zum Ausgleich für das DFB-Team. Für den guten Keeper Iribar gab es nichts zu halten. „Emmas" Sturmkollegen Seeler gelang in der 2. Halbzeit auch noch der 2:1-Siegtreffer. Die Schön-Elf stand im Viertelfinale, aber das Gesprächsthema schlechthin war in den nächsten Tagen das unglaubliche Geschoß des Dortmunders Lothar Emmerich. Der *Daily Mirror* schrieb: „Lothar Emmerich präsentierte eines der majestätischsten Tore in der Geschichte des alten Villa-Parks." Und der Augenzeuge des *Daily Telegraph:* „Ich weiß nicht, ob der Villa Park jemals wieder der alte sein wird."

Helds Karriere in der Nationalmannschaft verlief erfolgreicher. Insgesamt kam der zurückhaltende und bescheidene Stürmer, der als Musterprofi galt und auch bei der WM 1970 in Mexiko dabei war, auf 41 Länderspiele, 35 davon als BVB-Spieler.

Autogrammkarte des BVB aus der Saison 1965/66.

Zur WM in England waren vier BVB-Spieler gefahren, so viele Borussen waren noch nie gemeinsam für die Nationalelf nominiert worden. Wolfgang Paul drückte allerdings nur die Reservebank, während Held und Tilkowski alle WM-Spiele bestritten und Held, Tilkowski und Emmerich in der Mannschaft standen, die im Finale gegen England auflief und Vize-Weltmeister wurde. Wolfgang Paul hatte das Pech, im Schatten des Hamburgers Willi Schulz zu stehen, weshalb er bis heute der einzige WM-Teilnehmer in der deutschen Fußballgeschichte ist, der ohne Nationalmannnschaftsehren blieb. Im 40er Aufgebot des Bundestrainers hatte auch noch Reinhard Libuda gestanden. Doch Schön zog es vor, anstatt des unbeständigen Dortmunder „Festfummlers" den Italien-Legionär Albert Brülls und den jungen Frankfurter Jürgen Grabowski nach England mitzunehmen.

Die starke Dortmunder Präsenz bei der WM hatte für den BVB nicht nur positive Seiten. Ohne Tilkowski, Held, Emmerich und Paul entfiel für den frischgebackenen Europapokalsieger die Möglichkeit, durch lukrative Privatspiel-Abschlüsse aus seiner neuen Popularität Kapital zu schlagen.

1966/67 Verpaßte Chancen

Wolfgang Paul äußerte viele Jahre später über den Europapokalsieger und Vizemeister von 1966: „Unsere Mannschaft stand. Multhaup war nicht der große taktische Stratege, aber er war, glaube ich, für viele Spieler eine Art Vaterfigur." Und Rudi Assauer: „Bei diesem Team war es egal, wer auf der Trainerbank saß. (...) Wir haben uns selbst die Taktik zurechtgelegt, sind rausgegangen und haben losgelegt." Der Trainer Multhaup war nach Auffassung vieler Spieler eigentlich überflüssig.

Derartige Einschätzungen mögen den BVB-Vorstand um Willi Steegmann seinerzeit zu der fatalen Annahme veranlaßt haben, daß die Mannschaft ein Selbstläufer sei und jeden Trainer stark machen würde. In der Regel sind Mannschaften allerdings nur über einen begrenzten Zeitraum in der Lage, sich selbst zu regieren, da sie an dem (notwendigen) Austausch von Spielern kein Interesse haben. Und selbst wenn es zutrifft, was nicht nur Paul und Assauer über Multhaup behaupten, so hatte die Mannschaft doch eine Vorgeschichte, nämlich die gute und intensive Arbeit von Hermann Eppenhoff und Herbert Sandmann.

Die Europacup-Euphorie begünstigte eine Kette eklatanter Fehleinschätzungen, auch im weiteren Umfeld des Vereins. So hatte die *WR* noch unter dem Eindruck der 120 Minuten von Glasgow geschrieben: „Wenn es bisher noch einen Zweifel gab – nach dem Spiel in Glasgow ist Borussia Dortmund endgültig in die europäische Spitzenklasse aufgerückt. Künftig wird man die

Schwarz-Gelben aus dem Kohlenpott in einem Atemzug nennen mit Starmannschaften wie Real Madrid, Inter Mailand oder Benfica Lissabon. Jetzt wird es sich jeder Verein in Europa als Ehre anrechnen, gegen die Dortmunder in Freundschaftsspielen antreten zu dürfen. Und entsprechend lukrativ werden die Angebote beim BVB eintreffen."

Tatsächlich bedeutete der Triumph von Glasgow die endgültige Befreiung aus dem langen Schatten des siebenmaligen Deutschen Meisters und Revierrivalen Schalke 04. Die Borussen hatten mit dem Europapokal nun etwas in ihrer Trophäensammlung, was die Schalker nicht besaßen und die Differenz von vier nationalen Meistertiteln aufwog. Außerdem war es dem BVB in seiner Europapokalkampagne gelungen, auch außerhalb Dortmunds und der Region Sympathien zu mobilisieren. Doch nur sechs Jahre später durften Klubs der Größenordnung Lüner SV oder Mühlheim-Styrum gegen den BVB spielen, ohne dafür auch nur einen Pfennig entrichten zu müssen. Und in europäischen Wettbewerben bestritt der BVB bis zum Jahr 1982 nur noch zwei Spiele. Das Finale von Glasgow war zugleich der Endpunkt von Borussias erster europäischer Ära.

Nach der Saison 1965/66 wechselte Multhaup, dessen Vertrag eigentlich auch noch für die folgende Spielzeit galt, vorzeitig zum 1. FC Köln. Besser gesagt: Der Trainer flüchtete. Als Nachfolger wurde der bis dahin weithin unbekannte Übungsleiter Heinz Murach verpflichtet, der zuvor beim Fußballverband Niederrhein beschäftigt war und bei vielen lediglich als „Turnlehrer" galt. Für einen Europapokalsieger, in dessen Reihen sich mehrere Nationalspieler befanden, mutete diese Personalentscheidung ziemlich merkwürdig an. Offensichtlich wollte der Vorstand Geld sparen. Murach, der von Anfang an bei der Mannschaft und den Fans unter Autoritätsproblemen litt, konnte nicht einmal die Rolle der Vaterfigur spielen, die Paul dem Trainer Multhaup immerhin noch zugestand. Murach war nicht der geeignete Mann, um das Niveau der Mannschaft zu halten, geschweige denn weiterzuentwikkeln. Die Borussia begann nun in jeder Beziehung zu rasten und zu rosten.

Auch hinsichtlich der Neuverpflichtung von Spielern regierte äußerste Bescheidenheit. Lediglich Horst Trimhold, der für 175.000 DM von Eintracht Frankfurt kam, zuvor aber bereits in der Region gespielt hatte (ETB Schwarz-Weiß Essen), und Willi Neuberger, nach Sigi Held nun der zweite Süddeutsche im Team, waren erwähnenswert. Trimhold, weil er der einzige Spieler war, für den der BVB etwas investieren mußte, und Neuberger, weil er sich tatsächlich als ein guter Fang erweisen sollte. Neuberger entwickelte sich schnell zu einem Leistungsträger der Borussen. Daß er beim BVB anheuerte, war einmal mehr das Werk von Oberstleutnant Ottmar Rhein, der den Spieler, auf Empfehlung von Sigi Held, vom Amateurklub TuS Röllfeld geholt

Am letzten Spieltag der Saison 1966/67 erzielte Lothar Emmerich gegen den FC Bayern München zwei Tore und holte damit Gerd Müller in der Torschützenliste noch ein. Der Dortmunder und der Münchener teilten sich die Torjägerkanone. Im Hintergrund Reinhold Wosab, der die anderen beiden Treffer zum 4:0-Sieg des BVB schoß.

hatte. Rhein war mittlerweile auch Spielausschuß-Vorsitzender des BVB und hatte in dieser Funktion den vorzeitig zurückgetretenen Heinz Storck beerbt. Für einen Europacup-Sieger und Vizemeister fiel die schwarz-gelbe Verpflichtungspolitik äußerst zurückhaltend und konservativ aus. Es wurde nicht nach Alternativen und Verstärkungen gesucht, sondern lediglich für Notfälle vorgesorgt. Die „Neuen" hatten einerseits fertige Spieler zu sein, durften aber andererseits nicht die BVB-Finanzen belasten. Aus der eigenen Jugendarbeit war nichts zu erwarten, denn diese wurde sträflich vernachlässigt. Der BVB hätte entweder gezielt Qualität einkaufen müssen, notfalls auch zu höheren Preisen, oder aber die Nachwuchspolitik intensivieren müssen. Die Borussen taten weder das eine noch das andere, was faktisch Stillstand bedeutete und mittelfristig in den Abstieg führen mußte.

Für Reinhold Wosab markierte die Saison 1966/67 einen „Wendepunkt": „Zu diesem Zeitpunkt wurden die Weichen für weitere Erfolge oder einen tiefen Abgang gestellt. Spätestens nach 1966/67 wäre es unbedingt nötig gewesen, junge Leute zu integrieren oder auf dem Transfermarkt richtig zu klotzen. Statt dessen hat man sich mit Masse begnügt und konnte die Klasse nicht halten." Und Rudi Assauer: „Die Spieler wurden langsam älter, junge Leute rückten nicht nach, Leistungsträger verließen den Klub. Richtig geführt, hätte man hier den Grundstein für eine jahrelange Dominanz des BVB in Deutschland legen können." Aber es folgte auf den frisch erworbenen Ruhm und den Traum von einer glorreichen Zukunft ein Alptraum ohne Ende.

Vorausschauend zählte die *Sport-Illustrierte* die Borussen vor dem Saisonstart 1966/67 nur zu den „Favoriten im zweiten Glied", für einen frischgebakkenen Europacup-Sieger und Vizemeister eigentlich erstaunlich. Als Titelaspiranten machte die Zeitschrift den 1. FC Köln, 1860 München, Bayern München und Eintracht Frankfurt aus. Den Borussen wurde u.a. ein Mangel an personellen Alternativen vorgeworfen: „Die Dortmunder profitierten zu sehr von der Stoßkraft ihres lange Zeit wie unter einer Tarnkappe verborgenen Tandems Held/Emmerich, dessen polternde Aktivität schon im Endspurt der vergangenen Saison nicht mehr ausreichte, um eine mittlerweile schlau gewordene Gegnerschar überrumpeln zu können." Die Meisterschaft gewann dann mit Eintracht Braunschweig eine Mannschaft, die niemand auf der Rechnung hatte. Allerdings waren die Braunschweiger, wie ein Jahr später auch die Nürnberger, lediglich ein „Übergangsmeister", wie es sie immer gibt, wenn der Fußball sich im Umbruch befindet. Die Bundesliga stand vor der Ära der Gladbacher und der Bayern.

Nach dem üblichen schwachen Start (1:2 daheim gegen Aufsteiger Fortuna Düsseldorf und 0:2 bei Hannover 96) fing sich der BVB allmählich. Die WM-Teilnehmer Emmerich und Held litten anfangs noch unter Konditionsrückständen. Die bemerkenswertesten Resultate waren in den folgenden Wochen die hohen Heimsiege gegen den 1. FC Köln (6:1), der Elf des ehemaligen Trainers, und Schalke 04 (6:2). Beim Spiel gegen die Kölner wollte die Mannschaft es Multhaup offensichtlich zeigen. Multhaup sagte anschließend: „Die Borussen haben sich diesmal gegen mich verschworen, sie wollten mir eine Lektion erteilen, und das ist ihnen restlos gelungen. Wenn der Kölner Trainer Müller geheißen hätte und nicht Multhaup, dann wären sie nicht so giftig gewesen." Der Sieg gegen Blau-Weiß ging als „Nebel-Spiel" in die Derbygeschichte ein. Die Begegnung war reif für einen Abbruch, doch Schiedsrichter Hennig ließ weiterspielen. Die *Westfälische Rundschau* schrieb über das Geisterspiel: „4:0 nach 45 Minuten – und Petrus hatte ein Einsehen mit den Schalkern. Er ließ seinen Vorhang herunter. Wie mit überdimensionalen Wattebäuschen bedeckte er die Szene in der Kampfbahn Rote Erde. Wie wir aus sicherer Quelle erfuhren, schossen Wosab, Neuser, Held und Bechmann noch die weiteren Tore zum 6:2. Verschiedene Leute gingen Bier trinken, andere bedauerten, daß sie kein Kartenspiel eingepackt hatten, und die Klügsten machten sich auf den Heimweg, weil sie doch nicht mehr daran glaubten, daß sie einen der 23 Aktiven noch

Sechs Tore gegen Schalke im Nebelspiel

einmal zu sehen kriegen würden, daß Schalke wohl doch nicht mehr gewinnen könne." Drei Tore der Borussen gingen auf das Konto von Lothar Emmerich, erzielt zwischen der 13. und 26. Minute.

Dank eines starken Schlußspurts, zu dem auch ein 7:0-Sieg über den Hamburger SV und ein 4:0-Sieg am letzten Spieltag über den FC Bayern gehörten, langte es in der Endabrechnung immerhin noch zum 3. Platz, vier Punkte hinter Meister Braunschweig und zwei Punkte hinter 1860 München. Lothar Emmerich wurde mit 28 Toren erneut Torschützenkönig, mußte sich die Kanone allerdings mit dem jungen Münchener Gerd Müller teilen.

Im DFB-Pokal scheiterte der BVB nach zwei Begegnungen gegen den 1. FC Köln (2:2 und 0:1) bereits in der 1. Hauptrunde. Auch im Europapokal der Pokalsieger kam für den Titelverteidiger frühzeitig das Aus. In der 1. Runde bekam der BVB es mit Glasgow Rangers zu tun. In Glasgow verloren die Borussen 2:1, im Rückspiel kamen sie über ein 0:0 nicht hinaus. Rangers unterlag später in Nürnberg im Finale dem FC Bayern München mit 0:1 n.V., der somit die direkte Nachfolge der Borussia antrat. Nur wenige Monate nach dem Triumph im Hampden Park war Borussias erste europäische Ära beendet. Seit der Einführung der Bundesliga war der BVB jedes Jahr in einem europäischen Wettbewerb vertreten gewesen. Nun sollte es 15 Jahre dauern, bevor der BVB erneut die europäische Bühne betreten durfte.

Trotz eines relativ enttäuschenden Saisonverlaufs erzielte der BVB mit 26.104 seinen besten Zuschauerschnitt in den neun Jahren Bundesliga bis zum Abstieg 1972. Die Gründe hierfür waren wohl die neue Aura des Europapokalsiegers sowie der Boom, den die Vizeweltmeisterschaft in England unter der aktiven Beteiligung von drei Borussen ausgelöst hatte. Nur der VfB Stuttgart, Eintracht Frankfurt und Fortuna Düsseldorf mobilisierten mehr Zuschauer.

Nach Saisonschluß durfte der BVB noch einmal internationale Luft schnuppern. Anläßlich der Weltausstellung in Montreal nahm die Mannschaft an einem internationalen Turnier teil, wo sie bis ins Finale vordrang. Dort unterlag sie einer englischen Auswahl mit den Weltmeistern Banks und Ball mit 2:3. Die Reise wurde von Wechselgerüchten um Hans Tilkowski begleitet, der den BVB dann tatsächlich in Richtung Frankfurter Eintracht verließ. Der Keeper hatte die Querelen mit Trainer Murach, der ihn wiederholt auf die Bank gesetzt hatte, endgültig satt. Bei seinem letzten Spiel für den BVB gab es in Stuttgart eine unglückliche 0:1-Niederlage. Vor seinem Abschied aus Dortmund absolvierte „Til" noch in der heimischen „Rote Erde" sein 39. und letztes Länderspiel (6:0 in der EM-Qualifikation gegen Albanien), womit er den Regensburger Hans Jakob als Rekordnationaltorhüter ablöste. Der kleine Bernhard Wessel, Held des Meisterschafts-Finales von 1963, wurde nun wieder Nr. 1 im BVB-Tor.

Die Verpflichtungspolitik für die Saison 1967/68 fiel noch zurückhaltender aus als im Vorjahr. Geholt wurden nur tatsächliche oder vermeintliche Talente. „Aki“ Schmidt hatte seine Karriere beendet und hinterließ eine große Lücke im Mannschaftsgefüge. Erschwerend kam noch hinzu, daß Wolfgang Paul lange verletzt war, und für Alternativen hatte man ja nicht gesorgt. Es folgte der tiefe Fall.

Dabei lief es zunächst wider Erwarten gut. In der Vorbereitung besiegte man West Ham United mit 4:1. In den ersten fünf Meisterschaftsspielen blieb der BVB ungeschlagen und holte acht von zehn möglichen Punkten. Der Europapokalsieger Bayern München wurde am 4. Spieltag beim 6:3-Sieg der Borussen förmlich aus der „Roten Erde“ gefegt. Die 40.000 Zuschauer sahen den vielleicht größten Auftritt von Reinhard Libuda im Trikot Borussia Dortmunds. Der hochsensible Spieler war in den Monaten zuvor durch Depressionen, Wehrdienst, Querelen mit seiner Frau und Eifersucht, die einige Berufskollegen in anderen Mannschaften in übelster Weise auszunutzen verstanden, weitgehend lahmgelegt worden. Gegen die Bayern bereitete Libuda vier Tore vor und schoß eines selber. Für seinen biederen Bewacher Georg Schwarzenbeck wurde der 9. September 1967 zum Alptraum. Noch Jahre später, Libuda hatte bei der WM in Mexiko gegen Bulgarien gerade eine großartige Vorstellung abgeliefert, beantworte der Rechtsaußen die Frage nach dem besten Spiel seiner Karriere mit „damals beim 6:3 gegen München in der Roten Erde“.

Am 7. Spieltag gelang noch einmal ein hoher Sieg gegen den späteren Absteiger Borussia Neunkirchen (6:0), doch anschließend wurden die Resultate stetig schlechter. Im November 1967 sah sich der Vorstand genötigt, öffentlich die Parole „Ruhe und Zuversicht“ auszugeben. In einer Presserklärung hieß es in echt Steegmannscher Manier: „Zur Trainerfrage erklärte Willy Steegmann, daß Heinz Murach, der unter ungünstigen Verhältnissen beim abrupten Weggang von Willi Multhaup eine undankbare Aufgabe übernahm, als vorbildlicher Sportsmann das absolute Vertrauen des Vorstandes, des Wirtschaftsrates und des Ältestenrates besitze. Der Ballspielverein Borussia Dortmund und seine maßgeblichen Männer erwarten von Spielern und Trainern keine Wunderdinge; Star-Allüren müssen sich der Forderung nach korrekter Pflichterfüllung unterordnen. Die Beachtung dieser Grundsätze haben Borussia Dortmund groß gemacht und bleiben deswegen weiterhin Richtlinien erfolgreicher Vereinsarbeit.“

Im April 1968 mußte Murach dann doch seinen Hut nehmen. Sein Nachfolger wurde Oswald Pfau, in einer Vereinschronik als „ein Monstrum von Mann, rauhhaarig und einem guten Schoppen nicht abgeneigt“ charakterisiert.

„Stan" Libuda („Keiner kommt an Gott vorbei – außer Libuda"), der Schalker, dem der BVB den Triumph von Glasgow zu verdanken hat. Libuda bestritt 74 Bundesligaspiele für den BVB und 190 für Schalke 04.

Das zweite Revierderby am 20. April 1968 war in dieser Saison ein Duell von Kellerkindern, bei dem Schalke gegen die harmlosen Borussen mit 1:0 die Oberhand behielt. Bester Dortmunder in einer saft- und kraftlos agierenden Dortmunder Elf war noch „Stan" Libuda, der jedoch in der 74. Minute ausgewechselt wurde. Ausgerechnet gegen Schalke absolvierte Libuda sein letztes Bundesligaspiel in Schwarz-Gelb. Schalkes Präsident Günter Siebert war es gelungen, den „verlorenen Sohn" zurück an den Schalker Markt zu locken. Trotz der furiosen Vorstellung beim Spiel gegen die Bayern war es für Libuda eine verkorkste Saison, wozu seine privaten Probleme erheblich beitrugen. Der Spieler schien zeitweise völlig abwesend. Ein Fan namens Gerd Röhrig erstattete gar eine Anzeige wegen Betrugs. Der Waltroper hatte in der „Roten Erde" 14 DM Eintritt bezahlt, wurde dann allerdings, wie er meinte, Zeuge einer Arbeitsverweigerung Libudas. Der Libuda-Biograph Thilo Thielke schreibt, Günter Siebert habe später gemutmaßt, „daß Libuda wohl ganz froh gewesen sei", durch seine Rückkehr zu Schalke „eine räumliche Distanz zwischen einem gewissen Möbelhändler und Fußballbraut Gisela herstellen zu können".

Die Niederlage in der Glückauf-Kampfbahn war der Beginn einer „schwarzen Serie" gegen den Reviernachbarn, denn die folgenden zehn Jahre sollte der BVB in Gelsenkirchen nicht mehr gewinnen können. Den Borussen gelang dann nur noch der Klassenerhalt. Am Ende belegte der BVB den 14. Platz, der Erzrivale lag noch einen Punkt und eine Position dahinter. Der Zuschauerschnitt sank auf 21.877. Nur 8.993 zahlende Zuschauer wurden am 17. Februar 1968 Zeugen, wie Lothar Emmerich als erster Borusse die Hundert-Tore-Schallmauer durchbrach. Beim 5:0-Sieg über den späteren Absteiger Karlsruher SC schoß Emmerich in der 35. Minute sein 100. Bundesliga-Tor für den BVB, dem er 27 Minuten später noch Treffer Nummer 101 folgen ließ.

Besser lief es für den BVB im DFB-Pokal. Allerdings hatte der Verein das Glück, bis zum Halbfinale nur gegen unterklassige Gegner antreten zu müssen. Als es dann gegen den immer noch von Willi Multhaup trainierten 1. FC Köln ernst wurde, gab es eine klare 0:3-Niederlage. Köln wurde anschließend Pokalsieger.

Bereits im Dezember 1967 war es zu einem Wechsel an der Vereinsspitze gekommen. Willi Steegmann, in dem nicht wenige Borussen-Fans den Hauptschuldigen für den sportlichen Abstieg und die enttäuschten Hoffnungen erblickten, räumte den Präsidentenstuhl für Dr. Walter Kliemt. Der VEW-Vorständler und ehemalige Oberstadtdirektor wurde auf den Vorsitz mehr geschoben, als daß er ihn freiwillig erklomm. Kliemt war kein Fußballexperte, was er auch unumwunden eingestand. Umso wichtiger wäre bereits zu diesem Zeitpunkt ein hauptamtlicher Manager gewesen.

Kliemts Amtszeit (1968-74) verlief ziemlich unglücklich. Der SPD-Politiker, der aus schierem Verantwortungsbewußtsein handelte und mit der Amtsübernahme einem wichtigen Werbeträger der Stadt helfen wollte, erkannte zwar die Zeichen der Zeit, hatte aber niemanden neben sich, mit dem er den Untergang hätte verhindern können. Trotzdem hat der BVB ihm viel zu verdanken, denn Kliemt, der den NRW-Regierungschefs Kühn und Rau als stellvertretender Fraktionschef diente, sorgte dafür, daß die Gelder für den Bau des Westfalenstadions bewilligt wurden. Die Arena sollte für den BVB und seine weitere Entwicklung noch eine erhebliche Rolle spielen.

1968/69 Trainerkarussell

1968/69 gelang der Klassenerhalt erst am letzten Spieltag, als der BVB in der ausverkauften „Roten Erde“ Kickers Offenbach mit 3:0 schlug. Während dieser Saison beschäftigte der BVB nicht weniger als vier Übungsleiter. Oswald Pfau hatte die Mannschaft gerade wieder auf Vordermann gebracht, da erlag er in einem Lütgendortmunder Krankenhaus den Folgen eines Herzinfarktes. Zunächst sprang Helmut Bracht ein. Aber der Traditionsspieler betrachtete sich selbst nur als Interimslösung, so daß mit Helmut Schneider der Meistermacher von 1956/57 verpflichtet wurde. Doch Schneiders Comeback bewirkte nicht das erhoffte Wunder. Schneider war mit den Anforderungen des Bundesligageschäfts und dem neuen Spielertypus, den größere Unabhängigkeit und Selbstbewußtsein auszeichneten und den die Rhetorik der 50er Jahre kaum noch ansprach, hoffnungslos überfordert. Deshalb wurde er schon drei Monate später von Hermann Lindemann abgelöst. Lindemann, ein gewiefter Taktiker und leidenschaftlicher Kartenspieler, übernahm die Mannschaft in einer ausweglosen Situation, und daß der Klassenerhalt schließlich doch noch gelang, war ganz wesentlich sein Verdienst. Doch das Trainerkarussell am Borsigplatz befand sich auch fortan in ständiger Bewegung.

Am Ende der Saison wurde Lothar Emmerich für 175.000 DM an den AC Beerschot Antwerpen verkauft, obwohl er eigentlich beim BVB bleiben wollte. Emmerich: „Ich bin doch ein Dortmunder Junge." Aber der Verein war so klamm, daß ihm nichts anderes übrig blieb, als die Helden von 1966 nach und nach zu verkaufen. Hätte es sich allein um Emmerich gehandelt, wäre sein Abgang noch zu verkraften gewesen. „Emma" hatte an Torgefährlichkeit deutlich eingebüßt. 1967/68 wurde er mit 18 Treffern Siebter in der Torschützenliste, 1968/69 mit zwölf Treffern nur Neunter. Das Duo Emmerich-Held hatte sich überlebt. Außerdem stand mit Werner „Acker" Weist ein durchaus brauchbarer Ersatz bereit. Es war die Vielzahl der Verkäufe sowie das Ausbleiben von gleichwertigen Neuerwerbungen, wodurch der Niedergang beschleunigt wurde.

Abschied von Lothar Emmerich.

1969/70 Kurzes Zwischenhoch

1969/70 erfuhr der BVB noch einmal ein überraschendes Zwischenhoch, als er mit dem 5. Platz abschloß. Mit dem Torhüter Jürgen Rynio (1. FC Nürnberg), dem jugoslawischen Nationalspieler Branko Rasovic (Partizan Belgrad), Heidkamp (Kickers Offenbach) und Kohlhäufl (Jahn Regensburg) hatte man relativ effektiv eingekauft. Außerdem kam Jürgen Schütz, der in Italien außer für AS Rom auch noch für AC Turin und AC Brescia gespielt hatte, zurück an den Borsigplatz. Schütz war bereits ein Jahr zuvor in die Bundesliga zurückgekehrt und hatte sich hier zunächst 1860 München angeschlossen. Die Ablösesumme für Schütz betrug 100.000 DM. Werner Weist belegte mit 20 Toren in der Torschützenliste hinter dem unvermeidlichen Gerd Müller den 2. Platz und weckte damit die Begehrlichkeit anderer Klubs.

Trotz des guten Abschneidens sank der Zuschauerschnitt mit 18.703 erstmals unter die 20.000-Marke. Im April 1970 wurde der Zuschauer-Minus-Rekord aus der Saison 1964/65 eingestellt: Nur 5.000 sahen die Partie gegen den VfB Stuttgart, deren Ergebnis mit 0:0 dem äußeren Rahmen entsprach. Eine Ausnahme bildete das Heimspiel gegen Schalke (1:1) im September 1969. Die „Rote Erde“ war hoffnungslos überfüllt. Die Zuschauer standen teilweise an den Seitenlinien, wo sie den Sitzplatzbesuchern die Sicht versperrten. Beim 1:0 für Schalke stürmten die Zuschauer aufs Feld. Im allgemeinen Chaos wurden die Schalker Friedel Rausch und Gerd Neuser von Hunden der Ordnungskräfte in das Hinterteil gebissen. Neuser konnte nicht weiterspielen. Die *WR* forderte anschließend, die Zuschauer durch Gitter vom Spielfeld zu trennen, was wenige Zeit später dann auch erfolgte, „denn wenn Fußballbegeisterung zu Fanatismus wird, dann geht es drunter und drüber“.

Am Ende der Saison wurde Trainer Lindemann entlassen, obwohl der Vorstand ihn nach der Saison 1968/69 mit einem langfristigen Vertrag ausgestattet hatte. Für Rudi Assauer eine „unverzeihliche Fehlentscheidung“, doch der Vorstand war der Auffassung, daß Lindemanns Gutmütigkeit von der Mannschaft schamlos ausgenutzt wurde.

Assauer selbst wurde für 150.000 DM nach Bremen verkauft, die Mannschaft verlor einen weiteren wichtigen Leistungsträger. Wolfgang Paul, der Kapitän der Helden von Glasgow, beendete seine Karriere, da er ständig an schweren Verletzungen laborierte. In der Saison 1969/70 kam der Abwehrorganisator nur noch auf zehn Bundesligaeinsätze.

1970/71 Der große Ausverkauf

Neuer Trainer wurde Horst Witzler, der mit dem „Lackschuhklub“ ETB Schwarz-Weiß Essen ungeahnte Erfolge gefeiert hatte. Von den Neuen konnten nur Theo Bücker (der schon in der Saison 1969/70 auf einige wenige Einsätze kam, sich aber erst 1970/71 etablieren konnte) und Manfred Ritschel Bundesligatauglichkeit nachweisen. Der BVB beendete die Saison mit dem 13. Platz. Lediglich zwei Punkte trennten die Borussen von einem Abstiegs-

In der völlig überfüllten Kampfbahn Rote Erde werden die Schalker Spieler Rausch (Bildmitte) und Neuser von Hunden der Platzordner gebissen.

platz. Der Zuschauerschnitt sank weiter auf nunmehr 16.011. In dieser Saison lagen allerdings alle Klubs aus dem Ruhrgebiet unter der 20.000-Marke. Schalke und Rot-Weiß Essen verzeichneten dabei mit 19.950 bzw. 19.154 mehr Zuschauer als der BVB, der MSV Duisburg mit 14.705 (trotz eines 7. Platzes) weniger. Am Ende der Saison wurden mit Neuberger, Weist (beide zu Werder Bremen, das auf der Suche nach Verstärkungen schon immer im Westen geplündert hatte), Held (Kickers Offenbach) und Wosab (VfL Bochum) gleich vier der ohnehin spärlich vertretenen Leistungsträger verkauft, was zunächst keineswegs so geplant war. Die finanzielle Situation erforderte, daß entweder Held oder Neuberger abgegeben werden mußten. Präsident Kliemt: „Zwei von dem Kaliber Held und Neuberger können wir nicht finanzieren."

In der Annahme, den jüngeren Neuberger halten zu können, wurde Held die Freigabe erteilt. Neuberger entschied sich für ein Angebot der Bremer. Da seine Vertragsverlängerung beim BVB nur auf einer auseinandergerissenen Zigarettenschachtel festgehalten wurde und die notwendige Unterschrift eines dritten Vorstandsmitglieds fehlte, behielt Werder im Tauziehen um den Libero die Oberhand. Die Arbeitsgerichtsprozesse um Neuberger gingen verloren. Da der BVB auch noch ein großzügiges finanzielles Angebot des Werder-Präsidenten Dr. Böhmert ausschlug, der als Gegenleistung von den Dortmundern die Einstellung des Prozesses verlangt hatte, füllte Neubergers Weggang nicht einmal Borussias leere Kassen.

Kaum weniger unglücklich verlief der Transfer von Reinhold Wosab. Wosab wollte zu veränderten Bezügen um ein weiteres Jahr verlängern. Aber der Verein dachte, daß Wosab mit seinen mittlerweile 33 Lenzen ohnehin keine anderen Angebote erhalten würde und ließ den Routinier zappeln. Der von Hermann Eppenhoff trainierte Aufsteiger VfL Bochum ließ sich die Chance nicht entgehen und griff zu. In Bochum spielte Wosab noch drei Jahre, in denen er immerhin 59 Bundesligaspiele absolvierte. Zu den Abgängen gehörte des weiteren noch Horst Trimhold, der nach Frankfurt zurückkehrte, allerdings nicht zur Eintracht, sondern zum „kleinen" FSV.

1971/72 Der Abstieg

Die Mannschaft, die in die Saison 1971/72 ging, war praktisch von vornherein zum Abstieg verurteilt, da nur wenige Spieler über Bundesligatauglichkeit verfügten. Auch Trainer Witzler muß bereits vor dem Anpfiff des ersten Spiels Böses geahnt haben. Jedenfalls soll er dem Vorstand gegen die Zahlung von 50.000 DM seinen freiwilligen Rücktritt angeboten haben. Der letzte 66er im Team war der treue „Hoppy" Kurrat, der in dieser Saison auch die Kapitänsbinde trug. Die zehn (!) Neuverpflichtungen kamen in ihrer Mehrzahl von Amateurvereinen und durften nur dank des desolaten Zustands des BVB ihre Fußballerkarrieren mit einigen Bundesligaeinsätzen schmücken. Die Ausnahme war der Essener Walter Hohnhausen, der allerdings aufgrund seiner zwei Tore, die er zum legendären 3:1-Sieg von Rot-Weiß gegen Bayern München erzielt hatte, maßlos überschätzt wurde. In Dortmund sollte der Mann mit den monströsen Oberschenkeln weniger vor dem gegnerischen Tor denn am Tresen für Furore sorgen. Der Fall Hohnhausen war typisch für die Nach-Steegmann-Ära: Was nun verpflichtet wurde, war gemessen an seiner mangelhaften Qualität durchaus teuer.

Der BVB konnte nur auf ein Wunder hoffen. Der Vorstand spekulierte weniger mit dem Leistungsvermögen der Mannschaft als mit dem weiteren Verlauf des Bundesligaskandals: der Verurteilung Rot-Weiß Oberhausens zum Zwangsabstieg oder der Aufstockung der Liga auf 20 Vereine. Bis zum bitteren Ende setzte man darauf, daß der BVB durch die Folgen des Skandals auf jeden Fall die Erstklassigkeit behalten könne. Auch die Spieler frönten dieser Illusion. So erklärte Jürgen Rynio, nachdem der sportliche Abstieg besiegelt war: „Wir sind der fröhlichste Absteiger." Darüber blieben die haarsträubenden sportlichen Probleme weitgehend unbeachtet. Bei Bayern München kassierte der BVB im November 1971 mit 1:11 die höchste Niederlage in

Rekordpleite: 1:11 gegen die Bayern

seiner ersten Bundesligaära. Symptomatisch für die geringe Qualität der Mannschaft war der Kommentar des *Sport-Informationsdienstes (sid)* nach dem Desaster: „Außer Kapitän Ritschel zeigte keiner auch nur annähernd Bundesligaformat." Wie wenig attraktiv die Borussia für die Konkurrenz noch war, belegt die Zuschauerzahl dieses Spiels. Lediglich 17.000 pilgerten in das Stadion an der Grünwalder Straße.

Zum Jahreswechsel wurde Witzler von Herbert Burdenski abgelöst, einem Ex-Schalker und Schützen des ersten deutschen Länderspieltores nach dem Krieg. Doch der Trainerwechsel zeitigte – erwartungsgemäß – keine Wirkung. Am Ende belegte der BVB mit nur 20 Punkten aus 34 Spielen bzw. sechs Siegen (genauso viele errang auch der zum Zwangsabstieg verurteilte Tabellenletzte Arminia Bielefeld) und acht Unentschieden den 17. und vorletzten Platz. Die BVB-Spiele wurden im Schnitt von nur 16.011 Zuschauern besucht. Sechs Klubs – darunter Mönchengladbach und der 1. FC Köln, die die Plätze drei und vier in der Tabelle belegten – hatten allerdings einen noch niedrigeren Schnitt. Der Bundesligaskandal unterminierte die Glaubwürdigkeit des Fußballs. Die Liga verlor 900.000 Zuschauer, was einen Einnahmeverlust von 6 Mio. DM bedeutete. Auch auswärts hatte sich das Etikett BVB restlos abgenutzt: Die Niederlage in Stuttgart (0:2) und Borussias einziger Auswärtserfolg der gesamten Saison in Hannover (3:2) wurden von nur jeweils 4.000 Zuschauern gesehen.

Nur sechs Jahre nach dem größten Triumph in der Vereinsgeschichte stieg der BVB in die Zweitklassigkeit ab. Der damalige BVB-Keeper Horst Bertram Jahre später: „Für viele Dortmunder ging eine Welt unter. Der Abstieg deckte irgendwie auch all die Fehler auf, die in den Jahren zuvor gemacht wurden." Und „Hoppy" Kurrat: „Alles war unklar und furchtbar traurig." Mit dem Abstieg ging eine Ära zu Ende, denn 36 Jahre war der BVB ununterbrochen erstklassig gewesen.

Gründe für den Niedergang

Wie bereits vermerkt, begannen die Probleme bereits vor 1966. So mußten u.a. Schütz und Konietzka verkauft werden, weil man mit den Angeboten der in- und ausländischen Konkurrenz nicht mithalten konnte. Der Trainer Multhaup, der beim BVB 5.000 DM pro Monat kassierte und mit Prämien 1965/66 auf ein Jahreseinkommen von 130.000 DM kam, brach seine Zelte vorzeitig ab, nachdem die Kölner ihm ein besseres Angebot gemacht hatten, mit dem der BVB nicht konkurrieren wollte. Branko Zebec kam nicht, weil der BVB nur bereit war, 5.000 DM anstatt der von Zebec geforderten 7.000 DM zu zahlen. Spieler wie Jupp Heynckes und Willi Reimann waren dem BVB zwar zugeneigt, aber im Falle Reimanns, der bereits einen Vertrag unterschrieben hatte, waren die 15.000 DM Handgeld nicht aufzutreiben.

Auf der Einnahmeseite tat sich nichts, u.a. weil das Stadion zu klein war. Doch das Stadion war bei weitem nicht das einzige Problem. Verstärkt wurde die Krise noch durch einen Mangel an Risikobereitschaft und visionärer Kraft im Vorstand. Der integere Willi Steegmann war auf den Posten des Vereinsvorsitzenden von Hoesch eher hindelegiert worden. Der BVB wurde wie ein Betrieb verwaltet, nach streng kaufmännischen Regeln, wobei für die – nahezu wie Staatsbetriebe geführte – Stahl- und Kohleindustrie stets etwas andere Regeln galten als für den normalen mittelständischen Betrieb. Hieraus erklärt sich möglicherweise auch Steegmanns geringe Innovationsfähigkeit. Dies betraf auch den Umgang mit den Spielern, die oft wie Untergebene behandelt wurden. Steegmann war ein hervorragender Verwaltungsmann, aber mit purem Verwalten war der erworbene sportliche Status nicht zu halten. Helmut Bracht, damals „innerparteilicher" Oppositionsführer, wies darauf hin, daß eine „gute Mannschaft einen guten Trainer" braucht. Selbst Trimhold wollte Steegmann zunächst aus Prinzip nicht holen. Als er hörte, daß der Spieler 175.000 DM kosten sollte, fragte er Trainer Multhaup: „Was wollen Sie denn verdienen, wenn sich Trimholds Ablösesumme in diesen Dimensionen bewegt?" Steegmann befürchtete eine Eskalation der Gehälter und Ablösesummen, der er frühzeitig entgegensteuern wollte, womit er sicherlich nicht ganz unrecht hatte. Aber der Präsident verstand nicht, daß Spielerkäufe nicht nur Ausgaben waren, die die Kasse belasteten, sondern auch Investitionen, die sportliche und finanzielle Rendite abwarfen.

Eine konservative Verpflichtungspolitik kann mitunter nicht weniger verheerend sein als eine ungedeckte und gescheiterte Einkaufsoffensive. Der BVB lieferte hierfür ein Beispiel: Je mehr der Erfolg ausblieb und je unattraktiver die Mannschaft wurde, desto mehr blieben auch die Zuschauer weg und verengten den finanziellen Spielraum des Vereins. Irgendwann war ein Punkt gekommen, wo eine Korrektur nicht mehr möglich war, weil das Geld hierfür fehlte. Statt dessen mußten nun auch noch die letzten bundesligatauglichen Spieler verkauft werden. Die beste Zeit einer offensiven Verpflichtungspolitik wäre zweifelsohne unmittelbar nach dem Triumph von Glasgow gewesen, als der BVB über ein enormes Renommee und große Anziehungskraft auf gute Spieler verfügte und der Kassenbestand des Vereins noch einigermaßen in Ordnung war. Doch die Chance wurde vertan. Der heutige Präsident Niebaum auf die Frage, was er damals anders gemacht hätte: „Nach dem Europapokalsieg 1966 hätte ich mit Seeler, Beckenbauer und Overath verhandelt."

Zudem wurde Steegmann durch die Hoesch-Führung in seiner finanziellen Bewegungsfreiheit eingeengt. Angesichts der krisenhaften Entwicklung von Kohle und Stahl war niemand zu größeren Sprüngen bereit. Dabei spielte möglicherweise nicht nur eine Rolle, daß das Geld hierfür nicht gerade locker saß, sondern auch, daß eine offensivere Verpflichtungspolitik gegenüber der Öffentlichkeit als nicht vermittelbar galt. Das Resultat war, daß man sich der Krise des Ruhrgebiets anpaßte, anstatt mittels des Fußballs eine antizyklische Politik zu betreiben und deren psychologischen Auswirkungen gegenzusteuern. Außerdem war die schwarz-gelbe Führungsschicht aufgrund beruflicher Überlastungen mit dem sich verändernden Tagesgeschäft überfordert. Einen hauptamtlichen Manager, wie ihn die Bayern und die Gladbacher eingestellt hatten, hielt man für überflüssig. Ganz abgesehen davon, daß er auch satzungsmäßig nicht vorgesehen war. Helmut Bracht erinnert sich daran, wie er Erich Beer zum BVB holen wollte. Man traf sich in einem Essener Hotel. Alles war unterschriftsreif, aber dann war der Schatzmeister nicht erreichbar. In München und Gladbach wäre dies genauso undenkbar gewesen wie der peinliche Neuberger-Abgang.

Man mag darüber streiten, ob Trimhold sein Geld tatsächlich wert war, da er in Dortmund nie an seine in Frankfurt gezeigten Leistungen anknüpfen konnte. Aber die Zeit, in der man eine Spitzenmannschaft allein aus Talenten aus der näheren Umgebung und ohne nennenswerte Investitionen formen konnte, neigte sich selbst in der Talentschmiede Ruhrgebiet ihrem Ende zu. Und wenn man schon keine hochkarätigeren Spielerkäufe tätigen wollte, hätte man wenigstens in eine intensive Nachwuchsarbeit investieren müssen. Auch mit Schalke konnte der BVB in diesen Jahren bald nicht mehr finanziell konkurrieren. Die Jugendnationalspieler Sobieray, Scheer und Rüßmann entschieden sich für Blau-Weiß, wo sie zu Leistungsträgern avancierten und im Jahr des BVB-Abstiegs Vizemeister und Pokalsieger wurden.

Die neue Klasse und der Professionalismus forderten eine gewisse Modernität, die im Ruhrgebiet jedoch seinerzeit nicht gegeben war. Schalke hatte immerhin einen Günter Siebert, der in diesen Jahren noch einiges bewegen konnte. Borussia wurde aber nur in hausbackener Weise verwaltet, was einfach zu wenig war, um mitzuhalten. Je professioneller der Fußball wurde und je mehr Geld im Spiel war, desto mehr geriet der stolze BVB ins Hintertreffen.

EINWURF

Bier und Fußball: Eine unverwüstliche Ehe

John Houlding, Gründer des englischen Rekordmeisters FC Liverpool, war ein prominenter Bierbrauer, Gasthausbesitzer und Lokalpolitiker. „King John", wie der Selfmademan aus dem Arbeiterbezirk Everton auch genannt wurde, hatte sich aus ärmlichsten Verhältnissen hochgearbeitet und galt als typischer Repräsentant der neuen Mittelklasse im proletarischen englischen Norden, die mit den Spielern die treibende Kraft bei der Kommerzialisierung und Professionalisierung des Fußballs bildete. Spieler und Selfmademen verband nicht nur die geographische Herkunft, sondern auch das Interesse, mit dem Spiel Geld zu verdienen. Die Hauptdarsteller wollten an den stetig steigenden Zuschauereinnahmen teilhaben, während die Bierbrauer und Gasthausbesitzer in den Vorstandsetagen im Zuschauersport Fußball einen Absatzmarkt und die Bühne für ihre persönliche Profilierung erblickten.

Als Houlding 1892 den FC Liverpool ins Leben rief, plagte den populistischen Tory und späteren Bürgermeister ein Problem: Er besaß zwar an der Anfield Road eine schmucke Fußballarena, aber keine Mannschaft, die Zuschauer dorthin locken konnte. Anfield drohte das Schicksal einer Investitionsruine. Zuvor war das Stadion die Heimat des bereits 1878 gegründeten FC Everton gewesen, mit dem sich Houlding jedoch überworfen hatte. „King John" hatte viel Geld in das Team und Anfield gepumpt. Keineswegs uneigennützig: Der Klub zahlte ihm eine Pacht von jährlich 100 Pfund. Houldings Gasthaus „The Sandon" war das Hauptquartier der „Blauen". Die Anwesenheit der Spieler, die sich hier umziehen mußten, mobilisierte weitere Kundschaft. Als „King John" den Pachtzins für sein Stadion den steigenden Einkünften des Klubs anpassen wollte und das alleinige Verkaufsrecht für Getränke im Stadion beanspruchte, kam es zum Bruch mit dem FC Everton, dessen Funktionäre sich nicht in die Abhängigkeit einer Brauerei begeben mochten. Houlding verwies die „Blauen" des Feldes und gründete mit den „Roten" seinen eigenen Klub, über den er die uneingeschränkte Kontrolle ausübte. Deren erstes Team mußte in Schottland rekrutiert werden und ging deshalb als Team der „Macs" in die Annalen ein. Das Team des Bierbrauers brauchte nur wenige Jahre, um zu einer der besten Mannschaften Englands aufzusteigen, zum Zuschauermagnet zu werden und den Absatz von John Houldings Brauerei kräftig steigen zu lassen.

Die Geschichte des FC Liverpool ist kein Einzelfall. Auch Manchester United, der härteste Rivale Liverpools, verdankt seine Existenz einem Bierbrauer. Uniteds Vorläufer mit dem etwas umständlichen Namen The Lancashire & Yorkshire Railway Company of Newton Heath Football Club war 1878 von Arbeitern einer Eisenbahnreparaturwerkstatt gegründet worden. Die Werkself, die sich zunächst nur mit anderen Eisenbahnerteams maß, ging 1885 zum Profitum über und wurde 1892 in die League aufgenommen. Doch 1902 stand Newton Heath vor dem Ruin. Die Rettung kam in Gestalt des wohlhabenden und visionären Brauereibesitzers John H. Davies, der die „Heathens" in Manchester United umtaufte. 1910 bezog United, heute der reichste Klub der Welt, im Industriegebiet Old Trafford ein neues Stadion mit einem Fassungsvermögen von 80.000 Zuschauern. Davies unterstützte den Stadionbau mit 60.000 Pfund. Einige Jahre zuvor war bereits der Lokalrivale Manchester City unter die Fittiche einer Brauerei geraten. Galloway's and the Chester's finanzierte zwei Tribünen und erhielt dafür das Getränkemonopol im Stadion.

Arsenal Londons erste Heimat Ivicta Ground gehörte George Weaver, Besitzer der Weaver Mineral Water Company. Den Wolverhampton Wanderers errichtete Ende der 1880er die Brauerei Northampton Brewery Com-

Von der „Schlachtplatten-Elf" zum Gauligisten: Aufstiegsfeier am Borsigplatz 1936. Trinkfreudig blieb man trotzdem. Vor der Vereinsgaststätte „Haus Herzog" stellen sich Vereinsfunktionäre und August Lenz (3. von links) dem Fotografen.

pany einen Platz mit Umkleide- und Büroräumen sowie eine überdachte Tribüne mit 4.000 Steh- und 300 Sitzplätzen. Die jährliche Miete betrug moderate 50 Pfund pro Jahr. Die Wanderers sind in diesem Stadion, das Molineux getauft wurde (nach einem Hotel in der Nähe des Stadions, das einst Sitz der Molineux-Familie war), noch heute zu Hause. Oben in Schottland waren beim Traditionsklub Celtic 1897 nicht weniger als sieben der acht Vorstandsmitglieder Gastwirte. Die Dominanz der Gastwirte reflektierte den Sieg der „Geschäftsleute" über die „Idealisten" und „Puristen" im Verein, dessen Gründung 1888 zu karitativen Zwecken erfolgt war.

Der aktuelle Hauptsponsor der englischen Premier League, der kommerziell erfolgreichsten Liga Europas, ist mit Carling eine Brauerei. Zwei der populärsten Klubs werben für Bier auf ihrem Trikot. Während beim FC Liverpool die Erben Houldings mit Carlsberg aus Dänemark kommen, ist bei Newcastle United regionaler Patriotismus angesagt. Das Starkbier Newcastle Brown Ale ist neben Popmusik und Fußball das bekannteste Markenzeichen und Exportprodukt der rauhen, aber herzlichen Hafenstadt in der nordöstlichen Ecke Englands. Newcastle United und Newcastle Brown Ale sind Synonyme; der auf den Trikots der „Elstern" prankende Stern mit den Silhouetten von St. Nicholas Cathedral und Tyne-Bridge besitzt fast den Status eines Vereinswappens.

Fußball und Bier in Deutschland

Auch in Deutschland ist die Ehe von Fußball und Bier fast so alt wie das moderne Spiel selbst. So erinnert sich ein Fußballpionier des 1. FC Kaiserslautern in einer Chronik des Klubs, daß die größte Sorge des Rektors seiner Lehranstalt „weniger dem Fußballspiel als den geselligen Zusammenkünften galt, die dem Spiel folgten. Die Befürchtungen des Rektors (...) waren natürlich nicht grundlos. Zu jener Zeit (1906) herrschte noch allenthalben Trinkfreudigkeit, und nach jedem beendeten Spiel fanden sich die Spieler bei Wein und Bier und Gesang zusammen, und die Wogen der Freude gingen immer sehr hoch, auch wenn das Spiel verlorenging."

Bei den Dortmundern war das Beharren der Jungkicker auf ihre Treffen im Wirtshaus „Zum Wildschütz" sogar Anlaß zum Bruch mit der Kirche und zur Gründung eines eigenen Vereins – eben des BVB. Der galt noch Jahre später als ausgesprochen gesellig. Da den gegnerischen Mannschaften nach jedem Heimspiel im Vereinslokal Schlachtplatten aufgetischt wurden, firmierten die Borussen auch als „Schlachtplatten-Elf".

Die ersten Plätze vieler Vereine lagen in der Nachbarschaft von Gaststätten, manchmal gehörten sie sogar den Gastwirten. Die Gastwirte stellten den

Klubs Umkleidemöglichkeiten zur Verfügung und übernahmen die im Amateurbereich noch heute weit verbreitete Prämie des gemeinsamen Essens nach dem Spiel. Unter der Woche dienten sie den Vorständen als Sitzungsorte. Mit der Entwicklung des Fußballs zum Zuschauersport wurde die Unterstützung eines Teams immer lukrativer. Denn nun versammelten sich auch noch deren Anhänger in der Gaststube. Aber auch der Sportplatz selbst wurde zu einem attraktiven Absatzmarkt. Die Gastwirte und Bierbrauer waren die ersten Gewerbe, die mit Hilfe des Fußballs ihren Umsatz steigern konnten. Seitdem der Fußball die soziale und kulturelle Abgeschlossenheit der höheren Lehranstalten verlassen hat und ein Massenspektakel wurde, ist er auch ein Objekt wirtschaftlicher Interessen. Die kommerzielle Ausbeutung des Fußballs ist also so neu nicht.

Gastwirte waren die ersten Sponsoren

Zur Erfolgsstory wurde die Verbindung von Fußball und Bier, weil es nicht nur ökonomische, sondern auch kulturelle Berührungspunkte gab. Im Proletariat und bei den Kleinbürgern waren Fußball und Bier gleichermaßen populär. In England wie in Deutschland schuf die soziale Ausbreitung des Fußballsports den Bierbrauern und Gastwirten eine ideale Zielgruppe. So heißt es in einer aus dem Jahre 1927 datierenden Beschreibung der britischen Football Crowd: „Die oberen Klassen, die an den Spielen der Schulen und Universitäten starken Anklang nehmen, meiden in der Regel die kommerziellen Sportarenen. Der gebildete Mittelstand ist ungleich spärlicher vertreten als bei Kricket-Wettspielen, dagegen sind es Kleinbürger, Shopkeeper, Angestellte und besonders Arbeiter – kurzum die Menschen, die auch in der Stadt Sportmützen tragen – sowie das unterste Proletariat. Frauen sieht man nicht in allzu großer Zahl, desto mehr Jugendliche. Es gibt Tausende, die von Arbeitslosenunterstützung leben und deren kümmerliches Dasein nur durch das Wettspiel am Samstag, ein paar Flaschen Bier oder ein paar gute Züge Schnaps und allenfalls durch das Kino aufgeheitert wird. (...) Die Football Crowd ist unerzogener, aber auch urwüchsiger als die Kricket Crowd. (...) England besteht nun einmal nicht nur aus feinen Leuten. Die große Masse ist noch 'unenglisch' genug, um wüst zu schreien, um besoffen-humorvoll und ohne nennenswerten Grund enthusiastisch zu sein."

Betrachteten des Fußballs erste Protagonisten das Spiel als eine Lehranstalt in Sachen Moral, so verwandelte es die Arbeiterschaft in ein populäres Theater. Das Trinken in der Öffentlichkeit war verpönt. Der Fußballplatz bot am Wochenende eine Nische, in der ein gewisses Maß an Ungezogenheit gestattet war, und dazu zählte auch der kollektive Genuß von Bier.

Bierstadt Dortmund

„Dortmund war schon seit alters eine trinkfrohe Stadt gewesen", schreibt Luise Winterfeld in ihrer „Geschichte der freien Reichs- und Hansestadt Dortmund". 1293 hatte König Adolf von Nassau der Stadt das Braurecht verliehen. 1837 rühmte sich die Stadt ihres Bieres öffentlich mit den Versen:

> Der Städte Ruhm kocht man auch mit den Bieren
> Durch ganz Teutonia,
> Doch kann das überall nicht exzellieren
> Wie in Tremonia.

1845 erfolgte die Einführung der bayerischen Braumethoden, die Dortmunds Ruhm als Bierstadt gewaltig steigern sollten und die technische und kaufmännische Umstellung des lokalen Brauereiwesens beförderten. An die Stelle der großen Zahl kleiner Hausbrauereien, die nach mittelalterlichen Überlieferungen arbeiteten, traten nun moderne Großbetriebe. Den Anfang machte das bereits seit 1517 bestehende Brauhaus „Krone". Es folgten eine „Bier- und Essigfabrik" (später „Löwenbrauerei") und eine Firma „von Hövel, Thier und Comp." (später „Brauerei Thier und Co."). Die Gründung weiterer „bayerischer Dampfbrauereien" erfolgte in den 60er und 70er Jahren des letzten Jahrhunderts, zeitlich parallel zum Aufstieg der Dortmunder Schwerindustrie. Die „Brauerei H. Bömcke", die spätere „Tremonia Brauerei", die „Dortmunder Union-Brauerei" und die „Borussia-Brauerei" (gegründet 1902, 1972 von der Hansa-Brauerei übernommen, die schließlich von der DAB geschluckt wurde), der der BVB seinen Namen zu verdanken hat, entwickelten sich aus kleinen Hausbrauereien. Die „Klosterbrauerei", die „Brauerei Herbertz & Co." (später „Dortmunder Actien-Brauerei") und die „Ritterbrauerei" eröffneten gleich als Großbetriebe. Der Ruf des neuen, untergärigen Dortmunder Bieres verbreitete sich rasch. So berichtete die Dortmunder Handelskammer 1867 voller Stolz: „Was in Bezug auf Bierfabrikation München früher für Bayern, ja für ganz Deutschland war, das ist Dortmund jetzt für den ganzen nordwestlichen Teil Deutschlands."

Im Gefolge der Brauereien entstanden in Dortmund zahlreiche „Bier-Säle", die einen Vergnügungstourismus anzogen. Eine vor dem 1. Weltkrieg vertriebene Postkarte verkündete Grüße „aus der fidelen Bierstadt Dortmund". Zwischen dem Warenhaus Althoff über den Westenhellweg bis zum Hotel „Römischer Kaiser" sowie in der Brückstraße bis zum Burgtor und nördlich vom Steinplatz entstand eine Einkaufs- und Amüsiermeile. Hier befanden sich große Konzert-Cafés, Billard-Räume, Kinos, Automaten-Restaurants, Spiel- und Unterhaltungshallen, Varieté-Häuser. Der 2. Weltkrieg beendete

Die BVB-Mannschaft des Jahres 1927. Rechts der damalige Vereinsvorsitzende und Brauereidirektor Heinz Schwaben.

dann allerdings Dortmunds Ruf als Vergnügungsstadt, wenngleich einiges erhalten blieb. So wurde das beim Burgtor gelegene Varieté „Allotria" zum Stammlokal für einige BVB-Akteure, unter ihnen Max Michallek und Pat Koschmieder.

„Europas Bierstadt Nr. 1", wie es vor einiger Zeit noch einige Schilder verkündeten, ist Dortmund schon lange nicht mehr. 1992 reichte es mit 5,61 Mio. Hektolitern nicht einmal mehr für Deutschlands Nr. 1. Das sauerländische Warstein überholte Dortmund und behielt auch in den folgenden Jahren die Nase vorn. 1996 wurden in Dortmund nur noch 4,71 Mio. Hektoliter gebraut. Mit 897 Beschäftigten verdingten sich 1997 erheblich weniger Menschen im Brauereiwesen als im Medienbereich (über 3.000). Die Bierstadt Dortmund glänzt heute weniger durch die gebraute Menge als durch Markenvielfalt: 1997 kamen aus Europas ehemaligem Branchenführer immerhin noch 33 Sorten.

Das Bier und der BVB

Der erste große Förderer des BVB war Heinz Schwaben, Direktor der Union-Brauerei. Schwaben war BVB-Präsident von 1923 bis 1928, engagierte sich für den Verein aber auch noch nach dem Ende seiner Amtszeit. Ihm folgten noch zwei weitere Brauer auf dem Präsidentenstuhl, deren Amtszeiten allerdings sehr kurz ausfielen und die die Geschicke des BVB wesentlich weniger prägten als Schwaben: Kurt Schönherr und Friedhelm Cramer.

Als Sponsoren tun sich mittlerweile auch Brauereien hervor, die früher „nur Tennis und Pferde" unterstützten, wie ein BVB-Veteran anmerkt. Vor Beginn der Saison 1994/95 wurde mit der Kronen Privatbrauerei – Geschäftsführer war zu diesem Zeitpunkt der ehemalige BVB-Präsident Friedhelm Cramer – eine Werbepartnerschaft vereinbart, deren Slogan „Kronen-Pils und BVB – Gemeinsam stürmen wir für Dortmund“ lautete. Eine Saison später stieg die Brauerei auch beim Nachbarn VfL Bochum ein, wo sie gar zweiter Hauptsponsor wurde. Und mit Brinkhoffs No. 1 kann man „auf die Nummer eins“ trinken.

Im Stadion wird allerdings DAB ausgeschenkt. Als dies beim ersten Heimspiel der Saison 1995/96 auch erstmals gezapft wurde, kam es zu tumultartigen Szenen an den Schankstellen, die sogar die Polizei auf den Plan riefen. Ca. 300 Hektoliter Bier werden seither pro Spiel gezapft. Der Vertrag mit der DAB-Brauerei läuft noch bis ins nächste Jahrtausend hinein.

Die Ehe von Fußball und Bier durchlebte zwar die eine oder andere Krise, aber geschieden wurde sie bis heute nicht. Beide Partner begaben sich zwischenzeitlich auf die Suche nach vermeintlich attraktiveren Verbindungen. Der Fußball bandelte mit Versicherungskonzernen und Autoherstellern an, das Bier mit Tennisspielern und Pferdesportlern. Trotz der zahlreichen Nebenbeziehungen, die beide heute pflegen, und trotz der Veränderungen, die beide Partner erfahren haben, bleibt die Ehe in ihrem Kern intakt. Es ist die genialste Verbindung, seitdem es beide gibt. Fußball und Bier haben sich in ihren Krisenjahren einer Therapie unterzogen und sind seither „klassenloser“ geworden. Bier ist zwar immer noch Proletariergetränk Number One, aber nicht mehr vorrangig. Von proletarischer Kundschaft allein kann das Brauereiwesen heute nicht mehr leben. Je mehr das traditionelle Arbeitermilieu verschwindet, desto mehr schwelgen die besseren Kreise in proletarischer Folklore. Ein bißchen davon will man sich noch erhalten, allein schon der Stimmung wegen, und sei es auch nur in Form gut gefüllter Biergläser. Die TV-Werbung von Schalkes Sponsor Veltins ist ein brillantes Beispiel dafür, wie der Restbestand traditioneller Kohlenpott-Kultur für kommerzielle Interessen domestiziert wird. Es muß halt nur das richtige Bier kredenzt werden. Zwischen Biersorten können soziale Welten liegen.

Wenn in der Bierstadt Dortmund auf millionenschwere Neuverpflichtungen publikumswirksam mit Pilstulpen angestoßen wird, ist dies wohl auch als Seitenhieb in Richtung FC Bayern gemeint: „Seht her, wie erd- und volksverbunden wir noch immer sind.“ Schließlich war der „elitäre“ FC Bayern der erste, der Wein und Sekt aus Italien in sein Warensortiment aufnahm. Aber erstens trinkt die Dortmunder Vorstandsetage kein Aldi-Bier und steht in den Regalen der BVB-Fan-Shops längst auch Sekt, und zweitens scheut auch der FC Bayern das Bündnis mit dem Bier nicht mehr. „Erdinger und FC Bayern – Eine prachtvolle Partnerschaft“ heißt es im „Meisterkatalog“ aus München, der allerlei Artikel ums Bier anbietet. ■

1972 bis 1985

Zwischen Himmel und Hölle – Die Suche nach neuen Wegen

Die BVB-Fans feiern 1976 im Westfalenstadion den Wiederaufstieg ihres Teams in die 1. Bundesliga.

Das sportliche Ziel der ersten Saison in der Zweitklassigkeit lautete Qualifikation für die finanziell lukrative Aufstiegsrunde. Hierfür mußte der BVB zumindest den 2. Platz im Feld der 18 Mannschaften der Regionalliga West erreichen. Für dieses Ziel sollte weiterhin unter Bundesliga-Bedingungen gearbeitet werden. So ging der BVB mit der vermutlich teuersten Regionalliga-Mannschaft in die Saison, die allerdings bei weitem nicht die beste war. In Dortmund tat man zunächst so, als sei überhaupt nichts geschehen. Die eklatante Schwäche der Mannschaft, die die Bundesliga hatte verlassen müssen, schien einigen Funktionären aufgrund ihres mangelhaften Fußballsachverstandes entgangen zu sein. Dr. Walter Kliemt und sein Stellvertreter Udo Remmert vor dem Saisonstart: „Wir müssen die Aufstiegsrunde erreichen, was bei unserem Spieleraufgebot durchaus realisierbar ist. Das Gerüst steht, und uns schmerzt eigentlich nur Ritschels Weggang." Statt sich einer kritischen Überprüfung der sportlichen Substanz des Vereins zu widmen, lamentierte man noch immer darob, daß die Saison 1971/72 irregulär verlaufen sei. Die einzig nennenswerte Neuverpflichtung war der Spielmacher Horst Bertl, der von Hannover 96 kam.

1972/73 In der Fußball-Provinz

Die Gegner des BVB hießen nun nicht mehr Stuttgart, München oder Hamburg, sondern u.a. Spvg. Erkenschwick, Lüner SV, FC Mülheim-Styrum und DJK Gütersloh. Und diese hatten es für den BVB durchaus in sich. In Gütersloh verlor der BVB 1:2, in Erkenschwick gab es gar eine 0:4-Packung. Gegen Mülheim-Styrum unterlag der BVB in der „Roten Erde" 1:2, gegen den vor den Toren Dortmunds beheimateten Lüner SV reichte es am gleichen Ort nur zu einem 1:1. Solange der BVB um die Tabellenführung mitspielte, war der Zuschauerzuspruch recht ansehnlich. 30.000 sahen z.B. die 2:3-Heimniederlage gegen Rot-Weiß Essen. Viele Fans genossen es, die Tabelle mal wieder aus deren Oberregion zu betrachten. Das Mitspielen um Meisterschaft und Aufstieg motivierte mehr als das Herumdümpeln im Mittelmaß und der Kampf gegen den Abstieg. In dieser Beziehung war Dortmund vielleicht anders als Schalke. Als Repräsentationsverein der größten Stadt Westfalens wurde die Borussia von vielen Menschen erst ab einem bestimmten Leistungsniveau akzeptiert. Die Regionalliga West hatte für eine Stadt von der Größenordnung Dortmunds und einen Verein mit der Tradition des BVB etwas Demütigendes, aber immerhin besaß man wieder eine gewisse Bedeutung – solange man oben mitspielte. Von Rot-Weiß Essen abgesehen, mobilisierte kein anderer Verein zu seinen Auswärtsspielen auch nur annähernd so viele Fans wie die Borussia. Insbesondere für die kleineren Spielorte waren die BVB-Gastspiele das sportliche Ereignis schlechthin. Die Ankunft der Borussia-Fans wirkte hier häufig wie eine Invasion.

Am Ende verfehlte der BVB die Qualifikation zur Aufstiegsrunde um Längen. Der BVB wurde nur Vierter, 14 Punkte hinter Meister Rot-Weiß Essen und immerhin noch neun hinter Vizemeister Fortuna Köln. Auch das Trainerchaos fand seine Fortsetzung. Der BVB begann mit Burdenski, der zunächst von Brüggemann abgelöst wurde. Doch Brüggemann, Autor von Fachliteratur, aber mehr Fußballehrer als Fußballtrainer, betreute den BVB nur wenige Spieltage. Keeper Horst Bertram: „Er verstand die Sprache der

Am 15. August 1973 wurde „Hoppy" Kurrat für sein 600. Spiel im BVB-Dress geehrt. Links Rasovic und Bertram, rechts Bücker.

Spieler noch schlechter als Burdenski." Brüggemanns Nachfolger wurde die BVB-Legende Max Michallek. Des weiteren fungierte auch noch „Hoppy" Kurrat zwischenzeitlich als Spielertrainer. Am letzten Spieltag besiegte der BVB Preußen Münster zwar mit 9:0, aber nur 1.500 Zuschauer wollten das Spiel sehen. Horst Bertram: „Nicht nur für Dortmunder Verhältnisse war das ein Tiefpunkt. Im Grunde genommen absolvierten wir ein Geisterspiel."

1973/74 Am Boden

Für die Saison 1973/74 verpflichtete der BVB Janos Bedl als Cheftrainer, ein „bunter Hund" im Trainergewerbe, der zuvor u.a. in der US-Liga für Schlagzeilen gesorgt hatte sowie die Nationalmannschaften Lybiens und Maltas und – trotz fehlender DFB-Lizenz – Rot-Weiß Essen trainiert hatte. Bedl sollte dem schwer beschädigten BVB-Schiff neuen Glanz verleihen. Die Mannschaft wurde u.a. durch den Torjäger Burkhardt Segler verstäkt, der via Bayern München vom VfL Osnabrück kam und für den VfL in der Vorsaison 24 Treffer erzielt hatte. Außerdem stießen u.a. Willi Mumme (Rot-Weiß Oberhausen) und Hannes Hartl zum BVB. Hartl, der in Bochum mehr oder weniger abgeschoben worden war, erwies sich als einer der effektivsten Einkäufe des BVB in diesen Jahren.

Das Durchschnittsalter der Mannschaft betrug zwar gerade mal 22,8 Jahre, aber trotzdem gab sich der Vorstand vollmundig. Vize-Präsident Udo Remmert anläßlich der Präsentation von Coach und Mannschaft: „Wir glauben, Herrn Bedl hier einen Kader präsentiert zu haben, mit dem der Wiederaufstieg kein Problem sein dürfte." Doch die zusammengewürfelte Truppe (Bedl: „Ich kann mit elf Stühlen auch kein Wohnzimmer einrichten") schnitt noch schlechter ab als im Vorjahr: Der BVB endete lediglich auf dem 6. Platz, 18 Punkte hinter Meister Wattenscheid 09 und immerhin noch sieben hinter dem Viertplazierten FC Mülheim-Styrum. Noch während der Saison wurde Bedl von „Hoppy" Kurrat abgelöst, der aufgrund einer Meniskusverletzung seine Spielerkarriere beendet hatte. Am Ende der Saison mußte Theo Bücker, der einzige BVB-Spieler, an dem die Bundesliga Interesse zeigte, an den MSV Duisburg verkauft werden.

Schon vorher hatte Bücker prognostiziert: „Wenn das so weitergeht, kann Borussia statt der Mannschaftsaufstellung die Namen der Zuschauer verlesen." Der Zuschauerschnitt lag am Ende der Saison bei 9.000. Zum ersten Heimspiel gegen Eintracht Gelsenkirchen (1:1) waren 12.000 gekommen. 15.000 sahen die zweite Heimpartie gegen die Spvg. Erkenschwick (2:2). Die 25.000, die dem vierten Heimauftritt gegen Wattenscheid 09 beiwohnten, bedeuteten Saisonrekord. Der BVB unterlag mit 1:4. Beim nächsten Heimspiel verloren sich nur 3.500 in der Roten Erde, die Zeugen einer peinlichen 0:1-Niederlage gegen den SVA Gütersloh wurden.

1974/75 Harte Schnitte

Der Verein lag in jeder Beziehung am Boden. Das Ziel eines schnellen Wiederaufstiegs mußte nun nicht nur aus sportlichen, sondern auch aus finanziellen Gründen aufgegeben werden. Den Borussen, die in der Regionalliga so gewirtschaftet hatten, als seien sie noch immer erstklassig, drohte der Konkurs. In dieser Situation übernahm Heinz Günther, Direktor des Bergwerks Gneisenau, die Führung des Vereins. Er entwickelte ein radikales Sanierungsprogramm. Mit dem Verkauf der vereinseigenen Anlage an der Brackeler Straße war nur ein Teil des immensen Schuldenbergs getilgt worden. Aufgrund alter Steuerschulden fehlten noch immer 1,3 Mio. DM, für die damaligen Verhältnisse ein enormer Haufen Geld. So blieb nichts anderes übrig, als die laufenden Kosten für den Kader deutlich zu reduzieren. Nicht weniger als 300.000 DM mußten auf diese Weise eingespart werden. Den Spielern wurden die Gehälter „brutal gekürzt" (Horst Bertram). Außerdem wurde ihnen nahegelegt, halbtags zu arbeiten. Zwecks Aufbesserung des gekürzten Gehalts bot der BVB den Spielern Jobs bei befreundeten Firmen an. Wer dem

Sanierungsprogramm nicht zustimmte, durfte gehen. Bedl wurde aufgefordert, diese Spieler bis zum Saisonende nicht mehr einzusetzen. Als Bedl sich dem widersetzte, wurde er kurzerhand gefeuert.

Aber Günthers Sparkurs und die vom Präsidenten mobilisierte Unterstützung durch die Stadt sowie durch Industrie und Handel retteten dem BVB die Lizenz und damit die Qualifikation für die neue zweigleisige 2. Bundesliga. Die Stadt verzichtete auf eine Darlehensforderung in Höhe von 297.000 DM. Außerdem überließ sie dem BVB bis 1976 die Werbeeinnahmen aus dem neuen Westfalenstadion. Industrie und Handel spendeten insgesamt etwa eine Million Mark.

Heinz Günther war ein autoritärer Präsident. Die Art, mit der er Spieler wie Trainer behandelte, stieß zuweilen auf Unmut. Günther kannte nur Untergebene, die nach seinen Vorstellungen zu funktionieren hatten. Trotzdem war der Sanierer nicht nur für Helmut Bracht „der richtige Mann am richtigen Ort zum richtigen Zeitpunkt". Funktionieren konnte Günthers Sanierungsprogramm allerdings nur in Verbindung mit dem neuen Stadion, das der BVB noch während der Saison 1973/74 bezog. Die Faszination der neuen Spielstätte mit ihrer einmaligen Atmosphäre sollte in der folgenden Saison den relativ unattraktiven Charakter der Mannschaft überdecken und für hohe Einnahmen sorgen, die eine Verstärkung des Kaders ermöglichten. Ohne dieses Stadion hätte möglicherweise die Gefahr des Kaputtsanierens gedroht. Günther war der richtige Mann, solange es um die Sanierung des Vereins und seine Rückkehr in die Erstklassigkeit ging. Ein Präsident mit zukunftsorientierten Visionen war er indes nicht, weshalb der Klub auch Ende der 70er erneut in eine schwere Krise taumeln sollte.

Mit dem Amtsantritt von Günther mischte auch die Firma Hoesch wieder stärker mit, repräsentiert durch Walter Hölkeskamp. Der Arbeitsdirektor des Stahlkonzerns war ein guter Freund des Bergwerkdirektors. Hoesch pumpte erhebliche Summen in den Verein, und Hölkeskamp, der Mitglied des BVB-Wirtschaftsrats war, wurde bald der „Mann mit dem Koffer" genannt. Bei geplanten Neuverpflichtungen, zumal solchen, die etwas teurer ausfielen, mußte in der Regel zunächst Hölkeskamp konsultiert werden. Herbert Sandmann: „Hoesch und Hölkeskamp haben dem BVB sehr geholfen." Ohne die Unterstützung von Hoesch hätte der BVB das Projekt Wiederaufstieg kaum in Angriff nehmen können. Außer Geld stellte der Stahlproduzent dem BVB auch noch den medizinischen Apparat des Konzerns sowie die Trainingsplätze im Hoeschpark zur Verfügung.

Der wichtigste Motor der Regenerierung waren aber die Fans, von Günther um aktive Mithilfe gebeten: „Wenn Ihr uns jetzt aus der Patsche helft, werden wir Euch dafür belohnen, sobald der Verein wieder gesund ist", versprach der Präsident. Die BVB-Fans Peter Noisten, Peter Erdmann und Edeltraud Schipper mobilisierten daraufhin 300 Gleichgesinnte, die Mitglieder für den Verein warben und in Banken Sammelbüchsen aufstellten. Borussias Ruf, die besten Fans der Liga zu besitzen, geht letztlich auf diese Initiative zurück. Die „Interessengemeinschaft BVB-Fans" zählte bald 1.000 Mitglieder und engagierte sich auch in sozialer Hinsicht. Körperbehinderte Borussen-Fans wurden mit ihren Rollstühlen ins Stadion transportiert; 4.000 DM wurden für einen Kinderbasar gesammelt und gar 18.000 für einen Kinderhort, der im übrigen der erste in einem bundesdeutschen Stadion war. Ein von den Fans organisierter Ordnungsdienst verhinderte Auseinandersetzungen bei brisanten Spielen, was ebenfalls zum positiven Image der BVB-Fans beitrug. Der WDR widmete diesem Projekt eine eigene Sendung („Das friedliche Stadion"), und das NRW-Innenministerium zollte schriftlich Anerkennung. Zudem wurden eine Vereinszeitschrift *(BVB-aktuell)* herausgegeben, eine Platte mit Fan-Songs („Den Be-Vau-Be-e Walzer tanzen wir...") produziert sowie verbilligte Reisen zu den Auswärtsspielen organisiert. Der „Dortmunder Frühling" fand ein Ende, als die Fan-Initiative es wagte, den Vorstand öffentlich zu kritisieren. Auf einer Mitgliederversammlung wurde dem Vorstand vorgeworfen, neun Millionen Mark Jahresumsatz verschwendet zu haben. Für den autoritären Sozialdemokraten Günther waren derartige Vorwürfe „vereinsfeindliches Gedankengut", woraufhin der „Verein im Verein" kurzerhand entmachtet wurde. Die gutgläubigen Fans hatten mit dem Vorstand nichts schriftlich und rechtlich geregelt. Günther inthronisierte einen neuen, ihm genehmen Fanklub-Vorstand. Die Zeitschrift *BVB-aktuell* wurde vom Gesamtverein übernommen. Erdmann, Noisten und Schipper wurden aus dem BVB ausgeschlossen – die Retter des BVB hatten ihre Schuldigkeit getan. Obendrein wurde ihnen untersagt, das Emblem des BVB zu nutzen oder gar nur zu tragen. Die Fan-Ordner gab es bald auch nicht mehr, und die Rolli-Fahrer wurden ausgesperrt, indem Günther die Durchfahrtsscheine für Transporter streichen ließ. „Echt Ruhrgebiets-Sozialdemokratie", sagte mancher fassungslose Anhänger.

Die Retter des BVB werden ausgebootet

In der 2. Bundesliga wurde der BVB der Nordgruppe zugeteilt, der 20 Mannschaften angehörten. Neuer Trainer wurde Otto Knefler, der aufgrund seiner Schleifermentalität und Selbstdiziplin auch „der eiserne Otto" genannt wurde und zum Präsidenten Günther vortrefflich zu passen schien. Als Neuzugänge durfte Knefler u.a. Achim Wagner (Jugendspieler bei Schalke 04), die Lauterer Klaus Ackermann, der seine Karriere bei Germania Hamm begonnen hatte (wie später Lusch), und Lothar Huber sowie Gerd Schildt (Werder Bremen) begrüßen. Mit dem Sanierer Günther und dem „iron man"

Knefler begannen sich die Borussen wieder auf ihre kämpferischen Tugenden zu besinnen. Nach dem Abstieg hatte man in krasser Selbstüberschätzung geglaubt, den anderen Mannschaften dermaßen überlegen zu sein, daß man sich allein mit spielerischen Mitteln begnügen könnte. Der Konflikt zwischen der Betonung spielerischer und kämpferischer Elemente verfolgt die Borussia bis heute.

Die zupackende Art des neuen Vorstands, das offensichtliche Bemühen der Mannschaft sowie das neue Stadion mobilisierten Zuschauermassen, die die vorsichtige Kalkulation des Vorstands bei weitem übertrafen. Am Ende der Saison 1974/75 hatten anstatt der kalkulierten 7.000 Zuschauer im Schnitt über 24.000 die Stadiontore passiert. Eine Klasse höher verzeichneten nur vier Vereine (Bayern München, VfB Stuttgart, Hamburger SV und Schalke 04) einen noch höheren Zuschauerzuspruch als der Zweitligist BVB. Was das Publikum anbetraf, so war der BVB bereits jetzt wieder erstklassig. Sportlich landete man hingegen lediglich auf dem 6. Platz. Allerdings hatten viele Fans diese Saison von vornherein mehr als eine des Übergangs betrachtet. Nach dem sportlichen und finanziellen Desaster im Vorjahr konnte niemand vom BVB ernsthaft erwarten, nur ein Jahr später in einer neuen und leistungsstärkeren Liga einen Durchmarsch hinzulegen.

Der über Erwarten große Zuschauerandrang ermöglichte es dem BVB, noch während der Saison einen Star zu verpflichten. Von der Reservebank Ajax Amsterdams wurde der ehemalige Bundesligaskandalsünder Zoltan Varga geholt, der das Dortmunder Kampfspiel um Spielkultur bereicherte. Der Kauf des ehemaligen ungarischen Nationalspielers, der 1968 aus seiner Heimat geflohen war, trug weiter zur Sanierung bei. Zu Vargas Premiere gegen die nicht gerade attraktive DJK Gütersloh kamen 42.000 ins Westfalenstadion.

Den größten sportlichen Erfolg verzeichnete der BVB in dieser Saison im DFB-Pokal, der weiteres Geld in die Vereinskasse fließen ließ. Erst im Halbfinale unterlag der BVB beim klassenhöheren MSV Duisburg nach Verlängerung mit 1:2. Bis zur 88. Minute stand der Zweitligist durch ein Tor von Schildt im Endspiel, bevor den Duisburgern doch noch der Ausgleich gelang.

In der Saison 1974/75 wurde der BVB noch „dortmundiger". Erstmals tauchte auf dem Rücken der Trikots die Aufschrift „Dortmund" auf. Die Brust zierte ein Emblem, das die Stadt schon während der Weltmeisterschaft verwendet hatte: ein Kreis mit dem Fernsehturm, Blumen und Fußball. Diese Maßnahme war ein Dankeschön des Vereins an die Stadt für das Westfalenstadion und die finanzielle Hilfe in der Not. Borussia und Dortmund bildeten nun wieder eine Einheit. Obwohl noch immer in der Zweitklassigkeit, war Borussia wieder dazu geeignet, auf Dortmund positiv aufmerksam zu machen. Beim „Dortmund" auf dem Rücken ist es bis heute geblieben.

EINWURF

Westfalenstadion

Im Gegensatz zu England sind reine Fußballstadien im hiesigen Profifußball eher Mangelware. In der 1. Bundesliga gibt es sie heute lediglich in Dortmund, Kaiserslautern, Leverkusen, Mönchengladbach, Bochum und Freiburg.

Ohne die Zuschauer auf den Rängen war das in Paletten-Bauweise errichtete Westfalenstadion in seiner ursprünglichen Form keine schöne Arena, sondern ein von Zweckmäßigkeit dominierter, karger Betonklotz. Der Fertigbau wurde aus 26 nahezu identischen Baueinheiten „zusammengesetzt". Die Kampfbahn „Rote Erde" war erheblich „grüner" und ansehnlicher. Aber der unschätzbare Vorteil des Westfalenstadions lag in seiner Enge und seinem reinen Fußballstadion-Charakter. Das Westfalenstadion wird gemeinhin als „typisch englisch" charakterisiert. Ganz „englisch" ist es allerdings nicht: Im Gegensatz zu den englischen Stadien liegt zwischen dem untersten Zuschauerrang und dem Spielfeld noch ein Gang.

Die Konstruktion des Stadions blieb nicht ohne Einfluß auf die Spielweise des BVB. Michael Rummenigge, der in Dortmund das Kämpfen erlernte: „Durch die gelungene Stadionkonstruktion sehen die Leute dich und deine

Das Westfalenstadion in seiner ursprünglichen Form, d.h. vor der Versitzplatzung der Nordtribüne.

Arbeit viel besser als beispielsweise im Münchener Olympiastadion. In Dortmund kannst du es dir gar nicht erlauben, auf lau zu machen."

Als der DFB mit der Ausrichtung der WM 1974 betraut wurde, schlug endlich die Stunde für den Bau eines neuen Stadions. Bereits 1961 hatte sich der Sportausschuß der Stadt Dortmund mit dem Ausbau der „Roten Erde" befaßt. Aufgrund der einsetzenden Krise von Kohle und Stahl wurden jedoch alle diesbezüglichen Pläne verworfen. Erst die WM 1974 ermöglichte eine ausreichende Förderung durch Bund und Land. Im April 1965 sprachen sich die Gremien der Stadt erstmals für eine neue Arena anstelle einer „Rote-Erde"-Erweiterung aus. Im Oktober 1967 erfolgte Dortmunds WM-Bewerbung.

Am 19. Oktober 1970 war es dann endlich soweit: Der Rat der Stadt Dortmund beschloß den Bau eines neuen Stadions. Als Bauplatz diente das unmittelbar hinter der Haupttribüne der „Roten Erde" gelegene Gelände. Der erste Spatenstich erfolgte am 18. Oktober 1971. Zunächst war eine konventionelle Betonschüssel mit Laufbahn geplant, die aber ca. 60 Mio. DM verschlungen hätte. Die Entscheidung zugunsten der Palettenbauweise und einer reinen Fußballarena reduzierte die Kosten um nahezu die Hälfte. Der Vorschlag stammte vom damaligen Sportdezernenten Erich Rüttel. Als Vorbild diente die kanadische Olympiastadt Montreal. Für den Bau des Stadions mußten 50.000 Kubikmeter Boden ausgehoben werden. Dabei stieß man auf 34 Bomben aus dem 2. Weltkrieg. 14.000 Kubikmeter Beton und 1.000 Tonnen Betonstahl wurden verbaut. Für die Dächer der vier überdachten Tribünen fielen 750 Tonnen Stahl an. Dortmund erwies seinem Ruf als Stahlstadt alle Ehre.

Die Entscheidung für den Bau einer reinen Fußballarena sollte sich als goldrichtig erweisen. Die anderen WM-Städte erhielten großzügige Betonschüsseln, gemäß dem damaligen architektonischen Trend, der sich auch in der Errichtung von hochgeschossigen Vorstadtsiedlungen äußerte. Atmosphäre kommt in diesen Arenen nur auf, wenn sie bis zum Rand gefüllt sind.

Mit dem Bau des Westfalenstadions machte die Stadt ein glänzendes Geschäft. Das Projekt kostete am Ende 32,7 Mio. DM, worin allerdings auch 1,6 Mio. DM für den Ausbau der „Roten Erde" zu einem Leichtathletikstadion eingeschlossen waren. Vier Fünftel der Kosten kamen von Land, Bund, Glücksspirale, Mehrwertsteuer-Rückerstattung und Spenden. Die Stadt Dortmund mußte nur 6 Mio. DM aufbringen. Die Nachfinanzierung betrug lediglich 800.000 DM. Auch die Folgekosten, vor denen die Gegner des Stadionbaus gewarnt hatten, wurden kein Problem. Mit der vom BVB gezahlten Stadionmiete ließen sich fast sämtliche Unterhaltungskosten bestreiten. Da die Stadionwerbung zu 100 % ebenfalls ins Stadtsäckel wanderte, erwies sich das Westfalenstadion schon bald nicht nur für den BVB, sondern auch für die Stadt als Goldgrube.

Das Westfalenstadion hatte zunächst ein Fassungsvermögen von 54.000, was 6.000 Plätze weniger waren, als der DFB von seinen WM-Kandidaten gefordert hatte. Alle 16.500 Sitzplätze waren überdacht, 80 % der 37.500 Stehplätze ebenfalls. Kein Zuschauer befand sich weiter als 44 Meter vom Spielfeld entfernt. Der höchste Rang lag damals 17 Meter über dem Spielfeld. Die Außenmaße der Arena betrugen 150 x 200 Meter, das Spielfeld 106 x 68 Meter. Sämtliche Sitzplätze befanden sich auf den Tribünen seitlich des Spielfelds, der West- und der Osttribüne. Die Tribünen hinter den Toren – Süd- und Nordtribüne – bestanden indessen komplett aus Stehplätzen. Die Südtribüne wurde zum Mekka des BVB-Supports, während man sich die Nordtribüne mit den Fans der Gegner teilte. Auch die unteren Reihen der West- und Osttribüne (Vortribüne) waren zunächst Stehränge. Die Ecken blieben offen, um eine konsequente Umsetzung der Fertigbauweise zu ermöglichen.

Am 30. März 1973 wurde in der neuen Arena Richtfest gefeiert, ein gutes Jahr später erstmals gespielt: Am 2. April 1974 empfing der BVB den alten Revierrivalen Schalke 04 zu einem Freundschaftsspiel, das zugleich eine Benefizveranstaltung für die finanziell arg gebeutelten Schwarz-Gelben war. „Dortmund muß wieder Fußball-Hochburg werden“, verkündete Oberbürgermeister Günter Samtlebe, als er vor ca. 50.000 Zuschauern das Stadion seiner Bestimmung übergab. In der *Westdeutschen Allgemeinen Zeitung* stand anschließend unter der Überschrift „Ein Tag der Freude“ zu lesen: „Schon früh wurden auf den Tribünen die schwarz-gelben Fahnen geschwenkt, erklangen die Sprechchöre wie in großen Zeiten. Sie sollten an diesem Abend nicht verstummen. Nicht das Spiel war es, das die Fußballfreunde fesselte: Das Stadion zog jeden in seinen Bann.“

Das erste Länderspiel fand am 17. April des gleichen Jahres gegen Ungarn statt und endete mit einem 5:0-Sieg für die DFB-Auswahl. Vom BVB, zu diesem Zeitpunkt lediglich Regionalligist, war niemand dabei, dafür aber mit Nigbur und den Kremers-Zwillingen drei Schalker. Die Akteure zollten der neuen Arena allergrößte Bewunderung. Für Bundestrainer Helmut Schön wurde es „nur durch das Azteken-Stadion in Mexiko“ übertroffen, und der Kölner Mittelfeldregisseur Wolfgang Overath befand: „Diese Anlage hat nur einen Nachteil – sie befindet sich nicht in Köln.“ Franz Beckenbauer schwärmte später sogar von einer „Mailänder Scala unter Deutschlands Stadien“.

Zum WM-Stadion wurde die Arena allerdings erst durch den Rückzug des Konkurrenten Köln. Beim WM-Turnier fanden im Westfalenstadion, der einzigen von neun WM-Arenen ohne Laufbahn, vier Spiele statt, von denen drei mit 53.970 Zuschauern ausverkauft waren. Drei der vier Begegnungen fanden unter Beteiligung der Niederlande statt, für deren Fans Dortmund gut erreichbar war.

Im Frühjahr 1992 erfolgte – bedingt durch Vorschriften der UEFA – die Versitzplatzung der Nordtribüne und der unteren Ränge der West- und Osttribüne, worunter vor allem die Auswärtsfans zu leiden hatten. An die Stelle der Stehränge traten nun etwa 9.000 Sitzplätze. Die Kapazität des Westfalenstadions sank dadurch von 54.000 auf 43.175, während die Einnahmen des BVB gleichzeitig stiegen. Mit 26.000 (davon 23.000 überdacht) befanden sich die Sitzplätze erstmals in der Mehrheit. Das Fassungsvermögen des Westfalenstadions konnte nun der stetig steigenden Nachfrage nach Tickets nicht mehr Rechnung tragen. Die BVB-Führung war darauf bedacht, die Fehler aus den 60ern, als man sich dem Problem des zu kleinen Stadions nicht konsequent genug gewidmet hatte, nicht zu wiederholen. Auch in dieser Hinsicht verfolgte den Vorstand das „Trauma von '66".

Im Mai 1995 war das Westfalenstadion durch einen Erbpachtvertrag mit der Stadt Dortmund zunächst für 30 Jahre an eine Investorengruppe übergeben worden, zu der neben dem BVB noch die beiden in Dortmund ansässigen Unternehmen Continentale und Harpen AG gehören. Die Investorengruppe betrieb nun den ersten privat finanzierten Stadionausbau in der Bundesligageschichte. Auf den beiden Geraden wurden Oberränge mit jeweils 6.000 Sitzplätzen geschaffen. Die Atmosphäre auf den Oberrängen kann mit der im unteren Teil der Geraden, geschweige denn der Südtribüne nicht konkurrieren. Durch das tief nach vorne gezogene Dach erhält man das Gefühl, nicht in

Die „zaunlose" Osttribüne.

einem Fußballstadion, sondern einem Hörsaal oder Kino zu sitzen. Trotz dieser Stimmungsprobleme auf den Oberrängen ist dem Fußballautor Ulrich Hesse-Lichtenberger zuzustimmen, der über die aufgestockte Arena schrieb: „Das Westfalenstadion ist wunderbar! Es ist wunderbar, weil es nur auf den Fußball und sich selbst verweist. Da ist keine Landschaft, die man bestaunen müßte (außer vielleicht der 'Roten Erde', die man von der Südtribüne aus sehen kann); da ist weder die fast peinliche Nähe zu den Spielern, wie man sie in Bochum findet, noch die frostige Distanz, die in München herrscht."

Die Kapazität des Westfalenstadions stieg mit den Oberrängen auf 55.000, was in etwa dem ursprünglichen Fassungsvermögen entsprach. Nur mit dem „kleinen" Unterschied, daß nun die Sitzplätze mit 38.500 eindeutig überwogen. Der Umbau verschlang 60 Mio. DM, an denen der BVB mit 9 Mio. beteiligt war. Die Mehreinnahmen aus dem erweiterten Stadion bezifferte Schatzmeister Freundlieb für die Saison 1996/97 mit 3,5 Mio. DM.

Mit der Rückkehr zur ursprünglichen Kapazität war der Hunger der BVB-Funktionäre jedoch noch immer nicht gestillt. Tatsächlich ließen sich für Spiele gegen Bayern und Schalke wie europäische Topbegegnungen mühelos noch weit mehr als 55.000 Karten verkaufen. Ein weiterer Ausbau bot außerdem die Chance für eine größere Pubklikumsfluktuation. Nach dem Ende der Saison 1997/98 wurde der Ausbau der Nord- und Südtribüne im Angriff genommen, wodurch die Kapazität weiter auf 69.500 gesteigert wurde. Der BVB verfügte nun über das nach München und Berlin drittgrößte Stadion der Liga und über die mit Abstand größte reine Fußballarena. Die Südtribüne wurde mit einem Fassungsvermögen von 25.000 zur größten freistehenden Stehtribüne in Europa und kann nun genauso viel Zuschauer beherbergen wie die gesamte „Bayarena" von Bayer Leverkusen.

Die Südtribüne ist heute mehr denn je das Epizentrum des Westfalenstadions. Ihre Fläche beträgt nun 4.200 Quadratmeter. Für jeden stehenden Fan ist die Fläche einer aufgeschlagenen Zeitung vorgesehen. Zum ersten Mal seit vielen Jahren bestand eine Baumaßnahme in einem Bundesligastadion nicht in der Umwandlung von Stehplatz- in Sitzplatzbereiche, sondern im Ausbau der Stehplatzkapazität. BVB-Präsident Niebaum: „Wir wollen ein Zeichen gegen die Verringerung der Stehplätze in den Stadien setzen." Die Versitzplatzung der Arenen hatte zwar zur Mobilisierung eines neuen Publikums beigetragen, das dem im Tennis ähnelte, aber zugleich die Stimmung gedrückt. Für die Rückkehr zum Stehplatz gab es sportliche wie kommerzielle Gründe. Das zuweilen nörgelige und verwöhnte „Tennispublikum" war kaum dazu in der Lage, die Mannschaft in Richtung gegnerisches Tor zu peitschen – schon gar nicht bei einem Rückstand. Und zur Unterhaltungserwartung des gut betuchten Armsesselfans im „Vergnügungspark" Westfalenstadion gehörte auch

Die neue Nordtribüne im Westfalenstadion.

die Stimmung auf der Südtribüne. Der Fan-Forscher Gunther A. Pilz: „Die Clubs werden sich eine gewisse Zahl 'echter' Fans halten, aber damit verfolgen sie nur Geschäftsinteressen: Denn es gibt viele Zuschauer, die ins Stadion gehen, weil sie es geil finden, wenn neben ihnen bengalische Feuer brennen und ab und an die Randale abgeht."

Für internationale Begegnungen kann die neue Südtribüne innerhalb von wenigen Stunden mit Sitzplätzen nachgerüstet werden und hat dann eine Kapazität von 10.500 Plätzen. Die Nordtribüne wurde um einen Oberrang mit 7.800 Sitzplätzen erweitert. Der Unterrang blieb unverändert für 3.600 Sitzplätze und 1.400 Stehplätze gegnerischer Fans reserviert. Die Nordtribüne ist nun 106 Meter lang und 38 Meter breit. Ihre Fläche entspricht mit 4.000 Quadratmetern in etwa der der Südtribüne. Der neuerliche Ausbau kostete ca. 45 Mio. DM. 1.500 Tonnen Stahl und 2.800 Kubikmeter Beton wurden bei der jüngsten Erweiterung verbaut. Bei der Montage eines gigantischen Stahlträgers kam ein Arbeiter ums Leben.

In zwei Ecken des Westfalenstadions wurden moderne Video-Matrix-Tafeln mit einer Fläche von 50 Quadratmetern installiert. Innerhalb der Tribünen befinden sich 350 Fernsehgeräte, auf denen das „Fan-TV" läuft. Außerdem erhielt die Arena einen neuen Rasen sowie eine Rasenheizung, für die 30 Kilometer Heizschlangen verlegt wurden. Die alten Flutlichtmasten wurden demontiert. Das Spielfeld wird nun von über 200 Scheinwerfern ausgeleuchtet, die unter den Tribünendächern montiert sind.

Unterhalb des neuen Oberrangs und in dessen Innenraum werden noch ein Gastronomiebereich und ein Theater untergebracht. Das Kernstück der „Gastronomieebene Nord" wird eine Nachbildung des Borsigplatzes sein. Die Eröffnung ist für Februar 1999 geplant. Auf der Ebene 4 wird ein Theatersaal für 400 Zuschauer gebaut. Hier werden in Zukunft Bruno Knust, von dem das Lied „Borussia“ stammt, und Fritz Eckenga vom „Rocktheater Nachtschicht“ das Thema BVB in künstlerischer Weise interpretieren. Das Theater soll an 100 bis 120 Tagen im Jahr bespielt werden. Hier kann auch eine BVB-eigene Fernsehsendung produziert werden.

Ein ausverkauftes Haus in der Bundesliga bringt nun eine Brutto-Einnahme von über 1,6 Mio. DM in die BVB-Kasse. Pro Saison rechnet die Vereinsspitze mit bis zu 5 Mio. DM mehr in der Vereinskasse. Bei den Dauerkarten will der BVB mittelfristig die Schallmauer von 50.000 durchbrechen. Geschäftsführer Dr. Christian Hockenjoos: „Das wären in Dortmund dann fast Verhältnisse wie bei Real Madrid.“

Insgesamt investierte die Stadion GmbH mit den Partnern BVB, Continentale und Harpen bislang 105 Mio. DM in das Stadion. Die Betreibergesellschaft verfügt über die Einnahmen aus Bandenwerbung, Stadionmiete, Catering, dem Verkauf von Stammtischplätzen oder Sonderveranstaltungen wie Boxkämpfe oder Länderspiele. Laut BVB-Manager Michael Meier reichen diese Einnahmen weitgehend aus, um Zins und Tilgung zu sichern und den Investoren eine Rendite zu bringen. Für den Neubau von neuen Arenen an anderen Bundesligastandorten wurde und wird z.T. das Drei- bis Fünffache veranschlagt wie für den Dortmunder Stadionausbau. So besehen erhielt der BVB seinen „Erlebnispark“ vergleichsweise preiswert und dazu noch ein gutes Stück früher als die Konkurrenten. Außerdem war weder der Gang an die Börse noch der Verkauf des Vereins an einen Medienkonzern vonnöten. Im Gegensatz zu den geplanten Projekten in Gelsenkirchen und anderswo ist das Westfalenstadion keine gesichtslose, multifunktionale Arena von der Stange, die sich nur durch das Vereinsemblem von anderen unterscheidet. Das Westfalenstadion blieb eine Fußballarena. Manager Meier: „Der Fußball findet traditionell im Fußballstadion statt und nicht in multifunktionalen, überdimensionalen Arenen. Der Fan muß sich identifizieren können mit seinem Verein und seinem Stadion.“

Auch in ökonomischer Hinsicht war die Konzentration auf den Fußball sinnvoll. Meier: „Soviele Tenöre kann es gar nicht geben, um die vielen, in Nordrhein-Westfalen aus dem Boden schießenden multifunktionalen Arenen zu füllen. Geschweige denn, daß sich solche Arenen wirtschaftlich tragen. (...) Ich halte es für ziemlich unrealistisch, jedes Geschäftsjahr mit einem Überschuß von rund 20 Millionen Mark abzuschließen. Dieses Geld brauchst du nämlich, um ein Projekt dieser Größenordnung zu refinanzieren. Aber es finden nicht in jedem Jahr irgendwelche Welt- und Europameisterschaften statt, geschweige denn, daß Axel Schulz wöchentlich in einer Arena boxt.“ ■

Für die folgende Saison 1975/76 konnte es für den Vorstand nur ein Ziel geben: die Rückkehr in die Erstklassigkeit. Die Mannschaft wurde mit Peter Geyer (Tennis Borussia Berlin) und Gerd Kasperski (Hannover 96) um zwei bundesligaerfahrene Profis verstärkt. Aus der westfälischen Umgebung wurden u.a. Wolfgang Vöge (Ahlener SV) und Jan Hubiak (SV Bockum-Hövel) geholt. Die Experten erklärten den BVB zum großen Favoriten, doch aus dem prognostizierten Durchmarsch wurde nichts. Die Mannschaft drohte zeitweise unter dem Erfolgsdruck zusammenzubrechen. Vollends überzeugen konnte sie nur selten. Am Ende reichte es „nur" zum 2. Platz, zwei Punkte hinter Meister Tennis Borussia Berlin, den der BVB in beiden Begegnungen klar mit 4:0 und 3:1 bezwungen hatte. In den letzten Spielen hatte der BVB selbst um diesen Platz noch bangen müssen, zumal nach der hohen 1:4-Niederlage beim Mitkonkurrenten Preußen Münster. Der BVB konnte von Glück reden, daß Preußens Trainer Rudi Faßnacht den Akku seiner Mannschaft vorzeitig restlos aufbrauchte. Faßnacht hatte seine Spieler, die nach ihrem Sieg über den großen Favoriten BVB psychologisch klar im Vorteil waren, regelrecht kaputttrainiert, so daß ihnen beim Schlußspurt die notwendige Kraft fehlte. Der 2. Platz ließ dem BVB die Chance zweier Entscheidungsspiele gegen den Vizemeister der Südgruppe.

Otto Knefler war zwischenzeitlich durch Horst Buhtz abgelöst worden, weil Günther die Investitionen der Vereinsführung durch die schwachen Darbietungen gefährdet sah. Der Vorstand zeigte Nerven.

Helmut Nerlinger war eine wichtige Stütze der Aufstiegsmannschaft des BVB. 22 Jahre später sollte sein Sohn Christian im Borussen-Trikot auflaufen.

Knefler und Günther waren bereits am 2. Spieltag erstmals aneinander gerasselt, als der BVB auf der Bielefelder „Alm" nur ein 1:1 erkämpfen konnte. Für den Boss, der von den Unwägbarkeiten des Fußballgeschäfts wenig verstand und den Erfolg erzwingen wollte, war dies bei einer „derart verstärkten Mannschaft" zu wenig. Später hatte der Trainer dem ständig intervenierenden Präsidenten vor versammelter Mannschaft mitgeteilt: „Auf deinem Pütt kannst du bestimmen, hier aber nicht!"

Keeper Horst Bertram bezeichnete die Knefler-Entlassung später als „sehr dubiose Angelegenheit. Innerhalb der Mannschaft gab es eine Opposition gegen den Trainer, die vorwiegend aus denjenigen bestand, die er mal kritisiert hatte." Ihre Bedeutung zogen die Oppositionellen, deren Wortführer Varga, Nerlinger und Geyer waren, aber vor allem daraus, daß sie von der Vereinsführung, namentlich von Heinz Günther, ermuntert wurden. Bertram weiter: „Eine Mannschaftssitzung wurde anberaumt, von der ich nicht in Kenntnis gesetzt wurde. Eine halbe Stunde vor der Besprechung wurden ich und einige andere Spieler, von denen man dachte, daß sie nicht 'auf der Linie' seien, angerufen. Wir sollten hinzukommen. Das Ganze spielte sich bei der Stadtsparkasse Dortmund ab, wo wir einen Raum zur Verfügung gestellt bekommen hatten. Als wir ankamen, wurden wir vor vollendete Tatsachen gestellt. (...) Abgesehen davon, daß dieses Verhalten der Person Knefler gegenüber unfair war, liefen wir durch diese Nacht- und Nebelaktion Gefahr, den greifbar nahen Aufstieg zu verpassen. Diese Unruhe und Unsicherheit, so befürchtete ich, hätte uns sportlich wieder nach unten ziehen können."

Die Entscheidungsspiele gegen den Südzweiten 1. FC Nürnberg, der zu dieser Zeit vom Ex-Borussen Hans Tilkowski trainiert wurde, erlebte allerdings auch Buhtz nicht mehr mit. Denn Buhtz war sich mit den Nürnbergern bereits für die nächste Saison einig geworden, nachdem der BVB-Vorstand mit einer Vertragsverlängerung zu lange gezögert hatte. Der mißtrauische Günther befürchtete, Buhtz könnte die Elf seines zukünftigen Arbeitgebers schonen. In einer weiteren Nacht- und Nebelaktion wurde Buhtz gefeuert und der dritte Trainer in dieser Saison verpflichtet. Der Mann hieß Otto Rehhagel, war erst 37 Jahre alt, ein Kind der Bundesliga und sehr ambitioniert.

Angesichts der angeknacksten Moral der BVB-Truppe, ihrer geringen spielerischen Mittel sowie der vereinsinternen Querelen galt der 1. FC Nürnberg als Favorit für die Aufstiegsspiele. Doch Rehhagels intensive Seelenmassage sollte Wirkung zeigen. Vor 53.000 Zuschauern im Nürnberger Stadion siegte eine defensiv eingestellte Borussia durch ein Tor von „Ede" Wolf in der 85. Minute überraschend mit 1:0. Das Rückspiel im mit 54.000 Zuschauern ausverkauften Westfalenstadion geriet zu einem offenen Schlagabtausch, den Lothar Huber erst in der vorletzten Minute für die Borussen entscheiden konnte. Der BVB siegte mit 3:2 und war nach einer schweren und kostspieligen Zeit wieder erstklassig. Der BVB bestritt das Rückspiel mit folgender Aufstellung:

▶ Bertram – Huber, Nerlinger, Schwarze, Ackermann – Votava, Wolf, Hartl, Kasperski (65. Segler) – Schildt, Geyer (35. Varga).

Horst Bertram war der einzige Spieler im BVB-Kader, der sowohl den Abstieg wie den Wiederaufstieg miterlebte. Insgesamt 509.000 Zuschauer besuchten die 19 Heimspiele des BVB, was einem Schnitt von über 26.000 entsprach. Der Deutsche Fußballmeister Borussia Mönchengladbach registrierte über 3.000 weniger.

Jungtrainer Otto Rehhagel bejubelt seinen ersten Erfolg: Aufstieg mit dem BVB.

1976/77 Schnäppchen mit „Ente"

Obwohl gerade erst wieder aufgestiegen, zählte der BVB bereits vor dem Anpfiff zur Saison 1976/77 zu den reichsten Klubs der 1. Bundesliga. Die *Westfälische Rundschau* schrieb nach den Spielen gegen Nürnberg: „Borussia gilt als der Krösus im Profifußball, fast auf einer Stufe mit dem FC Bayern und dem Hamburger SV Krohnscher Prägung."

So hatte der BVB auch keine Mühe, sich adäquat zu verstärken. Von den Offenbacher Kickers holte der Bundesliganeuling den Torjäger Erwin Kostedde, dem als ersten Nicht-Weißen gestattet wurde, das Trikot der deutschen Nationalmannschaft zu tragen. Von Rot-Weiß Essen kam das Original Willi „Ente" Lippens, dessen Spitzname auf seinen Watschelgang zurückzuführen war. Als er 1965 bei Schwarz-Weiß Essen zum Probetraining erschien, schickte ihn Trainer Hans Wendlandt mit der Bemerkung „Der kann ja nicht mal richtig gehen" gleich wieder nach Hause. Für den weniger vornehmen Lokalrivalen Rot-Weiß schoß „Ente" anschließend in 172 Bundesligabegegnungen 79 Tore. Vom Spieler-Mainstream der heutigen Tage hält Lippens nicht viel: „All die Braven taugen nichts." Und: „Die Persönlichkeit, die man vom Naturell her hat, die wird heute viel zu früh in eine Schablone gepreßt.

Für Borussia am Ball: „Ente“ Lippens (rechts).

Man stellt das taktische Spiel so in den Vordergrund, daß es sehr schwer ist, diese Ureigenschaften, die man in sich fühlt, nach außen hin auch zeigen zu können und dem Publikum eine Extravaganz zu bieten.“

Kostedde wurde für 600.000 DM von Kickers Offenbach geholt, während Lippens mit 30.000 DM, Ergebnis harter Verhandlungen des Spielers mit seinem alten Verein, ein klassisches Schnäppchen war. Allerdings ließ sich Lippens sein Verhandlungsgeschick vom neuen Arbeitgeber gut bezahlen. Mit 30 (Kostedde) bzw. 31 (Lippens) Jahren zählten die Neuen nicht mehr zu den Jüngsten der Branche, aber auch noch nicht zum alten Eisen. Zum ersten Mal ließ Rehhagel sein Faible für ältere Jahrgänge erkennen, und der Erfolg sollte ihn bestätigen. Lippens: „Rehhagel ging es vor allem darum, den Erfolg zu planen, aufzubauen. Vermutlich entwickelte sich zu seiner Dortmunder Zeit seine Vorliebe für ältere Spieler. Wenn ein Spieler um die dreißig ist, kann es sein, daß er völlig ausgebrannt ist. Es kann aber auch sein, daß er noch motiviert ist, Ziele hat, etwas erreichen will. Wenn dem so ist, bietet ein älterer Spieler nicht unerhebliche Vorteile, denn dieser jemand hat in der Regel sämtliche Tricks drauf und weiß, was zu tun und zu lassen ist.“

Kostedde kam in seinen zwei Jahren beim BVB auf 48 Bundesligaeinsätze, in denen er 18 Tore schoß. Lippens, der erheblich zum Unterhaltungswert des BVB-Spiels beitrug, absolvierte in drei Jahren 70 Bundesligaspiele und erzielte dabei 13 Tore. Für den BVB sollte sich die Verpflichtung dieser beiden

Schlitzohrig: Manni Burgsmüller.

erfahrenen Akteure lohnen. Noch während der Saison 1976/77 wurde aus Uerdingen Manfred „Manni“ Burgsmüller geholt, der den Verein 700.000 DM kostete.

Zum Auftakt sorgte der BVB für eine Sensation: Beim Vizemeister Hamburger SV gewann der Aufsteiger mit 4:3. Das vierte Tor resultierte aus einem herrlichen Alleingang von Kostedde. Während zur Heimpremiere gegen den 1. FC Saarbrücken (2:1) trotzdem nur 24.000 Zuschauer kamen, war das Westfalenstadion beim folgenden Heimspiel gegen Borussia Mönchengladbach (0:0) erstmals in seiner Bundesligageschichte mit 54.000 Zuschauern ausverkauft. Gegen Schalke 04, das in dieser Saison Vizemeister wurde, spielte man vor 54.000 Zuschauern im Westfalenstadion 2:2. Das Rückspiel ging vor 71.000 im Parkstadion 2:4 verloren. Gegen Bayern München gab es in Dortmund ein 3:3, in München gar einen 2:1-Sieg. Allerdings befanden sich die Bayern in diesen Jahren im Umbruch. Am Ende erreichte der Neuling mit einem ausgeglichenen Punktekonto einen ausgezeichneten 8. Platz.

Mit 43.187 Zuschauern verzeichnete der BVB überdies den höchsten Zuschauerschnitt der Bundesliga. Die Spiele der Borussia besuchten im Schnitt fast 20.000 mehr als die des erneuten Meisterschaftsgewinners Mönchengladbach. Vizemeister Schalke 04 kam „nur“ auf 37.310. Die Borussia schwamm im Geld. Wilfried Wittke behauptete in der *Westfälischen Rundschau:* „Die Dortmunder sind finanziell so gut bestückt, daß sie auf dem Transfermarkt mittlerweile fast ohne Konkurrenz dastehen.“

1977/78 Otto Torhagel

Die Erwartungen für die Saison 1977/78 waren deshalb entsprechend hoch, aber schon die Neuverpflichtungen fielen eher bescheiden aus. Für Werner Schneider, der vom MSV Duisburg kam, mußten zwar 800.000 DM hingeblättert werden, aber ein Stareinkauf war der Spieler nicht. Vielmehr hielten ihn viele von vorneherein für überteuert. Außerdem war die Position Schneiders mit dem rechten Außenverteidiger Lothar Huber bereits gut besetzt. Doch Rehhagel wollte mit Schneider sein Mittelfeld verstärken. „Aus dem Schneider mache ich einen zweiten John Neeskens für das Mittelfeld“, tönte der Trainer. Aus derartig hochtrabenden Plänen wurde dann allerdings nichts.

Überraschend kehrte Sigi Held an seine alte Wirkungsstätte zurück. Der 35jährige Held war ein weiterer Pfeiler in Rehhagels Konzept, vornehmlich mit fertigen Spielern zu arbeiten, was in Dortmund nicht nur Freunde fand.

Am Ende reichte es nur zum 11. Platz, jenseits von gut und böse. Der Aufwärtstrend der Borussen war damit zunächst gestoppt. Zu den wenigen Lichtblicken zählte ein Freundschaftsspiel gegen den amtierenden Europameister CSSR, das der BVB im Februrar 1978 durch Tore von Lippens (2), Burgsmüller (2), Vöge und Huber mit 6:2 gewann. Die Zuschauer feierten ihre Mannschaft mit dem Sprechchor „Dortmund für Deutschland".

Die Meisterschaft beendete der BVB mit einem Eklat. Beim letzten Spiel in Düsseldorf gegen Mönchengladbach verloren die Borussen mit 0:12, bis heute die höchste Niederlage, die ein Verein der 1. Bundesliga kassierte. Um noch Meister zu werden, mußten die Gladbacher an diesem Tag möglichst hoch gewinnen, was ihnen letztlich aber nichts nützte, weil Konkurrent 1. FC Köln zeitgleich beim FC St. Pauli mit 5:0 siegte. Dennoch machte das böse Wort „Schiebung" die Runde. Stoff dafür bot vor allem die Entscheidung Rehhagels, den wiedergenesenen Stammtorwart Bertram auf die Bank zu setzen, um dem Reservisten Peter Endrulat den Vorzug zu geben. Am Morgen des Spiels war Endrulat die Kündigung ins Haus geflattert, nachdem es zuvor geheißen hatte, daß sich der Nachwuchsmann in Düsseldorf noch einmal für eine Vertragsverlängerung empfehlen dürfe. An Endrulat lag es an diesem Tag nicht, trotzdem bedeutete das Ergebnis das vorzeitige Ende seiner Bundesligakarriere.

Die Fans tauften den BVB 09 hämisch „BVB 0-12" und seinen Trainer „Otto Torhagel". Rehhagel wurde tags darauf gefeuert. Interimstrainer wurde Sigi Held. Manfred Burgsmüller wies später den Vorwurf der Schiebung

Das Debakel von Düssdeldorf. Peter Endrulat kassiert eines von zwölf Toren, Mirko Votava resigniert. Man beachte das BVB-Emblem auf dem Trikot, das in dieser Saison vom „Samson"-Löwen verunziert wurde.

vehement zurück: „Wir waren absolut nicht darum bemüht, Gladbach den Titel zu ermöglichen. Das ist eine böse Legende. Nach dieser Katastrophe fuhr ich mit Otto Rehhagel, der auch in Essen wohnte, zurück, und schon da sagte er mir, daß ich morgen einen neuen Trainer hätte. Er ahnte, was passieren würde. Es war selbstverständlich nicht Rehhagels Schuld. Otto Rehhagel war das Bauernopfer, damit der Verein sein Gesicht bewahren konnte."

Rehhagels Traum, bei den Borussen langfristig zu arbeiten, kam zu früh. Rehhagel mangelte es noch an der dafür notwendigen Abgeklärtheit, während die schwarz-gelbe Vorstandspolitik strategische Überlegungen vermissen ließ. Trotz des eher enttäuschenden sportlichen Abschneidens durfte der BVB im Schnitt 37.805 Zuschauer im Westfalenstadion begrüßen. Nur Neuling VfB Stuttgart mobilisierte noch mehr Zuschauer, der neue Meister 1. FC Köln hingegen über 3.000 weniger. Zwar war der Zuschauerzuspruch des BVB in den kommenden Jahren erheblichen Schwankungen ausgesetzt, doch bis heute sollte er nie wieder unter die 20.000-Marke rutschen.

Immerhin stellte der BVB in dieser Saison mit Manfred Burgsmüller endlich wieder einen A-Nationalspieler. Der letzte Borusse im Nationaltrikot war 1971 Sigi Held gewesen. Allerdings konnte Burgsmüller sich im DFB-Kader nicht etablieren; er kam lediglich auf drei Einsätze. Mit Helmut Schön wurde der als „Genie", „Rebell", „Exzentriker" und „Quertreiber" charakterisierte Torjäger niemals richtig warm. Als Helmut Schön Burgsmüller anwies, „auf dem Teppich zu bleiben", soll dieser in seiner berüchtigten Schlagfertigkeit entgegnet haben: „Ich dachte, wir spielen auf Rasen." Vor der WM 1978 gehörte Burgsmüller zu den fünf rühmlichen Ausnahmen unter den insgesamt 22 von amnesty international befragten Nationalspielern, die sich kritisch zum argentinischen Militärregime äußerten. Burgsmüller: „Man hätte die WM da gar nicht hingeben sollen. Was amnesty international macht, finde ich total richtig." Die DFB-Führung um Hermann Neuberger befand sich jedoch auf Pro-Junta-Kurs und scheute auch nicht davor zurück, das Nazi-Idol „Oberst" Rudel im argentinischen Mannschaftsquartier zu empfangen.

1978/79 Neubeginn mit Rauball

Nachfolger von Rehhagel wurde Karl-Heinz Rühl, der mit dem Karlsruher SC gewisse Erfolge verbucht hatte. Zum Saisonauftakt schlug der BVB Bayern München mit 1:0. Im Tor stand erstmals der erst 17jährige Eike Immel, der ein tolles Debüt lieferte. Die *Bild* reimte anschließend: „Immel flog in den Himmel." Bevor sich der junge Keeper als Nr. 1 etablieren konnte, sollte er jedoch noch einige Rückschläge erleiden. In seiner ersten Saison kam Immel auf zehn Einsätze. Erst in der folgenden Saison löste er Horst Bertram als Stammkeeper ab. Die Presse schwärmte nach dem Sieg über die Bayern vom „idealen Gespann Burgsmüller/Vöge".

Dr. Reinhard Rauball

Gegen Ende der Rückrunde mußte der BVB mit 0:5 beim Hamburger SV und 1:5 in Schalke herbe Nackenschläge einstecken. Nach einem mißlungenen Start in die Rückrunde – die Bayern revanchierten sich mit einem glatten 4:0-Sieg – betrieb die Mannschaft offen die Ablösung Rühls. Ihr Wortführer Manni Burgsmüller: „Der Mann war nichts für uns – eine Null! Fachlich gab es gar nichts zu lernen, und menschlich kam auch kein Draht zustande. Rühl wollte die Mannschaft u.a. radikal verjüngen, schmiß wichtige Spieler raus. Das geht beim einen oder anderen, aber man kann nicht ein eingespieltes Team komplett auseinanderreißen. Es ist nicht drin, nur mit 20jährigen zu bestehen, und es ist genausowenig drin, nur mit 30jährigen zu bestehen. Es ging drunter und drüber." Rühl erhielt allerdings erst seine Papiere, nachdem es an der Spitze des Klubs zu einem Wechsel gekommen war. Aufgrund der großen beruflichen Belastung von Heinz Günther war der Verein faktisch schon seit Monaten führungslos. Eine turbulente Versammlung in der Westfalenhalle III wählte im Januar 1979 den erst 32jährigen Rechtsanwalt Dr. Reinhard Rauball zum Nachfolger Günthers. Rauball war damit der jüngste Präsident der Liga. Vier BVB-Spieler waren älter als ihr „Arbeitgeber".

Auf dem Trainingsplatz übernahm für den Rest der Saison Uli Maslo das Zepter. Den Klassenerhalt erreichte der BVB erst am drittletzten Spieltag durch einen 2:0-Heimsieg über die Schalker, die ebenfalls im Abstiegskampf steckten. Der neue BVB-Präsident versprach den Schalkern einen Dortmunder Sieg am letzten Spieltag gegen Bielefeld. In der Endabrechnung reichte es für die Borussen noch zum 12. Platz. Auch Schalke 04 konnte als 15. seine Haut noch retten.

Für Sigi Held war die Saison 1978/79 seine endgültig letzte beim BVB. Der mittlerweile fast 37jährige wurde trotz teilweise blendender Vorstellungen ausgemustert. Bereits zwei Monate vor Saisonende hatte „Ente" Lippens den BVB verlassen, um die US-Liga zu bereichern. Die Hoffnung der „Alten", durch einen Trainerwechsel ihre Haut zu retten, hatte sich nicht erfüllt. Eine Verjüngung der Mannschaft war unumgänglich geworden.

Ein anderer, der eigentlich gehen wollte, blieb dann aber doch: „Manni" Burgsmüller kam in dieser Saison mit niemandem klar, auch nicht mit dem Publikum. Als ihn Maslo im letzten Spiel gegen den Absteiger Bielefeld (2:0) einwechseln wollte, wurde dies durch ein gellendes Pfeifkonzert verhindert. Burgsmüller anschließend: „Das war eine Demütigung. Das Ende eines Kesseltreibens gegen mich. In Dortmund spiele ich keinen Fußball mehr. Die sollen mir einen anderen Verein besorgen, dann gehe ich sofort. Obwohl ich noch zwei Jahre einen Vertrag habe. Hier bleibe ich nicht mehr." Burgsmüller hatte das Gefühl, daß Maslo, die Medien und die Fans ihn für sein „Querulantentum" büßen ließen. „Dem Maslo wurde wohl von irgendwelchen Leuten gesteckt, daß er mich auf die Bank setzen sollte, was er schließlich auch tat. Es ging darum, mich zu 'disziplinieren'. Diese Leute hatten nie begriffen, was ich eigentlich wollte. Da wurde eine Kampagne gegen mich losgetreten, die auch beim Publikum ankam. Ich war der Sündenbock, weil ich es gewagt hatte zu sagen, was los ist und wie es geändert werden müßte." Doch dank Rauball blieb Burgsmüller dem BVB auch für die folgende Saison erhalten und avancierte zu Borussias Rekordtorschützen in der Bundesliga.

Die Stagnation im unteren Mittelmaß schlug sich auch in einem Zuschauerrückgang nieder. Borussias Schnitt sank um fast 10.000 auf 27.403. Der BVB hatte es weder verstanden, mit seinem Geld eine schlagkräftige und zukunftsträchtige Mannschaft aufzubauen, noch Kontinuität zu entwickeln. Es existierte kein schlüssiges Konzept, das mit der Fußballbegeisterung in der Stadt korrespondierte. Von einer Verpflichtung Paul Breitners, bei Real Madrid unter Vertrag, wurde 1977/78 Abstand genommen, da aus Spielerkreisen Bedenken angemeldet wurden und der Weltmeister den Vorstandsherren als zu „unbequem" galt. In den Jahren nach 1966 hatten noch das zu kleine Stadion bzw. fehlende Einnahmen als Entschuldigung dafür herhalten können, daß der BVB sich nicht durch spektakuläre Spielereinkäufe in der nationalen und europäischen Spitze etablieren konnte. Aber seit dem Wiederaufstieg von 1976 war dies anders. Mit dem Westfalenstadion verfügte der BVB über ideale Bedingungen. Somit blieb als Erklärung nur noch eine falsche Vorstandspolitik übrig. Das Geld war zunächst reichlich vorhanden gewesen, aber aufgrund ausbleibender Erfolge, Trainerwechsel und Fehlinvestitionen drohte nun erneut Ebbe in der BVB-Kasse. Nur zwei Jahre, nachdem der BVB als Krösus bezeichnet wurde, befand sich der Klub mal wieder in einer Krise.

Der junge Reinhard Rauball erwies sich in dieser Situation als Glücksgriff. Rauball besaß zwar wie Günther das SPD-Parteibuch, gehörte aber zu einer anderen Generation, die sich vom traditionellen sozialdemokratischen Milieu emanzipiert hatte, und pflegte einen völlig anderen Führungsstil. Mit Rauball erhielt der BVB endlich einen Präsidenten, der zukunftsorientiert dachte und handelte. Pikanterweise kam der gebürtige Niedersachse vom ehemaligen Lokalrivalen, dem „bürgerlichen“ DSC 95, der nun TSC Eintracht hieß. Im Nachhinein betrachtet war Rauball ein Vorbote einer neuen lokalen Führungsschicht, die mit Bier, Stahl oder Kohle kaum noch etwas zu tun hatte. Rauball versuchte aber keineswegs, den BVB in einen Schickimicki-Verein zu verwandeln. Vielmehr zeichnete sich der Klub unter seiner Regentschaft auch durch soziales Engagement aus. Gegenüber der Kritik, die an Profiklubs üblicherweise geübt wird, erwies sich Rauball als überaus sensibel. Unter Rauball sollte später auch die Traditionspflege des Klubs reaktiviert werden. So holte der Präsident Spieler aus der Meistermannschaft 1956 und 1957 in den Ältestenrat.

Unter Heinz Günther war die Traditionspflege weitgehend zusammengebrochen. Der Sanierer kannte auch bei den „Alten“ kein Erbarmen. Hinzu kam, daß ihm, der mit Fußball zuvor nichts am Hut gehabt hatte, die Tradition des Klubs wohl ziemlich gleichgültig gewesen war. Jedenfalls mußten die „Alten“ selbst um einige popelige Eintrittskarten betteln und sich dabei auch noch als „Parasiten“ beschimpfen lassen.

1979/80 Mit Lattek nach oben

In einer Situation, in der einige seiner Vorgänger Bescheidenheit auf dem Transfermarkt gepredigt hätten – mit dem Ergebnis, finanziell und sportlich weiter abzusinken –, entschied sich Rauball fürs Investieren mit Konzept. Angesichts des enormen Zuschauerpotentials, über das der BVB verfügte, war dies genau die richtige Antwort. Mit Udo Lattek engagierte der BVB erstmals in seiner Bundesligageschichte einen ausgewiesenen Toptrainer, „der innerhalb von Stunden dafür sorgte, daß die Mannschaft unter Strom stand“ (Burgsmüller) und Flair ins Westfalenstadion brachte. Als Lattek für die Saison 1979/80 verpflichtet wurde, war er mit Bayern München und Borussia Mönchengladbach bereits fünfmal Deutscher Meister geworden. In Europa hatte er mit den Münchenern 1974 den Europapokal der Landesmeister und mit den Gladbachern 1979 den UEFA-Cup geholt. Lattek war zu diesem Zeitpunkt bereits der erfolgreichste Trainer der Bundesligageschichte.

Die Saisonvorbereitung des BVB bestand u.a. in einem Freundschaftsspiel gegen Rauballs TSC Eintracht, der in der Kreisliga A kickte. Der BVB gewann standesgemäß mit 9:0. „Manni“ Burgsmüller riß bei diesem Spiel dem Präsidenten bei einem Zweikampf ein Goldkettchen vom Hals.

In der Meisterschaft startete der BVB ungewohnt: Bei Eintracht Frankfurt gab es einen 1:0-Sieg. Am 22. September 1979 zierte der BVB gar nach langer, langer Zeit erstmals wieder die Tabellenspitze. Das letzte Mal hatte der BVB am 22. August 1970 die Bundesligatabelle angeführt. Beim VfB Stuttgart gewann der BVB am 8. Spieltag mit 2:1, was 13:3 Punkte und die Verteidigung der Tabellenführung bedeutete. Die Dortmunder überzeugten mit durchdachten Spielzügen und reifer Spielanlage. Latteks Handschrift war unverkennbar. Während einige bereits von der Meisterschaft träumten, begnügte sich Lattek mit der Zielsetzung „solange oben mitmischen wie es nur geht". Der Trainer warnte: „Der Einbruch kommt gewiß."

Lattek sollte recht behalten. Bis zum Ende der Hinrunde holte der BVB „nur" noch neun Punkte, und die ersten beiden Spiele der Rückrunde gingen verloren. Am 30. Spieltag bekam der BVB seine Grenzen aufgezeigt: Der spätere Meister Bayern München gewann im Westfalenstadion mit 1:6. Am Ende belegte der BVB immerhin den 6. Platz und schrammte nur um Haaresbreite an einer UEFA-Cup-Qualifikation vorbei. Der 6. Platz war Borussias beste Plazierung in der Bundesliga seit der Saison 1969/70.

Die Zuschauer strömten wieder in großen Massen durch die Tore des Westfalenstadions. Der Schnitt stieg um gut 6.000 auf 34.243 an. Auch im DFB-Pokal schnitt der BVB gut ab. Ein 3:1-Sieg über den VfB Stuttgart bedeutete den Einzug ins Halbfinale, wo man dann allerdings beim späteren Pokalsieger Fortuna Düsseldorf mit 1:3 unterlag.

1980/81 Verstärkung aus Schalke

Nach der ersten Lattek-Saison war die Euphorie in Dortmund riesengroß, vielleicht – wie schon so oft zuvor und auch noch danach – zu groß. Der Vorstand gab sich indes realistisch und visierte für die Saison 1980/81 die Stabilisierung der Mannschaft und Konsolidierung der erkämpften Position an. Spektakulärster Neueinkauf war Schalkes Flügelflitzer Rüdiger Abramczik, einer der letzten Spieler im Revier, die das Kicken noch auf der Wiese hinter einem Koloniehaus erlernt hatten. Nicht wenige fühlten sich an die Zeiten von „Stan" Libuda erinnert, der ja auch aus Schalke gekommen war und die Dortmunder zum Europapokalsieg geschossen hatte.

Erstmals verpflichtete der BVB mit Erdal Keser einen türkischen Spieler. Keser, der Nationalspieler seines Herkunftslandes wurde, war zehn Jahre alt, als seine Familie ins Ruhrgebiet emigrierte. Er blieb bis heute einer der wenigen Zöglinge der großen türkischen Immigranten-Community, die im Profifußball Fuß fassen konnten. In den Spielzeiten 1980/81 bis 1983/84 sowie 1986/87 absolvierte Keser 106 Bundesligaspiele für den BVB, in denen er 27

Tore erzielte. Nach dem ehemaligen Hamburger Keeper Arkoc Özcan, der allerdings kein Kind der Immigranten-Community ist, sondern als „fertiger" Profi geholt wurde, ist Keser somit bislang der türkische Profi in der Bundesliga mit den meisten Einsätzen. 1987 kehrte Keser dem Ruhrgebiet den Rücken, um wieder in Istanbul zu spielen. Bei der Top-Adresse Galatasaray avancierte Keser zu einem Leistungsträger.

Der erste Türke: Erdal Keser

Kesers Karriere begann zu einer Zeit in der der Sprechchor „Türke raus" ins Repertoire der Ränge aufgenommen wurde – zu vernehmen vorzugsweise bei Auswärtsspielen türkischer Profis. Im heimischen Westfalenstadion hingegen, so erinnert sich sein damaliger Mannschaftskamerad Michael Zorc, „ist der Keser von den Fans genauso behandelt worden wie wir". Einen Unterschied gab es allerdings doch, wie Zorc einräumt: „Höchstens, daß die Fans mal zuerst gegen ihn gebrüllt haben, wenn es bei uns schlecht lief."

Noch während der Saison stieß mit Rolf Rüßmann ein weiterer Schalker zum BVB. Rüßmann war ein Notverkauf, denn den Reviernachbarn plagten schwere finanzielle Probleme. Ihre beste Saisonleistung boten die Borussen, als sie den Hamburger SV, den ärgsten Herausforderer von Meister Bayern München, nach einer tollen zweiten Halbzeit mit 5:2 schlugen. Die Hamburger erholten sich hiervon nur langsam, so daß die Bayern ihren Titel erfolgreich verteidigen konnten. Am Ende verpaßten die Borussen die UEFA-Cup-Qualifikation erneut nur um Haaresbreite, als man im letzten Saisonspiel im eigenen Stadion gegen den direkten Konkurrenten Mönchengladbach in eine 0:3-Niederlage stürmte. Der BVB mußte sich mit dem 7. Platz begnügen.

Die Borussen wurden inzwischen von Rolf Bock trainiert, den der Vorstand glücklicherweise nur als Interimslösung betrachtete. Lattek hatte den Klub noch während der Saison in Richtung Barcelona verlassen. Nach dem tragischen Tod seines Sohnes, an dem der Erfolgstrainer schwer litt, zog es ihn ins Ausland, genauer nach Barcelona. Präsident Rauball später: „Ich hatte bis zum Schluß damit gerechnet, daß Lattek doch noch seinen Vertrag bei uns erfüllt. Vielleicht hätte es dann noch für den europäischen Wettbewerb gereicht."

Rauballs Konzept erhielt mit Latteks Abschied einen Rückschlag, der jedoch nur von kurzer Dauer war. Immerhin war der BVB nun wieder eindeutig die Nr. 1 in Westfalen, woran sich – lediglich unterbrochen durch die Spielzeiten 1984/85 und 1985/86 – bis 1998 nichts ändern sollte. Schalke 04 stieg in dieser Saison ab. Der Zuschauerschnitt im zweiten Jahr Lattek entsprach mit 33.120 ungefähr dem des Vorjahres. Dabei gab es im Dezember 1981 einen bis heute gültigen Bundesligaminusrekord für das Westfalenstadion. Fünf Tage vor Heiligabend konnten sich bei eisiger Kälte nur 11.000 Fußballfans zum Besuch der Partie gegen den 1. FC Nürnberg (3:1) durchringen.

Der junge Eike Immel feierte in dieser Saison sein Nationalmannschaftsdebüt, im Oktober 1980 gegen die Niederlande (1:1). Als Immel in der 2. Halbzeit für Toni Schumacher eingewechselt wurde, war er der jüngste deutsche Nationaltorhüter aller Zeiten.

1981/82 Premiere für „Susi“

Nachfolger von Udo Lattek wurde mit der Saison 1981/82 der Jugoslawe Branko Zebec, der 1968/69 Bayern München und 1978/79 den Hamburger SV zu Meisterehren verholfen hatte. Rauball hielt somit an seinem Konzept fest, Trainer mit Rang und Namen und eigener Handschrift nach Dortmund zu holen.

In dieser Saison begann die Profikarriere des Michael Zorc, ein lokales Eigengewächs, das noch einige Jahre zuvor den BVB von der Südtribüne aus angefeuert hatte. Im Juni 1981 war Zorc mit den DFB-Junioren zunächst Europameister und anschließend auch noch Weltmeister geworden. Der biedere Mitspieler Rolf Rüßmann soll es gewesen sein, der dem damals noch langhaarigen Teenie den Beinamen „Susi“ verpaßte. Für die Fans sollte der Publikumsliebling Zorc auch kurzhaarig „Susi“ bleiben. Mit Ralf Loose gab ein weiterer Spieler aus der erfolgreichen Elf der DFB-Junioren in dieser Saison sein Debüt. Aufgrund seines öffentlichen Auftretens wurde Loose bald „Kaiser“ genannt.

Am 1. Spieltag verlor der BVB beim späteren Vizemeister 1. FC Köln zwar mit 0:1, aber Präsident Rauball sprach anschließend vom „besten Auswärtsspiel seit zwei Jahren“. Die Borussen spielten forsch, aggressiv und kraftvoll, zugleich aber auch – und dies war neu – taktisch diszipliniert. Die Mannschaft bestand aus einer guten Mischung von Jung und Alt. Als der BVB das Rückspiel mit dem gleichen Ergebnis gewann, standen mit Immel, Votava, Zorc, Loose und Keser fünf Akteure aus dem eigenen Nachwuchs auf dem Platz. Das Durchschnittsalter der Mannschaft betrug 24,7 Jahre, und die *Westfälische Rundschau* konstatierte: „Borussias vorbildliche Jugendarbeit trägt allmählich Früchte.“ Die Routiniers hätten ihre unerfahrenen Nebenleute „gekonnt und mit großem Einfühlungsvermögen geführt. (...) Für Dortmund hängt der Fußball-Himmel wieder voller Geigen.“ Präsident Rauball kündigte an: „Wir können uns bald auf dem Transfermarkt in Zurückhaltung üben. Die jungen Burschen sind unsere Kapitalanlage.“

Unter Zebec wurde der BVB ein taktisch reifes Team, und am Ende der Saison 1981/82 konnte der BVB mit einem 6. Platz – einen Punkt vor Mönchengladbach – nach 16 Jahren Abstinenz endlich die Rückkehr auf die europäische Bühne feiern. Die Entscheidung fiel am 33. Spieltag, als der BVB im

Nachbarschaftsderby gegen den VfL Bochum mit 3:2 die Oberhand behielt.

Branco Zebec

Drei Jahre hatte Rauball sich und dem Verein für dieses Ziel Zeit gegeben. Der Zeitplan wurde exakt erfüllt. Trotz dieses Erfolgs mußte Zebec nach dem Saisonende gehen, da seine Alkoholprobleme eskaliert waren. Die Spieler hatten die ganze Zeit über zu ihrem Trainer gehalten, und einige von ihnen kritisierten die Vorstandsentscheidung. Manni Burgsmüller: „Mit Zebec hätte man weiterarbeiten müssen. Gut, der Mann hatte eine Schwachstelle, aber was soll's? Wir haben immer zu ihm gestanden. Die Journalisten kamen pausenlos an und fragten, ob wir denn nichts merken würden, von wegen Alkohol. Wir haben immer gesagt: 'Nö, was meinst Du?' Die Journalisten haben nachher auch uns für verrückt gehalten. Klar, alle wußten, was los ist, aber wieso hätte denn einer von uns einen so phantastischen Mann in die Pfanne hauen sollen."

Und Mitspieler Rolf Rüßmann: „Zebec war einfach ein glaubwürdiger Trainer. Im Training zeigte der Mann schiere Wunderdinge. Spätestens in einem Jahr mit Zebec als Trainer hätten wir Deutscher Meister werden können. Statt dessen kam der 13. Oktober. An dem Tag spielten wir gegen Cosmos New York. Branko Zebec war betrunken mit dem Auto gefahren, hatte einen Unfall und ließ den Wagen kurzerhand oben auf der Strobelallee stehen. Er kam zu mir in die Kabine und sagte, daß ich den Wagen wegfahren sollte. Danach kam der Bruch. Der Vorfall rief alle Moralapostel auf den Plan, und die forderten die Ablösung von Zebec. Das Ganze stand tags darauf groß in der Zeitung. Für Zebec begann es nun, richtig unangenehm zu werden. Es war eine ungeheure Leistung von ihm, daß er durchhielt und uns in den UEFA-Cup brachte. Nach dem letzten Spiel in Nürnberg waren wir überglücklich, fuhren mit Branko im Bus zurück, und da ging die Post ab."

Gewalt durch die „Borussen-Front"

Am 30. Juni 1982 wurde Peter „Erbse" Erdmann, 1974 Mitinitiator der „Interessengemeinschaft BVB-Fans", von Mitgliedern der rechtsradikalen „Borussen-Front" in seiner am Borsigplatz gelegenen Kneipe „Zum Küngelchen" zusammengeschlagen und schwer verletzt. Erdmann später: „Mit acht Mann kamen sie innerhalb von einer Minute in drei Gruppen ins Lokal rein, richtig generalstabsmäßig: Die Telefonschnur wurde aus der Wand gerissen, ich wurde zusammengeschlagen und später mit Magendurchbruch ins Krankenhaus geliefert; meine Mutter, die mir zu Hilfe kommen wollte, bekam Schläge ins Gesicht, mein Vater erhielt Tritte gegen das Schienbein, die nie mehr heilten. Der ist dann Ende März im Krankenhaus gestorben." Aufgrund angedrohter „Störaktionen" fand die Beisetzung unter Polizeischutz statt. Erdmann wurde noch mehrmals von der „Borussen-Front" angegriffen und gab seine Kneipe im Sommer 1983 schließlich auf. Über 60 Prozent schwerbehindert lebte er später arbeitslos von 400 DM Sozialhilfe. Vom BVB fühlte er sich im Stich gelassen. Aus dem Versprechen des Vereins, sich um eine neue Arbeitsstelle für einen seiner treuesten und engagiertesten Fans zu bemühen, wurde nichts. 1988 gründete Erdmann mit anderen eine Initiative mit dem Namen „United Faire Fans".

Das Hauptquartier der „Borussen-Front" hatte sich mit der Kneipe „Zum Grobschmied" ebenfalls in der Nähe des Borsigplatzes befunden. Der Wirt Leo Rydzinski fungierte gleichzeitig als Kassenwart und Pressesprecher der rechtsradikalen Gruppierung, deren Kopf und prominentestes Mitglied Sigfried „SS-Siggi" Borchardt war. Anfang September 1983 erschien im *Stern* unter dem Titel „Blut, Blut muß fließen..." ein aufsehenerregender Artikel über die „Borussenfront", die sich auf der Südtribüne eine Avantgardeposition erobert hatte. In diesen Jahren entdeckten neonazistische Organisationen das Fußballstadion als Rekrutierunsfeld. Der einst tiefrote Dortmunder Norden wurde eine Hochburg militanter Neonazis, die sich insbesondere in der Freiheitlich-demokratischen Arbeiterpartei (FAP) sammelten. Bei den NRW-Landtagswahlen 1985 kandidierte „SS-Siggi" als Spitzenkandidat dieser Partei.

Das (vorläufige) Ende der „Borussenfront", bis heute das Paradebeispiel für einen rechtsradikalen Fußball-Fanklub, kam mit der Verhaftung und Verurteilung einiger ihrer Aktivisten sowie der neu entflammten Begeisterung im Westfalenstadion. In den 90ern gehörte das Westfalenstadion zu den wenigen Spielstätten, in denen einem der Anblick der Reichskriegsflagge erspart blieb. „Sieg"-Stakkatos und Schmähungen farbiger Spieler wurden durch Pfiffe übertönt. Von einem völligen Verschwinden der rechtsradikalen Szene konnte indes nicht die Rede sein. In der Saison 1988/89 wurden in einigen Stadien größere Mengen „Borussenfront"-Aufkleber verteilt, und im Magazin *Fan-Treff* kündigte die „Front" im Sommer 1989 an: „Wir sind wieder dabei!" Als der BVB im Frühjahr 1993 zum UEFA-Cup-Halbfinale in Auxerre reiste, war auch „SS-Siggi" mit unterwegs, im Bus des BVB-Fanklubs „Zum Wohlsein". Als sich Mitglieder des Fanklubs „Goldener Oktober", die ebenfalls im

Bus saßen, über Musik von „Störkraft" und anderen rechtsradikaler Rockbands beschwerten, bezogen sie von Borchardt eine Tracht Prügel. Völlig verschwunden ist das Phänomen bis heute nicht. So waren während der Saison 1997/98 wiederholt „Sieg"-Stakkatos aus einigen Blöcken der Südtribüne zu vernehmen.

1982/83 Erneute Rückschläge

Im September 1982 trat Reinhard Rauball wegen geschäftlicher Überlastungen vom Vorsitz zurück und überließ das Amt dem ehemaligen BVB-Schatzmeister Jürgen Vogt. In Verbindung mit der Zebec-Entlassung sollte dies noch einschneidende Auswirkungen haben. Unter dem Präsidenten Rauball hatte der BVB seine beste Bundesligabilanz seit den Jahren 1963/64 bis 1966/67 erzielt. Der BVB war wieder zu einer festen Institution im oberen Tabellendrittel geworden – ein zukunftsorientierter Verein, der sich vor den Münchenern, Hamburgern und Gladbachern nicht verstecken mußte. Doch Rauballs Nachfolger erwiesen sich als unfähig, sein qualifiziertes und ambitioniertes Konzept fortzusetzen. Der unter Rauball erworbene sportliche, finanzielle, vor allem aber imagemäßige Kredit wurde binnen kurzer Zeit erneut verspielt. Die erste Amtszeit Rauball war zu kurz, um etwas aufzubauen, was auch ohne seine Person hätte überleben können. Die Spielzeiten 1982/83, 1983/84 und 1984/85 waren verlorene Jahre, und als Rauball ein zweites Mal als Retter die Bühne betrat, war der Klub so ruiniert wie nie zuvor.

Als Zebec-Nachfolger verpflichtete der BVB Karl-Heinz Feldkamp. Mit dem Rumänen Marcel Raducanu stieß ein genialer Spielmacher zur Mannschaft, über den „die Spieler Wunderdinge erzählen" *(WR)*. Der Nationalspieler von Steaua Bukarest hatte sich im Juli 1981 nach einem Freundschaftsspiel von der rumänischen Nationalmannschaft abgesetzt und in Dortmund um Asyl gebeten. Bevor er für die Borussen spielberechtigt war, mußte er allerdings die in solchen Fällen übliche einjährige Spielsperre absitzen. Nach dem Torwart Günther, der beim BVB von 1968 bis 1971 unter Vertrag stand, Zoltan Varga und Mirko Votava war Raducanu bereits der vierte Flüchtling aus dem „Ostblock", der beim BVB landete. Sein Debüt im BVB-Trikot gab Raducanu am 1. Spieltag, als die Borussen bei Hertha BSC Berlin mit 3:1 gewannen. Es war der bis heute einzige Bundesliga-Sieg des BVB im Olympiastadion (abgesehen vom 2:0 gegen Tasmania Berlin in der Saison 1965/66). In den folgenden sechs Jahren sollte Raducanu die Regie im Dortmunder Mittelfeld führen.

Die vereinsinterne Chemie stimmte jedoch nicht mehr. Die unter Rauball erworbene Stabilität auf hohem Niveau geriet bereits bald ins Wanken. Als der BVB zum ersten Heimspiel den VfB Stuttgart empfing, kamen nur 30.000 ins Westfalenstadion. Wilfried Wittke schrieb in der *WR*: „Die wirtschaftliche Zukunft mit vielen Fragezeichen versehen, der sportliche Werdegang ungewiß – Borussia lebt zwischen Hoffen und Bangen. Das Präsidium sah schon zur Bundesliga-Premiere seine Maßnahme gerechtfertigt, den Gürtel enger zu schnallen. Finanziell ist höchste Vorsicht geboten, zumal sich Schalke in der Bundesliga zurückgemeldet hat mit der spektakulären Meldung eines fast ausverkauften Parkstadions. Der 'Altmeister' und Borussia tragen parallel ihre Heimspiele aus, aber das Geld sitzt den Fußballfreunden nicht mehr so locker in der Tasche, daß sie freitags dem BVB ihre Referenz erweisen und einen Tag später Schalke."

Mit einem Schnitt von 26.031 erlitt der Zuschauerzuspruch tatsächlich einen Rückgang und lag um 2.500 unter der Kalkulation. Die Schalker, die die Liga erneut verlassen mußten, verbuchten einen Schnitt von 27.854, der fast exakt dem Borussen-Zuspruch aus der Vorsaison entsprach. Beide Derbys gingen mit 2:0 bzw. 2:1 an die Dortmunder. Der BVB besetzte eine Zeitlang den 3. Platz und liebäugelte gar mit mehr. Die Phantasien wurden durch Sternstunden genährt wie das 11:1 am 6. November 1982 im Heimspiel gegen Arminia Bielefeld, eine Mannschaft, die in dieser Saison immerhin im oberen Mittelfeld rangierte. Dabei hatten die Borussen nach 16 Minuten durch einen Treffer von Pagelsdorf zunächst mit 0:1 zurückgelegen und zur Halbzeit stand es erst 1:1. Die *WR* in ihrem Spielbericht: „Das gibt's nur einmal und kommt vermutlich nie wieder. 34.000 Fußballfreunde wußten nicht, wie ihnen geschah. Ein Traum, eine Fata Morgana oder Realität? Vor ihren Augen rollte ein faszinierendes Schauspiel ab. Fußball perfekt, eine wahnsinnige Vorstellung, eine Mannschaft, die in einen Spiel- und Torrausch geriet. (...) Schier unglaublich, welche Kunststücke Fußballer zu zelebrieren imstande sind." Innerhalb von 46 Minuten sahen die Zuschauer zehn Tore. Fünffacher Torschütze beim höchsten Borussen-Sieg in der schwarz-gelben Bundesligageschichte war „Manni" Burgsmüller. Der Torjäger vergab die Chance, den Rekord von Dieter Müller einzustellen (sechs Tore gegen Werder Bremen in der Saison 1977/78), indem er in der 88. Minute auf die Ausführung eines Elfmeters verzichtete. Als sich das ZDF-Sportstudio um den „Mann des Tages" bemühte, kassierte es eine Absage. Burgsmüller: „Ich habe eine Familienfeier. Oma Frieda wird über achtzig."

Zumindest die neuerliche UEFA-Cup-Teilnahme schien garantiert zu sein, aber aus den letzten zehn Spielen holte der BVB lediglich fünf Punkte und endete schließlich auf dem undankbaren 7. Platz.

Im UEFA-Cup kam das Aus bereits in der ersten Runde, ausgerechnet gegen jene Mannschaft, gegen die Borussia auch bei der letzten internationa-

Supertechniker Marcel Raducanu düpiert mit einem Hackentrick Bayern Münchens Sören Lerby.

len Teilnahme (1966/67) frühzeitig ausgeschieden war: Glasgow Rangers. Das Spiel in Dortmund endete vor 52.000 im Westfalenstadion – wie bereits 1966/67 – mit einem enttäuschenden 0:0. Im Rückspiel unterlag der BVB den Schotten 0:2. Die Rückkehr des BVB auf die internationale Bühne blieb somit zunächst nur eine Episode.

Im DFB-Pokal drang die Feldkamp-Truppe bis ins Halbfinale vor, wo sie allerdings beim Zweitligisten Fortuna Köln ein Fiasko erlebte. Der BVB, der sich schon im Finale gewähnt hatte, ging mit 0:5 unter. Feldkamp, der zur Mannschaft nie den richtigen Draht fand, mußte gehen. Für ihn kam der „Notnagel" Helmut Witte.

Die Ursachen für die negative sportliche Entwicklung waren eindeutig in der Vorstandspolitik zu suchen. Die Amtszeit von Jürgen Vogt war nur von kurzer Dauer. Als dieser die Querelen im Vorstand satt hatte, bestellte das Amtsgericht Friedhelm Cramer als Notpräsidenten, womit wieder ein Mann aus dem Brauereigewerbe an der Spitze des Vereins stand. Im September 1983 wurde Cramers Kandidat Frank Roring neuer BVB-Präsident. Unter dem Geschäftsführer einer Eiskremfirma sollte der Verein auch noch seinen restlichen Kredit verspielen.

Eike Immel, Michael Zorc und Rolf Rüßmann.

Am Ende der Saison wurden Manni Burgsmüller und Rüdiger Abramczik verkauft. Burgsmüller wechselte zunächst zum 1. FC Nürnberg. 1985/86 wurde der „Oldtimer" von Otto Rehhagel zu Werder Bremen geholt. Dort sollte der beim BVB ausgemusterte Burgsmüller noch fünf Bundesligajahre verbringen und seinen ersten und einzigen Deutschen Meistertitel gewinnen.

1983/84 Eine Managerpremiere endet im Desaster

Vor dem Saisonstart 1983/84 hatte Interimspräsident Cramer die Losung „ein Platz zwischen eins und vier" ausgegeben, was jedoch von wenig Realitätssinn zeugte. Statt dessen endete der BVB nur im unteren Mittelmaß. Im DFB-Pokal kam das Aus bereits in der 1. Runde, in der Bundesliga reichte es nur zum 13. Platz. Ihre wohl beste Vorstellung boten die Borussen beim 6:0-Auswärtserfolg in Düsseldorf, mit dem die Mannschaft einen entscheidenden Schritt in Richtung Klassenerhalt tat. Borussias Bester war Marcel Raducanu, über dessen Auftritt die *WR* schrieb: „Raducanu inszenierte eine Gala-Schau. Er zog die Bälle an wie ein Magnet, verteilte sie mit frappierender Übersicht, und er krönte seine Vorstellung mit einem Traumtor in der 81. Minute. Auf engstem Raum düpierte er Nationalspieler Bockenfeld wie einen Kreisklassen-Verteidiger, um dann auch noch den bedauernswerten Kleff vor vollendete Tatsachen zu stellen.“ Ende 1983 hatte sich der BVB durch Jürgen „Kobra“ Wegmann verstärkt, für den der BVB 600.000 DM an Rot-Weiß Essen überweisen mußte.

Drei Trainer verschliß der BVB in dieser Saison. Zunächst wurde die Mannschaft von Uli Maslo geführt, dem Dieter Tippenhauer („Dortmund ist wie Morphium“) folgte. Tippenhauer wurde für diesen Zweck für 100.000 DM vom Managerposten bei Bayer Uerdingen freigekauft. Aber Tippenhauer sah sich unglücklicherweise auch beim BVB für das Amt des Managers berufen und räumte deshalb den Trainersessel für Horst Franz, dem am Ende der Saison allseits gute Arbeit bescheinigt wurde. Horst Tippenhauer war der erste Manager in der Geschichte des BVB, der sich jedoch auf dieser Position als völlig überfordert erwies. Die sozialen Vorurteile, die in Dortmund gegenüber der Managerposition existierten, wurden während Tippenhauers Amtszeit weiter genährt. Mit der Tippenhauer-Verpflichtung erwies man der an sich richtigen Idee, die administrativen Verhältnisse beim BVB zu professionalisieren und denen anderer Spitzenklubs anzugleichen, einen Bärendienst. Die Kritiker sahen sich darin bestätigt, daß Manager überflüssig sind und nur abzocken wollen. Unter dem Duo Roring/Tippenhauer machte sich ein noch weitaus größerer Dilettantismus breit als in den Jahren 1966-72. Zudem mit dem gewichtigen Unterschied, daß mit dem Geschäftsmann und dem Manager nun sogenannte „Profis“ am Werke waren, weshalb man auch keine mildernden Umstände geltend machen konnte. Steegmann, Kliemt und ihren Obmännern hatte man immerhin ehrliches Bemühen und persönliche Integrität bescheinigen können. Aber Tippenhauer galt als faul und unfähig zugleich. Spieler wie Burgsmüller und Abramczik wurden deutlich unter ihrem Wert verscherbelt, während man für Neuerwerbungen überhöhte Preise zahlte.

Die Borussia verlor in dieser Saison viele Zuschauer. Der einstige Zuschauerkrösus durfte im Schnitt nur noch 20.306 Fußballfreunde pro Heimspiel begrüßen, Borussias niedrigster Zuschauerzuspruch seit dem Wiederaufstieg in die 1. Liga. Jubeln durfte der Verein hingegen über seine Jugendarbeit: Mit den B-Junioren wurde erstmals eine Nachwuchsmannschaft des BVB Deutscher Meister.

1984/85 Ein neuer Start

Trotz seiner guten Referenzen mußte Horst Franz mit Beginn der Saison 1984/85 Timo Konietzka weichen, mit dem Tippenhauer bereits in Uerdingen zusammengearbeitet hatte. Außerdem machte Tippenhauer in Sachen Konietzka Marketinggründe geltend. Der ehemalige BVB-Torjäger sollte als

Zugnummer fungieren, indem er Erinnerungen an Borussias beste Jahre weckte. Dies war allerdings allzu schlicht gedacht, denn mit Konietzka ging es nun mit Überschallgeschwindigkeit in die sportliche und finanzielle Pleite. Nach vier Spieltagen hatte der BVB noch nicht einen Punkt gewonnen. Am 5. Spieltag gelang zwar gegen den VfL Bochum mit 3:0 der erste Sieg, aber nur eine Woche später kassierte man beim 1. FC Köln eine 1:6-Schlappe. Nach acht Spieltagen hatte der BVB mit zwei Siegen und sechs Niederlagen erst vier Punkte auf seinem Konto.

Die Ereignisse begannen sich nun zu überschlagen. Am 14. Oktober 1984 kündigte Frank Roring endlich an, sein Amt zur Verfügung zu stellen. Die Öffentlichkeit rief nach Reinhard Rauball, der sich jedoch zunächst zierte und seine Rückkehr außerdem – verständlicherweise – vom Rücktritt des gesamten Vorstands abhängig machte. Davon wollte Rorings Stellvertreter, sein Königsmacher Friedhelm Cramer, jedoch nichts wissen. Am 20. Oktober, dem 9. Spieltag, kam der Karlsruher SC ins Westfalenstadion. Auch das Spiel gegen den KSC brachte keine Besserung, die Badenser siegten mit 2:0. Die Fans veranstalteten einen Sitzstreik auf dem Spielfeld, das Spiel geriet zu einem öffentlichen Tribunal gegen Vorstand, Manager und Trainer. Tippenhauer und Konietzka konnten die anschließende Pressekonferenz nur unter Polizeischutz besuchen. Reinhard Rauball: „Der blanke Haß blitzte den Verantwortlichen des BVB zu dieser Zeit durch den Stadionzaun entgegen."

Nun hatte auch Friedhelm Cramer ein Einsehen und warf das Handtuch. Der wohl unfähigste Vorstand in der Geschichte des BVB trat geschlossen zurück, und zwei Tage nach dem Karlsruhe-Spiel und der Fan-Demonstration setzte das Amtsgericht einen aus Reinhard Rauball (Präsident), einem gewissen Dr. Gerd Niebaum (Vizepräsident) und Jürgen Vogt (Schatzmeister) bestehenden Notvorstand ein. Niebaum, ein Freund und Berufskollege Rauballs, wollte mit der Angelegenheit zunächst nichts zu tun haben: „Ich war vorher in keinem Verein als Funktionär tätig, und dieses Funktionärstum ist mir eigentlich fremd." Der Rechtsanwalt und Experte für Wirtschaftsrecht war zuvor ein Fan wie jeder andere gewesen, der auch in gleicher Weise das Für und Wider der jeweiligen Vereinspolitik diskutierte. Rauball appellierte an Niebaums Lokalpatriotismus und schwarz-gelbe Seele: „Du bist doch Dortmunder, hast hier alles erlebt, dann kannst Du nicht 'ohne mich' sagen." Der 23. Oktober 1984 markierte einen historischen Einschnitt in die Bundesligageschichte des BVB, denn von nun an wurden Stück für Stück die Grundlagen für den zweiten Aufstieg des BVB zu einer nationalen und internationalen Top-Adresse geschaffen.

Zu den ersten Amtshandlungen des neuen Vorstands gehörten die Entlassung von Tippenhauer und Konietzka und die Wiedereinstellung von Walter

Maahs als Hauptgeschäftsführer, den die Roring-Riege im Frühjahr 1984 entlassen hatte. Maahs hatte bereits seit 1975 beim BVB gewirkt, zunächst als Trainer und Leiter im Junioren- und Amateurbereich. Maahs blieb nun bis 1995 Hauptgeschäftsführer der Borussia. Co-Trainer Reinhard Saftig wurde Interimstrainer, bevor mit Erich Ribbeck erneut ein renommierter Name auf dem Chefsessel Platz nahm.

Am 31. Oktober präsentierte ein unabhängiger Wirtschaftsprüfer einen Schuldenberg von 8,3 Mio. DM, zu diesem Zeitpunkt eine astronomische Summe. Ein – allerdings nicht antastbares – Bankguthaben und Forderungen des BVB „reduzierten" die Schuldenlast auf 4,3 Mio. DM. Der BVB war so pleite wie nie zuvor. Der DFB war alarmiert, ein Lizenzentzug und damit der Zwangsabstieg in die Amateuroberliga war durchaus im Bereich des Möglichen. Rauball später: „Damals anzutreten, war wie russisches Roulette."

Der BVB war pleite wie nie zuvor

Wie schon zehn Jahre zuvor, wurde auch diesmal die Mannschaft zur Kasse gebeten. Die Spieler verhielten sich vorbildlich. Sie verzichteten auf Punkt-Prämien und akzeptierten eine erhebliche Kürzung ihrer Jahresleistungsprämie. So konnte fast eine Million eingespart werden. Außerdem sprangen die Dortmunder Brauereien und die Stadt – beide aus wohlverstandenem Eigeninteresse – in die Bresche. Die Kronen-Brauerei erwarb 1.000 Tribünenkarten, die Dortmunder Actien-Brauerei übernahm die Kosten für ein großes Hallenturnier, das dank der Teilnahme von Bayern München und VfL Bochum zu einer Benefizveranstaltung für den BVB geriet, und die Union-Brauerei sponserte die Weihnachtsfeier des Vereins. Die größte Hilfe kam jedoch von der Stadt, die dem BVB für eine Saison die Stadionmiete stundete und ihm die Einnahme aus der Bandenwerbung überließ.

Unter Ribbeck konnte sich der BVB noch auf den 14. Platz retten. Ribbeck gelang das Kunststück, in der Rückrunde ein positives Punktekonto von 19:15 zu erzielen. Aus der Hinrunde durfte der BVB hierzu lediglich elf Zähler addieren, so daß der Abstand zum ersten Abstiegsplatz am Ende nur einen Punkt betrug. Der Klassenerhalt gelang erst am letzten Spieltag, als der BVB den neuen Vizemeister Werder Bremen im Westfalenstadion mit 2:0 bezwang. Die Bremer besaßen zu diesem Zeitpunkt noch eine rechnerische Chance auf den Meistertitel, aber der BVB erarbeitete sich eine „frappierende Überlegenheit, die die Frage erlaubte, welcher der beiden Kontrahenten denn nun den Titel im Visier habe" *(WR)*.

Trotzdem mußten die 32.000 Borussen-Fans lange zittern. Arminia Bielefeld, vor dem Anpfiff des 34. Spieltags einen Punkt hinter dem BVB, war gegen Bayer Uerdingen bereits nach sieben Minuten in Führung gegangen, und bei diesem Ergebnis sollte es auf der „Alm" auch bleiben. Erst in der 67. Minute gelang Schüler die Dortmunder Führung. Sechs Minuten vor Schluß machte dann der Schweizer Egli mit seinem Treffer zum 2:0 alles klar. Zu den „Matchwinnern" avancierten ausgerechnet zwei Spieler, die man in Dortmund als „Fehleinkäufe" apostrophierte.

Der Zuschauerschnitt erfuhr in Dortmund – trotz des mageren sportlichen Abschneidens – mit 24.512 wieder einen deutlichen Anstieg. Die Rückkehr von Reinhard Rauball werteten die Fans als deutliches Signal für Kompetenz und Seriosität.

Erwähnenswert ist aus dieser Bundesligasaison noch das Traumtor von Daniel Simmes, das dieser am 6. Oktober 1984 gegen Bayer Leverkusen erzielte. Es war eines der schönsten Tore, die jemals im Westfalenstadion geschossen wurden. Der 18jährige Nachwuchsstürmer ergatterte den Ball noch in der eigenen Spielhälfte, umkurvte oder überlief sieben Leverkusener Spieler, bevor er das Leder abgeklärt ins leere Tor schob. Das Tor wurde später mit großem Vorsprung zum „Tor des Monats" gewählt.

Im DFB-Pokal kam das Aus bereits in der 2. Runde, als der BVB auf Schalke 04 traf. Die Schalker waren in diese Saison als Neuling gegangen, schlossen aber um acht Plätze besser als die Borussen ab. Im Westfalenstadion führte Schalke 04 in der Verlängerung mit 1:0, doch Werner Dreßel gelang nach 119 Minuten und 50 Sekunden doch noch der Ausgleich, so daß es zu einer Neuauflage kam. In Gelsenkirchen gewann Blau-Weiß dann mit 3:2.

1985/86 Kampf gegen den Abstieg

Nach der Saison verließ „Retter" Ribbeck den BVB. Dies war auch so vereinbart worden, da der Trainer bereits Bayer Leverkusen seine Zusage gegeben hatte. Nachfolger wurde Pal Csernai, der Mann mit dem Seidentuch, der von seinem äußerlichen Erscheinungsbild her überhaupt nicht zu Dortmund paßte, aber trotzdem bereits den von Rauball und Niebaum betriebenen Wandel des Vereins symbolisierte.

Aufgrund der katastrophalen finanziellen Situation war an große Sprünge überhaupt nicht zu denken. Die Neuen hießen u.a. Dirk Hupe und Horst Hrubesch. Letzterer hatte den Zenit seiner Karriere längst überschritten. Hrubesch, der 1980 die DFB-Elf zur Europameisterschaft geschossen hatte, hinterließ in Dortmund keinen nachhaltigen Eindruck. Nach 17 Einsätzen standen lediglich zwei Tore zu Buche. Das Ziel der Borussia konnte nur Klassenerhalt lauten.

Aus den ersten sechs Spielen holte der BVB lediglich drei Punkte. Am 7. Spieltag unterlag man beim Nachbarn VfL Bochum mit 1:6. Die Fans forderten Csernais Kopf und verließen vorzeitig das Stadion. Rauball entgegnete: „Vor Csernai gehe ich, da kann mein Nachfolger ja gleich von der Südtribüne kommen." Dem Debakel im Ruhrstadion folgte nur wenig später die nächste Hiobsbotschaft. Der DFB drohte dem BVB mit Punktabzug, da dieser gegen die Lizenz-Auflagen verstoßen habe, „in einer Größenordnung", wie Rauball bestätigte, „die einmalig ist im bezahlten Fußball". Vor der Saison 1984/85 hatte die Frankfurter Verbandszentrale angeordnet, die Höhe der Verbindlichkeiten „einzufrieren". Statt dessen hatte der alte Vorstand noch einige Millionen hinzugefügt. Am Ende beließ es der DFB allerdings bei einer Geldbuße.

Der erste Sieg gelang erst am 8. Spieltag beim 4:2 gegen Eintracht Frankfurt. Keine Chance besaß der BVB beim Revierderby in Gelsenkirchen. Schalke war in dieser Saison zwar nur Mittelmaß, aber trotzdem reichte es zu einem 6:1-Sieg über die Borussen. Das Rückspiel in Dortmund endete am vorletzten Spieltag 1:1, was für Blau-Weiß die Rettung bedeutete, noch nicht aber für Schwarz-Gelb. Nach dem 34. Spieltag stand der BVB auf dem 16. Platz und mußte somit in die Relegation. Noch vor dem Saisonfinale war Pal Csernai durch Co-Trainer Reinhard Saftig ersetzt worden.

Der Relegationsgegner hieß Fortuna Köln, Dritter der 2. Bundesliga. Die Qualifikation geriet zu einem Fußballkrimi allererster Güte. Zunächst verlor der BVB vor 47.000 im Müngersdorfer Stadion mit 0:2. Auch im Rückspiel vor 54.000 im ausverkauften Westfalenstadion hatten die Fortunen zunächst die Nase vorn. Bereits nach 14 Minuten hieß es 0:1. Der BVB konnte von Glück reden, daß es dabei bis zum Halbzeitpfiff blieb. In der Kabine herrschte zunächst zehn Minuten lang totales Schweigen. Zeitzeuge Jürgen Wegmann: „In den letzten fünf Minuten der Pause ging es dann los, da haben wir uns gegenseitig total heiß gemacht und sind 'raus mit dem Willen, das noch umzubiegen."

Geburtsstunde der „neuen" Borussia

Von den Zuschauern pausenlos nach vorne gepeitscht, gelang Zorc in der 54. Minute vom Elfmeterpunkt zunächst der Ausgleich. In der 68. Minute erzielte Raducanu die 2:1-Führung, aber um wenigstens eine dritte Partie auf neutralem Boden zu erzwingen, mußte noch ein weiteres Tor her. Der BVB kämpfte unermüdlich, doch Fortunas Keeper Jarecki brachte die Dortmunder mit seinen Paraden schier zur Verzweiflung. 20 Sekunden vor dem Schlußpfiff gelang Wegmann mit dem wichtigsten Tor seiner Karriere das erlösende 3:1. Der Torschütze: „In der neunzigsten Minute gab es noch einmal Abstoß von unserem Tor, und ich wußte, das ist jetzt die letzte Chance. Immel spielt auf Pagelsdorf, und ich laufe los, obwohl ich wie alle anderen auch bereits total am Ende bin. Doppelpaß Pagelsdorf und Raducanu, dann fliegt der Ball hoch in den Strafraum, wird zu kurz rausgespielt, kommt von Storck noch einmal zurück, wird dann ein paarmal abgefälscht, und schließlich faustet ihn Kölns Torhüter mir vor die Füße. Ich glaube, er hätte ihn einfach nur ins Aus laufen lassen müssen, dann wären wir abgestiegen. Aber so komme ich gerade noch rechtzeitig und stolpere ihn über die Linie."

Das Westfalenstadion glich einem Tollhaus. Das Spiel wurde zu einem Wendepunkt in der BVB-Geschichte, zur Geburtsstunde einer neuen Borussia. Im dritten Spiel in Düsseldorf siegte der BVB dann vor 50.000 Zuschauern gegen eine arg grippegeschwächte Kölner Mannschaft mit 8:0. Die Fortunen hatten um eine Verschiebung gebeten, da 13 Spieler krankgeschrieben seien. Als das Spiel am 30. Mai 1986 angepfiffen wurde, war von diesem Lazarett allerdings wenig zu sehen. Abgesehen von zwei Gelbsündern waren alle angeblich erkrankten Akteure am Ball. Zur Halbzeit stand es erst 1:0 für die Borussen, aber nach dem Wiederanpfiff wurden die Kölner förmlich überrollt. Zorc, Anderbrügge und Storck schossen den BVB binnen von nur 15 Minuten mit 4:0 in Front. Der Rest war nur noch Formsache, denn die Fortunen, die sich tatsächlich nicht in allerbester körperlicher Verfassung befanden, brachen nun vollends zusammen.

Im Kontrast zum Abschneiden in der Bundesliga stand der Einzug ins Halbfinale des DFB-Pokals. Allerdings hatte der BVB bis dorthin nur mit unterklassigen Gegnern zu kämpfen. Im Halbfinale unterlag man beim VfB Stuttgart mit 1:4.

Obwohl dem Abstieg nur knapp entkommen, eröffneten sich dem BVB plötzlich glänzende Perspektiven. Mit der Relegationsrunde hatte sich der BVB auch finanziell wieder nach oben gearbeitet. An der Trainerfront war mit Reinhard Saftig Ruhe in den Verein eingekehrt, und die „lautlosen Sanierer" Rauball/Niebaum bürgten für Seriosität und Qualität. Rund um das Westfalenstadion war eine Fußballbegeisterung ausgebrochen, wie man sie zuletzt nach dem Wiederaufstieg in die 1. Bundesliga erlebt hatte. Obwohl der BVB nur um ein Haar dem Abstieg in die Zweitklassigkeit entronnen war, spürten die Fans, daß beim BVB eine neue Ära anbrach. Dem Trainer und der Mannschaft sollte es gelingen, den Schwung und die Euphorie aus der Relegationsrunde in die folgende Saison hinüberzuretten. Der BVB wurde zur erfolgreichsten Trainerstation von Reinhard Saftig. Michael Zorc Monate später: „Die Relegationsspiele hatten dieses Team geprägt. Damals haben wir bis zum Umfallen gekämpft und in letzter Sekunde das Schicksal abgewendet. Wir wollen uns halt nicht mit Niederlagen abfinden und kämpfen bis zur letzten Minute."

EINWURF

Der BVB und die Sozialdemokratie

„Die Hälfte des demokratischen Sozialismus besteht aus Tauben, Kleingärten und Fußball."
Franz Müntefering, Bundesgeschäftsführer der SPD

„Die Stadt Dortmund und die SPD-Mehrheitsfraktion stehen dem Verein sehr, sehr nahe. In Notsituationen haben sie wiederholt die Schirmherrschaft übernommen. Und ich bin mir sicher, daß sie dies in Zukunft wieder tun würden." So BVB-Präsident Dr. Gerd Niebaum im Jahr 1994.

Die Verbindungen zwischen BVB und SPD sind nicht zu bestreiten und haben eine lange Tradition. In der Bundesliga firmieren der BVB und Werder Bremen auch als „SPD-Vereine". Der BVB ist für viele „Rote", was der FC Bayern für viele „Schwarze" ist. Bei einem Sieg des BVB und einer Niederlage des FC Bayern schwingt bei „roten" Borussen-Fans auch stets eine gewisse politische Häme mit. Daß es auch „schwarze" BVB-Fans gibt, so wie sich beim FC Bayern auch „rote" Anhänger tummeln, ändert nichts daran, daß die Borussia mehr der Sozialdemokratie, die Bayern indessen eher den Unionsparteien zugeordnet werden.

Da Dortmund bereits seit Jahrzehnten die Herzkammer der deutschen Sozialdemokratie ist und der Bezirk Westliches Westfalen der größte der Partei, ergeben sich Überlappungen quasi zwangsläufig. Wie stark die sozialdemokratische Tradition der Stadt ist, wird u.a. daraus ersichtlich, daß auch die Führungen der alten großen lokalen Unternehmen und Dienstleistungsbereiche nach 1945 in der Regel von Sozialdemokraten besetzt wurden. Die SPD war und ist in Dortmund mehr klassenübergreifende „Partei der Arbeit" als „Arbeiterpartei". Vor allem aber ist sie Regierungspartei.

Dem Ruhrgebiet haftet der historische Mythos einer „revolutionären Region" an. Die Wahrheit fällt etwas differenzierter aus. Wahr ist, daß das Ruhrgebiet in demographischer und sozialer Hinsicht revolutionären Veränderungen unterworfen wurde. In politischer Hinsicht war die Region hingegen ruhiger, als vielfach behauptet. Bis in die Weimarer Republik hinein gab es beispielsweise keine revierweiten Stahlarbeiterstreiks. Die harte Arbeit mit mehreren Schichten hintereinander ließ ein Reflektieren hierüber gar nicht zu. Die Bergleute griffen zwar gegen Ende des 1. Weltkriegs wiederholt – sehr zum Unwillen ihrer Gewerkschaftsführung – zu wilden Streikmaßnahmen, aber viel häufiger als die Knappen und Hüttenarbeiter streikten die Handwerker. Bis zum 1. Weltkrieg dominierte in Dortmund der Liberalismus. Die Zentrumspartei verfügte über eine starke Stellung, und die Sozialdemokratie wuchs stetig an. Aber bis 1933 wurde sie in Dortmund – wie auch in anderen Ruhrgebietsstädten – nicht mehrheitsfähig. Eine sozialdemokratische Dominanz stellte sich erst nach dem 2. Weltkrieg ein.

Als 1923 belgische und französische Truppen das Ruhrgebiet besetzten, um ihre Reparationsforderungen einzuklagen, kam es vorübergehend zum Schulterschluß von Industriellen und Arbeiterschaft. Erst der „Ruhreisenstreit" von 1928, als die Stahlbarone 240.000 Arbeiter aussperrten, bedeutete eine Wende zur offenen Konfrontation. Politische Repression und Verbesserung der Wirtschaftslage bewirkten dann nach der Nazi-Machtergreifung eine weitgehende Passivität der Ruhrarbeiterschaft.

Nach dem Zusammenbruch der NS-Herrschaft galten die Proteste der Arbeiterschaft weniger der Rehabilitierung ehemaliger Nazi-Funktionäre als der Demontage von Industrieanlagen. Nach einigen großen Streiks, in denen die Sozialisierung der Montanindustrie gefordert wurde, kehrte in den 50ern erneut Ruhe ein. Die Montan-Mitbestimmung, für die 1955 über 800.000 Berg- und Stahlarbeiter die Arbeit niederlegten, bedeutete eine Versöhnung von Kapital und Arbeit, über die die SPD bis heute wacht.

Was heute, oft zu Recht, als „Filz" angeprangert wird, hat seine Wurzeln in der spezifischen Nachkriegsgeschichte Dortmunds. Die – insbesondere im Norden – stark zerstörte Stadt wurde nach 1945 von einer Koalition aus Arbeiterschaft/SPD/Gewerkschaften/Kommunisten wieder aufgebaut, zu der aber auch Unternehmen wie Hoesch und die Dienstleistungsbereiche gehörten. Insbesondere was die ältere Generation anbelangt, hat die Verbundenheit großer Teile der Bevölkerung mit SPD und Gewerkschaften zweifelsohne auch mit dem persönlichen Stolz dieser Menschen über ihre Wiederaufbauleistung zu tun. Was heute als Verfilzung von Partei, Verwaltung und Kapital daherkommt, war in seinen Anfängen etwas, was nicht nur von „oben" kam, sondern auch „von unten" wuchs.

Aufgrund der sozialen und geographischen Herkunft der Borussia (Hoeschstadt) existiert eine gewisse Parallelität zwischen der Geschichte des BVB und der Arbeiter- und Gewerkschaftsbewegung. Auch Gerd Niebaum konstatierte einmal eine gewisse „Wesensverwandtschaft" zwischen beiden. In den späten 60ern betrieb die SPD mit Konterfeis von BVB-Spielern Wahlkampf. In den 80ern warb der damalige Präsident Reinhard Rauball für die SPD. Ein Foto in der SPD-Wahlkampfzeitung *ZAS* zeigte Rauball auf der Tribüne des Westfalenstadions. Einige BVB-Präsidenten waren eingeschriebene SPD-Mitglieder. Der bekannteste von ihnen war der SPD-Landespolitiker Dr.

Politiker suchen seine Nähe: Präsident Gerd Niebaum.

Walter Kliemt. Auch der autoritäre Sanierer Heinz Günther gehörte der SPD an. „Heinz, die Partei braucht dich", soll der SPD-Unterbezirksvorsitzende Heinemann Günther zugerufen haben, als es galt, den BVB vor dem Bankrott zu retten. Als Gegenleistung soll Günther ein Landtagsmandat versprochen worden sein, woraus jedoch nichts wurde.

Gerd Niebaum ist parteilos. Der BVB-Präsident: „Die Parteimitgliedschaft ist kein Thema." Daß sich der BVB im sozialdemokratischen Dortmund einen parteilosen Präsidenten leistet, betrachtete Niebaum einmal als Beweis dafür, daß „der Verein sein Eigenleben hat. Politik und Fußball sind für mich zwei getrennte Lebensbereiche." Als die CDU Niebaum vor einiger Zeit als OB-Kandidaten vorschlug, lehnte der BVB-Präsident ab. Möglicherweise wollte die CDU nur kundtun, daß auch sie ein Fan des BVB ist. Immerhin dokumentierte der Vorschlag die enorme Bedeutung, die der BVB und sein Präsident heute in Dortmund genießen. Politiker aller Couleur bekennen sich daher als BVB-Anhänger, unter anderen auch konservative Politgrößen wie Ex-Bundesarbeitsminister Norbert Blüm oder der ehemalige Regierungssprecher Friedhelm Ost.

Die Politik kommt am BVB nicht vorbei. Nicht nur aufgrund der Popularität des Vereins und seiner Funktion als internationales Aushängeschild der

Stadt – nach dem Ende der ersten Champions-League-Kampagne 1996 wurde ermittelt, daß Dortmunds Bekanntheitsgrad in Westeuropa von zehn auf 50 Prozent gestiegen sei! –, sondern auch weil er ein Wirtschaftsfaktor ist. Mit dem BVB wurde in den letzten Jahren das Bild von der niedergehenden Industrieregion korrigiert. Bereits 1996, der Ausbau des Westfalenstadions war noch nicht abgeschlossen, gab der Verein bekannt, daß rund eine Million Fans seine Heimspiele besuchen würden. Mehr als die Hälfte dieser Fans kämen aus dem Umland, was „auch Effekte für die Stadt, positive Auswirkungen für Gastronomie und Handel“ (Niebaum) bringen würde. Jedes Europacup-Heimspiel des BVB sei mit 4.000 Übernachtungen in Dortmunder Hotels verbunden.

Die Rolle Dortmunds als SPD-Hauptstadt wurde 1994 ein weiteres Mal unterstrichen, als die Partei ihren zentralen Wahlkampfauftakt für die Bundestagswahl im Westfalenstadion veranstaltete. Die Zeiten, wo die SPD dafür nichts zahlen mußte, sind allerdings vorbei. Gerhard Schröder eröffnete seinen innerparteilichen Wahlkampf um die sozialdemokratische Kanzlerkandidatur und die Herzen der SPD-Mitglieder im Ruhrgebiet, indem er ein BVB-Spiel besuchte. Der Ort war gut gewählt. Die modern gemanagete und geführte Borussia war bereits dort angelangt, wo Schröder mit seiner Partei hinwollte, und fungierte somit als Modell. Die „neue Mitte“, an der Schröder bastelte, existierte rund ums Westfalenstadion bereits. ■

1986 bis 1995

Comeback in der Ära Niebaum

Zwei Millioneneinkäufe und Italienrückkehrer in der „Ära Niebaum“: Sammer und Riedle.

Während der Saison 1986/87 fand an der Spitze des Klubs ein neuerlicher Wechsel statt. Diesmal allerdings nach einem völlig anderen Muster als bis dahin üblich. Mit der finanziellen und sportlichen Konsolidierung betrachtete Reinhard Rauball seine Aufgabe als erfüllt und übergab den Vorsitz an seinen Kollegen Gerd Niebaum. Als Rauball 1984 den damals 35jährigen Niebaum beim BVB einführte, war Helmut Brachts erste Reaktion: „Was hat uns denn der Rauball für ein trocken Brötchen mitgebracht? Was will der denn mit dem hier?“

Einige Jahre später sollte der Traditionsspieler zu den größten Fans des Präsidenten zählen. Und nicht nur er. Hans Tilkowski sprach bald vom „besten BVB-Präsidenten der Nachkriegszeit". Herbert Sandmann kam zu dem Schluß: „Ich bin seit 1938 im Verein, aber so einen guten Präsidenten hatten wir noch nie." Daß gerade die „Alten" Niebaum mit Lob überschütteten, hatte seinen Grund: Niebaum setzte die Politik Rauballs konsequent fort – nicht nur in den sportlichen und wirtschaftlichen Ambitionen, sondern auch bei der Traditionspflege. Der Präsident: „Die Tradition ist die Basis für das Selbstverständnis, für die Identität eines Vereins. Deshalb muß man immer wieder sagen, wo man einmal war und wo wir wieder hinwollen. Zukunft braucht Herkunft. Sie braucht Wurzeln." Der BVB solle nicht „anderen Vereinen nacheifern, unser Vorbild ist die Borussia der 50er und 60er Jahre, die damals erfolgreichste Nachkriegself. Genau dorthin wollen wir den BVB wieder führen, dabei die Volkstümlichkeit der alten Borussia bewahren, ihr aber ein modernes Gesicht geben." Der Traditionspflege fiel somit die Aufgabe zu, „eine Brücke zu schlagen". Der Ältestenrat des Klubs erfuhr eine Aufwertung, indem ihn Niebaum bei wichtigen Neuverpflichtungen konsultierte.

„Zukunft braucht Wurzeln"

Unter der Regentschaft Niebaums sollte der BVB eine „duale Strategie" praktizieren: Während so viel Traditionspflege betrieben und Bodenständigkeit gepredigt wurde wie nie zuvor in der Bundesliga, wurden gleichzeitig Schritt für Schritt die Weichen für eine scheinbar gegensätzliche Entwicklung gestellt: Gut zehn Jahre später zählte die Borussia zum selbstverständlichen Kandidaten für das vorwiegend kommerzielle Projekt einer Europaliga.

Niebaums „Vize" wurde der aus Werne a.d. Lippe stammende Ernst G. Breer, Vorstandsmitglied der VOKO-Unternehmensgruppe, die zu den größten Büromöbel-Herstellern Europas zählte. Mit Niebaum verband ihn der Grundsatz, „über den Tag hinaus" zu denken und dabei „keine Angst vor Kosten" zu haben. Breer operierte mehr im Hintergrund. Die Spieler hielten bald große Stücke auf ihn, zumal er sich auch um ihre Zukunft nach Beendigung der Profikarriere sorgte. Michael Zorc: „Ein Mann mit hohem Niveau, der stets ein offenes Ohr für uns Spieler hat." Das Duo wurde zum Trio, als sich später auch noch der Bauunternehmer Hans-Jürgen Freundlieb in der Funktion des Schatzmeisters hinzugesellte. Freundlieb, zuvor bereits Mitglied des BVB-Wirtschaftsrates, war im Dortmunder Stadtteil Hörde aufgewachsen. Sein Vater gehörte zu den Gründern des renommierten Handballklubs OSV Hörde (später OSC Thier Dortmund).

Mit Niebaum kam auch ein neuer Hauptsponsor, der ebenfalls für die Verbindung von Tradition und Wandel stand. Mit der Continentale erschien wieder der Schriftzug eines lokalen Unternehmens auf den Spielertrikots, das aber weder Bier, Kohle noch Stahl produzierte, sondern Versicherungen anbot. Der Wechsel spiegelte die Wandlungen im Umfeld wider. Dortmund war längst auf dem Weg zur modernen westfälischen Dienstleistungsmetropole, zur Technologieschmiede und zu einem Zentrum von Wissenschaft und Forschung. Bier und Stahl blieben dem BVB zwar weiterhin verbunden, wie auch die 1925 gegründete VEW, die sich von einem Energieversorger zu einem modernen Dienstleistungs- und Technologieunternehmen gewandelt hatten. Doch das Unterstützerspektrum war größer geworden und hatte sich verändert, wobei es sich ganz überwiegend um einheimische Unternehmen handelte. Der wirtschaftliche Lokalpatriotismus garantierte mehr Sicherheit als der Ausverkauf an auswärtige Unternehmen ohne „seelische" Verbindung zum BVB. Zwar kamen später internationale Unternehmen wie Nike und S. Oliver für große Summen auf, allerdings nicht auf Kosten der Einbindung der lokalen/regionalen Industrie. Der Wandel der Stadt und die Modernisierung des Vereins gingen Hand in Hand, eine Übereinstimmung, wie sie in diesem Ausmaß wohl nur im Ruhrgebiet möglich war: aufgrund seiner überaus engen Verzahnung von Politik, Wirtschaft und Sport, seiner starken Überlappung, ja zuweilen gar Verschmelzung von staatlichen und privaten Initiativen und last but not least seinem ausgeprägten Community-Denken.

Anfang der 90er Jahre verkündete Oberbürgermeister Günter Samtlebe voller Stolz: „Borussia und Dortmund sind ein untrennbares Begriffspaar. (...) Dortmund und seine Borussia passen gut zusammen. Beide demonstrieren ebenso eindrucksvoll wie sympathisch den grundlegenden Wandel der Stadt." Kein anderer Bundesligist war auch nur annähernd dazu in der Lage, eine derartig enge und erfolgreiche Verbindung mit seiner Stadt und Region sowie der regionalen Wirtschaft herzustellen wie die Borussen. Der BVB blieb ein öffentliches, „staatliches" Unternehmen, wo dies für notwendig und sinnvoll erachtet wurde. Gleichzeitig scheute der Verein aber auch nicht vor einer „Privatisierung" zurück, nämlich dort, wo das „staatliche" Modell an seine (fiskalischen) Grenzen stieß und das „private" neben finanziellen Vorteilen auch mehr Unabhängigkeit versprach.

Borussia geriet geradezu zu einem Zukunftsmodell. Bald war keines der in Dortmund ansässigen Unternehmen in seiner Branche so erfolgreich wie die Borussia in ihrer. Stadt und Region profitierten davon. Der BVB wurde zum besten internationalen Werbeträger der Stadt und erhöhte die Bedeutung des Standorts Dortmund, indem der Verein zu dessen Lebensqualität beitrug.

Aber das staatliche Geldsäckel und die lokale Wirtschaft partizipierten auch direkt am BVB-Fußball. 1992 rechnete der Verein vor, daß der Stadt Dortmund und dem Land NRW ohne das „Wirtschaftsunternehmen" Borussia jährlich einige Millionen entgehen würden. Im Geschäftsjahr 1992/93 zahlte der BVB 5 Mio. DM an Lohn- und Einkommenssteuer. Die Mehrwertsteuer, die der Staat bei jedem Transfer, pro verkauftem Ticket und vom Fernsehhonorar kassierte, betrug ca. 3 Mio. DM. Die Stadt kassierte aus Stadionmiete und Bandenwerbung ca. 2 Mio. DM. Zu diesen 10 Mio. DM für Staat und Stadt kamen noch die Steuereinnahmen aus den am Spieltag erzielten Umsätzen. Die Würstchenbudenbetreiber zahlten Pacht, die Fans füllten die Kneipen, und die aus Ostwestfalen und dem Sauerland anreisenden Auswärtigen berappten Mineralölsteuer. Der Verein ging davon aus, daß in der Region Dortmund pro Spieltag noch einmal eine Mio. DM umgesetzt würde. Außerdem kassierte der Verkehrsverbund 50 Pfennig pro verkaufter Eintrittskarte, da deren Besitzer die öffentlich-rechtlichen Verkehrsmittel benutzen durften. Pro Saison bedeutete dies 370.000 DM.

Doch zurück auf den Rasen: Für die Saison 1986/87 verpflichtete der BVB mit Frank Mill (Borussia Mönchengladbach) und Norbert Dickel (1. FC Köln) zwei Stürmer, die voll einschlagen sollten. Mit insgesamt 37 Toren (Dickel 20, Mill 17) erzielte das Sturmduo mehr als die Hälfte der insgesamt 70 BVB-Tore dieser Saison. Des weiteren stieß zu den Borussen u.a. Thomas Helmer, der von Arminia Bielefeld kam. Allerdings mußte der BVB fortan auf die Dienste von Eike Immel verzichten, der zum VfB Stuttgart wechselte. Als Nachfolger wurde der Duisburger Teddy de Beer verpflichtet. Wie seinerzeit Immel feierte auch de Beer sein Debüt gegen Bayern München und gab dabei eine ausgezeichnete Vorstellung. Daß der BVB beim 2:2 einen Punkt aus München entführen konnte, hatte er nicht zuletzt de Beers Paraden zu verdanken. Außer Immel verließ u.a. auch noch „Kobra" Wegmann den BVB, um sich dem Rivalen Schalke anzuschließen.

Die Saison 1986/87 geriet zur sportlich wie finanziell erfolgreichsten Spielzeit der Borussen seit 20 Jahren. An ihrem Ende standen der 4. Platz und die UEFA-Cup-Teilnahme, von Trainer Saftig nach der Hinrunde noch als „Träumerei und Hirngespinste" abgetan. Der Zuschauerschnitt lag mit 32.129 um fast 10.000 höher als in der Vorsaison. Nur Meister Bayern verzeichnete einen noch besseren Schnitt, während Rivale Schalke um fast 9.000 darunter lag. Das Preis-Leistungs-Verhältnis stimmte in Dortmund wieder. In keiner anderen Arena bekam der Zuschauer für sein Geld so viel geboten wie im Westfalenstadion – die Darbietungen der Fans inbegriffen. Zum Saisonfinale bei der Frankfurter Eintracht, wo der BVB punkten mußte, um den UEFA-Cup zu erreichen, wurde die Borussia von 18.000 Fans begleitet. Der BVB siegte glatt mit 4:0. Ihren Sieg hatten die Borussen nicht zuletzt einer Hilfestellung aus der Politik zu verdanken. Bundesarbeitsminister und BVB-Fan Norbert Blüm (CDU) intervenierte zugunsten der beiden Wehrpflichtigen Thomas Helmer und Günther Kutowski, die eigentlich mit der Bundeswehr-

Norbert Dickel jubelt für Borussia.

Nationalmannschaft in Italien um die Weltmeisterschaft spielen sollten.

In dieser Saison etablierte sich etwas, das an die berühmte Rapid-Viertelstunde erinnerte. In den Jahren 1918-19 gewann Rapid Wien eine Reihe von Spielen durch Tore in den letzten 15 Minuten. Die Schlußoffensive der Wiener wurde stets, so sagt es jedenfalls die Legende, vom rhythmischen Klatschen des eigenen Anhangs eröffnet und begleitet. Für den Fußballhistoriker Roman Horak ist die Rapid-Viertelstunde „die institutionalisierte Hoffnung und auch die Gewißheit vom guten Ende". Ähnlich verhielt es sich auch in Dortmund, allerdings mit dem Unterschied, daß die „Viertelstunde" dort 45 Minuten betrug. Dank der fantastischen Unterstützung des Publikums konnte der BVB nach der Pause immer noch zulegen und Spiele zu seinen Gunsten umbiegen. Nicht von ungefähr fielen viele Tore in Richtung Südtribüne, ein Phänomen, daß die Saison 1986/87 überlebte. Auch in den folgenden Spielzeiten war immer wieder zu beobachten, daß die Mannschaft in der 2. Halbzeit besser spielte und kämpferischer agierte, wenn sie in Richtung Südtribüne stürmen durfte. Deshalb quittierten es die Fans auch mit einem gellenden Pfeifkonzert, wenn der Gegner bei der Seitenwahl dafür sorgte, daß der BVB nach dem Pausentee gegen die Nordtribüne anrennen mußte.

In Dortmund wurde nun wieder kollektiv bis zur letzten Minute gekämpft. Gerd Niebaum später: „1986 haben wir sportlich einen enormen Sprung gemacht, weil wir intern einige Weichen gestellt haben. Wir haben mehr daran gearbeitet, daß der Teamgeist stimmte und die Mannschaft Spaß am Spielen hatte. Da waren interne Veranstaltungen, Weihnachtsfeiern, die gemeinsam vorbereitet wurden, wo die Spieler Freude dran hatten. (...) Es ist meine feste Überzeugung, daß der Fußball professionalisiert und kommerzialisiert ist, und vieles davon bei den Spielern Geschäftssinn und Eigennutz ist. Und trotzdem werden sie den meisten Erfolg haben, wenn sie vor dem Hintergrund all dieser Dinge Freude und Identifikation mit der Gruppe erreichen. Das ist ganz entscheidend im Mannschaftssport. Sie können das beste Spielermaterial haben, wenn im atmosphärischen Bereich Störungen bestehen, kommt eine Mannschaft nicht dazu, ihr Potential abzurufen." Die exakt abgestimmte Mischung aus Traditionsbewußtsein und Modernität, Teamgeist und Professionalität hatte ihre erste Bewährungsprobe überstanden.

In einer insgesamt langweiligen Saison bot die vom Abstiegskandidaten zum Anwärter auf einen UEFA-Cup-Platz aufgestiegene Borussia den einzigen positiven Gesprächsstoff. Der BVB avancierte zum auffälligsten Farbtupfer im tristen Ligaalltag. Der *Kicker* widmete dem neuen schwarz-gelben Wunder gleich zwei Seiten. Borussia schien einen Ausweg aus der Krise der Bundesliga zu weisen. Tatsächlich stand die Saison 1986/87 am Anfang einer Renaissance der traditionellen Fußballstandorte. Die Vormacht der Bayern zeigte trotz anhaltender Dominanz erste Risse. Symptomatisch hierfür waren auch die zwei Unentschieden des BVB gegen den späteren Meister Bayern München. Wie Mill dabei im Münchener Olympiastadion den durchaus möglichen Sieg vergab, als er vor dem leeren Tor das Kunststück vollbrachte, den Ball an den Pfosten zu schieben, sorgt noch heute für Gesprächsstoff.

Im DFB-Pokal erlebte der BVB allerdings ein Debakel. In der 2. Runde gingen die Borussen beim Mönchengladbacher Namensvetter mit 1:6 unter.

1987/88 Rückschläge

Nach dem sensationellen 4. Platz waren die Erwartungen für die Saison 1987/88 entsprechend hoch. Dabei wurde vielfach vergessen, daß die Mannschaft im Vorjahr fast durchweg über ihre Verhältnisse gespielt und die Saison enorm an Kraft gekostet hatte. Ein Erfolg, der vor allem von einer Welle des Enthusiasmus getragen wird, läßt sich jedoch in der Regel nicht ohne weiteres wiederholen. Der Vorstand und Saftig zeigten sich bemüht, die Erwartungen zu dämpfen. Die einzige etwas spektakulärere Neuverpflichtung war Murdo MacLeod von Glasgow Celtic, ein relativ teurer Spieler, der sich jedoch für die Borussen bezahlt machen sollte. Offensichtlich galt das Augenmerk von Vorstand und Trainer vor allem einer Verstärkung der etwas löcherigen Abwehr. Von MacLeod abgesehen, wurde am Kader kaum etwas verändert. Der bewährten Truppe wurden bewußt keine neuen Stars vorgesetzt. Der BVB kassierte viel Lob für seine Politik, aber sportlich brachte sie den Klub nicht weiter.

Die Saison begann mit einer 1:3-Heimniederlage gegen Bayern München, bei der sich die Borussen als deutlich überfordert erwiesen. Der Souveränität der Bayern hatten die Dortmunder noch nicht viel entgegenzusetzen. Nach einer 1:2-Heimniederlage am 7. Spieltag gegen den 1. FC Köln wurde im Westfalenstadion nicht nur der Kopf des Trainers, sondern auch des Präsidenten gefordert. Was Niebaum anbetraf, allerdings bis heute zum ersten und letzten Mal. Dem Verein wurde vorgeworfen, nicht genug investiert zu haben. Nach dem 2:3 gegen den Hamburger SV am letzten Spieltag der Hinrunde, bereits die 4. Heimniederlage, sprach Niebaum von einer „Zumutung für die Zuschauer". Der Realist Saftig konstatierte: „Uns stehen schwere Zeiten bevor. Spätestens am Samstag hat der Abstiegskampf begonnen."

In der Rückrunde lief es besser. Zum Auftakt gewann der BVB bei Bayern München sensationell mit 3:1. Im Dezember 1987 verpflichtete der BVB das 20jährige Super-Talent Andreas Möller. Der Transfer war vor allem das Werk von „Vize" Ernst G. Breer. Die Borussen mußten für den schmächtigen offensiven Mittelfeldspieler die Rekordsumme von 2,4 Mio. DM an Eintracht Frankfurt überweisen. Die „Rekord-Kohle aus Dortmund" *(Kicker)* rief einen empörten Norbert Blüm auf den Plan. Sein Debüt gab Möller am Aschermittwoch 1988. Beim Nachbarschaftsduell mit dem VfL Bochum gelang ihm auf Anhieb ein Treffer, aber der BVB kassierte trotzdem eine 1:2-Heimniederlage. Im Schlepptau von Möller engagierte der BVB später wieder einen hauptamtlichen Manager. Aber auch der zweite Versuch in dieser Angelegenheit erwies sich als Flop. Die *Westfälische Rundschau* charakterisierte den dubiosen Klaus Gerster, Berater von Andreas Möller, treffend als „Manager-Lehrling".

Der Klassenerhalt gelang erst am vorletzten Spieltag mit einem 2:2 daheim gegen Bayer Leverkusen. In der Endabrechnung belegte der BVB den 13. Platz. Die Borussia gewann in dieser Saison nur fünf Spiele im Westfalenstadion. Doch in Dortmund herrschte ein neuer Führungsstil: Weder wurde der Trainer vorzeitig entlassen, noch tätigte man unsinnige und teure Panikkäufe.

Auch im DFB-Pokal gab es für die Borussen nichts zu holen. In der 3. Runde traf der BVB mit Bayer Uerdingen erstmals auf einen „Klassenkollegen". Einem 3:3 n.V. in Krefeld folgte im Wiederholungsspiel vor nur 12.000 Zuschauern eine 1:2-Heimniederlage. In der Bundesliga sank der Zuschauerschnitt gegenüber dem Vorjahr um über 4.000 auf 27.921. Trotzdem bedeutete dies Platz eins in der Zuschauergunst, vor dem FC Bayern, der in dieser Saison „nur" Vizemeister wurde und ca. 500 Zuschauer weniger mobilisierte. Der neue Meister Werder Bremen lag über 3.000 Zuschauer unter dem BVB-Schnitt.

Für eine gewisse Entschädigung sorgte in dieser Saison der UEFA-Cup. In der 1. Runde mußte der BVB erneut nach Glasgow, diesmal allerdings nicht zum Angstgegner Rangers, sondern zu deren Rivalen Celtic. Der BVB verlor 1:2, doch das Rückspiel wurde 2:0 gewonnen, wobei der BVB gegen die kampfstarken Schotten bis wenige Minuten vor dem Abpfiff zittern mußte. Erst in der 87. Minute gelang Dickel, der bereits die Führung markiert hatte, der zweite BVB-Treffer. Mit den gleichen Ergebnissen endeten auch die Spiele der 2. Runde gegen den jugoslawischen Vertreter Velez Mostar, nur daß der BVB zunächst zu Hause antrat und gewann. Im Rückspiel hieß der große Rückhalt de Beer, der in der 18. Minute einen Elfmeter hielt. Zwar gingen die Jugoslawen in der 66. Minute in Führung, aber Mill konnte in der 90. Minute den Ausgleich besorgen. Wie wichtig dieser Treffer war, sollte sich nur eine Minute später zeigen, als Mostar in der Nachspielzeit noch das 2:1 gelang.

Das Aus kam im Achtelfinale gegen den FC Brügge. Zwar gewann der BVB im Westfalenstadion glatt mit 3:0, weshalb kaum jemand am Einzug ins Viertelfinale zweifelte, aber im Rückspiel behielt der FC Brügge mit einem 5:0 n.V. die Oberhand. Gerade in diesem Spiel wurde die noch fehlende spielerische Substanz der Mannschaft deutlich. Immerhin kam der BVB bei seiner ersten Europapokalkampagne in der Ära Niebaum zwei Runden weiter als bei seinen beiden letzten Anläufen. Außerdem bescherten die UEFA-Cup-Auftritte dem Verein eine Rekordeinnahme und befreiten ihn endgültig von seiner Schuldenlast.

Das sportliche Absacken des BVB kam nicht unbedingt überraschend. Nach der unerwartet erfolgreichen Saison 1986/87 hatten sich die Spieler offensichtlich überschätzt. Niebaum: „Wir wurden mit einer relativ schwachen Mannschaft Zufallsvierter." Außerdem war der Kader zu alt und für eine Spitzenmannschaft einfach nicht stark genug, zumal angesichts der zusätzlichen Belastung durch den Europapokalwettbewerb. Bereits Anfang Oktober hatte Frank Mill die Saison zur „Übergangssaison" erklärt. „Wir müssen uns dann ganz einfach höhere Ziele stecken", forderte der Sturmführer. „Wir müssen investieren und uns auf mindestens zwei Positionen gezielt verstärken. Mit Kleckern kommen wir nicht weiter, der Verein hat finanzielle Möglichkeiten und muß sie – auch im Interesse dieser einmaligen Fans – jetzt ausschöpfen."

1988/89 **Triumph in Berlin**

Vor der Saison 1988/89 wurde die mit der Verpflichtung von Andreas Möller begonnene Investitionspolitik fortgesetzt. Erstmals wechselte mit Michael Rummenigge ein prominenter Bayern-Akteur ins Ruhrgebiet. An der Säbener Straße hatte sich der gebürtige Lippstädter nicht weiter entwickeln können. Eine heikle Verpflichtung, war da doch die sogenannte „Schlosseraffäre" gewesen, an die man sich in einer Stadt mit der proletarischen Tradition Dortmunds noch bestens erinnerte. Rummenigge hatte bei einer Fragestunde einen arbeitslosen Schlosser, der des Profis Gehalt problematisierte, in arroganter Manier abgefertigt. Er, der Schlosser, sei schließlich austauschbar, nur ein kleines Rädchen in einer viel größeren Maschinerie – ganz im Gegensatz zum unersetzlichen Kicker Rummenigge. Hernach verfolgte Rummenigge das Image, ein typischer FC Bayern-Jungstar zu sein: elitär und verwöhnt. Daß für Rummenigge der populäre Raducanu weichen mußte, erleichterte seinen Einstand auch nicht gerade. Aber Niebaum und Saftig, der mit Rummenigge bereits in seiner Zeit als Co-Trainer des FC Bayern gearbeitet hatte, konnten den Spieler, dem auch ein Angebot des Hamburger SV vorlag, überzeugen, den Wechsel ins Revier zu wagen.

Noch bevor die Rummenigge-Verpflichtung amtlich wurde, gab es heftige Proteste einiger Fanklubs. Eine Flut von Protestschreiben erreichte den BVB, vor dessen Geschäftsstelle auch demonstriert wurde. Der Wechsel drohte zwischenzeitlich sogar zu scheitern. Der Verein bemühte sich, die Wogen zu glätten und Rummenigges Integration zu erleichtern. Rummenigge: „Als ich dann in Dortmund anfing, wurde versucht, die Anti-Stimmung gegen meine Person abzuschwächen. Es fand beispielsweise ein Gespräch mit verschiedenen Fanklubs statt, das über mehrere Stunden ging. Das bewirkte beim einen oder anderen eine positive Meinungsänderung." Auch der Ältestenrat agierte als Vermittler. Vor allem aber war es Rummenigge selbst, der mit kämpferischen Darbietungen seine Akzeptanz förderte. Vor Rummenigges erstem Auftritt in schwarz-gelb vermittelte ihm Niebaum in einem sehr intensiven Gespräch, „daß Fußball hier auch ein Arbeitsprogramm ist" (Niebaum). Als der BVB ein knappes Jahr später im Pokalfinale stand, war die Integration Rummenigges erfolgreich abgeschlossen.

Die Rummenigge-Verpflichtung signalisierte, daß der BVB die Dominanz des FC Bayern nicht für unumstößlich erachtete und ernsthaft dagegenhielt. Mit Möller und Rummenigge wurde bewußt ein anderer Spielertypus an Bord geholt. Denn ausschließlich mit engagiertem Hauruck-Fußball war ein Platz in der obersten Etage der Bundesliga über mehr als nur eine Saison kaum zu verteidigen. Ein überwiegend auf Kampfbereitschaft basierender Fußball mochte für punktuelle Erfolge bürgen, aber ein echtes Spitzenteam benötigte mehr spielerisches Potential. Gesucht wurden Spieler, die den Ball auch mal in den eigenen Reihen halten und das Tempo kontrollieren konnten. Der Erfolg der „Operation Rummenigge" brach bei den Fans Dämme, was die spätere Verpflichtung weiterer Stars zweifelsohne erleichterte. Bald machte sich eine pragmatische Haltung breit: Erlaubt war, was die Bayern schwächte. Auch wenn man selbst dabei ein wenig wie der FC Bayern wurde und einige „Ruhrpott-Sakrilege" kippte.

Die Saison begann zunächst mit einem Paukenschlag. Noch im Trainingslager packte Saftig seine Koffer, nachdem Mill die Kraftprobe um die Kapitänsbinde für sich entschieden hatte. Saftig hatte den umgänglicheren Michael Zorc für dieses Amt ausgeschaut. Für den Fall, daß Frank Mill Kapitän bleiben sollte, was seitens des Vorstands unterstützt wurde, hatte er sein

Gehen angedroht. Es sollte nicht das letzte Mal sein, daß die Vereinsspitze die Position des Trainers durch die Parteinahme zugunsten eines Spielers unterminierte. Der integere Saftig ließ seiner Drohung die Tat folgen und kehrte Dortmund den Rücken. Sein Nachfolger wurde Beckenbauers Strohmann Horst Köppel.

In der Meisterschaft lief es zunächst bescheiden an. Wie gewohnt startete man mit einer Niederlage in die Saison (1:2 gegen den VfB Stuttgart). Nach sechs Spieltagen lautete die Bilanz 3:9 Punkte. Erst am 7. Spieltag gelang mit einem 3:0 bei Waldhof Mannheim der erste Saisonsieg. Von nun an lief es aber deutlich besser. Im folgenden Spiel gegen Hannover 96 (4:0) gelang Nobert Dickel der schnellste Hattrick der Bundesligageschichte: Dickels drei Treffer fielen innerhalb von nur sechs Minuten, zwischen der 67. und 73. Minute. In einigen Spielen – so u.a. beim 6:0 gegen Eintracht Frankfurt und beim 3:1 in Stuttgart – zelebrierte die Borussia Fußball vom Feinsten. Vom späteren Meister Bayern München, der den Wettbewerb dieses Jahr erneut dominierte, trennte man sich beide Male mit einem 1:1. Am Ende der Saison belegte der BVB den 7. Platz, dreizehn Punkte hinter Meister Bayern und zwei Punkte hinter dem Tabellenfünften VfB Stuttgart. Im Schnitt wurden die Heimspiele des BVB von 29.176 Zuschauern gesehen, womit der Verein erneut die Nr. 1 beim Fußballpublikum war – vor Meister FC Bayern.

Im Pokal gewann der BVB zunächst gegen die Zweitligisten Eintracht Braunschweig und FC Homburg mit 6:0 bzw. 2:1. Zum Schlüsselspiel wurde die 3. Runde beim dritten Zweitligisten in Folge, dem ewigen Rivalen Schalke 04. Der BVB gewann mit 3:2, und der schwarz-gelbe Anhang skandierte im Parkstadion: „Über Schalke fahr'n wir nach Berlin." Norbert Dickel: „Ab einem bestimmten Punkt konzentrierte man sich unterbewußt auf den DFB-Pokal. Das muß wohl nach dem Achtelfinale gegen Schalke gewesen sein." Nach dem Spiel kam es im Presseraum zu einem Eklat. Frank Pagelsdorf stellte einen „Journalisten" der *Bild*-Zeitung zur Rede, der ihn und andere BVB-Spieler über Monate hinweg in typischer Boulevardmanier attackiert hatte. Der Mann von *Bild* wußte sich nicht anders zu helfen, als den Herausforderer mit einem Faustschlag niederzustrecken. Als Informant des „Journalisten" war Frank Mill ausgemacht worden, weshalb ihn Köppel in Gelsenkirchen auf der Bank schmoren ließ. Die *Westfälische Rundschau* schrieb anschließend über Spiel und Nachspiel: „Köppel und Borussia haben gesiegt, Mill und *Bild* sind die großen Verlierer. Für den umstrittenen Stürmer gibt's nur eine Rückkehr in die Mannschaft, wenn er endlich zur Besinnung und Vernunft kommt."

Borussia Dortmund und die *Bild*-Zeitung wurden in der Ära Niebaum keine Freunde. Der Präsident bemühte sich darum, das Boulevardblatt und dessen Redaktion Essen-Kettwig aus dem Verein herauszuhalten. Niebaum war der Auffassung, daß sich die Interessen des Vereins und der Boulevardpresse diametral entgegenstehen würden. Der Verein benötigte Ruhe, um sein ehrgeiziges sportliches Projekt realisieren zu können. Die Auflage von *Bild* basierte hingegen auf Schlagzeilen und Klamauk. Eine Verzahnung mit *Bild* und Co. paßte überdies nicht zum Bemühen um ein seriöses Image. Das Blatt rächte sich für Borussias neue Pressepolitik, die zu einem charakteristischen Merkmal der Ära Niebaum werden sollte, indem es sich den Rivalen Schalke 04 und FC Bayern als publizistischer Rammbock gegen den BVB andiente. Ein Angebot, von dem man in München und Gelsenkirchen noch reichlich Gebrauch machen sollte.

Im Viertelfinale des DFB-Pokals gewann der BVB im Westfalenstadion gegen den Karlsruher SC mit 1:0. Auch das Halbfinale durfte der BVB vor heimischer Kulisse bestreiten. Hier besiegten die Borussen in einem erstklassigen Spiel, das alles bot, was das Fußballherz begehrt, den favorisierten VfB Stuttgart mit 2:0. Das 1:0 fiel durch einen dreimal abgefälschten 18-Meter-Schuß von Michael Zorc. Mills Kopfball zum 2:0 folgten wütende Proteste der Stuttgarter. Der kleine Stürmer hatte sich nicht ganz regelgerecht von seinem „Schatten“ Schmäler befreit. Anschließend war Hektik angesagt: Als Fritz Walter BVB-Keeper de Beer mit gestrecktem Bein zu Fall brachte, verloren Kroth (BVB) und Gaudino (VfB) die Beherrschung und sahen „Rot“. Später mußte auch noch der Stuttgarter Schröder vorzeitig unter die Dusche.

40.000 Fans fahren nach Berlin

Zum ersten Mal seit 1965 stand der BVB wieder in einem Pokalfinale. Gegner war Vorjahresmeister Werder Bremen, der in dieser Saison den 3. Platz belegte. Das Endspiel fand am 24. Juni statt, auf den Tag genau 33 Jahre nach dem 4:2-Sieg über den Karlsruher SC, der für den BVB den ersten Meistertitel bedeutet hatte. Mit dem Olympiastadion war auch die Spielstätte identisch, ein gutes Omen also.. Etwa 40.000 Fans begleiteten den BVB nach Berlin. Das Finale geriet zum Heimspiel. Michael Zorc später: „Als wir das Stadion betreten haben, lief uns ein Schauer über den Rücken. Überall nur Schwarz-Gelb. 500 km von zu Hause entfernt kommen über 40.000 Fans ins Stadion. Unvorstellbar.“ Vor dem Anpfiff verkündete Michael Rummenigge: „Das ist mein viertes Pokalfinale, aber sicherlich das für mich bedeutendste. Borussia muß wieder eine Fußball-Macht werden.“

Die bemerkenswertesten Worte blieben allerdings dem Präsidenten vorbehalten, der eine Ansprache hielt, die den Spielern unter die Haut ging. Niebaum: „Ich habe den Spielern gesagt: Was wollt ihr erreichen? Ihr könnt viel Geld verdienen, dann habt ihr hinterher euer Auskommen, aber das ist ja nicht alles. Wenn ihr später, in 30 oder 40 Jahren im Lehnstuhl sitzt, dann müßt ihr sagen können: 'Ich war mal top! Ich war mal in meiner Sportart der Beste!' Auch das ist Reichtum. Und wenn die Enkelkinder da auf dem Schoß sitzen, kann man sagen: 'Ich war Pokalsieger!' Das habe ich ihnen anhand der Spieler vermittelt, die 1956 und 1957 Deutscher Meister waren. Die gehen heute noch stolz durch ihr Leben, weil sie diesen Titel gewonnen haben. Diesen Reichtum kann einem niemand mehr nehmen, selbst wenn sie älter werden und in ihrer Kraft nachlassen. Und das kann man durchaus gleichsetzen mit finanziellen Dingen. (...) Es war für die Spieler natürlich ein ganz ungewöhnlicher Einstieg, zu fragen, was in 20, 30 oder 40 Jahren ist."

Die erste Überraschung des Finales ereignete sich bereits vor seinem Anpfiff. Niemand hatte erwartet, daß Norbert Dickel in der Dortmunder Anfangsformation auflaufen würde. Nur sieben Wochen nach seiner schweren Knieoperation feierte der Torjäger sein Comeback ausgerechnet in einem Pokalfinale. Köppels Kontrahent Rehhagel erfuhr von Dickels Nominierung erst kurz vor Spielbeginn. Die Idee, den Halb-Invaliden aufzubieten, war im Kopf des Präsidenten entstanden. Niebaum intervenierte beim Trainer mit den Worten: „Ohne den Nobby können wir das Ding nicht gewinnen." Zeugwart „Bomber" Wiegandt stellte dem Goalgetter seine alten Schuhe heraus. Als der erstaunte Dickel Wiegandt fragte, was er mit den „alten Tretern" anfangen solle, erwiderte dieser: „Das sind die Dinger, mit denen du vor acht Monaten einen Treffer nach dem anderen erzielt hast. Ich kann dir zwar nicht versprechen, daß sie halten, aber ich habe sie so gut wie möglich flicken lassen. Du willst doch heute wieder Hütten machen, also zieh sie an." Dickel gehorchte dem Zeugwart, obwohl er „in den Dingern kaum laufen" konnte.

Doch „die Dinger" sollten Dickel nicht im Stich lassen. Zwar ging der SV Werder in der 14. Minute durch Riedle in Führung, aber nur sieben Minuten später gelang Dickel der psychologisch ungemein wichtige Ausgleich. Beim Stand von 1:1 wurden die Seiten getauscht. In der 58. Minute brachte Mill den BVB mit einem plazierten Kopfball 2:1 in Führung. Die Borussen spielten sich nun in einen Rausch. In der 73. Minute war es erneut Dickel, der auf 3:1 erhöhte. Als ihm der Ball an der Strafraumgrenze vor die Füße fiel, schmetterte er das Leder mit Vollspann – mit dem Innenrist wäre zu schmerzhaft gewesen – und vollem Risiko ins lange Eck. Lusch setzte nur eine Minute später mit seinem Treffer zum 4:1 den Schlußpunkt. Nach 76 Minuten durfte Dickel, vom Dortmunder Anhang mit Sprechchören zum „Held von Berlin" gekürt, endlich den Platz verlassen. Das Knie hielt einer weiteren Belastung nicht mehr stand. Andreas Möller nach dem Schlußpfiff: „Für mich ist der Norbert einfach sensationell. Ich hätte nach einer so schweren Verletzung heute nicht einmal einen Pieps machen können."

Das Finale von Berlin sollte sich später leider auch als der Anfang vom Ende der spektakulären, aber viel zu kurzen Karriere des Norbert Dickel erweisen. In der folgenden Saison 1989/90 absolvierte Dickel nur noch sechs Bundesligaeinsätze für den BVB, bevor er sich zum Sportinvaliden erklären ließ. Dickel ruinierte für den BVB sein Knie, was die BVB-Fans ihm bis heute nicht vergessen haben. Noch heute, wenn der Stadionsprecher Dickel die Mannschaftsaufstellung des BVB preisgibt, feiert ihn die Südtribüne als „Held von Berlin“. Andere Borussen-Akteure waren zwar mit mehr Talent gesegnet als Dickel, aber für viele verkörperte der Verlauf seiner Karriere den Arbeitsethos der Region. Als Sportinvalide weckte er gar Assoziationen an den Bergmann, den eine schwere Berufskrankheit in den frühzeitigen Ruhestand zwingt. Überdies stand der Name Dickel für eine Loyalität gegenüber dem Verein, wie sie Fans ansonsten eigentlich nur sich selbst bescheinigen, nicht aber Spielern.

Der BVB gewann seine erste Trophäe seit 23 Jahren mit der Aufstellung:
► de Beer – Kroth, Kutowski, Helmer, MacLeod – Breitzke (ab 73. Lusch), Zorc, Möller – Rummenigge, Dickel (ab 76. Storck), Mill.

Der Pokal ist in Dortmunder Hand: Helmer und Möller nach dem Spiel.

Pokalsieg 1989: Jubelfeier für die zurückgekehrte Mannschaft. Ganz rechts im Bild

Nach dem Triumph von Berlin hagelten auf die BVB-Führung die Lobeshymnen nur so nieder. Trainer Köppel: „Früher war Dortmund berühmt-berüchtigt für Trainer-Entlassungen. Doch nun hat der Klub einen besonnenen, zielstrebigen Vorstand, der dem Trainer den Rücken freihält." Und der schon damals beim BVB beschäftigte Co-Trainer Michael Henke: „Der Klub ist einfach ideal geführt." Michael Rummenigge konstatierte erhebliche Unterschiede zwischen seinem alten und seinem neuen Arbeitgeber: „Beim BVB geht es sehr familiär zu. (...) Hier gibt es keinen Neid und keine Mißgunst. Eine ganz neue Erfahrung für mich."

Oberbürgermeister Günter Samtlebe.

Der allseits gelobte Präsident demonstrierte einmal mehr sein Faible für Tradition: „Heute haben die alten Borussen wie Erich Schanko oder Erwin Schlebrowski im Geiste mitgespielt. Durch ein engagiertes Spiel lebte die alte Pokaltradition des BVB wieder auf. Kampf, Bereitschaft und Einstellung waren vorbildlich." Traditionsbewußt war auch die Spielkleidung des BVB: Erstmals wurden die alten Ringelsocken wieder herausgekramt. Zu den ersten Gratulanten des BVB gehörte natürlich die Sozialdemokratie – namentlich Alt-Bundeskanzler Willy Brandt, NRW-Ministerpräsident Johannes Rau, Berlins regierender Bürgermeister Walter Momper und selbstverständlich Dortmunds Oberbürgermeister Günter Samtlebe. Auf dem offiziellen Festbankett kam es zu einer rührenden Szene: Herbert Sandmann, einer der Meisterspieler von 1956 und 1957, bat Niebaum, ihm Michael Zorc vorzustellen, über den der Traditionsspieler zu sagen pflegte: „Das ist mein Nachfolger." Sandmann überreichte Zorc seinen Meisterring. Niebaum: „Das war für ihn ein sehr großer Akt, das hat ihn unheimlich aufgewühlt."

In Dortmund empfingen fast 200.000 Menschen die siegreiche Mannschaft. „Dickel, Dickel, wir danken dir", skandierte die begeisterte Menge immer wieder.

Anschließend gewann der BVB auch noch den Supercup, als er in Kaiserslautern Meister Bayern München mit 4:3 besiegte. Die Torschützen für den BVB waren Breitzke (2), Wegmann und Möller. Der BVB gewann den Supercup mit folgender Aufstellung:

► de Beer (ab 76. Meyer) – Kroth, MacLeod (ab 46. Kutowski), Helmer, Schulz – Breitzke, Zorc, Möller – Rummenigge, Driller, Wegmann.

Nach dem Pokalsieg war es erneut Frank Mill, der die Richtung angab. Nur der BVB habe das Zeug dazu, zu einem ernsthaften Gegenspieler der Bayern zu werden, verkündete der Stürmer. Und das Wickert-Institut ermittelte, daß bundesweit 75% der Fußballinteressierten Borussia Dortmund sympathisch fanden, womit sich der BVB als beliebtester Klub der Bundesrepublik bezeichnen durfte.

1989/90 Weiter bergauf

Nach der erfolgreichen Saison schien der Rücktritt von Gerd Niebaum eigentlich bereits besiegelt zu sein. Aufgrund von Arbeitsüberlastung wollte der Präsident sein Amt abgeben. Niebaum: „Der Fußball hatte sich weiter verändert. Für einen ehrenamtlichen Präsidenten waren die Anforderungen zu groß." Hinzu kam die persönliche Enttäuschung über Andreas Möller und Thomas Helmer, „typische Kinder der Bundesliga" (Niebaum), von denen sich Niebaum eine größere Identifikation und Loyalität gegenüber dem Verein erhofft hatte. Ihre Pokerei war Auslöser für einen Frust, denn sie waren nicht bereit zu honorieren, was der Klub ihnen gegeben hatte. Es sollte nicht das letzte Mal ein, daß der Präsident seinen Rückzug ankündigte und auf diese Weise überfällige Reformen bewirkte.

Mit dem Pokalsieg war eine Phase nachholender Entwicklung abgeschlossen. Sollte der Pokalsieg keine Eintagsfliege bleiben, sondern leistungsmäßige Kontinuität einkehren und der BVB zu einem ernstzunehmenden Konkurrenten der Bayern und der Bremer avancieren, bedurfte es eines weiteren Professionalisierungs- und Modernisierungschubs. Bereits zu diesem Zeitpunkt war Niebaum in den Augen vieler BVB-Fans unersetzlich geworden. Sie befürchteten, sein Rücktritt würde einen Rückfall in alte Zeiten bedeuten.

Dortmund durfte jedoch schon bald wieder aufatmen. Niebaums Rücktrittspläne verfehlten nicht ihre Wirkung. Im Dezember 1989 übernahm Michael Meier den Job des Managers und sorgte somit für eine Entlastung des Präsidenten. Meier stammte aus der vor den Toren Dortmunds gelegenen Arbeiterstadt Lünen. Seine Schulzeit verbrachte er allerdings größtenteils in der Dienstleistungsstadt Bonn. Meier studierte Jura und Betriebswirtschaft und absolvierte eine Ausbildung zum Diplomkaufmann. Seine Managerkarriere begann beim 1. FC Köln, für den er sieben Jahre arbeitete. Anschließend wechselte er zu Bayer Leverkusen, wo er jedoch nie richtig heimisch wurde. Meier wollte eigentlich „raus aus dem Fußball", aber Niebaum überzeugte ihn zum Weitermachen. In Dortmund hatte Meier nach eigenem Bekunden keine Integrationsprobleme: „Ich hatte meine westfälische Mentalität noch behalten, ohne allerdings zu wissen, was diese war."

Borussia hat endlich einen (richtigen) Manager. Gerd Niebaum (links) mit Michael Meier.

Die Fans, denen die gescheiterten Experimente mit Tippenhauer und Gerster noch in Erinnerung waren, halfen dem Rückkehrer diesbezüglich auf die Sprünge. Der Manager wurde mit den Worten begrüßt: „Was willst du denn hier? Du willst doch sowieso nur unsere Kohle." Meier: „Da wußte ich, daß ich wieder zu Hause war. Der direkte Angriff als Teil der westfälischen Mentalität." Allerdings mußte Meier zunächst lernen, daß man in Dortmund „bestimmte Dinge nicht machen kann" (Niebaum) und sich das „Seelenleben" des BVB von dem seiner früheren Arbeitgeber erheblich unterschied. So mußte Meier den Plan fallen lassen, einen äußerst zahlungskräftigen Trikotsponsor zu verpflichten. Dieser besaß nämlich das Manko, nicht in Dortmund beheimatet zu sein.

Doch Meier lernte schnell und entwickelte ein hervorragendes Feeling für die Dortmunder Situation. Das operative Geschäft des Vereins wurde nun vom Manager übernommen. Eigentlich sollte die Meier-Verpflichtung nur Teil der Bemühungen Niebaums sein, das Haus für den Nachfolger zu bestellen. Aber Meier stellte als Bedingung für sein Kommen, daß der „berechenbare" Niebaum Präsident bliebe. Die Amtszeit Niebaum durfte sich zu einer Ära Niebaum entwickeln. Mit der Verpflichtung eines kaufmännisch qualifizierten Managers wurde die längst überfällige Professionalisierung der Vereinsstruktur eingeleitet. Die Versäumnisse von 1966 wurden somit 1989 nicht wiederholt.

Zu den Neuverpflichtungen für die Saison 1989/90 gehörte u.a. Jürgen „Kobra" Wegmann, der bereits von 1983-86 beim BVB gekickt hatte, bevor er zunächst zu Schalke und anschließend zu den Bayern wechselte. Mit Wegmann verpflichtete der BVB nach Rummenigge zum zweiten Mal einen Bayern-Spieler. Bei den Bayern hatte Wegmann, obwohl nicht gerade ein Top-Stürmer, seine erfolgreichsten Jahre verlebt. In 58 Spielen hatte er immerhin 26 Tore für die „Roten" erzielt, darunter auch ein „Tor des Monats", und war 1989 Deutscher Meister geworden. Von der Verpflichtung wirklich großer und fertiger Stars war der BVB aber noch immer ein gutes Stück entfernt.

Neu waren in dieser Saison der Ausrüster und das Gelb der Borussen-Jerseys. Als erster deutscher Profiverein bändelte der BVB mit dem US-Hersteller Nike an. Die erste sichtbare Konsequenz war ein neongelbes Trikot, das bei den traditionsbewußten Borussen-Fans einen Aufschrei des Protestes provozierte. Ein Jahr später sollte es noch schlimmer kommen: Als die Borussen im Juli 1990 ein Testspiel gegen Paris St. Germain bestritten, mußten sie auf ihre lila (!) Ausweichtrikots zurückgreifen. Die Südtribüne konterte diesen Akt von Geschmacksverirrung und Traditionsverrat mit „Muh, muh, muh, lila Kuh, zieht die Trikots aus."

In der Bundesliga belegte der BVB am Ende einen hervorragenden 4. Platz. Nur zwei Punkte trennten ihn von Vizemeister 1. FC Köln. Zum Titelverteidiger FC Bayern betrug die Differenz acht Zähler. 14 Spieltage hintereinander blieb der BVB ungeschlagen. Das Zusammenspiel zwischen Rummenigge und Möller klappte immer besser. Aber allen schwülstigen Treuebekundungen zum Trotz, verließ der „Andy" den BVB nach der Saison, um nach Frankfurt zurückzukehren. Per Stadionmikrofon hatte Möller den Fans versprochen, innerhalb der Bundesliga nicht zu wechseln. Es war nicht das erste Mal, daß Möller Wortbruch beging. In Frankfurt hatte er 1987 Handzettel mit der Aufschrift „Ich bleibe bei Eintracht" verteilen lassen. Zwei Monate später befand er sich auf dem Weg ins Ruhrgebiet. Möller gab später zu, daß sein Abgang in Dortmund sehr unglücklich verlaufen sei. Die Entscheidung, zurück nach Frankfurt zu gehen, sei der größte Fehler seiner Laufbahn gewesen. Trotz der unerfreulichen Umstände seines Wechsels gab Niebaum dem Jungstar mit auf dem Weg: „Andy, du kannst jederzeit zu uns zurückkommen."

Der Zuschauerschnitt wuchs in dieser Saison um mehr als 5.000 auf 34.810. Auch 1989/90 hieß der Zuschauerkrösus Borussia Dortmund, der Meister FC Bayern erneut auf Platz zwei verwies. Der Sieg im DFB-Pokal hatte den BVB-Boom weiter geschürt. Die guten Vorstellungen in der Bundesliga taten ein übriges, die Zuschauer zu mobilisieren. Im DFB-Pokal erlebte der Pokalverteidiger allerdings eine Blamage, als er in der 2. Runde im eigenen Stadion dem Zweitligisten Eintracht Braunschweig 2:3 unterlag.

Im Europapokal der Pokalsieger schlug sich der BVB höchst achtbar, obwohl bereits in der 2. Runde das Aus kam. Zum Auftakt gewannen die Borussen bei Besiktas Istanbul 1:0. Das Rückspiel geriet jedoch zu einer Zitterpartie, bevor Jürgen Wegmann sechs Minuten vor Schluß den 2:1-Siegtreffer erzielen konnte. In der 2. Runde empfing der BVB mit dem italienischen Vertreter Sampdoria Genua einen ganz harten Brocken. Im Westfalenstadion reichte es nur zu einem 1:1, nachdem Manzini für die Genuesen zwei Minuten vor Schluß den Ausgleich erzielt hatte. Beim Rückspiel in Genua verlor der BVB trotz einer großartigen Vorstellung durch zwei späte Tore von Gianluca Vialli mit 0:2. Sampdoria gewann später den Wettbewerb. Als Trostpflaster blieb dem BVB aus seinen zwei Heimspielen eine Einnahme von 3,8 Mio. DM.

In seinem Saisonresümee wies Wilfried Wittke in der *Westfälischen Rundschau* jedoch auf ein Problem hin: Daß sich der BVB bereits zum dritten Male für einen Europapokal-Wettbewerb qualifiziert habe, sei beileibe keine Selbstverständlichkeit. Denn die Borussen spielten „längst nicht mehr im schönsten Stadion der Republik, mindestens die Hälfte der Bundesligaklubs verfügt über weitaus bessere und größere finanzielle Möglichkeiten. Das Kapital des Pokalsiegers von 1989 sind eher Zuschauer als Spieleinnahmen, weil die Sitzplatzkapazität in der einst als 'Fußball-Oper' gepriesenen Arena an der Strobelallee nicht die Voraussetzung bietet, um ihn auf Dauer in der Spitzengruppe zu etablieren. Stadt und Verein stehen deshalb unter Zugzwang, wenn sie sich später nicht den Vorwurf gefallen lassen wollen, die Entwicklung in den 90er Jahren verschlafen zu haben. Nur mit einem ausgebauten und modernisierten Stadion können Klub und Region das 'starke Stück Deutschland' werden, das sich die Fans so sehr herbeisehnen." Der BVB sollte in den kommenden Jahren seine Sitzplatzkapazität auf Kosten der Stehplätze und des Fassungsvermögens des Westfalenstadions verringern. Hierfür waren allerdings nicht zuletzt Richtlinien der UEFA verantwortlich. Ein weiterer Ausbau der Arena und deren umfassende Modernisierung ließen noch einige Jahre auf sich warten. Niebaum pflegte diesbezüglich anzumerken, das Kürzel BVB stünde nicht für „Bausparverein Borussia" sondern für „Ballspielverein Borussia".

„Bausparverein" statt „Ballspielverein"?

Die Verstärkung der sportlichen Substanz und deren Stabilisierung, gemäß der Strategie „Sanieren durch Investieren", genossen zunächst eindeutig Priorität. Folglich gab der BVB sein Geld vorrangig für die Mannschaft aus. Der Erfolg sollte Niebaum recht geben. Die Etablierung des BVB in der Bundesligaspitze und den europäischen Wettbewerben sorgte bald dafür, daß große Summen in die Vereinskasse flossen, mit denen nun auch andere Projekte angepackt werden konnten. Andere Klubs beschritten den Weg andersherum und scheiterten damit.

Vor dem Start in die Saison 1990/91 tätigte der BVB mit Flemming Povlsen (PSV Eindhoven) den bis dahin teuersten Transfer seiner Geschichte. 4,1 Mio. DM kostete der Däne die Borussen. Des weiteren wurden u.a. die beiden vielversprechenden Talente Thomas Franck (SV Waldhof Mannheim) und Gerhard Poschner (VfB Stuttgart) verpflichtet. Mit den Bayern konnte der BVB auf dem Transfermarkt noch nicht konkurrieren, wohl aber mit Klubs von der Größenordnung des VfB Stuttgart. Eigentlich sollte auch ein Stürmer namens Ulf Kirsten in Dortmund seine Arbeit aufnehmen. Nach Andreas Thom, der sich Bayer Leverkusen angeschlossen hatte, war Kirsten der zweite Spieler aus der ehemaligen DDR, der nach dem Mauerfall in den Westen wechseln durfte. Kirsten unterschrieb beim BVB einen Vertrag. Doch Kirstens Berater und Leverkusens Manager Callmund zerrissen das Dokument und lotsten den Stürmer in die Chemiestadt. Der BVB verzichtete auf die eigentlich fällige Betrugsanzeige.

Es war die Saison, in der die Bayern, nachdem sie bereits seit einigen Jahren auf europäischer Ebene keine Trophäen mehr einheimsen konnten, nun auch in der Bundesliga ins Taumeln gerieten. Überraschungsmeister wurde der 1. FC Kaiserslautern, der im Vorjahr noch gegen den Abstieg gekämpft hatte. Besonders im Schlußspurt zeigte sich, daß die einstige Souveränität der Bayern dahin war.

Der BVB belegte in der Endabrechnung mit einem ausgeglichenen Punktekonto nur den 10. Platz. Bereits der Auftakt ging derb in die Hose: Im Westfalenstadion unterlag man dem VfB Stuttgart mit 0:3. Allerdings konnte sich der BVB zugute halten, zum Sturz der Bayern beigetragen zu haben. So gewann der BVB nach seiner besten Saisonleistung in München sensationell mit 3:2. Nach dem Sieg im Olympiastadion hatte der BVB immerhin ein Punktekonto von 15:11, und „Kobra" Wegmann, der in München endlich mal wieder ins gegnerische Tor getroffen hatte, meinte selbstbewußt: „Wir können Meister werden." Der Tiefpunkt der Saison war hingegen die 0:7-Niederlage beim VfB Stuttgart. Das unbe-

Flemming Povlsen

friedigende Abschneiden des BVB war vor allem seiner eklatanten Heimschwäche geschuldet. Vor der Saison hatte Horst Köppel die Parole ausgegeben: „Das Westfalenstadion muß wieder eine Festung werden!“ Aber in 17 Heimspielen blieb der BVB nur viermal siegreich – gegen die drei Absteiger Hertha BSC, Bayer Uerdingen und FC St. Pauli sowie den Viertletzten VfL Bochum. Die Heimbilanz der Borussen lautete 15:19 Punkte.

Der Vorstand hielt bis zuletzt an Köppel fest, möglicherweise um den Preis einer Teilnahme am UEFA-Cup. Niebaum war zu diesem Zeitpunkt der Beweis von Seriosität und Solidität wichtiger. Außerdem machte der Präsident „ethische Erwägungen“ geltend: „Köppel hatte für den BVB den ersten Titel seit 23 Jahren geholt. Es konnte nicht angehen, daß wir diesen Mann wie einen begossenen Pudel aus dem Tempel jagen würden.“ Allerdings wurde das Verhältnis mit Köppel im beiderseitigen Einvernehmen zum Saisonende beendet.

Die BVB-Fans ertrugen den Saisonverlauf mit großer Geduld. Als der BVB im Westfalenstadion gegen den 1. FC Köln nach vier Pfosten- und Lattenschüssen und großartigem Kampf 1:2 verlor, wurden die Spieler von der Südtribüne trotzdem minutenlang gefeiert. Trotz des schwachen und enttäuschenden Abschneidens lag der Zuschauerschnitt mit 33.564 nur um wenige hundert unter dem der Vorsaison. Zum letzten Spiel gegen den FC St. Pauli (5:2) kamen noch über 30.000 Zuschauer. Lediglich Vizemeister FC Bayern mobilisierte mehr Zuschauer als der BVB.

Im UEFA-Cup schaltete der BVB zunächst den Chemnitzer FC aus. Die Borussen gewannen beide Begegnungen mit 2:0. Auch die nächste Hürde, Universitatea Craiova, wurde mit einem 3:0-Auswärts- und einem 1:0-Heimsieg problemlos genommen. Das Aus kam – wie schon 1987/88 – in der 3. Runde, und erneut erwies sich der belgische Vertreter als Stolperstein. Beim RSC Anderlecht verlor der BVB mit 0:1, wobei der Siegtreffer der Gastgeber erst in der 76. Minute fiel. Für das Rückspiel konnten sich die Borussen noch gute Chancen ausrechnen. Der Dortmunder Fahrplan geriet allerdings durcheinander, als der RSC Anderlecht im Westfalenstadion in Führung ging. Zwar gelang Gorlukowitsch wenige Minuten nach dem Anpfiff der 2. Halbzeit der Ausgleich und Schulz in der 79. Minute auch noch der Siegtreffer, aber aufgrund des einen auswärts erzielten Tores hatte die Gäste am Ende die Nase vorn.

1991/92 Hitzfeld kommt

Eigentlich sollte Otto Rehhagel Köppels Nachfolge antreten, doch der Trainer-Guru lehnte mit der Begründung ab, daß er dann wieder „bei Null anfangen“ müsse. Statt seiner verpflichteten die Borussen den bis dahin weithin un-

„And then there were three..." Gerd Niebaum präsentiert den neuen Trainer Ottmar Hitzfeld.

bekannten Ottmar Hitzfeld, der für den VfB Stuttgart in der Saison 1977/78 22 Bundesligaspiele absolviert hatte, bevor er zum Schweizer Klub St. Gallen ging. Hitzfelds Verpflichtung wurde mit Verwunderung und Skepsis quittiert. Der Trainer Hitzfeld war zwar in der Schweiz mit Grashopper Zürich zweimal Meister sowie Pokalsieger geworden und hatte die Mannschaft 1989/90 bis ins Viertelfinale des Europapokals der Pokalsieger geführt. Aber derartige Erfolge wurden kaum als hinreichende Qualifikation für das harte Bundesligageschehen betrachtet. „Wat wollt ihr mit dem Schweizer?", fragte einer der Kiebitze, als Hitzfeld erstmals beim Borussen-Training auftauchte.

Mit dem Mathematiker Hitzfeld präsentierte der Verein einen für Dortmund, aber auch die Bundesliga neuen Trainertypus, der den Wandel, das neue Selbstverständnis und die neuen Ansprüche des BVB symbolisierte. Der auch als „Gentleman-Trainer" titulierte Hitzfeld unterschied sich nicht nur von den alten Haudegen im Trainingsanzug, sondern auch von den Showtrainern. Hitzfeld: „Wenn ich rumschreie und gestikuliere, wäre das für mich sicher werbewirksamer, aber dieses Showgehabe lehne ich ab." Das besondere Augenmerk des Neuen galt der Verbesserung der spielerischen Substanz und des taktischen Verhaltens der Borussia. Das ging nicht ohne Probleme. Daß Hitzfeld den Stürmer Stephane Chapuisat nach Dortmund holte, wurde nicht gerade als Beleg für seine Kompetenz gewertet. Des Schweizers einzige Bundesligareferenzen bestanden in zehn Einsätzen für den Absteiger Uerdingen, in denen er vier Tore erzielt hatte. Außerdem galt er als verletzungsanfällig. Doch der Instinktfußballer Chapuisat sollte zum Shooting Star der Saison avancieren, zum wohl besten Einkauf des BVB seit vielen Jahren.

Nach der Saison urteilte Michael Rummenigge über Hitzfeld: „Er ist der beste Trainer, den ich je hatte. Das bezieht sich gleichermaßen auf das Fachliche und das Menschliche. Er arbeitet absolut professionell, verfolgt mit schlafwandlerischer Sicherheit sein Konzept und bringt seinen ganzen Charakter voll ein. Er bleibt immer ruhig und sachlich, selbst dann, wenn wir ganz mies spielen. Er erklärt dann völlig souverän, was zu tun ist, und er hat recht. Das alles geschieht eindringlich, aber ohne aufgesetzte Emotionen. Er wird nie laut, bei ihm kann es nicht passieren, daß er einen Schiedsrichter beschimpft oder die Eckfahne herausreißt. Sowas überträgt sich auch auf eine Mannschaft. Man wird cool und clever."

Für Hitzfeld sprach auch, daß er die Spieler allein nach Leistung nominierte, ohne Ansehen von Namen und Personen. Dies brachte ihm bei den Spielern enormen Respekt ein. Allerdings geriet sein „Gerechtigkeits-Nimbus" nach dem Eintreffen teurer Stars etwas ins Wanken. In seinen Personalentscheidungen bewies er mehr als einmal ein glückliches Händchen. So ersetzte er im Tor de Beer durch das junge Dortmunder Eigengewächs Stefan Klos, der prompt einschlug und die Tradition guter BVB-Keeper fortsetzte. Und er bekam auch unbequeme Spieler wie Frank Mill in den Griff.

Stephane Chapuisat

Rummenigges Laudatio auf den Trainer war die erfolgreichste Borussen-Saison seit Gründung der Bundesliga vorausgegangen. Dabei benötigte die Mannschaft lange, um zu ihrem Spiel zu finden und in Schwung zu kommen. Dem BVB kam entgegen, daß die Saison – bedingt durch die Wiedervereinigung – mit ihren 38 Spieltagen einem Marathon gleichkam. Am 3. Spieltag verlor der BVB bei Hansa Rostock 1:5, weitere Packungen gab es ausgerechnet in Schalke (2:5) und in Kaiserslautern (0:4). Nach elf Spieltagen verfügte der BVB lediglich über ein ausgeglichenes Punktekonto, doch anschließend wurde die launische Mannschaft zu einem kaum noch zu stoppenden Expreß. Am 13. Spieltag gewann der BVB beim FC Bayern München, der in dieser Saison völlig von der Rolle war und am Ende dem Abstieg um nur fünf Punkte entging, klar mit 3:0. Vom 12. bis 30. Spieltag blieb der BVB ungeschlagen. Erst am 31. Spieltag gab es beim 1. FC Nürnberg wieder eine Niederlage (1:2). In den verbleibenden sieben Spielen verlor der BVB nur noch einmal. Als der BVB am 18. Spieltag bei Bayer Leverkusen 2:0 gewann, schrieb die Presse erstmals von einem „Titel-Aspiranten". Nach einem 4:1-Heimsieg am 22. Spieltag gegen Rostock ging der BVB als Spitzenreiter in die Winterpause. Als die Mannschaft am 27. Spieltag beim 1. FC Köln mit 2:1 gewann, mochte auch Hitzfeld nicht mehr abwinken. „Jetzt sind wir total überzeugt, daß wir es schaffen können", erklärte der Trainer. Am 32. Spieltag wurde Bayern München im Westfalenstadion erneut mit 3:0 geschlagen, der erste Bundesliga-Heimsieg über den Rekordmeister seit dem 26. September 1981. Unter den 52.000 Zuschauern befand sich auch Hermann Eppenhoff. Nach dem Schlußpfiff prophezeite Borussias Ex-Trainer: „Bald ist der BVB wieder ganz oben." Dies mitzuerleben, war ihm allerdings nicht vergönnt. Auf der Rückfahrt vom Stadion erlag Eppenhoff einem Herzinfarkt.

Das Saisonfinale geriet zu einem Krimi, wie ihn die Bundesliga bis dahin noch nie erlebt hatte. Drei Mannschaften lieferten sich ein Kopf-an-Kopf-Rennen, außer dem BVB noch Eintracht Frankfurt, das spielerisch zweifellos beste Team der Liga, und der VfB Stuttgart, der zwar nie glänzen konnte, aber enorm effektiv spielte. Am 30. Spieltag trennten sich der BVB und die Eintracht im Westfalenstadion 2:2. Der anwesende Bundestrainer attestierte der Begegnung „europäisches Niveau". Eine Woche später verlor der BVB durch die Niederlage in Nürnberg die Tabellenführung. Die Borussen fühlten sich betrogen, als der Schiedsrichter nach einer Wück-Schwalbe auf den Elfmeterpunkt zeigte.

Am 34. Spieltag mußte der BVB zum Mitkonkurrenten VfB Stuttgart, wo die Borussen höchst unglücklich verloren. Im Nachhinein betrachtet, war dies bereits die Vorentscheidung. Erneut haderten die Borussen mit dem Schiedsrichter. Beim Stande von 1:1 verweigerte Manfred Harder in der

Schlußminute der 1. Halbzeit einem astreinen Kopfballtor von Michael Schulz wegen angeblicher Abseitsstellung die Anerkennung. Der Stuttgarter Michael Frontzeck anschließend: „Von diesem Knacks hätten wir uns nicht mehr erholt.“ Statt dessen ermöglichte eine über Gebühr lange Nachspielzeit dem VfB, mit einer 2:1-Führung in die Pause zu gehen. In der zweiten Halbzeit verhinderten der Ex-Borusse Immel und Schußpech wiederholt den Ausgleich, und Schiedsrichter Harder machte – wenn es für den VfB eng zu werden drohte – Fouls von Chapuisat und Schulz aus, obwohl gerade diesen beiden BVB-Akteuren von der harten VfB-Abwehr einige Male übel mitgespielt wurde. Helmer gelang zwar sechs Minuten vor Schluß noch der Anschlußtreffer zum 2:3, aber am Ende hatte der VfB mit 4:2 die Nase vorn. Michael Schulz' Kommentar nach dem Schlußpfiff: „Wenn ich sage, was ich über den Schiri denke, werde ich lebenslang gesperrt.“

Doch die Borussen gaben nicht auf. Ottmar Hitzfeld: „Daß die Mannschaft diese unglückliche Niederlage so bravourös weggesteckt hat, zeugt von hervorragendem Charakter und bewundernswerter Moral.“ Vor dem letzten Spieltag existierte wieder Punktgleichheit zwischen den drei Konkurrenten, allerdings hatten die Borussen das schlechteste Torverhältnis. In Dortmund hatte man die Meisterschaft vor dem 37. Spieltag insgeheim bereits abgehakt. Die eigene Mannschaft befand sich gegen Leverkusen auf der Siegerstraße, als die Anzeigetafel vermeldete, daß Frankfurt gegen Bremen 1:2 zurücklag. Das Stadion tobte. Knut Reinhardt anschließend: „Ich dachte, eine der Tribünen stürzt ein.“ Und Ottmar Hitzfeld: „Es lief mir kalt den Rücken herunter – so etwas habe ich noch nie erlebt.“ Zwar schossen die Frankfurter noch den Ausgleich, aber der VfB Stuttgart verlor daheim gegen die SG Wattenscheid ebenfalls einen Punkt.

„Ich dachte, die Tribüne stürzt ein.“

Alle drei Titelanwärter hatten am letzten Spieltag auswärts anzutreten: Frankfurt in Rostock, Stuttgart in Leverkusen und der BVB beim MSV Duisburg. Während Rostock und Duisburg noch eine Chance auf den Klassenerhalt besaßen, ging es für Bayer Leverkusen noch um einen Platz im UEFA-Cup. Über 20.000 Fans begleiteten den BVB nach Duisburg und machten das Auswärtsspiel zu einem Heimspiel. Viele von ihnen hatten die Brisanz des letzten Spieltags vorausgeahnt, denn bereits Wochen vor der Begegnung gab es einen schwarz-gelben Ansturm auf die Duisburger Vorverkaufsstellen. Weitere 30.000 Fans verfolgten das Spiel auf einer 50 Quadratmeter großen Leinwand auf dem Dortmunder Friedensplatz. Um 15.40 Uhr, zehn Minuten nach dem Anpfiff des 38. Bundesligaspieltags ging der BVB in Duisburg durch das 20. Saisontor von Chapuisat in Führung. Die Chancen für den BVB verbesserten sich weiter, als um 15.50 Uhr die Stuttgarter in Leverkusen mit

Das Westfalenstadion wurde zur Festung – vor allem dank der Fans.

0:1 in Rückstand gerieten. Kurz vor dem Halbzeitpfiff gelang dem VfB der Ausgleich, aber da der Halbzeitstand in Rostock 0:0 lautete, war der BVB zu diesem Zeitpunkt mit einem Punkt Vorsprung vor Stuttgart und Frankfurt Meister. Und die Dinge entwickelten sich weiterhin zugunsten der Borussen: Um 16.48 Uhr fiel in Rostock die 1:0-Führung für Hansa, drei Minuten später erzielte Frankfurt zwar den Ausgleich, aber noch immer hatte der BVB die Nase vorn. Um 17.12 Uhr passierte es dann: In Leverkusen köpfte Guido Buchwald in der 86. Minute den VfB in Führung. Obwohl Dortmund das 1:0 in Duisburg über die Runden brachte, war der VfB Meister, da die Frankfurter, die über das beste Torverhältnis verfügten, in Rostock 1:2 verloren. Vier Minuten fehlten dem BVB zu seinem vierten Meistertitel. Die Republik hatte am Finaltag mit den Frankfurtern oder den Dortmundern gefiebert, für den VfB erwärmten sich indes nur wenige. Die Frankfurter standen für Spielkultur, die Dortmunder für Engagement und Begeisterung. Doch der langweiligste der drei Titelkandidaten machte schließlich das Rennen.

Trotzdem erlebte Dortmund eine schwarz-gelbe Party, die die Meisterschaftsfeier der Stuttgarter weit in den Schatten stellte. Als die Mannschaft am Tag nach dem Herzschlagfinale im Rathaus empfangen wurde, standen erneut 30.000 auf dem Friedensplatz. Stefan Klos mit Blick auf die jubelnde Masse: „Der VfB wäre froh, wenn er eine derartige Stimmung in Stuttgart hätte." Zu den Gewinnern dieser Saison gehörte neben Stephane Chapuisat, der auf Platz 2 der Torjägerliste landete, und dem jungen Keeper Klos auch der Ex-Lauterer Michael Schulz, der im März 1992 30jährig in der Nationalmannschaft debütierte.

In der Zuschauergunst konnte der BVB die Konkurrenz klar hinter sich lassen. 41.188 Zuschauer pilgerten im Schnitt ins Westfalenstadion, beim Meister VfB waren es fast 8.000 weniger. Das Westfalenstadion, das noch in der Saison 1990/91 ein Selbstbedienungsladen für Gastmannschaften gewesen war, wurde wieder zu einer schwarz-gelben Festung. Der BVB blieb zu Hause unbesiegt, lediglich sechs der 19 Gastmannschaften konnen wenigstens einen Punkt entführen. Den 2. Platz in der Zuschauertabelle belegte Schalke 04. Der Neuling mobilisierte einen Schnitt von fast 40.000. Das Revier hatte sich zurückgemeldet und befand sich im Fußballrausch.

Der BVB wußte in dieser Saison nicht nur sportlich zu glänzen. Am 19. Oktober 1991 – der BVB empfing daheim die Stuttgarter Kickers – kam es erstmals in einem Bundesligastadion zu einer offiziellen Anti-Rassismus-Aktion, an der alle Ausländer aller BVB-Mannschaften beteiligt waren. Mit dabei war auch Marcel Raducanu. Beim anschließenden 3:1-Sieg der Borussen trafen ausschließlich Ausländer. Ein gutes Jahr später sollte es BVB-Manager Michael Meier sein, der die Bundesliga-Aktion „Mein Freund ist Ausländer" initiierte.

1992/93 Borussia kontra Juve (1. Auflage)

Mit dem Saisonstart hieß es Abschied nehmen von einem Ritual. Nach 31 Jahren wurde samstagabends nicht mehr die „Sportschau" der ARD eingeschaltet, sondern eine Sendung namens „ran", ausgestrahlt vom Privatsender Sat.1. Die „ran"-Macher maßten sich an, den Fußball neu zu inszenieren. Gerecht wurden sie ihrem Anspruch insofern, daß die „ran"-Berichterstattung häufig vom realen Geschehen auf dem Rasen abwich. Fußball war für den Sender das Schlachtfeld, um im Kampf um Einschaltquoten Terrain zu gewinnen und Werbekunden anzuziehen. Der Bundesliga war die Bedeutung des Fußballs für den Sender durchaus bewußt, weshalb die Springer-Kirch-Agentur ISPR die Rekordsumme von 700 Mio. DM berappen mußte, um die Erstverwertungsrechte für ihren Sender Sat.1 für die Laufzeit von fünf Jahren zu erwerben. Damit sich die teure Investition rechnete, mußte der Privatsender das erworbene Produkt zum permanenten „Event" hochjazzen.

Begonnen hatte alles bereits 1987, als einem anderen Privatsender, nämlich RTL, gestattet wurde, in seiner Sendung „Anpfiff" einen fünfminütigen Kurzbericht eines Bundesligaspieles zu zeigen. 1988 wurden dann die Rechte mit der Ufa erstmals an ein Privatunternehmen veräußert. Die Ufa zahlte für drei Spielzeiten 135 Mio. DM, was für den DFB und seine Vereine eine Steigerung der Einnahmen um ca. 150 % bedeutete. Allerdings verkaufte das Unternehmen die Rechte sowohl an den mit ihm verquickten Privatsender RTL wie die öffentlich-rechtlichen Anstalten ARD und ZDF. Die Revolution in der Medienlandschaft bewirkte eine explosionsartige Entwicklung bei den TV-Einnahmen der Vereine. Die Einnahmen aus dem Verkauf der Übertragungsrechte waren nicht mehr länger lediglich ein Zubrot, sondern entwikkelten sich für einige Klubs zu ihrer größten Einnahmequelle. Der BVB sollte in den kommenden Jahren der Hauptprofiteur der neuen Konkurrenz auf dem TV-Markt sein.

Nach der überraschenden Vizemeisterschaft erschien vielen eine weitere Steigerung zunächst als unwahrscheinlich, zumal mit Thomas Helmer einer der herausragenden Leistungsträger der letzten Jahre den Verein verließ. Obwohl die Bayern in einer Krise steckten, sah Helmer in München bessere sportliche (und finanzielle) Perspektiven. Helmers Wechsel an die Säbener Straße wurde weithin als Versuch interpretiert, den weiteren Aufstieg des BVB zu torpedieren. Trotzdem gab es nicht wenige, die die Kunde vom Wechsel mit Erleichterung aufnahmen, waren sie doch der permanenten Pokerei des Spielers überdrüssig. Auch der letzte Akt hatte es noch einmal in sich: Helmer gab – in Absprache mit Hoeneß – vor, zum französischen Klub AJ Auxerre wechseln zu wollen. Niemand glaubte dem Spieler, da ein solcher Wechsel eine Verschlechterung seiner sportlichen Situation bedeutet hätte, auch mit Blick auf die Nationalmannschaft. Hoeneß plante, Helmer in der französischen Provinz nur kurzfristig zu parken, um so die Ablösesumme drastisch zu senken. Denn laut Vertrag durfte der Nationalspieler zwar für „nur" 3 Mio. DM ins Ausland wechseln, nicht aber innerhalb der Bundesliga. Einige Jahre zuvor hätte man den BVB auf diese Weise noch mühelos übers Ohr hauen können, doch Niebaum und Meier durchschauten das Spiel von Hoeneß und Helmer, weshalb der Umzug nach München für die Bayern eine teure Angelegenheit wurde. 7,5 Mio. DM mußte der Rekordmeister für den Abwehrmann überweisen, zu diesem Zeitpunkt der teuerste Transfer der Bundesligageschichte. Alles in allem machte der BVB dabei ein gutes Geschäft. Als Helmer 1986 verpflichtet wurde, kostete er den BVB nur 430.000 DM. Für den Helmer-Ersatz Ned Zelic mußte der BVB nur 700.000 DM bezahlen, weniger als 10 Prozent des Erlöses aus dem Helmer-Transfer. So blieb noch genügend Geld übrig, um während der Saison 1992/93 die Verpflichtung von Matthias Sammer zu finanzieren.

Außer Zelic holte der BVB als Helmer-Ersatz auch noch Stefan Reuter. Ende der Achtziger/Anfang der Neunziger hatte der deutsche Fußball eine zweite Abwanderungswelle in Richtung Italien erfahren. Vor allem der FC Bayern verlor zahlreiche Leistungsträger an die finanzkräftigen Klubs in Mailand und Turin. Mit Reuter kehrte nun erstmals einer dieser Legionäre in die Bundesliga zurück. Der BVB sollte nun zur treibenden Kraft der „Rückholaktion“ avancieren, ermöglicht durch den Zuschauerboom und die noch mehr boomenden Fernsehgelder. Der *Spiegel* über die Dortmunder Verpflichtungspolitik: „Die Millionäre kommen zurück, weil auch zu Hause die Millionen bereitliegen – seit der Ligagründung 1963 haben sich die 'Künstlergagen‘ (Niebaum) vervierzigfacht.“ 3 Mio. DM zahlte der BVB für den Weltmeister von 1990. Bei der Besiegelung des Reuter-Transfers soll Niebaum seinem Turiner Kollegen Giampiero Boniperti gesagt haben: „Eines Tages werden wir bei einem Europapokalfinale nebeneinander sitzen – und dann werden wir Sie schlagen.“ Manager Meier behauptete angesichts des BVB-Booms, rund um die Borussia herrschten längst „italienische Verhältnisse“. Bei Juventus war Reuter (erwartungsgemäß) nicht zurechtgekommen, da der Klub für den Spieler einfach eine Nummer zu groß war. Auch in Dortmund, wo Reuter hoffte, seine Lieblingsposition als Libero bekleiden zu können, entwickelte er sich zunächst nicht zu dem erhofften Leistungsträger. Neuer Libero wurde Ned Zelic, ein Riesentalent, der an seinen guten Tagen mit seiner Eleganz an den jungen Beckenbauer erinnerte.

„Die Millionäre kommen zurück.“

Die Saison begann mit einem 2:2 beim VfL Bochum, wo man nach nur 25 Minuten bereits 0:2 zurückgelegen hatte. Zum ersten Heimspiel empfing der BVB eine Woche später den von Udo Lattek trainierten Rivalen Schalke 04. Die Schalker siegten 2:0, der erste Sieg der Blau-Weißen in Dortmund seit 20 Jahren und im Westfalenstadion. Erneut schienen die Schwarz-Gelben im Meisterschaftsrennen nicht rechtzeitig aus den Startlöchern zu kommen. Doch von nun an lief es besser. Nach Abschluß der Hinrunde belegte der BVB immerhin den 4. Platz, vier Punkte hinter dem wiedererstarkten Herbstmeister Bayern München. In der Winterpause stieß mit Matthias Sammer der zweite „Ex-Italiener“ zum BVB. 8,5 Mio. DM Ablösesumme – so viel Geld hatte noch nie ein Bundesligaverein für einen Spieler ausgegeben. Die *FAZ* stellte Manager Meier die Frage: „Ist Sammer diese 8,5 Millionen Mark überhaupt wert?“ Der BVB-Manager antwortete mit einer Gegenfrage: „Ist ein Fußballer 500.000 Mark wert, oder 30.000 oder 1 Million? Warum folgt in der *FAZ* der Sportteil hinter dem Wirtschaftsteil?“ Und Präsident Niebaum stellte klar, daß man beim Sammer-Transfer lediglich den deutlichen Überschuß aus den UEFA-Pokal-Einsätzen reinvestiert habe. Der BVB hatte sich nun nicht nur zum neuen Großeinkäufer der Liga entwickelt, sondern versammelte bald auch die meisten Großverdiener in seinem Kader. Die Bayern hatten den Verkauf ihrer Leistungsträger an die italienischen Klubs damit erklärt, daß sie mit deren Gehaltsofferten nicht konkurrieren könnten. Tatsächlich war es wohl mehr die Aussicht auf gigantische Transfereinnahmen gewesen, die Hoeneß seinerzeit zum Verkauf der sportlichen Substanz verführt hatte. Das Kalkül, auf dem heimischen Markt für einen Bruchteil des eingenommenen Geldes adäquaten Ersatz zu finden, war nicht aufgegangen. Spieler mangels Geld nicht im Lande halten zu können, qualifizierte der selbstbewußte Meier als „Quatsch" und „reine Schutzbehauptung" unfähiger Kollegen.

Aus den ersten fünf Spielen der Rückrunde holte der BVB 8:2 Punkte, aber die Bayern zeigten keine Blöße. Am 25. Spieltag verlor der BVB gegen die Bayern im mit 64.000 Zuschauern ausverkauften Olympiastadion mit 0:2. Der Abstand zum Rekordmeister betrug nun fünf Punkte, weshalb viele die Meisterschaft bereits abhakten. Doch eine Serie von vier Siegen brachte die Borussen noch einmal ganz dicht an die Spitze heran. Nach 29 Spieltagen betrug der Abstand zu den Bayern nur noch zwei Punkte. Zwischen den Bayern und den Borussen lag mit einem Punkt Differenz Werder Bremen. Am 30. Spieltag mußte der BVB nach Bremen reisen. Die zusätzlichen Belastungen durch den UEFA-Cup und den DFB-Pokal (in dieser Saison absolvierte der BVB 50 Pflichtspiele!) zeigten mittlerweile Spuren. Mit Euphorie war der Kräfteverschleiß nicht länger zu kompensieren. Der BVB mußte im Weserstadion auf sechs Leistungsträger verzichten. Trotzdem schlug er sich recht achtbar, verlor die Partie aber etwas unglücklich 0:1. Das Saisonziel konnte fortan „nur noch" UEFA-Cup-Qualifikation lauten.

Aber bis es soweit war, mußten Verein und Fans noch einmal kräftig zittern. Gegen den VfB Stuttgart gab es am 31. Spieltag eine deftige 0:4-Heimniederlage. Nach dem verpatzten ersten UEFA-Cup-Finale, das für das Rückspiel kaum noch eine Chance ließ, drohte der BVB am Ende einer der erfolgreichsten Spielzeiten in der Vereinsgeschichte mit leeren Händen dazustehen. Dennoch überschütteten die Fans die ausgelaugte Mannschaft nach dem Schlußpfiff mit minutenlangen Ovationen. Im Westfalenstadion herrschte eine Stimmung, als wäre der BVB soeben Meister geworden – und das nach einer deftigen Niederlage. Jeder wußte um die Tragik der Situation, in der nur noch moralische Aufmunterung helfen konnte. Die Mannschaft bedankte sich bei den Fans, indem sie eine Woche später Moral demonstrierte. Obwohl auch das zweite UEFA-Cup-Finale glatt verloren gegangen war, kam der BVB nur drei Tage später beim 1. FC Nürnberg zu einem 2:1-Auswärtssieg. Die verbleibenden beiden Bundesligabegegnungen gingen zwar verloren, aber der 4. Platz und damit die neuerliche Qualifikation für den UEFA-Cup war den Borussen nicht mehr zu nehmen.

Meister wurden nicht die Bayern, die zu ihrer alten Souveränität noch längst nicht wieder zurückgefunden hatten, sondern Werder Bremen, das sich auf leisen Sohlen an die Spitze schlich. Die zweite Meisterschaft in der Ära Rehhagel markierte zugleich das Ende der Bremer als wichtigster Herausforderer des FC Bayern. Bremens Manger Willi Lemke einige Jahre später: „Wir haben alles getan, was möglich war, aber die wirtschaftliche Kraft der Münchener hat am Ende gesiegt. Wir konnten nicht mehr mithalten, was Umfeld und Sponsoren betraf." Doch mit Borussia Dortmund fand der SV Werder einen würdigen Nachfolger. Der BVB wurde zum ersten Konkurrenten der Bayern, der dem Rekordmeister auch in wirtschaftlicher Hinsicht Paroli bieten konnte.

Für den BVB hätte in der Bundesliga möglicherweise mehr drin gesessen, wären nicht die zusätzlichen Belastungen durch den UEFA-Cup und den DFB-Pokal gewesen. So kam der BVB in der Rückrunde nur auf einen Pluspunkt weniger als in der Vorrunde, obwohl er aus den letzten fünf Spielen, als der Verschleiß nicht mehr zu leugnen war, nur zwei Punkte holen konnte. Um von drei Hochzeiten zumindest eine erfolgreich abzuschließen, hätte es mehr spielerischer Substanz bedurft. Nur so hätte man den physischen Verschleiß auffangen können.

Im DFB-Pokal stieß der BVB immerhin bis in die 4. Hauptrunde vor. In der 1. Hauptrunde gewann der BVB beim FC Halle 4:1. In der 2. Runde kam es zum Pokalkrimi mit Bayern München. Nach einem offenen Schlagabtausch stand es im Westfalenstadion nach 120 Minuten 2:2. Erst sieben Minuten vor Schluß war Chapuisat der Ausgleich gelungen. Im anschließenden Elfmeterschießen behielt der BVB mit 5:4 die Oberhand. In der 3. Runde errang der BVB beim Amateur-Oberligisten SSV Ulm mit viel Dusel einen 3:1-Sieg. In der 4. Runde bzw. im Achtelfinale war dann Werder Bremen die Endstation. Im ausverkauften Weserstadion verloren die Borussen 0:2.

Im UEFA-Cup hieß der erste Gegner FC Floriana La Valetta. Ein gutes Omen für die Borussia, waren die Maltesen doch auch die erste Station in der erfolgreichen Europacup-Kampagne 1965/66 gewesen. Die Borussen siegten nach einer dürftigen Vorstellung 1:0. Wie immer, wenn sich deutsche Mannschaften auf Zypern, Malta oder in Albanien schwer tun, wurden anschließend die schlechten Platzverhältnisse beklagt. Präsident Niebaum sah dies wohl ein wenig anders und lud die 200 mitgereisten BVB-Fans zum kostenlosen Besuch des Rückspiels ein. Aber auch diese Begegnung, die lediglich 11.200 Zuschauer sehen wollten, war lange Zeit kein Zuckerschlecken für den BVB. Nach 17 Minuten führte der drittklassige Gegner mit 2:1. Eine Minute später kamen die Borussen dank eines Eigentores der Malteser zum Ausgleich. Erst in der 59. Minute gelang Franck die 3:2-Führung. Danach ging es Schlag auf Schlag. Am Ende siegte der BVB 7:2. Mill gelang mit den Toren fünf, sechs und sieben ein lupenreiner Hattrick.

In der zweiten Runde gab es erneut ein Wiedersehen, diesmal mit Glasgow Celtic. Im Westfalenstadion gewann der BVB mit 1:0. Das Tor des Abends fiel erst in der 71. Minute durch Chapuisat. Trotz des nur dünnen Polsters gab sich Hitzfeld optimistisch: „Auswärts schießen wir immer ein Tor." Es wurden sogar deren zwei. Eine taktische Meisterleistung des BVB führte zu einem 2:1-Sieg. Zum Zeitpunkt der Qualifikation für das Achtelfinale hatten sich auf dem Dortmunder Konto bereits 5 Mio. DM Europacupgelder angesammelt. Präsident Niebaum: „Unser Ziel ist das Viertelfinale. Wenn wir in diesem Wettbewerb noch das Weihnachtsfest erleben, dann ergeben sich für den Verein völlig neue Perspektiven." Im Achtelfinale empfing der BVB Real Saragossa mit Weltmeister Andreas Brehme. Nach einer eindrucksvollen Vorstellung – Hitzfeld: „läuferisch, kämpferisch und spielerisch am oberen Limit" – gewann der BVB im Westfalenstadion mit 3:1. Bereits zur Halbzeit lagen die Borussen 3:0 in Front. Im Rückspiel mußte der BVB trotzdem noch einmal zittern. Bis zur 64. Minute führte Saragossa 1:0, dann gelang Chapuisat der erlösende Ausgleich. Der Treffer zum 2:1-Sieg Saragossas in der letzten Minute durch einen von Brehme verwandelten Elfmeter hatte nur noch statistische Bedeutung. Der BVB hatte somit das Viertelfinale erreicht, der größte Erfolg der Dortmunder auf europäischem Parkett seit 1966.

Der Gegner war hier der AS Rom, bei dem mit Thomas Häßler ein weiterer Weltmeister von 1990 kickte. In Rom verloren die Borussen 0:1, „kein besonderes Ergebnis – kein besonders schlechtes, aber auch kein besonders gutes", wie Hitzfeld empfand. Beim Rückspiel konnte Schulz wenige Minuten vor der Pause den Vorsprung der Römer egalisieren. Die 2. Halbzeit war kaum angepfiffen, da gelang Sippel, der zu Beginn der Saison von Eintracht Frankfurt gekommen war, mit einem Kopfball das überraschende 2:0. Da es bei diesem Ergebnis blieb, hatte der in Dortmund ansonsten eher enttäuschende Sippel mit einem einzigen Tor seine Ablösesumme wieder eingespielt.

Der BVB stand zum zweitenmal nach 1966 in einem europäischen Halbfinale. Mit dem französischen Vertreter AJ Auxerre, der den Dortmunder Fans nur aufgrund der Helmer-Affäre ein Begriff war, erwartete die Borussen die scheinbar leichteste aller möglichen Aufgaben. Denn im anderen Halbfinale standen sich Juventus Turin und Paris St. Germain gegenüber. Mit 35.800 Zuschauern war das Westfalenstadion zum vierten Male hintereinander ausverkauft. Obwohl mit Reinhardt, Schulz, Sippel, Povlsen, Mill und dem für den Europapokal noch nicht spielberechtigten Sammer gleich sechs Spieler ausfielen, schlug sich das Dortmunder Not-Kollektiv prächtig. Karl und Zorc schossen bzw. köpften einen 2:0-Sieg heraus. Der glücklichste Spieler war zweifelsohne der Dortmunder Kapitän, der nur wenige Minuten vor seinem Treffer einen Elfmeter verschossen hatte. Die Fans sangen „Wir fahren nach Turin", aber Hitzfeld mochte vom Finale noch nicht reden.

Tatsächlich erwartete den BVB 14 Tage später ein Tanz der heißesten Sorte. In Auxerre lagen die Franzosen bereits nach sieben Minuten mit 1:0 vorn. Anschließend tat sich lange Zeit nichts, bevor Auxerre den BVB in der 72. Minute mit dem zweiten Tor schockte. Nach 90 Minuten ging die Partie in die Verlängerung, in der jedoch keine weiteren Tore fielen. So mußte ein Elfmeterschießen über den Einzug ins Finale entscheiden. Die ersten fünf Schützen beider Mannschaften verwandelten sicher. Als Sechster trat für die Borussen Michael Rummenigge an, der eigentlich nicht schießen wollte, dem Hitzfeld aber kategorisch mitgeteilt hatte: „Wenn die ersten fünf vorbei sind, mußt du ran." Rummenigge verwandelte, während Auxerres Mahe mit dem 6. Elfmeter an Stefan Klos scheiterte. Der junge Dortmunder wurde zum vielumjubelten Held des Abends. Auf dem Rasen spielten sich unbeschreibliche Szenen ab. Ein bescheiden-realistischer Hitzfeld anschließend: „Wir haben Glück gehabt. Auch ich, als ich die Elfmeterschützen bestimmt habe. Es ist schon ein kleines Wunder, mit dieser geschwächten Mannschaft das Finale

UEFA-Halbfinale gegen AJ Auxerre: Michael Rummenigge verwandelt den entscheidenden Elfmeter zum 6:5, und…

...Torhüter Stefan Klos wurde zum Held des Abends (hier mit Zorc nach dem Spiel).

des UEFA-Pokals zu erreichen.“ Ein sichtlich gerührter Präsident Niebaum erwies sich einmal mehr als überzeugter Revier-Patriot: „Ein großer Triumph für Dortmund und das Ruhrgebiet. Darauf mußten wir 27 Jahre warten.“

Der Finalgegner hieß Juventus Turin, womit der erste Teil von Niebaums Vision Wahrheit wurde: Der Präsident durfte bei einem europäischen Finale neben Giampiero Boniperti sitzen. Der zweite Teil – „und dann werden wir Sie schlagen“ – ließ allerdings noch etwas auf sich warten. Auch in den Finalspielen konnte Hitzfeld nicht auf seine stärkste Formation zurückgreifen. Die erste Begegnung fand in Dortmund statt. Die Liberoposition mußte der mit dem internationalen Parkett gänzlich unvertraute Uwe Grauer bekleiden. Obwohl der BVB bereits in der 2. Minute durch Rummenigge in Führung ging, besaß er an diesem Abend nicht den Hauch einer Chance. Roberto und Dino Baggio, Vialli und Ex-Borusse Möller kombinierten nach Belieben und gewannen am Ende hochverdient mit 3:1. Beim 2. Finalspiel in Turin ging es für die Borussen eigentlich nur noch darum, das Gesicht zu wahren. Im mit 65.000 Zuschauern ausverkauften Turiner Stadion gewann Juventus 3:0. Folgende Spieler bestritten die Finalspiele für den BVB:

▶ Klos – Zelic (nur Rückspiel), Grauer (nur Hinspiel), Schmidt, Franck, Lusch – Reuter, Zorc, Karl, Rummenigge, Poschner, Reinhardt – Mill, Sippel (nur Rückspiel), Chapuisat (nur Hinspiel).

UEFA-Cup-Finale gegen Turin, Hinspiel in Dortmund: Roberto Baggio bringt „Juve" mit 2:1 in Führung. Klos und Franck werfen sich vergeblich in die Schußbahn.

Circa 25 Mio. DM nahm der BVB in dieser Saison allein im UEFA-Cup ein. Bremens Manager Willi Lemke konstatiert am Ende der Saison 1992/93: „Wir haben den Bayern sportlich den Rang abgelaufen, die Dortmunder in wirtschaftlicher Hinsicht. Klare Nummer eins von Finanzkraft und wirtschaftlicher Potenz her ist Borussia Dortmund." Die enormen Einnahmen aus dem UEFA-Cup ermöglichten dem BVB, gegenüber dem FC Bayern weiter aufzuschließen. Als 1992/93 erstmals das große Geld ausgeschüttet wurde, ging der sportlich kriselnde FC Bayern leer aus.

Auch der BVB-Nachwuchs machte in dieser Saison von sich reden: Die B-Junioren wurden nach 1984 zum zweitenmal Deutscher Meister. Borussia Dortmund begann den deutschen Jugendfußball zu dominieren.

1993/94 Träume und Tatsachen

Für die Saison 1993/94 wurde mit Karlheinz Riedle (Lazio Rom) nach Sammer und Reuter bereits der dritte Ex-„Italiener" verpflichtet. Die Transferrechnung von 9,5 Mio. DM bedeutete einen neuen Rekord für die Bundesliga. Von Schalke 04 kam Steffen Freund zum BVB. Bei keinem anderen Klub war die Kluft zwischen Transfereinnahmen und Transferausgaben bei Saisonbeginn so groß wie bei den Borussen. Knapp zwölf Millionen gab der BVB aus, nur eine knappe Million nahm er durch Spielerverkäufe ein. Durch die Verkäufe von Rummenigge und anderen Spielern während der Saison verringerte sich die Kluft allerdings noch. Der Wechsel von Riedle symbolisierte eine neue Situation an der Spitze des Bundesligafußballs. Galt lange Jahre, was die Bayern nicht bezahlen können, kommt für den Rest der Liga erst recht nicht in Betracht, so mußte der Münchener Renommierklub nun im Falle Riedles passen. Geld war indes wohl nicht der einzige Grund, warum Riedle nicht zum FC Bayern ging. Der kleine Allgäuer (!) hatte das Gefühl, daß die Bayern ihn nicht wirklich wollten. Vor Riedle waren bereits die Versuche geplatzt, Yeboah und Gullit nach München zu locken.

Es war eine verrückte Saison, in der sich der Mainstream-Journalismus, insbesondere seine Boulevardvariante von *Sport-Bild* bis Sat.1 kräftig blamierte. Fast jede Mannschaft wurde im Laufe der Saison irgendwann hochgejubelt, um wenige Wochen später von den gleichen „Fachleuten" abgeschrieben zu werden. Für sachliche Analysen bot die hektische neue Medienlandschaft nur noch Nischen. Da Riedle, auch verletzungsbedingt, zunächst nicht so einschlug, wie es sich einige erhofft hatten, wurde der neue Rekordtransfer bald als gigantischer Fehleinkauf apostrophiert. Wie sich noch zeigen sollte: reichlich vorschnell. Der Fall Riedle bestätigte zunächst einmal nur, daß Menschen keine Maschinen sind und Fußballer zuweilen „sensible Künstler" (Niebaum). Und lebt der Fußball nicht auch gerade davon, ein gigantisches „Glücksspiel" zu sein, in dem auch teuerste Transfers keine automatische Erfolgsgarantie bieten? Der Journalist Simon Inglis: „Fußball ist ein Spiel, Fußball ist Zirkus. Wenn man Fußball regulieren könnte, wenn alle Klubs nur Profite machen, die richtigen Spieler kaufen und das perfekte Nachwuchssystem betreiben würden, wäre dies das Ende des Spiels."

Beim Bundesligastart gab es einen 2:1-Sieg gegen den Karlsruher SC, aber bereits am 2. Spieltag folgte mit einer 0:1-Niederlage in Schalke die erste Ernüchterung. Einem hart erkämpften 3:2-Heimsieg am 3. Spieltag gegen den Neuling SC Freiburg folgte am 4. Spieltag ein 1:2 beim Mitkonkurrenten Bayer Leverkusen usw. Bis zum 25. Spieltag war der BVB nicht in der Lage, zwei Spiele hintereinander für sich zu entscheiden. Immer wenn die Fans dachten, die Mannschaft habe sich stabilisiert, folgte umgehend ein neuerlicher Tiefschlag. Zwischenzeitlich schied man auch noch im DFB-Pokal daheim gegen den Zweitligisten Jena aus. Von Mißerfolg zu Mißerfolg verkrampfte die Mannschaft mehr. Der Spaß am Spiel verschwand. Der Boulevard reagierte auf die Vorstellungen der Mannschaft mit Häme.

Niebaum machte sich später zum Vorwurf, den Medien nicht deutlich genug die eigene, nüchterne Einschätzung mitgeteilt zu haben, „aber man will ja nicht immer die gleiche Platte auflegen". Beim BVB hatte man sich

Karlheinz Riedle in Aktion.

selbst „nur“ als einen von mehreren Titelanwärtern betrachtet. Vergeblich hatte der Präsident gegenüber den Medien versichert: „Wir sind nicht mit dem Anspruch und Versprechen angetreten, in dieser Saison Meister zu werden.“ Frust und Häme, die nun aus den Federn flossen, beruhten auf einer eklatanten Überschätzung der BVB-Mannschaft. Ausgangspunkt von derlei Spekulationen war der UEFA-Cup-Erfolg aus der Vorsaison. Doch Pokalwettbewerbe haben ihre eigenen Gesetze. Glück und die Tagesform spielen hier eine größere Rolle als in einem Meisterschaftsrennen, wo ein hohes Maß an Kontinuität gefordert wird.

Aber nicht nur die Medien überschätzten den UEFA-Cup-Finalisten, sondern auch manche Spieler erlagen einer Selbstüberschätzung. Ottmar Hitzfeld: „Wir waren in diesen Endspielen hoffnungslos unterlegen, aber einige Profis haben sich trotzdem maßlos überschätzt und geglaubt, sie seien reif für einen Wechsel nach Italien.“ Der BVB stand somit in dieser Saison vor dem gleichen Problem wie bereits nach dem überraschenden 4. Platz 1986/87 und dem DFB-Pokalsieg 1989.

Die Tradition des schlechten Starts hat aber auch etwas mit Dortmund und der Stimmung in der Stadt zu tun. Die schlimmste Zeit in Dortmund ist die fußballose Zeit zwischen dem Ende einer Saison und dem Beginn einer neuen. Der BVB-Präsident: „In der spielfreien Zeit werden hier die Zustände immer idealisiert“. Der BVB wird in den Himmel gelobt, riesige Erwartungen werden formuliert, die Neuerwerbungen werden glorifiziert. Mahnende Interventionen seitens des Vorstands werden schlichtweg ignoriert. Nicht nur die Medien, die ganze Stadt diskutiert über den BVB und dessen Chancen in der neuen Spielzeit. Das geht an den Spielern nicht spurlos vorbei – ob beim Studium der Presse, beim Training, Einkaufsbummel oder beim Gang in die Pizzeria: Sie werden mit dieser Stimmung konfrontiert und können sich ihr nicht entziehen. Anders als in München, Hamburg, Stuttgart oder Frankfurt ist in Dortmund tatsächlich alles auf den Fußball konzentriert. Es gibt in Dortmund keine BVB-freien Zonen.

Was sich so wunderbar anhört und den BVB tatsächlich von vielen anderen Bundesligisten unterscheidet, macht die Arbeit für Trainer und Mannschaft nicht leichter. Im Gegenteil: Es fördert die Orientierungsprobleme der Mannschaft, die erst im Laufe einer Saison zu sich selbst findet. Das verlorene Spiel am 2. Spieltag gegen den „Erzfeind" Schalke war hierfür typisch: Der BVB trat auf wie die Münchener Bayern zu ihren schlimmsten Zeiten – überheblich und langweilig, keine Spur von Kampf. „Können wir spielen, oder müssen wir kämpfen?", schien auch diesmal die zentrale Frage am Saisonanfang zu lauten. Die Antwort nahm viel Zeit in Anspruch.

Erheblich verstärkt wurden diese schon traditionellen Selbstfindungsprobleme durch die neue Rolle der Borussia als „Millionärstruppe" und „Mitfavorit". Erstmals befand sich der BVB nicht mehr in einer Außenseiterposition, in der ihm die halbe Nation die Daumen drückte und man eigentlich nur gewinnen konnte. Der BVB sah sich vielmehr in einer mit Bayern München vergleichbaren Situation, ohne darin Erfahrung zu besitzen. Michael Schulz: „Die Erwartungen waren enorm. Dann lief es nicht. Wir bekamen ungeheure Kritik ab, plötzlich waren wir die Millionärstruppe. Und dazu zählten auch die Spieler, die in den letzten Jahren immer das gleiche Geld bekommen haben. Eine unbekannte Situation, ein wirrer Kreis das alles."

Es sprach für die Souveränität der BVB-Führung, daß keine Panik und Hektik ausbrach. Hitzfeld konnte sich der Loyalität der Vereinsspitze sicher sein. In der „Krise" wurde so deutlich wie nie zuvor, welch einen Gewinn das Trio Niebaum-Meier-Hitzfeld nicht nur für Dortmund und den BVB, sondern für das gesamte Gewerbe bedeutete.

Die Spielzeit 1993/94 war tatsächlich eine Übergangssaison. Im März 1994 rangierte der BVB lediglich auf Platz 13 der Tabelle. Als Niebaum – im Gegensatz zum ehrgeizigen Hitzfeld – auch die UEFA-Cup-Qualifikation bereits offiziell abgeschrieben hatte, kam dann doch noch die Wende. Mit Inter Mailand wartete im Viertelfinale des UEFA-Cups erstmals ein Gegner von internationalem Format auf den BVB. Bis dahin hatte sich der BVB gegen eher zweit- und drittklassige Gegner mehr schlecht als recht durchgemogelt.

Daß die Borussen bis unter die letzten Acht vorgestoßen waren, hatten sie vor allem Chapuisats unglaublicher Treffsicherheit zu verdanken.

Frischer Wind mit Ricken und Sammer

Im Hinspiel des Viertelfinales wurde der BVB beim 3:1-Sieg der Mailänder noch regelrecht vorgeführt. Drei Tage vor dem Rückspiel lieferte der BVB in der Bundesliga eine starke Vorstellung, als er am 25. Spieltag den MSV Duisburg mit 2:1 besiegte. Der A-Jugend-Spieler Lars Ricken, der bereits am 23. Spieltag gegen den VfB Stuttgart sein Debüt gegeben hatte, erzielte in dieser Begegnung sein erstes Bundesligator. Mit seiner Unbekümmertheit machte Ricken den verunsicherten Etablierten im Team mächtig Beine. Ricken hatte seine fußballerische Laufbahn beim im Dortmunder Norden beheimateten TuS Eving-Lindenhorst begonnen, von wo auch Stefan Klos und Michael Zorc zum BVB gestoßen waren.

Kaum jemand gab noch einen Pfifferling auf den BVB, als dieser zum UEFA-Pokal-Rückspiel ins Meazza-Stadion reiste, begleitet von 7.000 Fans, die die Saison innerlich längst abgehakt hatten. Doch angetrieben von einem überragenden Matthias Sammer, verpaßte der BVB die Sensation nur knapp. Der BVB führte durch Tore von Zorc und Ricken bereits mit 2:0, als Sammer nur die Unterkante der Latte traf. Den Mailändern gelang am Ende noch der Anschlußtreffer, aber mit einem 2:1-Sieg beim späteren Sieger des Wettbewerbs hatten selbst die kühnsten Optimisten nicht gerechnet.

Borussias neue Leitfigur: Matthias Sammer.

Auf dem Spielfeld hatte die Wende ganz wesentlich mit Sammer zu tun. Schon in den Spielen zuvor war er immer mehr in die Rolle des Antreibers und einer Leitfigur hineingewachsen. Nach dem Mailand-Spiel bemerkte er in Richtung Medien: „Heute haben wir bewiesen, daß auch Millionäre Fußball spielen können." Gemeint war mit dieser Bemerkung auch Mannschaftskollege Schulz, der das Gehaltsgefälle im Kader wiederholt zur Sprache gebracht hatte. Einem der „Millionäre" soll er zugerufen haben: „Lauf du doch, du Sack. Du verdienst doch die Millionen."

Dem Sieg in der italienischen Modemetropole folgte ein respektables 0:0 bei Bayern München. Fünf Minuten vor zwölf legte der BVB nun eine Serie hin, auf die man bis dahin Woche für Woche vergebens gehofft hatte. Aus den letzten zehn Spielen holte die Elf 15:5 Punkte. Nur ein Spiel – gegen den späteren Vizemeister 1. FC Kaiserslautern – ging verloren. Der BVB beendete die Saison als Vierter und qualifizierte sich damit erneut für den UEFA-Cup. Ein Zuschauerschnitt von 40.381 bedeutete einen leichten Anstieg gegenüber dem Vorjahr und Platz 2 in der Zuschauertabelle. Nur Meister Bayern München mobilisierte mehr, was aber vor allem am erheblich größeren Fassungsvermögen des Olympiastadions lag. Denn manche BVB-Spiele wollten weit mehr Zuschauer sehen, als im Westfalenstadion unterzubringen waren. Seit dem Amtsantritt von Ottmar Hitzfeld hatten die Borussen nun einmal den 2. Platz und zweimal den 4. Platz in der Liga errungen. Derartige Stabilität auf hohem Niveau hatte die Borussia bislang nur in ihren ersten Bundesligajahren gezeigt. Der Präsident prognostizierte: „Wer ständig oben mitspielt, der wird irgendwann auch Meister."

Am Ende der Saison wurde, wie angekündigt, aussortiert. Michael Schulz, dessen Vertrag ausgelaufen war, mußte gehen. Frank Mill, der bereits in den Spielzeiten 1991/92 und 1992/93 Opfer der von ihm geforderten Einkaufspolitik geworden war und mit dem Borussias Aufstieg in die Bundesligaspitze begonnen hatte, verließ nach sieben Jahren ebenfalls den Klub. Selbst auf der Auswechselbank war Mill längst nicht mehr erste Wahl. Hinzu kam sein „hohes" Alter. Dieses mag in Hitzfelds Überlegungen auch gegenüber Schulz eine Rolle gespielt haben, zumal der Abwehrrecke in dieser Saison – sieht man einmal vom Finale ab – alles andere als überzeugen konnte. Die Schwachpunkte dieser Spielzeit waren ganz klar die Abwehr und die Tatsache, daß Sammer im Mittelfeld die notwendige Unterstützung fehlte.

Auch Poschners Vertrag wurde nicht verlängert. Den Mittelfeldspieler, der in Dortmund die Rolle des launischen Talents nie ganz abstreifen konnte, zog es zurück in seine Stuttgarter Heimat. Mit Schulz und Poschner entledigte sich der BVB der sogenannten „Neidabteilung" (Riedle). Hitzfeld bestritt allerdings energisch, daß dies der Grund für die Trennung gewesen sei. Daß es zwischen den „Millionarios“ und dem Rest der Mannschaft Probleme gab, mochte der Trainer allerdings nicht leugnen: „Sie mußten lernen, daß nicht einer allein zum Sündenbock gemacht werden kann, sondern daß alle in einem Boot sitzen und gemeinsam rudern müssen.“

1994/95 Eine Meisterschaft des Herzens

Die Borussen-Fans begleiteten die Abgänge wie immer mit gemischten Gefühlen, denn in Dortmund darf grundsätzlich nie einer gehen. In Dortmund ist fast jeder ein unersetzlicher Held, wenn auch häufig erst bei seinem Abschied.

Die BVB-Fans befanden sich in einem Widerspruch. Einerseits zählte der Kämpfer Schulz zu den Identifikationsfiguren, andererseits konnte sich die Mannschaft nur weiter verbessern, wenn sie ihre Defensive und das spielerische Element verstärkte. Noch vor der Sommerpause ließ Niebaum keine Zweifel daran aufkommen, daß der Vorstand seine Investitionspolitik fortsetzen würde. „Wir sind an einer Nahtstelle angekommen. Unsere Fans erwarten von der Vereinsführung ein Konzept des Handelns. Das läßt sich nicht von Kompromissen leiten.“ Die spektakulärsten Neuverpflichtungen waren der Ex-Borusse Andreas Möller, der den Kontakt zum BVB nie abgebrochen hatte, sowie dessen Turiner Mannschaftskamerad Julio Cesar. Für den offensiven Mittelfeldspieler und den Libero zahlten die Borussen zusammen „nur“ 11,5 Mio. DM (9 Mio. Möller, 2,5 Mio. Cesar), was im Vergleich zu den Summen, die man noch ein Jahr zuvor für „italienische“ Spieler berappen mußte, recht preiswert klang. Grund für den „Preisverfall“ waren die finanziellen Probleme der Serie A, deren Klubs die Geldspirale überdreht hatten.

Der von seinem ehemaligen Mannschaftskameraden Uli Stein aufgestellten Behauptung, daß man mit Möller niemals Meister werden könne, setzte Niebaum entgegen: „Nur mit Andy Möller wird der BVB jemals wieder Deutscher Meister.“ Dies war insofern richtig, weil der BVB erst mit Möller die für den Titelgewinn notwendige spielerische Reife erlangte. Man hätte allerdings auch sagen können: „Nur mit Borussia Dortmund kann Andreas Möller Deutscher Meister werden.“ Denn nur in Dortmund konnte der auch vom FC Bayern umworbene Spieler das Umfeld vorfinden, das seine Sensibilität berücksichtigte und ihn zugleich fest in die Verantwortung einband. Borussia Dortmund benötigte einen wie Möller, aber einer wie Möller benötigte auch Borussia Dortmund.

Möller war bereits der vierte deutsche Ex-Italien-Legionär beim BVB. Mit Cesar waren es gar fünf Spieler, die zuvor in der italienischen Serie A gekickt hatten. Um eine Situation wie nach dem Riedle-Transfer zu verhindern, als

Der Trainer und sein Star. Ottmar Hitzfeld (rechts) mit Andreas Möller.

einige Spieler den Neuen in Stich ließen, weil sie von den Leistungen des Millionärs enttäuscht waren oder ihn von vorneherein nicht in der Mannschaft haben wollten, wurden vor der Möller-Verpflichtung Kapitän Zorc und einige Spieler gefragt, „ob wir so einen Mann noch verkraften können" (Hitzfeld). Die Antwort lautete „ja". Auch die Vertreter der Fanklubs wurden konsultiert.

Außer Möller und Cesar verpflichtete der BVB noch die Abwehrspieler Marco Kurz (1. FC Nürnberg) und Martin Kree (Bayer Leverkusen). Kurz und Kree waren nicht unbedingt Hitzfelds Wunschkandidaten gewesen, der lieber spielende Defensivleute bevorzugt hätte. Hitzfeld galt als Gegner des biederen deutschen Konzepts von den zwei Manndeckern, sah aber zugleich, daß es für Alternativen am notwendigen Spielermaterial mangelte: „Die Fehler werden schon in der Jugend gemacht, wo die Trainer nach Meisterschaften streben, statt die Spieler mit Geduld auszubilden. Wenn sie dann Profi werden, haben sie taktische Defizite, weil sie immer nur Manndeckung gespielt haben. Hätte ich einen 25jährigen gesehen, der sich wegen seines spielerischen Potentials anbietet, hätten wir ihn verpflichtet. Das ist das große Problem in Deutschland."

Insgesamt gaben die Borussen 13,52 Mio. DM für neue Spieler aus, ca. eine Million mehr als Bayern München, aber weniger als der Karlsruher SC, der ca. 15 Mio. DM investierte. An Transfereinnahmen verbuchte der BVB 9,18 Mio. DM, so daß das Transferdefizit bzw. die Nettoinvestitionen deutlich geringer ausfielen als in der Vorsaison. Mit ca. 25 Mio. DM lag der Dortmunder Etat 1994/95 unter den Etats der Titelkonkurrenten München, Frankfurt und Leverkusen. Auch der Trainerstab erhielt einen Neuzugang: Hitzfeld hatte zwischen den beiden Spielzeiten auch über einen neuen Torwart nachgedacht. Durch den Abstieg der Nürnberger war Andreas Köpcke frei geworden. Köpcke wollte unbedingt weiter erstklassig spielen. Klos stagnierte in seiner Entwicklung und wurde nicht nur von Hitzfeld zur Disposition gestellt. Einige Beobachter meinten, um Meister zu werden, müßten die Borussen ein anderes Kaliber zwischen ihre Pfosten stellen als das kompakte, im Duell Mann gegen Mann starke und enorm reaktionsschnelle Eigengewächs, das zudem auch kein schlechter Feldspieler war und folglich mit der neuen Rückpaßregel besser zurechtkam als viele seiner Kollegen. Klos' Kritiker bemängelten jedoch, der Keeper sei zu klein geraten und zeige Schwächen bei Eckstößen und Flanken. Doch Niebaum setzte weiterhin auf den Ur-Dortmunder und Helden von Auxerre und plädierte gegenüber Hitzfeld dafür, Klos die Chance zur Weiterentwicklung zu geben. Dafür wurde dem jungen Keeper ein hochkarätiger Torwarttrainer zur Seite gestellt. Manager Meier reaktivierte alte Kölner Verbindungen und lotste die Torwart-Legende Toni Schumacher zum BVB. Lehrer und Schüler verband miteinander, daß auch Schumacher nicht zu den Längsten seiner Branche gezählt hatte, wohl aber zu den Größten. Unter Schumachers Anleitung sollte sich Klos nun zu einem großen Rückhalt für sein Team und internationalen Klassekeeper entwickeln.

Während die Dortmunder Sammer, Möller und Riedle beim WM-Turnier in den USA sich und die Zuschauer quälten, wurde die A-Jugend von Borussia Dortmund erstmals deutscher Meister. Im Endspiel wurde Werder Bremen nach Toren von Lars Ricken (1) und dem überragenden Ghanesen Ibrahim Tanko (2) mit 3:2 besiegt. Die Modernisierung und Professionalisierung, die der BVB seit Beginn der Ära Niebaum erfuhr, trug längst auch im Jugendbereich Früchte.

Trotz der Verpflichtung von Möller und Cesar war der Erwartungsdruck, mit dem der BVB zum Saisonbeginn 1994/95 konfrontiert wurde, geringer als im Vorjahr. Die Erfolgschancen des BVB wurden nun von den Fans, aber auch von einigen Medien realistischer beurteilt. Trotz einer ziemlich frustrierenden Vorbereitung sowie des Ausfalls des zunächst als Libero vorgesehenen Cesars und weiterer Spieler, mit denen Hitzfeld fest gerechnet hatte, gelang dem BVB ein Auftakt nach Maß. Im restlos ausverkauften Westfalenstadion wurde Neuling 1860 München mit 4:0 abgefertigt. Zu den besten Spielern zählte Andreas Möller, der sich sofort wieder in die Herzen der Fans spielte. Das folgende Auswärtsspiel beim alten West-Rivalen 1. FC Köln geriet zu einem Möller-Festival. Zur Halbzeit führte der BVB durch drei Möller-Tore bereits 3:1. Am Ende hieß es gar 6:1. Da konnte der BVB-Präsident sogar über einen Druckfehler (?) in der Kölner Stadionzeitschrift lachen. Im Statistikteil über den BVB stand nämlich: „Vereinsfarben: Schwarz-Geld“.

4:0 Punkte zum Auftakt, das hatte es in 28 Jahren BVB-Bundesligageschichte noch niemals gegeben. „Millionarios jeden Pfennig wert", schrieb die *Frankfurter Rundschau.* Und der *Kicker:* „Die großen Investitionen der Dortmunder beginnen ihre Zinsen abzuwerfen." Andreas Möller reichte die Lobeshymnen an Vorstand und Trainer weiter: „Hier stehen Präsidium, Trainer, Mannschaft und Fans voll hinter mir, in der Nationalelf war ich dagegen schon nach ein, zwei schwachen Spielen weg vom Fenster. (...) Das, was man im allgemeinen mit 'Umfeld' umschreibt, stimmt hier in der Westfalenmetropole. Hier ist man um mich besorgt, hier gibt man mir, meiner Frau Michaela und auch unserer anderthalbjährigen Tochter Valentina die Wärme und Geborgenheit, die ich brauche, um meine Leistung voll zu entfalten."

Mit dem 1. FC Kaiserslautern traf der BVB am 3. Spieltag erstmals auf eine Mannschaft, die von den Experten zum engsten Kreis der Titelanwärter gezählt wurde. Der 2:1-Heimsieg der Borussen kam souveräner zustande, als es das Ergebnis aussagt. Überragender Spieler auf dem Platz war Matthias Sammer, der auf der Libero-Position eine Weltklasse-Vorstellung bot. Der *Kicker* über Sammers Auftritt: „Immer, wenn er am Ball war, blieb den Zuschauern auf der Tribüne vor Staunen der Mund offen. Denn er hatte einen jener Tage erwischt, an denen alles gelingt. Er spielte einen Libero so stark wie bisher nur einer vorher – so grandios wie der grandiose Franz Beckenbauer. Nicht einen Fehler im Stellungsspiel, zog er die Bälle an wie ferngesteuert, baute das Spiel intelligent auf, mit Blick für den öffnenden Paß, gewann jeden Zweikampf. Weltklasse, besser kann man die Liberorolle nicht interpretieren." Der anwesende Jupp Heynckes attestierte Sammer gar eine „überirdische" Leistung.

Am 4. Spieltag gab es bei der Frankfurter Eintracht die erste Niederlage. Eine enttäuschende Borussia unterlag klar und verdient mit 1:4. In der 1. Runde des UEFA-Cups empfing der BVB den schottischen Vertreter FC Motherwell. Im Hinspiel reichte es nur zu einem mageren 1:0 durch ein Tor von Möller. Da die Schotten nur zwei Trikotsätze mitgebracht hatten, die aber dem Schwarz-Gelb des BVB zu ähnlich waren, mußten die Borussen in einem häßlichen blütenweißen Dress antreten. Die Südtribüne skandierte „ausziehen, ausziehen".

Für Julio Cesar war die Begegnung seine Premiere im Westfalenstadion. Um ein Haar wäre sie zu einem Desaster geraten, denn dem Brasilianer mangelte es allzu offensichtlich an Spielpraxis. Hitzfeld beorderte ihn deshalb zur Halbzeit ins Mittelfeld, während Sammer die Liberoposition übernahm. Gegen Motherwell konnte Hitzfeld erstmals seine „Wunschelf" aufbieten. Der Trainer befand sich in einer Bedrouille. Die große Zahl hochkarätiger Spieler wurde plötzlich zum Problem. Mit Cesars Genesung war Sammer ins

Mittelfeld vorgerückt, wo er jedoch nur als Mitläufer agierte. Man konnte sich nicht des Eindrucks erwehren, daß sich Sammer und Möller gegenseitig im Wege standen. Auf dem Liberoposten war Sammer von Möller weit genug entfernt gewesen, um diesem nicht ins Gehege zu kommen. Ein weiteres Problem war Povlsen, der zwar erst in der 2. Halbzeit ins Spiel kam, aber erneut in der Rolle des „Ergänzungsspielers" glänzte und sich als ein ganz wichtiger Teil der „BVB-Seele" erwies. Einige Monaten später sollten Hitzfeld völlig andere Sorgen plagen.

Village-Affäre: „Reinster Rassismus"

Einen Abend nach dem Motherwell-Spiel wurde Julio Cesar und seinem Dolmetscher in ziemlich rüder Weise der Zutritt zu der Dortmunder Diskothek „Village" verweigert. „Ihr kommt hier nicht rein", beschied ein schnauzbärtiges und sonnenstudiobraunes Zuhältergesicht kurz und knapp. Cesar versuchte zu beschwichtigen. Der Schuppen machte nicht das erstemal durch rassistische Diskriminierung von sich reden. Der Spieler schien kurz davor, den Dienst beim BVB zu quittieren, zumal dies nicht der erste Zwischenfall war. Cesars Ängste vor dem neuen alten Deutschland, die Michael Meier bei seiner Verpflichtung erhebliche Überzeugungskünste gekostet hatten, schienen bestätigt zu sein. Hitzfeld brandmarkte die „Village"-Affäre als „reinsten Rassismus". Manager Meier, der aus seinem Urlaub herbeieilte: „Schlimm, daß so etwas passiert, gerade in Dortmund, wo seit Jahrzehnten sehr viele Ausländer leben und integriert sind." Meier und Präsident Niebaum bemühten sich, den Vorfall als einen „Einzelfall" zu behandeln, was er natürlich nicht war. Michael Meier: „Ich finde es beschämend, daß am Beispiel Julio Cesar in der ganzen Welt vom Revier ein Bild gezeigt wird, das diese Region nicht verdient hat." Als der BVB Wochen zuvor im Fuji-Cup gegen Eintracht Frankfurt antrat, war zu Beginn des Spieles eine spürbare Skepsis gegenüber dem „schwarzen Neuen" zu registrieren, die sich allerdings bald legte, da Cesar an diesem Tag der beste Mann im Borussen-Dress war. Frankfurts Yeboah mußte sich hingegen von einigen BVB-Fans Rufe wie „Geh doch zurück in deinen Urwald, du Affe" gefallen lassen. Offensichtlich war für diese Leute nur ein schwarz-gelber Schwarzer ein akzeptabler Schwarzer.

Niebaums und Meiers Einzelfall-These war wohl in erster Linie von der Absicht sportlicher Schadensbegrenzung geleitet. Die Disko-Affäre setzte in Dortmund, einer Stadt, wo man gerne mit Verweis auf sozialdemokratische, kommunistische und multikulturelle Traditionen den Rassismus-Vorwurf weit von sich weist, einiges in Bewegung. Der Schock ging tief, und die Reaktionen zeigten einmal mehr, welche Bedeutung der BVB für die Stadt und ihre Bevölkerung besitzt. Cesar erhielt von zahlreichen BVB-Fanklubs Solidaritätsbekundungen, in denen er aufgefordert wurde: „Bitte, bleib' bei uns."

EINWURF

Phönix aus der Asche

Deutschland im Jahr 1992: Im Jahr zwei nach der Wiedervereinigung eskaliert in Ost und West nicht nur die Bereitschaft, öffentlich nationalistische und rassistische Gesinnung zur Schau zu stellen, sondern auch die Gewalt gegen Ausländer. In Rostock-Lichtenhagen kommt es zu einem mehrere Tage und Nächte währenden Pogrom gegen Asylbewerber, in Mölln sterben durch einen Brandanschlag von jugendlichen Neonazis auf ein Wohnhaus drei Türkinnen.

Auch die in der Bundesrepublik weilende israelische Künstlerin Miriam Neiger wird mit Neonazis konfrontiert. Doch einige Tage später erlebt sie ein freundlicheres Deutschland. In Dortmund gerät Neiger unter begeisterte BVB-Fans. Aus diesen unterschiedlichen Erlebnissen entsteht eine Bildserie mit dem Titel „Engel über Deutschland". Ein Bild aus dieser Serie widmet sich Borussia Dortmund. Es zeigt vier schwarz-gelbe Fußballer, deren Aktionen Begeisterung und Verständigung hervorrufen. Manager Michael Meier beschließt, vom „Borussia-Bild" eine bestimmte Anzahl von Drucken anfertigen zu lassen und zu verkaufen. Mit den Verkaufseinnahmen soll der Bau einer Zahnklinik für israelische und palästinensische Kinder unterstützt werden.

Das „Borussia-Bild" bleibt nicht das einzige Werk von Miriam Neiger, das sich mit dem BVB befaßt. Es folgt zunächst „Phoenix aus der Asche". Das jüngste BVB-Werk Miriam Neigers zeigt ein Motiv Borussia Dortmund – Ajax Amsterdam, das die Künstlerin anläßlich des Champions-League-Spiels im März 1996 anfertigte. Der Dortmunder Galerist Wolfgang Schumacher stellte Kunstdrucke des Gemäldes zur Verfügung, deren Verkaufserlös der Familie des von deutschen Hooligans und Rechtsradikalen brutal zusammengeschlagenen französischen Polizisten Daniel Nivel zukommt. ■

Der vom Polizeibeamten Klaus Gade geführte Fanklub Werl trug Cesar die Ehrenmitgliedschaft an. Der Geschäftsführer des „Village“ erhielt zahlreiche Drohanrufe und -Briefe, deren harmloseste die Erstürmung des Schuppens ankündigten. SPD-Oberbürgermeister Samtlebe schrieb dem Spieler, er wäre „bestürzt über diesen Vorfall von Rassendiskriminierung“ und kündigte Konsequenzen für die Disko an. Des weiteren protestierten u.a. der Betriebsrat der Krupp-Hoesch-Stahl AG und die DGB-Jugend. Zwei Tage nach dem Zwischenfall versammelten sich ca. zweihundert BVB-Fans vor dem Tatort des Skandals und machten mit Transparenten und lauten Protestkundgebungen ihrem Unmut Luft. Einen weiteren Tag später, nach dem Auswärtsspiel in Leverkusen (2:2), kam es gar zu einer Blockade der Disko, an der sich dreihundert Menschen beteiligten. Der Schuppen blieb an diesem Abend geschlossen. Zuvor hatte die BVB-Geschäftsstelle die Parole ausgegeben: „Laßt es sie am Umsatz spüren – nicht am Mobiliar.“

Die „Village“-Affäre sorgte dafür, daß Cesar nicht mehr nur ausschließlich als Mitglied eines hochdotierten Showensembles wahrgenommen wurde, sondern als Diskriminierungen erleidender Mensch. Der Brasilianer blieb in Dortmund, und dies für vier Jahre. Mit der Zeit wurde Cesars Hautfarbe von vielen Fans kaum mehr wahrgenommen. Der, den die Fans anderer Klubs „Bimbo“ schimpften, wurde zu einem „Dortmunder wie du und ich“.

Bei Bayer Leverkusen spielte der BVB über weite Strecken im Stil einer Heimmannschaft und ging zweimal in Führung. Trotzdem reichte es am Ende nur zu einem, aus Leverkusener Sicht glücklichen 2:2. Julio Cesar spielte sich nun auf der Position des Manndeckers fest, der bei Sammers Vorstößen auf die Liberoposition rückte. Drei Tage später traf der BVB in der 2. Hauptrunde des DFB-Pokals erneut auf den 1. FC Kaiserslautern. Diesmal genoß der FCK Heimrecht. Angeheizt von FCK-Trainer Friedel Rausch entwickelte sich nicht nur eine spannende, sondern zeitweise auch äußerst rüde Partie. Am Ende standen zehn gelbe und eine gelb-rote Karte. Fünf Spieler mußten verletzt vom Platz getragen werden, drei von ihnen kamen gar nicht mehr zurück. Der BVB war über weite Strecken die bessere Mannschaft, verlor aber nach Verlängerung mit 3:6. Schwerer als die Niederlage wog allerdings der Kreuzbandriß von Flemming Povlsen, der sich noch als Anfang vom Ende seiner Spielerkarriere herausstellen sollte. Der Däne hatte erst wenige Tage zuvor Karlheinz Riedle seines Stammplatzes beraubt.

Wer sich noch daran erinnerte, wie sehr das Spiel des Kämpfers und Antreibers dem BVB zu Beginn der Saison 1993/94 gefehlt hatte, befürchtete vor der Begegnung mit dem ebenfalls stark gestarteten VfB Stuttgart das Schlimmste. Zumal sich der Meister von 1992 zu einem Angstgegner des BVB entwickelt hatte. Doch die Borussen bewiesen eindrucksvoll, daß hier eine andere Truppe auf dem Feld stand als ein Jahr zuvor. Der VfB wurde beim 5:0-Sieg regelrecht aus dem Stadion gefegt. Der *Kicker* nominierte mit Sammer, Reuter, Möller und Chapuisat gleich vier Borussen für seine „Elf des Tages". Beim UEFA-Cup-Rückspiel in Motherwell trat der BVB mit der gleichen Formation an, die den VfB Stuttgart deklassiert hatte – Riedle für den verletzten Povlsen und Freund für Franck. Der abergläubische Präsident Niebaum vergrub während des Abschlußtrainings an den Eckfahnen Vereinsnadeln. Dank einer konzentrierten und disziplinierten Vorstellung gewann der BVB durch zwei Riedle-Tore hochverdient mit 2:0. Insbesondere die in der vergangenen Saison so oft gescholtene Dortmunder Defensive wußte zu glänzen. Am 7. Spieltag erzielte Julio Cesar beim 2:0-Sieg in Uerdingen sein erstes Bundesligator. Sein Kopfballtreffer war lediglich das Sahnehäubchen auf einer fantastischen Vorstellung des Brasilianers, bei der Trainer und Mitspieler ins Schwärmen gerieten. Ottmar Hitzfeld: „Er ist als Libero und Manndecker gleichermaßen Weltklasse. Er hat ein tolles Spiel gezeigt und ist eine riesige Verstärkung für uns." Und Mannschaftskapitän Michael Zorc: „Julio ist eine Bombe. Er hat die richtige Antwort auf die Disko-Geschichte gegeben." Erneut war den Borussen ein riesiger Troß gefolgt. Ungefähr zwei Drittel der 30.000 Zuschauer in der Krefelder Grotenburg waren Schwarz-Gelbe, die die Begegnung für den BVB in ein Heimspiel verwandelten.

Am 8. Spieltag empfing der BVB den alten Revierrivalen Schalke 04. In der Ära Hitzfeld waren die Begegnungen mit Schalke 04 in der Regel von Langeweile geprägt. Der BVB spielte meist äußerst zurückhaltend und verkrampft, was nicht gerade dem Geschmack der Fans entsprach. Es schien, als gehöre es zu Hitzfelds „Rationalisierungsstrategie", die Bedeutung des Derbys bewußt zu ignorieren. Stimmung herrschte häufig nur auf den Rängen. Das erste Aufeinandertreffen der Saison 1994/95 war von anderer Natur. Nach einem tollen Spiel, in dem die Blau-Weißen den Schwarz-Gelben nichts schenkten, behielt der BVB schließlich mit 3:2 die Oberhand. Die Mannschaft bewies Moral, steckte die Schalker 1:0-Führung ebenso weg wie den Ausgleich der Blau-Weißen zum 2:2. Cesar und Riedle spielten trotz einer Grippe, und Möller, in der Vergangenheit oft der Wehleidigkeit geziehen, bestritt die 2. Halbzeit trotz eines Kapselanrisses. Möller war es auch, der in der 72. Minute den viel umjubelten Siegtreffer erzielte, nach brillantem Zuspiel von Bodo Schmidt. Nach dem Abpfiff spekulierte Schalkes Olaf Thon: „Vielleicht haben wir heute den neuen Deutschen Meister gesehen."

Am 10. Spieltag kam mit dem FC Bayern der amtierende Meister ins Westfalenstadion. Als Riedle in der 78. Minute nach einem genialen Paß von Chapuisat das 1:0 erzielte, herrschte in Dortmund „Ausnahme-Zustand" (Möller). Die Bayern versuchten es anschließend mit der Brechstange, aber dank einer

Cesar und Möller jubeln, Lehmann ist enttäuscht: Der BVB besiegt den Erzrivalen Schalke.

tollen Reaktion von Stefan Klos bei einem Schuß von Nerlinger konnte der BVB den knappen Vorsprung über die Zeit retten.

Gegenüber der Saison 1993/94 unterschied den BVB nach den ersten zehn Spieltagen vor allem ein gewachsener Teamgeist, größeres Selbstbewußtsein und die stark verbesserte spielerische Substanz. Der neue Teamgeist war das Ergebnis der hartnäckigen psychologischen Arbeit von Präsident, Manager und Trainer, die dabei von den Spielerpersönlichkeiten Sammer und Zorc unterstützt wurden. Stefan Reuter über die „neue" Borussia: „Es hat sich viel verändert, wir gehen samstags oft gemeinsam weg. Im vergangenen Jahr war jeder für sich. Es gab keine Grüppchen, sondern nur Einzelgänger."

Die Verbesserung der spielerischen Substanz war stets Hitzfelds besonderes Anliegen gewesen. Mit den „Millionarios" Sammer, Möller, Cesar und Co. wurde sie möglich. Mit Sammer und Cesar verfügten die Borussen nun über eine Abwehr von hoher spielerischer Qualität, die Hitzfelds Idealvorstellungen ein gutes Stück näherkam. Das Prunkstück der Borussia 1994/95 war aber sicherlich zunächst das neue Offensivtrio Riedle, Chapuisat, Möller, das dem Dortmunder Angriffsspiel erheblich mehr Variationsmöglichkeiten und Unberechenbarkeit verlieh. In der Saison 1993/94 hatten viele der Dortmunder Angriffe immer gleich ausgesehen und waren deshalb für den Gegner leicht auszurechnen gewesen: Der Libero gab den Ball zu Schulz, der das Leder lang auf Chapuisat schlug. In einigen Spielen der Saison 1994/95 hingegen wurden phasenweise traumhafte Kombinationen geboten. Von den 33 Pflichtspieltoren, die der BVB bis einschließlich des 10. Spieltags in der Liga, im DFB-Pokal und UEFA-Cup erzielte, entfielen nicht weniger als 22 auf das neue Trio. Nimmt man Povlsen (als Riedle-Alternative) noch hinzu, so waren es gar 24 Treffer. In lediglich einem der 14 Pflichtspiele, nämlich bei der 1:2-Niederlage im UEFA-Cup bei Bratislava, als der BVB auf Chapuisat verzichten mußte, ging das Trio leer aus. Ein Blick in die Geschichte des BVB zeigt, daß die Schwarz-Gelben immer dann besonders erfolgreich waren, wenn sie über ein gutes Angriffstrio verfügten. In den 50ern stellten dies die „drei Alfredos" Kelbassa, Preißler, Niepieklo; in den frühen 60ern Schmidt, Konietzka und Schütz; und in der Europapokalsaison 1966 Held, Emmerich sowie Libuda. Hinzu kam, daß Spieler wie Reuter und Freund, die in der Saison 1993/94 viel verletzt waren und über die Rolle von Mitläufern nicht hinauskamen, nun geradezu aufblühten. Und mit den enorm talentierten Nachwuchsspielern Ricken (18) und Tanko (17) verfügte der BVB über ideale Ergänzungskräfte. Zu jung, um bereits Ansprüche auf einen Stammplatz zu formulieren und damit Unruhe in das Team zu bringen, aber doch genügend selbstbewußt, um dem BVB-Spiel bei einer Einwechslung neuen Schwung zu verleihen.

Bis zum Ende der Hinrunde gab der BVB nur noch zwei Punkte ab, beim 1:1 daheim gegen die Überraschungsmannschaft aus Freiburg sowie beim 3:3 auf dem Gladbacher Bökelberg. Als härtester Konkurrent des BVB entpuppten sich mehr und mehr Rehhagels Bremer, die am 12. Spieltag im Westfalenstadion durch späte Tore von Freund und Möller mit 2:0 besiegt wurden. Zum Finale der Hinrunde gab es einen eindrucksvollen 4:0-Sieg beim Hamburger SV. Michael Zorc gelang in diesem Spiel ein lupenreiner Hattrick. 12 Siege, 6 Unentschieden, aber nur eine Niederlage lautete die stolze Halbzeitbilanz des Herbstmeisters, dessen Vorsprung auf Werder Bremen vier Punkte betrug. Auch im UEFA-Cup war man noch am Ball. Das Rückspiel gegen Bratislava hatte man mit 3:0 gewonnen. Im Achtelfinale traf der BVB auf das starke spanische Team von Deportiva La Coruna. In Spanien verlor der BVB mit 0:1, wobei ein korrektes Chapuisat-Tor keine Anerkennung fand. Im Rückspiel stand es gegen die spielerisch besseren Gäste nach 90 Minuten 1:0 für die Borussia, so daß die Partie in die Verlängerung ging. In der 102. Minute gelang La Coruna der längst überfällige Ausgleich. Der BVB mußte nun noch zwei Tore schießen, was angesichts der taktischen Cleverness der Spanier unmöglich erschien. Im Stadion wurde es still, bis Riedle in der 116. Minute per Kopf die erneute Führung gelang. Auch die Sitzplätze erhoben sich nun. Das Publikum peitschte die Elf unentwegt nach vorne. Das nur wenige Minuten zuvor noch für unmöglich gehaltene 3:1 erschien nun als geradezu unvermeidlich. Als Youngster Lars Ricken in der 119. Minute das Leder unter die Latte des spanischen Tores knallte, war es tatsächlich passiert. Hitzfeld anschließend: „Wir waren klinisch tot, doch mit den letzten Herzschlägen haben wir uns aufgerappelt und ein anatomisches Wunder geschafft." Rickens Tor brachte weitere Millionen in die BVB-Kasse.

Die Rückrunde begann für den BVB wie die Hinrunde. Trotz einer völlig verkorksten Vorbereitung gewann der BVB bei den Münchener „Löwen" mit 5:1, wobei Matthias Sammer eine „Riesen-Leistung" (Hitzfeld) bot. Eine Niederlage in Kaiserslautern und ein Unentschieden daheim gegen Frankfurt ließen den Vorsprung der Borussen auf einen Punkt schmelzen. Im UEFA-Cup blieb der BVB indes weiter auf Erfolgskurs. Im Viertelfinale verlor der BVB bei Lazio Rom zunächst durch ein Eigentor von Freund mit 0:1. Im Rückspiel konnte Chapuisat den Vorsprung der Römer bereits in der 11. Minute egalisieren. Ein Kopfball von Riedle in der 90. Minute bedeutete schließlich zum zweitenmal den Einzug ins Halbfinale dieses europäischen Wettbewerbs.

Doch nur zwei Tage später ereilte die BVB-Fans die Hiobsbotschaft der Saison: Beim Training waren Assistenztrainer Michael Henke und Chapuisat zusammengerasselt. Des Stürmers Knie wurde durch einen Kreuzband- und Außenbandriß schwer beschädigt. Nach Povlsen fiel nun auch noch Chapui-

Im Achtelfinale des UEFA-Cup erzielt Lars Ricken das Siegtor gegen La Coruna.

sat für den Rest der Saison aus. Dortmund war geschockt. Weitere zwei Tage später erlitt eine schwarz-gelbe Notmannschaft beim 0:3 gegen Bayer Leverkusen die dritte Saisonniederlage, die zugleich die erste Heimniederlage seit über einem Jahr war. Doch in Dortmund verzichtete man aufs Jammern und biß statt dessen die Zähne zusammen. In den folgenden vier Spielen blieben die Borussen mit zwei Siegen und zwei Unentschieden ungeschlagen. Darunter befanden sich auch das Revierderby, das vor 70.925 Zuschauern im Gelsenkirchener Parkstadion torlos endete, sowie eine denkwürdige Begegnung mit dem Karlsruher SC. Der KSC führte im Westfalenstadion nach 76 Minuten mit 1:0, als Möller im gegnerischen Strafraum die Schwalbe aller Schwalben fabrizierte. Schiedsrichter Günter Hackmann entschied auf Strafstoß, den Zorc zum Ausgleich verwandelte. In der 86. Minute gelang Sammer auch noch der Siegtreffer. Karlsruhes Trainer Winfried Schäfer tobte, während Möller die nächste Dummheit beging, indem er in die Mikrophone sprach: „Bei jedem anderen Trainer wäre ich zum Schiedsrichter gegangen und hätte gesagt: 'Das war nichts.' Aber nicht bei ihm." Zorc sprach von „ausgleichender Gerechtigkeit", schließlich habe man dem BVB gegen Leverkusen, in Stuttgart und in Kaiserslautern klare Elfmeter verweigert. Hitzfeld erinnerte daran, daß der KSC-Spieler Wuck, als er noch beim 1. FC Nürnberg spielte, dem BVB in der Saison 1991/92 die Meisterschaft gekostet habe, „weil er gegen uns einen Strafstoß provozierte. Das haben wir auch hingenommen". Doch der DFB kannte kein Erbarmen. Auf Zuruf der *Bild*-Zeitung und anderer Einheizer, die eine regelrechte Hexenjagd gegen Möller inszenierten, wurde der Dortmunder für zwei Spiele gesperrt. Präsident Niebaum sprach von „Wettbewerbsverzerrung".

Im UEFA-Cup-Halbfinale kam es zu einer Neuauflage des Finales von 1993. In Turin schrammte der BVB gegen Juventus nur knapp an einer Sensation vorbei. Bis zur 88. Minute führten die Dortmunder in Turin durch Tore der ehemaligen „Juve"-Spieler Reuter und Möller mit 2:1, da gelang Italien-Legionär Kohler doch noch der Ausgleich. Im Dortmunder Rückspiel schlug sich Borussias letztes Aufgebot, bei dem außer den Langzeitverletzten Povlsen und Chapuisat auch noch Sammer, Möller und Riedle fehlten, zwar tapfer, mußte sich aber schließlich den Gästen mit 1:2 beugen. Die Fans feierten ihr Team und sangen „Deutscher Meister wird nur der BVB". Bei Bayern München bot der BVB allerdings am 27. Spieltag eine müde Vorstellung und unterlag mit 1:2. Ein resignierter Steffen Freund: „So werden wir bestimmt nicht Deutscher Meister."

Gegen Dynamo Dresden wirkte der BVB eine Woche später erneut ziemlich ausgelaugt, siegte aber trotzdem durch zwei späte Treffer von Rene Tretschok mit 2:0. Das Spiel war symptomatisch für die Rückrunde. Vom spielerischen Glanz und Esprit der Hinrunde war aufgrund der zahlreichen Verletzungen kaum noch etwas übrig geblieben. Siege wie der gegen Dresden wurden mehr mühsam erkämpft als erspielt. Die Mannschaft geriet immer wieder ins Wanken, aber richtig stürzen tat sie nie. Die einzige Negativserie betraf mit zwei Niederlagen und zwei Unentschieden die Spieltage 20 bis 23. Am 29. Spieltag kam es im Bremer Weserstadion zum Showdown gegen den einen Punkt hinter den Borussen positionierten Verfolger Werder. Nach einer torlosen ersten Halbzeit, in der die Dortmunder den besseren Eindruck hinterlasssen hatten, kam es nach dem Wiederanpfiff gegen die überhart agierenden Bremer knüppeldick: 3:1 für Bremen, zwei Punkte und die Tabellenführung verloren und dazu noch durch eine (fragwürdige) rote Karte gegen Julio Cesar. Es schien, als habe sich alles gegen den BVB verschworen, von der Boulevardpresse bis zum DFB. Dem Traditionsklub drohte, am Ende der Saison erneut mit leeren Händen dazustehen.

Dortmunds letztes Aufgebot: Der „Babysturm"

Doch dem „Drama in Dortmund" *(Kicker)* folgte das „Wunder von Dortmund". Am 30. Spieltag gab es daheim gegen den VfL Bochum einen 3:1-Arbeitssieg. Fünf Tage später kam das „Aus" für Karlheinz Riedle. Ein im Training erlittener Kreuzbandriß bedeutete das vorzeitige Saisonende. Den Borussen blieb jetzt nur noch ein „Baby-Sturm", bestehend aus dem 17jährigen Ibrahim Tanko und dem 18jährigen Lars Ricken. Doch in den verbleibenden vier Spielen gab der BVB nur noch zwei Punkte ab. Am 31. Spieltag gab es in Freiburg ein 1:1, bei dem Sammer ein Eigentor unterlief. Andreas Möller, der nach seiner Sperre erst zwei Bundesligaspiele für den BVB absolviert hatte, erhielt die gelb-rote Karte und fiel für die nächsten beiden Begegnungen erneut aus. Tabellenführer Bremen gelang gegen Uerdingen ein 6:1-Kantersieg und konnte seinen Vorsprung auf zwei Punkte ausbauen. Einen Spieltag später verloren die Bremer ausgerechnet in Schalke mit 2:4. Der BVB spielte erst sonntagabends, daheim gegen Borussia Mönchengladbach, und besaß nun die Chance, die Tabellenführung zurückzuerobern. Doch Gladbachs Keeper Uwe Kamps brachte die Dortmunder Angreifer schier zur Verzweiflung. In der 49. Minute gingen die Gäste gar durch Heiko Herrlich in Führung. Den Borussen gelang trotz einer starken Vorstellung nur noch der Ausgleich. Als Steffen Freund in der 72. Minute mit dem Mut der Verzweifelung abzog, wurde sein Schuß von Holger Fach unhaltbar für Kamps abgefälscht.

Trotzdem fühlten sich die Borussen nun psychologisch im Vorteil. Der Abstand zu den Bremern war auf einen Punkt geschrumpft, und an der Weser zeigte man offensichtlich Nerven. Am vorletzten Spieltag empfingen die Werderaner den Karlsruher SC, während der BVB nach Duisburg reisen mußte. Nach 50 Minuten führte der MSV mit 2:0. Die Meisterschaft schien gelaufen zu sein, zumal Werder in Führung lag. Zwei Minuten später gelang Zorc vom Elfmeterpunkt aus der Anschlußtreffer. Es folgte der große Auftritt des Stefan Reuter, der mit zwei Treffern den Rückstand noch in einen 3:2-Sieg verwandelte. Wieder einmal hatten die Borussen ein bereits verloren geglaubtes Spiel noch umgebogen. Werder, durch die Dortmunder Aufholjagd offensichtlich gelähmt, kam zu einem mühsamen 2:1-Sieg.

Vor dem letzten Spieltag trennten Werderaner und Borussen somit weiterhin ein Punkt. Bremen mußte zum FC Bayern reisen, der zukünftigen Wirkungsstätte von Otto Rehhagel, der mit seinen Gedanken bereits beim neuen Arbeitgeber zu sein schien. Dortmund spielte im Westfalenstadion gegen den Hamburger SV – wieder mit Andreas Möller. Ein Sieg der Bremer in München – und das Ergebnis der Borussen konnte Werder gleichgültig sein. Bei einem Bremer Unentschieden mußte der BVB mit zwei Toren Vorsprung gewinnen, um Meister zu werden. Denn bei identischer Tordifferenz entschied die Zahl der geschossenen Tore. Das Westfalenstadion war mit 42.000 Zuschauern natürlich ausverkauft. Weitere 50.000 verfolgten das Spiel auf einer Riesenleinwand auf dem Friedensplatz. Viele waren aus den umliegenden Orten angereist. Die Nahverkehrszüge luden immer neue Massen am Dortmunder Hauptbahnhof ab. Die ersten Tränen flossen bereits, als vor dem Anpfiff Flemming Povlsen verabschiedet wurde. Der Däne, der sich mit seinem großen Einsatzwillen und aggressiv-offensiver Spielweise in die Herzen der Fans gespielt hatte, versprach: „Ich nehme ein Stück Dortmund mit in meine Heimat." Präsident Niebaum hatte angekündigt, daß man den Meistertitel Flemming Povlsen widmen würde.

Das Spiel war gerade neun Minuten alt, da bekam der BVB einen Freistoß zugesprochen. Der seit der „Schwalben-Affäre" viel geschmähte Möller legte sich den Ball zurecht, um ihn mit einem Kunstschuß um die gegnerische Mauer herum ins kurze Eck des Hamburger Tores zu zirkeln. 1:0 für den BVB. Nur vier Minuten später durfte die Arena ein zweitesmal jubeln, denn aus München kam die frohe Kunde, daß der FC Bayern ebenfalls mit 1:0 in Führung gegangen war. Und wenig später erhöhte Ricken per Kopf auf 2:0 für den BVB. In der 40. Minute wurde es mucksmäuschenstill im Westfalenstadion. In München hatte Werder einen Elfmeter erhalten, den Basler zum Ausgleich einschoß. Doch nur wenige Minuten später verwandelte sich das Westfalenstadion erneut in ein Tollhaus. Während die Borussen sich im Mittelfeld den Ball zuschoben und den Halbzeitpfiff herbeisehnten, war der FC Bayern erneut in Führung gegangen.

Die 2. Halbzeit bestritten die Borussen mit schweren Beinen. Nervosität machte sich breit, die zwingenderen Chancen hatte nun der HSV. Im Stadion

Stefan Reuter (links) und „Baby-Stürmer" Ibrahim Tanko bejubeln in Duisburg die Wende.

herrschte Ruhe, weshalb einige Spieler annahmen, die Bremer hätten zwischenzeitlich ein zweitesmal ausgeglichen. Doch zwölf Minuten vor dem Abpfiff kam Leben in die Bude. Die Bayern hatten auf 3:1 erhöht. Auch auf den Sitzplätzen erhob sich das Publikum und feierte die Mannschaft, die sich durch die letzten Minuten quälte, mit „Deutscher Meister wird nur der BVB".

Am 17. Juni 1995, um 17.15 Uhr war es endlich so weit. Nach 32 Jahren hieß der Deutsche Meister wieder Borussia Dortmund! Borussen-Kapitän Michael Zorc, einer von immerhin drei waschechten Dortmundern im Meisterteam, ballte die Faust des Triumphes. Sieben Minuten später durfte er die Meisterschale in Empfang nehmen. Was nach 17 Spieltagen noch wie selbstverständlich angemutet hatte, war am Ende der Saison eine Sensation. In der 32jährigen Geschichte der Bundesliga hatte noch kein Meister so viele Rückschläge wegstecken müssen wie der BVB in der Saison 1994/95. Der Meistertrainer

Nach 32 Jahren ist die Schale wieder in Dortmund. Von links: Flemming Povlsen, Marc Arnold, Knut Reinhardt (verdeckt), Bodo Schmid, Ibrahim Tanko, Stefan Klos, Günter Kutowski und Steffen Freund.

über seine Mannschaft: „Sie hat unsere Tugenden Selbstbewußtsein, Ehrgeiz und das Ärmelhochkrempeln voll umgesetzt."

Im Stadion und in der Stadt regierte nach dem Schlußpfiff das Chaos. Um den Borsigplatz zogen Tausende stundenlang Runde um Runde und bemalten die Gehwege in den Vereinsfarben. Aus viele Fenstern hingen schwarzgelbe Fahnen. Aus der Region strömten weitere Massen nach Dortmund. Im Radio wurden die Hörer aufgerufen, die Stadt zu meiden, da sie völlig überlaufen sei. Am folgenden Tag füllten über 500.000 Menschen die Straßen und Plätze der Westfalen- und Reviermetropole, um dem Meister zuzujubeln. Für ihre zwölf Kilometer lange Ehrenrunde, die schließlich auf dem Friedensplatz endete, benötigte die Mannschaft über fünf Stunden. Dortmund wurde zum Schauplatz der größten Meisterschaftsfeier in der Geschichte des deutschen Fußballs.

Nur mit Mühe können sich Möller, Sammer und Cesar (von links) den Weg in die Kabine bahnen.

Erfolgreichster Torschütze des Meisterteams war mit 15 Treffern Michael Zorc, gefolgt von Andreas Möller, der nur ein Tor weniger erzielte. Mit 33 Gegentreffern (gegenüber noch 45 in der Vorsaison) stellte der BVB die beste Abwehr der Liga. 67 Tore schossen die Borussen, nur „Vize“ Werder erzielte mit 70 mehr. Bei den Zuschauern rangierte der BVB mit einem Schnitt von 40.914 hinter dem FC Bayern auf Rang 2.

Dortmunds Urgestein Michael Zorc mit der Schale.

Meisterfeier auf dem Friedensplatz.

BORUSSIA
DORTMUND
BVB
BORUSSIA DORTMUND
LET'S GO DORTMUND
SUPER B.V.B.
WESTFALEN STADION

EINWURF

Borussia, Schalke und die Bayern

Am Anfang stand das Derby. Schon zu Zeiten des „wilden Volksspiels" spielte die Rivalität zwischen benachbarten Dörfern eine große Rolle. Das Derby bot die Möglichkeit, lokalen Stolz und Überlegenheit über den Nachbarn zu demonstrieren sowie „alte Rechnungen" zu begleichen. Auch für den modernen Soccer wurde das Derby zu einem Katalysator seiner Ausbreitung.

Im Ruhrgebiet war es nicht zuletzt die nachbarschaftliche Rivalität, die dem Fußball in der Arbeiterschaft zur ungeheurer Popularität verhalf. In der dichtbesiedelten proletarischen Region gab es schon bald zahlreiche Nachbarschaftsduelle. Die Basis hierfür war eine stark ausgeprägte lokale Identität. Zum Derby aller Derbys sollte nach dem 2. Weltkrieg Schalke kontra Dortmund avancieren.

Vereine wie Borussia und Schalke werden im Ruhrgebiet von den Fans als „ideeller Besitzstand" betrachtet und sind nicht ohne Einfluß auf das lokale und regionale Seelenleben. Beide Vereine verfügen über eine extrem große Zahl loyaler Fans, wie dies für Regionen mit industrieller Geschichte typisch ist. Der Zuschauerschnitt derartiger Vereine ist auch dann noch relativ stabil, wenn sie eine Talsohle durchschreiten. Dies belegt ihre zentrale Bedeutung für ihre Städte und die dort lebenden Menschen. Die Erfolge der Dortmunder und Schalker wurden und werden hier von Angehörigen aller sozialer Schichten gefeiert. Der Fußball drängt die sozialen Widersprüche in den Hintergrund. Die lokalen Meinungsmacher konstruieren bei derartigen Anlässen gerne ein äußerst idealisierendes Bild der lokalen Community, das fern vom Fußball der Realität kaum standhält, aber offenbar einem schichtenübergreifenden Bedürfnis entspricht. Das Bild von der intakten Einheit aus Verein, Spielern und Bürgern wird auch dadurch nicht gestört, daß es heute hochdotierte Legionäre sind, die die lokalen Qualitäten repräsentieren. Teilweise ist dies ein Resultat der großen Integrationskraft der Region. Die teuren Kicker können sich hier der Stimmung in der Bevölkerung weit weniger entziehen als in Hamburg oder München.

Viele der Mythen über das Ruhrgebiet und seine Menschen basieren auf gelebten historischen Erfahrungen, aber in Wahrheit existieren innerhalb der Region mehr Widersprüche und Unterschiede, als dies von außen gemeinhin wahrgenommen wird. Borussia und Schalke sind von ihrer Geschichte her „bürgerliche Arbeitervereine", doch gibt es Unterschiede zwischen ihnen, die auch aus dem unterschiedlichen Charakter der Städte Dortmund und Gelsenkirchen herrühren. Dortmund geriet nicht erst mit der Industrialisierung und Immigration auf die Landkarte. Schon im 13. und 14. Jahrhundert war Dortmund bedeutendste Hansestadt im heutigen Ruhrgebiet. Gelsenkirchen existierte damals nur als Dorf. Auch heute noch sind die Unterschiede zwischen den beiden Städten gravierend: Dortmund ist das ökonomische Herz der Region, trotz des Niedergangs der Schwerindustrien. Das heutige Dortmund ist eine Dienstleistungsmetropole, in der mehr Menschen im Versicherungswesen als im Stahlbereich arbeiten. Insgesamt sind heute deutlich über 50 % der Beschäftigten im Dienstleistungsbereich tätig. Außerdem ist Dortmund ein bedeutendes Technologiezentrum. Im „Technopark" wurden 3.560 neue Arbeitsplätze geschaffen. Dort, wo einst Kohle, Stahl und Bier die lokale Industrie stellten, konzentriert man sich heute auf die Produktion von Mikrochips. Die Universität zählt mittlerweile um die 30.000 Studenten. Auch in kultureller Hinsicht hat die Ruhrgebiets- *und* Westfalenmetropole einiges zu bieten: In Dortmund gibt es mehr als 50 öffentliche Bühnen und private Theater, Kabaretts und Veranstaltungscafés. Stärker als andere Ruhrgebietsstädte frönt Dortmund einer doppelten Identität. Man ist nicht nur Ruhrgebietler, sondern auch Westfale. Genauer: östlicher Ruhrgebietler und westlicher Westfale. Dortmunds Verhältnis zum restlichen Ruhrgebiet reduziert sich häufig auf eine geographische Nachbarschaft, und man kann nicht gerade behaupten, daß die Dortmunder im restlichen Ruhrgebiet sehr beliebt sind.

Dortmund war stets „ordentlicher", ja „preußischer" als Gelsenkirchen. Dies schlägt sich auch in den Vereinen und bei ihren Fans nieder. Schalke ist gefühlsduselig bis zur Unerträglichkeit, aber auch etwas leidenschaftlicher. Schalke ist für seine Fans noch mehr Religion als der BVB. Die Fans der Borussia gelten als etwas launischer. Die Vorstandsetagen der Borussia waren stets ein gutes Stück seriöser als die der Schalker. Als in Gelsenkirchen der Getränkehändler Günter Siebert das Zepter schwang, hieß Borussias Vorsitzender Dr. Rainer Kliemt. In Gelsenkirchen wurde die Renaissance von Schalke 04 durch den „Sonnenkönig" Günter Eichberg eingeleitet, in Dortmund durch den renommierten Anwalt Dr. Gerd Niebaum. Der Niedergang des Bergbaus hinterließ in Städten wie Gelsenkirchen ein administratives Vakuum, von dem auch und gerade der Fußball betroffen wurde. In Dortmund mit seiner ungleich größeren lokalen Elite und seiner differenzierteren Industriestruktur sah dies anders aus. Um seine Modernisierung zu betreiben, mußte der BVB nicht auf vermeintliche Heilsbringer von außen zurückgreifen.

Der Fußball wirkt im Ruhrgebiet spaltend wie einigend. Letzteres ist insbesondere dann der Fall, wenn es gegen den „gemeinsamen Feind" FC Bayern geht. Eine Konkurrenz, die auch soziale Inhalte hat. Mit dem FC Bayern werden gemeinhin Leute verbunden, die ihren Wohlstand nicht wie Generationen von Industriearbeitern des Ruhrgebiets durch „harte Arbeit" erworben haben. Daß der Großteil der Beschäftigten des Ruhrgebiets heute in Büros hockt, wird geflissentlich außer Acht gelassen. Wenn es um den Fußball geht, lebt der Mythos vom alten Ruhrgebiet, wo die Arbeit sozusagen erst erfunden wurde, weiter fort. Der FC Bayern gilt bei Dortmundern und Schalkern als neureicher Edelklub, dessen Erfolge vornehmlich auf dem Einsatz des schnöden Mammons basieren. Als der BVB 1995 seine erste Bundesligameisterschaft errang, hatte er dies ebenfalls erheblichen Investitionen zu verdanken. Trotzdem wehrten viele Borussen-Fans einen Vergleich mit dem FC Bayern ab: Der neue Reichtum galt als „hart erarbeitet" und war nach Jahren der Demütigung hoch verdient.

Anhänger der Borussen und Schalker betonen zudem gerne, daß die beiden Ruhrgebiets-Giganten im Gegensatz zum FC Bayern über „echte Fans" verfügen würden, die das Fußballgeschehen weitaus passionierter verfolgen als die „Erfolgsfans" des Rekordmeisters. Schön-Wetter-Zuschauer gibt es zwar längst auch in Dortmund und in Schalke, so wie beide Revierklubs heute auch eine große Zahl von Autofahrer-Fans von außerhalb anziehen. Aber die Stimmung in den Stadien der Ruhrgebietsklubs unterscheidet sich tatsächlich erheblich von der im Münchener Olympiastadion. Schalke verfügt über eine genauso unglückliche Arena wie der FC Bayern, aber 35.000 im Parkstadion sorgen für deutlich mehr Stimmung als 60.000 in München.

Borussia Dortmund, Schalke 04 und der FC Bayern sind Volksvereine, aber in unterschiedlicher Weise. Die Zuneigung zum FC Bayern ist in einem geringeren Maße mit lokaler und regionaler Identität verknüpft als beim BVB und Schalke. Zwischen dem Einkommen eines Fans, seinen Möglichkeiten der Freizeitgestaltung und der Form seiner Unterstützung für „seinen" Klub existiert ein Zusammenhang. Vereinfacht gesagt: Je mehr einer verdient und je vielfältigere Möglichkeiten kultureller Zerstreuung einer hat, desto „softer" fällt sein Fan-Dasein aus. Oder umgekehrt: Je weniger Geld einer besitzt, um so größer ist der Raum, den der Fußball in seinem Leben einnimmt. Das Publikum der Bayern war in sozialer Hinsicht schon immer anders als das der Dortmunder und der Schalker. Dabei ist es bis heute geblieben, wenngleich sich die soziale Differenz – insbesondere zum Borussen-Publikum – sicherlich verringert hat.

Außerdem war die Geschichte von BVB und Schalke und deren Spielkultur über Jahrzehnte hinweg mit dem schwerindustriellen Milieu ihrer Städte verquickt. In der Geschichte des FC Bayern existiert eine solche Verbindung nicht. Trotz des Wandels der Region hat in Dortmund und Gelsenkirchen der Ethos der industriellen Arbeitswelt in „abgespeckter" Form überlebt. BVB-Präsident Niebaum: „Im Ruhrgebiet wird Fußball gearbeitet. Deshalb wird der Typ des hart arbeitenden Spielers verehrt, ähnlich wie im englischen Fußball. In Dortmund verläßt man das Stadion zufrieden, wenn man gesehen hat, daß 90 Minuten lang alles gegeben worden ist, auch wenn nicht immer gewonnen wird."

Ruhrpott! Ruhrpott?

1997 war das Jahr der Ruhrpott-Vereine: Schalke beerbte den FC Bayern als UEFA-Cup-Sieger, während der BVB in der Spielstätte der Münchener die Champions League gewann. Flugs machte das Wort von einer übergreifenden „Ruhrpott-Identität" die Runde. Bis dahin hatte man andere Töne gehört. Mit dem Zusammenbruch einer gemeinsamen Industrie und angesichts sinkender Lebensqualität suchten viele Ruhrgebietsstädte nach einem neuen Image und neuen Identitäten. Dortmund deklarierte sich zur „Westfalenmetropole", während Duisburg entdeckte, daß es „am Rhein" und „im Herzen Europas" liegt. Der heutige NRW-Ministerpräsident Clement erklärte den „Ruhrpott" zum rein „mentalen Ereignis". Die Region zerfalle immer stärker in Einzelregionen, statt zusammenzuwachsen.

Dies änderte sich in den 90ern wieder – nicht zuletzt dank der Erfolge Borussias und Schalkes. Vor allem der BVB brach das traditionelle Klischee vom Ruhrgebietsklub auf – durch Modernität, Seriosität und den Ausbau der schönsten Fußballarena Deutschlands. Borussia Dortmund stand für ein Ruhrgebiet im Aufbruch, das nicht mehr länger der Entwicklung in anderen Regionen hinterherhinkte, sondern im allgemeinen Wandel eigene Akzente setzte.

Mit den internationalen Triumphen von Borussia und Schalke war der Begriff „Ruhrpott" wieder positiv besetzt. Der *Spiegel:* „Was für den Analytiker Clement ausgeschlossen schien, haben nun wie früher die Gastarbeiter aus dem Osten Profi-Kicker aus Holland, Belgien, der Schweiz und Portugal geschaffen: ein neues Wir-Gefühl der Region. Plötzlich entdeckt der Mensch im Revier, daß der Nachbar eben 'auch Malocher' geblieben ist – zumindest im Geiste."

Der Fußball verstärkte allerdings lediglich eine bereits vorhandene Entwicklung. 1997 erklärte Frank Levermann vom Kommunalverband Ruhrgebiet: „Wir machen schon seit einigen Jahren die Erfahrung, daß die Menschen hier eine neue Ruhrgebietsidentität annehmen.“ Mobile junge Leute würden „den ganzen Ballungsraum als eine einzige Stadt betrachten“. Der Bochumer Historiker Dieter Petzina ist der Auffassung, daß gerade „soziale Differenzierungen“ für das „neue Selbstbewußtsein“ ausschlaggebend seien. Der Kohlenpott sei heute vorzeigbar: „Die Luft ist rein, und die Fassaden werden poliert.“ Es gebe „Bildungseinrichtungen, Natur und Kultur“, das könne „man auch der Tante aus Ostwestfalen vorführen“.

Tatsächlich hat die gesamte Region einen erheblichen Strukturwandel durchgemacht: Nur noch 8 % der Beschäftigten arbeiten in den klassischen Industriezweigen Kohle und Stahl. Im Ruhrgebiet befinden sich vier staatliche, eine private sowie eine Fernuniversität. Auf dem Gelände von 19 ehemaligen Zechen stehen Designzentren und moderne Gewerbeparks. Und im Umkreis von nur 40 Kilometern konnte man 1997 gleich drei Musicals konsumieren.

Auch der Fußball hat sich verändert. Aber zugleich gehört der Fußball zu den wenigen Konstanten, die den Strukturwandel überlebt haben und deshalb vielen Menschen in einer sich rapide verändernden Umwelt ein gewisses Maß an Halt und Orientierung bieten. Mit dem Abbau der Schwerindustrie verschwindet auch zusehends das soziale Milieu, das sie hervorgebracht hat. Zahlreiche schwerindustrielle Unternehmungen wurden geschlossen, nicht aber Borussia Dortmund und Schalke 04, die modernisiert und angepaßt wurden. Je mehr Fördertürme und Hochöfen verschwinden, desto stärker wird die Sehnsucht nach Relikten der Vergangenheit. Dortmund und Schalke bieten den Brückenschlag von gestern zu heute. Trotz des Strukturwandels ist eine gewisse Mentalität erhalten geblieben. Der Journalist Freddie Röckenhaus: „Selbst wenn man längst im Versicherungsgewerbe gelandet ist, 'auffem Büro‘, Abitur und gar Hochschulabschluß unter Dach und Fach sind, eint immer noch die (meist unausgesprochene) Hochachtung für Schwerstarbeit und Energie, für den Kleine-Leute-Heroismus der Väter und Großväter und Ur-Großväter, den verklärten Mythos von 'Ärmel-aufkrempeln-und-Zusammenhalten‘, das Kumpeltum, eine leicht melancholische Lakonik und Reste einer Aufbau und Pionier-Mentalität. Die lugt jedem echten Ruhrgebietler aus dem Anzug – selbst wenn der von Armani stammen sollte. Die Welt an der Ruhr teilt sich noch in 'patente Kerle‘ und 'gelackte Affen‘. (...) Selbst wer nie in einem Stahlwerk gearbeitet hat, empfindet eine absurde, trotzige Verbundenheit mit den schroffen Hochöfen, mit den alten Siedlungen, mit der Trinkhalle um die Ecke und mit dem beim Abstich bei Hoesch oder Krupp taghell erleuchteten Nachthimmel. 'Pulsschlag aus Stahl‘ hat Herbert Grönemeyer das besungen.“ ■

1995 bis 1998

Baustelle Borussia

Elf-Millionen-Mann Heiko Herrlich, der bis dahin teuerste Einkauf in der BVB-Geschichte, setzt sich gegen zwei Spieler des 1. FC Köln durch.

1995/96 Eine Meisterschaft der Nerven

Der Titelgewinn veränderte auch das Selbstverständnis der Borussia. Bereits vier Tage vor dem Ende der Saison 1994/95 hatte Hitzfeld gefordert: „Wir müssen erstklassige Spieler holen, dürfen den Saisonstart auf keinen Fall verschlafen." Prominenteste Dortmunder Neuerwerbung war der Mönchengladbacher Heiko Herrlich, der in der Vorsaison mit 20 Treffern Bundesligatorschützenkönig (gemeinsam mit Mario Basler) geworden war. Seine Verpflichtung erinnerte ein wenig an die Politik des FC Bayern: Der BVB galt sportlich wie finanziell als Branchenführer, ergo erhob er einen „natürlichen" Anspruch auf den Bundesligatorjäger Nr. 1, der schlicht und einfach in Dortmund zu spielen hatte. Am Bökelberg hatte Herrlich vom Vorbereiter Effenberg profitiert. Das Dortmunder Spiel lief aber anders. Herrlich sollte in Dortmund nur phasenweise an seine Gladbacher Vorstellungen anknüpfen können. Der hochaufgeschossene Stürmer konnte das Borussen-Trikot erst mit Verzögerung überstreifen. Herrlich hatte in Gladbach noch einen Vertrag bis 1997, insistierte aber auf eine mündliche Zusage von Manager Rüssmann, bei einem Gehaltsangebot von über 900.000 DM durch einen neuen Verein sowie einer Transfersumme von vier bis fünf Mio. DM gehen zu dürfen. Rüssman sprach in Richtung Dortmund von „Kopfgeldjägern".

Als die Vereine sich nicht einigen konnten und die Situation zu eskalieren drohte, wurde der DFB als Schlichter bemüht. Am 3. August 1995 hatte das Tauziehen endlich ein Ende: Der BVB legte auf die vom DFB-Schlichter vorgeschlagene Ablösesumme von 8,5 Mio. DM noch 2 bis 3 Mio. drauf, und Rüssmann willigte in den Wechsel ein. Auch auf den Rängen hatte sich das schwarz-gelbe Selbstverständnis gewandelt. Liefen „ärmere" Teams im Westfalenstadion auf, konnte es passieren, daß sie von der Südtribüne hämisch mit „Wenn wir wollen, kaufen wir euch auf" begrüßt wurden. Der Gewinn der Meisterschaft hatte eine Zäsur bedeutet. Die Borussia der Saison 1995/96 wurde von den Fans anderer Klubs und neutralen Beobachtern nun anders gesehen als ihre Vorläufer. Die Dortmunder waren Meister geworden und hatten den teuersten Transfer der Liga getätigt. Ihre Spielweise wurde nüchterner, rationeller, erfolgsorientierter. Damit gewann sie nun zuweilen auch solche Spiele, in denen sie eher schwach agierte. Die Borussia war ein abgeklärtes und erfahrenes Starensemble. Aber nicht selten vermißte man jene Leidenschaft, wie sie in der Vergangenheit für das Borussen-Spiel typisch gewesen war. Da sie in der neuen Saison auch spielerisch kaum Glanzlichter setzte, konnte sie die Fans – trotz des neuerlichen Gewinns der Meisterschaft – nur selten begeistern. In dieser Hinsicht ähnelte sie der souveränen Meistermannschaft von 1956 und 1957.

Außer Herrlich schlossen sich noch Nationalverteidiger Jürgen Kohler, der Tscheche Patrick Berger und der ehemalige uruguayische Nationalspieler Ruben Sosa (Inter Mailand) dem BVB an. Während der Saison kam es dann auch noch zu einem Blitztransfer von Jörg Heinrich (SC Freiburg), an dem der BVB seit längerem Interesse bekundet hatte. Kohler war bereits der fünfte ehemalige deutsche Italien-Legionär im BVB-Trikot. Mit Kohler und Sosa standen nun sieben Spieler im Kader, die zuvor in der Serie A gekickt hatten. Zu denjenigen, die Dortmund verließen, gehörte u.a. Ned Zelic. Den Australier hatten immer wieder Verletzungen zurückgeworfen.

Das neue Selbstverständnis beim BVB fand am deutlichsten im Saisonziel seinen Ausdruck: Ein Jahr zuvor hatte man in Sachen Meisterschaft noch eher abgewiegelt. Nun galt die Titelverteidigung als Pflicht. Der Weg dorthin gestaltete sich jedoch erneut dornenreich. Das Verletzungspech blieb dem BVB auch in dieser Saison treu. 92mal mußten Spieler wegen Verletzungen pausieren. Allein 14 Muskelfaserrisse wurden durch die medizinische Abteilung diagnostiziert, ein klares Indiz für die starke Belastung des Kaders. In der Saison 1995/96 mußte die Mannschaft 45mal in Bundesliga, DFB-Pokal und Champions League auflaufen. Für die zahlreichen Nationalspieler kamen auch noch die Länderspieleinsätze hinzu. Außerdem sah sich der Verein mit einer aggressiven psychologischen und ökonomischen „Kriegsführung" des FC Bayern konfrontiert, der die Branchenführung nicht mit der Borussia teilen mochte. Bei allen diplomatischen Nettigkeiten, die man zwischen Dortmund und München austauschte, sowie der gemeinsamen Interessenslage gegenüber dem DFB, wurde in dieser Saison doch deutlich, daß zwischen BVB und FC Bayern ein „kalter Krieg" tobte. Die „Abteilung Attacke" (Uli Hoeneß) zog alle nur denkbaren Register. Sammer, Reuter, Freund und Torwarttrainer Toni Schumacher wurden massiv umworben, und später sollte auch noch die medizinische Abteilung des FC Bayern in die Schlacht gegen den BVB geworfen werden. Eine ganz unglückliche Rolle spielte Matthias Sammer, der Vorstand, Mitspieler und Fans wochenlang über seine sportliche Zukunft im Unklaren ließ.

Kalter Krieg zwischen BVB und Bayern

Sammers Flirt mit dem FC Bayern korrespondierte mit einem sogenannten „Schuhkrieg". In einem Prospekt des Bayern-Ausrüsters Adidas war Sammer im BVB-Trikot zu sehen, aber an den Füßen trug er die Schuhe mit den drei Streifen. Die Nike-Embleme waren wegretuschiert worden, was den BVB-Ausrüster schwer erboste. Die Bayern-Verbündeten *Bild* und *Sport-Bild* ließen verbreiten, dem BVB drohe mittelfristig der finanzielle Kollaps. Bald kursierte das Gerücht, der FC Bayern umgarne BVB-Akteure nur deshalb, um auf diese Weise die Dortmunder Gehaltsstruktur weiter in die Höhe zu treiben und den unliebsamen Konkurrenten totzurüsten. Genährt wurden derartige Vermutungen u.a. durch ein Interview mit Beckenbauer in der *Süddeutschen Zeitung*, in dem dieser auf die Frage „Treibt der FC Bayern die Dortmunder finanziell über die Grenzen?" nur vielsagend schwieg.

Die umworbenen Akteure blieben schließlich allesamt in Dortmund. Auf die Münchener „Totrüstungsstrategie" angesprochen, gab Niebaum zu bedenken, der FC Bayern sei nicht die Adresse, an der sich die Dortmunder Politik orientiere: „Die Preise auf dem großen europäischen Markt werden von AC Mailand, Juventus Turin oder den großen englischen Klubs bestimmt.

Dort kennen wir die Marktverhältnisse genau. Dort muß man sich orientieren, wenn man zu einem europäischen Spitzenklub werden will. In diesem Getriebe ist der FC Bayern, bei allem Respekt, nur ein kleines Rädchen." Für den BVB war es jedoch nicht nur sportlich, sondern auch psychologisch wichtig, daß keiner der Stars den Münchener Sirenenklängen erlag. Manager Michael Meier triumphierte: „Es ist klare Politik des FC Bayern, gute Spieler an Land zu ziehen, um den Gegner zu schwächen. Was in Mönchengladbach mit Matthäus und Effenberg funktionierte, hat bei uns nicht hingehauen. Wir haben als Verein Paroli geboten. Was man sich erarbeitet hat, das läßt man sich so nicht zerstören." Der Herausforderer Borussia Dortmund war aus einem anderen Holze geschnitzt als seine Vorgänger, gleich ob sie Mönchengladbach, Hamburg, Köln oder Bremen hießen. Allerdings blieb unbekannt, was den BVB die Münchener Offensive finanziell gekostet hatte.

Vor dem Start in die Bundesliga stand das Spiel um den Supercup an: Meister Dortmund gegen Pokalsieger Mönchengladbach. Die 40.000 im Düsseldorfer Rheinstadion bedeuteten Rekord für diese eher unbedeutende Veranstaltung. Der BVB gewann durch ein Tor von Julio Cesar mit 1:0.

Die Borussen begannen in der Bundesliga alles andere als meisterlich. Erstmals galt die Drei-Punkte-Regelung, aber mit zwei Unentschieden und einer Niederlage (2:3 in Rostock) holte der BVB lediglich zwei Punkte aus den ersten drei Spielen. Im DFB-Pokal entging der BVB einer fürchterlichen Blamage nur um Haaresbreite. In der 1. Runde ging es zum viertklasssigen TSG Pfeddersheim. Nach 90 Minuten stand es 0:0. In der Verlängerung gelang Möller zwar die 1:0-Führung, die die Amateure jedoch ausgleichen konnten. Die Entscheidung zugunsten des Meisters fiel erst im Elfmeterschießen. Doch während es in Dortmund relativ ruhig blieb, sollten Beckenbauer und Co. in München bald die Theatersaison eröffnen.

Am 4. Spieltag gelang dem BVB beim 2:1 über Mönchengladbach der erste Saisonsieg. Präsident Niebaum später: „Hätten wir das nicht gewonnen, wäre der Zug zur Meisterschaft ohne uns abgefahren." Aus den folgenden drei Spielen holten die Borussen das Optimum von neun Punkten. Beim 6:3 gegen den VfB Stuttgart wußte die Mannschaft endlich wieder zu brillieren. Überragender Spieler war Andreas Möller. Knut Reinhardt sah zwar bereits in der 16. Minute „Rot", aber trotz Unterzahl gelangen den Borussen anschließend vier Tore. Auch in der 2. Runde des DFB-Pokals gegen KFC Uerdingen siegte der BVB mit 3:0. 33.000 Zuschauer sahen die Begegnung im Westfalenstadion, was Saison-Minusrekord war. Als der BVB am 7. Spieltag bei Eintracht Frankfurt mit 4:3 gewann, bedeutete dies den ersten Sieg im Waldstadion seit sechs Jahren. Heiko Herrlich schoß in diesem Spiel bereits das fünfte Bundesligator für seinen neuen Arbeitgeber.

Klos, Kree, Schmidt, Sammer, Freund und Möller (von links) feiern einen 3:1-Sieg über den FC Bayern.

Die Borussen rutschten auf Rang zwei, aber der Vorsprung der Bayern betrug noch sieben Zähler. Am 8. Spieltag empfing der Meister den Herausforderer. Die Borussen kamen zu einem etwas glücklichen 3:1-Sieg. Der Durchmarsch des FC Bayern, der bis dahin noch keinen Punkt abgegeben hatte, war vorerst gestoppt. Der BVB war zunächst durch einen von Reuter verwandelten umstrittenen Elfmeter in Führung gegangen, die Nerlinger jedoch kurz nach der Pause ausgleichen konnte. Als Sosa in der 77. Minute für Ricken hereinkam, erzielte er mit seinem ersten Ballkontakt, einem Freistoß, das 2:1. In der 83. Minute hämmerte der ebenfalls nur eingewechselte Michael Zorc den Ball per Direktannahme in den Winkel des Münchener Gehäuses. Hitzfeld wollte Zorc langsam aufs Abstellgleis schieben. Aus dem Stammspieler sollte ein Ergänzungsspieler werden, doch Zorc wehrte sich dagegen, indem er mit 15 Treffern, darunter natürlich auch einige Elfmeter, erneut Borussias erfolgreichster Torschütze wurde.

Am 11. Spieltag mußte der BVB zum Revierderby nach Gelsenkirchen reisen. Dieser 26. Oktober 1995 sollte in die Geschichte des Revierderbys eingehen, denn den Borussen gelang der erste Sieg im Parkstadion seit 1983. Dabei bot die Mannschaft eine grottenschlechte Vorstellung (Michael Zorc: „Wir haben uns in der ersten Halbzeit bewegt wie Osterhasen"). Ganz im Gegensatz zu den Schalkern, die ihre bis dahin beste Saisonleistung ablieferten. Erst in der 65. Minute kam der BVB zu seinem ersten Eckball. Bis zur 90. Minute stand es 1:1, was aus Schalker Sicht schon enttäuschend genug war, da gelang Michael Zorc auch noch der Siegtreffer für den BVB. Niebaum sprach anschließend von einem „unverdienten Sieg", während Hitzfeld zu der Erkenntnis gelangte: „Der liebe Gott muß ein Borussia-Fan sein."

Zwei Tage zuvor hatte der Trainer seinen Vertrag vorzeitig bis 1999 verlängert. Eine Sportzeitschrift schrieb später, Hitzfeld sei mit einem Jahresgehalt von drei Mio. DM der höchstdotierte Trainer der Bundesliga, gefolgt von seinem Münchener Kollegen Otto Rehhagel mit etwas mehr als zwei Mio. Als Hitzfeld 1991 beim BVB begann, bezog ein gewisser Peter Neururer, der damals beim 1. FC Saarbrücken tätig war, ein deutlich höheres Salär als der spätere Meistertrainer. Am 12. Spieltag übernahm der BVB nach einem 3:0-Heimsieg gegen Fortuna Düsseldorf erstmals die Tabellenführung. Der BVB war bereits seit neun Spieltagen ungeschlagen. Einige Tage später erhielt Borussias Siegeszug jedoch einen argen Dämpfer. Nachdem die Elf durch ein 1:0 beim SC Freiburg das Viertelfinale des DFB-Pokals erreicht hatte, schied sie zu Hause gegen den Karlsruher SC mit 1:3 aus dem Wettbewerb aus. In der Bundesliga konnte der BVB seine Serie weiter fortsetzen. Allerdings mußte er sich beim Hamburger SV mit einem 2:2 begnügen.

Anschließend rasselten Matthias Sammer und Ottmar Hitzfeld erstmals öffentlich aneinander. Vor laufender Kamera kritisierte Sammer des Trainers Taktik, dessen Replik zwölf Stunden später folgte: „Die Bayern zerfleischen sich selber, wir sollten daraus die Lehren ziehen und nicht die gleichen Fehler machen. (...) Er (Sammer) muß vorsichtig sein mit seinen Äußerungen, erst denken und dann reden. Wir brauchen mehr Disziplin – auf dem Platz und außerhalb, um die Interessen des Vereins zu vertreten."

Hitzfeld gerät in die Kritik

Die Atmosphäre beim BVB wurde während dieser Saison merklich gereizter. Dies betraf nicht nur den Präsidenten, den Trainer und die Spieler, sondern auch das Publikum, daß sich mit glanzlosen Siegen nicht mehr zufriedengab. Symptomatisch hierfür war die Begegnung gegen 1860 München am 16. Spieltag. Beim 3:1-Sieg mußte der BVB die Brechstange auspakken. Der unglücklich agierende Heiko Herrlich wurde wiederholt ausgepfiffen. Die meisten Pfiffe gab es aber, als Hitzfeld den beliebten Michael Zorc gegen Karlheinz Riedle austauschte. Hitzfeld anschließend: „Ich bin sehr enttäuscht. Wenn ich sehe, daß wir sportliche Probleme haben, muß ich emotionslos handeln. Falls das den Leuten nicht paßt, muß ein anderer Trainer her, der die Mannschaft nach Sympathien der Zuschauer aufstellt. (...) Die

Zuschauer wollen nur noch eine Gala sehen. Das ist eine gefährliche Entwicklung."

Erst am 20. Spieltag kassierte der BVB wieder eine Niederlage in der Bundesliga. Erneut gegen Hansa Rostock, das im Westfalenstadion mit 2:1 gewann. Aus den folgenden vier Spielen holte der BVB zehn Punkte, darunter befanden sich zwei glanzvolle Siege beim VfB Stuttgart (5:0) und daheim gegen Eintracht Frankfurt (6:0). Gegen die Eintracht harmonierte das wiedergenese Sturmduo Chapuisat-Riedle wie in seinen besten Tagen zu Anfang der Saison 1994/95. Am 25. Spieltag kam es im Münchener Olympiastadion zum Show down zwischen dem amtierenden Meister und seinem Herausforderer. In einem eher mäßigen Bundesligaspiel behielt der FC Bayern durch ein Tor von Scholl verdientermaßen mit 1:0 die Oberhand, zeigte sich aber nervlich angeschlagen. Der Torschütze streckte später Stephane Chapuisat mit einem Faustschlag nieder, während sich Bayern-Manager Hoeneß bei einem Gerangel mit Julio Cesar den Ringfinger auskugelte. Anschließend wurde Cesar von Bayerns Ex-Torjäger Gerd Müller getreten.

Der Niederlage von München folgten drei magere Unentschieden, bei denen der BVB nur einmal ins gegnerische Tor traf. Nach dem 0:0 am 28. Spieltag gegen Schalke 04 ging Niebaum mit der Mannschaft so schonungslos ins Gericht wie schon lange nicht mehr: „Wir haben gegen Schalke ohne Herz und Begeisterung gespielt. Da muß wieder Feuer rein, ich will fliegende Fahnen sehen." Der BVB hatte u.a. auf Möller und Sammer verzichten müssen, für Niebaum jedoch kein Grund, sich mit einem torlosen Remis zu begnügen: „Diejenigen, die dann für sie spielen, sind gegenüber dem Verein nicht bescheiden in ihren Ansprüchen. Auch diese Mannschaft muß in der Lage sein, einen Sieg gegen Schalke einzufahren." Es sollte nicht die letzte Kritik des Präsidenten am neuen Spielertypus bleiben. Ein einflußreiches Wirtschaftsratsmitglied nahm sich auch den Tainer vor: „Wir können die besten Spieler der Welt kaufen, aber wenn wir ohne System spielen, kommen wir nicht von der Stelle."

Der folgende Spieltag bescherte mit einem (glanzlosen) 2:1-Sieg bei Fortuna Düsseldorf endlich wieder ein Erfolgserlebnis. Matthias Sammer anschließend: „Es haben sich bei uns über Wochen Probleme eingeschlichen, und die kommen so schnell nicht raus. Der Präsident hat ein Zeichen gesetzt, das die Mannschaft verstehen muß." Am 30. Spieltag kam der BVB daheim gegen den Hamburger SV über ein 1:1 nicht hinaus, aber die Bayern errangen an diesem Spieltag nicht einmal einen Punkt: Im heimischen Stadion unterlag man 0:1 gegen den gemeinsamen „Angstgegner", Hansa Rostock. Es folgte der Rausschmiß von Otto Rehhagel. Der FC Bayern fuhr nun sein letztes Geschütz auf: Der Kaiser selbst übernahm das „Dream-Team".

Meisterstück dank Schalke

Am 31. Spieltag erlebte Ottmar Hitzfeld sein bis dahin „bitterstes Spiel" als Trainer von Borussia Dortmund. Im Karlsruher Wildparkstadion bot der BVB eine desolate Vorstellung und unterlag mit 0:5. Die Rehabilitierung erfolgte einen Spieltag später, als der BVB mit dem gleichen Ergebnis gegen KFC Uerdingen gewann. Die Borussia präsentierte sich ihren Fans mit einer völlig anderen Einstellung als in den Wochen zuvor. Rechtzeitig zum Finale hatte die Mannschaft die Zeichen der Zeit erkannt. Auch das Nachholspiel gegen Bayer Leverkusen wurde gewonnen (2:0). Zeitgleich verlor der FC Bayern bei Werder Bremen, das noch eine Rechnung offen hatte, mit 2:3.

Am 33. Spieltag war das Meisterrennen entschieden. Die Südkurve des Münchener Olympiastadions durfte den neuen Deutschen Meister feiern, der allerdings nicht FC Bayern hieß. Ausgerechnet in der Spielstätte des Rivalen baute der BVB mit einem 2:2 gegen 1860 München sein Meisterstück, gefeiert von 15.000 mitgereisten Borussen-Fans. Das Remis allein hätte jedoch nicht gereicht. Ausgerechnet Schalke 04 machte durch einen 2:1- Heimsieg über den FC Bayern den Weg frei für die Dortmunder. Der 34. Spieltag war für die Dortmunder dann nur noch eine Formsache. Für Klos, der sich in München verletzt hatte, durfte gegen den SC Freiburg de Beer zwischen die Pfosten, der gegen Ende des Spiels dann von Torwarttrainer Toni Schumacher abgelöst wurde. Der BVB siegte mit 3:2.

De Beer geht, Schumacher kommt. Das Westfalenstadion ist am 18. Mai 1996 die Bühne für Toni Schumachers letzten Bundesligaauftritt.

Der Vorsprung gegenüber den Bayern betrug am Ende sechs Punkte. Der BVB erzielte die meisten Treffer (76) und kassierte die wenigsten Gegentore (38). Wie 1994/95 wurden die Grundlagen zum Meistertitel in der Hinrunde gelegt. Die Bilanz war hier mit der Vorsaison identisch. Zwölf Siege, vier Unentschieden und nur eine Niederlage. Deutlich bescheidener indes die Rückrundenbilanz: acht Siege (1994/95: acht), sechs Unentschieden (fünf), drei Niederlagen (vier). 41.886 Zuschauer besuchten im Schnitt die Heimspiele, was erneut Platz 2 hinter den Bayern bedeutete.

Matthias Sammer widmete die Meisterschaft demonstrativ dem Präsidenten. Die Achse Niebaum – Sammer nahm immer deutlichere Konturen an, zu Lasten der Autorität von Ottmar Hitzfeld. Für den Präsidenten selbst war die Meisterschaft ein Triumph des Burgtheaters über Hollywood. Niebaum auf

Deutscher Meister bleibt der BVB!

der Meisterschaftsfeier: „Die Schale, die nach 32 Jahren wieder nach Dortmund zurückgekehrt war, sie sollte entführt werden. Von Elefanten, von Königen und zuletzt sogar von einem Kaiser – keiner hat das geschafft." Zugleich erklärte er aber auch die Titelverteidigung zur Selbstverständlichkeit, was verdeutlichte, daß der BVB in dieser Saison nicht mehr nur unter dem Druck von Konkurrenten stand, sondern sich auch selbst einer enormen Erwartungshaltung aussetzte, was zumindest in diesem Ausmaß neu war. Niebaum: „Die Meisterschaft entspricht meinen Erwartungen, nicht mehr und nicht weniger. Wir haben die Meister-Mannschaft des letzten Jahres nicht nur zusammengehalten, sondern auch noch verstärkt. Damit haben wir von der Substanz her die beste Manschaft in Deutschland, und ich war immer der Meinung, daß sich diese Mannschaft in der Bundesliga durchsetzen müßte." Der Präsident nannte auch gleich sein nächstes Ziel: „Für mich wäre es ein Traum, daß der BVB in ganz Deutschland mal eine Rolle spielt wie etwa Juventus Turin in Italien, FC Barcelona oder Real Madrid in Spanien, daß also der Verein Borussia Dortmund von einem Mythos umgeben ist. (...)

Es wäre sicherlich ein Traum, daß die Leute in Europa mit der Zunge schnalzen, wenn sie den Namen Borussia Dortmund hören."

Was der Borussia hierzu noch fehlte, war ein europäischer Triumph. In der Champions League, wie der ehemalige Europapokal der Landesmeister nun hieß, kam der BVB bis ins Viertelfinale. In den sechs Gruppenspielen gab es zwei Siege (1:0 gegen Steaua Bukarest, 2:1 gegen Juventus Turin), drei Unentschieden (zweimal 2:2 gegen Glasgow Rangers, 0:0 gegen Steaua Bukarest) und eine Niederlage (1:3 gegen Juventus Turin). Höhepunkt war der 2:1-Sieg im Rückspiel in Turin. Beim ersten Sieg im sechsten Aufeinandertreffen hießen die Dortmunder Torschützen Michael Zorc und Lars Ricken. Überragender Mann an diesem Abend war jedoch Stefan Klos, der in den ersten 30 Minuten des Spiels mit einer Glanzparade nach der anderen eine Turiner Führung verhinderte. Allerdings trat „Juve" nicht in Bestbesetzung an. So fehlte u.a. Paulo Sousa, für Hitzfeld „ein ganz außergewöhnlicher Spieler." Trotz des Triumphes blieben Trainer und Kapitän realistisch. Hitzfeld: „Soweit wie Juve sind wir noch nicht." Und Michael Zorc: „Ajax steht auf gleichem Niveau wie Juve. Um an Juventus heranzureichen, müssen wir noch viel trainieren."

Im Viertelfinale folgte der Offenbarungseid. Gegen Ajax Amsterdam besaß der BVB beim Hinspiel im Westfalenstadion nicht den Hauch einer Chance. Ohne sich übermäßig anstrengen zu müssen, gelang den Niederländern, die ein überzeugendes Pressing spielten, ein 2:0-Sieg. Die Borussen wirkten an diesem Abend hilflos und armselig. Präsident Niebaum kündigte anschließend an, daß man sich „auf einigen Positionen qualitativ verbessern" werde. Niebaum („So geht es nicht weiter") war nicht entgangen, daß sein Team noch weit davon entfernt war, ein europäisches Spitzenteam zu bilden. Der Ausbau des Westfalenstadions zu einer der modernsten Fußball-Arenen in Europa lief auf vollen Touren, aber sportlich gab es deutliche Anzeichen einer Stagnation. Das Rückspiel in Amsterdam verlor der BVB mit 0:1. In finanzieller Hinsicht war die erste Teilnahme an der Champions League indes ein Erfolg: Knapp 18 Mio. DM nahm der BVB hier ein, acht Mio. mehr als im Etatansatz vorgesehen.

Bei der EM in England wurde das DFB-Team mit den Dortmundern Steffen Freund, Jürgen Kohler, Andreas Möller, Stefan Reuter und Matthias Sammer Europameister. Im Finale waren allerdings nur noch zwei Dortmunder vertreten: Matthias Sammer und Patrick Berger, der für den Gegner Tschechien spielte. Sammer war bei diesem Turnier der überragende Mann im DFB-Team. Sein Mitwirken kaschierte die Krise des deutschen Fußballs und sollte einen entscheidenden Unterschied zwischen dem Europameister von 1996 und dem „Pleite-Team" bei der WM 1998 ausmachen. Im September

1996 wurde Sammer von Deutschlands Sportjournalisten zum „Fußballer des Jahres“ gewählt. Nach Günter Netzer und Sepp Maier war Sammer erst der dritte Spieler, dem diese Ehre zweimal hintereinander zuteil wurde. Michael Zorc erhielt bei der Wahl die viertmeisten Stimmen. Im Dezember wurde Sammer auch noch zum „Europäischen Fußballer des Jahres“ gekürt. Als erst fünfter Deutscher und erster Borusse überhaupt. Im gleichen Monat erhielt der BVB von der ARD die Auszeichnung „Mannschaft des Jahres“.

1996/97 Nummer drei in Deutschland...

„Das Ziel ist die Titel-Verteidigung, und in der Champions League darf es etwas mehr sein als im Vorjahr“, erklärte Ottmar Hitzfeld vor Saisonbeginn. Der Titel-Hattrick war zuvor in der Bundesliga nur Bayern München (1972-74) und Borussia Mönchengladbach (1975-77) gelungen. Ex-Borusse Marcel Raducanu hielt derartigen Träumen entgegen: „Ich glaube, der Hattrick würde der Region nicht guttun. Die Leute sind nach zwei Meisterschaften zu verwöhnt. Wenn wir ehrlich sind, hat Borussia den letzten Titel nur deshalb gewonnen, weil sich die Bayern am Schluß zu dumm angestellt haben.“ Neu beim BVB waren u.a. der Portugiese Paulo Sousa, der nunmehr fünfte ehemalige „Juve“-Spieler bei Borussia, René Schneider (Hansa Rostock) und der Schotte Paul Lambert (FC Motherwell). Während Lambert ablösefrei kam, mußte die Borussia für Sousa 7 Mio. DM und für Schneider 4,5 Mio. DM bezahlen. Der 23jährige Schneider war als Verjüngung der Abwehr gedacht, die mit Julio Cesar (33) und Jürgen Kohler (31) in die Jahre kam. Auch der 25jährige Sousa befand sich noch in einem Alter, das eine längerfristige Planung gestattete. 48 Stunden vor dem ersten Spieltag gesellte sich auch noch der Österreicher Wolfgang Feiersinger zum Kader, der für 1,3 Mio. DM von Austria Salzburg verpflichtet wurde. Der bereits 31jährige Feiersinger war kein Spieler von internationaler Klasse. Seine Verpflichtung war mehr als Rückversicherung gedacht. Sammers Flirt mit dem FC Bayern, seine sonstigen Launen, vor allem aber wohl seine permanente Verletzungsanfälligkeit hatten beim Trainer den Entschluß reifen lassen, den Kader um einen zweiten Libero zu verstärken. Die Feiersinger-Verpflichtung erwies sich als goldrichtig. Der Österreicher begann schwach, steigerte sich jedoch zusehends und sollte schließlich an Borussias europäischem Triumphzug einen wesentlichen Anteil haben. Feiersinger interpretierte die Libero-Rolle erheblich konservativer als Sammer, was aber auch hieß: weniger risikoreich.

Die teuersten Neuverpflichtungen entpuppten sich zunächst als Flop. Der Verein mußte die bittere Erkenntnis schlucken, daß er mit Sousa und Schneider zwei Spieler geholt hatte, die nicht gesund waren. Während Sousa immerhin sporadisch aushelfen konnte und dabei auch wiederholt demonstrierte, daß er ein Weltklassespieler war, fügte sich Schneider in das Schicksal eines gut dotierten Dauerverletzten. Immerhin gelang es dem Manager später, den Vertrag mit dem Portugiesen zu modifizieren. Auch sonst gab es personelle Probleme. Jürgen Kohler und Steffen Freund waren von der EM schwer verletzt zurückgekehrt. Mit Freund konnte der BVB in dieser Saison überhaupt nicht planen. Und die Serie schwerer Muskelverletzungen fand auch in diesem Spieljahr kein Ende. Einer, der im Mittelfeld hätte aushelfen können, verließ den BVB nach nur einem Jahr: Den talentierten Patrick Berger zog es zum FC Liverpool. Ein anderer Weggang war zwar sportlich überfällig, wurde von den Fans aber trotzdem mit Wehmut quittiert. Günter Kutowski, einer jener Spieler, mit denen die Rückkehr in die nationale Spitze in den 80ern begonnen hatte. Von den „Helden von Berlin" waren jetzt nur noch de Beer und Zorc übrig, beide aber nur noch zweite Wahl. Der klangvolle Name Kutowski symbolisierte für viele eine Verbindung zur „alten Borussia" der Kwiatkowskis, Schlebrowskis, Tilkowskis und Co., wenngleich der Spieler kein gebürtiger Dortmunder war. Der populäre Manndecker wechselte zum Regionalligisten TuS Paderborn-Neuhaus. Kutowskis Abschiedsworte: „Es war eine wunderschöne Zeit – und es tut weh, nach zwölf Jahren gehen zu müssen!" Seine Name hallte aber weiterhin durchs Stadion, nämlich immer dann, wenn die Südtribüne die Mannschaft mangelhafter Einsatzbereitschaft zieh. Auch der einst als Riesentalent gehandelte Thomas Franck, außerdem Bodo Schmidt und Marco Kurz verließen den BVB. Sie alle konnten einem Verein mit den Ansprüchen des BVB nicht weiterhelfen.

Vor dem Bundesligastart holte der BVB erneut den Supercup. Nach regulärer Spielzeit stand es zwischen dem Meister und Pokalsieger 1. FC Kaiserslautern 1:1. Den Dortmunder Ausgleich hatte Carsten Wolters erzielt. Der BVB gewann per Elfmeterschießen. Den entscheidenden Elfmeter verwandelte ein 21jähriger Nobody namens Dennis Weiland.

Es folgte die Saison-Blamage schlechthin: Im DFB-Pokal unterlag der Deutsche Meister beim Drittligisten Wattenscheid 09 nach Verlängerung mit 3:4. Auch der erste Bundesligaspieltag geriet zum Fehlstart. Bei Bayer Leverkusen kassierte der BVB eine 2:4-Niederlage. Doch vier Siege in Folge ließen die Hattrick-Ambitionen von Vereinsführung und Trainer bald wieder realistisch erscheinen. Am 7. Spieltag ereilte den BVB bei Borussia Mönchengladbach die zweite Niederlage, die mit 1:5 ziemlich heftig ausfiel. Präsident Niebaum stellte besorgt fest, „daß die Zahl der hohen Niederlagen zunimmt. Ich dachte, das 0:5 in Karlsruhe sei ein einmaliger Ausrutscher im ganzen Jahr." Gegen den FC St. Pauli gab es am 8. Spielag einen mageren 2:1-Heimsieg, dem nur einen Spieltag später mit einem 0:1 beim VfL Bochum die bereits dritte

Wolfgang Feiersinger stoppt Gladbachs Stephan Paßlack.

Saisonniederlage folgte. Es sollte allerdings auch die letzte in der Hinrunde sein. Aus den restlichen acht Begegnungen holte der BVB 18 Punkte. Bei Bayern München, dem auch in dieser Saison schärfsten Rivalen, erreichte die Borussia ein torloses Remis. Arminia Bielefeld wurde im Westfalenstadion mit 5:0 geschlagen. Bei dieser Gelegenheit stand auch der zweite der beiden neuen Oberränge zur Verfügung. Erstmals seit Sommer 1992 konnte der BVB wieder über 53.800 Zuschauer in seiner Arena unterbringen. 55.000 sahen das Westfalenderby.

Die beeindruckendsten Auftritte erfolgten jedoch auswärts: Das Revierderby gewann der BVB in Gelsenkirchen souverän mit 3:1. Aus Schalker Sicht fiel das Ergebnis, zu dem Chapuisat innerhalb von nur zwei Minuten zwei Tore beisteuerte, sogar noch schmeichelhaft aus. Lars Ricken konnte in diesem Spiel endlich wieder an seine alten Vorstellungen anknüpfen. Werder Bremen erlebte gegen den BVB ein regelrechtes Debakel. Nach einer vor allem in spielerischer Hinsicht schwarz-gelben Glanzvorstellung gewann der

BVB mit 4:0. Bei der anschließenden Jahreshauptversammlung konnte der Vorstand mit neuen Rekordzahlen aufwarten. Der Umsatz wurde auf 92,2 Mio. DM beziffert. 35,7 Mio. DM kamen aus dem Spielbetrieb, 44,1 Mio. DM aus Werbung und Fernsehen. Der größte Ausgabenposten war die Lizenzspielerabteilung, die 63,9 Mio. DM verschlang. Der Gewinn wurde vor Abschreibungen mit 18 Mio. DM, der Bilanzgewinn mit 306.000 DM angegeben. Das saldierte Bankguthaben des Vereins betrug 6,2 Mio. DM. Doch Niebaum gab sich mit dem Erreichten nicht zufrieden: „Wir sind noch nicht in der Schwergewichtsklasse des europäischen Fußballs. Diese Position haben wir erst erreicht, wenn wir das Tor zum Halbfinale und zum Finale aufstoßen." An die Mannschaft erging die Mahnung: „Wir spielen Fußball in einer Stadt, in der die Menschen ein feines Gespür dafür haben, ob ehrliche Arbeit geleistet wird. Man spielt sich nur in ihre Herzen, wenn man sich mit ihnen, dem Verein und der Region identifiziert. Wir bleiben ein Verein des Schweißes, nicht des Glitzers oder Glimmers."

„Ein Verein des Schweißes, nicht des Glitzers"

Nach dem Ende der Hinrunde rangierte Borussia auf Platz zwei, lediglich zwei Punkte hinter dem FC Bayern. Die Rückrunde begann verheißungsvoll mit einem überzeugenden 3:1-Sieg über Bayer Leverkusen. Zweifacher Torschütze war der überragende Andreas Möller. Am 19. Spieltag jedoch bot der BVB bei Fortuna Düsseldorf eine müde und ideenlose Vorstellung. Der BVB verlor mit 0:2, die erste Niederlage in der Bundesliga seit neun Spielen. Matthias Sammer kritisierte die Einstellung der Mannschaft: „Jeder muß sich fragen, ob er alles gegeben hat oder nicht." Niebaum vermißte „die Aggressivität eines Meisters". Der Präsident wollte Trainer und Mannschaft wachrütteln, da er ahnte, wie tödlich es für eine große Mannschaft sein kann, wenn sie sich auf ihren Lorbeeren ausruht und verrottet, anstatt sich neue Ziele zu setzen. Sein engster Verbündeter in dieser Angelegenheit hieß Matthias Sammer. Die Erfolge in der Champions League, auf die Trainer und Spieler verweisen konnten, überlagerten die Probleme jedoch. Monate später sollte sich Niebaums Analyse als korrekt herausstellen.

Zwei Siegen gegen Freiburg (2:1) und Rostock (3:0) folgten zwei Niederlagen auswärts in Stuttgart (1:4) und zu Hause gegen Mönchengladbach (1:3), wo Sammer und Möller öffentlichkeitswirksam aneinandergerieten. Gegen den VfL Bochum kam der BVB am 26. Spieltag zu einem 2:0-Sieg, aber eine Woche später kassierte der Meister seine bereits siebte Saisonniederlage, als er in Duisburg mit 2:3 verlor. Am 28. Spieltag mußte eine Vorentscheidung im Meisterschaftsrennen fallen. Herausforderer FC Bayern reiste mit sechs Punkten Vorsprung ins Westfalenstadion. Wie so häufig in dieser Saison, mußte Borussia auf Matthias Sammer verzichten. Lediglich 13 Meisterschaftspiele fanden unter Mitwirkung von Sammer statt. Der BVB ging bereits nach zwei Minuten durch Riedle in Führung, aber Rizzitelli konnte postwendend ausgleichen. Die beiden frühen Tore waren zugleich auch der Endstand. Aus eigener Kraft war der Meistertitel nicht mehr zu erringen. Nach dem folgenden Spieltag war Borussia endgültig aus dem Rennen. Auf der Bielefelder „Alm" unterlag der BVB mit 0:2, und Andreas Möller sprach von einer „kaputten, ja toten" Mannschaft. Einen kleinen Lichtblick bot das 106. Revierderby, das der BVB durch ein spätes Tor des erst 15 Minuten vor Spielschluß eingewechselten Michael Zorc mit 1:0 gewann. Als der BVB am 31. Spieltag in Karlsruhe nur 1:1 spielte, kam es erstmals zu einer öffentlich vorgetragenen Kritik des Präsidenten an seinem Trainer. Niebaum: „Die Spielweise unserer Elf ärgert mich mehr als die Ergebnisse der Mitkonkurrenten und der damit vergebenen Chancen, in der Tabelle noch einmal nach vorne zu kommen. (...) Es war nicht zu erkennen, daß hier eine Mannschaft auf dem Platz gestanden hat, die Anspruch auf einen erneuten Titelgewinn anmeldet." Außerhalb des BVB wurde Niebaums Gardinenpredigt als das Ende der Harmonie innerhalb der schwarz-gelben Führungsriege interpretiert. Sehr zur Freude des Boulevards, der nun endlich einen Ansatz sah, um im Innenleben der Borussen herumzustochern. Die Dortmunder Gereiztheit erklärte sich nicht nur aus dem verpaßten Titel. Vielmehr rückte längst auch der zweite Tabellenplatz in immer weitere Ferne und damit die Qualifikation für die lukrative Champions League, die bezüglich der Refinanzierung der Dortmunder Investitionen nicht unbedeutend war.

Am Ende belegte der BVB tatsächlich nur den 3. Platz, acht Punkte hinter Meister Bayern und sechs hinter „Vize" Leverkusen. Die Mannschaft hatte die meisten Federn erneut in der Rückrunde gelassen, ein Indiz für die durch Mehrfachbelastung verursachten Verschleißerscheinungen. Borussia kassierte neun Niederlagen, sechs davon in der Rückrunde. Der BVB war zwar weiterhin ein Spitzenteam, und rein statistisch hatte Manager Meier durchaus recht, als er behauptete, auch ohne den Sieg in der Champions League wäre die Saison für den BVB als erfolgreich zu bewerten. Trotzdem saß die Enttäuschung über den entgangenen Meisterschafts-Hattrick tief, und auch die Champions League konnte diese nicht voll kompensieren. Hitzfeld: „Meister werden ist schöner, weil es die tägliche Arbeit ist."

Problematischer als die reinen Resultate der Borussen war deren Zustandekommen. So verdient der Titelgewinn des FC Bayern auch war: Den Präsidenten muß es gewurmt haben, daß die Borussen nicht imstande waren, die offenkundigen Schwächen der Bayern, wozu zuvörderst der interne Rummel zählte, konsequent auszunutzen. Der Verdacht lag nahe, daß eine gewisse

Sattheit und Selbstzufriedenheit eingetreten war. Daß der BVB sich in der Champions League mit einem anderen Gesicht als in der Bundesliga präsentierte, deutete auf Motivationsprobleme hin.

Zuschauermäßig war indes alles im Lot: Dank des Stadionausbaus verzeichnete der BVB einen Schnitt von 51.516, was neuer Vereinsrekord war. Die Kluft zum FC Bayern konnte um über 50 % verringert werden. Seit Bestehen der Bundesliga waren nun 15.625.000 Zuschauer zu den Heimspielen des BVB gekommen.

...und Nummer eins in Europa

In den Gruppenspielen der Champions League mußte sich der BVB mit Widzew Lodz, Steaua Bukarest und Atletico Madrid auseinandersetzen. Beim ersten Spiel daheim gegen Lodz boten die Borussen eine eher bescheidene Vorstellung. Zwei Tore von Heiko Herrlich sorgten für einen 2:1-Pflichtsieg. Die Zuschauer begleiteten das Geschehen zeitweise mit Pfiffen. Ein erboster Hitzfeld, für den nur die drei Punkte zählten, praktizierte ein weiteres Mal Publikumsschelte: „Wir verlieren hier in Dortmund offenbar den Boden unter den Füßen. Die Zuschauer erwarten, daß wir wie selbstverständlich jeden Gegner ausspielen und schlagen." Bei Steaua Bukarest landeten die Borussen einen glatten 3:0-Sieg. Sechs Punkte bedeuteten ein gutes Polster vor dem Top-Spiel bei Atletico Madrid. Nach einer abgebrühten Vorstellung siegte der BVB im Stadion Vicente Calderon überraschend mit 1:0. Das Tor des Abends erzielte in der 51. Minute Stefan Reuter. Die spanische Zeitschrift *Marca* maulte anschließend, die Borussen hätten lediglich „Zweckfußball" gespielt. Tatsächlich war der Borussen-Fußball der Hitzfeld-Ära zuweilen von einer gewissen Schmucklosigkeit geprägt. Aber der Erfolg gab dem Trainer recht. In Madrid mußte der BVB wieder einmal ersatzgeschwächt auflaufen, so fehlten u.a. Sammer und Möller. Doch Trainer und Team verstanden es, aus der Situation das Beste zu machen. Die beiden Manndecker Kohler und Cesar und ein zurückhaltend operierender Libero Feiersinger bremsten die gegnerische Offensive, während fünf bis sieben Mann das Mittelfeld bevölkerten, die Räume eng machten und zwischendurch mittels geschickter Konter die Viererabwehrreihe der Madrilenen durchbrachen.

Die *Süddeutsche Zeitung* in einer Analyse der Hitzfeld-Taktik: „In der Bundesliga hat sich Trainer Hitzfelds Mannschaft zwei Jahre lang durchgesetzt mit der Methode, die sich hinter der kryptischen Zahlenkombination 3-5-2 verbirgt: zwei zuverlässige Manndecker (Kohler, Cesar) und ein multifunktionaler Libero (im Idealfall Sammer), was Hitzfeld eine 'flexible Dreierkette' nennt; ein flinker Dauerläufer auf der rechten Außenbahn (Reuter) und einer auf der linken (Heinrich), denen je ein zuverlässiger Partner (Zorc, Freund, respektive Sousa, Lambert) den Rücken stärkt, und hinter den Angreifern der Offensivgestalter (Möller, ersatzweise Ricken); ganz vorne zwei Stürmer (Chapuisat, Riedle respektive Herrlich)." Dieses System wurde bei der EM 1996 auch von der Nationalmannschaft praktiziert – mit tatkräftiger Dortmunder Hilfe und mit Erfolg.

Das Rückspiel gegen Atletico ging allerdings mit 1:2 verloren, so daß der BVB um den Einzug ins Viertelfinale noch einmal zittern mußte. Auch daß der BVB mit seinem letzten Aufgebot angetreten war, ließ Hitzfeld nicht als Entschuldigung gelten: „Wenn sie schon Defizite haben, aber laufen können sie wohl noch." Beim folgenden Spiel in Lodz machte der BVB mit einem 2:2 dann alles klar. Die Borussen wußten in der polnischen Stadt nicht nur in sportlicher Hinsicht Akzente zu setzen. Zuvor war es beim Länderspiel der DFB-Auswahl in Zabrze zu üblen Beschimpfungen und gewalttätigen Ausschreitungen seitens deutscher Hooligans und Rechtsradikaler gekommen. In Lodz führte der BVB-Anhang nun Transparente mit, auf denen in deutsch und polnisch geschrieben stand: „Wir entschuldigen uns für Zabrze." Die Fanklubs hatten die Aktion während eines der regelmäßigen Treffen mit der Vereinsspitze angeregt und dabei volle Unterstützung erhalten. Der polnische Staatspräsident Aleksander Kwasniewski zeigte sich beeindruckt und würdigte die Transparente der Borussen-Fans als sehr wichtige Gesten.

Das letzte Gruppenspiel gegen Steaua Bukarest war nur noch eine Formsache. Im Westfalenstadion herrschte in beiden Strafräumen „Tag der offenen Tür". Der BVB gewann mit 5:3 und beendete die Vorrunde mit 13 Punkten als Gruppenzweiter.

Im Viertelfinale war der Gegner mit AJ Auxerre ein alter Bekannter. Das Hinspiel in Dortmund wurde vor 47.500 Zuschauern mit 3:1 gewonnen. Die Begegnung wurde ausgerechnet duch zwei Spieler entschieden, die man im Westfalenstadion ansonsten kaum zu Gesicht bekam: René Schneider und Ibrahim Tanko. In der 54. Minute erzielte der eingewechselte Schneider per Kopf die wichtige 2:0-Führung. Lamouchi gelang in der 75. Minute der Anschlußtreffer für die Franzosen, wodurch sich die Ausgangsposition der Borussen für das Rückspiel erheblich verschlechterte, denn Auxerre reichte nun ein knapper 1:0-Sieg. Aber eine geniale Solo-Einlage von Ibrahim Tanko leitete in der 84. Minute das dritte Tor durch Andreas Möller ein. Das Rückspiel im Stadion Abbé Deschamps gewann der BVB durch einen Treffer von Ricken mit 1:0. Hitzfeld über seinen Mann für wichtige Tore: „Das ist eben ein echter Dortmunder Junge, der die Ärmel hochkrempelt, wenn es darauf ankommt." Der BVB stand nun bereits zum dritten Male in den 90er Jahren in einem europäischen Halbfinale.

Der BVB sollte hier auf Manchester United treffen, neben Juventus Turin Borussias zweites internationales Vorbild. Zwischen United und dem BVB gab es eine Reihe von Parallelen: Beide Vereine verschwanden in den 70ern vorübergehend in der Zweitklassigkeit, und beide Vereine kehrten in den 90ern an die nationale Spitze zurück. Der englische Meister galt mittlerweile als wohlhabendste Adresse in Fußball-Europa. Wie der BVB war ManU von der Tradition her ein Arbeiterverein, und wie im Falle der Dortmunder bedingte dies einen enormen Vermarktungsfaktor. Niebaum sollte ManU später als Beispiel dafür zitieren, daß die Traditionspflege mit dem Gang an die Börse keinen Schaden nehmen müsse.

Das Hinspiel fand im mit 48.500 Zuschauern ausverkauften Westfalenstadion statt. United-Manager Alex Ferguson mußte kurzfristig seinen dänischen Torwart-Hünen Peter Schmeichel durch van der Gouw ersetzen, bei den Dortmundern fehlten mit Sammer, Cesar, Kohler, Chapuisat und Riedle gleich fünf Leistungsträger. Das ersatzgeschwächte Team begann verständlicherweise eher verhalten, wenngleich Heiko Herrlich bereits in der 10. Minute die Chance zur Führung besaß. Doch Herrlich scheiterte aus kurzer Distanz an van der Gouw. In der 2. Halbzeit wurde das Spiel lebhafter, auch weil die Engländer nun mehr für die Offensive taten. Manchesters Nicky Butt traf in der 48. Minute aus 16 Metern nur den Pfosten, und in der 67. Minute konnte Martin Kree gerade noch vor der Torlinie klären, nachdem David Beckham Klos bereits überwunden hatte. In der 76. Minute klaute Ersatz-Stürmer René Tretschok seinem Mitspieler Paulo Sousa kurzerhand den Ball. Sein Gewaltschuß landete, von Pallister abgefälscht, zum 1:0 im gegnerischen Netz. Bei diesem Spielstand blieb es bis zum Schlußpfiff. Im fünften Aufeinandertreffen der beiden Vereine hatte der BVB erstmals einen Sieg errungen. Aus United-Sicht war die Niederlage etwas unglücklich, denn von den Chancen her war die Partie zumindest ausgeglichen. Der überragende Mann auf dem Rasen war an diesem Abend Paulo Sousa.

Auch beim Rückspiel in Manchester war das Glück mit der Borussia im Bunde. Bereits in der 8. Minute erzielte Ricken mit einem für Schmeichel unhaltbaren Flachschuß ins lange Toreck das Tor des Abends. Anschließend stand der BVB permanent unter Druck. Zum Helden des Abends wurde Jürgen Kohler, der in der 17. Minute am Boden liegend einen Cantona-Schuß abblockte. Manager Meier anschließend: „Einen so großen Hut gibt es gar nicht, wie man ihn vor Jürgen Kohler ziehen muß."

Für den französischen United-Star läutete die Niederlage gegen Dortmund das Ende seiner Karriere ein. Das erneute Scheitern in Europa deprimierte Cantona zutiefst, und Manager Ferguson notierte einen Tag später in

Jürgen Kohler, der Held von Manchester.

sein Tagebuch: „Es herrscht depressive Stimmung, vor allem bei Eric Cantona. (...) Ich glaube, er hat einen Scheideweg in seiner Karriere erreicht." Nach dieser Saison sollte Cantona tatsächlich seinen Abschied vom aktiven Fußball und Manchester United verkünden.

Außer den Borussen gab es an diesem Abend noch einen Sieger – die Fans von Manchester United. „Standing ovations" nach dem Schußpfiff, nicht nur für die eigene Mannschaft, sondern auch für den Sieger. Beeindruckt von diesem Fan-Verhalten schalteten die BVB-Verantwortlichen anschließend eine ganzseitige Anzeige in der britischen Tageszeitung *Daily Mirror:* „Wir haben das Finale vor Augen, doch United in unseren Herzen. Borussia Dortmund dankt Manchester United und all seinen Fans für das großartige Erlebnis im Old Trafford. Wir sind tief beeindruckt von Eurer Fairness und Gastfreundschaft. Ihr wart fantastisch."

Obwohl der BVB nun zum dritten Mal in seiner Geschichte ein europäisches Finale erreicht hatte, schien rund um den Noch-Meister miese Stimmung zu herrschen, wofür die verlorene Meisterschaft lediglich ein Grund war. Am stärksten wurde die Stimmung durch die offenkundig gewordenen Meinungsverschiedenheiten zwischen Präsident und Trainer sowie dem Trainer und Teilen der Mannschaft gedämpft. Hitzfelds Autorität schien durch die Achse Niebaum-Sammer in Frage gestellt. Was die Dortmunder – insbesondere im Vergleich zum FC Bayern – in den vergangenen Spielzeiten so stark gemacht hatte: kollektive Disziplin und Harmonie in der Führungsriege, schien nun plötzlich unheilbar zerstört. Niebaum und Hitzfeld befanden sich nicht mehr im gleichen Boot.

Nicht nur die mit dem FC Bayern verbundenen Boulevardmedien labten sich daran. Zum ersten Mal war ein interner Konflikt der Führungsriege gegenüber der Öffentlichkeit nicht mehr zu verleugnen. Das Dogma, derartige Konflikte unter keinen Umständen über die Medien auszutragen, zerbröckelte. Der Boulevard wartete gespannt darauf, wann der Deckel vom brodelnden BVB-Topf fliegen würde und erkor den Finaltag zum „doomsday". Boulevardpresse und FC Bayern schürten kräftig Spekulationen, nach denen in Dortmund im Falle einer Niederlage eine Bombe platzen würde – personell wie finanziell. Sollte der BVB die Teilnahme am kommenden Champions League-Wettbewerb verpassen, müsse er seine teure Personalpolitik einstellen und seine sportlichen Ambitionen begraben. Basis derartiger Spekulationen war auch das veränderte Verteilungssystem in den europäischen Wettbewerben. Um die Idee der Champions League zu stärken, die von vorneherein als Nukleus einer Europaliga gedacht war, hatte in den letzten Jahren eine Umschichtung der TV- und Sponsorengelder zugunsten des ehemaligen Landesmeisterwettbewerbs stattgefunden. Die Champions League mit ihren

Old Trafford, 23. April 1997: Lambert, Möller, Kohler, Tretschok und Kree (von links) bedanken sich bei einem fantastischen Publikum.

Gruppenspielen gewährte ungleich mehr Planungssicherheit als UEFA-Cup und Pokalsieger-Cup.

Im Vorfeld des Finales hatte Hitzfeld öffentlich über Mangel an Vertrauen in seine Arbeit geklagt und meinte damit wohl auch den Präsidenten. Hitzfeld bemängelte, daß bei der Borussia zuviel über Niederlagen in Duisburg oder Bielefeld und zuwenig über Siege in Madrid, Auxerre und Manchester gesprochen würde. Der Stellenwert der Europacupsiege würde nicht gebührend honoriert. Hitzfeld später: „Man hat nicht gesehen, wie wichtig es für den Verein war, daß wir uns international weiterentwickeln. Wäre es umgekehrt gewesen, wären wir also statt dessen zum drittenmal Deutscher Meister geworden, es hätte zu Recht überall geheißen: Klar, die sind mal wieder Meister – aber übers Viertelfinale im Europapokal kommen sie nie hinaus."

Meisterschaft und Europapokal wurden von Hitzfeld und Niebaum offensichtlich unterschiedlich gewichtet. Der verpaßte Titel-Hattrick war in Niebaums Augen ein Alarmzeichen dafür, daß sich in der Mannschaft und sportlichen Leitung eine gewisse Müdigkeit und Selbstzufriedenheit breit gemacht hatten. Um ein 34 Spieltage dauerndes Meisterschaftsrennen zu gewinnen, bedurfte es einer größeren Portion Leistungskontinuität als von der Champions League gefordert. Insofern war die Bundesliga tatsächlich das aussagekräftigere Barometer. Die Geschichte des BVB hatte gezeigt, daß Selbstzufriedenheit und Stillstand unweigerlich Rückschritt bedeuteten. In dieser Hinsicht zeigte sich Niebaum mit dem ehrgeizigen Sammer seelenverwandt.

Und dann war da noch etwas: In Dortmund hatte man zwar artig den Schalkern zu ihrem überraschenden Gewinn des UEFA-Cups gratuliert. Aber nun drohte den Borussen, daß ihnen nicht nur die Bayern, sondern auch der alte Rivale in dieser Saison sportlich den Rang ablief. Die Schalker hatten durch ihre – von den traditionellen Tugenden des Ruhrpott-Fußballs geprägte – UEFA-Cup-Kampagne erheblich an Sympathien gewonnen. Häme hatten die Borussen deshalb nicht nur aus München zu erwarten, sondern, was noch schmerzhafter gewesen wäre, auch aus Gelsenkirchen. Borussia galt gegen Cup-Verteidiger Juventus Turin nur als Außenseiter, und so mancher befürchtete sogar ein Debakel.

Doch Totgesagte leben bekanntlich länger, zumal wenn sie aus dem Kohlenpott kommen. Der enorme äußere Druck, dem sich Offizielle, Mannschaft und Fans ausgesetzt sahen, erwies sich als hilfreich, mobilisierte er doch eine Trotzreaktion und traditionelle Borussia-Tugenden. Die Fans verstanden die negative Stimmungsmache ohnehin nicht. In bester Laune begaben sich über 30.000 auf die Reise zum Endspielort München.

So angefressen sich die BVB-Offiziellen – namentlich Niebaum – auch gaben: In einem gewissen Maß kam die konzertierte „Anti-BVB-Kampagne" ihrem Ansinnen durchaus zugute. Die Vereinsführung hatte über die Jahre hinweg ihre eigene Umgehensweise mit Kritikern und Skeptikern entwikkelt. Wer aus dem eigenen Umfeld von der offiziellen Linie abwich, lief Gefahr, als „fünfte Kolonne" der „Gegenseite" denunziert zu werden. Nicht nur die Boulevardmedien, sondern zuweilen auch seriösere Journalisten bekamen die kalte Schulter des BVB zu spüren. Es genügte der Hinweis, daß es sich beim Kritiker nicht um einen Dortmunder handelte. Funktionieren konnte dieses System allerdings nur aufgrund einer völlig anderen lokalen Situation als beispielsweise in München. Zwar stand der BVB lokal erheblich mehr unter Druck als der FC Bayern, aber gleichzeitig waren Verein und Stadt besser dazu in der Lage, sich gegenüber der Außenwelt zu verschließen. Eine Attacke gegen den FC Bayern war nicht automatisch auch ein Angriff gegen die Stadt München und deren spezifisches Seelenleben. In Dortmund war dies anders. Wer Borussia attackierte, beging „Verrat" an Stadt und Region.

Präsident Niebaum entgegnete alle Skeptikern trotzig: „Wir sind eine Finalmannschaft. Das zeigt schon der Blick in die Geschichtsbücher." Mit dem Rücken an die Wand boten die Borussen vor 59.000 im Olympiastadion tatsächlich eine Vorstellung, wie sie selbst die kühnsten Optimisten nicht für möglich gehalten hatten. Mit dabei war wieder Matthias Sammer. Wolfgang Feiersinger, der ihn in den Halbfinalspielen vertreten hatte, war nicht einmal für die Bank nominiert.

Die Anfangsphase gehörte den Turinern, bei denen vor allem der spätere WM-Held Zidane gefiel, mit dem Lambert seine Probleme hatte. Das Spiel der Borussen wirkte nicht so elegant und flüssig wie das von „Juve", aber die Dortmunder praktizierten einen gekonnten geradlinigen Konterfußball der langen Bälle. Karlheinz Riedle, der wegen einer zehn Tage zuvor erlittenen Schienbeinverletzung zunächst um seinen Einsatz bangen mußte, hatte in der Nacht zuvor einen Traum gehabt: „Da habe ich ein Tor mit links und eins mit dem Kopf gemacht." In der 29. Minute begann Riedles Traum Wirklichkeit zu werden. „Juve"-Keeper Peruzzi wehrte einen von Möller getretenen Eckstoß zu kurz ab. Lamberts anschließende Hereingabe wurde von Porrini unterlaufen. Aus sechs Metern Distanz drosch Riedle den Ball – mit dem linken Fuß – unter dem ihm entgegenstürzenden Keeper Peruzzi ins Turiner Netz. Auch im elften Spiel der Champions-League-Kampagne 1996/97 hatte Borussia das erste Tor erzielt. Das 1:0 traf „Juve" wie ein Blitz aus heiterem Himmel. Der Favorit zeigte sich geschockt, und nur fünf Minuten später war es erneut der kleine Allgäuer, der Keeper Peruzzi überwand. Eine Ecke von Möller verwandelte Riedle, der sich während der 1. Halbzeit den kleinen Zeh des rechten Fußes brach, unhaltbar zum 2:0 ins Turiner Netz – mit dem Kopf. Der Torschütze: „Ich dachte, das kann doch nicht wahr sein." Da Zidane nur den Pfosten traf und ein Treffer von Vieri wegen Handspiels nicht anerkannt wurde, ging es mit diesem Spielstand auch in die Halbzeitpause. „Juve"-Trainer Lippi brachte mit del Pierro einen dritten Stürmer, dem in der 64. Minute per Hacke der Anschlußtreffer zum 1:2 gelang.

Drei Tore für die Unsterblichkeit

Es begann das große Zittern, das jedoch lediglich einige Minuten dauerte. Als das Spiel auf Messers Schneide stand, wechselte Hitzfeld Ricken für den ausgelaugten Chapuisat ein. Der Youngster war gerade fünf Sekunden auf dem Rasen, da schickte ihn Andreas Möller mit einem genialen Paß auf die Reise in Richtung Juventus-Tor. Die Abwehr der Italiener war weit aufgerückt, und Keeper Peruzzi befand sich viel zu weit vor seinem Gehäuse. Ricken schaute kurz auf, um dann den Ball aus fast 30 Metern Entfernung über Peruzzi hinwegs ins Juve-Tor zu lupfen. TV-Kommentator Marcel Reif: „Die Gebrüder Grimm drehen sich im Grabe um. Das sind Märchen, die gibt's nicht." Rickens spielentscheidender Treffer weckte Erinnerungen an den Libuda-Treffer von 1966. Auch damals wurde das Spiel durch einen „Senker" aus der Distanz entschieden. „Juve" erholte sich von diesem Überraschungsschlag nicht mehr. Die letzten Minuten des Spiels begleitete der BVB-Anhang mit „Oh-wie-ist-das-schön…"-Gesängen. Als Schiedsrichter Puhl die Partie abpfiff, mochten Millionen vor dem Bildschirm kaum glauben, was sie gesehen hatten. Marcel Reif stellvertretend: „Das muß man sich selber erstmal klar machen: Borussia Dortmund – Champions-League-Sieger 1997. (…) Gegen alle Widerstände von außen, sicherlich auch von innen."

Auch die Spieler hatten Mühe, die Sensation zu begreifen. Matthias Sammer: „Wir haben ein unglaubliches Spiel gemacht, auch ein bißchen Glück gehabt. Was jetzt abläuft, ist wie ein Traum." Da Zorc bis kurz vor dem Abpfiff nur auf der Auswechselbank saß, trug Sammer im Olympiastadion die Kapitänsbinde. Als die Siegerehrung anstand, forderte die Mannschaft Zorc auf, als Erster das Podest zu besteigen. Doch Zorc zierte sich zunächst, bis sein Stellvertreter ihn barsch anfuhr: „Mach voran und geh endlich nach oben." Marcel Reif: „Die Mannschaft hat ein Gespür für Gesten." Als die Spieler zur Ehrenrunde aufbrachen, wanderte Ottmar Hitzfeld nachdenklich und allein über den Platz. Der BVB gewann das Finale mit folgender Aufstellung:

► Klos – Kohler, Sammer, Kree – Reuter, Lambert, Sousa, Heinrich, Möller (89. Zorc) – Riedle (67. Herrlich), Chapuisat (70. Ricken).

Nach dem Spiel erklärte Matthias Sammer: „Ohne Dr. Niebaums Ansprachen an die Mannschaft wären wir nie Europapokal-Sieger geworden." Wie bereits ein Jahr zuvor, machte Sammer nicht den Trainer, sondern den Präsidenten als Steuermann des Erfolgs aus. Auch Niebaum selbst erweckte nicht gerade den Eindruck, als würde er den Triumph auf Hitzfelds Konto schreiben. Unmittelbar nach dem Schlußpfiff soll der Präsident seinem Trainer gesagt haben: „Und wenn der

Heiko Herrlich gewinnt ein Kopfballduell gegen Montero.

Ricken von Beginn an gespielt hätte, dann wäre der Sieg schon früher klar gewesen." Einer, der sich überhaupt nicht freute, sondern seinen Ärger nur mit Mühe verbergen konnte, war Bayern-Präsident Franz Beckenbauer. Die Säbener Straße hatte eine Borussen-Niederlage fest einkalkuliert. Manager Uli Hoeneß soll gar beim Turiner Anschlußtreffer gejubelt haben. Im extrem europaligaorientierten München mußte man sich nun damit abfinden, daß es nicht die selbsternannte nationale Number One, sondern deren härtester Rivale war, der als erster deutscher Klub die Champions League gewonnen hatte – dazu noch in der eigenen Arena. Und auch was den prognostizierten finanziellen Zusammenbruch der Borussen anbetraf, hatte man zu früh gefeiert. Ein frustrierter Vize-Präsident Scherer einige Tage später: „Hätten die Dortmunder verloren, wären sie pleite gewesen, und wir wären auf Jahre auf und davon gewesen."

In Dortmund wurde die Nacht zum Tag. Zehntausende gingen spontan auf die Straße, um den größten Erfolg der BVB-Geschichte zu feiern. Anstatt eines Trauerzuges, wie ihn eine Zeitung prognostiziert hatte, sollte Dortmund in den folgenden Tagen einen schwarz-gelben Karneval erleben. Mannschaft, Trainer und Funktionäre versammelten sich währenddessen zum Festbankett im Ballsaal des Münchener „Sheraton-Hotels". Präsident Niebaum: „Borussia Dortmund ist die Nummer eins in Europa. Karlheinz Riedle und Lars Ricken haben drei Tore für ihre Unsterblichkeit geschossen. Die Mannschaft hat mit beeindruckender Leidenschaft gefightet. Glaube und Wille versetzte Berge. Sie hat eine Brücke zur Vergangenheit geschlagen. 1966 galt der FC Liverpool als unschlagbar, diesmal Juventus als weltbeste Mannschaft."

Borussia gewann die Champions League zwar durchaus verdient – in elf Spielen leistete man sich lediglich eine Niederlage –, aber Europas beste Mannschaft waren die Schwarz-Gelben sicherlich nicht. Einmal mehr war das Glück dem Tüchtigen hold. Die zwei Gesichter in Bundesliga und Champions League erklärte Jürgen Kohler später so: „Dieser Wettbewerb ist für alle das Sahnehäubchen. Da weiß jeder: Wenn du keine Topleistung bringst, wird es schwierig, einen Schaden noch zu reparieren. In der Bundesliga hatte sich ein anderes Denken durchgesetzt: Vergeigst du ein Spiel, gewinnst du eben das nächste."

Auch in finanzieller Hinsicht durfte die Borussia ihre beste Europapokalbilanz ziehen. Ohne die Zuschauereinnahmen verdiente der Klub 21,675 Mio. Schweizer Franken (= 26,01 Mio. DM) in der Königsklasse. Insgesamt waren an die 16 Teilnehmer der Champions League 147,075 Mio. Franken ausgeschüttet worden. In den Gruppenspielen kassierte der BVB eine Punkteprämie von 4,5 Mio. Franken. Für das Erreichen des Viertelfinales gab es

Nummer eins in Europa: Borussia Dortmund.

2,8 Mio., für das Halbfinale 3 Mio. und für die Finalteilnahme noch einmal 4 Mio. Weitere 5,375 Mio. kamen aus dem Fernseh-Pool.

In der Stunde des Triumphes warnte der Realist Niebaum: „In der Zukunft müssen wir auch mal Abwärtsbewegungen in Kauf nehmen". Hitzfeld mahnte: „Hier wird nur noch über Triumphe und erste Plätze geredet. Dabei sind wir noch lange nicht Juve oder Real Madrid. Erfolg muß wachsen." Und Michael Zorc: „Irgendwann wird es ein Jahr ohne Titel für die Borussia geben. Den Zeitpunkt sollten wir so weit wie möglich rausschieben." Kluge und realistische Worte, die bei einem Teil der Medien jedoch auf taube Ohren stießen.

Sommerbaustelle, Teil I

Nur wenige Tage nach dem Triumph von München ereilte Dortmund und die Region eine Schocknachricht: Gerd Niebaum kündigte seinen Rücktritt vom Präsidentenamt an. Niebaum machte private Erwägungen geltend. Der Verzicht auf eine neuerliche Kandidatur sei „eine Lebensentscheidung", die er schon vor längerer Zeit getroffen habe. Niebaum: „Ich habe einen Beruf, ich habe eine Familie, und ich habe nur eine Gesundheit. Die Aufgabenfülle im Profifußball ist in den vergangenen Jahren so gewachsen, daß ich fast hoffnungslos überlastet bin. Zuletzt bin ich bis an die Schmerzgrenze gegangen, habe täglich zwischen acht und zehn Stunden für den Verein gearbeitet, obwohl im Umfeld ganz hervorragende Leute tätig sind." Wie schon bei seinem ersten Rücktritt 1989, hatte der „gerissene Taktiker" (Wilfried Wittke in der *Westfälischen Rundschau*) auch diesmal noch anderes Sinn. Ein neuerlicher „Rücktritt vom Rücktritt" ließ deshalb auch nicht lange auf sich warten. Niebaum war kein Mann, der das Schiff Borussia so einfach verließ. Vielmehr wollte er den Verein einer Strukturreform unterziehen, und sein Rücktritt wirkte dabei als Katalysator. Niebaum: „Wenn Sie den Anspruch haben, Branchenerster zu sein, können Sie das nicht länger mit drei Ehrenamtlichen und einem Hauptamtlichen schaffen. Die Führung der Vereine muß die zunehmende Industrialisierung im Profifußball nachvollziehen." Neben hauptamtlichen Ressortchefs gehöre hierzu auch „die offene Umwandlung in eine Aktiengesellschaft".

Erneut spielte das „Trauma von 1966" eine große Rolle. Anders als das damalige Borussen-Präsidium wollte Niebaum nicht tatenlos zusehen, wie der BVB seine erkämpfte Positon verspielte. Der Präsident fürchtete einen „Lorbeer-Effekt". Die schwarz-gelbe Glückseligkeit, die in Verein und Region nach dem Champions-League-Gewinn regierten, waren genau der richtige Anlaß, um den Klub kräftig wachzurütteln. Der Präsident: „Mit Schunkeln und Feiern können wir uns den Herausforderungen nicht stellen." Der BVB sei eine „Baustelle“, aber der Verein werde aus dem Umbau gestärkt hervorgehen, „auch wenn man vielleicht erst in ein paar Monaten begreift, was bei uns geschehen ist“.

Der Rücktritt vom Rücktritt erfolgte im Vorfeld der Generalversammlung. Die ehrenamtlichen Präsidiumsmitglieder Niebaum, Breer und Freundlieb kündigten an, sich erneut für die volle Amtsperiode von drei Jahren zur Wahl zu stellen. Mit dieser Entscheidung sei die angedachte und vorbereitete Reform von Vereinsform und -führung nicht aufgehoben, sondern lediglich aufgeschoben. Der BVB habe vom DFB deutliche Signale erhalten, daß der Verband einer Umwandlung der Profiklubs in Kapitalgesellschaften immer positiver gegenüberstehe.

Nur vier Tage nach Niebaums Ankündigung sorgte eine weitere Personalentscheidung für Schlagzeilen. Ottmar Hitzfeld verließ die Trainerbank, um in die neu geschaffene Position des „Sportdirektors“ zu wechseln. Der Verdacht lag nahe, daß Hitzfeld zu diesem Schritt vom Präsidenten durch dessen eigenen Rücktritt genötigt wurde. Da es sich bei Hitzfeld um einen überaus verdienten Angestellten handelte, wurde die Trennung so sanft wie möglich vollzogen. Den Trainer in die Wüste zu schicken, hätte nicht dem Stil der Niebaum-Borussia entsprochen und wäre wohl auch nur schwer vermittelbar gewesen. Außerdem wollte der Präsident bei der Neustrukturierung der sportlichen Leitung die „ideale Mischung von Kontinuität und Innovation“ wahren. Der Posten des „Sportdirektors“ roch ein wenig nach bezahltem Urlaub, als Belohnung für sechs Jahre Engagement auf Kosten der Gesundheit.

Das Angebot korrespondierte mit Hitzfelds Überlegung, eine Auszeit vom Traineramt zu nehmen. Obwohl Hitzfeld ein lukratives Angebot von Real Madrid vorlag, entschied er sich für den Wechsel an den Schreibtisch. Nach sechs Jahren Borussia benötigte Hitzfeld dringend eine Pause. Spätestens seit der „Übergangssaison“ 1993/94 war sein angeschlagener Gesundheitszustand immer wieder Thema der Boulevardmedien gewesen. Doch eben dieser Umstand sprach in einer Stadt, in der noch immer der Ethos der Industriearbeit herumgeisterte, nicht gegen den Trainer, sondern unbedingt für ihn. Schließlich hatten Generationen von Bergleuten und Stahlarbeitern ebenfalls ihre Gesundheit ruiniert. Hitzfeld war ein Süddeutscher, und nach außen wirkte er häufig distanziert und technokratisch. Aber die Ernsthaftigkeit, mit der er seinen Job erledigte, auch auf Kosten seiner Gesundheit, schuf eine Brücke zwischen ihm und der Region. Auch in diesem Sinne war Hitzfeld sechs Jahre lang der richtige Mann am richtigen Ort gewesen.

Hitzfelds „Beförderung“ wurde zum ersten Spatenstich der Strukturreform deklariert. Der Sportdirektor sollte den designierten Niebaum-Nachfolger Michael Meier entlasten. Der Trainer hatte die Strukturprobleme der Mannschaft genau erkannt. Das relativ alte Team benötigte eine Auffrischung, neue Reizpunkte, ein neues Ringen um die richtige Hierarchie. Der BVB war an einem Punkt angelangt, wo der Konkurrenzvorteil großer Erfahrung in einen Nachteil umzukippen drohte. Vor die Alternative gestellt, mindestens drei oder vier neue Spieler zu verpflichten, wie es Hitzfeld gefordert hatte, oder aber einen neuen Trainer zu engagieren, entschied man sich für den scheinbar kostengünstigeren und bequemeren Weg. Der Ausbau des teilweise vereinseigenen Stadions und andere Infrastrukturprojekte banden nicht unbeträchtliche finanzielle Ressourcen, die für spektakulärere Spielereinkäufe fehlten. Die Unabhängigkeit des Vereins, auf die Niebaum und seine Vorstandskollegen zu Recht so viel Wert legten, hatte ihren Preis. Hinzu kamen die hohen Spielergehälter, die durch das Bosman-Urteil, aber wohl auch das aufdringliche Werben des FC Bayern um einige namhafte Leistungsträger noch gestiegen waren. Der BVB unterhielt die teuerste Mannschaft der Bundesliga.

Probleme beim Umbau der Mannschaft

Die langfristigen Verträge, die der BVB mit vielen wichtigen Spielern abgeschlossen hatte, gestatteten dem Klub trotz des Wegfalls der Ablösesummen bei Vertragsende ein gewisses Maß an Planungssicherheit. Sie sollten garantieren, daß der Spieler entweder seinen Vertrag erfüllte, oder aber im Fall eines Weggangs wenigstens eine Ablösesumme einbrachte. Derartige Verträge ließen sich die Spieler allerdings in der Regel hoch dotieren. Und wollte der Verein ein Arbeitsverhältnis von sich aus vorzeitig beenden, konnte er nicht unbedingt mit dem Einverständnis des Spielers rechnen. Eine einseitige Kündigung bedeutete aber den Verzicht auf eine Ablöse, weshalb dem Klub beim Umbau seiner Mannschaft die Hände gebunden waren. Während der Saison 1997/98 wurden dann Spieler verkauft, die man eigentlich noch benötigte, die aber viel Geld einbrachten.

Ein weiterer Grund, warum man beim Kader von schärferen personellen Schnitten absah, waren möglicherweise die Fans. Der Verkauf von vier oder fünf Champions-League-Siegern wäre alles andere als populär gewesen. Die Trennung von verdienten Spielern hatte in der Vergangenheit selbst dann einen Aufschrei der Empörung ausgelöst, wenn deren Nutzen für den Klub ganz offensichtlich nachgelassen hatte. An bewährten Kräften festzuhalten, hatte beim BVB und in der Stadt eine lange Tradition. 1957 hatte man die Elf von 1956 spielen lassen, und nachdem der BVB die Meisterschaft ein zweites Mal gewonnen hatte, wurde die Erneuerung bzw. Verjüngung immer noch nur widerstrebend vollzogen. Nach dem Europapokalsieg von 1966 blieb die Erneuerung ebenfalls aus. Die Basis hierfür war eine merkwürdige Mischung

Über 30, aber noch topfit: Julio Cesar.

aus emotionaler Anhänglichkeit und Erfolgsorientierung im Verein und bei seinen Fans.

In dieser Hinsicht blieb Niebaums Kampagne wider der Selbstzufriedenheit eher inkonsequent. Das Durchschnittsalter des Champions-League-Siegers betrug immerhin 28,7 Jahre. Mit Cesar, Zorc, Kree, Feiersinger, Kohler, Riedle und Reuter befanden sich sieben Spieler jenseits der 30-Jahre-Schallmauer, Möller und Sammer standen kurz davor. Der Champions-League-Sieger war somit keine Mannschaft mit Zukunft. Wie schon 1966 war es ein europäischer Triumph, der das vorläufige Ende einer goldenen Ära markierte.

Als Hitzfeld-Nachfolger präsentierte der BVB einen Mann von internationalem Renommee. Nevio Scala (49), der den AC Parma zunächst aus der Zweitklassigkeit in die italienische Serie A geführt hatte und anschließend mit dem Klub den Europapokalsieg der Pokalsieger (1993) und UEFA-Cup (1995) gewonnen hatte. Der Italiener war nach Havlicek, Merkel, Bedl, Csernai und Zebec der sechste Ausländer auf der Trainerbank des BVB und nach Bayerns Trapattoni erst der zweite Italiener in der Bundesliga. Als „Fitmacher" brachte Scala seinen Adjudanten Ivan Carminati mit, für den nach dem Sportmanager die zweite neue Stelle geschaffen wurde. Die Hitzfeld-Assistenten Harald „Toni" Schumacher und Michael Henke blieben. Die Presse sprach vom „teuersten Trainer-Paket der Liga". Scalas Verpflichtung war zwar standesgemäß, aber eigentlich hatte der Präsident mit einer anderen Lösung geliebäugelt: Michael Skibbe, Borussias erfolgreicher Jugendtrainer. Doch die Übergabe eines frisch gebackenen, mit zahlreichen Stars ausgerüsteten Champions-League-Siegers an einen „extrem" jungen und außerhalb des Vereins weitgehend namenlosen Übungsleiter wäre zu diesem Zeitpunkt gegenüber den Vereinsgremien und der Öffentlichkeit nur schwer vermittelbar gewesen. Skibbe mußte noch warten.

EINWURF

Börsenverein Borussia

„Borussia Dortmund wird auch als Aktiengesellschaft niemals seine Seele verkaufen, sondern durch breit gestreute Anteile die Bindung zwischen Fans und Verein sogar noch enger knüpfen. Im übrigen ist Dortmund nicht mehr die Arbeiterstadt früherer Zeiten, sondern auf dem Weg zu einer zukunftsorientierten Dienstleistungsmetropole. Dieser Entwicklung müssen auch wir als Dortmunder Verein Rechnung tragen." *Michael Meier*

„Ich bin überzeugt, wir sind als Aktiengesellschaft in puncto Stabilität vergleichbar mit BMW oder Mercedes." *Helmut Bracht*

Borussia Dortmund will an die Börse gehen. Präsident Dr. Gerd Niebaum: „Es scheint an der Zeit, die Strukturen der Vereine nach marktwirtschaftlichen Prinzipien neu auszurichten und die Klubs auf ein unternehmerisches Fundament zu stellen, das im europäischen Wettbewerb bestehen kann." Diesbezügliche Pläne hat der Verein in den letzten Jahren mindestens genauso entschieden vorangetrieben wie der Rivale FC Bayern. Hierzu zählten auch die Übernahme und der Ausbau des Westfalenstadions.

Damit der Börsengang nicht zum Flop gerät, muß ein Fußballklub einige Voraussetzungen erfüllen: Der Klub muß über einen längeren Zeitraum profitabel gewirtschaftet haben. Der Klub muß national – am besten auch europäisch – zu den Topadressen gehören und über einen hohen Popularitätsgrad verfügen, der ihm unabhängig vom aktuellen Tabellenstand hohe Umsätze beim Merchandising garantiert. Eine große Popularität würde dem Klub auch bei eigener TV-Vermarktung hohe Einnahmen versprechen. Der Klub muß über ein eigenes Stadion verfügen, das nicht nur am Spieltag für Einnahmen sorgt. Außerdem sollte er weitere geschäftliche Aktivitäten wie Reisebüros, Reha-Kliniken, Hotels und Gastronomie betreiben, die sein Einnahmespektrum diversifizieren und ihn vom aktuellen sportlichen Abschneiden partiell unabhängig machen. Last but not least muß die „Medien-Gesamtsituation" stimmen. Die Verzahnung mit einem Medienkonzern, der den Klub schön schreibt, ist deshalb durchaus empfehlenswert.

Die Profiklubs arbeiten seit vielen Jahren daran, sich von den Unwägbarkeiten des Tagesgeschäftes – seien es Formtiefs, Verletzungen, Regenwetter und schlechte Bodenverhältnisse, Fehlentscheidungen des Schiedsrichters oder schlicht ein Lattenschuß – unabhängig zu machen. Gerade die großen Klubs, die Jahr für Jahr erhebliche Summen ausgeben, drängt es nach größerer Planungssicherheit. Ein Verein, der zu den Top-Adressen zählt und dort auch bleiben möchte, kann gar nicht anders, als sich zur Kapitalgesellschaft umzuwandeln oder die Europaliga zu fordern. Dies gilt auch für den BVB. Dr. Gerd Niebaum im Spätsommer 1997: „Die Aktiengesellschaft wird auch in der Bundesliga bald kommen, das ist eine Frage des Wettbewerbs in Europa. Machen wir mit den alten Vereinsstrukturen so weiter, führt das zu einer ständigen ökonomischen Schieflage zu unseren Ungunsten. Paulo Sousa ist vielleicht der letzte europäische Topstar, der unter den jetztigen Bedingungen nach Deutschland (und zu Borussia Dortmund) gekommen ist. Einer wie er würde heute sofort nach England gehen." Eine „offene Umwandlung in eine Aktiengesellschaft" sei noch immer besser „als die schleichende, die wir heute schon haben."

Die Bildung von Fußball-AGs bedeutet einen scharfen Einschnitt in der Geschichte des Spiels. Geschäftsleute in den Führungsetagen von Fußballklubs sind nichts Neues. Aber die Möglichkeiten, mit Hilfe des Fußballs Gewinne zu erwirtschaften, waren in der Vergangenheit eher gering. In der Regel war der Geschäftsmann in der Führungsetage ein Fußballenthusiast, der keinen direkten Profit aus seinem Mitwirken zog. Zum Erfolg des Klubs beizutragen, wurde als Dienst an der Community verstanden, mit dem man sein persönliches Ansehen verbessern konnte. Indirekte Profite waren indes weiter verbreitet, wie das an anderer Stelle dieses Buches erwähnte Beispiel der Brauereiindustrie zeigt. Zwar waren die meisten der englischen Profiklubs schon vor dem 1. Weltkrieg dazu in der Lage, ihren Aktionären eine fest fixierte Rendite von 5 % zu zahlen, aber der Aktienbesitz war eher symbolischer Natur, und der überwältigende Teil der Überschüsse wurde zur Bildung von finanziellen Reserven, für Spielertransfers und den Ausbau der Stadien benutzt.

Die Fußball-AG bedeutet nicht automatisch mehr Seriosität. Auch Niebaum räumt ein, daß eine „optimale Steuerung des Prozesses" nötig sei, um „Klippen wie Fremdbestimmung, unfreundliche Übernahmen oder dubioses Investment zu verhindern". Im Fall Borussia Dortmunds scheinen die AG-Überlegungen stark vom Autonomie-Gedanken geprägt zu sein. Der „Idealverein" ist nicht kapitalstark genug, weshalb das Problem einer „Übernahme" durch externe Interessenten möglicherweise gerade dann existiert, wenn der Verein sich via Börsengang nicht selber stark macht. Das beste Beispiel hierfür ist die Übernahme von Hertha BSC Berlin durch die Ufa. Die Ufa agiert nicht als Sponsor. Der chronisch marode Verein wurde hochgepäppelt, auf daß er Gewinne für die Ufa erwirtschaften konnte. Gemessen an dem, was sich die Ufa perspektivisch von dem Hauptstadtverein versprechen darf, fiel der Einkaufspreis ziemlich gering aus. Bereicherung am Fußballklub durch externe Kräfte findet also auch ohne Börsengang statt – gerade dann, wenn der Verein finanzschwach ist.

Das AG-Modell indes kann dem Verein die Stärke verleihen, die notwendig ist, um „unwiderstehliche Angebote" von außen abzuwehren, die Dinge in eigener Regie zu bewerkstelligen und als Partner statt als Büttel zu agieren. Gelingt es den Klubs nicht, ihre Basis zu verstärken, droht der Ausverkauf der attraktivsten Ligavereine an die Bertelsmänner, Kirch und andere Interessenten. Ein beträchtlicher Teil der Einnahmen, die beim Fußball getätigt werden, fließen dann nicht mehr in das Spiel zurück. Bei Beibehaltung der bisherigen Rechtsform besteht die Gefahr der Unterwanderung, des unkontrollierten Abgleitens in andere Kanäle. Stärkt der Klub aber seine Kapitalkraft, kann er nicht nur abwehren, sondern auch in den letzten Dekaden aufgegebene Felder zurückerobern – beispielsweise das zuvor verkaufte Stadion.

Was das Verhältnis der Vereinsführung zur Basis anbelangt, so sieht Niebaum zwischen einer Mitgliederversammlung und einer Aktionärsversammlung keinen großen Unterschied. Auch teilt der BVB-Präsident nicht die Einschätzung, daß in einer AG Emotionalität und Tradition auf der Strecke bleiben. Inwieweit ein Verein durch den Gang an die Börse seine Seele preisgibt, hängt sicherlich nicht zuletzt von den handelnden Personen ab. Anläßlich der BVB-Jahreshauptversammlung 1997 schrieb Peter Schütze in den *Ruhr-Nachrichten:* „Mit der Bereitschaft von Gerd Niebaum, dem BVB weiter als Integrationsfigur und Inspirator, Vordenker und Visionär zur Verfügung zu stehen, ist die beste Voraussetzung geschaffen, daß Borissia Dortmund die Umwandlung vom Verein zur Kapitalgesellschaft ohne Charakter-Verlust gelingt. Niebaum in seinem bewährten Vorstand ist der Garant dafür, daß der BVB einerseits ein wettbewerbsfähiges, solides und erfolgsorientiertes Unternehmen, andererseits ein lebendiger Verein mit Tradition und Menschlichkeit bleibt."

Vor derselben Jahreshauptversammlung schätzte Manager Michael Meier den Börsenwert des BVB „bei etwa 700 Millionen Mark". Bei einem Mehrheitsanteil von 51 Prozent bliebe dem Verein eine Manövereriermasse von 350 Millionen. Die Spieler werden es mit Freuden registrieren. ■

Neben Scala hieß der bedeutendste Neuzugang S. Oliver und löste die Versicherung Continentale auf dem Borussen-Trikot ab. Das Dortmunder Unternehmen, das auf die Brust des Aufsteigers Hertha BSC wechselte, blieb dem BVB aber sichtbar erhalten: als Trikotsponsor im Jugend- und Amateurbereich sowie als Mitbetreiber des Westfalenstadions. Anders als die Continentale orientierte das Bekleidungsunternehmen S. Oliver nicht nur auf den deutschen, sondern auf einen internationalen Markt, womit der Champions-League-Sieger genau die richtige Adresse war. Hatte die Continentale jährlich 4 Mio. DM gezahlt, so berappte ihr Nachfolger nun die dreifache Summe. Die 12 Mio. DM waren zu diesem Zeitpunkt der mit Abstand höchste Betrag in der Liga, der für Trikotwerbung bezahlt wurde. Der FC Bayern erhielt von Opel die Hälfte dieser Summe, der MSV Duisburg ein gutes Fünftel. Insgesamt nahm die Liga aus dem Trikotsponsoring 78,3 Mio. DM ein. Kommentar des Präsidenten: „Die Sponsorenlandschaft ist neu geordnet. Da sind wir in Deutschland jetzt sicherlich Branchenführer."

Die Brust der Borussen hatte durch ihre seit der Saison 1992/93 permanente europäische Präsenz enorm an Werbewert gewonnen. Mit dem Schriftzug auf der Borussen-Brust gedachte S. Oliver vor allem seinen geringen Absatz bei der männlichen Bevölkerung zu verbessern. Dabei sollte die vom BVB verkörperte Mischung aus Volksnähe und Professionalität helfen. S. Oliver sprach mit seiner vergleichsweise preiswerten Kleidung Kunden an, die, wie es Unternehmenssprecher Simon formulierte, „keinen dicken Geldbeutel haben", aber trotzdem „ihre Kleidung bewußt auswählen und das mit Selbstwertgefühl".

Als sportliche Neuzugänge präsentierte der BVB lediglich den schottischen Nationalspieler Scott Booth, der vom FC Aberdeen kam, und Christian Timm aus der eigenen Jugend. Der BVB verzichtete erstmals seit der Saison 1991/92 auf die Verpflichtung von mindestens einem teuren Star. Statt dessen begann der Klub mit dem Verkauf eines Teils seines Ensembles. René Tretschoks Wechsel zum 1. FC Köln wurde zwar bedauert, sorgte aber für keine größere Aufregung. Doch ihm folgten in zeitlichen Abständen Karlheinz Riedle (FC Liverpool), Paul Lambert (Glasgow Celtic) und Paulo Sousa (Inter Mailand). Für den Wechsel dieser drei Spieler kassierte der BVB insgesamt über 25 Mio. DM. Eine Summe, die deutlich über dem Einkaufspreis lag. Aus kaufmännischer Sicht gaben diese Verkäufe somit einen Sinn. Außerdem hoffte man auf diese Weise mehr Ruhe und eine klarere Hierarchie in den Kader zu bekommen. Riedle hatte vor der Saison einen Stammplatz beansprucht, den ihm die sportliche Leitung jedoch nicht garantieren mochte,

Paulo Sousa im Zweikampf mit Schalkes Büskens.

und im Mittelfeld rangelten Möller und Sousa um die Federführung. Auch Neuzugang Booth verließ nach nur einem halben Jahr die Borussia und wechselte auf Leihbasis zum FC Utrecht.

Vor der Saison hatte Niebaum erklärt: „Wir werden keine Transfers mehr vor dem Saisonstart tätigen, denn wir sind in der glücklichen Situation, es nicht tun zu müssen." Der Präsident fügte hinzu, man werde sich seine Verstärkungen aus dem proppevollen vereinseigenen Lazarett besorgen. Auch Hitzfeld, der neue Spieler gefordert hatte, sah das Problem, „daß wir etliche Spieler haben, die selten oder nie haben spielen können: René Schneider, Paulo Cesar, Julio Cesar, Steffen Freund. Wir können schlecht sagen: Wir holen einen Nationalspieler als Manndecker, wenn künftig ein Schneider oder ein Cesar wieder spielen kann." Als der BVB dann sportlich und personell ins Trudeln geriet, auch weil sich das Lazarett nicht schnell genug leerte bzw. weiter aufgefüllt wurde, sah man sich allerdings doch noch zum Nachbessern genötigt.

Schon bald wurde deutlich, welch schweres Erbe Scala angetreten hatte. Der Italiener, der mit der Erwartung gekommen war, die beste Mannschaft Europas zu coachen, sah sich statt dessen mit einer überholten Mannschaftsstruktur, divergierenden Spielauffassungen und Kommunikationsproblemen konfrontiert. Scala später: „Ich habe nicht gedacht, daß es so schwer wird." Während sein Vorgänger mit den Spielern einen kontinuierlichen Gedankenaustausch über Taktik und Aufstellung pflegte, war Scala hierzu nicht bereit. Als der BVB am 3. Spieltag auf Schalke nach einer katastrophalen, eines Derbys absolut unwürdigen Vorstellung mit 0:1 unterlag, entbrannte erstmals eine öffentlich ausgetragene Taktikdiskussion.

Anders als Hitzfeld ließ Scala mit nur einer Spitze stürmen. Anstelle einer zweiten Sturmspitze nominierte er einen zusätzlichen Mittelfeldakteur, der beim Angriffsspiel mit in die Spitze stoßen sollte. Wie die meisten italienischen Trainer war auch Scala primär um Sicherheit bemüht. In seinem Mittelfeld stand durch den Abzug eines Stürmers ein Akteur mehr. Die Massierung des Personals sollte dem gegnerischen Spielaufbau bereits frühzeitig einen Riegel vorschieben. Scalas taktische Maßnahme schränkte die Qualitäten von Andreas Möller ein.

Die neue Marschordnung war einem personell unveränderten Team, dessen sportliche Identität sechs Jahre lang von einem taktisch anders orientierten Trainer geprägt worden war, kaum vermittelbar. Einige Spieler stellten sich die Frage, warum man eine Taktik ändere, mit der man so außerordentliche Erfolge erspielt hatte. Scala später: „Meine Philosophie stand gegen die Erfahrung der Mannschaft." Unter Hitzfeld war die Spielweise der Borussen unterkühlter und mehr auf Ballsicherung bedacht geworden. Aber Scalas Vorstellungen gingen noch darüber hinaus. Ein derartiger Fußball widersprach der Fußballgeschichte Borussias und der regionalen Fußballmentalität und stieß im Westfalenstadion auf wenig Gegenliebe – zumal bei ausbleibendem Erfolg.

Scala mußte zurückstecken. Im folgenden Heimspiel gegen den Nachbarn VfL Bochum praktizierten die Borussen wieder Hitzfeld-Taktik und gewannen mit 5:2, wobei Möller, dessen Auftritt gegen Schalke an Arbeitsverweigerung gegrenzt hatte, eine grandiose Vorstellung bot. Einen weiteren Spieltag später, als der BVB beim VfB Stuttgart 0:0 spielte, blieben die beiden Spitzen und Möller erneut blaß. Es war wohl nicht nur eine Frage der Taktik, sondern zumindest auch eine der Einstellung. Am 9. Spieltag rutschte der BVB durch eine 1:3-Niederlage bei Arminia Bielefeld auf einen Abstiegsplatz. Scala drohte der Mannschaft mit seiner Rückkehr nach Italien, was er aber anschließend nicht ernst gemeint wissen wollte. Lediglich zwei Siege aus neun Spielen bedeuteten den schlechtesten Saisonstart seit 1987. Vom Aufsteiger und Spitzenreiter Kaiserslautern trennten die Borussen bereits 13 Punkte. Niebaum gestand ein, daß man das Verschleiß-Problem unterschätzt habe: „Wir zahlen nun den Preis dafür, daß wir körperlichen und geistigen Raubbau betrieben haben, indem wir drei Jahre am oberen Limit gespielt haben, für unsere Erfolge und für die Erfolge des deutschen Fußballs." Neue Spieler seien aber „nicht das Allheilmittel: Die Erfahrung lehrt uns, daß über 50 Prozent mindestens ein halbes Jahr Eingewöhnungszeit benötigen. (...) Vor drei Jahren wurden wir dafür attackiert, weil wir aggressiv eingekauft haben, jetzt kritisiert man uns für das Gegenteil."

Tatsächlich kam der sportliche Einbruch der Borussen höchstens in seinem Ausmaß unerwartet. 1992 und 1993 war man mit einem Team, das zu diesem Zeitpunkt noch vorrangig kämpferische Tugenden pflegte, überraschend Vizemeister geworden bzw. ins Finale des UEFA-Cups vorgedrungen. 1993/94 hatte man nur dank eines furiosen Endspurts eine kaum mehr für möglich erachtete UEFA-Cup-Teilnahme sichern können. Es folgte für einige Spieler die WM in den USA. Die Sommerpause fiel viel zu kurz aus, um den Verschleiß, den die enorme Kraftanstrengung forderte, zu kompensieren. In der folgenden Saison gelang trotz des verletzungsbedingten Ausfalls von wichtigen Leistungsträgern der Meistertitel und das Vordringen ins UEFA-Cup-Halbfinale, aber der Verschleiß wurde dadurch nur weiter potenziert. Ein ähnliches Bild in den folgenden Spielzeiten 1995/96 und 1996/97, zwischen denen noch die Europameisterschaft mit Beteiligung einiger Dortmunder lag. Selbst die fähigste medizinische Abteilung hätte diese Strapazen nicht auffangen können.

Zudem mußte sich die Borussia als Spitzenteam permanent mit hochmotivierten Kontrahenten auseinandersetzen. Symptomatisch für diese Herausforderung war das „häßlichste Foul der Saison" *(Süddeutsche Zeitung)*, das der Bielefelder Einwechselspieler Fuchs an Lars Ricken beging und diesem die Bänder im Knöchel zerriß. Niebaum: „Unsere Spieler haben erreicht, was sie erreichen konnten, aber für jeden Gegner sind wir ein Gesundbrunnen. Der jeweilige Trainer muß nur sagen: Wir spielen gegen den Champions-League-Sieger, und sein Team spielt mit Schaum vor dem Mund. (...) Damit muß man erstmal fertig werden." Ricken mußte anschließend eine 66tägige Zwangspause anlegen. Als er endlich wieder auflief, war er zunächst nur noch ein Schatten früherer Tage.

Für Matthias Sammer (Meniskusschaden mit Infektion) kam in Bielefeld gar das komplette Saison-Aus. Sammers Ausscheiden verschärfte die Hierarchie-Probleme innerhalb der Mannschaft, der nun ein selbstkritischer Geist und Anheizer fehlte. Auch der redlich bemühte Jürgen Kohler konnte Sammer diesbezüglich nicht ersetzen. Am 4. Oktober 1997 wurde auf der Bielefelder „Alm" somit klar, daß sich Borussias rätselhafte Verletzungsserie auch in der Saison 1997/98 fortsetzen würde.

Für Niebaums knallharten Realismus sprach, daß er in dieser schwierigen Situation auch altgediente Stars kritisierte und zudem das Thema Abstieg

Seltene Freude: Nach einem wunderschönen Freistoßtor gegen den VfL Bochum jubeln Trainer und Spielmacher gemeinsam.

nicht vermied. Bald sprach der Präsident auch erstmals von einer „neuen Mannschaft“: „Wir haben die Gesetze des Profi-Sports nicht erfunden. Wir müssen eine Politik betreiben, die in die Zukunft gerichtet ist. Ohne Rücksicht auf große Namen. Wer von unseren Spielern noch eine Zukunft in dieser neuen Mannschaft hat, wird sich in den nächsten Wochen zeigen. (...) Die Grundeinstellung, die zu unseren großen Erfolgen geführt hat, muß wieder einkehren: das Wir-Gefühl und die Bereitschaft, hart zu arbeiten.“

Besser als in der Bundesliga lief es erneut in der Champions League, wo der BVB zum Topspiel seiner Gruppe nach Parma reisen mußte. Vor dem Anpfiff wurde Nevio Scala an seiner früheren Wirkungsstätte von den AC-Fans frenetisch gefeiert. Der BVB verlor zwar bei den heimstarken Parmanesen mit 0:1, bot aber eine gute Leistung. Überragender Mann auf dem Platz war Stefan Klos, der nur durch einen Billardschuß Crespos' zu überwinden war. Parmas Trainer Carlo Ancelotti stöhnte: „Klos hat uns zur Verzweiflung getrieben.“ Auch in den vorausgegangenen Spielzeiten hatte Klos vor allem in den europäischen Wettbewerben geglänzt, während ihm in der Liga schon mal der eine oder andere Patzer unterlief. Klos erklärte dies mit der stärkeren Beschäftigung, der er bei internationalen Begegnungen ausgesetzt sei. „In diesen Spielen stehe ich mehr unter Beschuß als sonst, ich habe einfach mehr zu tun.“ Für die Borussen war das 0:1 die erste Niederlage in Europa seit 19 Monaten (0:1 in Amsterdam), und erstmals kassierten sie mit Wolfgang Feiersinger als Libero ein Gegentor.

Drei Tage später gelang daheim gegen Hansa Rostock nach sieben sieglosen Bundesligaspielen endlich wieder ein dreifacher Punktgewinn. In einem sehr guten Bundesligaspiel behielt ein aggressiv und leidenschaftlich agierender BVB mit 3:2 die Oberhand. Die Borussia schien auf dem Weg der Genesung zu sein, da ereilte sie beim Drittligisten Eintracht Trier das Pokal-Aus. Jürgen Kohler mochte den verletzungsbedingten Ausfall von acht „Hochkarätern" als Entschuldigung für das peinliche 1:3 nicht gelten lassen: „Für Borussia Dortmund hat der Abstiegskampf begonnen. Wer das nicht sieht, sollte lieber den Verein wechseln." Das Ausscheiden der Borussia war symptomatisch für den Niedergang des Pokalwettbewerbs. Siege der Kleinen über die Großen waren längst keine Sensation mehr und hatten deshalb erheblich an Reiz eingebüßt. Das schwache Abschneiden zahlreicher Top-Teams schien mit der zunehmenden finanziellen Bedeutungslosigkeit des Wettbewerbs zu korrespondieren. Für einen Freundschaftskick auf dem Lande konnte Champions-League-Sieger Borussia Dortmund 100.000 DM einstreichen. Der Auftritt in Trier dürfte dem BVB auch nicht mehr eingebracht haben.

„Der Abstiegskampf hat begonnen."

Beim Heimspiel gegen den Spitzenreiter und späteren Meister Kaiserslautern lag der BVB am 13. Spieltag nach 30 Minuten bereits mit 2:0 in Front, mußte jedoch einige Minuten vor dem Halbzeitpfiff den Ausgleich hinnehmen. Das Verletzungspech der Dortmunder ging munter weiter. In der 63. Minute mußte ausgerechnet Kohler, der bis dahin mit Heinrich die meisten Einsätze bei den Feldspielern verbuchen konnte, verletzt ausscheiden. Nach dem Schlußpfiff definierte Präsident Niebaum das Saisonziel neu: „Wir befinden uns im Jahr der Regeneration und Verjüngung einer großen Mannschaft. Wir müssen nicht am 30. Juni 1998, sondern am 30. Juni 1999 wieder oben stehen." Die *Westfälische Rundschau* beobachtete bei Niebaum eine Verwandlung vom „Visonär zum Realisten".

Vor dem Rückspiel gegen Parma gab kaum jemand auch nur einen Pfifferling auf den BVB. „Wenn du die Borussia suchst, dann mußt du ins Krankenhaus gehen", spottete Italiens größte Sporttageszeitung *Gazetta dello Sport* siegessicher. „Nur" 40.000 kamen ins Westfalenstadion, erstmals war ein Champions-League-Auftritt der Borussen nicht ausverkauft. Offenbar hatte ein Teil der Fans die Champions League bereits abgehakt. Von bis zu zehn Ausfällen war vor dem Anpfiff die Rede, aber Chapuisat, Cesar und Sousa betraten dann doch noch den Platz – angeschlagen. Von Beginn an dabei war das erst 18jährige Eigengewächs Christian Timm, der in dieser Saison noch keine Bundesligaminute absolviert hatte. Der Borussia gelang gegen die italienischen Defensivkünstler, die bis dahin in der Champions League noch kein Gegentor zugelassen hatten, ein verdienter 2:0-Sieg.

Für Paul Lambert war dieser Europapokalabend sein letzter Auftritt im schwarz-gelben Trikot: Der von Heimweh und Sprachproblemen geplagte

Der Schotte Paul Lambert (hier überfliegt er den Karlsruher Nyarko) blieb viel zu kurz beim BVB.

Schotte kehrte nach dem Spiel in seine Heimat zurück, wo er Glasgow Celtic verstärkte. Nach dem Schlußpfiff betrat Lambert das Spielfeld mit einem Plakat, auf dem geschrieben stand: „Thank you FANS of Borussia!" Die Südtribüne feierte den beliebten Schotten mit minutenlangen Ovationen und der Intonierung von „You'll never walk alone". Die *Frankfurter Rundschau* später: „Einen wie ihn, der seine Arbeit machte und sich nach der Heimat sehnte, so einen tragen die Gelb-Schwarzen für immer in ihren Herzen." Dortmund zelebrierte mal wieder einen Abschied mit Stil. Der sichtlich gerührte und fast ein wenig reumütig wirkende Lambert: „Das werde ich nie vergessen, es war eine große Zeit in Dortmund." Wenige Monate später wurde er mit Celtic schottischer Meister.

Als der BVB im 17. Meisterschaftsspiel den FC Bayern empfing, war eine kleine Serie von vier Spielen ohne Niederlage bereits nach 40 Minuten beendet. Die Bayern führten mit 2:0, wobei es auch bis zum Schlußpfiff blieb. Gegen Dortmunds allerletztes Aufgebot genügte den Bayern eine Durchschnittsleistung. Für die Borussen-Fans war das Spiel wie eine Rückkehr in die 80er. Die Bayern souverän und unantastbar, die Borussen zwar bemüht, aber doch sichtlich minderbemittelt und zu keiner Phase des Spiels in der Lage, dem Rekordmeister ernsthaft das Wasser zu reichen.

Vor dem Schicksalsspiel gegen Wolfsburg tat die BVB-Führung dann doch noch etwas gegen die eklatante Sturmschwäche: Vom FC Utrecht kam Harry Decheiver, den Hitzfeld bereits 1993 zum BVB holen wollte, was jedoch an der damals noch gültigen Ausländerbegrenzung scheiterte. Laut dem *Utrecht Nieuwsblad* mußte die Borussia ca. sechs Mio. DM für den – so der Pressetenor – „Panikkauf" berappen. Nevio Scala mußte zugeben, den Neuen „noch nicht gesehen zu haben". Der BVB kam zu einem mühsam erkämpften 2:1-Sieg, der zugleich der 300. Heimsieg in der Bundesligageschichte der Borussia war. Vor dem letzten Hinrunden-Auftritt beim Hamburger SV nahm Niebaum seine Mannschaft ins Gebet. „Er hat Feuer gemacht", wußte Scala später zu berichten. Nach einer überzeugenden Vorstellung – Kapitän Reuter sprach anschließend vom „besten Spiel der bisherigen Saison" – ging der BVB als Sieger vom Platz. Der beste Spieler im Volksparkstadion hieß Paulo Sousa, der zwei Treffer zum aus HSV-Sicht sogar noch schmeichelhaften 3:1-Sieg der Borussen vorbereitete. Es war Borussias erster Auswärtserfolg in der Bundesliga seit acht Monaten, als man an gleicher Stelle den FC St. Pauli mit 1:0 besiegt hatte.

Auf der Jahreshauptversammlung in der überfüllten Westfalenhalle II wurde Niebaum von 1.108 BVB-Mitgliedern erwartungsgemäß wiedergewählt. Nur eine Gegenstimme rührte sich bei Grünkohl und Freibier gegen den Präsidenten, zwei Mitglieder enthielten sich. Auch „Vize" Ernst G. Breer und Schatzmeister Freundlieb wurden mit jeweils nur einer Enthaltung eindrucksvoll bestätigt. Letzterer durfte einen neuen Rekordumsatz verkünden:

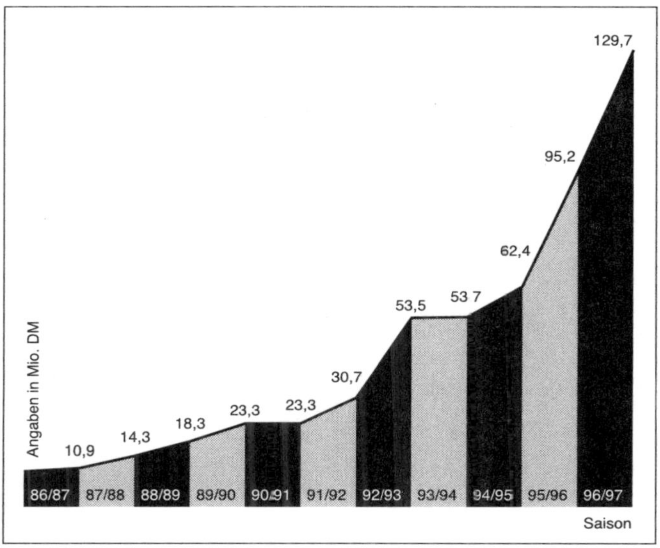

Umsatzentwicklung des BVB.

129,7 Mio. DM gegenüber 95,2 Mio. im Vorjahr, was einer Steigerung von 35% entsprach. Die Saison 1996/97 war somit nicht nur sportlich, sondern auch wirtschaftlich die beste in der zu diesem Zeitpunkt 88jährigen Vereinsgeschichte. Freundlieb: „Wir stehen noch nicht am Ende der Umsatz- und Gewinnentwicklung." Beim Merchandising verbuchte der BVB mehr als eine Verdoppelung seines Umsatzes (von 23 auf 52 Mio. DM). Hauptverantwortlich für die enorme Umsatzsteigerung waren jedoch die Einnahmen aus der Champions League, die auf ca. 32 Mio. DM beziffert wurden. Zu den Gesamteinnahmen trugen die Spielerträge 39%, das Merchandising 40% und die Erlöse aus Fernsehen und Hörfunk 11% bei. Peter Schütze in den *Ruhr-Nachrichten:* „Der Verein hat sich, wie die bei der Mitgliederversammlung vorgelegten Zahlen dokumentieren, in der Finanzierung ehrgeiziger Pläne und Programme von den Fernsehhonoraren als maßgebliche Quelle befreit."

In der Champions League hieß der nächste Gegner Galatasaray Istanbul. Der BVB konnte an seine gute Vorstellung von Hamburg nahtlos anknüpfen und siegte mit 4:1. Der BVB bewies, daß er punktuell noch immer zu Glanzleistungen in der Lage war – sofern er auf sein Stammpersonal zurückgreifen konnte und dieses motiviert war. Der Schwarzmarkt, der einst um das Westfalenstadion wie um keine andere Bundesligaarena florierte, hatte erneut einen schweren Stand. Wie schon gegen Parma, war auch diese Begegnung nicht ausverkauft. Da Parma gegen Slavia Prag über ein 2:2 nicht hinauskam, durfte der BVB bereits vor dem letzten Gruppenspiel den Gruppensieg feiern. Die letzte Begegnung in Prag war nur noch eine Formsache: Der BVB gewann in der „goldenen Stadt" mit 3:0. Mit 15 Punkten und einem Torverhältnis von „plus elf" wiesen die Borussen nach den sechs Vorrunden-Begegnungen die beste sportliche Bilanz aller Champions-League-Teilnehmer auf. Für den BVB war dies bereits der sechste Einzug in ein europäisches Viertelfinale in Folge.

Das Weltpokalfinale, für das sich der BVB durch den Gewinn des europäischen Landesmeisterwettbewerbs qualifiziert hatte, war für den 2. Dezember in Tokio angesetzt worden. Gegner war der brasilianische Südamerikameister Cruzeiro Belo Horizonte. Borussia Dortmund war erst der vierte deutsche Klub, der ein Weltpokalfinale bestreiten durfte. 1976 hatte Bayern München ebenfalls gegen Belo Horizonte antreten müssen. Damals wurde der World Champion noch in zwei Spielen ermittelt. Nach einem 2:0 in München und einem torlosen Remis in Brasilien durfte sich der FC Bayern als erster und bis zum Dezember 1997 auch einziger deutscher Klub Weltpokalsieger nennen. Die folgenden beiden deutschen Anläufe blieben nämlich erfolglos: Borussia Mönchengladbach zog 1977 gegen Boca Junios Buenos Aires den Kürzeren, der Hamburger SV 1983 gegen Gremion Porto Alegre (ebenfalls Brasilien).

15mal war der Pokal nach Europa gegangen, 20mal auf den südamerikanischen Subkontinent.

Weltpokal: „Ein Kolben von Toyota"

Der Wettbewerb litt stets darunter, daß ihm in Südamerika eine erheblich größere Bedeutung beigemessen wurde als in Europa. So verkündete Horizonte-Star Bebeto, der – wie zwei weitere Spieler – eigens für das Weltpokalfinale verpflichtet worden war: „Für mich ist der Weltpokal so wichtig wie der WM-Titel." Wäre es hingegen nach Borussen-Manager Meier gegangen, hätte das 36. Kräftemessen zwischen dem Europa- und Südamerikameister überhaupt nicht stattgefunden. Im Vorfeld der 90 Minuten in Tokio stimmte aus Borussen-Sicht rein gar nichts. Während sich Belo Horizonte zwei Wochen lang ungestört auf das globale Show down vorbereiten konnte, traf der BVB erst drei Tage vor dem Anpfiff am Spielort ein. Nach einer 20stündigen Reise erwartete die Mannschaft in der japanischen Hauptstadt ein heilloses Chaos. Das den Borussen zugeteilte Trainingsgelände war zehn Kilometer vom Hotel entfernt. Angesichts der chaotischen Verkehrssituation in der japanischen Metropole benötigte die durch Champions League, Anreise und Zeitumstellung ohnehin schon arg strapazierte Mannschaft für Hin-und Rückweg fast drei Stunden. Meier sprach von „Wettbewerbsverzerrung". Nur die Drohung der mitveranstaltenden UEFA, den BVB notfalls für einen kommenden europäischen Wettbewerb zu sperren, bewegte den Manager zum Einlenken.

Auch unter finanziellen Gesichtspunkten war die Expedition für den Manager uninteressant: Meier rechnete mit einer Einnahme von maximal einer knappen Million Mark. In Deutschland, wandte der Manager ein, ließe sich das Endspiel „viel günstiger vermarkten". Der vom Sponsor Toyota vorgegebene Austragungsort Tokio habe eine finanzielle Konstellation entstehen lassen, „die der Bedeutung des Wettbewerbs nicht angemessen ist". Scala sprach mit Blick auf die kurze Vorbereitungszeit von einer „Katastrophe", erinnerte aber seine Spieler zugleich daran, daß dies „ein ganz wichtiger Wettbewerb" sei. „So etwas gibt es nur einmal in der Karriere." Sousa und Cesar bezeichneten das Finale unisono als „Spiel des Jahres". Andreas Möller kündigte ungebremsten Einsatz an: „Ich fliege doch nicht um die halbe Welt, nur um einen Ausflug zu machen. Es geht immerhin um die allerhöchste Trophäe für Vereins-Teams."

Der Anpfiff des Finales erfolgte am 2. Dezember 1997 um 11.00 Uhr MEZ. Wer es sich zu dieser Stunde leisten konnte, der Live-Übertragung der ARD beizuwohnen, sah wie die 46.993 Zuschauer im ausverkauften Stadion ein Klassespiel. Horizonte begann gegen eine zunächst orientierungslos wirkende Dortmunder Mannschaft furios. Zwischen der 2. und 12. Minute mußte Stefan Klos sein gesamtes Können aufbieten, um einen frühen Rück-

stand zu verhindern. Nach etwa einer Viertelstunde kamen die Borussen besser ins Spiel, vor allem dank Paulo Sousa, der im Mittelfeld unermüdlich rakkerte und klug Regie führte. Als „Oldtimer“ Zorc, der erst kurzfristig für Kirovski in die Mannschaft gekommen war, in der 35. Minute nach glänzender Vorarbeit von Möller und Chapuisat das 1:0 erzielte, war die Führung vollauf verdient. Der BVB hatte das Spiel mittlerweile völlig unter seiner Kontrolle, imponierte durch kluge Taktik, Ballsicherheit, hohe Disziplin, aber auch Spielfreude. Nach dem Wiederanpfiff bot sich zunächst das gleiche Bild wie zu Beginn der Partie. Erst mußte Sousa vor dem einschußbereiten Palacios retten, dann parierte Klos einen Kopfball seines Kapitäns Stefan Reuter. Doch die letzte halbe Stunde gehörte erneut den Schwarz-Gelben, zumal nachdem Vitor in der 67. Minute die gelb-rote Karte erhalten hatte. Die endgültige Entscheidung fiel in der 85. Minute, als Herrlich einen von Sousa vor das Tor gedroschenen Ball zum 2:0 ins Netz spitzelte. Der neue Weltpokalsieger spielte mit folgender Aufstellung:
▶ Klos – Feiersinger, Reuter, Cesar – Freund, Sousa, Zorc (80. Kirovski), Heinrich – Möller – Herrlich, Chapuisat (75. Decheiver).

In einem starken Dortmunder Team wußten vor allem Klos, Cesar (an diesem Abend der beste Brasilianer auf dem Platz), Sousa und Andreas Möller zu überzeugen. Möller wurde anschließend zum besten Spieler des Finales gekürt und durfte fortan Toyota fahren. Neben dem offiziellen Weltpokal erhielt der BVB noch ein Ersatzteil für Möllers neues Gefährt – eine Trophäe des Sponsors, deren Häßlichkeit Manager Meier zu der Bemerkung veranlaßte: „Sieht aus wie ein Kolben von Toyota.“ Die Siegprämie stiftete die Mannschaft später der Kinderkrebsstation der Städtischen Kliniken in Dortmund.

Präsident Niebaum stufte den Sieg von Tokio noch höher ein „als den Gewinn der Champions League“. Der BVB könne nun „zu Recht behaupten, die erfolgreichste Mannschaft der neunziger Jahre“ zu sein. „Das unterstreicht dieser Triumph. Es war nur ein Spiel, aber es bestätigt den Champions-League-Sieg. Auch die Art und Weise hat gezeigt, daß die Mannschaft die Champions League zu Recht gewonnen hat und kein Zufallssieger war.“ In der *FAZ* stand anschließend unter der Überschrift „Mannschaft von Welt“ zu lesen: „Auf dem Dortmunder Familienbild fern aus Japan wurde sichtbar, daß dieser Klub auch in Zukunft stark genug sein dürfte, national wie international an der Spitze zu bleiben. Unkenrufe, die Borussia habe ihre große Zeit schon hinter sich, sind vorerst verstummt.“

In den Katakomben des Westfalenstadions hatten ca. 10.000 die Live-Übertragung verfolgt. Gut 90 Prozent von ihnen waren Schüler, die erlaubter- oder unerlaubterweise die Schule geschwänzt hatten. Wo kein schulfrei erteilt wurde, zeigten sich Lehrer, Eltern und Schüler einfallsreich. So deutete eine Lehrerin der Geschwister-Scholl-Gesamtschule ihren Schülern an: „Ich kann euch gar nicht alle nachzählen." Am Max-Planck-Gymnasium legten die Schüler mit ihren Radios den Unterricht lahm.

Vor dem Beginn der Bundesliga-Rückrunde gab der BVB die Verpflichtung des ehemaligen Frankfurter Nationalspielers Manfred Binz bekannt. Ein Beitrag zur Verjüngung des Teams war die Rückkehr des 32jährigen in die Bundesliga nicht gerade, aber angesichts des „hohen Alters" und der Verletzungsanfälligkeit anderer Defensivakteure wollte der BVB gewappnet sein. Trotz der fünf Pflichtspielsiege in Folge fühlte sich Niebaum vor dem Rückrundenstart zu einer Warnung bemüßigt, mit der er recht behalten sollte: „Das Eis, auf dem wir uns bewegen, ist noch sehr dünn." Die insgeheim gehegte Hoffnung, aus den bis zur Winterpause verbleibenden drei Bundesligaspielen ein Optimum von neun Punkten zu holen, erfüllte sich nicht. Nach einer 2:4-Niederlage gegen den 1. FC Köln und einem 3:0-Heimsieg gegen Hertha BSC stand ausgerechnet am 88. Jahrestag der Borussia-Gründung Schalke 04 ins Haus. Die Zuschauer im natürlich ausverkauften Westfalenstadion sahen ein rasantes Revierderby (109. Auflage), das allerdings auch voller Nickeligkeiten war. Zur Halbzeit lag der BVB durch ein Freistoßtor von But mit 1:0 in Führung. Eine Viertelstunde vor Schluß gelang den Gästen zwar der Ausgleich, dem jedoch nur drei Minuten später der erneute Führungstreffer der Dortmunder folgte. Andreas Möller hatte bereits einige sehenswerte Freistoßtore für die Borussia erzielt, aber dieser Drehstoß aus halblinker Position in den oberen Winkel des langen Torecks war schlicht Weltklasse.

Daß aus einer ausgelassenen Geburtstags- und Weihnachtsparty dann doch nichts wurde, war einer folgenreichen Fehlentscheidung des Schiedsrichterassistenten Margenberg geschuldet. Als der Schalker Wilmots in der Nachspielzeit den Ball ins Toraus statt vor das Tor drosch, entschied Margenberg auf Eckstoß. Für die BVB-Spieler war dies eine Konzessionsentscheidung an die hinter dem Dortmunder Gehäuse randalierenden Schalke-Fans. Der Eckstoß mündete in ein Kopfballtor von Jens Lehmann, dem ersten Feldtor eines Torhüters in 35 Jahren Bundesligageschichte, das den 2:2-Endstand bedeutete. Andreas Möller: „Wir sind betrogen worden." Es sprach für die BVB-Führung, daß man die Tatsachenentscheidung akzeptierte.

Kurz vor dem Ende der Winterpause verließ Paulo Sousa den BVB und schloß sich Inter Mailand an. Angesichts einer Ablösesumme von 15 Mio. DM und der Probleme der Mannschaft mit dem Portugiesen mochte die kaufmännische Leitung nicht nein sagen. Das Kompetenzgerangel zwischen Möller und Sousa war damit zwar beendet, aber nachdem die Borussen bereits durch Riedles Wechsel an Torgefährlichkeit und Lamberts Heimkehr an Kampfkraft verloren hatten, verringerte sich nun auch noch ihre spielerische Substanz. Mit Sousa ging ein genialer Ideen- und Paßgeber, und der von Konkurrenz befreite Möller machte in den folgenden Wochen und Monaten nur selten Anstalten, den Portugiesen zu ersetzen.

Tauziehen um Torhüter Klos

Derweil kündigte ein weiterer Leistungsträger seinen Abschied an: Mit Stefan Klos traf es keinen auf der Durchreise befindlichen Legionär, sondern ein Dortmunder Eigengewächs, das immerhin seit bereits zehn Jahren das Borussen-Trikot trug. Klos hatte wiederholt das Gefühl gehabt, daß die Vereinsführung nicht hundertprozentig hinter ihm stand, sondern nach Alternativen Ausschau hielt. Klos gab sich fest entschlossen. Der Keeper behauptete, bereits einen neuen Arbeitgeber zu haben, dessen Namen er jedoch nicht nennen wollte. Später wurde bekannt, daß es sich dabei um Glasgow Rangers handelte. Manager Meier legte Klos einen Blanko-Vertrag vor, in dem der Spieler Gehalt und Laufzeit – entsprechend den Zahlen bei seinem neuen Arbeitgeber – selbst eintragen konnte. Doch Klos lehnte ab. Der BVB zog den Paragraphen 11, der Klos' Vertrag automatisch um ein Jahr verlängerte und bei einem Wechsel dem Klub zumindest eine Ablösesumme eingebracht hätte. Der Keeper reagierte mit dem Gang vor das Arbeitsgericht. Am Ende wurde er dazu verdonnert, ein weiteres Jahr beim BVB zu bleiben.

Der Auftakt nach der Winterpause ging in die Hose. Nach einem 1:2 im Bochumer Ruhrstadion sowie einem mageren 2:2 im Heimspiel gegen Werder Bremen bezichtigte Scala seine Mannschaft eines „arroganten" Auftretens. Es war das erste Mal, daß der Trainer seine Mannschaft in dieser Form öffentlich rügte. Bis dahin hatte er sie selbst nach schlechtesten Darbietungen bis zur Selbstverleugnung verteidigt.

Im Viertelfinale der Champions League kam es im März zum innerdeutschen Duell mit dem FC Bayern. Im Hinspiel erreichte der BVB im Olympiastadion ein überaus glückliches 0:0. Die Borussen blieben gleich in München, denn nur drei Tage später mußte man sich an gleicher Stelle in der Bundesliga mit dem anderen Münchener Verein messen. Der BVB bot seine schlechteste Saisonleistung. Bereits nach 25 Minuten führte der TSV 1860 mit 4:0. Daß es am Ende „nur" 4:2 hieß, war keinem Dortmunder Aufbäumen geschuldet, sondern lediglich Münchener Nachlässigkeit. Der *Kicker* erteilte gleich acht Dortmunder Akteuren die Noten fünf oder sechs. Als Knut Reinhardt anschließend gegenüber der Presse kundtat, man habe große Probleme gehabt, sich nach dem Champions-League-Spiel neu zu motivieren, bekam er den Zorn des Managers zu spüren, der in dieser Stunde wohl stellvertretend für die schwarz-gelbe Fangemeinde sprach: „So etwas bringt mich auf die Palme. Wenn ein Arbeiter im Ruhrpott morgens um sechs Uhr antreten muß, wird er

Trostlos: Andreas Möller nach dem 1:2 im Bochumer Ruhrstadion.

auch nicht nach seiner Motivation gefragt.“ Die katastrophale Darbietung und Reinhardts noch katastrophaleres Statement offenbarten, wie sehr sich das Selbstverständnis des Teams von dem seiner Fans und der Bevölkerung der Region entfremdet hatte und wie dringlich seine Erneuerung war.

Borussia Dortmunds tatsächlicher internationaler Status offenbarte sich wenige Tage später beim Rückspiel im europäischen Supercup gegen den FC Barcelona. Das Hinspiel hatten die Borussen mit 0:2 verloren. Auch im Rückspiel verzichtete man auf gelbbelastete Akteure wie Möller und Cesar, um nicht deren Einsatz in der sportlich, vor allem aber finanziell bedeutenderen Champions League zu gefährden. Andere wurden als angeschlagen gemeldet. Angekündigt hatten die Borussen-Verantwortlichen allerdings „Vollgas“ und „Bestbesetzung“. Vielleicht fürchteten sie eine halbleere Arena und wollten das Fernsehen nicht verprellen. Auch so war das Westfalenstadion mit 32.500 Zuschauern „nur“ zu zwei Dritteln gefüllt, ein ungewohntes Bild. Angesichts der Situation von Klub und Mannschaft war eigentlich „Fußball pur“ angesagt, aber statt dessen zelebrierte der BVB vor dem Anpfiff eine martialische Flaggenparade und überflüssige Lightshow. Co-Kommentator Karl-Heinz Feldkamp wähnte sich in einem Nachtklub und nicht in Deutschlands stimmungsvollster Fußballarena. Zur peinlichen Flaggenparade durfte die Südtribüne ein überdimensionales Trikot mit dem Logo des Sponsors anbeten.

Inszenierte Show im Dienste des Kommerzes statt spontaner und authentischer Kreativität.

In der ersten Halbzeit wurde der zweite Anzug der Borussia von den Katalanen regelrecht vorgeführt. Ohne Spieler wie Möller und Cesar erwies sich die Mannschaft als hilflos und international nur noch zweitklassig, katalanische Ballkünstler trafen auf westfälische Papiertiger. Die Südtribüne reagierte mit Gesängen wie „Wir zahlen Eintritt, keiner weiß warum" und Rufen nach dem Kämpfer Kutowski. Einzig der bemitleidenswerte Nevio Scala und Stefan Klos („Außer Stefan – könnt ihr alle gehen") wurden gefeiert. Monatelang hatte die Südtribüne den Borussen trotz schwacher Vorstellungen die Stange gehalten, doch nun ließen sie dem Frust und der Enttäuschung freien Lauf. Erstmals seit langer Zeit herrschte im Westfalenstadion wieder das Gefühl, Lug und Trug aufgesessen zu sein. Der Seelenpakt zwischen Fans und Spielern befand sich in Auflösung. Aber der BVB war in diesen Tagen nicht der einzige Verein, bei dem das Verhältnis hochdotierter Stars zur treuen Kundschaft arg gestört war.

„Außer Stefan könnt ihr alle gehen"

Daß es zur Halbzeit nur 1:0 für die Gäste stand, hatte man vor allem dem überragenden Stefan Klos zu verdanken. In der zweiten Halbzeit zeigte sich der BVB etwas verbessert und erreichte immerhin noch ein glückliches 1:1, das auf der Südtribüne einen kleinen Stimmungsumschwung bewirkte. Die Spieler demonstrierten anschließend Verständnis für das kritische Verhalten der Fans – und sie waren damit bestens beraten.

Mit Spannung wurde das Bundesligaspiel gegen Arminia Bielefeld erwartet. Bereits vor dem Anpfiff skandierte die Südtribüne „Wir wollen euch kämpfen sehen". Die Borussen behielten zwar mit 3:2 die Oberhand, spielten aber schwach und nervös. Das Spiel hätte beinahe noch mit einem Debakel geendet. In der 88. Minute, die Borussen führten klar, aber unverdient mit 3:0, gelang den Arminen der Anschlußtreffer. Zwei Minuten später klingelte es erneut im Borussen-Tor. Nur eine Glanzparade von Klos verhinderte in der Nachspielzeit den Ausgleich. Wie schon so häufig in dieser Saison, präsentierten sich die Borussen in den Schlußminuten völlig unkonzentriert.

Als die Borussen zum Rückspiel in der Champions League den FC Bayern empfingen, sprachen für ein Weiterkommen eigentlich nur zweierlei: daß die Borussen sich auf europäischer Bühne regelmäßig steigern konnten, und daß auch die Gegner aus München reichlich Probleme hatten.

Es wurde auch in diesem Jahr nichts aus des Kaisers Traum von der europäischen Krone. Wie schon so häufig in der jüngeren Vergangenheit, wenn Bayern und Borussen aufeinandertrafen, ähnelte die Begegnung über weite Strecken einem Schachspiel. Trotzdem wurden die 48.000 im ausverkauften

Der BVB vor dem Rückspiel gegen den FC Bayern. Hintere Reihe von links: Chapuisat, Cesar, Decheiver, Heinrich, Kohler, Reuter. Vorn: But, Freund, Klos, Möller, Feiersinger.

Westfalenstadion Zeugen einer nicht nur spannenden, sondern auch ansehnlichen Begegnung. Die Borussen zeigten sich gegenüber den letzten Spielen stark verbessert. Nach 90 Minuten war auch im Westfalenstadion immer noch kein Tor gefallen, so daß das Spiel in die Verlängerung mußte. In der 109. Minute stürzte Chapuisat, in der Bundesliga mit 14 Treffern Borussias erfolgreichster Torschütze dieser Saison, die Bayern in eine abgrundtiefe Krise. Eine Kopfballvorlage von Zorc hämmerte der Schweizer für Oliver Kahn unhaltbar ins lange Eck. Die frenetisch bejubelte 1:0-Führung – die Südtribüne präsentierte sich an diesem Tag in bester Verfassung – war zugleich auch der Endstand.

Der BVB kickt die Bayern aus der League

Im Halbfinale wurde das Ende der Fahnenstange dann allerdings endgültig erreicht. Der Gegner hieß Real Madrid, und das erste Spiel fand in der spanischen Hauptstadt statt. Der Anpfiff durch Schiedsrichter Mario van der Ende erfolgte mit 75minütiger Verspätung, da die Vorfreude der spanischen Fans zunächst ein Tor zusammenbrechen ließ. Ein Vorfall, der anschließend als „Torheit des Jahres" firmierte. Der BVB mußte auf Möller, Kohler, Heinrich und Feiersinger verzichten. Die schwarz-gelbe „Notgemeinschaft" schlug sich recht ordentlich, konnte aber eine 0:2-Niederlage nicht verhindern. Anfänglicher Protest gegen das Spiel wurde nicht weiterverfolgt, da, so Manager Meier, die Anordnung des Schiedsrichters, die Partie doch noch anzupfeifen, dem Grundsatz „nicht umkehrbarer Tatsachenentscheidungen“ entspräche und somit aussichtslos sei. Meier weiter: „Die Entscheidung noch anzupfeifen, wäre in Dortmund wohl nicht gefällt worden“, womit der Manager auf den ungleich größeren Einfluß der Madrilenen bei den UEFA-Mächtigen anspielte.

Im Rückspiel zeigte der BVB zwar eine engagierte Vorstellung, kam jedoch über ein 0:0 nicht hinaus, womit die Zugehörigkeit zur Champions League und eine stolze Europapokalära zunächst beendet waren. Niebaum konstatierte anschließend eine gewisse „Europapokalmüdigkeit“ bei Spielern und Fans. Auch Andreas Möller sprach davon, daß „der Europapokal zu sehr zum Alltag geworden“ sei, weshalb ein Jahr des Verschnaufens möglicherweise gar nicht so schlecht wäre. Tatsächlich hatten die europäischen Begegnungen aufgrund ihrer Häufigkeit erheblich an Flair verloren. Schuld daran war nicht zuletzt der Modus der Champions League. Obwohl der BVB das Finale nicht erreichte, blieben mit 31 Mio. DM nur ca. 1,3 Mio. DM weniger in der Vereinskasse als im Vorjahr. Insgesamt wurden die Europapokaleinnahmen der Borussen seit 1992 auf 129 Mio. DM beziffert.

Am 12. April 1998 (Ostersonntag) ging nach 2.478 Tagen die Ära Hitzfeld abrupt und endgültig zu Ende. Hitzfelds Rückkehr ins Trainergeschäft war bereits seit längerem beschlossene Sache gewesen. Entsprechend hatte man seinen Vertrag im Januar um ein Jahr verkürzt. Schon Ende März hatte sich Hitzfeld mit dem FC Bayern geeinigt. Sein tadelloses Image erhielt erhebliche Kratzer. Nicht nur, weil er die BVB-Verantwortlichen zunächst im Dunkeln gelassen hatte, sondern auch, weil der FC Bayern zu diesem Zeitpunkt noch offiziell mit dem Kollegen Trapattoni die folgende Saison plante. Der Sportdirektor wurde umgehend von allen Verpflichtungen entbunden. Manager Meier: „Wir wollen keinen Fall Lopez im Sport haben, deshalb wollen wir die Geschichte sauber beenden.“ Die Trennung erfolgte einvernehmlich. Meier: „Ottmar hat das Gespräch gesucht und gesagt, es könnte problematisch werden, wenn er noch für uns und schon für die Bayern tätig sei.“ Das Experiment mit dem ehemaligen Trainer als Sportlichen Direktor war von vorneherein zum Scheitern verurteilt. Hitzfelds Tätigkeit war intern nie unumstritten gewesen. Aufwand und Ertrag standen in keinem Verhältnis zueinander, was Hitzfeld allerdings nicht anzulasten war. Letztlich gab es für eine derartig hochdotierte Stelle zu wenig Arbeit.

Wenig später durfte der BVB auch seine Hoffnungen auf eine UEFA-Cup-Teilnahme endgültig begraben: Am 31. Spieltag unterlag man daheim gegen die akut abstiegsgefährdeten Gladbacher mit 1:2. Erst am 32. Spieltag – für den BVB war es allerdings erst das 31. Spiel – konnte der BVB durch einen 4:1-Sieg beim VfL Wolfsburg endgültig die Klasse sichern. Ein erleichterter Nevio Scala: „Endlich sind wir raus aus der Hölle."

Als der BVB am 33. Spieltag sein letztes Heimspiel absolvierte, gab ein Urgestein seinen Abschied: Beim 0:1 gegen den Hamburger SV trug Michael Zorc, seit 20 Jahren im Verein, ein letztes Mal das BVB-Trikot. 461 Bundesligaspiele (131 Tore) waren für den Publikumsliebling aus dem Dortmunder Norden genug. Die Mitspieler trugen Zorc auf den Schultern zur Ehrenrunde, die Fans verabschiedeten „Susi" mit Standing Ovations. Auch Ottmar Hitzfeld und Michael Henke wurden an diesem Tag verabschiedet – mit süß-sauren Mienen der Vorstandsherren und in frostiger Atmosphäre. Eigentlich war diese öffentliche Verabschiedung gar nicht vorgesehen. Der Wechsel des ehemaligen Kampfgefährten zum Münchener Rivalen hatte insbesondere beim Präsidenten tiefe Spuren hinterlassen. Da für Hitzfeld keine Blumen vorhanden waren, kam Zorcs Gebinde gleich zweimal zum Einsatz – auf Kosten eines Rollstuhlfahrers, dem Dortmunds Rekordspieler die Blumen geschenkt hatte. Die Fans verabschiedeten den erfolgreichsten Trainer der Vereinsgeschichte mit „Ottmar Hitzfeld, der beste Mann der Welt" sowie einem konkreten Arbeitsauftrag: „Zieht den Bayern die Lederhose aus." Den 34. und letzten Spieltag verbrachten die Dortmunder im Münchener Olympiastadion, dort, wo sie nur ein Jahr zuvor den größten Triumph ihrer Vereinsgeschichte gefeiert hatten. Die Bayern siegten souverän mit 4:0.

Süß-saure Mienen bei Hitzfelds Abschied

In der Abschlußtabelle endete die Borussia nur auf Rang 10, die schlechteste Plazierung seit der Saison 1990/91. Erstmals seit der Saison 1987/88 wurden mehr Spiele verloren (13) als gewonnen (11). Selbst das Westfalenstadion war bei fünf Heimniederlagen keine Bastion mehr. Nur fünf Punkte trennten die Borussen von einem Abstiegsplatz, hingegen 25 vom Sensationsmeister Kaiserslautern. Niebaum: „Wenn sich bei uns nichts ändert, ist der Fünf-Punkte-Puffer nach unten in der nächsten Saison schnell verbraucht." Erstmals seit sechs Jahren verpaßte der Klub die Qualifikation für einen europäischen Wettbewerb. Als einzige positive Höhepunkte waren das Weltpokalfinale und der Sieg über den FC Bayern in der Champions League zu vermerken.

Die Mannschaft wirkte häufig geradezu tot. Zwar hatte sich in Dortmund über die Jahre so viel Substanz und Erfahrung versammelt, daß trotzdem der Klassenerhalt, der Einzug ins Halbfinale des Europapokals und der Gewinn des Weltpokals gelang. Doch in der Bundesliga war die Borussia der Saison

1997/98 eine Mannschaft ohne Identität. Niebaum geißelte nicht nur die zahlreichen Niederlagen, sondern auch die Art und Weise, „wie Spiele zu Ende geschaukelt wurden". Der Präsident: „Wir können nicht in technokratischen Fußball verfallen und in solch unterkühlter Weise auftreten", was wohl als Kritik am mangelhaften Engagement der Spieler, aber auch der Taktik des Trainers zu verstehen war. Daß nicht weniger als 31 (!) Spieler für den BVB zum Einsatz kamen, war Ausdruck eines personellen Chaos. Niebaum: „Die Kluft zwischen alt und jung war einfach zu groß, wir werden sie durch gezielte Neueinkäufe verringern." Die „mittlere Generation" der überdurchschnittlichen Bundesligaspieler war an dem Verein fast völlig vorbeigegangen. Zwischen den Timms und Gambos einerseits und den Kohlers und Krees andererseits klaffte eine riesige Lücke. Am Ende mußte auch Nevio Scala gehen. Der Italiener war unter völlig falschen Voraussetzungen nach Dortmund gekommen. Der Glaube, zur besten Mannschaft Europas zu kommen, hatte sich als Irrglaube erwiesen.

Auch die Assistenten Michael Henke und Toni Schumacher sagten Lebwohl. Ihr Abgang bedeutete das endgültige Ende einer Ära, auf der Trainerbank der Borussia herrschte nun die große Leere. Aber auch die Spieler blieben nicht verschont. Nach dem letzten Spieltag mußte sich namentlich Andreas Möller von Manager Michael Meier harte, aber berechtigte Kritik gefallen lassen. „Möller hat mit zu verantworten, daß wir da sind, wo wir heute stehen. Wir haben einen Kader von Nationalspielern und Großverdienern und müssen uns mit einem Aufsteiger wie VfL Wolfsburg messen." Der Manager wünschte sich Kämpfernaturen wie Paul Lambert und ein neues Leistungsklima herbei. Jürgen Kohler zur Einstellung der Mannschaft in der Saison 1997/98: „Es waren doch immer nur dieselben vier, fünf Spieler, die sich den Hintern aufgerissen haben."

Nach nur einem Jahr beim BVB war für Nevio Scala die Uhr abgelaufen.

Im Gelsenkirchener Parkstadion feierte man währenddessen frenetisch den neuerlichen Einzug in den UEFA-Cup. Die Arena skandierte „Wir sind besser als der BVB", was leider zutraf. Denn erstmals seit der Saison 1985/86 lag Schalke wieder vor Dortmund.

In wirtschaftlicher Hinsicht verbuchte der BVB indes die erfolgreichste Saison seiner Vereinsgeschichte: 31 Millionen DM sprudelten aus der Champions-League-Quelle, über 50 Millionen spülten die Transfers von Riedle, Sousa, Lambert, später auch noch Heinrich und einiger anderer in die Vereinskasse. Einschließlich der Champions League passierten knapp 1,6 Mio. Zuschauer die Stadiontore. In der Bundesliga registrierte die Borussia einen Zuschauerschnitt von 52.274, was angesichts ihres schwachen Abschneidens geradezu traumhaft anmutete. Es war der höchste Zuschauerschnitt in der Geschichte des Vereins, der allerdings zwei, drei Jahre zuvor noch übertroffen worden wäre, hätte man seinerzeit über eine größere Stadionkapazität verfügt. Nur der FC Bayern (54.160) und Hertha BSC (53.416) lagen mit ihren olympischen Arenen vor dem BVB. Der *Kicker* in seinem Saisonresümee: „Finanziell gehört Borussia Dortmund weiter zur Spitzengruppe in Deutschland, sportlich jedoch ins Armenhaus."

Die Gründe für Borussias sportlichen Einbruch lagen möglicherweise auch im außersportlichen Bereich. Der „permanente" Ausbau des Stadions wie der gesamten Infrastruktur verschlang finanzielle und personelle Ressourcen und kostete ein hohes Maß an Aufmerksamkeit. Der sportliche Bereich mußte hierunter zwangsläufig leiden. Der 1. FC Kaiserslautern war in einer ähnlichen Situation 1996 sogar abgestiegen.

Sommerbaustelle, Teil II

Meisterschaften durfte der BVB aber auch in dieser Saison feiern. Die von Michael Skibbe trainierten Amateure wurden Westfalenmeister und stiegen dadurch in die Regionalliga auf. Zuvor hatte der junge ehrgeizige Trainer mit den A-Junioren der Borussen von 1995 bis 1997 dreimal die Deutsche Meisterschaft errungen. Auch 1998 dominierte der BVB den deutschen Jugendfußball. Sowohl die A- wie die B-Junioren wurden Deutscher Meister.

Nach Scalas Scheitern sah Niebaum die Gelegenheit gekommen, Michael Skibbe als Cheftrainer zu inthronisieren. Eine Notlösung, wie manche Zeitungen orakelten, war dies keineswegs. Zwar waren in den Medien zahlreiche potentielle Kandidaten gehandelt worden, aber lediglich mit Frank Pagelsdorf wurde tatsächlich gesprochen. Statt dessen wurden die Vereinsgremien von Niebaum, Meier und Michael Zorc auf Michael Skibbe eingestimmt – mit Erfolg. Zum neuen Sportdirektor wurde Michael Zorc gekürt. Der Präsident über die neue sportliche Leitungsebene des Vereins: „Diese Leute haben die Zukunft vor sich und leben nicht in der Vergangenheit. Ich verspreche mir ein

Bodenständig: Michael Skibbe.

Höchstmaß an Identifikation mit dem Verein und ein neues Wir-Gefühl." Der neue Trainer, mit gerade mal 33 Lenzen beim Start der Bundesligasaison 1998/99 der jüngste seiner Zunft, forderte die Borussen-Profis auf, „frischen Wind durch mehr Leidenschaft" einzubringen: „Die Zuschauer sollen erkennen, daß wir in Westfalen das Arbeiten nicht verlernt haben." Die bodenständigen Personalentscheidungen nach dem Motto „auf dem Weg nach morgen mit den Werten von gestern" *(Ruhr-Nachrichten)* war auch als Antwort auf die Entfremdung vieler Fans gegenüber dem seelenlosen Millionärskick der Borussen zu verstehen. Der *Spiegel* über den Neuen: „Er soll das Bindeglied eines Clubs sein, der sich in einen Konzern verwandelt – das Bindeglied zu 'Kunden' (Niebaum), für die Fußball noch Heimat und Maloche ist und mehr als die per Dauerkarte gekaufte Illusion davon. Skibbe ist im Revier einer von uns. Der Trainer war mit 21 verheiratet, wohnt in Dorsten, fährt Opel, trägt Schnäuzer und die Haare vorne so buschig, daß sie einen Schatten auf seine Augen werfen. Und wenn sein einstiger Jugendtrainer in 'ranissimo' erzählt, daß der Michael beim Schnitzelessen zuerst unter der Panade nachsehe, wieviel Fett da versteckt sei, dann kommt der ein bißchen spießig rüber."

Zugleich korrespondierte die ungewöhnliche Entscheidung mit einem neuen sportlichen Konzept, das an Ajax Amsterdam und Manchester United erinnerte. So bekam Skibbe die Koordination des gesamten sportlichen Bereichs bis zur E-Jugend aufgetragen und besaß somit mehr Kompetenzen als alle seine Vorgänger. Niebaum: „Es soll alles aus einem Guß gesteuert werden." Die *FAZ* titulierte Skibbe als „deutschen Louis van Gaal". Im Gegensatz zu seinem Vorgänger Scala galt Skibbe als Befürworter eines offensiv ausgerichteten Fußballs. Der Neue: „Wir wollen Fußball mit hohem Risiko und Einsatz spielen. Wir wollen, mehr als das im letzten Jahr gelungen ist, Begeisterung vom Rasen auf die Ränge tragen." „Temperamentvoll und leidenschaftlich" solle es wieder im Westfalenstadion zugehen.

Skibbes Co-Trainer wurde mit dem 38jährigen gebürtigen Hattinger Uwe Neuhaus (100 Bundesligaspiele für Wattenscheid 09) ein weiterer junger Mann aus der Region. Die Amateure übernahm ebenfalls ein alter Bekannter: Der in Werne a.d. Lippe aufgewachsene Theo Schneider, der 1978-82 für den BVB gekickt hatte. Kommentar der *Westfälischen Rundschau:* „Dortmund kann ein zukunftsträchtiges Projekt entwickelt haben – vorausgesetzt, das Präsidium stärkt seinem Wunsch-Trainer auch in der Auseinandersetzung mit den in der Vergangenheit verwöhnten und verhätschelten Millionen-Stars vorbehaltlos den Rücken." Der *Kicker* sprach von einem „Signal zur Zeitenwende" in Dortmund. Das Modell „Jugend forsch in Dortmund" – das Durchschnittsalter des Trios Zorc, Skibbe, Neuhaus betrug gerade mal 35 Jahre – sei gleichermaßen „modern, wie kühn und mit einem hohen Risiko behaftet".

Im Gegensatz zum Vorjahr wurde ausgiebig und kostspielig neuverpflichtet. An prominenten Abgängen hatte der BVB neben Michael Zorc und Julio Cesar, den es in die brasilianische Heimat zog, nur noch Jörg Heinrich zu verzeichnen, der für die unglaubliche Summe von 25 Mio. DM zum AC Florenz wechselte. Den Abgängen standen neun Neuzugänge gegenüber. Die prominentesten Namen waren Thomas Häßler (Karlsruher SC), Christian Nerlinger (FC Bayern), Sergej Barbarez (Hansa Rostock) und Bachirou Salou (MSV Duisburg). Letzterer war mit 9 Mio. DM auch der teuerste Transfer. Nerlinger, Barbarez, Häßler und Thomas Hengen (Karlsruher SC) kamen hingegen ablösefrei. Die restlichen Neuen waren Alfred Nijhuis (Urawa Red Diamonds, 1 Mio.), Everaldo Batista (Unia Sao Joao, 900.000), Carsten Baumann (1. FC Köln, 2 Mio.) und der Rückkehrer Scott Booth. Wenige Wochen vor dem Saisonstart stieß auch noch ein brasilianischer Rohdiamant namens Leonardo de Deus Santos – kurz: Déde – zum Kader, perspektivisch als Ersatz für Jörg Heinrich gedacht. 6 Mio. DM mußte der BVB für ihn berappen, womit die Transferausgaben des Klubs auf über 20 Mio. DM stiegen und die höchsten der Liga waren. Durch die große Zahl neuer Spieler sollte das in der Vorsaison bemängelte Fehlen personeller Alternativen behoben sowie der Konkurrenzdruck im Kader verschärft werden.

Trotz der bereits 32jährigen Häßler und Nijhuis trugen die Neuen auch zur Verjüngung des Kaders bei. Der Trainer verfügte nun über einen Kader, in dem alle Altersgruppen vertreten waren. Seine Gesamtschau ergab jedoch zuviel Masse bei zu wenig Qualität. Jupp Heynckes in einer Kolumne für den *Kicker:* „Die neu verpflichteten Spieler haben bis auf einige Ausnahmen nicht die Klasse für eine europäische Spitzenmannschaft. Letztlich wurde die personelle Umstrukturierung aus Alters- und womöglich Leistungsgründen nicht konsequent vollzogen. Juventus Turin, die erfolgreichste Vereinsmannschaft der jüngsten Vergangenheit, bietet das Vorbild für sukzessiven, aber permanenten Austausch: Verdienstvolle Spieler wie Vialli, Ravanelli oder Baggio wurden transferiert, als sie ihren Zenit überschritten hatten. Junge und siegeshungrige Leute wurden geholt. Solche unangenehmen, aber zukunftsorientierten Entscheidungen hätte die BVB-Führung nicht scheuen sollen."

Der neue Trainer und der stark aufgefrischte Kader sorgten zunächst für eine neue Aufbruchstimmung in Dortmund. Die Politik des Vorstands wurde von der Öffentlichkeit angenommen. Mit 45.000 verkauften Dauerkarten, was mehr als ein Sechstel des gesamten Saisonticketverkaufs der Liga entsprach, wurde ein neuer Bundesligarekord erzielt. Der Manager erklärte das Erreichen eines europäischen Wettbewerbs zur Pflicht. Der Präsident gab sich etwas bescheidener: „Die Formel 'Investition = Erfolg' funktioniert so einfach nicht. Mannschaft und Trainer müssen sich erst einmal zusammenfinden. Schon jetzt höhere Ziele auszurufen, würde meiner Erfahrung widersprechen. Zunächst brauchen wir eine neue Aufbruchstimmung."

Der Unsitte, den Fans pro Saison zwei neue Trikots zu präsentieren, blieb der BVB auch im Sommer 1998 treu. Diesmal allerdings mit dem Versprechen, zumindest das Heimtrikot zwei Spielzeiten zu tragen. Das neue Trikot markierte die Abkehr von Neongelb zugunsten von Goldgelb/Honiggelb im Metallic-Look. Bei einer Umfrage hatte sich der Mehrheit der Fans, bei denen das Neongelb nie besonders gelitten war, für diese Farbveränderung ausgesprochen. Dem Hersteller konnte dies nur recht sein, waren doch die Variationsmöglichkeiten mit dem Neongelb mittlerweile ziemlich ausgeschöpft.

1998/99 Open end

Der Etat des BVB für die Saison 1998/99 wurde vom *Kicker* mit 65 Mio. DM beziffert, ca. 15 Mio. DM mehr als im Vorjahr. Damit lag der BVB vor dem FC Bayern, Leverkusen und Meister Kaiserslautern. Die Etats aller Erstligisten summierte sich auf die Rekordsumme von 685 Mio. DM. 10,5 % davon entfielen auf das Dortmunder Fußballbusiness. Auch bei den Fernsehgeldern wurde ein neuer Rekord erzielt: 320 Mio. DM durfte der DFB kassieren, u.a. dank der Einführung des digitalen Fernsehens. Erstverwerter Sat.1 war mit 180 Mio. dabei, 145 Mio. kamen vom Pay-TV-Sender Premiere, der sich dafür erlaubte, pro Spieltag zwei Spiele verschlüsselt und eines im digitalen Programm zu zeigen. Premiere digital verfügte vor dem Saisonstart über lediglich 170.000 Abonnenten. Einmal mehr wurde das Spiel von einem Mediengiganten als Lokomotive benutzt.

► FORTSETZUNG S. 331

EINWURF

Die Europaliga

In der Sommerpause wurden die Fußballfans wieder einmal mit dem Alptraum Europaliga konfrontiert. In London hatten sich die Manager von 16 renommierten europäischen Fußballadressen getroffen, um „eine Revolution auszuhecken" *(Der Spiegel)*. Initiator des Geheimprojekts war der italienische Medienrechtehändler Rodolfo Hecht Lucari von der Agentur Media Partners. Lucari pflegt beste Geschäftsverbindungen zum dubiosen Silvio Berlusconi, dem aufgrund krimineller Machenschaften wiederholt verurteilten, mit der Mafia kooperierenden und politisch rechts angesiedelten Boss des AC Milan. Zum Mitmachen wurden folgende Vereine eingeladen: Inter Mailand, AC Mailand, Juventus Turin, Real Madrid, Atletico Madrid, FC Barcelona, Paris St. Germain, AS Monaco, Arsenal London, Manchester United, Ajax Amsterdam, PSV Eindhoven, Benfica Lissabon, Glasgow Rangers, Bayern München und der BVB.

Diese Topadressen sollen „auf immer und ewig" den Kern einer europäischen Superliga bilden. Insgesamt 32 europäische Vereine sollten in zwei Gruppen ab dem Jahr 2000 den Ligabetrieb aufnehmen. Jedem potentiellen Teilnehmer wurden 100 Millionen DM jährlich garantiert, fast viermal so viel, wie der Champions-League-Sieger 1998 einstreichen durfte.

Den mit der Aufteilung der Champions-League-Gelder unzufriedenen europäischen Top-Adressen kam der private Vorstoß höchst gelegen. Beim Wettbewerb 1998 waren an die Teilnehmer etwas über 260 Mio. DM ausgeschüttet worden, was „nur" 55 % der Gesamteinnahmen entsprochen hatte. Der Rest wurde unter die 51 Mitgliedsverbände der UEFA verteilt, für Fortbildungsarbeiten einbehalten oder wanderte in die Kasse der Schweizer Agentur Team, die die gesamte Champions League abwickelte.

Mit Sport hatten die neuen Pläne nur mittelbar zu tun. Vielmehr ging es um die Eroberung von Fernsehmärkten und die Installierung eines gigantischen Geldvermehrungsmodells. Ein Trend zur Bildung „geschlossener Gesellschaften" existiert im Fußball bereits, seitdem in diesen Sport Geld investiert wird. Schon bei der Etablierung der 1888 gegründeten englischen League ging es nicht zuletzt um Investitionssicherheit. Bis dahin gab es nur Pokalwettbewerbe und Freundschaftsspiele, die keine sichere finanzielle Basis gewährleisteten. Die (partielle) Abkehr von der europäischen Fußballphilosophie der (unvorhersehbaren) Auf- und Abstiege, die über ein Jahrhundert lang ein wesentliches Element der Faszination des Spiels ausmachten, zugunsten einer lizensierten Liga nach dem Vorbild des US-Sports ist eine logische Folge der Umwandlung von Fußballvereinen zu Unternehmen der Unterhaltungsindustrie und Kapitalgesellschaften. Garantiertes Spielrecht in Europa soll das Vermögen der Auserwählten zum Wohle der Dividende vermehren und für Investitionssicherheit sorgen.

Auch der BVB ist mittlerweile zu einem Unternehmen mutiert. Wie sehr unternehmerisches Kalkül seine Vereinspolitik bestimmte, wurde aus den Äußerungen der Verantwortlichen zum Thema Europaliga ersichtlich. Niebaum sprach davon, daß „unsere Führungsrolle nichts mit der aktuellen Plazierung in der Bundesliga zu tun hat“. Als Präsident müsse er in „diesem Unternehmen der Freizeitindustrie“ ja auch über Investitionen entscheiden, „die den Verein über Jahre binden“. Vereine, die „zu großen Investitionen gezwungen (sic!)“ seien, wünschten sich nun mal „längere und sichere Planungs-Zeiträume. Das sind die wirklichen Interessenslagen, denen sich die UEFA über kurz oder lang beugen muß. Die Europaliga wird nicht aufzuhalten sein.“ Allerdings plädierte Niebaum dafür, daß sich die gesetzten Vereine „etwa in einem Fünf-Jahres-Rhythmus über Erfolge in den nationalen Ligen für die Europaliga qualifizieren müssen. Das wäre eine Aufwertung der nationalen Liga.“

Ansonsten zog es der BVB – wie schon so häufig bei heiklen Fragen – vor, im Windschatten des FC Bayern zu segeln, dessen „Abteilung Attacke“ zum Frontalangriff gegen den DFB und seinen Präsidenten blies. Davon allerdings distanziert sich Niebaum deutlich. Bei den BVB-Fans stießen die Pläne zur Bildung einer Europaliga zunächst auf wenig Gegenliebe. Bei einer ersten Umfrage lehnten immerhin 71 % der Fans die Europaliga als „Zirkusveranstaltung“ ab. ■

Kandidaten einer Europaliga: BVB (in Gestalt von Reuter) und Real Madrid (Amavisca).

Die neue Südtribüne.

Die Fans wurden auch außerhalb der Stadien immer mehr zur Kasse gebeten, der öffentliche und soziale Charakter des „Volksspiels" erlitt weiter Schaden. Die Liga boomte, die Klubs erzielten immer höhere Einnahmen und Umsätze, aber gleichzeitig war Fußball auch in der einstigen „Arbeiterstadt" Dortmund für die Fans immer teurer geworden.

„Kaum ein deutscher Verein hat vor der laufenden Saison so viel verändert wie Borussia Dortmund." So der *Spiegel* in einem Bericht über den Dortmunder Neuanlauf. Tatsächlich war nicht nur die halbe Mannschaft erneuert worden. Aus dem ehemaligen „Ein-Mann-Management" des Vereins war ein Projektmanagement mit Arbeitsgruppen geworden, in denen angestellte und freie Experten Dinge wie den Börsengang und die Europaliga vorbereiteten. Und während der Sommerpause war das Westfalenstadion im Eiltempo zu einer Arena mit einem Fassungsvermögen von 69.500 ausgebaut worden. Dem Präsidenten ging es beim neuerlichen Ausbau auch darum, nach der verkorksten Saison „ein Zeichen zu setzen", daß sich der BVB von seinen sportlichen und finanziellen Ambitionen keineswegs verabschiedet hatte. Die Arena sei „nicht nur als Freizeittempel der Mittelpunkt aller unserer Aktivitäten", sondern auch jenes „Großstadion, das Sie heute brauchen, um Ihre Bedeutung im internationalen Fußball zu unterstreichen". Das ausgebaute Stadion sei nun „europaligareif". Allerdings zeigte Niebaum sich darüber verärgert, daß im Gegensatz zu den „zigtausend Dortmundern" keiner der Herren Profis den Fortgang der Ausbauarbeiten verfolgt habe. „Es hätte nicht geschadet, wenn die Spieler gesehen hätten, was Menschen mit körperlichem Einsatz und zu einem Bruchteil der Bundesligagehälter zu leisten in der Lage sind."

Zum Saisonauftakt gab es in Stuttgart eine 1:2-Niederlage. Insbesondere in puncto Einstellung schien sich gegenüber der Vorsaison nichts geändert zu haben. „Das Übel noch nicht bei der Wurzel gepackt", überschrieb Wilfried Wittke seinen Kommentar in der *Westfälischen Rundschau*. Wittke weiter: „Jene Fußballer, die Borussia in der vergangenen Saison in die Abstiegszone gestürzt haben, stehen immer noch auf der Gehaltsliste und – im wahrsten Sinne des Wortes – auf dem Platz. (...) Da bedarf es schon spürbarerer Einschnitte ins Mannschaftsgefüge, um nicht in den alten Trott zu verfallen."

Bei der folgenden Heimpremiere gegen Hertha BSC saß Steffen Freund auf der Tribüne, während Chapuisat und Herrlich das Geschehen von der Bank aus verfolgten. Der verwöhnte Freund hatte sich den taktischen Anweisungen des Trainers widersetzt. Daß Skibbes harsche Maßnahme einen Vertrauten des Präsidenten traf, wurde vielfach mit Hochachtung quittiert. Beim hochverdienten 3:0-Sieg feierte die Südtribüne einen neuen Helden: den zweifachen Torschützen Sergej Barbarez. Die 65.000, die das Spiel auf der Noch-Baustelle Westfalenstadion verfolgten, bedeuteten die bis dahin größte Heimspielkulisse in der Geschichte des BVB.

Einem schmeichelhaften torlosen Remis beim Aufsteiger 1. FC Nürnberg folgte am 4. Spieltag beim 0:1 gegen den VfL Bochum die erste Heimniederlage. Eine Gruppe Bochumer „Glatzen" warf mit einem gefüllten Bierbecher nach Thomas Häßler, der eine Platzwunde davontrug und zur Halbzeit wegen Sehstörungen in der Kabine bleiben mußte. Bei der BVB-Führung löste der Zwischenfall Überlegungen darob aus, wie sinnvoll es gewesen sei, die Zäune im Stadion zu entfernen. Nach dem Schlußpfiff äußerte sich Niebaum kritisch zur mangelnden Unterstützung durch den „12. Mann". Bezog sich derartige Kritik in der Vergangenheit auf das launische Sitzplatzpublikum, so war nun die Südtribüne angesprochen. Tatsächlich war bereits seit einiger Zeit ein gewisses Erlahmen von Spontaneität und Begeisterung zu registrieren. Dies lag aber weniger an Lustlosigkeit, Übersättigung und mageren sportlichen Darbietungen, sondern vor allem an der im Westfalenstadion um sich greifenden „Event"-Kultur. Ähnlich wie im Merchandising wurde auf alles der Stempel des Vereins gedrückt, was an vermarktungsfähigen Regungen von der Südtribüne kam. Zunächst war es ja ganz nett, daß man Schlachtgesänge vertonte und auf CD vertrieb. Mittlerweile aber gab es vor dem Spiel keine einzige Minute mehr, die nicht durch irgendeine – „von oben" vorgegebene – Aktivität ausgefüllt wurde.

Wieviel Platz bleibt noch den Fans?

Hoffnungsträger Sergej Barbarez.

Fangesänge im Originalton waren nur noch als kurze Pausenfüller möglich, ansonsten dröhnte die Anlage des Stadions mit Werbung und Musik. Selbst wenn die Kreativität der Südtribüne aufrichtig gewünscht wurde: Die Fans hatten kaum noch Raum, sich zu entfalten.

Tristesse auch in Leverkusen: Der BVB verlor klar mit 1:3. Steffen Freund, der im Training Arbeitsverweigerung praktizierte, war mittlerweile eine Denkpause verordnet worden. Sportmanager Michael Zorc: „Verein und Fans sind es leid, daß sich Spieler von eigenen Interessen leiten lassen und irgendwelche Positionen nicht spielen wollen. Was zählt, ist die Mannschaft." Auch Thomas Häßler, der seiner Bestform weit hinterherhinkte, mußte immer wieder die für ihn ungewohnte Auswechselbank drücken. Lediglich vier Punkte aus den ersten fünf Spielen bedeuteten den schlechtesten Saisonstart seit zehn Jahren, und der Boulevard zählte bereits Skibbes Tage. Manager Meier erteilte derartigen Spekulationen eine klare Absage. Eher würde man erneut mit einem „ehrenvollen 10. Platz" vorlieb nehmen, als den Trainer zu entlassen.

So war – wieder einmal – für zusätzliche Brisanz gesorgt, als es in der 2. Runde des DFB-Pokals zum ewigen Revierderby gegen Schalke 04 kam – dem 110. überhaupt. Gut 60.000 Zuschauer sahen eine kämpferisch wie spielerisch gut aufgelegte Borussia. Und sie feierten, als der starke Bachirou Salou in der Verlängerung das erlösende 1:0 erzielte. Der BVB-Sieg war hochverdient, und Jürgen Kohler sprach anschließend von einem „Wendepunkt". Die gute Arbeit des Trainers hatte sich endlich ausgezahlt.

Christian Nerlinger steigt höher als Sven Kmetsch: Der BVB triumphierte im DFB-Pokal gegen Schalke 04 mit 1:0.

Die Ära Niebaum – ein Resümee

Die Jahre 1986/87 bis 1997/98 gerieten zur erfolgreichsten Ära der Vereinsgeschichte seit 1966 und werden untrennbar mit dem Präsidenten Dr. Gerd Niebaum verbunden bleiben. Die Ära Niebaum war bislang aber nicht nur von sportlichen Erfolgen gekennzeichnet, sondern auch von einer atemberaubenden Expansion des Vereins. Der *Spiegel:* „Es gibt keinen zweiten Präsidenten, der Vergleichbares geschafft hat.“ Unter Niebaums Regentschaft wurde der BVB einmal DFB-Pokalsieger (1989), zweimal Deutscher Meister (1995 und 1996) und gewann erstmals in seiner Geschichte den europäischen Landesmeisterwettbewerb (1997) und Weltpokal (ebenfalls 1997). Außerdem standen noch eine Deutsche Vizemeisterschaft (1991) und eine Finalteilnahme im UEFA-Cup zu Buche (1993). Neunmal konnte sich der BVB für einen europäischen Wettbewerb qualifizieren (dreimal Champions League, fünfmal UEFA-Cup, einmal Pokalsieger-Cup), sechsmal drang er hier bis mindestens ins Viertelfinale vor, viermal bis mindestens ins Halbfinale. Bis zur Übergangssaison 1997/98 war der BVB Deutschlands erfolgreichster Fußballverein der 90er Jahre. Dies galt auch für die BVB-Jugend.

Auch in finanzieller Hinsicht erlebte Dortmund eine Revolution. Mitte der 80er noch am Rande des Ruins, avancierte der BVB nach Bayern München zum umsatzträchtigsten Unternehmen des deutschen Fußballs. Betrug der Umsatz für die Saison 1986/87 noch 10,9 Mio. DM, so lautete er für die Saison 1996/97 129,7 Mio. – eine glatte Verzehnfachung innerhalb einer Dekade. Damit gehörte der BVB zu den zehn umsatzstärksten Adressen in Fußball-Europa. Einen höheren Jahresumsatz erzielten Manchester United (259 Mio.), Bayern München (165 Mio.), FC Barcelona (151 Mio.), Juventus Turin (145 Mio.), Real Madrid (136 Mio.) und der AC Mailand (136 Mio.), einen geringeren Newcastle United, Inter Mailand und Paris St. Germain.

Die Expansion des BVB manifestierte sich auch im gigantischen Ausbau des Westfalenstadions zur nicht nur besten, sondern auch größten reinen Fußballarena Deutschlands, dem Bau einer Geschäftsstelle und eines Merchandising-Zentrums, der Errichtung eines Trainingsgeländes, der Beteiligung an einer Reha-Klinik, der Eröffnung eines Fanhouses etc. Weitere Projekte wie die Errichtung einer Heimat für Jugend sollen folgen. Was die Infrastruktur anbetrifft, so steht der BVB heute sogar besser da als der FC Bayern, zumal er in Sachen Stadion einen erheblichen Vorsprung besitzt. Die Breite und Verteilung dieser Infrastruktur, die sich vom Norden bis in den Süden Dortmunds erstreckt, symbolisiert die Symbiose von Stadt und Verein.

Daran ändert auch nichts, daß 50 % der Stadionbesucher heute von außerhalb kommen und der BVB mittlerweile eine nationale Fangemeinde bedient: Der BVB bleibt ungleich stärker ein Projekt von Stadt und Umland als der FC Bayern. Der BVB ist Teil des lokalen Seelenlebens, in einer Stadt, in der es kaum fußballfreie Nischen gibt. Auf lokaler Ebene ist die Verzahnung von Politik, Wirtschaft und Fußball ungleich enger als beim FC Bayern. Borussia ist Dortmunds Gesprächsthema Nr. 1 und der beste Werbeträger der Stadt. Borussia und Dortmund sind so sehr Synonyme, daß eine verzweifelte Oppositionspartei schon mal vorschlägt, den BVB-Präsidenten zum Bürgermeister zu küren. Borussia ist Dortmund, und Dortmund ist Borussia. Das BVB-Emblem könnte auch als Stadtwappen fungieren.

Das BVB-Emblem als Stadtwappen?

In einer Stadt, die einen rasanten Wandel von einem überwiegend schwerindustriellen Standort zu einer Dienstleistungsmetropole vollzog, schlug der BVB am perfektesten die Brücke von gestern zu heute. Auf den Tribünen des Westfalenstadions versammelte sich sowohl das neue wie das alte Dortmund. Der Verein bewies enorme Anpassungsfähigkeit. Zuweilen konnte man fast den Eindruck gewinnen, Borussia agiere als Motor des Wandels.

Die forsche Politik des „Sanieren durch Investieren" ging wirtschaftlich wie sportlich zunächst auf, die Investitionen rechneten sich durch sportliche Triumphe. Niebaums Philosophie lautete, daß Geld, das durch das Spiel eingenommen wurde, auch in das Spiel reinvestiert gehöre. Ottmar Hitzfeld: „Dr. Niebaum ging immer hohes Risikio. Das Geld, das er einnahm, gab er gleich wieder aus." Die Spieler waren teilweise an Banken abgetreten. Allein die Gehaltskosten betrugen in einem Jahr über 50 Mio. DM. Laut Manager Meier „hätte das eigentlich in dieser Region gar nicht gutgehen dürfen", aber es entsprach des Präsidenten „antizyklischer Philosophie". Hatte sich Borussia nach dem Triumph von Glasgow 1966 von einem allgemeinen (ökonomischen und psychologischen) Negativtrend in Stadt und Region treiben lassen, so sollte die von Niebaum geführte Borussia entschieden dagegenhalten. Es war, als wolle der Präsident beweisen, daß auch damals eine andere Entwicklung möglich gewesen wäre. In den 90ern investierte der BVB bis zum Gewinn der Champions League fast 90 Mio. DM in den Kauf von Spielern, so viel wie kein anderer deutscher Klub. Das Gehaltsniveau der Mannschaft lag leicht über dem des FC Bayern. So besehen „kaufte" der BVB den Erfolg. Doch die Investitionen wären verpufft, hätten Vereinsführung und Trainer nicht die notwendige Sachkompetenz besessen.

Obwohl der BVB in diesen Jahren auch im Jugendbereich nationale Spitze war, setzte Hitzfeld primär auf fertige Spieler, statt die Mannschaft durch Erzeugnisse der eigenen vereinseigenen Jugendarbeit aufzufrischen. Spieler wie Klos, Ricken und Tanko waren eher die Ausnahme denn die Regel. Frei-

Idol und Nike-Werber: Lars Ricken.

willig ging man kein sportliches Risiko ein. Der selbstinszenierte Erfolgsdruck war offensichtlich zu groß, möglicherweise auch verursacht durch die hohen Investitionskosten und die Notwendigkeit ihrer schnellen Refinanzierung. Auch die Verletzungsprobleme einiger teurer Stars und die immensen Kosten, die diese Politik verursachte, führten während der Saison 1997/98 nur in einem beschränkten Maße zu einem Umdenken. Die Borussia von heute ist Gefangener einer Logik, die auch für andere europäische Top-Adressen gilt und sie zwangsläufig zu Befürwortern einer Europaliga macht. Ihr personelles, infrastrukturelles (hier vor allem Stadion) und umsatzmäßiges Wachstum hat ein Niveau erreicht, das es ihnen verbietet, der unbefangenen Philosophie etwa eines SC Freiburg zu folgen. „The show must go on", nach Möglichkeit pausenlos.

Seit seinem Amtsantritt war Niebaum stets darum bemüht gewesen, seinen kickenden Angestellten eine „schwarz-gelbe Seele" und Identifikation mit Stadt und Region einzupflanzen. So wurden die Spieler dazu angehalten, sich nicht in abfälliger Weise über die arbeitende Bevölkerung zu äußern. Deren Sichtweise auf das Team blieb ein wichtiger Gradmesser für die Vorstandspolitik. Einige Jahre sah es danach aus, als würde der BVB Probleme mit Spielern besser in den Griff bekommen als sein Münchener Antipode. Spätestens mit der Saison 1995/96 wurde der BVB jedoch von den gleichen Problemen eingeholt, die andere Klubs mit ihrem hochdotierten Personal plagten. Das Verhalten, das einige Spieler in dieser und folgenden Spielzeiten an den Tag legten, war nur als erbärmlich zu bezeichnen. Selbst hoch dotierte Dauerverletzte, die zum sportlichen Gelingen nichts beitragen konnten, meinten, wie beispielsweise Steffen Freund, den Trainer öffentlich kritisieren zu müssen. Hitzfeld gab später zu: „Wir müssen von den Italienern lernen und strenger werden mit den Spielern. Sie müssen mehr Respekt vor der Vereinsführung haben. (...) Bei uns sind die Sitten etwas verroht. Ich wollte ein paarmal Andy Möller auswechseln oder erst in der zweiten Halbzeit bringen. Er sträubte sich."

Das Problem fand nach Hitzfelds Fortgang seine Fortsetzung. Andy Möller wollte nicht das Scala-System spielen, Steffen Freund unter Skibbe nicht auf der rechten Außenbahn. René Schneider war zwar überhaupt nicht einsatzfähig, holte aber dennoch zur geharnischten Kritik am Bundestrainer aus, der ihn vergessen habe. Als Skibbe Thomas Häßler auf der Bank schmoren ließ, erklärte dessen Gattin Angela kurzerhand, daß Verträge heute nichts mehr wert seien. Mit anderen Worten: Die Häßlers scherte nicht mehr ihre Unterschrift von gestern. Bei Stephane Chapuisat war es der Vater, der auf den Plan trat. Kurzum: Es wurde viel genörgelt und wenig bewegt.

Als der BVB Ende der 80er zum Angriff auf die Bayern-Dominanz startete, pflegte er noch das Image des „Arbeitervereins" mit „Bodenhaftung" und einem guten Schuß Rebellion im Blut. Hierzu schien zunächst auch die Verbindung mit dem amerikanischen Ausrüster Nike zu passen, der, so der Journalist und BVB-Beobachter Freddie Röckenhaus, die „romantische Ghetto-Patina aus Schweiß und Tränen bei Borussia so geschickt zur Werbekampagne verdichtet, wie das von den USA aus weltweit auch für schwarze Basketballer wie Michael Jordan oder wüste Tennis-Desperados wie Andre Agassi funktionierte". Nike porträtiert sich seit Jahren als „anti-establishment"-orientiert. Bewußt benutzte Nike sogenannte „bad boys" wie Eric Cantona, Ilie Nastase oder John McEnroe für seine Werbung. Auch Dortmunds Lars Ricken wurde als Rebellen-Typ präsentiert, was den BVB-Präsidenten seinerzeit – ob der Verlogenheit des Werbespots – auf die Palme brachte.

„Ghetto-Patina aus Schweiß und Tränen"

Jenseits des rebellenhaften Scheins hatte Borussias Verbindung mit Nike jedoch Symbolkraft in ganz andere Richtung. Sie stand für die Anerkennung von Marketing-Prinzipien im Fußball und wies den Weg, den die Borussia einschlagen würde: westfälische Bodenständigkeit gepaart mit globalem „Kapitalismus". Kein Sportartikelhersteller besitzt eine weiße Weste, aber keiner sorgte in den letzten Jahren für so viele Negativschlagzeilen wie Nike, der Größte unter den Giganten. Boss Phil Knight charakterisierte den Konkurrenzkampf mit adidas mal als „Krieg ohne Kugeln". Während der WM 1998 warb Nike mit einem abgewandelten Mussolini-Spruch für seine Produkte. Knights Unternehmenspolitik trägt totalitäre Züge. Ginge es nach dem Nike-Boss, dann wäre der Fußball eines Tages nur noch eine „Sub-Marke" seines Unternehmens.

Daß der BVB das Image des ehemaligen Arbeitervereins immer wieder hervorkehrt, hat nicht nur nostalgische, sondern auch kühl kalkulierte Gründe. Nur dank dieser Aura wurde ein Vermarktungspotential erschlossen, das notwendig war, um in so kurzer Zeit in einem solch gewaltigen Maß gegenüber dem FC Bayern aufzuholen. Der BVB besetzte eine sozial-emotionale Nische, die außer ihm nur noch Schalke 04 hätte füllen können. Der BVB ist heute ein Produkt, das sich national, ja sogar international vermarkten läßt. Spätestens seit dem Gewinn der Meisterschaft 1995 sind BVB-Trikots auch in Berlin, Hamburg, Heidelberg, ja sogar in München zu sehen. Ein gewisses Maß an Erdverbundenheit ist trotzdem geblieben.

Auch der BVB hat sich längst auf das Showbusiness eingelassen, allerdings ohne dessen Gesetze umstandslos zu akzeptieren. Das Showgeschäft, das der BVB betreibt, wirkt kontrollierter, seriöser und damit auch professioneller. Anders als der FC Bayern ist der BVB nicht zum Boulevardklub verkommen. Der FC Bayern befriedigt vor allem das Bedürfnis von Menschen, die sich mit der Informationswelt der Springer- und Burda-Blätter begnügen, während sich mit dem BVB und seiner Politik auch die Leserschaft von Qualitätsblättern wie *FR, SZ* oder *FAZ* identifizieren kann.

1995 äußerte Niebaum die Befürchtung, daß der Fußball zwangsläufig „seelenlos" und eine „Plastikgeschichte" würde. Niebaum: „Die Verflachung ist überall. Mickey Mouse und Disney-World überfallen auch den Fußball. Wenn man sieht, wie die Privatsender den Fußball häufig verkitschen, kann man das aber auch nicht übelnehmen. Das ist heute eben so. Als Präsident eines Fußballvereins kann man nicht das ganze Rad der Verflachung einer Gesellschaft aufhalten. Sie können über Traditionen und deren Inhalte vielleicht ein wenig gegenhalten." Der BVB hat in der Ära Niebaum in Sachen Traditionspflege und Geschichtsbewußtsein weit mehr getan als alle anderen deutschen Profiklubs. Aber gleichzeitig hat auch er am Rad der Verflachung gedreht. Auch der BVB betrachtet heute seine Fans in erster Linie als Kunden und Konsumenten. Auch wenn heute fast 70.000 im Westfalenstadion Platz finden, ist die Stimmung deshalb noch nicht automatisch besser als in der Vergangenheit. Der Freiraum für Kreativität ist kleiner geworden, die Berieselung durchs Fan-TV intensiver.

Der BVB ist heute eine regionale und internationale Fußballadresse. Die Stadionbesucher kommen ganz überwiegend aus Dortmund, dem Ruhrgebiet und Westfalen. Der *FR*-Journalist Harald Stenger: „Was sich im Stadion abspielt, ist immer noch kennzeichnend für die Region. (...) Bei aller fortschrittlichen Struktur und Explosion der Spielergehälter ist das Fan-Leben des BVB eher ein traditionelles." Doch die starke TV-Präsenz, der sich der Klub – dank seiner europäischen Auftritte – in den letzten Jahren erfreute, hat darüber hinaus eine Fangemeinde mobilisiert, die in der gesamten Bundesrepublik und im Ausland sitzt. Das internationale Antlitz des BVB-Kaders und seine überregionale Ausstrahlung sind Ausdruck eines Globalisierungsprozesses, der auch den Fußball ergreift und das traditionelle Selbstverständnis der Nationalmannschaften zu unterminieren droht. Während die Nationen an Einfluß verlieren, nimmt die Bedeutung der Städte (und Regionen) immer mehr zu. Auch im Fall Dortmunds und seiner Borussia gehen die Renaissance lokaler Tradition und die Globalisierung Hand in Hand. Die aus Pay per view erwarteten Gelder und die Europaliga werden diesen Trend noch weiter verstärken. Die Top-Klubs aus England, Italien, Spanien und Deutschland sind marktgängiger als die jeweilige Nationalmannschaft. Den meisten der BVB-Fans dürfte das schwache Abschneiden ihres Teams in der Saison 1997/98 weitaus mehr geschmerzt haben als das frühzeitige Ausscheiden der Nationalelf.

Und so mischt sich in die Euphorie über den Aufstieg der Borussia zur internationalen Fußballmacht auch ein Schuß Wehmut. Als Niebaum 1986 das Amt des Präsidenten übernahm, versprach er nicht mehr und nicht weniger, als an die längst vergangenen erfolgreichen Zeiten des Vereins anzuknüpfen. Ein Ziel, das damals so manchem hoffnungslos utopisch erschien. Was schließlich herauskam, übertraf selbst die kühnsten Erwartungen. Es war vielleicht sogar mehr, als die Autoren dieses Buches wollten.

Tradition und westfälische Bodenständigkeit: Lothar Emmerich gegen den Schalker Willi Schulz in der „Roten Erde".

Internationale Perspektiven: Der togolesische Nationalstürmer Bachirou Salou im BVB-Trikot der Saison 1998/99.

Treffer, Treter,
Fliegenfänger
Im Abo
oder
8x im Jahr
am Kiosk
HATTRICK
FUSSBALLMAGAZIN

SPIELER-ABC

Lexikon wichtiger BVB-Spieler 1946 bis 1998

(Stand aller Angaben: 1.8.1998)

Abramczik, Rüdiger (18.02.1956): Der Schalker „Flankengott" spielte 1980-83 beim BVB und erzielte dabei in 90 Bundesligaspielen 30 Tore. Im DFB-Pokal 11mal am Ball und 4 Tore. Kostete den BVB 1,1 Mio. DM Ablöse, ein Notverkauf Schalkes, der die Königsblauen vor dem Konkurs retten sollte. Der FC Bayern kam 14 Tage zu spät. Abramczik war einer der letzten waschechten Straßenfußballer, die das Revier hervorgebracht hat. Vater Abramczik: „Als Rüdiger fünf bis sechs Jahre alt war, da haben wir zusammen schon ein bißchen gegen den Ball getreten. Hier bei uns auf dem Hof, da ist praktisch ein Rasen, fast ein Fußballplatz. Die Häuser, die sind im Quadrat um den Fußballplatz herumgebaut. Und dann haben die Kinder damals hier untereinander gespielt." Für Schalke bestritt „Abi" 202 Bundesligaspiele, in denen er 44 Tore schoß. 19 A-Länderspiele während seiner blau-weißen Jahre.

Ackermann, Klaus (20.03.1946): Der gebürtige Hammenser (Stammverein TuS Germania Hamm) spielte beim BVB 1974-79. Kam vom 1. FC Kaiserslautern. Am Wiederaufstieg des BVB 1976 beteiligt. 56 Einsätze und acht Tore für den BVB in der 2. Bundesliga Gruppe Nord, 43 Einsätze (1 Tor) in der 1. Liga. Im DFB-Pokal 15 Einsätze (2 Tore).

Anderbrügge, Ingo (02.01.1964): Beim BVB 1985-88. Ein Junge des Ruhrgebiets. Kam von Germania Datteln via SpVg. Erkenschwick. 76 Bundesligaspiele (7 Tore) für den BVB. Wurde anschließend zu einer der wichtigsten Spielerpersönlichkeiten von Schalke 04 – leider.

Andree, Hans-Joachim (06.07.1950): Spielte beim BVB 1970-72 in der 1. Bundesliga 45mal (1 Tor). Stieg mit dem BVB in die Regionalliga West ab und lief in der ersten Abstiegssaison noch 27mal im Borussen-Trikot auf (1 Tor). 1973 wechselte Andree zu Eintracht Frankfurt.

Arnold, Mark (19.09.1970): Kam über den 1. FC Nürnberg und Ulm 46 zum BVB. Spielte in der Saison 1994/95 insgesamt 9mal, ohne einen nachhaltigen Eindruck zu hinterlassen. Arnold wechselte 1995 zu Hertha BSC, wo er Stammspieler wurde.

Assauer, Rudi (30.04.1944): Beim BVB 1964-70. Kam von der SpVg. Herten. 119 Bundesligaspiele (8 Tore) für den BVB. Europapokalsieger 1966. Hatte seinen Einsatz im Finale einer Verletzung Friedhelm Groppes zu verdanken. 1970 wurde Assauer aus finanziellen Gründen an Werder Bremen verkauft, wo er bis 1976 noch 188 Bundesligaeinsätze verbuchte. Heute Manager beim FC Schalke 04.

Barbarez, Sergej (17.09.1971): Beim BVB seit der Saison 1998/99. Der im Mittelfeld wie im Sturm verwendbare bosnische Nationalspieler kam von Hansa Rostock. Für den Ostseeverein hatte er in der Saison 1997/98 12 Treffer erzielt.

Baumann, Carsten (14.10.1969): Der Abwehrspieler kam zur Saison 1998/99 vom Bundesligaabsteiger 1. FC Köln. Für die Kölner hatte Baumann 220 Bundesligaspiele (9 Tore) absolviert.

Beer, Wolfgang de (02.01.1964): Der gelernte Schreiner „Teddy" kam zur Saison 1986/87 vom MSV Duisburg, als Ersatztorwart für Rolf Meyer. Aufgrund einer Verletzung von Meyer wurde de Beer Stammkeeper. Bislang 175 Bundesliga-, 18 DFB-Pokal und 16 Europapokalspiele für den BVB. Hütete das Borussen-Tor im Pokalfinale 1989. In der Saison 1991/92 wurde de Beer von Stefan Klos als Nr. 1 verdrängt. Hitzfeld über de Beer: „Es ist beruhigend zu wissen, daß ein solcher Klassemann für den Fall der Fälle auf der Bank sitzt."

Bertram, Horst (16.11.1948): Der gebürtige Münsteraner (Stammverein: SC Münster 08) spielte beim BVB 1971-79. 134 Einsätze in der Regionalliga West und 2. Bundesliga Gruppe Nord sowie 94 in der 1. Liga für den BVB. Am Wiederaufstieg 1976 beteiligt.

Bittcher, Ulrich (10.09.1957): Beim BVB 1983-87. Kam von Schalke 04. 84 Bundesligaspiele (3 Tore) für den BVB.

Binz, Manfred (22.09.1965): Der gebürtige Frankfurter kam während der Saison 1997/98 vom italienischen Erstligisten AC Brescia zum BVB. Der gelernte Libero war zu diesem Zeitpunkt bereits 32 Jahre alt. 336 Bundesligaspiele für Eintracht Frankfurt (DFB-Pokalsieger 1988), 12 für den BVB. 14 A-Länderspiele. EM-Teilnehmer 1992. Sein Wechsel nach Italien erfolgte nach dem Bundesligaabstieg der Frankfurter 1996. Binz führte den AC Brescia zurück in die Erstklassigkeit und wurde in der Saison 1996/97 zum besten ausländischen Spieler der 2. Liga gekürt. Der Müsli-Esser Binz gilt als Musterprofi.

Booth, Scott (16.12.1971): Kam zur Saison 1997/98 vom schottischen Erstligisten FC Aberdeen. 10 Bundesligaspiele (1 Tor) und 3 DFB-Pokalspiele (1 Tor) für den BVB. Wurde zwischenzeitlich an den FC Utrecht ausgeliehen. 18 A-Länderspiele für Schottland.

Bracht, Helmut (11.09.1929): „Jockel", wie der Spieler in seiner Heimat am Borsigplatz gerufen wurde, begann seine Laufbahn beim BVB-Nachwuchs. Doch bevor er für die 1. Mannschaft kickte, wechselte er zum Vorortverein BV Brambauer und von dort zur SpVgg. Herten. 1954 kehrte Bracht zum Borsigplatz zurück. Im Borussen-Mittelfeld beerbte Bracht den Alt-Internationalen Erich Schanko. Neben Willi Burgsmüller ist Bracht der einzige Borusse, der bei allen drei früheren Meisterschaften (1956, 1957 und 1963) dabei war. In der Oberliga West kam Bracht auf 195 Einsätze (57 Tore) für den BVB. Bracht beendete seine Karriere nach der ersten Bundesligasaison 1963/64, in der er noch 11 Spiele für die Borussen absolvierte. Insgesamt stand „Jockel" 243mal für die Borussen auf dem Platz (inkl. Endrundenspiele zur Deutschen Meisterschaft und Europapokal) und schoß dabei 8 Tore. Bracht zählt zu den „vergessenen Nationalspielern" des BVB. Nach dem Ende seiner aktiven Laufbahn diente Bracht dem BVB u.a. als Fußballobmann. Heute fungiert er als Vorsitzender des Ältestenrats. Bracht war einer der ersten Kicker, der sich noch während seiner Laufbahn beruflich selbständig machte. 1957 bekam der gelernte Mineralölkaufmann die General-Agentur der Deutschen Shell in Dortmund angetragen, was ihm den Spitznamen „Ölprinz" einbrachte Später baute er einen Betrieb für Rohrreinigung auf.

Breitzke, Günter (29.06.1967): Beim BVB 1988-92. Kam für 33.000 DM Ablöse vom Verbandsligisten SC Brück. 89 Bundesligaspiele (18 Tore) für den BVB. DFB-Pokalsieger 1989. Seine ersten drei Tore für den BVB schoß er beim 6:0-Sieg der Borussen am 26. November 1988 gegen Eintracht Frankfurt.

Brungs, Franz (04.12.1936): Beim BVB 1963-65. Kam von Borussia Mönchengladbach. 54 Bundesligaspiele und 23 Tore für den BVB. Das „Goldköpfchen" erzielte beim legendären 5:0-Sieg gegen das europäische Top-Team Benfica Lissabon (1963/64) innerhalb von nur zwölf Minuten drei Tore. Wechselte zum 1. FC Nürnberg. Dort erzielte er in drei Spielzeiten 50 Tore und wurde 1968 Deutscher Meister. Anschließend ging Brungs noch für Hertha BSC auf Torejagd.

Bücker, Theo (10.07.1948): Beim BVB 1969-74. 62 Einsätze und 13 Tore für den BVB in der 1. Bundesliga, 50 Einsätze und 19 Tore in der Regionalliga West. Gehörte in der Abstiegssaison 1971/72 zu den wenigen bundesligatauglichen Spielern im BVB-Kader. Wurde in der Saison 1973/74 an den MSV Duisburg verkauft, damit der BVB die Gehälter der anderen Spieler bezahlen konnte.

Burgsmüller, Manfred (22.12.1949): Beim BVB 1976-83. Kam von Rot-Weiß Essen. 224 Bundesligaspiele für den BVB. Mit 135 Toren der Rekordtorschütze des BVB in der Bundesliga. Auch im DFB-Pokal mit 23 Toren in 26 Spielen sehr erfolgreich. Wurde 1988 im betagten Alter von 38 Jahren mit Werder Bremen Deutscher Meister, nachdem er zwischenzeitlich im Trikot von Rot-Weiß Oberhausen Zweitliga-Torschützenkönig geworden war. Für Werder bestritt Burgsmüller noch 115 Spiele (34 Tore). Insgesamt kam „Manni" auf 447 Bundesligaspiele (213 Tore). Der eigenwillige Blondschopf absolvierte lediglich drei A-Länderspiele, davon das erste Ende 1977, nachdem die Südtribüne auch für den Bundestrainer unüberhörbar „Manni für Deutschland" skandiert hatte. „Manni" hatte mit Bundestrainer Helmut Schön gewisse Probleme. Schön ermahnte Burgsmüller, er möge auf dem Teppich bleiben. Der Spieler antwortete: „Ich dachte, wir spielen auf Rasen!" Nach dem Ende seiner Soccer-Karriere wechselte Burgsmüller zum American-Football.

Burgsmüller, Willi (18.01.1932): Der antrittsschnelle Burgsmüller gehörte ab der Saison 1951/52 zum Oberligakader des BVB. Mit Helmut Bracht war er der einzige BVB-Spieler, der an allen drei Deutschen Meistertiteln zu Oberligazeiten beteiligt war. Kapitän der Meisterelf von 1963. Zählt ebenfalls zu den „vergessenen Nationalspielern" des BVB. In der ersten Bundesligasaison 1963/64 kam Burgsmüller noch auf 19 Einsätze für den BVB, bevor er seine Karriere verletzungsbedingt beendete.

But, Vladimir (07.09.1977): Der in Novorossisk am Schwarzen Meer geborene Russe stieß 1994 zum BVB, nachdem ihn Borussias A-Jugend-Trainer Eddie Boekamp bei der U16-EM entdeckt hatte. Auch der FC Barcelona war am „begabtesten Jugendspieler Europas" (O-Ton des Jugendtrainers von Ajax Amsterdam) interessiert. But kostete den BVB lediglich 150.000 DM sowie 100 Paar Fußballschuhe und Trikots für den Nachwuchs von Novorossisk. Nach zwei deutschen A-Jugendmeisterschaften mit dem BVB 1995 und 1996 wurde der Linksfuß in den Profi-Kader übernommen. In der Saison 1997/98 spielte sich But in die erste Formation. Dabei profitierte er vom Verletzungspech und notwendigen personellen Umbruch. Scala äußerte zunächst Bedenken bezüglich Buts Lebenswandel: „Vladimir muß sportgerechter leben." Für den ehemaligen Co-Trainer Henke gibt es in der Bundesliga „keine drei Spieler wie Vladimir. Er hat das Zeug zum Superstar." Bislang 34 Bundesligaspiele (4 Tore) für den BVB. Mit dem BVB Champions League-Sieger 1997, Weltpokalsieger 1997.

Cesar, Julio (08.03.1963): Nach Erwin Kostedde der zweite farbige Lizenzspieler in der BVB-Geschichte. Wuchs in den Elendsvierteln von Bauru auf, wo auch Pelé herstammt. Der brasilianische Weltklassemann (61 A-Länderspiele), der seine Mitspieler mit präzisen Pässen über 50 Meter beglückte, kam zur Saison 1994/95 von Juventus Turin, im Paket mit Andreas Möller. Zuvor hatte Cesar vier Jahre in Frankreich gespielt. Das Dortmunder Publikum mußte sich an seine aufreizend lässige, fast überhebliche Spielweise zunächst gewöhnen. Bestach durch Antrittsschnelligkeit, Zweikampf- und Kopfballstärke. Für den BVB bis 1998 75 Bundesligaspiele (7 Tore). Im UEFA-Cup und in der Champions League kam Cesar auf 28 Einsätze. Mit dem BVB Deutscher Meister 1995 und 1996, Champions League-Sieger 1997 und Weltpokalsieger 1997. Der vielleicht technisch beste Abwehrspieler in der Geschichte des BVB stand auch für Exklusivität: In Turin betrieb Cesar zwei Modegeschäfte, in Dortmund zeitweise ein brasilianisches Restaurant. Nach der Saison 1997/98 und zwölf Jahren in Europa ging Cesar in die brasilianische Heimat zurück, wo er sich dem Rio-Klub Botafago anschloß. Die Ablöse lag „im hohen sechsstelligen Bereich" (Manager Meier).

Chapuisat, Stephane (28.06.1969): Beim BVB seit 1991. Kam vom damaligen Absteiger Bayer Uerdingen, wo er in zehn Spielen vier Tore schoß. Zweifellos einer der besten Einkäufe in der Bundesligageschichte des BVB. Fußball liegt in seiner Familie. Großvater Henri war Erstligaspieler, Vater Pierre-Andre 34facher Nationalspieler. Vor dem Start in die Saison 1998/99 lautete seine Bilanz 188 Spiele, 94 Tore, womit der Schweizer in jedem zweiten Bundesligaspiel getroffen hatte. In der Bundesliga-Torschützenliste wurde er 1991/92 Zweiter, 1992/93 Vierter und 1993/94 Dritter. In Borussias Frust-Saison 1997/98 mit 14 Treffern bester Torschütze der Schwarz -Gelben und Dritter in der Torschützenliste. Mit 15 Treffern

Stephane Chapuisat (rechts) mit Andreas Möller.

löste Chapuisat Lothar Emmerich als Borussias erfolgreichsten Europapokaltorschützen ab. Bundesliga, DFB-Pokal und Europapokal addiert, erzielte der Schweizer bislang 118 Tore für den BVB. Von Präsident Niebaum wurde „Chappi" frühzeitig zur Galionsfigur erkoren, „die wir langfristig halten wollen". In der Saison 1998/99 ist Chapuisat nach den beiden Keepern de Beer und Klos dienstältester Borusse. Mit dem BVB Deutscher Meister 1995 und 1996, Champions League-Sieger 1997 und Weltpokalsieger 1997. 63 A-Länderspiele für die Schweiz. Fußballer des Jahres 1992 in der Schweiz.

Cieslarczyk, Hans (03.05.1937): Wechselte zur Saison 1958/59 vom SV Sodingen zum BVB. Beim BVB erwies sich das kraftstrotzende Talent als sehr verletzungsanfällig. „Cissy" kam bis 1962 auf lediglich 35 Oberligaspiele (6 Tore) für den BVB. Zu Beginn seiner Borussen-Zeit trug Cieslarczyk zweimal das Trikot der Natonalelf: am 24.9.1958 in Kopenhagen gegen Dänemark (1:1) und am 26.10. des gleichen Jahres in Paris gegen Frankreich (2:2). Cieslarzcyk spielte später u.a. noch für den Karlsruher SC, für den er 1964-68 66 Bundesligaspiele (18 Tore) bestritt.

Cyliax, Gerd (23.08.1934): Beim BVB 1959-1968. 74 Einsätze (13 Tore) für den BVB in der Oberliga West, 101 Einsätze

(6 Tore) in der Bundesliga. Insgesamt 242 Spiele (34 Tore) für Borussia. Deutscher Meister 1963, DFB-Pokalsieger 1965 und Europapokalsieger 1966. Ein Junioren-Länderspiel, bei dem er 2 Tore schoß (4:2 gegen Belgien). 1956 im weiteren Olympia-Kreis. Lief die 100 Meter in 10,9 Sekunden.

Decheiver, Harry (08.03.1970): 1993 scheiterte sein Wechsel an den damaligen Ausländer-Bestimmungen. Decheiver wechselte später von Go Ahead Eagles Deventer zum SC Freiburg, für den er in 41 Spielen 17 Tore erzielen sollte. Der Senkrechtstarter wurde „Knipser" getauft. Decheivers Torgefährlichkeit ließ jedoch in der Saison 1996/97 erheblich nach. Die Formkrise und ein Zerwürfnis mit Teilen der Freiburger Mannschaft bedingten im Frühjahr 1997 seine Rückkehr in die Niederlande. Dort schoß er in der Saison 1997/98 für den Erstligisten FC Utrechtin 11 Spielen 8 Tore, woraufhin ihn die von Ausfällen geplagte Borussia Anfang November in einer Nacht und Nebelaktion nach Dortmund holte. Bislang 8 Bundesligaspiele (3 Tore) für den BVB.

Deus Santos, Leonardo de (18.04.1978): Der Brasilianer mit dem Künstlernamen „Dédé" wurde zur Saison 1998/99 verpflichtet, um Jörg Heinrich auf der linken Außenbahn zu ersetzen. Der *Kicker* charakterisierte den jungen Spieler von Atletico Mineiro als „pfeilschnell, mit Telefonzellen-Technik, aggressiv". In Brasilien war er mit dem „Silbernen Schuh" als zweitbester Außenverteidiger ausgezeichnet worden.

Dickel, Norbert (27.11.1961): Beim BVB 1986-90. 90 Bundesligaspiele und 40 Tore für den BVB. Auch im DFB-Pokal (12 Spiele/7 Tore) und Europapokal (6 Spiele/3 Tore) recht erfolgreich. Bildete mit Frank Mill Borussias erfolgreichstes Sturmduo seit den Tagen von Emmerich und Held. Der ehemalige Torjäger der Oberliga Westfalen (Sportfreunde Siegen) kam vom 1. FC Köln, wo er nur die Rolle eines Jokers spielen durfte (33 Einsätze/5 Tore). Schoß im Pokalfinale 1989 zwei Tore und wurde damit „unsterblich". Der „Held von Berlin": „Ich glaube, daß ich vor allem durch dieses Spiel und überhaupt meine Art, Fußball zu spielen, vielen Menschen in Erinnerung geblieben bin." Sein letztes Spiel für den BVB bestritt Dickel im Dezember 1989, als er gegen Fortuna Düsseldorf in der 90. Minute das 1:1 schoß. Dickel wurde später zum Sportinvaliden erklärt und Stadionsprecher beim BVB, den die Südtribüne stets mit dem Lied begrüßt: „Wir singen Norbert, Norbert, Norbert Dickel, jeder kennt ihn, den Held von Berlin." Das Idol der Südtribüne über selbige: „Die Südtribüne im Dortmunder Westfalenstadion ist wie ein Loch. Ein Loch, in das du unbedingt rein willst. Dort ein Tor zu schießen, ist ein echt geiles Gefühl."

Driller, Martin: Beim BVB 1989-91. Kam vom TuS Paderborn-Neuhaus. 41 Bundesligaspiele (5 Tore) für den BVB. Bei seinem ersten Einsatz in der Bundesliga erzielte er bereits nach 58 Sekunden mit seinem ersten Ballkontakt einen Treffer. Kam allerdings über die Rolle des Talents und Jokers nicht hinaus.

Egli, André (08.05.1958): Beim BVB 1984-85. 31 Bundesligaspiele, sechs Tore, darunter ein ganz wichtiges am letzten Spieltag der Saison 1984/85 gegen den SV Werder Bremen, das dem BVB den Klassenerhalt sicherte. Der erste Eidgenosse beim BVB.

Emmerich, Lothar (29.11.1941): Dortmunder Eigengewächs aus dem Stadtteil Dorstfeld. Beim BVB 1960-69. 32 Einsätze (11 Tore) für den BVB in der Oberliga West, 183 Einsätze (115 Tore) in der Bundesliga. Mit DFB- und Europapokalspielen kam der „Mann mit der linken Klebe" auf insgesamt 249 Einsätze (147 Tore) im Borussen-Trikot. Bundesligatorschützenkönig 1966 und 1967 (gemeinsam mit Gerd Müller). Mit dem BVB DFB-Pokalsieger 1965 und Europapokalsieger 1966. Mit der Nationalmannschaft Vize-Weltmeister 1966. Beim Europapokalspiel gegen La Valetta schoß Emmerich 1965 6 Tore. Bei der WM 1966 erzielte „Emma" mit einem Linksschuß aus totem Winkel ein „Jahrhunderttor". Sein schlichtes Erfolgsrezept: „Abschuß und Einschlag im gleichen Moment, dat wolln die Leute sehn." 1969 wechselte „Emma" zum belgischen Klub AC Beerschot.

Erdmann, Herbert: Zweifacher Torschütze des BVB in der „Hitzeschlacht von Stuttgart" 1949. „Hebbert" spielte bereits zu Gauligazeiten für die Borussia. In der Oberliga absolvierte der dribbelstarke Außenstürmer mit den Maßflanken noch 18 Einsätze (8 Tore) für die Schwarz-Gelben. Erdmann galt zeitweise als bester Rechtsaußen im deutschen Fußball. Sein jüngerer Bruder **Werner** kam auf 120 Einsätze (58 Tore). Erdmanns Sohn Peter BVB-Fans als „Erbse" bekannt, wurde 1982 Opfer eines brutalen Überfalls der neofaschistischen „Borussen-Front". Seine am Borsigplatz gelegene Kneipe „Zum Küngelchen" wurde zertrümmert und „Erbse" schwer verletzt. Sein Vater, der ihm zu Hilfe kam, erhielt Tritte gegen das Schienbein, die nie mehr heilten. Er starb wenige Wochen später im Krankenhaus. Nach telefonisch angekündigten „Störaktionen" mußte die Trauerfeier unter Polizeischutz stattfinden. Der BVB spielte bei der ganzen Angelegenheit keine ruhmreiche Rolle.

Edvaldsson, Atli (03.03.1957): Beim BVB 1980-82. 30 Bundesligaspiele (11 Tore) für Borussia. Der Isländer mußte sich anfangs immer wieder mit Bärenfell, Wikingerhelm und Trinkhorn ablichten lassen. Der Sportlehrer wechselte nach dem Weggang Latteks zu Fortuna Düsseldorf, wo ihm der Durchbruch gelang (122 Bundesligaspiele, 38 Tore).

Feiersinger, Wolfgang (30.01.1965): Der Österreicher, der zur Saison 1996/97 von Casino Salzburg zum BVB stieß, wurde anfangs völlig unterschätzt. Seine Verpflichtung war im Verein zwischen Trainer und Präsident nicht unumstritten („unnötiger Panikkauf"). Nach schwachem Start belehrte Feiersinger seine Kritiker eines Besseren. Aufgrund der sich häufenden, verletzungsbedingten Ausfälle von Matthias Sammer entwickelte sich der zweite Polizist im BVB-Trikot (nach Michael Schulz) zur festen Liberogröße des BVB. Scala taufte den Mann, der sich an guten Tagen wie von einem Radarsystem geleitet durch den Strafraum bewegt, später als „unseren Professor". „Er spielt seine Rolle so souverän, daß er kaum noch zu toppen ist." Und Manager Meier: „An Feiersinger imponiert mir, daß er sich nie versteckt, vor allem nach schwachen Leistungen." Österreichischer Meister 1994 und 1995. Mit dem BVB Champions-League-Sieger 1997 und Weltpokalsieger 1997. Bislang 37 Bundesliga- und 17 Champions-League-Spiele für den BVB. 36 A-Länderspiele für Österreich.

Flügel, Hans (11.03.1930): Beim BVB 1950-57. Wurde von Heinz Dolle aus Bad Eilsen geholt. Der pfeilschnelle Konditor absolvierte für den BVB 122 Spiele (44 Tore) in der Oberliga West. In den Meisterjahren 1956 und 1957 kam er kaum noch zum Einsatz. 1952 bestritt Flügel ein B-Länderspiel gegen die Schweiz.

Franck, Thomas (24.02.1971): Beim BVB 1990-96. Kam vom SV Waldhof Mannheim und wurde als Super-Talent gehandelt. Konnte diesen Ruf jedoch beim BVB nur selten bestätigen. Nach 104 Bundesligaspielen (3 Tore) verließ Franck den BVB und wechselte zum 1. FC Kaiserslautern. Mit dem BVB Deutscher Meister 1995 und 1996.

Frank, Wolfgang (21.02.1951): Beim BVB von 1977-80. Zuvor beim VfB Stuttgart und Eintracht Braunschweig, wo er echte Torjägerqualitäten bewiesen hatte. 34 Bundesligaspiele (10 Tore) für den BVB. Als Trainer von Rot-Weiß Essen 1994 im DFB-Pokalfinale.

Freund, Steffen (19.01.1970): Der jüngste Ex-Schalker im BVB-Trikot. Seit 1993 dabei, konnte sich die Kämpfernatur aus der ehemaligen DDR allerdings zunächst nicht etablieren. Von seinen neuen Kollegen wurde er geschnitten, vom Trainer in der Aufstellung hin- und hergeschoben und von den Fans wegen seiner Schalker Vergangenheit nicht akzeptiert. Doch zu Beginn der Saison 1994/95 zeigte Freund eine stark aufsteigende Tendenz und wur-

de zu einer beständigen Größe im Borussen-Team. Mit der Verpflichtung von Andreas Möller hatte sich für Freund eine neue Rolle ergeben: „Putzer" des Spielmachers. Günter Netzer charakterisierte Freund als „...Prototyp des Spielers, der nicht überragend, nicht spektakulär ist, der aber entscheidend zum Funktionieren des Teams beiträgt und deshalb eines der Erfolgsgeheimnisse verkörpert." Bei der EM 1996 erlitt Freund im Halbfinale einen Kreuzbandabriß, der ihn lange lahmlegte. Bislang 104 Bundesligaspiele (6 Tore) für den BVB. Im UEFA-Cup und in der Champions League kam Freund 32mal zum Einsatz. Mit dem BVB Deutscher Meister 1995 und 1996, Champions-League-Sieger 1997 und Weltpokal-Sieger 1997. Mit der Nationalmannschaft Europameister 1996. 21 A-Länderspiele.

Gambo, Bashiru (24.09.1978): Beim BVB seit 1992. Kam von King Faisal Babies FC Kumsai (Ghana). In der Saison 1997/98 6 Bundesligaspiele sowie 1 Einsatz in der Champions League.

Geisler, Lothar (08.12.1936): Beim BVB von 1956-67. Kam vom TuS Eving-Lindenhorst. 63 Einsätze (0 Tore) für den BVB in der Oberliga West, 54 Einsätze (1 Tor) in der Bundesliga. Deutscher Meister 1963.

Geyer, Peter (11.12.1952): Kam 1975 vom Bundesligaabsteiger Tennis Borussia Berlin und blieb bis 1982. Beim Wiederaufstieg 1976 dabei. 26 Einsätze (13 Tore) für den BVB in der 2. Bundesliga Gruppe Nord, 159 Einsätze (25 Tore) in der Bundesliga. Gestand später öffentlich ein, zu den Captagon-Schluckern gehört zu haben.

Gorlukowitsch, Sergej (18.11.1961): Der erste Russe im BVB-Trikot. Von 1989-92 44 Bundesligaspiele (1 Tor) für den BVB. Wurde Opfer der Ausländerbegrenzung und wechselte deshalb nach Uerdingen.

Groppe, Friedhelm (17.10.1942): Beim BVB 1965-69. 35 Bundesligaspiele (0 Tore) für den BVB. Hatte sich 1965/66 durch überzeugende Leistungen im Europapokal einen Stammplatz erkämpft, aber eine Verletzung verhinderte seinen Einsatz im Finale.

Günther, Klaus (12.1.1941): Spielte in der DDR-Auswahl, bevor er sich in den Westen absetzte. Zwischen 1968-71 39 Bundesligaspiele für den BVB.

Häßler, Thomas (30.05.1966): Borussia Dortmund ist für den nur 1,67 m großen Mittelfeldspieler nach dem 1. FC Köln (1983-90), Juventus Turin (1990-91), AS Rom (1991-94) und dem Karlsruher SC (1994-98) die fünfte Station seiner Profikarriere. Häßler kam zur Saison 1998/99 ablösefrei vom Absteiger Karlsruher SC. In der Bundesliga absolvierte er bis dahin 267 Spiele (45 Tore). In der italienischen Serie A kam Häßler 120mal (12 Tore) zum Einsatz. Olympia-Bronze 1988, Weltmeister 1990, Europameister 1996. 97 A-Länderspiele. Fußballer des Jahres 1989 und 1992. Als Häßler und sein heutiger Dortmunder Mitspieler Möller in der „U18"-Nationalmannschaft kickten, hieß ihr Kapitän Michael Skibbe.

Hartl, Hans-Werner (10.11.1946): Beim BVB 1973-78. Kam vom VfL Bochum. 88

Einsätze (30 Tore) für den BVB in der Regionalliga West und 2. Bundesliga Gruppe Nord, 29 Einsätze (7 Tore) in der Bundesliga. Am Wiederaufstieg 1976 beteiligt.

Heidkamp, Ferdinand (14.09.1944): Beim BVB 1969-71. Kam vom Absteiger Kickers Offenbach. 50 Bundesligaspiele (2 Tore) für den BVB.

Hein, Herbert (27.03.1954): Beim BVB 1979-84. Kam vom 1. FC Köln. 193 Bundesligaspiele (1 Tor) für die Borussen.

Heinrich, Jörg (06.12.1969): Stieß während der Winterpause 1995/96 vom SC Freiburg zum BVB. Begann das Fußballspielen in der DDR bei Motor Rathenow (Brandenburg). Die nächsten Stationen hießen Chemie Velten (1989-90), Kickers Emden (1990-94) und SC Freiburg. Nach anfänglichen Problemen entwickelte sich Heinrich auf der linken Außenbahn des BVB zu einer wertvollen und zuverlässigen Größe. Einer der wenigen perfekt beidfüßig agierenden deutschen Profis. Nach der Saison 1997/98 wechselte Heinrich für 25 Mio. DM zum FC Florenz und wurde somit zum teuersten Auslandstransfer in der Bundesligageschichte. 81 Bundesligaspiele (11 Tore) und 18 Champions-League-Einsätze (2 Tore) für den BVB. Mit der Borussia Deutscher Meister 1996, Champions-League-Sieger 1997 und Weltpokal-Sieger 1997.

Held, Sigfried (07.08.1942): Der Schweigsame fiel als kleiner Junge in den Abwasserkanal einer Augenbrauenfabrik. Beim BVB von 1965-71 und 1977-79. Der dribbelstarke Stürmer, einer der „Flankenkönige" der Bundesliga, kam von Kikkers Offenbach über Herha BSC Berlin zur Borussia. Held hatte in Berlin einen Vertrag unterschrieben, der aber aufgrund des Abstiegs der Hertha nicht erfüllt werden mußte. Da er von Hertha ein Handgeld kassiert hatte, belegte ihn der DFB zunächst mit einer vierwöchigen Sperre. Erst mit „Sigi" Held wurde Dortmunds

Sigi Held (links) mit Lothar Emmerich.

Lothar Emmerich zu einem gefürchteten Torjäger. 230 Bundesligaspiele (44 Tore) für den BVB. Mit der Borussia Europapokalsieger 1966. In der Bundesliga noch für Kickers Offenbach und Bayer Uerdingen aktiv. Insgesamt kam Held auf 422 Bundesligaspiele (72 Tore). Mit der Nationalmannschaft Vize-Weltmeister 1966 und WM-Dritter 1970. 41 A-Länderspiele. Als Trainer feierte Held bislang u.a. mit der isländischen Nationalmannschaft, Admira/Wacker Wien und dem FC Dynamo Dresden Erfolge.

Helmer, Thomas (21.04.1965): Beim BVB 1986-92. 190 Bundesligaspiele (16 Tore) für den BVB. Kam für nur 430.000 DM von Arminia Bielefeld. 1992 wechselte Helmer für ca. 7,5 Mio. DM zum FC Bayern München, damals der teuerste Transfer innerhalb der Bundesliga. Mit dem BVB DFB-Pokalsieger 1989. Mit der Nationalmannschaft Europameister 1996. 68 A-Länderspiele (2 Tore).

Hengen, Thomas (22.09.1974): Der defensive Mittelfeldspieler und Libero kam zur Saison 1998/99 ablösefrei vom Absteiger Karlsruher SC. Bis dahin 119 Bundesligaspiele für 1. FC Kaiserslautern und den KSC. Mit dem 1. FCK DFB-Pokalsieger 1996. 13 Jugendländerspiele, 13 „U21"-Länderspiele.

Herrlich, Heiko (03.12.1971): Kam zur Saison 1995/96 als Bundesliga-Torschützenkönig von Borussia Mönchengladbach. Mit den Gladbachern war er in der Vorsaison DFB-Pokalsieger geworden. Mit einer Ablöse von 11 Mio. DM der bislang teuerste Einkauf in der BVB-Geschichte. Als Herrlich 1997 bis 2001 verlängerte, wurde noch ein „Nachschlag" von 1,5 Mio. fällig. Herrlich litt häufig an Verletzungen und konnte u.a. deshalb die in ihn gesetzten Erwartungen nur bedingt erfüllen. Bislang 90 Bundesliga-, DFB-Pokal- und Champions-League-Spiele für den BVB (26 Tore). In der Bundesliga für Bayer Leverkusen, Mönchengladbach und den BVB insgesamt 190 Spiele (56 Tore). Mit dem BVB Deutscher Meister 1996, Champions-League-Sieger 1997 und Weltpokalsieger 1997. 5 A-Länderspiele (1 Tor).

Huber, Lothar (05.05.1952): Beim BVB von 1975-86. Kam vom 1. FC Kaiserslautern (wie zuvor schon Ackermann und später noch Schulz). Der rechte Verteidiger war berühmt für seine kraftvollen Flankenläufe. 38 Einsätze (10 Tore) für den BVB in der 2. Bundesliga Gruppe Nord, 254 Einsätze (28 Tore) in der 1.Bundesliga. Schoß in der Saison 1975/76 das entscheidende 3:2 im zweiten Relegationsspiel gegen den 1.FC Nürnberg, das den Wiederaufstieg in die 1. Liga bedeutete. Nach Beendigung seiner aktiven Karriere beim BVB noch als Co- und Amateur-Trainer engagiert.

Hupe, Dirk (29.05.1957): Beim BVB 1985-88. Kam von Arminia Bielefeld. 93 Bundesligaspiele und 6 Tore für den BVB.

Immel, Eike (27.11.1960): Beim BVB 1978-86. 247 Bundesligaspiele für den BVB. Feierte mit 17 Jahren sein Debüt in der Profi-Mannschaft und wurde mit 19 Jahren der jüngste Nationalkeeper des DFB, als er im November 1980 in Eindho-

Journalisten und Legenden: Alfred Heymann und Gerd Rensmann

Alfred Heymann (27.09.1923) verfolgt die Geschicke des BVB seit dessen Aufstieg in die Gauliga 1936. Der aus Dorstfeld stammende Heymann leitete über 30 Jahre das Sport-Ressort der *Westfälischen Rundschau.* Heymann ist auch Autor von Büchern über den BVB. Zuletzt (1996) erschien der Bild- und Textband „Meilensteine", gemeinsam erstellt mit BVB-Archivar Gerd Kolbe. In den 50ern saß Heymann an einem berühmt-berüchtigten Stammtisch, dem außer ihm noch die BVB-Spieler Herbert Erdmann, „Pat" Koschmieder, Max Michallek, „Bubi" Rau, Erwin Halfen, Heini Ruhmhofer und Alfred Mikuda angehörten und der montags beim früheren Obmann Menne Lerch tagte.

Gerd Rensmann (25.09.1923) schrieb über 30 Jahre für die *Westdeutsche Allgemeine Zeitung (WAZ)* über den BVB. Neben dem Fußball galt sein journalistisches Interesse dem Radsport und Boxen. „Der Lange", wie der aus Lütgendortmund stammende Rensmann gerufen wurde, galt als „'Chamauer der alten Schule', der mit einer gehörigen Portion Humor die nationale und internationale Sportwelt erfreute" (Fritz Lünscherman in „Borussia aktuell"). Rensmann und Heymann gründeten 1969 – mit ihren inzwischen verstorbenen *Ruhr-Nachrichten*-Kollegen Erwin Riep und Willy Figur – den Ortsverein der Dortmunder Sportjournalisten.

„Erfolgreichster Trainer aller Zeiten“: Ottmar Hitzfeld

Ottmar Hitzfeld (12.01.1949) war als Spieler aktiv beim TuS Stetten, FV Lörrach, FC Basel, VfB Stuttgart, FC Lugano und FC Luzern. Hitzfelds Trainerstationen vor seinem Eintreffen in Dortmund: SC Zug (1983/84), FC Aarau (1984-88) und Grasshopper Zürich (1988-91). Kein Bundesligatrainer der Borussia konnte sich so lange im Amt halten wie der aus Lörrach stammende Mathematiker: Sechs Spielzeiten – 1991/92 bis 1996/97 – betreute Hitzfeld die Borussia. Zweimal wurde er mit dem BVB Deutscher Meister (1995, 1996), einmal Sieger in der Champions League (1997). Außerdem standen noch eine Deutsche Vizemeisterschaft (1992) sowie ein Einzug in das UEFA-Cup-Finale (1993) zu Buche.

Hitzfeld bevorzugte ein kraftraubendes 3-5-2-System mit einem Libero (Sammer) weit vor der Abwehr und einem Fast-Spielmacher.

Der extrem erfolgsorientierte Trainer setzte vornehmlich auf fertige Akteure und häufigere Fluktuation in der Mannschaft („neue Reibungspunkte setzen“). Dies bedeutete bereits in der Anfangsphase seiner Tätigkeit einen relativ hohen Grad an Spielerverschleiß. Das Verhältnis des Trainers zu einer Reihe seiner Spieler war nur von geringer „Halbwertzeit“. Die anfängliche Zustimmung einiger Spieler schlug nach einiger Zeit in Kritik bis offene Ablehnung um (Mill, Rummenigge, Schulz, Zorc, Sammer, Freund etc.). Die enorm gestiegenen Einkommen der Spieler und die Erfordernisse der Vertragsgestaltung nach dem Bosman-Urteil ergaben ökonomische Probleme für Hitzfelds „Fluktuationsstrategie“.

Bezüglich der Spielvorbereitung zählt Hitzfeld sicherlich zu den akribischsten Arbeitern seiner Branche. Sein persönliches Leiden am Fußball, am Erfolg und/oder Mißerfolg waren

ihm bald ins Gesicht geschrieben. Hitzfeld kritisierte seine Akteure nur in Ausnahmefällen öffentlich. Zu den Gescholtenen gehörte Matthias Sammer, dem der Trainer einmal riet, er möge „erst denken, dann reden“. Hitzfeld erörterte mit den Spielern – genauer dem Mannschaftsrat (Sammer, Möller, Kohler, Reuter) – die Taktik, behielt sich aber stets das letzte Wort vor.

Nach dem Ende seiner Trainertätigkeit beim BVB (Sommer 1997), für die Unstimmigkeiten mit BVB-Präsident Niebaum und gesundheitlicher Verschleiß verantwortlich waren, diente Hitzfeld dem Verein noch eine knappe Spielzeit lang als Sportdirektor. Zur Saison 1998/99 kehrte Hitzfeld auf die Trainerbank zurück – beim FC Bayern. Sein Wechsel zum stärksten Rivalen des BVB trug Züge eines demonstrativen Abschlusses mit der Dortmunder Geschichte. 1997 wurde Hitzfeld von den Journalisten aller bedeutender Fußball-Fachblätter Europas zum Welttrainer des Jahres gewählt.

Nicht nur für Präsident Niebaum war Hitzfeld der „erfolgreichste Trainer aller Zeiten von Borussia Dortmund“. Als Hitzfeld im Januar 1997 seinen Abschied ankündigte, sprach Niebaum: „Du bist als Fremder aus der Schweiz gekommen, bist ein Freund geworden.“

ven gegen die Niederlande eingewechselt wurde. Sein erstes Länderspiel über die volle Distanz absolvierte er 1981 in Dortmund gegen Albanien. Insgesamt bestritt Immel während seiner Zeit beim BVB 4 A-Länderspiele. 1986 wechselte der als „Zocker“ verrufene Keeper für 1,7 Mio. DM zum VfB Stuttgart. Bis zu Oliver Kahns Wechsel vom Karlsruher SC zum FC Bayern München war dies der teuerste Torhüter-Transfer in der Bundesligageschichte. Im Trikot des VfB erfolgte die Rückkehr in das DFB-Team. Bei der EM 1988 war Immel die Nr. 1 zwischen den Pfosten des Nationalmannschaft. Als der Kölner Bodo Illgner immer mehr in den Blickpunkt rückte, erklärte der genervte Immel seinen Rücktritt als Nationalspieler. Ein Entschluß, den er später bereute. Insgesamt kam Immel auf 19 A-Länderspiele. 1992 wurde Immel mit dem VfB Stuttgart Deutscher Meister. 1995 wechselte er zu Manchester City, stieg allerdings gleich im ersten Jahr ab. 1997 beendete der Keeper seine Karriere.

Janowski, Paul (03.06.1917): Der Lokführer spielte beim BVB den linken Läufer. Janowski ging aus der eigenen Jugend hervor. Er war dabei, als der BVB 1947 durch einen Sieg über Schalke 04 am Herner Schloß Strünkede erstmals Westfalenmeister wurde. In der ersten Oberligasaison des Vereins (1947/48) kam Janowski noch auf 17 Einsätze (2 Tore).

Kapitulski, Helmut (29.09.1934): Beim BVB von 1953-57. 76 Einsätze (15 Tore) für den BVB in der Oberliga West. Deutscher Meister 1956 und 1957. 1 A-Länderspiel. Im Endspiel von 1956 war Kapitulski mit 21 Jahren der jüngste Spieler auf dem Platz. Folgte nach dem Gewinn der Meisterschaft 1957 seinem Trainer Schneider zum FK Pirmasens, mit dem er 1958 Meister der Oberliga Südwest wurde. Zwischen 1964 und 1968 absolvierte Kapitulski noch 98 Bundesligaspiele (22 Tore) für den 1. FC Kaiserslautern.

Karl, Steffen (03.02.1970): Beim BVB von 1989-94. Kam vom ehemaligen DDR-Oberliga-Klub Chemie Halle. 72 Bundesligaspiele (2 Tore) für den BVB. In der Saison 1993/94 schoß Karl ein fulminantes Freistoßtor gegen den FC Bayern München, als er den Ball aus gut 30 Metern Entfernung auf die Mitte des Bayern-Tores knallte. Nachdem er – gut abgefüllt – mit seinem Auto eine Ampel umgelegt hatte, durfte er noch während der Saison 1993/94 seine Papiere abholen. Über Manchester City und den FC Sion landete Karl 1995 bei Hertha BSC und schließlich wieder in der 1. Liga.

Kasperski, Gerd (25.12.1949): Beim BVB 1975-77. Kam von Hannover 96. 29 Einsätze (15 Tore) für den BVB in der 2. Bundesliga Gruppe Nord, vier Einsätze (0 Tore) in der 1. Bundesliga. War am Wiederaufstieg 1976 beteiligt. Bereits sein Papa **Edmont „Ede“ Kasperski** kickte beim BVB, allerdings deutlich erfolgreicher. Der Mittelstürmer absolvierte 1948-53 124 Einsätze (62 Tore) in der Oberliga West.

Kelbassa, Alfred (21.04.1925): Beim BVB 1954-62. 183 Einsätze (114 Tore) für den BVB in der Oberliga West. Spielte zuvor für STV Horst Emscher und Preußen Münster und führte mit „Adi“ Preißler die „Ewige Torschützenliste“ der Oberliga West an. Alfred „Fredy“ Kelbassa war nicht nur ein großartiger Fußballer, sondern machte sich auch als Leichtathlet einen Namen. Die 100 Meter lief er unter 11 Sekunden, den Speer warf er über die 60-Meter-Marke, und beim Weitsprung landete er bei ca. 6,60 Metern. Kelbassa wurde zweimal Westdeutscher Meister im Fünfkampf. Mit dem BVB wurde er Deutscher Meister 1956 und 1957. Torschützenkönig der Oberliga West 1957 und 1958. 6 A-Länderspiele und WM-Teilnehmer 1958.

Keser, Erdal (20.06.1961): Beim BVB 1980-84 und 1986-87. 106 Bundesligaspie-

Alfred Kelbassa

le (27 Tore). Trotz der großen türkischen Community in Dortmund bis heute der einzige türkische Lizenzspieler beim BVB. Ging anschließend in die Türkei. 1995 beendete Keser seine Profikarriere aufgrund einer schweren Knieverletzung. Wurde später Assistenztrainer der türkischen Nationalmannschaft.

Klos, Stefan (16.08.1971): Beim BVB seit 1988. Das Dortmunder Eigengewächs spielte zuvor beim TuS Eving-Lindenhorst und Eintracht Dortmund. Gab sein Bundesligadebüt am 28. Spieltag der Saison 1990/91 gegen Wattenscheid 09, nachdem de Beer sich verletzt hatte. Seit dem 8.Spieltag der Saison 1991/92 die Nr. 1 beim BVB. Teddy de Beer hatte in den sieben Spielen zuvor 14 Gegentore kassiert. Mit einer Körpergröße von 1,82 Metern ist der kompakt gebaute Klos nicht gerade ein Torwarthüne. Bei Flanken immer mal wieder mit Problemen, ist Klos im Spiel Mann gegen Mann und auf der Linie ein Keeper von internationaler Klasse. Der Dortmunder ist der vielleicht beste Fußballspieler unter den deutschen Torhütern. Sein großes taktisches Verständnis und seine Ballsicherheit ermöglichen ihm, auch als verkappter Libero zu agieren. In der Saison 1997/98 wurde das Verhältnis zwischen Klos und seinem Arbeitgeber stark getrübt. Der Keeper fühlte sich stiefmütterlich behandelt und kündigte seinen Wechsel ins Ausland (Glasgow Rangers) an. Spieler und Verein bemühten die Gerichte. Präsident Niebaum forderte Klos auf, „öffentlich nicht auf die Tränendrüse drücken und sich wie ein Märtyrer aufspielen". Der Keeper solle „aufrichtig dazu stehen, daß er an die großen Millionen möchte". Nach einem mehrmonatigen juristischen Streit wurde Klos schließlich dazu verdonnert, bis zum Ende der Saison 1998/99 Borusse zu bleiben. Bislang 236 Bundesliga-, 12 DFB-Pokal- sowie 60 UEFA- und Champions-League-Spiele für den BVB. Mit dem BVB Deutscher Meister 1995 und 1996, Champions-League-Sieger 1997 und Weltpokal-Sieger 1997. Klos durchlief folgende DFB-Auswahlteams: Schülernationalmannschaft (2 Einsätze), B-Jugend (3), A-Jugend (14), „U 19" (2), Olympia-Auswahl (2) und „U 21" (17).

Klotz, Bernd (08.09.1958): Beim BVB 1981-85. Kam vom VfB Stuttgart. 106 Bundesligaspiele (27 Tore). Spielte anschließend in der 1. Bundesliga noch für den SV Waldhof Mannheim und Fortuna Düsseldorf. 5 Einsätze in der Olympiaauswahl während seiner BVB-Zeit.

Koch, Meinolf (12.07.1957): Beim BVB 1979-85. 140 Bundesligaspiele (10 Tore) für den BVB. In dieser Zeit einmal in der Olympia-Auswahl.

Kohler, Jürgen (06.10.1965): Beim BVB seit 1995. Zuvor spielte der Innenverteidiger für TB Jahn Lambsheim (1975-80), Waldhof Mannheim (1980-87), 1. FC Köln (1987-89), Bayern München (1989-91) und Juventus Turin (1991-95). Als Kohler 1991 zu Juventus Turin wechselte, brachte dies 15 Mio. in die Kasse des FC Bayern, die höchste Transfereinnahme in der Geschichte des Klubs. Kohler verfolgte jahrelang das Image des „typisch deutschen" Abwehrspielers: körperlich robust und kompromißlos im Zweikampf, aber schwach in Technik und Spielaufbau. Während seiner Zeit in Italien konnte Kohler enorm zulegen. Aus dem sturen Manndecker wurde ein intelligent im Raum agierender kreativer Abwehrspieler, der sich immer wieder auch in Angriffsbewegungen einschaltet. Angelo Peruzzi, Torwart und ehemaliger „Juve"-Kollege Kohlers: „Zu sehen, wie er seinem Gegner folgte, war traumhaft und gruselig zugleich. Er hat ihn regelrecht aufgefressen." Obwohl zum Zeitpunkt seiner Ankunft in Dortmund nicht mehr der Jüngste, erwies sich Kohler für die Borussen als absoluter Glücksgriff. Die schwarz-gelbe Fan-Gemeinde kürte den „Fußball-Arbeiter" mit der vorbildlichen Berufsauffassung zum „Fußball-Gott". Bislang 80 Bundesligaspiele (10 Tore), 6 DFB-Pokalspiele (1 Tor) und 20 Champions League-Spiele (1 Tor) für den BVB. Mit Borussia wurde Kohler 1996 Deutscher Meister, 1995 und 1996 Supercup-Sieger, 1997 Champions League-Sieger und im gleichen Jahr auch noch Weltpokal-Sieger. Weitere Titel des Abwehrspielers: Deutscher Meister und Supercup-Sieger 1990 (mit dem FC Bayern), UEFA-Pokal-Sieger 1993 sowie Italienischer Meister und Pokalsieger 1995 (mit Juventus Turin), Weltmeister 1990 und Europameister 1996. Für die Nationalmannschaft bestritt Kohler 105 A-Länderspiele, bevor er nach der WM 1998 seine Nationalspielerkarriere beendete. 1997 wurde Kohler zum „Fußballer des Jahres" gewählt. Sein ehemaliger Trainer Daum einmal: „Jürgen ist ein Draufgänger, so im amerikanischen Sinne. Der Junge will immer ein Stückchen weiter nach Westen." Kohler über Kohler: „Leuten wie mir baut man keine Denkmäler."

Konietzka, Friedhelm (02.08.1938): Beim BVB von 1958-65. Kam aus Lünen zum BVB. 110 Einsätze (79 Tore) für den BVB in der Oberliga West, 53 Einsätze (42 Tore) für den BVB in der Bundesliga. Deutscher Meister 1963, DFB-Pokalsieger 1965. „Timo" wurde von seinem ehemaligen Trainer Max Merkel zum TSV 1860 München geholt, mit dem er 1966 Deutscher Meister wurde und den BVB auf den 2. Platz verwies. 9 A-Länderspiele (3 Tore). Den Spitznamen erhielt „Timo" aufgrund seines kurzen Bürstenhaarschnitts, der an den Sowjetgeneral Timoschenko erinnerte.

Koschmieder, Paul (10.04.1922): Der gelernte Autoschlosser war Kapitän der BVB-Mannschaft, die 1949 Borussias erstes Endspiel um die Deutsche Meisterschaft bestritt. „Pat" stammte aus der hauseigenen Jugendabteilung. Der Mittelläufer kam in der Oberliga 1947-55 auf 167 Einsätze (1 Tor). Koschmieder schoß beidfüßig, praktizierte ein gutes Kopfballspiel und galt als hart.

Kostedde, Erwin (21.05.1946): Spielte beim BVB 1976-78 und erzielte dabei in 48 Bundesligaspielen 18 Tore. 3 A-Länderspiele. Der erste farbige Lizenzspieler der Borussia begann beim TuS Saxonia Münster. Später landete er beim SC Preußen, wo ihm die Münsteraner Fußballegende „Fiffi" Gerritzen ein paar Tricks beibrachte. 1967 Wechsel in die Bundesliga zum MSV Duisburg. Anschließend zu Standard Lüttich, wo er dreimal belgischer Meister wurde. Dann zu Kickers Offenbach, Hertha BSC und schließlich Borussia Dortmund. Drei Jahre nach seinem Abschied von Dortmund und der Bundesliga sowie einem Gastspiel beim bretonischen Klub Stade Lavall wagte Kostedde in der Saison 1981/82 ein Bundesliga-Comeback bei Werder Bremen. Sein Trainer war Rehhagel, den er schon aus Dortmunder Zeiten kannte. Insgesamt 219 BL-Spiele, 98 Tore. Kostedde hatte mit dem Leben ähnliche Probleme wie Reinhard Libuda.

Kree, Martin (27.01.1965): Beim BVB seit 1994. Kree begann seine Karriere beim TuS Wickede. In der Bundesliga zunächst sechs Jahre beim VfL Bochum, denen fünf bei Bayer Leverkusen folgten. Beim BVB war Kree als Ersatz für Michael

Schulz gedacht. Mit Julio Cesar und später Jürgen Kohler erwuchs ihm allerdings starke Konkurrenz, weshalb sich der Linksfuß mit dem knallharten Schuß zumeist mit dem Status des Ergänzungsspielers zufrieden geben mußte. In dieser Funktion kam er jedoch häufig zum Einsatz und sollte sich als unersetzlich erweisen. Kree bestritt bislang 81 Bundesligaspiele (1 Tor) sowie 24 UEFA-Pokal- und Champions-League-Spiele (1 Tor) für den BVB. Insgesamt kommt Kree auf 401 Bundesligaeinsätze (51 Tore). Mit dem BVB Deutscher Meister 1995 und 1996, Champions-League-Sieger 1997.

Kronsbein, Willi (24.08.1915): Der Torhüter, der in Westdeutschland zu den besten seines Fachs gehörte und in der Westfalenauswahl spielte, kam von Arminia Marten zum BVB. Seine Spielweise war höchst unspektakulär. „Hummelein" bestach vor allem durch gutes Stellungsspiel und weite, befreiende Abstöße. Gehörte während der Kriegsjahre zum Kader der Nationalelf. In der Oberliga West stand Kronsbein in den Spielzeiten 1947/48, 1948/49 und 1949/50 noch 46mal zwischen den Pfosten.

Kurrat, Dieter (15.05.1942): In der 1. Mannschaft des BVB von 1960-74. „Hoppy", der nur 1,63 m mißt, spielte 612mal für die Borussia, davon 247mal in der 1. Bundesliga (9 Tore). Kurrat kam aus der eigenen Jugend, mit der er als 15jähriger Westfalenmeister wurde. Das kleine Quadrat war der erste „Terrier" der neuen Liga. Als der BVB 1972 aus der Bundesliga abstieg, war Kurrat der letzte „Überlebende" aus der glorreichen Elf von 1966. „Hoppy" fiel oft die Aufgabe der Sonderbewachung zu. Nachdem er zwischenzeitlich beim krisengeschüttelten BVB auch als Trainer eingesprungen war, wechselte Kurrat 1974 als Spielertrainer zum SV Holzwickede, den er 1976 zur Deutschen Amateurmeisterschaft führte. Mit dem BVB Deutscher Meister 1963 (Kurrat erzielte im Endspiel das erste Tor), DFB-Pokalsieger 1965 und Europapokalsieger 1966. 1 Junioren-Länderspiel. „Hoppys" jüngerer Bruder **Hans-Jürgen** (07.07.1944) spielte ebenfalls beim BVB, kam jedoch lediglich auf einen Bundesliga- (1963/64) und einen Europacup-Einsatz.

Kroth, Thomas (26.08.1959): Beim BVB 1988-90. 53 Bundesligaspiele (0 Tore) für den BVB. DFB-Pokalsieger 1989. Spielte anschließend noch bei den Amateuren des BVB.

Kutowski, Günter (02.08.1965): Beim BVB 1984-96. Der letzte Name beim BVB, der dem Ruhrpott-Klischee entsprach. Kam allerdings seinerzeit vom FC Paderborn. Der harte Verteidiger, Idol der Südtribüne, absolvierte 288 Bundesligaspiele (3 Tore), 20 DFB-Pokalspiele (2 Tore) und 28 UEFA-Cup- und Champions-League-Spiele (0 Tore) für den BVB. Mit insgesamt 336 Einsätzen belegt Kutowski hinter Zorc und Kurrat Platz 3 in der ewigen BVB-Rangliste. In der Saison 1992/93 erhielt er den Beinamen „Turban" (wie bereits 1963 Willi Burgsmüller), nachdem er im UEFA-Cup-Spiel gegen Real Saragossa mit einem blutgetränkten Kopfverband gespielt hatte. Zu Beginn der Saison 1996/

Heinz
Kwiatkowski

97 wechselte „Kutte“ nach 12 Profijahren beim BVB in die alte Heimat zurück. Mit dem BVB Deutscher Meister 1995 und 1996 sowie DFB-Pokalsieger 1989. 11 Einsätze in der „U 21“-Auswahl.

Kwiatkowski, Heinz (16.07.1926): Ursprünglich ein Schalker Junge, der von Rot-Weiß Essen zum BVB kam. Beim BVB 1953-64. 297 Einsätze für den BVB in der Oberliga West. Deutscher Meister 1956 und 1957. Kapitän des BVB beim DM-Endspiel 1961. Unglücklichster Torwart in der Geschichte der deutschen Nationalmannschaft: In zwei A-Länderspielen kassierte Kwiatkowski 14 Tore. In der Bundesliga absolvierte er 1963/64 noch 3 Spiele für den BVB.

Lambert, Paul (07.08.1969): Der Schotte kam im Sommer 1996/97 ablösefrei zum BVB. Der defensive Mittelfeldmann, ursprünglich als Notnagel für die verletzten Freund und Sousa verpflichtet, erwies sich als Volltreffer. Der *Kicker* schrieb: „Das Schnäppchen schlechthin. Dortmunds Schotte kostet wenig, verdient relativ wenig und ist dennoch besonders wertvoll.“ Mit dem BVB gewann Lambert als erster schottischer Spieler die Champions League, woraufhin ihn eine schottische Zeitung zum „European Hero“ kürte. Im schwarz-gelben Trikot gelang Lambert auch der Sprung in die schottische Nationalmannschaft. Die vorzeitige Auflösung des eigentlich bis 1999 laufenden Vertrags erfolgte aus „humanitären Gründen“ (Michael Meier). Lamberts Ehefrau plagte arges Heimweh. Meier: „Ich bin schon lange im Geschäft, aber das habe ich noch nicht erlebt. Ein Spieler, der sich wohlfühlt, mit seiner Mannschaft große Erfolge feiert und bei den Fans gut ankommt, geht freiwillig. Wir haben lange um ihn gekämpft, aber die familiären Zustände haben Paul so sehr belastet, daß er nicht mehr die gewohnte Leistung bringen konnte.“ Lambert habe in seiner Zeit bei der Borussia „alles gegeben, was er hat“. Der *Kicker* charakterisierte den Schotten als einen „ehrlichen Arbeiter“. 44 Bundesligaspiele (1 Tor) und 14 Champions-League-Spiele (1 Tor) für den BVB. War während der Champions-League-Kampagne 1996/97 der BVB-Feldspieler mit den meisten Spielminuten. 10 A-Länderspiele für Schottland.

Lenz, August (29.11.1910): Erster Nationalspieler des BVB (14 Länderspiele, 9 Tore). Mit Lenz gelang 1936 der Aufstieg in die Gauliga. Aufgrund der damaligen Dominanz der Schalker blieb Lenz allerdings ein Titelgewinn verwehrt. War auch noch

Sepp Herberger und der damalige Vorsitzende Egon Pentrup (2.v.r.) verabschieden in der Roten Erde den ersten Nationalspieler des BVB, August Lenz, aus seiner aktiven Laufbahn. Links BVB-Torhüter Willi Kronsbein.

in den ersten Jahren der Oberliga West Stammspieler des BVB. Kam hier 1947/48 und 1948/49 48mal zum Einsatz (32 Tore). Nahm an der Endrunde zur Deutschen Meisterschaft 1949 zwar als 38jähriger noch teil, saß beim Endspiel allerdings auf der Tribüne. Lenz kickte insgesamt 31 Jahre für seine Borussia, in denen er über 1.000 Spiele absolvierte. August Lenz galt als Prototyp eines Torjägers: gewandt und schußgewaltig, temperamentvoll und treffsicher. Der Dortmunder wurde als „Stürmer der kurzen Wege" gerühmt. Als die Schalker 1938 den Weggang von Ernst Poertgen zu beklagen hatten, bekniete Ernst Kuzzora Vereinsboss „Papa Unkel": „Sieh zu, daß der August zu uns kommt." Doch Unkel entgegnete: „Eher gehst du zur Borussia, als daß der Lenz den Borsigplatz verläßt." Gemeinsam mit seiner Frau führte Lenz 33 Jahre lang am Borsigplatz eine Gastwirtschaft mit dem Namen „Sportlerklause". Nach den Generalversammlungen des BVB war es Usus, daß Lenz die Schlußworte sprach und das Vereinslied anstimmte. Lenz verstarb 78jährig in der Nacht zum 5. Dezember 1988. Die neue Geschäftsstelle des BVB wurde „August Lenz Haus" getauft.

Libuda, Reinhard (10.10.1943): „An Gott kommt keiner vorbei – außer Libuda". BVB-Chronist Gerd Kolbe entdeckte diesen Spruch erstmals im Frühjahr 1967 – auf einem Transparent, an der Evangelischen Kirche in Dortmund-Scharnhorst. Reinhard Libuda war des Ruhrgebiets Antwort auf den amerikanischen Prediger Billy Graham. Beim BVB von 1965-68. 74 Bundesligaspiele (8 Tore) für den BVB. Kam von Schalke, wo er 1952 mit dem Kicken begonnen hatte, und ging wieder zu Schalke. Schütze des Siegtores beim Europapokalfinale 1966. Libuda schoß die deutsche Nationalmannschaft, für die er 26mal auf dem Platz stand, mit seinem Tor gegen Schottland zur WM in Mexiko 1970. Für Schalke absolvierte „Stan", wie Libuda nach dem legendären Stanley Matthew genannt wurde, 190 Bundesligaspiele, in denen er 20 Tore erzielte. Reinhard Libuda starb am 25. August 1996 in Gelsenkirchen an Herzversagen. Sein Biograph Thilo Thielke: „Er trug Turnschuhe, als er starb."

Linneweber, Josef: Beim BVB 1950-53. Der Mittelstürmer kam vom VfL Geseke. 37 Einsätze (20 Tore) in der Oberliga West. Ein Amateur-Länderspiel.

Lippens, Willi (10.11.1945): Beim BVB 1976-79. 70 Bundesligaspiele (13 Tore) für den BVB. Lernte das Fußballspielen beim

VfB Kleve 08. Kam von Rot-Weiß Essen (179 Bundesligaspiele, 79 Tore). 1 Länderspiel für die Niederlande. Das Bundesliga-Original schlechthin. Trug auch im Westfalenstadion erheblich zur Unterhaltung bei.

Loose, Ralf (05.01.1963): Im Bundesligakader des BVB von 1981-86. 120 Bundesligaspiele (11 Tore) für den BVB. 1981 mit den DFB-Junioren Europameister.

Lusch, Michael (16.06.1964): Beim BVB von 1982-93. Wie Ackermann ursprünglich vom TuS Germania Hamm. 203 Bundesligaspiele (10 Tore) für den BVB. DFB-Pokalsieger 1989 und Schütze des vierten Endspieltores.

MacLeod, Murdoch (24.09.1958): Beim BVB 1987-91. Borussias erster Schotte kam von Glasgow Celtic und wurde mit seinem kämpferischen Einsatz schnell zu einem Publikumsliebling. Bevor McLeod Profi wurde, arbeitete er in einer Whiskey-Brennerei. Wechselte während der Hinrunde 1990/91 zu Hibernian Edinburgh, weil er aufgrund der Ausländerregelung zu häufig mit der Bank vorlieb nehmen mußte. Sein plötzlicher Weggang wurde allenthalben bedauert. 103 Bundesligaspiele (4 Tore), 13 DFB-Pokalspiele (1 Tor) und 12 UEFA-Cup-Spiele für den BVB. Mit dem BVB Deutscher Pokalsieger 1989. 10 A-Länderspiele für Schottland.

Meyer, Rolf (03.10.1955): Der Torhüter drückte 1983-90 zwar fast nur die Bank (nur 5 Bundesligaspiele!), war aber in der Regel topfit, wenn er zwischen die Pfosten mußte. Zum Trost durfte er 1989 mit dem BVB den Super-Cup gewinnen. Daß er nie die Nummer 1 wurde, lag an einer komplizierten Fingerverletzung, die er sich nach dem Weggang von Eike Immel zuzog. Als Meyer wieder genesen war, stand bereits Teddy de Beer im Tor.

Michallek, Max (29.08.1922): Kopf der BVB-Meistermannschaft von 1956 und 1957. Der modern spielende Supertechniker war mit seinem Spielverständnis und schnellen raumgreifenden Vorstößen der Netzer der 50er Jahre, auch wenn er eher die Rolle eines Liberos einnahm. Michallek wurde nie Nationalspieler, woran möglicherweise nicht nur Herberger Schuld war. Sein damaliger Mitspieler Helmut Bracht: „Daß Michallek nie Nationalspieler wurde, hatte vielleicht andere Gründe. Ich glaube, den Max interessierte die Nationalmannschaft nicht so – da hätte er ja länger als ein oder zwei Tage von Dortmund weggemußt." In der Oberliga West kam Michallek zwischen 1947/48 und 1959/60 auf 293 Einsätze (17 Tore) für den BVB. Michallek starb 1985.

Mill, Frank (23.07.1958): Beim BVB 1986-94. Kam von Borussia Mönchengladbach. Ein Kind des Ruhrgebiets, das aus Essen stammt. Mit sechs Jahren trat er seinem ersten Fußballverein (Eintracht Essen) bei, mit 17 absolvierte er sein erstes Bundesligaspiel. Sein Vorbild war der Nordire George Best – mit einer Einschränkung: „Er hat mir zu viel getrunken." Mit Rot-Weiß Essen 1981 Torschützenkönig der 2. Liga. Mit Mills Verpflichtung begann beim BVB der sportliche Aufschwung. Mill bildete mit Norbert Dickel Dortmunds bestes Sturmduo seit den Tagen von „Emma" und „Sigi". Seine Ernennung zum Mannschaftskapitän veranlaßte Trainer Saftig 1988 zur Kündigung. Als ihn Hitzfeld aus der Stammformation nahm, wechselte Mill 1994 zum Zweitligaufsteiger Fortuna Düsseldorf, mit dem er nur ein Jahr später noch einmal das Licht der Erstklassigkeit erblickte. Mill galt als „Rebell am Ball", der keinem Konflikt aus dem Wege ging. 187 Bundesligaspiele (47 Tore), 12 DFB-Pokalspiele (6 Tore) und 22 Europapokalspiele (11 Tore, Pokalsieger-Cup und UEFA-Cup) für den BVB. Insgesamt kommt Mill auf 387 Bundesligaspiele (123 Tore). Mit dem BVB DFB-Pokalsieger 1989. 17 A-Länderspiele (davon sieben während seiner Zeit beim BVB) und 12 Einsätze in der Olympia-Auswahl, mit der er 1988 in Seoul die Bronzemedaille gewann.

Möller, Andreas (02.09.1967): Beim BVB von 1987-90 und seit 1994. Nur wenige Spieler verfügen über so viel offensive Spielkultur wie der pfeilschnelle und technisch starke Möller. Sein Manko: Er ist kein Führungsspieler und kein Macher, der ein bereits verloren geglaubtes Spiel im Alleingang umdrehen kann. Möller begann seine Karriere bei BSC Schwarz-Weiß Frankfurt, wo schon sein Vater gekickt hatte. Von dort ging es zu Eintracht Frankfurt, wo Möller in allen Teams seiner Altersklasse spielte. 1984 beobachtete der DFB-Nachwuchstrainer Berti Vogts das Talent erstmals auf einem Aschenplatz in der Nähe von Wiesbaden. Vogts später: „Viele Wege macht man umsonst, doch dieser hat sich gelohnt." Möllers Leistungen mangelt es zwar auch in Dortmund häufiger an Konsistenz, trotzdem fällt seine Bilanz mit dem BVB eindeutig positiv aus. Erst mit Andreas Möller erhielt die Borussia in der Saison 1994/95 die zur Erringung des Meistertitels notwendige spielerische Reife. Möller absolvierte bislang insgesamt 234 Spiele (75 Tore) im BVB-Dress. Mit dem BVB Deutscher Meister 1995 und 1996, Champions-League-Sieger 1997 und Weltpokalsieger 1997. Mit der Nationalmannschaft wurde er 1990 Weltmeister und 1996 Europameister. 82 A-Länderspiele.

Nerlinger, Christian (21.03.1973): „Das ist für mich die Enttäuschung des Tages. Ich bedauere den Weggang, denn Christian gehört zu unseren Leistungsträgern." So Bayern-Manager Hoeneß, nachdem Nerlingers Wechsel zur Borussia publik wurde. Neidhammel Matthäus maulte: „Er geht wegen des Geldes, das sie dort zahlen." Christian Nerlinger wuchs zwar in der Morgartenstraße in Dortmund-Wambel auf – Vater Helmut (s.u.) kickte seinerzeit für den BVB –, doch das Fußballspielen erlernte er beim bayerischen TSV Forstenried. 14jährig schloß sich Nerlinger dem FC Bayern an. 1993-98 absolvierte der defensive Mittelfeldmann mit dem starken linken Fuß 156 Bundesligaspiele (27 Tore) für den FC Bayern, mit dem er 1994 und 1997 Deutscher Meister, 1998 DFB-Pokalsieger und 1996 UEFA-Cup-Sieger wurde. Nerlinger unterschrieb beim BVB bis 2001. Lars Ricken, der in Nerlinger einen zweiten Michel Zorc erkannte: „Er ist genau der Spieler, der uns noch fehlt."

Der Meister-Präsident: Dr. Gerd Niebaum

Für seinen Vorgänger Reinhard Rauball ist Gerd Niebaum (23.10.1948) „die ideale Präsidentenfigur". Andreas Möller charakterisierte ihn mal als „fast wie ein Vater", Matthias Sammer sah in ihm den Grund für die Meisterschaft 1996 und den Europapokalgewinn 1997. Selten wurde ein Präsident eines Bundesligisten mit so viel Lob überschüttet wie Gerd Niebaum.

Der Wirtschaftsjurist wurde vor den Toren Dortmunds geboren, in der Bergbaugemeinde Lünen-Brambauer, traditionell ein Einzugsgebiet Borussias. Sein Vater war bei der Harpen AG (heute am Westfalenstadion beteiligt) als Diplomingenieur im Bergbau tätig. Niebaum: „Er hat also nicht als Bergmann, sondern über Tage gearbeitet. Aber ich habe das Leben in den Kolonien, den Bergarbeitersiedlungen, noch miterlebt. Mit dem Taubenstall, dem Stall, der meistens zur Wohnküche umfunktioniert worden war. Das war eine sehr idyllische Welt. Zwar nicht meine Welt zu Hause, aber die von Freunden und Spielkameraden. Und dazu gehörte auch ganz selbstverständlich Fußball." Das erste schwarzgelbe Ereignis, das Niebaum bewußt miterlebte, war die Vizemeisterschaft von 1961. „Ich war allerdings nicht nur an Fußball interessiert. Für mich waren die 60er, in denen ich zum Gymnasium gegangen bin, auch die Zeit der Beatles, Rolling Stones, später die Flower-Power-Geschichte. Jeder Jugendliche, der offen ist, läßt sich inspirieren von Musik, von Strömungen des Zeitgeistes. (...) Ich war in den sechziger Jahren in Liverpool im Cavern-Club auf der Spur der Idole von damals. Wir haben damals auch eine Band gehabt, die so etwas nachgeahmt hat. (...) Die Leute in dieser Band hatten aber mit Fußball nichts zu tun. (...) Ich war auch nicht der totale Fußballfan, der in schwarz-gelber Bettwäsche geschlafen hat und sieben Tage in der Woche für den Fußball lebt. Aber man hatte eben eine sehr starke, feste Verbindung zu Borussia Dortmund" (Zitate aus Christoph Biermann, Wenn du am Spieltag beerdigt wirst, kann ich leider nicht kommen, Köln 1995). Als der BVB 1966 den Europapokal gewann, nahm Niebaum mit Freunden am Autokorso vom Westhofener Kreuz bis in die Dortmunder Innenstadt teil. „Heute schaue ich immer auf alten Fotos von 1966 nach, ob ich mich in der jubelnden Menge entdecke, denn ich weiß noch genau, wie ich auf dem Neuen Markt gestanden habe."

Nach dem Abitur ging Niebaum zum Studium nach Münster, später auch noch nach Freiburg. In dieser Zeit schlief seine Beziehung zum BVB etwas ein. Mitte der 70er kehrte er nach Dortmund zurück. „Ich habe mir gleich wieder eine Dauerkarte gekauft und war regelmäßig da."

Als der BVB sich 1984 in einer schweren wirtschaftlichen Krise befand, holte ihn Reinhard Rauball in den Notvorstand. Niebaum war hier zunächst nur mit der wirtschaftlichen und rechtlichen Situation des vom Bankrott bedrohten Vereins befaßt. 1986 wurde er Rauballs Nachfolger. Mit mittlerweile zwölf Jahren ist Niebaum der amtsälteste Präsident in der BVB-Geschichte und der erfolgreichste noch dazu. Niebaum ist ein Perfektionist: „Ich schätze perfekte, reibungslose Abläufe, und wenn eine Sache nicht so funktioniert wie ich mir das vorstelle, ärgert es mich schon sehr."

Nerlinger, Helmut (27.02.1948): Beim BVB 1972-78. 116 Einsätze (15 Tore) für den BVB in der Regionalliga West und 2. Bundesliga Gruppe Nord, 36 Einsätze (1 Tor) in der Bundesliga. Am Wiederaufstieg 1976 mit 11 Toren als Abwehrchef (!) beteiligt.

Neuberger, Willi (15.04.1946): Beim BVB 1966-71. Wurde über Major Ottmar Rhein vermittelt. Horst Buhtz, Trainer von Borussia Neunkirchen, wollte ihn nicht haben: „Der muß noch ein paar Butterbrote essen. Für den Fußball ist er viel zu schmächtig." Neuberger, der vom in der 2. Kreisklasse spielenden TuS Röllfeld kam, war der beste Einkauf der Borussen nach ihrem Europapokaltriumph. Mußte – wie Assauer und Weist – an Werder Bremen verscherbelt werden. Neuberger absolvierte 148 Bundesligaspiele (29 Tore) für den BVB. Insgesamt kam der offensive Mittelfeldspieler auf 520 Bundesligaeinsätze (63 Tore), was Platz 5 in der Liste der Bundesligarekordspieler bedeutet. In 17 Bundesligajahren säumten 17 Trainer und 150 Mitspieler seinen Weg. In der Nationalmannschaft kam Neuberger überraschenderweise nur zweimal zum Einsatz (1968). Horst Buhtz, der später doch noch einmal Neuberger trainierte, vermutete, daß das „schmale Handtuch" „einfach nicht frech genug" gewesen sei.

Niepieklo, Alfred (11.06.1927): Kam 1950 von Castrop 02 zum BVB. Spielte im Trio der „drei Alfredos" die Rolle des linken Flügelflitzers. Lieblingsgegner des guten Technikers war der Hamburger SV, gegen den er beim Endrundenspiel 1956 und beim Finale 1957 jeweils drei Tore schoß. In der Meisterschaftssaison 1956 wurde Niepieklo Torschützenkönig der Oberliga West. Auch in der Endrunde erzielte er den Großteil der Dortmunder Tore. 175 Spiele (94 Tore) in der Oberliga West. Deutscher Meister 1956 und 1957.

Nijhuis, Alfred (23.03.1966): Der Niederländer wurde zur Saison 1998/99 als Nachfolger für Julio Cesar verpflichtet. Der aus der Grenzstadt Enschede stammende Nijhuis begann seine Karriere im deutschen Fußball im Münsterland beim damaligen Oberligisten ASC Schöppingen, wohin ihn der Altinternationale Bernard Dietz geholt hatte. 1991 wechselte er zum MSV Duisburg, für den er bis zum Ende der Saison 1996/97 in 121 Bundesligaspielen (11 Tore) zum Einsatz kam. Die folgende Station war der japanische Klub Urawa Red Diamonds. Im Sommer 1997 stufte der *Kicker* Nijhuis hinter Jürgen Kohler, Thomas Helmer und Christian Wörns an vierter Stelle in der Rangliste der Manndecker ein und attestierte ihm „Internationale Klasse". Zuvor hatte der 1,88 Meter große Abwehrmann eine grandiose Halbserie hingelegt und mit einem Notendurchschnitt von 2,5 die beste Bewertung aller Bundesliga-Profis erzielt.

Pagelsdorf, Frank (05.02.1958): Beim BVB 1984-90. Kam von Arminia Bielefeld. 192 Bundesligaspiele, neun Tore. Als Trainer führte er den FC Hansa Rostock zurück in die Bundesliga.

Paul, Wolfgang (25.01.1940): Beim BVB von 1961-70. Begann mit dem Fußball beim TuS Bigge 06. Als 17jähriger schloß sich Paul dem VfL Schwerte an, bevor ihn

Max Merkel 1961 zum BVB lockte. Der gelernte Uhrmacher verrichtete damals seinen Wehrdienst und spielte in der Westfalenauswahl. Der 1,86 m große, kopfballstarke Paul kam als Halbstürmer, wurde aber beim BVB zu einem erfolgreichen Vorstopper und Abwehrorganisator umfunktioniert. Bei der WM 1966 zählte der frischgebackene Europapokalsieger zwar zum DFB-Aufgebot, blieb jedoch ohne Einsatz, da der Bundestrainer Willi Schulz den Vorzug gab. Paul wurde oft mit Werner Liebrich, dem Weltmeister-Stopper von 1954, verglichen. Paul war einer der härtesten Abwehrspieler, kassierte aber in seinen zehn Jahren beim BVB nicht eine Rote Karte. 1968 ereilte ihn bei einem Spiel gegen den 1. FC Kaiserslautern eine schwere Verletzung, von der er sich nie mehr richtig erholte. 1995 wurde Paul mit der Ehrenmitgliedschaft und der Goldenen Vereinsnadel ausgezeichnet. Im BVB-Ältestenrat ist der Kapitän von 1966 der Benjamin. Für den BVB 50 Spiele (1 Tor) in der Oberliga West, 148 Spiele (6 Tore) in der Bundesliga. Deutscher Meister 1963, DFB-Pokalsieger 1965 und Europapokalsieger 1966.

Peehs, Gerd (21.01.1942): Beim BVB 1966-73. Kam von Borussia Neunkirchen. 170 Spiele (4 Tore) für den BVB in der Bundesliga, 11 Einsätze (0 Tore) in der Regionalliga West.

Peters, Wolfgang (08.01.1929): Beim BVB 1954-63. „Sully“, wie ihn seine Freunde nannten, kam 1954 vom ÖSG Viktoria Dortmund. Der schmächtige, aber wieselflinke und maßgerechte Flanken schlagende Flügelflitzer absolvierte 209 Spiele (19 Tore) für den BVB in der Oberliga West. Deutscher Meister 1956 und 1957. Ein A-Länderspiel. Eine Meniskusverletzung verhinderte die Fortsetzung seiner Nationalspielerkarriere.

Povlsen, Flemming (03.12.1966): Kam zur Saison 1990/91 vom PSV Eindhoven zum BVB und kostete damals ca. 4 Mio. DM. In der Bundesliga hatte Povlsen zu-

vor bereits 1987-90 für den 1. FC Köln gespielt. Mit seinem kämpferischen Einsatz und seiner Antriebskraft wurde der Däne Teil der Seele des BVB-Spiels. Manager Meier: „Der trifft für einen Stürmer nun wirklich ziemlich selten das Tor. Aber die Leute feuern ihn an, die Fans mögen ihn. Denn der läuft das ganze Spiel den Platz rauf und runter wie ein Verrückter, und dann sagen die Dortmunder eben: Macht nix, is' in Ordnung, Flemming!“ Eine schwere Knieverletzung zwang Povlsen in der Saison 1994/95 zur Beendigung seiner Karriere. Für den BVB 116 Bundesligaspiele (20 Tore), 4 DFB-Pokalspiele (2 Tore) und 21 UEFA-Pokalspiele (1 Tor). Mit dem BVB Deutscher Meister 1995. Mit Dänemark 1992 Europameister. 58 Länderspiele für Dänemark (Stand: 1.8.1994).

Poschner, Gerd (23.09.1969). Beim BVB von 1990-94. Kam vom VfB Stuttgart. Dem exzellenten Techniker gelang es trotz einer Reihe von brillanten Vorstellungen nicht, zu einem Leistungsträger zu avancieren. 110 Bundesligaspiele (14 Tore) für den BVB. 2 Einsätze in der Olympia-Auswahl. Nach der Saison 1993/94 verließ der Schwarm vieler weiblicher BVB-Teenies den Klub und kehrte zum VfB zurück.

Preißler, Alfred (09.04.1921): Beim BVB bis 1959. Ein Sportjournalist beschrieb ihn als „einer der gescheitesten Spieler, die je über eine Fußballwiese gelaufen sind“. In Duisburg geboren, spielte Preißler in seiner Jugend für den DSC 1900 Duisburg. Nach einem kurzen Intermezzo beim Dortmunder Vorortklub Husen 13 schloß sich der Kicker mit der hohen Stirn dem BVB an. Nach der Saison 1949/50 wechselte er für zwei Spielzeiten zu Preußen Münster, mit denen er 1951 Deutscher Vizemeister wurde, der bis heute größte Erfolg in der Geschichte der Domstädter. Mit Gerritzen, Schulz, Rachuba und Lammers bildete Preißler dort den sogenannten „100.000-Mark-Sturm“. Während seiner Zeit beim SC Preußen gab Preißler auch sein Debüt in der Nationalelf (23.9.1951). Der technisch versierte Stürmer sah in Münster bessere Möglichkeiten als in Dortmund, seine sportlichen Ambitionen zu realisieren. Als Preißler 1952 zum BVB zurückkehrte, zählte er bereits 31 Lenze. Seine letzte Glanzvorstellung im Borussen-Trikot gab Preißler am 20. September 1959 beim Derby gegen Schalke, der BVB gewann 5:0. Max Merkel bemühte sich vergeblich, den mittlerweile 38jährigen Stürmer zum Weitermachen zu bewegen. Für den BVB 241 Spiele (145 Tore) in der Oberliga West. (Insgesamt: 294 Spiele, 175 Tore). Torschützenkönig der Oberliga West 1949 und 1950. Deutscher Meister 1956 und 1957 (Kapitän der Meistermannschaft). 2 A-Länderspiele (beide während seiner Zeit bei den Preußen). Nach Beendigung seiner Spielerkarriere arbeitete Preißler als Trainer. Sein größter Trainererfolg war 1969 der Bundesligaaufstieg mit Rot-Weiß Oberhausen. Zwei Jahre später stiegen die Oberhausener wieder ab, und Preißler beendete seine Trainerkarriere.

Rau, Günter: „Bubi“ Rau hütete das Borussen-Tor während des DM-Finales 1949. Der Nachfolger von Willi Kronsbein war mit 20 Jahren der jüngste Torwart der Oberliga West. 68 Einsätze für den BVB in der Oberliga West. Wäre beinahe bei Tottenham Hotspur gelandet. Einige ältere Semester halten ihn für den besten Keeper, der beim BVB jemals zwischen den Pfosten stand.

Raducanu, Marcel (21.10.1954): Beim BVB von 1982-88. Der geniale rumänische Spielmacher spielte vor seiner Flucht in den Westen bei Steaua Bukarest. 1988 wechselte Raducanu für 200.000 DM zum FC Zürich. 163 Bundesligaspiele (31 Tore) für den BVB.

Redder, Theo (19.11.1941): Beim BVB 1962-69. Der Abwehrspieler kam von Preußen Werl. 2 Einsätze für den BVB in der Oberliga West, 115 Einsätze (2 Tore) für den BVB in der Bundesliga. DFB-Pokalsieger 1965 und Europapokalsieger 1966.

Reinhardt, Knut (27.04.1968): Beim BVB seit der Saison 1991/92. Kam von Bayer 04 Leverkusen. Für den Chemie-Klub bestritt der gebürtige Leverkusener bereits als 17jähriger sein erstes Bundesligaspiel. 1988 gewann er mit Bayer den UEFA-Cup. Das auf der linken Außenbahn beheimatete Kraftpaket wurde mit dem BVB 1995 und 1996 Deutscher Meister

Der überragende Bubi Rau (rechts) stoppt den Mittelstürmer des 1. FC Kaiserslautern, Ottmar Walter. Im Hintergrund: Max Michallek.

sowie 1997 Champions-League-Sieger und Weltpokal-Sieger. Reinhardt bestritt bislang 166 Bundesligaspiele (5 Tore), 7 DFB-Pokal- sowie 35 UEFA-Cup- und Champions-League-Spiele für den BVB. In der Nationalmannmschaft kam er siebenmal zum Einsatz. Vizeweltmeister mit der U-20-Auswahl. Reinhardt über die „Knuuut-Rufe" der Südtribüne: „Ich glaube, daß die Leute meine Art Fußball zu spielen sehr gerne sehen, die wollen keinen Schnickschnack, sondern ehrlichen Arbeiterfußball."

Reuter, Stefan (16.10.1966): Der erste Ex-Italien-Legionär im Westfalenstadion. Kam 1992 von Juventus Turin zum BVB und sollte Thomas Helmer auf der Liberoposition ersetzen. Zuvor beim 1. FC Nürnberg und beim FC Bayern München, der ihn für 5 Mio. DM nach Italien verkaufte. Als Jugendlicher erwarb der in Dinkelsbühl geborene Reuter auch in der Leichtathletik Meriten. So wurde er u.a. Bayerischer Meister im Crosslauf. Aus dieser Zeit ist sein „Raketenantritt" geblieben. In der Saison 1997/98 löste Reuter, bekannt für Verhandlungsgeschick und -härte, Michael Zorc als Mannschaftskapitän ab, nachdem er sich in geheimer Wahl gegen Jürgen Kohler und Matthias Sammer

durchgesetzt hatte Bislang 161 Bundesligaspiele (11 Tore), 6 DFB-Pokalspiele (1 Tor) sowie 47 UEFA-Cup- und Champions-League-Spiele (2 Tore) für den BVB. Mit dem BVB Deutscher Meister 1995 und 1996, Champions-League-Sieger 1997 und Weltpokalsieger 1997. Mit der Nationalmannschaft Weltmeister 1990 und Europameister 1996. 69 A-Länderspiele. Nach der WM in Frankreich erklärte Reuter seinen Rücktritt als Nationalspieler und begründete dies mit der Person Berti Vogts.

Ricken, Lars (10.07.1976): Ricken kam 17jährig erstmals in der Bundesligasaison 1993/94 zum Einsatz. Kam 1990 als Jugendspieler vom TSC Eintracht Dortmund. Zuvor spielte er für den TuS Eving-Lindenhorst, bei dem vor ihm schon Klos und Zorc groß wurden. 1995 und 1996 wurde Ricken mit dem BVB Deutscher Meister, 1997 Champions-League-Sieger und Weltpokalsieger. Im gleichen Jahr kam Ricken auch erstmals in der Nationalmannschaft zum Einsatz. Ricken ist ein Mann für entscheidende Tore. Sein berühmtestes fiel im Champions-League-Finale 1997, als er unmittelbar nach seiner Einwechslung das siegbringende 3:1 erzielte. Die *Süddeutsche Zeitung* bezeichnete ihn mal als das „vermutlich größte Fußballtalent der letzten 20 Jahre“. Die *WR* sprach von einem Instinkt- und Straßenfußballer, „dem Spielintelligenz und -witz in die Wiege gelegt worden sind“. Ein brutales Foul des Bielefelder Uwe Fuchs im Oktober 1997, das alle drei Bänder im rechten Sprunggelenk zerfetzte, hatte allerdings einen Karriereknick zur Folge. Als Ricken wieder genesen war, war von jener Frische und Unbekümmertheit, Schnelligkeit und Explosivität, die das Talent einst auszeichneten, zunächst nicht viel zu sehen. Ricken ist ein Borusse durch und durch, wie das folgende Zitat belegt: „Michael Zorc, Stefan Klos und ich sind alle mit der Rivalität zu Schalke groß geworden. Uns bedeutet ein Sieg gegen Schalke nicht nur zwei Punkte, sondern auch Genugtuung.“ Bislang 100 Bundesligaspiele (13 Tore), 5 DFB-Pokalspiele (7 Tore) sowie 30 UEFA-Cup- und Champions-League-Spiele (8 Tore) für den BVB. 2 A-Länderspiele.

Riedle, Karlheinz (16.09.1965): Beim BVB 1993-97. Kam für ca. 9,5 Mio. DM von Lazio Rom. In der Bundesliga kickte der kleine, aber sprunggewaltige Allgäuer – die italienische Zeitung *Gazetta dello Sport* taufte ihn „Herr der Lüfte“ – zunächst für Blau-Weiß Berlin, bevor ihn Otto Rehhagel 1987 nach Bremen holte. Mit Werder 1988 Deutscher Meister und mit 18 Toren Zweiter in der Torjägerliste. Mit dem BVB Deutscher Meister 1995 und 1996 sowie Champions-League-Sieger 1997. Im Champions-League-Finale 1997 steuerte Riedle zwei Tore zum 3:1-Erfolg der Borussen bei. 87 Bundesligaspiele (24 Tore) sowie 23 UEFA-Cup- und Champions-League-Spiele (11 Tore) für den BVB. Mit der Nationalmannschaft 1990 Weltmeister. 42 A-Länderspiele.

Ritschel, Manfred (07.06.1946): Beim BVB 1970-72. Zählte im Abstiegsjahr zu den wenigen bundesligatauglichen Spielern im Borussen-Kader. 57 Bundesligaspiele und 7 Tore für den BVB. Anschließend noch 174 Bundesligaspiele (7 Tore) für Kickers Offenbach, 1. FC Kaiserslautern und Schalke 04.

Rüßmann, Rolf (13.10.1950): Beim BVB 1980-85. Mit 149 Spielen (18 Tore) ist Rüßmann bis heute der Ex-Schalker mit den meisten Bundesligaeinsätzen für den BVB.

Ruhmhofer, Heinz (15.10.1921): Der rechte Verteidiger und gelernte Schlosser, der aus der eigenen Jugend hervorging, absolvierte von 1947-51 für den BVB 70 Einsätze in der Oberliga West. Endspielteilnehmer 1949.

Rummenigge, Michael (03.02.1964): Beim BVB von 1988-93. Seine 1,5 Mio. DM teure Verpflichtung provozierte seinerzeit im „proletarischen“ Dortmund erheblichen Wirbel, der sich jedoch bald legte. Der gebürtige Lippstädter entwikkelte sich zu einem wichtigen Leistungsträger. Mit dem BVB DFB-Pokalsieger 1989. Wurde nach den ersten Spielen der Saison 1993/94 für 3,5 Mio. DM an den japanischen Klub Urawa Red Diamonds verkauft, nachdem sich zwischen ihm und Sammer eine Konkurrenzsituation im Dortmunder Mittelfeld ergeben hatte. 157 Bundesligaspiele (36 Tore), 10 DFB-

Pokalspiele (4 Tore) sowie 20 Spiele (4 Tore) im Europapokal der Pokalsieger und UEFA-Cup für den BVB. Mit dem BVB DFB-Pokalsieger 1989.

Rynio, Jürgen (01.04.1948): Ein guter Torhüter, aber wo er unterschrieb, war die Seuche – sprich: der Abstieg – in der Regel nicht weit. Zwischen 1969-72 81 Bundesligaspiele für den BVB.

Salou, Bachirou (15.09.70): Der 1,90 m große und 89 kg schwere Modellathlet mit dem explosiven Antritt und raumgreifenden Schritten kam zur Saison 1998/99 für acht Mio. DM vom MSV Duisburg, dessen einziger Star er gewesen war. Für Borussia Mönchengladbach (1990-95) und den MSV (1996-98) bestritt Salou 148 Bundesligaspiele (31 Tore). Mit Borussia Mönchengladbach DFB-Pokalsieger 1995. 35 A-Länderspiele für Togo.

Sammer, Matthias (05.09.1967): Der gelernte Maschinenanlagenmonteur und ehemalige DDR-Auswahlspieler (23 Länderspiele) kam während der Saison 1992/93 von Inter Mailand zum BVB. Mit einer Ablösesumme von 8,5 Mio. DM der damals teuerste Einkauf in der BVB-Geschichte. Sammer begann mit dem Kikken 1972 bei Dynamo Dresden. DDR-Meister mit Dynamo 1989 und 1990, Pokalsieger 1990. Zur Saison 1990/91 wechselte er zum VfB Stuttgart, mit dem er 1992 Deutscher Meister wurde. Anschließend erfolgte der Umzug nach Italien, wo er sich jedoch höchst unwohl fühlte. Als Sammer zu Beginn der Saison 1994/95 auf der für ihn neuen Liberoposition zur Form seines Lebens auflief, interpretierte niemand diese Rolle moderner und offensiver, was zwangsläufig Vergleiche mit Franz Beckenbauer provozierte. Sammer stieg schnell zum Leithammel der Mannschaft auf. Der ehrgeizige „Feuerkopf" galt in der Ära Hitzfeld als verlängerter Arm des Präsidenten und steter Kritiker zu großer Selbstzufriedenheit. Stefan Reuter über seinen Kollegen: „Matthes

macht sich Tag und Nacht Gedanken über Fußball, der wird später bestimmt Trainer." In der Saison 1995/96 fiel Sammer bei den Fans in Ungnade. Verantwortlich waren hierfür vor allem seine Flirts mit dem FC Bayern, seine Fahrten zu Dr. Müller-Wohlfarth und der „Schuhkrieg" zwischen BVB-Ausrüster Nike und Sammer-Sponsor adidas. Auch mochten viele dem „roten Baron" seine ständigen Verletzungen nicht mehr glauben. Sammers Leiden begann mit der Saison 1995. 1993/94 war er noch in 29 Bundesligaspielen dabei, 1995/96 in 22, 1996/97 nur noch in 16. In der Saison 1997/98 kam Sammer in der Bundesliga gar nur noch dreimal zum Einsatz. Zunächst erlitt er einen Einriß des Außenmeniskus, kaum genesen dann einen Meniskus- und Knorpelschaden, der bereits die vierte Operation am linken Knie erforderte. Sein bislang letztes Bundesligaspiel bestritt er am 4. Oktober in Bielefeld. Nach Beendigung seiner Karriere wird Sammer möglicherweise in den Trainerstab des BVB einziehen. Bislang 115 Bundesligaspiele (21 Tore), 5 DFB-Pokalspiele (2 Tore) sowie 27 UEFA-Cup- und Champions-League-Spiele für den BVB. Mit dem BVB Deutscher Meister 1995 und 1996 sowie Champions-League-Sieger 1997. Mit der Nationalmannschaft Europameister 1996. 51 A-Länderspiele.

Fußballer des Jahres in der Bundesrepublik 1995 und 1996 und in Europa 1996.

Sandmann, Herbert (20.06.1928): 183 Spiele (38 Tore) für den BVB in der Oberliga West. Nach einem Beinbruch war der Verteidiger bei den Borussen nicht mehr erste Wahl und wechselte deshalb 1949 für zwei Spielzeiten zu Schalke 04, wo er sogar zum Publikumsliebling avancierte. „Ich bin zur BVB-Versammlung gegangen und habe Tage später gegen Dortmund gespielt." Umsonst sei die Zeit in Blau-Weiß keineswegs gewesen. „In Schalke habe ich erst richtig Fußballspielen gelernt, dank des guten Abspiels der Alten." Mit dem BVB Deutscher Meister 1956 und 1957. Ein B-Länderspiel. Sein Wackelknie brachte ihn 1958 um die WM-Teilnahme. 1960 zwang es ihn zur Beendigung seiner Karriere. Danach noch als Obmann für den BVB tätig und in dieser Funktion u.a. für die Verpflichtung von Tilkowski und Wosab verantwortlich.

Savkovic, Ernst (23.08.1953): Beim BVB 1974-76. 52 Spiele für den BVB in der 2. Bundesliga Gruppe Nord. Am Wiederaufstieg 1976 beteiligt. Anschließend noch Bundesligaspieler beim MSV Duisburg und Tennis Borussia Berlin.

Schanko, Erich (04.10.1919): Kam 1947 von Bövinghausen 04 zum BVB. Der linke Läufer zählte in den 50ern zu den populärsten Spielern des BVB, war jedoch an keinem der Titelgewinne beteiligt. In den Spielzeiten 1947/48 – 1956/57 208 Einsätze (11 Tore) für den BVB in der Oberliga West. 14 A-Länderspiele. Im März 1954 an der Qualifikation der BRD für die WM beteiligt (3:1 gegen das Saarland), aber danach hörte er vom DFB nichts mehr. Statt Schanko ließ Herberger bei der WM den Fürther Karl Mai spielen.

Schildt, Hans-Gerd (12.06.1952): Beim BVB 1974-77. Kam von Werder Bremen. 67 Spiele und 13 Tore für den BVB in der 2. Bundesliga Gruppe Nord, 8 Spiele und null Tore in der 1. Bundesliga. Wechselte anschließend zu Arminia Bielefeld. Am Wiederaufstieg 1976 beteiligt.

Schlebrowski, Erwin (31.08.1925): Beim BVB von 1950-60. Der im ost-preußischen Klein-Kamionken geborene Kämpfer und Dauerläufer kam aus Wanne-Eickel, wo er für die DSC-Vorläufer Preußen und Sportfreunde gekickt hatte. Sein Vorname war umstritten. Hieß er nun Erwin, Albin oder Elwin? Man einigte sich schließlich auf „Schlebro". Vor seiner Ankunft in Dortmund schuftete Schlebrowski zunächst – wie sein Vater – im Bergbau. In Dortmund besorgte ihm der BVB eine Umschulung zum Kaufmännischen Angestellten. „Schlebro" arbeitete bei den Hoesch-Hüttenwerken in Wellinghofen. 184 Einsätze (15 Tore) für den BVB in der Oberliga West. Mit dem BVB Deutscher Meister 1956 und 1957. Nach der Beendigung seiner Karriere trainierte Schlebrowski noch 5 Jahre die A-Jugend der Borussen. Zwei A-Länderspiele. Ein Journalist charakterisierte den Halbstürmer und Außenläufer als einen „Fußballbesessenen".

Schmidt, Alfred (05.09.1939): Beim BVB 1956-67. Kam vom Vorortklub Berghofen. 195 Einsätze (57 Tore) für den BVB in der Oberliga West und 81 Einsätze (19 Tore) in der Bundesliga. Mit dem BVB Deutscher Meister 1963, DFB-Pokalsieger 1965 und Europapokalsieger 1966. Obwohl „Aki“ beim DM-Finale 1957 nur auf der Bank saß, ist er der einzige Borusse, der beide Glanzzeiten des BVB zwischen 1956 und 1966 miterlebte. 25 A-Länderspiele. Arbeitete anschließend eine kurze Zeit als Trainer und gewann in dieser Funktion mit dem Zweitligisten Kickers Offenbach 1970 den DFB-Pokal. „Aki“ ist heute Fan-Beauftragter des BVB.

Schmidt, Bodo (03.09.1967): Beim BVB 1991-96. Der Namenlose in einem Team der Stars konnte seinen Stammplatz über Erwarten lange erfolgreich verteidigen. Sein Stammverein hieß TSV Rot-Weiß Niebüll, unweit der deutsch-dänischen Grenze. Vom hohen Norden wechselte das Kind einer Lehrerfamilie in den tiefen Süden der Republik, zunächst zu den Amateuren des FC Bayern und anschließend zur SpVgg. Unterhaching; von dort dann zur Saison 1991/92 ins Herz der Republik. 116 Bundesligaspiele (2 Tore) sowie 27 UEFA-Cup- und Champions-League-Spiele für den BVB. Mit dem BVB Deutscher Meister 1995 und 1996.

Schneider, Theo (23.06.1960): Beim BVB 1978-82. Kam aus Werne a.d.Lippe. 44 Bundesligaspiele (6 Tore) für den BVB, anschließend noch 27 Spiele (1 Tor) für den 1. FC Nürnberg (1982-83). Nach seinem Abschied aus der Bundesliga spielte Schneider u.a. für den Dortmunder Amateuroberligisten VfR Sölde. Zur Saison 1998/99 beerbte Schneider den zum Cheftrainer aufgerückten Michael Skibbe als Übungsleiter der Amateure. Zuvor hatte er zwei Jahre den Oberligisten Hammer Spvg. trainiert, wo man ihn anschließend in höchsten Tönen lobte.

Schütz, Jürgen (01.07.1939): Beim BVB 1959-1963 und 1969-72. Kam von Urania Lütgendortmund. 113 Einsätze (87 Tore) für den BVB in der Oberliga West und 73 Einsätze (26 Tore) in der Bundesliga. 1960, 1961 und 1963 Torschützenkönig der Oberliga West. Bildete mit Timo Konietzka ein gefürchtetes Sturmduo. 1963 gehörte „Charly‘ Schütz zu den ersten deutschen Kickern, die ins italienische Lira-Paradies abwanderten. Für 450.000 DM ließ der BVB den Spieler zum AS Rom ziehen, 280.000 DM kassierte der DFB. In der „Ewigen Stadt“ erhielt er einen Dreijahresvertrag und ein Handgeld von 570.000 DM. Anschließend kickte Schütz in Italien noch beim AC Turin und bei AC Brescia. In der Bundesliga spielte er außer für den BVB auch noch bei 1860 München (1968/69: 20 Spiele, 6 Tore). Trotz seiner Einkünfte aus dem Fußball und eines Millionengewinns im Lotto geriet „Charlie“, der in Dortmund zeitweise die Gaststätten „Zum Zöllner“ und „Gildenstube“ betrieb, in finanzielle Bedrängnis. Nach dem Ende seiner Bundesligakarriere spielte der 1995 an Kehlkopfkrebs verstorbene Schütz noch in der Regionalliga West für Rot-Weiß Lüdenscheid. Mit dem BVB Deutscher Meister 1963. 6 A-Länderspiele.

Schulz, Michael (03.09.1961): Beim BVB von 1989-94. Kam – wie vor ihm Ackermann und Huber – vom 1. FC Kaiserslautern. Die Ablösesumme betrug 2 Mio. DM. 133 Bundesligaspiele (5 Tore) sowie 25 Spiele im Europapokal der Pokalsieger und UEFA-Cup (3 Tore) für den BVB. Mit den Borussen DFB-Pokalsieger 1989. Der vielseitig verwendbare Abwehrrecke wurde beim BVB 1991 A-Nationalspieler. 1988 gehörte Schulz zum Olympia-Aufgebot, das in Südkorea die Bronzemedaille gewann. Schulz war ein Spätzünder unter den Bundesligaprofis. Erst 1987 unterschrieb er seinen ersten Profivertrag, als er vom VfB Oldenburg nach Kaiserslautern wechselte. Einst der „böse Bube“ der Liga, auf den jeder Schiri ein besonders scharfes Auge warf. Unvergessen bleibt die Szene, als er nach einem Platzverweis in Karlsruhe einen Wassereimer umtrat. Auch die Tür einer Schiedsrichterkabine hielt sei-

Jürgen Schütz

nen Tritten nicht stand. 1994 war Schulz endlich alt genug, um das Interesse Otto Rehhagels zu wecken. Nach einer für ihn eher mäßigen Saison und Disputen mit Trainer Hitzfeld wechselte „der Lange" zum SV Werder Bremen. Aufgrund seines kämpferischen Einsatzes gehörte Schulz in seinen Jahren beim BVB zu den Lieblingen der Südtribüne.

Segler, Burkhardt (05.03.1951): Beim BVB 1973-80. Kam via Bayern München vom VfL Osnabrück. 88 Spiele (32 Tore) für den BVB in der Regionalliga West und 2. Bundesliga Gruppe Nord sowie 88 Spiele (13) Tore in der 1. Bundesliga. Am Wiederaufstieg 1976 beteiligt. Ein B-Länderspiel.

Simmes, Daniel (12.08.1966): Beim BVB 1984-88. Kam aus dem Dortmunder Stadtteil Dorstfeld. 106 Bundesligaspiele (6 Tore) für den BVB. Erzielte am 6. Oktober 1984 gegen Leverkusen eines der schönsten Tore der bisherigen Bundesligageschichte des BVB, das später auch zum „Tor des Monats" gewählt wurde.

Sousa, Paulo (30.08.70): War anfangs als verletzungsanfälliger fußballerischer Schöngeist verschrien, der sich den im Westfalenstadion geforderten harten Zweikämpfen verweigere und ohnehin keine drei Spiele in acht Tagen durchstehen könnte. Der Portugiese, der für 7 Mio. DM von Juventus Turin kam, war zunächst durch langwierige Knieprobleme nach einer Patella-Operation gehandicapt. Hinzu kamen eine „Menge Kontaktprobleme" (Scala). 1997/98, der BVB steckte im Tabellenkeller, offenbarte Sousa ungeahnte Qualitäten. Sogar im eigenen Strafraum grätschte der endlich gesundete Techniker die Bälle weg. Scala: „Paulo ist offensiv und defensiv immer zur rechten Zeit am rechten Ort und daher aus der Elf nicht mehr wegzudenken." Der vermeintliche Fehlkauf wurde zu einem der wichtigsten BVB-Spieler. Mit Möller und dem jungen But formierte er ein neues „magisches Dreieck" im BVB-Mittelfeld. Insgesamt hinterließ Sousa in Dortmund allerdings den Eindruck, als interessiere ihn nur die große europäische Bühne und weniger der Bundesligaalltag. Während der Winterpause 1997/98 wurde Sousa überraschend für 15 Mio. DM an Inter Mailand verkauft. 27 Bundesligaspiele (1 Tor), 1 DFB-Pokal-Spiel (1 Tor) und 9 Champions-League-Spiele (0 Tore) für den BVB. Mit dem BVB Champions-League-Sieger 1997 und Weltpokalsieger 1997. Der Champions-League-Sieg war für Sousa der zweite in Folge. Über 30 A-Länderspiele für Portugal.

Storck, Bernd (25.01.1963): Beim BVB 1983-89. Kam vom VfL Bochum. 147 Bundesligaspiele (7 Tore) für den BVB. DFB-Pokalsieger 1989. Plagte sich häufig mit Verletzungen herum.

Straschitz, Hermann (17.08.1940): Beim BVB 1964-66. Kam von Fortuna Düsseldorf, wo er der Torjäger war. 24 Bundesligaspiele und vier Tore für den BVB. Der „Blaue", wie Straschitz aufgrund seiner Haare genannt wurde, konnte in Dortmund die in ihn gesetzten hohen Erwartungen nicht erfüllen. Mit dem BVB DFB-Pokalsieger 1965. Wechselte 1966 zu Hannover 96, wo er eine wertvolle Stütze wurde.

Der „geborene Trainer“: Michael Skibbe

Michael Skibbe (04.08.1965) kam 1989 als Jugendkoordinator zum BVB. Von 1994 an trainierte er Borussias A-Jugend, mit der er 1995, 1996 und 1997 Deutscher Meister wurde. Skibbe avancierte zum erfolgreichsten Nachwuchstrainer Deutschlands. 1997 wechselte er innerhalb des BVB zu den Amateuren, die er auf Anhieb in die Regionalliga führte. 1998 wurde er schließlich Cheftrainer des BVB. Die *Westfälische Rundschau* über den Erfolgstrainer: „Jede der von ihm betreuten Mannschaften hat seine Handschrift getragen: taktisch erstklassig geschult und offensiv ausgerichtet.“

Skibbe wirkt unscheinbar, gilt aber als resolut und verfügt über ein für sein Alter erstaunliches Durchsetzungsvermögen. Als Spieler bestritt der gebürtige Gelsenkirchener 18 U 18-Länderspiele. 1987 mußte Skibbe seine vielversprechende Profikarriere nach nur 14 Bundesligaeinsätzen für Schalke 04 verletzungsbedingt beenden. Anschließend arbeitete er bis 1989 als B-Jugendtrainer für die Königsblauen.

Sein Präsident: „Skibbe ist der geborene Trainer. Skibbe kann mit Menschen umgehen, akzeptiert die Spieler in ihren Stärken und ihren Schwächen und macht das Beste daraus.“ Der Benjamin unter den Bundesligatrainern vertritt zum Thema „Autorität“ nicht unbedingt branchenübliche, wohl aber angenehme Positionen: „Autorität ergibt sich nicht in erster Linie aus Härte und aus der Konfrontation Trainer – Spieler. Ein Trainer mißt seinen Spieler anhand der Fähigkeiten, die dieser hat. Im Gegenzug stellt ein Spieler einen gewissen Anspruch an seinen Trainer: Sicherheit in der Argumentation, das Fachwissen und die Akzeptanz dieser Fähigkeiten – das sind unter anderem Faktoren, die einem Trainer Autorität verleihen. Man bezieht Autorität nicht nur aus einem Altersunterschied oder dem Kehren mit einem eisernen Besen. Ich möchte vor allem argumentativ überzeugend sein und nicht als Gegenpart, sondern als Teil der Mannschaft verstanden werden.“

Sturm, Willi (08.02.1940): Beim BVB 1961-71. Kam vom Wattenscheider Vorortverein Union Günnigfeld. 53 Einsätze (9 Tore) für den BVB in der Oberliga West, 186 Einsätze (12 Tore) in der Bundesliga. Insgesamt lief Sturm 280mal in schwarz-gelb auf. Der vielfach verwendbare und sehr mannschaftsdienlich agierende Halbstürmer wurde mit dem BVB 1965 DFB-Pokalsieger und 1966 Europapokalsieger. Nach dem Finalsieg von Glasgow wollte ihn Matt Busby zu Manchester United holen, doch Sturm lehnte ab. Ein A-Länderspiel. Der Angestellte einer Dortmunder Brauerei starb bereits 56jährig.

Tanko, Ibrahim (25.07.1977): Ein Riesentalent, dessen vielfältige Verletzungen jedoch bislang einen regelmäßigeren Beitrag zum Borussen-Spiel verhinderten. Der Ghanese kam 1992 vom FC Kumasi, King Feisals Babys, zum BVB. Sein Bundesligadebüt feierte Tanko als 17jähriger am 6. Spieltag der Saison 1994/95, als er gegen den VfB Stuttgart eingewechselt wurde. Bislang 33 Bundesligaspiele (3 Tore) für den BVB. Mit dem BVB Deutscher

Meister 1995 und 1996, Champions-League-Sieger 1997 und Weltpokalsieger 1997.

Tenhagen, Josef (31.10.1952): Beim BVB 1981-84. 87 Bundesligaspiele (0 Tore) für den BVB. Wird mehr mit dem Nachbarn VfL Bochum identifiziert, für den er vor und nach seinem Engagement in Dortmund 306 Bundesligaspiele absolvierte.

Tilkowski, Hans (12.07.1935): Wurde als Sohn eines Bergmanns im Dortmunder Vorort Husen geboren. Spielte zunächst für VfL Husen 19, SuS Kaiserau und Westfalia Herne. Mit der Westfalia 1959 Meister der Oberliga West. Tilkowski kassierte während der gesamten Saison 1958/59 nur 23 Gegentreffer. Beim BVB von 1963-67. 81 Bundesligaspiele für den BVB. Mit den Borussen DFB-Pokalsieger 1965 und Europapokalsieger 1966. Mit der Nationalmannschaft Vize-Weltmeister 1966. Mit 39 Länderspielen bis heute der erfolgreichste der Nationaltorhüter des BVB. 1967 wechselte Tilkowski zu Eintracht Frankfurt. 1965 wurde „Til", der als Prototyp des besonnenen Schlußmanns und Meister des Stellungsspiels galt, als erster Borusse und Torwart zum „Fußballer des Jahres" gewählt.

Timm, Christian (27.02.1979): Manager Meier bescheinigte dem in Herten geborenen Eigengewächs der Borussen einmal eine „ähnliche Mentalität wie Lars Rikken". Timm ist schnell und kickt beidfüßig. Berti Vogts bezeichnete ihn als „eine der größten Perlen des deutschen Fußballs".

Trimhold, Horst (04.02.1941): Beim BVB von 1966-71. Der teuerste Einkauf in der Saison nach dem Europapokaltriumph. Kam von Eintracht Frankfurt, stammt aber ursprünglich aus Essen (ETB Schwarz-Weiß). 96 Bundesligaspiele (12 Tore) für den BVB.

Varga, Zoltan (01.01.1945): Beim BVB 1974-76. Einer der genialsten Spieler, die jemals das BVB-Trikot getragen haben. Kam von Ajax Amsterdam. Zuvor hatte der Flüchtling aus Ungarn im Westen für Hertha BSC Berlin und den FC Aberdeen gekickt. Beim BVB 1974-76. Für den BVB 53 Einsätze (10 Tore) in der 2. Bundesliga Gruppe Nord. Der Spielmacher hatte am sportlichen Aufschwung und Wiederaufstieg des BVB erheblichen Anteil.

Vöge, Wolfgang (15.09.1955): Beim BVB 1975-80. Kam aus Ahlen (Westfalen). 14 Einsätze (1 Tor) für den BVB in der 2. Bundesliga Gruppe Nord, 98 Einsätze (20 Tore) in der 1. Bundesliga. Am Wiederaufstieg 1976 beteiligt. In der Saison 1978/79 erzielte Vöge beim DFB-Pokalspiel gegen den BSC Schwenningen sechs Tore. Wechselte 1980 zu Bayer Leverkusen, wo er vier Jahre lang zur Stammformation gehörte.

Votava, Miroslav (25.04.1956): Beim BVB 1973-82. 78 Spiele (3 Tore) für den BVB in der Regionalliga / 2. Bundesliga sowie 189 Spiele (25 Tore) in der 1. Bundesliga. Sein talentierterer Bruder **Joschi,** der vor Mirko beim BVB unterzeichnete, war mit 13 Einsätzen in der Zweitklassigkeit deutlich weniger erfolgreich. Joschi plagte eine Knieverletzung, die ihn schließlich zur frühzeitigen Beendigung seiner Karriere zwang. Die Votava-Brüder kamen ursprünglich aus der ehemaligen CSSR. Die Familie war nach der Niederschlagung des Prager Frühlings in den Westen geflüchtet und landete in Witten a.d. Ruhr, wo sie sich dem lokalen VfL anschlossen. Dort wurden sie von BVB-Spähern entdeckt. Nach seiner Einbürgerung 1978 spielte Mirko fünfmal in der deutschen Nationalelf. Votava wechselte 1982 für 900.000 DM zu Atletico Madrid. 1985 kehrte er in die Bundesliga zurück und wurde mit Werder Bremen 1988 und 1993 Deutscher Meister sowie 1991 und 1994 DFB-Pokalsieger. Außerdem gewann er mit den Bremern 1992 den Europapokal der Pokalsieger. Mit 546 Einsätzen belegt Votava in der Rangliste der Bundesligarekordspieler den 4. Platz.

Wagner, Joachim (31.01.1955): Beim BVB von 1974-83. Kam von der Schalker A-Jugend. 72 Einsätze (3 Tore) in der 2. Bundesliga Gruppe Nord, 149 Einsätze (6 Tore) in der 1. Bundesliga. War am Wiederaufstieg 1976 beteiligt.

Wegmann, Jürgen (31.03.1964): Beim BVB von 1983-86 und 1989-93. Kam 1983 für 600.000 DM von Rot-Weiß Essen. 117 Bundesligaspiele (33 Tore) für den BVB. Sicherte 1986 mit seinem Tor zum 3:1 in der letzten Sekunde des Relegationsspiels gegen Fortuna Köln ein drittes Spiel auf neutralem Boden und somit den Klassenerhalt. Nach einem kurzen Intermezzo bei Schalke 04 wechselte Wegmann 1986 zum FC Bayern München, mit dem er 1989 Deutscher Meister wurde. Trotzdem verlernte er in München das Kicken. Bei seiner Rückkehr ins Westfalenstadion sprach er zwar von einer „Mission", brachte dann aber nicht mehr viel zustande. Den Spitznamen „Kobra" verdankt Wegmann seiner Aussage, er sei „giftiger als die giftigste Schlange".

Weist, Werner (11.03.1949): Beim BVB 1968-71. 72 Bundesligaspiele (34 Tore) für den BVB. Sollte der Nachfolger von „Emma" werden, wurde aber von den finanzkräftigeren Bremern abgeworben. Für diese traf er in 145 Bundesligaspielen noch 53mal ins gegnerische Netz.

Wessel, Bernhard (20.08.1936): Im Meisterteam von 1963. Nur seine geringe Körpergröße hinderte ihn daran, ein ganz Großer zu werden. Zwischen 1963-69 87 Bundesligaspiele für den BVB.

Wolf, Egwin (28.01.1951): Beim BVB 1972-79. 120 Spiele (23) Tore für den BVB in der Regionalliga West und 2. Bundesliga Gruppe Nord, 40 Spiele (1 Tor) in der 1. Bundesliga. Am Wiederaufstieg 1976 beteiligt.

Wosab, Reinhold (25.02.1938): Beim BVB 1962-71. Kam von der Spvg. Marl zum Borsigplatz. 36 Einsätze (15 Tore) für den BVB in der Oberliga West, 198 Spiele (61 Tore) in der Bundesliga. Mit dem BVB DFB-Pokalsieger 1965 und Europapokalsieger 1966. Wurde vom BVB zu früh verkauft. Absolvierte anschließend noch zwei Spielzeiten beim VfL Bochum, wo er eine tragende Rolle spielte. Wosab gehörte auch eine Zeitlang dem BVB-Vorstand an.

Zelic, Nedijelko (04.07.1971): Beim BVB 1992-95. Der erste Australier in der Bundesliga. „Ned" war ein wunderbarer Techniker, der an guten Tagen an Franz Bekkenbauer erinnerte. Seine Verletzungsanfälligkeit verhinderte allerdings, daß er sich beim BVB etablierte. So kam Zelic leider nur auf 41 Bundesligaspiele (1 Tor) für die Borussia. Spielte anschließend für Eintracht Frankfurt, AJ Auxerre (hier gab es 1997 in der Champions League ein Wiedersehen mit dem BVB). Aktuell beim TSV 1860 München. 32 A-Länderspiele für Australien.

Das „Urgestein": Michael Zorc

Zorc, Michael (25.08.1962): BVB-Profi 1981-98. Dortmunder Eigengewächs, Urgestein und Publikumsliebling. Als Jugendlicher stand er auf der Südtribüne und träumte von einer schwarz-gelben Profikarriere. 1978 holte ihn der BVB als Jugendspieler. Zorcs Stammverein war der im Norden Dortmunds beheimatete TuS Eving-Lindenhorst, wo auch Stefan Klos und Lars Ricken ihre Fußballkarrieren begannen. Zorc absolvierte 462 Bundesligaspiele (131 Tore) für den BVB und ist damit der Bundesligarekordspieler des Vereins. Zorc wirkte des weiteren in 66 Europapokal- (13 Tore) und 28 DFB-Pokal-Spielen (10 Tore) mit. Seine für einen defensiven Mittelfeldmann ungewöhnlich hohe Torquote, die Rang zwei in der ewigen Bundesligatorschützenliste des BVB bedeutet, kam auch dadurch zustande, daß Zorc für den BVB viele Jahre die Elfmeter schoß. Zorc ist mit 49 verwandelten Strafstößen der sicherste Schütze der Bundesligageschichte. Außerdem besaß der Spieler einen Instinkt dafür, „immer an der richtigen Stelle zu stehen" (Zorc über Zorc). Eines seiner wichtigsten Tore war die 1:0-Führung im Weltpokalfinale 1997. Zorc spielte 20 Jahre für den BVB, 17 davon als Profi, bevor er 1998 seine Karriere beendete. In seiner letzten Saison fand er mit 18 Einwechslungen nur noch als „Edeljoker" Verwendung. Mit dem BVB Deutscher Meister 1995 und 1996, DFB-Pokalsieger 1989, Supercupsieger 1989 und 1996, Champions-League-Sieger 1997 und Weltpokalsieger 1997. Außerdem wurde Zorc 1981 Jugend-Weltmeister. Das Trikot der Nationalmannschaft trug er siebenmal.

Nach Beendigung seiner Karriere wurde Zorc Sportdirektor beim BVB. Bereits während seiner letzten Saison als Spieler hatte er sich präzise Kenntnisse über „Geschäftsgebaren, Ideologie und Identität des Vereins" (Zorc) angeeignet. Der BVB übertrug ihm konzeptionelle Aufgaben sowie die Vorbereitung und Durchführung von Transfers, letzteres in enger Zusammenarbeit mit der sportlichen Leitung. Außerdem soll er die Kommunikation zwischen Vereinsoberen und Mannschaft verbessern. Als langjähriger Spielführer scheint Zorc für diese Aufgabe geradezu prädestiniert zu sein: „Dabei habe ich die Gedanken von Aktiven wie Offiziellen kennengelernt und Vermittlerfunktionen eingenommen." Der Spieler Michael Zorc war ein Vorzeige-Borusse und Vorzeige-Profi: Hundertprozentig loyal gegenüber seinem Verein und hundertprozentig leistungsorientiert. Typisch für Zorcs Haltung war seine Reaktion auf die kurzfristige Nominierung für das Weltpokalfinale: „Nur zurückkommen reicht nicht. Man muß dann auch die Leistung bringen." Zorcs Vater ist der 32malige Amateurnationalspieler **Dieter Zorc.** Zorc sen. spielte für TuS Eving-Lindenhorst, Lüner SV (Regionalliga) und in der Bundesliga 21mal für den VfL Bochum.

RevierSport
Die Sportzeitung

Aktuell jeden Donnerstag, Sonntag und Montag überall im Revier

Probeheft anfordern bei:
RevierSport, Dickmannstr. 2-4, 45143 Essen

Name:
Vorname:
Straße:
Platz/Ort:

Gratis Probeheft

STATISTISCHER ANHANG

Daten und Fakten zum BVB

BV Borussia Dortmund 09
Gegründet: 19. Dezember 1909

Anschrift: Strobelallee, Postfach 10 05 09, 44005 Dortmund
Telefon: 0231/90200
Fax: 0231/9020105
http: www.borussia-dortmund.de

Deutscher Meister 1956, 1957, 1963, 1995, 1996
Deutscher Pokalsieger: 1965, 1989
Deutscher Superpokalsieger: 1989, 1995, 1996
Europapokalsieger: 1966 (Pokalsieger), 1997 (Champions League)
Weltpokal: 1997

Präsident: Dr. Gerd Niebaum
Vizepräsident: Ernst G. Breer
Schatzmeister: Hans-Jürgen Freundlieb
Manager: Michael Meier (Vorstandsmitglied)
Sportmanager: Michael Zorc
Leiter Organisation und Verwaltung: Dr. Christian Hockenjos
Marketing: Dr. Fritz Lünschermann
Pressechef: Josef Schneck
Vereinsarzt: Dr. Michael Preuhs
Masseure: Peter Kuhnt, Michael Peter, Frank Zöllner
Trainer: Michael Skibbe
Co-Trainer: Uwe Neuhaus
Torwart-Trainer: Michael Stahl

Fan-Beauftragter: Aki Schmidt, Felicitasstraße 2, 44263 Dortmund, Tel.: 0231/434444, Fax: 0231-4344303

Mitglieder: 7.000

Sportarten: Fußball, Handball, Tischtennis
Vereinsfarben: Schwarz-Gelb

Spielstätten

Spielort der Profimannschaft: Westfalenstadion, Strobelallee
Kapazität Bundesliga: 69.000 Plätze (41.000 Sitzplätze, 28.000 Stehplätze – 25.000 auf der Südtribüne, 3.000 für Gäste Fans auf der Nordtribüne).
Kapazität internationale Spiele: 53.000 Plätze (darunter 10.500 Sitzplätze auf der umgerüsteten Südtribüne).

Spielorte der Amateure (Regionalliga West-Südwest): Stadion Rote Erde (25.000 Plätze), Emscherstadion Holzwickede (6.000 Plätze).

Anfahrt Westfalenstadion/Rote Erde: Vom Hauptbahnhof mit der U45 bis zur Endhaltestelle Stadion. Die U-Bahn fährt alle 10 Minuten.
Mit dem Auto: BAB 40 (alte B1) – Ruhrschnellweg; BAB 45 (Sauerlandlinie) bis Dortmund-Süd, dann über die Ruhrallee (B54) Richtung Stadion.

Weitere BVB-Einrichtungen

Links vom Vorplatz der Nordtribüne des Westfalenstadions befindet sich das **August-Lenz-Haus** (Strobelallee 50), die Geschäftsstelle des BVB und Residenz von Manager Michael Meier. Der nüchterne Zweckbau wurde offiziell im Dezember 1994 eingeweiht. Im August-Lenz-Haus befinden sich auch eine Kartenvorverkaufsstelle und ein Fanshop. Zum **Trainingszentrum Im Rabenloh** sind es von hier aus nur wenige hundert Meter.

In der Felicitasstraße Nr. 2 im Stadtteil Hörde, unweit des Phoenix-Hochofenwerks befinden sich seit dem November 1997 der Fanshop, die „Hall of Fame“ und das Logistikzentrum der Merchandisingabteilung (O-Ton BVB: „Knotenpunkt der Handelsaktivitäten des Traditionsvereins“) mit ihren Lagerräumen. Im 500 Quadratmeter großen Fanshop **BVB-Mega-Store** findet der BVB-Fan alles, was er angeblich und tatsächlich begehrt. Das Sortiment besteht aus ca. 500 Artikeln. 1997 wurde der Umsatz des BVB im Merchandising mit 40 Mio. DM angegeben. Schatzmeister Freundlieb hielt damals eine Steigerung auf jährlich 100 Mio. bis zum Jahr 2000 für möglich, „denn wir werden den Vertrieb auf neue Schienen schieben“. Gemeint war damit die Eröffnung von Merchandising-Dependencen außerhalb Dortmunds – u.a. im Oberhausener „CentrO“, wo bereits der FC Bayern einen Shop hat. Im „Mega-Store“ kann man auch Eintrittskarten für alle Heim- und Auswärtsspiele des BVB erwerben – sofern sie nicht bereits alle verkauft sind. Die Öffnungszeiten: Montag – Freitag 10.00 Uhr – 18.00 Uhr, Samstag 10.00 – 14.00 Uhr. An Spieltagen: Montag – Freitag 10.00 Uhr – 20.00 Uhr, Samstag 10.00 – 15.30 Uhr.

Mit dem Mega-Store verkoppelt ist das Vereinsmuseum **Hall of Fame** (zu deutsch: Ruhmeshalle). Sie mißt 300 Quadratmeter und ist das Werk von Gerd Kolbe, einst Pressesprecher des BVB und Inhaber des wohl ausführlichsten BVB-Archivs, sowie Fanshop-Vertriebsleiter Ulrich Pudenbach. In 66 großen Schauvitrinen wird anhand von etwa 700 Exponaten und ausführlichen Infotafeln die Geschichte des BVB erzählt. Das Museum ist in dieser Form bislang einzigartig in der Bundesrepublik. Ein Besuch wird dringend empfohlen.

Ein weiterer Fanshop mit dem Namen **Das Original** befindet sich direkt am Alten Markt (Markt 10 – 14) in der Dortmunder Innenstadt. Öffnungszeiten: Montag – Freitag 10.00 – 20.00 Uhr, Samstag 10.00 – 16.00 Uhr.

Im Norden der Stadt liegt der Borsigplatz, die „Wiege der Borussia“. Der Platz ist eine nicht besonders große kreisrunde Fläche, die eine Straßenbahnschiene durchschneidet und Mietshäuser aus der Gründerzeit umgeben. Im Haus Nummer

Der Fanshop „BVB-Mega-Store“.

5b betätigte sich einst August Lenz als Wirt. Die Gaststätte „Zum Borsigplatz" wurde im Frühjahr 1998 zum **BVB-Fanhouse** umgebaut. Die Idee hierzu stammte von BVB-Präsident Dr. Gerd Niebaum und DAB-Vorstands-Chef Wolfgang Burgard. Die traditionsreiche Adresse dient nun als Treffpunkt für Fans und Fanklubs sowie als Sitzungsort für den Ältestenrat des Vereins. Im Fanhouse befindet sich eine „Wall of Fame" (Ruhmeswand), ein kleiner Fanshop sowie ein Info-Service, der die Gäste permanent mit neuesten Nachrichten über den BVB versorgt. Der Clou ist ein Stadionrund mit grünem Boden, gemaltem Himmel, original Bandenwerbung und echten Sitzschalen aus dem Stadion, das man – von Stadiongeräuschen begleitet – über eine Treppe erreicht. Den direkten Blick aufs Fußballfeld gibt es via Fan-TV auf einer Großleinwand und 20 Bildschirmen.

Weitere geplante Einrichtungen: Auf Ebene IV der Nordtribüne wird ein Saal für ca. 450 Personen gebaut, das **Theater Nordtribüne.** Hier soll hundertmal im Jahr eine kabarettistische „Fußball-Revue" aufgeführt sowie ein Borussia-TV-Magazin produziert werden.

Im unweit des Borsigplatz gelegenen **Hoeschpark,** wo sich einst mit der „Weißen Wiese" die erste Anlage des BVB befand, soll ein Zentrum für die BVB-Jugend entstehen.

Publikationen des BVB

Zu jedem Heimspiel erscheint das Magazin **Borussia aktuell.** Der Umfang beträgt ca. 56 Seiten. Das Heft zählt zu den informativsten Stadionzeitungen der Liga. Mitglieder bekommen es kostenlos zugestellt.

Seit 1996 gibt es außerdem noch für DM 4,50 das ca. 100 Seiten starke Hochglanzmagazin **Borussia live** zu kaufen. Die Erscheinungsweise ist monatlich. Die Auflage wurde Ende 1996 auf 50.000 beziffert. „Borussa live" mutet auf den ersten Blick wie eine schwarz-gelbe „Bravo" an (Untertitel: „action – stars – info – fans"). Das Magazin wendet sich an ein jüngeres Publikum, das den Fußball primär als Showbusiness kennt. Die Akteure des BVB werden hier wie Pop-Stars präsentiert, wobei die Vorliebe für Fotos aus dem Ermüdungsbecken oder der heimischen Badewanne etwas stört. Putzige Poster zeigen Andy Möller als James Bond oder Heiko Herrlich mit einem Puma – nur nicht bei der Verrichtung ihrer Arbeit. Ein Highlight sind hingegen die Comics von Jürgen Frese und Olaf Thielsch. Bei aller Kulturkritik: Das Magazin enthält nicht nur „Home Stories" und ähnlichen – aus der Sicht erwachsener Menschen – überflüssigen Unsinn, sondern auch regelmäßig interessante und gut recherchierte Beiträge über die Geschichte des BVB, Fußball und Kommerz, Fußball und TV etc., weshalb sich der Kauf lohnt. „Borussia live" wird über den bundesweiten Zeitschriftenhandel vertrieben. Selbst der FC Bayern verfügt bislang über kein vergleichbares Produkt. Im publizistischen Bereich ist der BVB somit der Konkurrenz ein beträchtliches Stück voraus. Daß der BVB die Vermarktung seiner Kicker als Popstars in eigener Regie betreibt, anstatt dies den Häusern Springer oder Burda zu überlassen, ist ein weiteres Indiz für eine Autonomiestrategie, die darauf abzielt, nicht zum Subunternehmen eines größeren Unternehmens (z.B. eines Medienkonzernes) zu degenerieren. Laut Präsident Niebaum ist „Borussia live" die einzige Illustrierte, die vollständig in Dortmund produziert und gedruckt wird. In Europa seien lediglich die Magazine von Juventus Turin und Manchester United vergleichbar, die allerdings nicht von eigenen Redaktionen, sondern von Agenturen erstellt würden.

Tips für Dortmund-Besucher

Essen und Trinken: Freunden der italienischen Küche sei *La Bette* in der Beurhausstraße (gegenüber den Städtischen Kliniken) empfohlen. Schlemmeradresse

Nummer eins einiger Borussen-Spieler, insbesondere aus der Italien-Fraktion. Das Essen ist zwar nicht ganz billig, aber vorzüglich. Wirt Enzo Andretta ist eingefleischter AC Turin- und BVB-Fan und hat sein Lokal schwarz-gelb dekoriert.

Im Ostwallviertel zwischen Ostwall, Junggesellenstraße und Olpe gibt es eine Reihe von Kneipen, Diskotheken und Kellerlokalen. Mitten im Zentrum liegt das Traditionslokal *Am Alten Markt* (Markt 3), das regionale Küche bietet. Gleiches gilt auch für die bereits seit 1854 existierende *Hövels Hausbrauerei* (Hoher Wall 5-7). In der Josephstraße 21 (nahe dem Hohen Wall), befindet sich das *Café Einstein,* das mit seiner urigen Einrichtung zu den Klassikern der lokalen Kneipenszene zählt. Im *Bass* (Münsterstraße 95, nördlich der Bahnlinie) werden Jazzmusik geboten und die BVB-Spiele live übertragen. Live-Übertragungen gibt es auch im *Kuckuck* (Lange Straße 87), einer Studentenkneipe, deren Küche bis 24 Uhr geöffnet hat, sowie im *Café Central* (Markt 5-7), einem zur Sommerzeit populären Straßencafé.

Sonstige Sehenswürdigkeiten: In der Märkischen Straße (nahe der B1) befindet sich das *Brauerei-Museum Dortmund,* eine Stiftung der Kronen-Brauerei. Das Museum wurde im November 1982 eröffnet und besitzt eine Ausstellungsfläche von 1600 qm. Es ist ein didaktisches Lehrmuseum, das den Besuchern die Kenntnis vermitteln soll, wie Bier gebraut wird. Die ausgestellten Gegenstände zeigen das Bild einer Brauerei ab dem Beginn der ersten technischen Revolution oder der eigentlichen Technisierung – also dem Übergang von der Hausbrauerei und vom Brauhandwerk zum Brauen in einem großen gewerblichen Betrieb.

Im Februar 1997 verkündete der Leiter des Westfälischen Wirtschaftsarchivs (WWA) Dr. Karl-Peter Ellerbrock Pläne für ein *Internationales Zentrum für Braugeschichte* in Dortmund. Aktueller Anlaß war die Übernahme der Kronen-Privatbrauereien durch die Dortmunder Actien-Brauerei. Die Übernahme warf die Frage auf, was mit dem umfangreichen Archivmaterial – insbesondere der Brauereien Thier und Stifts – geschehen soll. Ellerbrock brachte eine Erweiterung des Brauerei-Museums an der Märkischen Straße um ein braugeschichtliches Zentrum ins Gespräch.

Brauereimuseum, Märkische Str. 85, 44141 Dortmund, Tel.: 0231-5024850. Öffnungszeiten: Di-So 10 bis 17 Uhr.

Im Bövinghausen, am westlichen Rand Dortmunds gelegen, steht mit der *Zeche Zollern 2/4* eines der beeindruckendsten Industriedenkmäler des Revieres. Die Zeche wurde 1898/1904 auf Geheiß von Emil Kirdorf errichtet, dem Generaldirektor der Gelsenkirchener Bergbau AG, der größten Bergwerksgesellschaft im Ruhrgebiet. Kirdorf ließ Zollern 2/4 als Musterzeche bauen. Mittels aufwendiger architektonischer Gestaltung der Tagesanlagen unterstrich die Bergwerksgesellschaft die große wirtschaftliche Bedeutung der Zeche. Heute dient die 1966 stillgelegte Anlage als Zentrale des Westfälischen Industriemuseums. Zollern 2/4 wird der größte Standort der aktuell noch in Planung befindlichen acht „Museen der Arbeit“ sein. Besonders beeindruckend ist die Maschinenhalle mit ihrem Jugendstilportal, das eher an eine gotische Kathedrale denn an ein Fabrikgebäude erinnert.

Westfälisches Industriemuseum, Grubenweg 5, 44388 Dortmund, Tel.: 0231/69610. Öffnungszeiten: tägl. 10–18 Uhr.

Weitere praktische Hinweise erteilt der lokale Verkehrsverein (Königswall 20, 44137 Dortmund, Tel.: 0231/140341, Fax: 163593)

Präsidenten und Trainer

Die Präsidenten des BVB

1909 Heinrich Unger
1910 Franz Jacobi
1923 Heinz Schwaben
1928 August Busse
1933 Egon Pentrup
1934 August Busse
1945 Willi Biezek
1946 Rudi Lückert
1952 Dr. Werner Wilms
1964 Kurt Schönherr
1965 Willi Steegmann
1968 Dr. Walter Kliemt
1974 Heinz Günther
1979 Dr. Reinhard Rauball
1982 Jürgen Vogt
1983 Frank Roring
1984 Dr. Reinhard Rauball
1986 Dr. Gerd Niebaum

Die Trainer des BVB seit 1963

Hermann Eppenhoff (1963 - 1965)
Willi Multhaup (1965/66)
Heinz Murach (1966 - 10.4.1968)
Oßwald Pfau (18.4.1968 - 16.12.1968)
Helmut Schneider (17.12.1968 - 17.3.1969)
Hermann Lindemann (21.3.1969 - 1970)
Horst Witzler (1970 - 21.12.1971)
Herbert Burdenski (3.1.1972 - 1972)

Regionalliga 1972/73: Herbert Burdenski / Detlev Brüggemann / Dieter Kurrat / Max Michallek
Regionalliga 1973/74: Janos Bedel / Dieter Kurrat
2. Bundesliga Nord 1974/75: Otto Knefler
2. Bundesliga Nord 1975/76: Otto Knefler / Horst Buhtz / Otto Rehhagel

Otto Rehhagel (1976 - 30.4.1978)
Carl Heinz Rühl (21.5.1978 - 29.4.1979)
Uli Maslo (30.4.1979 - 1979)
Udo Lattek (1979 - 10.5.1981)
Rolf Bock (11.5.1981 - 1981)
Branko Zebec (1981/82)
Karlheinz Feldkamp (1982 - 5.4.1983)
Helmut Witte (6.4.1983 - 1983)
Uli Maslo (1983 - 23.10.1983)
Helmut Witte (24.10. - 30.10 1983)
Horst-Dieter Tippenhauer (31.10. - 15.11.1983)
Horst Franz (16.11.1983 - 1984)
Friedhelm Konietzka (1984 - 24.10.1984)
Erich Ribbeck (28.10.1984 - 1985)
Pal Csernai (1985 - 20.4.1986)
Reinhold Saftig (20.4.1986 - 26.6.1988)
Horst Köppel (27.6.1988 - 1991)
Ottmar Hitzfeld (1991 - 1997)
Nevio Scala (1997 - 1998)
Michael Skibbe (ab 1998)

Die BVB-Kader 1947/48 - 1998/99

Berücksichtigt wurde nur, wer auch zum Einsatz kam

1947/48: Kronsbein, Michallek, Lenz, Schanko, Ruhmhofer, Koschmieder, Preißler, Halfen, Podgorski, W. Erdmann, H. Erdmann, Janowski, Ibel, Sandmann, Breczinski, Zideller

1948/49: Kronsbein, Ruhmhofer, Halfen, Michallek, Koschmieder, W.Erdmann, H.Erdmann, Ibel, Schanko, Steinforth, Kasperski, Rau, Geitz, Sandmann, Landmann, Buddenberg, Massiske, Preißler, Lenz

1949/50: Rau, Kronsbein, Hammer, Buddenberg, Michallek, Koschmieder, Schanko, W.Erdmann, Kasperski, Preißler, Schulz, Ibel, Halfen, Schweinsberg, Reußert, Otten, Geitz, Frank, Ruhmhofer

1950/51: Rau, Wieding, Ruhmhofer, Halfen, Michallek, Koschmieder, W. Erdmann, Kasperski, Linneweber, Schanko, Flügel, Sahm, Ibel, Mikuda, Palhammer, Frank, Reupert, Wieschner, Meisen, Vogt

1951/52: Rau, Koschmieder, Mikuda, Michallek, Wieding, Schanko, Sandmann, Linneweber, Niepieklo, Schlebrowski, Flügel, Vogt, Wieschner, W. Erdmann, Ibel, Halfen, Kasperski, Geschwind

1952/53: Kwiatkowski, Kasperski, Mikuda, Wieschner, Wieding, Schanko, Falke, Schlebrowski, Niepieklo, Flügel, Michallek, Preißler, Sandmann, Sahm, Koschmieder, Halfen, Linneweber, Burgsmüller, Vogt

1953/54: Kwiatkowski, Burgsmüller, Falke, Michallek, Koschmieder, Schanko, Lindner, Preißler, Sandmann, Niepieklo, Flügel, Wieschner, Schlebrowski, Luckenbach, Kapitulski, Ulrich, Rau

1954/55: Kwiatkowski, Schumacher, Falke, Michallek, Schanko, Sandmann, Peters, Kelbassa, Niepieklo, Flügel, Preißler, Luckenbach, Wieschner, Kapitulski, Schlebrowski, Koschmieder, Rau, Knecht, Burgsmüller

1955/56: Kwiatkowski, Wieschner, Michallek, Sandmann, Burgsmüller, Schlebrowski, Peters, Preißler, Kelbassa, Niepieklo, Kapitulski, Bracht, Remmert, Poltorak, Bering, Flügel, Schanko, Schumacher

1956/57: Kwiatkowski, Burgsmüller, Sandmann, Schlebrowski, Michallek, Bracht, Peters, A.Schmidt, Kelbassa, Kapitulski, Preißler, Flügel, Rau, Simmer, Niepieklo, Wieschner, Bering, Schanko

1957/58: Kwiatkowski, Burgsmüller, Schlebrowski, Michallek, Bracht, Sandmann, Peters, Kelbassa, A.Schmidt, Niepieklo, Bering, Dulz, Meyer, Schumacher, Simmer, Poltorak, Preißler

1958/59: Kwiatkowski, Burgsmüller, Michallek, Bracht, Peters, A.Schmidt, Michel, Schlebrowski, Kelbassa, Dulz, Cieslarczyk, Bering, Preißler, Reckels, Zielasko, Meyer, Koslowski, Konietzka, Niepieklo, Rau, Grau

1959/60: Kwiatkowski, Bracht, Cyliax, Peters, Schütz, Konietzka, A. Schmidt, Kelbassa, Bering, Burgsmüller, Thiemann I, Thiemann II, Sandmann, Michel, Cieslarczyk, Grimm, Schlebrowski, Koslowski, Michallek, Zielasko, Fijalkowski

1960/61: Kwiatkowski, Burgsmüller, Peters, Geisler, Steinkuhl, Cyliax, Schmidt, Kelbassa, Konietzka, Schütz, Bracht, Emmerich, Kurrat, Thiemann I, Pritz, Cieslarczyk

1961/62: Kwiatkowski, Wessel, Burgsmüller, Schmidt, Paul, Peters, Sturm, Schütz, Cyliax, Bracht, Thiemann I, Demond, Konietzka, Geisler, Kelbassa, Emmerich, Kurrat, Cieslarczyk, Steinkuhl

1962/63: Kwiatkowski, Wessel, Geisler, Cyliax, D. Kurrat, Paul, Peters, Wosab, Schmidt, Schütz, Konietzka, Roggensack, Sturm, Burgsmüller, Redder, H.J. Kurrat, Emmerich

1963/64: Tilkowski, Kwiatkowski, Wessel, Burgsmüller, Cyliax, D.Kurrat, H.J. Kurrat, Geisler, Bracht, Brungs, Sturm, Wosab, Konietzka, Emmerich, Redder, Schmidt, Rylewicz, Paul, Pfeiffer

1964/65: Tilkowski, Wessel, Paul, Geisler, D.Kurrat, Assauer, Sturm, Wosab, Schmidt, Brungs, Konietzka, Cyliax, Straschitz, Emmerich, Beyer, Redder, Pfeiffer

1965/66: Tilkowski, Wessel, Sturm, Geisler, Straschitz, Paul, D.Kurrat, Libuda, Schmidt Wosab, Weber, Emmerich, Redder, Assauer Held, Groppe, Cyliax

1966/67: Tilkowski, Wessel, Peehs, D. Kurrat, Paul, Assauer, Libuda, Trimhold, Held, Sturm, Emmerich, Cyliax, Wosab, Schmidt, Groppe, Neuberger, Weber, Geisler, Mikulasch

1967/68: Wessel, Köddermann, Cyliax, Peehs, D.Kurrat, Paul, Groppe, Libuda, Trimhold, Neuberger, Sturm, Emmerich, Wosab, Weber, Assauer, Redder, Held, Brakelmann, Hofmeister

1968/69: Günther, Wessel, Wosab, Peehs, Redder, D.Kurrat, Assauer, Brakelmann, Lehmann, Sturm, Neuberger, Held, Trimhold, Emmerich, Weist, Erler, Paul, Szaule, Beckfeld, Hofmeister, Groppe, Heeren

1969/70: Günther, Rynio, Heidkamp, Kohlhäufl, Rasovic, Brakelmann, Peehs, D.Kurrat, Schütz, Sturm, Erler, Weist, Wosab, Held, Neuberger, Trimhold, Assauer, Paul, Bücker, Rieländer, Boduszek, Artmann, Heeren

1970/71: Rynio, Günther, Wosab, Neuberger, Rasovic, Peehs, D.Kurrat, Trimhold, Ritschel, Bücker, Weist, Schütz, Held, Andree, Heidkamp, Weinkauff, Rieländer, Günther, Brakelmann, Boduszek, Sturm

1971/72: Rynio, Bertram, Peehs, Rasovic, Andree, Schütz, Rieländer, Bükker, Weinkauff, Sikora, Köstler, Mathes, Lorant, Mietz, Mensink, Hohnhausen, Ritschel, D.Kurrat, Wilhelm, Peter, Henke

1972/73: Bertram, Rynio, Peehs, Rasovic, Andree, Czernotzky, D.Kurrat, Bertl, Bücker, Nerlinger, Wilhelm, Ondera, Lorant, Köstler, H.Schmidt, Schwarze, Berlau, Mach, Brücken, Pawlowski, Berg, Bakine, Wolf

1973/74: Bertram, Rynio, Czernotzky, Nerlinger, Rasovic, Wolf, Schmidt, Bertl, Bücker, Hartl, Brücken, Mumme, Balcerczak, D.Kurrat, Schwarze, Berg, Segler, Bakine, Berlau, M.Votava, J.Votava, Tschima, Geschwendt

1974/75: Bertram, Brock, Reufert, M. Votava, J. Votava, Wagner, Schwarze, Ackermann, Wolf, Hartl, Schildt, Segler, Savkovic, Grünendahl, Greif, Huber, Goldbach, Berg, Nerlinger, Varga

1975/76: Bertram, Brock, Kammann, Huber, Wagner, Nerlinger, Wolf, M. Votava, Hartl, Kasperski, Schildt, Varga, Geyer, Ackermann, Segler, Vöge, Savkovic, Schwarze

1976/77: Bertram, Huber, Nerlinger, Meyer, Ackermann, Wolf, Wagner, Segler, Hartl, Kasperski, Geyer, Kostedde, Lippens, Vöge, Schildt, M. Votava, Burgsmüller, Schwarze, Krauss

1977/78: Bertram, Huber, Nerlinger, Wagner, M. Votava, Segler, W. Schneider, Burgsmüller, Geyer, Kostedde, Held, Vöge, Wolf, Theiss, Meyer, Akkermann, Lippens, Frank, Endrulat, Hartl

1978/79: Bertram, Immel, W. Schneider, Huber, Theiss, Meyer, Segler, M. Votava, Burgsmüller, Vöge, Wagner, Geyer, Lippens, Held, Runge, Hein, Frank, Ackermann, Wolf, Augustin, T. Schneider

1979/80: Immel, W. Schneider, Dörmann, Theiss, Hein, M.Votava, Meyer, Burgsmüller, Holz, Geyer, Vöge, Runge, Wagner, Frank, Huber, T. Schneider, Augustin, Koch, Freund, Segler

1980/81: Immel, Huber, Dörmann, Koch, Hein, M.Votava, Wagner, Geyer, W. Schneider, Abramczik, Edvaldsson, Burgsmüller, T. Schneider, Holz, Rüßmann, Keser, Augustin, Freund, Bergs, Bönighausen, Sobieray

1981/82: Immel, Huber, Tenhagen, Rüßmann, Hein, M. Votava, Burgsmüller, Abramczik, Klotz, Koch, Sobieray, Keser, Bönighausen, Eggeling, T. Schneider, Zorc, Loose, Wagner, Edvaldsson, Geyer, W. Schneider

1982/83: Immel, Huber, Bönighausen, Rüßmann, Loose, Zorc, Burgsmüller, Abramczik, Keser, Raducanu, Klotz, Koch, Tenhagen, Wagner, Eggeling, Freund, Hein, Schmedding, Horn, Lusch

1983/84: Immel, Meyer, Loose, Rüßmann, Huber, Koch, Tenhagen, Zorc, Raducanu, Keser, Klotz, Reich, Bittcher, Storck, Dressel, Lusch, Konopka, J. Wegmann, Hein, Schaub, Walz, Semlits, Eggeling, Schmedding.

1984/85: Immel, Meyer, Rüßmann, Zorc, Egli, Huber, Schüler, Storck, Loose, Raducanu, Dressel, Simmes, Wegmann, Klotz, Koch, Pagelsdorf, Anderbrügge, Bittcher, Hupe, Kutowski, Lusch, Griehsbach, Michel

1985/86: Immel, Meyer, Zorc, Storck, Hupe, Kutowski, Bittcher, Loose, Schüler, Anderbrügge, Simmes, Raducanu, Hrubesch, Wegmann, Huber, Dressel, Pagelsdorf, Krafft, Lusch

1986/87: de Beer, Meyer, Pagelsdorf, Hupe, Kutowski, Storck, Lusch, Zorc, Raducanu, Helmer, Simmes, Mill, Anderbrügge, Keser, Dickel, Spyrka, Banach, Bittcher, Hahn

1987/88: de Beer, Meyer, Pagelsdorf, Hupe, Kutowski, Kleppinger, Zorc, MacLeod, Helmer, Simmes, Raducanu, Dickel, Mill, Lusch, Banach, Möller, Storck, Spyrka, Gerl, Wohlert, Anderbrügge

1988/89: de Beer, Meyer, Pagelsdorf, Storck, Helmer, MacLeod, Möller, Zorc, Kroth, Rummenigge, Kutowski, Mill, Dickel, Breitzke, Ruländer, Lusch, Nikolic, Strdal, Conrad, Margetic, Roth

1989/90: de Beer, Meyer, Helmer, Kroth, Kutowski, Schulz, Breitzke, Zorc, Möller, Rummenigge, Wegmann, Mill, MacLeod, Driller, Lusch, Dickel, Nikolic, Strerath, Gorlukowitsch, Karl, Wiercimok, Ritz

1990/91: de Beer, Klos, Helmer, Nikolic, Lusch, Kutowski, Zorc, Franck, MacLeod, Schulz, Mill, Driller, Wegmann, Povlsen, Rummenigge, Poschner, Strerath, Quallo, Breitzke, Gorlukowitsch, Grauer, Hofmann, Plechaty, Karl

1991/92: Klos, de Beer, Helmer, Schmidt, Schulz, Povlsen, Karl, Rummenigge, Poschner, Mill, Chapuisat, Lusch, Breitzke, Gorlukowitsch, Reinhardt, Franck, Kutowski, Zorc, Quallo, Grauer, Homberg, Wegmann

1992/93: Klos, de Beer, Reuter, Kutowski, Schulz, Reinhardt, Franck, Zorc, Lusch, Povlsen, Poschner, Mill, Chapuisat, Grauer, Sippel, Schmidt, Rummenigge, Karl, Zelic, Tretschok, Wegmann, Sammer, Raschke

1993/94: Klos, de Beer, Laux, Grauer, Kutowski, Reuter, Schmidt, Schulz, Zelic, Franck, Freund, Karl, Lusch, Poschner, Reinhardt, Rummenigge, Sammer, Tretschok, Zorc, Chapuisat, Mill, Povlsen, Sippel, Riedle, Rodriguez

1994/95: Klos, de Beer, Cesar, Kree, Kurz, Kutowski, Schmidt, Zelic, Arnold, Franck, Freund, Möller, Reinhardt, Reuter, Ricken, Tanko, Sammer, Tretschok, Zorc, Chapuisat, Povlsen, Riedle

1995/96: Klos, Freund, Zorc, Kohler, Berger, Reuter, Ricken, Möller, Cesar, Kree, Sammer, Tretschok, Reinhardt, Riedle, Sosa, Heinrich, Chapuisat, Schmidt, Herrlich, Wolters, Franck, Tanko, Müller, Kutowski, Mallam, de Beer, Schumacher

1996/97: Klos, de Beer, But, Cesar, Chapuisat, Feiersinger, Freund, Heinrich, Herrlich, Kirovski, Kohler, Kree, Lambert, Mallam, Möller, Pedersen, Reinhardt, Reuter, Ricken, Riedle, Riethmann, Sammer, Schneider, Sousa, Tanko, Timm, Tretschok, Wolters, Zorc

1997/98: Klos, de Beer, Binz, But, Booth, Cesar, Chapuisat, Decheiver, Feiersinger, Freund, Gambo, Heinrich, Herrlich, Kirovski, Knoche, Kohler, Kree, Lambert, Mehnert, Möller, Pedersen, Reinhardt, Reuter, Ricken, Riethmann, Sammer, Sauerland, Schneider, Sousa, Tanko, Timm, Zorc

1998/99: Klos, de Beer, Kleinsteiber, Baumann, Binz, Feiersinger, Kohler, Kree, Nijhuis, Pedersen, Dédé, Sammer, Schneider, Barbarez, But, Freund, Häßler, Hengen, Möller, Nerlinger, Reinhardt, Reuter, Ricken, Riethmann, Sauerland, Timm, Booth, Chapuisat, Decheiver, Gambo, Herrlich, Salou, Tanko

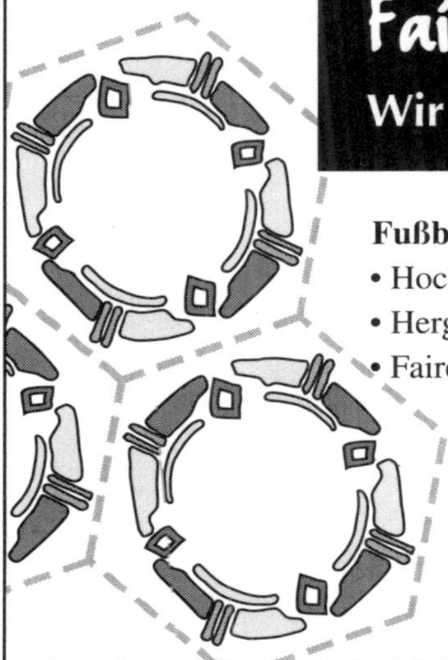
Fair Pay - Fair Play
Wir spielen mit!

Fußbälle – aus fairem Handel
- Hochwertige Profi- und Trainingsbälle
- Hergestellt ohne Kinderarbeit
- Faire Löhne für die Produzenten

gepa
Fair Handelshaus
Postfach 260 147
42243 Wuppertal
Tel.: 02 02/2 66 83 - 0

gepa-Fußbälle und weitere Produkte aus dem fairen Handel erhalten Sie im Weltladen in Ihrer Nähe

Spieler, Einsätze und Tore

Alle Einsätze/Tore der BVB-Spieler 1945 bis Saisonende 1997/98

Spieler	1. Bundesliga	Europa-Pokal	DFB-Pokal	2. Bundesliga	Regionalliga West	Oberliga West	Endrunde DM	Gesamt
Abramczik, Rüdiger	90/30	1/0	11/4					102/34
Ackermann, Klaus	43/1		15/2	56/8				114/11
Anderbrügge, Ingo	76/7	1/1	6/2					83/10
Andree, Hans-Joachim	45/1		3/0		27/1			75/2
Arnold, Marc	9/0	1/0						10/0
Assauer, Rudolf	119/8	8/0	5/0					132/8
Augustin, Ralf	12/2		3/1					15/3
Bakine			1/3		6/1			7/4
Banach, Maurice	14/2	2/0	3/1					19/3
Beckfeld, Klaus	4/0							4/0
Beer, Wolfgang de	174/0	16/0	18/0					208/0
Belarczak					11/0			11/0
Berg, Horst			5/0	11/0	22/0			38/0
Berger, Patrik	27/4	6/0	3/0					36/4
Bergs, Magnus	2/0							2/0
Bering						46/13		46/13
Berlau					9/0			9/0
Berning		2/0						
Bertl, Horst			1/0		51/17			52/17
Bertram, Horst	94/0		20/0	75/0	58/0			247/0
Beyer, Harald	3/0	3/0	1/0					7/0
Binz, Manfred	12/0	2/0						14/0
Bittcher, Ulrich	84/3		6/1					90/4
Böninghausen, Siegfried	44/2	2/0	4/0					50/2
Booth, Scott	10/1	3/1						13/2
Bracht, Helmut	11/0	13/1	4/1			201/5	14/1	243/8
Brakelmann, Klaus	49/0		1/0					50/0
Breczinski						1/0		1/0
Breitzke, Günter	89/18	2/0	9/1					100/19
Brock				2/0				2/0
Brücken, Karl-Heinz					29/6			29/6
Brungs, Franz	54/23	9/8	6/0					69/31
Bücker, Theo	62/13		4/0		50/19			116/32
Buddenberg						5/0	4/0	9/0
Burgsmüller, Manfred	224/135	2/0	26/23					252/158
Burgsmüller, Wilhelm	19/0	16/0	4/0			222/0	22/0	283/0
But, Vladimir	34/4	11/1	3/1					48/6

Spieler	1. Bundesliga	Europa-Pokal	DFB-Pokal	2. Bundesliga	Regionalliga West	Oberliga West	Endrunde DM	Gesamt
Cesar, Julio	75/7	28/1	4/0					107/8
Chapuisat, Stephane	188/94	45/15	10/5					243/114
Cieslarczyk						35/6	3/0	38/6
Conrad, Alexander	8/0							8/0
Cyliax, Gerhard	101/6	11/2	12/1			104/22	14/3	242/34
Czernotzky, Peter			1/0		63/4			64/4
Dechevier, Harry	8/3	5/0						13/3
Demond						10/4		10/4
Dickel, Norbert	90/40	6/3	12/7					108/50
Dörmann, Norbert	33/0		5/1					38/1
Dreßel, Werner	52/4		4/1					56/5
Driller, Martin	41/5	5/1	2/0					48/6
Dulz		2/1				36/10		38/11
Edvaldson, Atli	30/11		3/0					33/11
Eggeling, Heinz-Werner	27/3	1/0	4/0					32/3
Egli, Andre'	31/6		2/0					33/6
Emmerich, Lothar	183/115	21/14	13/7			32/11		249/147
Endrulat, Peter	6/0							6/0
Erdmann, Herbert						18/8	5/4	23/12
Erdmann, Werner			3/2			120/58		123/60
Erler, Dietmar	28/2		1/0					29/2
Falke						76/17	2/1	78/18
Feiersinger, Wolfgang	37/0	17/0	1/0					55/0
Fijalkowski						1/0		1/0
Fink			1/0					1/0
Flügel, Hans			1/0			122/44	6/5	129/49
Frank						3/0		3/0
Franck, Thomas	104/3	16/1	2/0					122/4
Frank, Wolfgang	34/10		5/4					39/14
Freund, Horst	8/0		4/0					12/0
Freund, Steffen	104/6	32/0						136/0
Gambo, Bashiru	6/0		1/0					7/0
Geisler, Lothar	54/1	7/0	5/0			63/0	12/0	141/1
Geitz						7/0		7/0
Gerl, Rupert	4/0	1/0	3/0					8/0
Geschwendt					1/0			1/0
Geschwind						7/0		7/0
Geyer, Peter	159/25		18/9	26/13				203/47
Goldbach			6/0	22/0				28/0
Gorlukowitsch, Sergej	44/1	6/1	3/0					53/2
Grau						3/1		3/1
Grauer, Uwe	20/1	5/0						25/1
Greif			1/0	16/0				17/0
Griehsbach, Michael	1/0							1/0
Grimm						10/1		10/1

Spieler	1. Bundesliga	Europa-Pokal	DFB-Pokal	2. Bundesliga	Regionalliga West	Oberliga West	Endrunde DM	Gesamt
Groppe, Friedhelm	35/0	4/0	4/0					43/0
Grünendahl				1/0				1/0
Günther, Klaus	39/0							39/0
Hahn, Andreas	1/0							1/0
Halfen, Erwin			1/0			100/1	5/0	106/1
Hammer						25/0	1/0	26/0
Hartl, Hans-Werner	29/7		9/4	58/23	30/7			126/41
Heeren, Helmut	9/2							9/2
Heidkamp, Ferdinand	50/2		2/0					52/2
Hein, Herbert	103/1		11/1					114/2
Heinrich, Jörg	81/11	18/2	4/0					103/13
Held, Sigfried	230/44	11/4	18/4					259/52
Helmer, Thomas	190/16	16/2	16/4					222/22
Henke, Karl-Heinz	5/0							5/0
Herrlich, Heiko	60/22	23/7	7/4					90/26
Hofmann, Dirk	1/0		1/0					2/0
Hofmeister, Josef	6/1		1/0					7/1
Hohnhausen, Walter	22/2		2/0					24/2
Holz, Paul	19/0		6/0					25/0
Homberg, Wolfgang	1/0		1/0					2/0
Horn, Jörg	1/0							1/0
Hrubesch, Horst	17/2		4/2					21/4
Huber, Lothar	254/28	2/0	16/0	76/18				348/46
Hupe, Dirk	93/6	3/1	11/2					107/9
Ihbel, Friedel			2/0			54/6	4/0	60/6
Immel, Eike	247/0	2/0	28/0					277/0
Janowski			7/2			17/2		24/4
Kanemann				1/0				1/0
Karl, Steffen	72/2	10/1	2/0					84/2
Kapitulski, Helmut		4/1				76/15	10/1	90/17
Kasperski, Edmond			1/1			124/62	11/3	136/66
Kasperski, Gerd	4/0		2/2	30/15				36/17
Kelbassa, Alfred		9/4				183/114	20/14	212/132
Keser, Erdal	106/27	2/0	8/3					116/30
Kirovski, Jovan	20/1	6/1	1/0					27/1
Kleppinger, Gerhard	33/1	6/0	4/0					43/1
Klos, Stefan	236/0	60/0	12/0					308/0
Klotz, Bernd	106/27	2/0	10/4					118/31
Knecht						1/0		1/0
Knoche, Benjamin	1/0							1/0
Koch, Meinolf	140/10	2/0						142/10
Köddermann, Werner	5/0		1/0					6/0
Köstler, Siegfried	26/2		1/0		32/5			59/7
Kohler, Jürgen	82/10	20/1	6/1					108/12
Kohlhäufl, Alfred	22/1		1/0					23/1

Spieler	1. Bundesliga	Europa-Pokal	DFB-Pokal	2. Bundesliga	Regionalliga West	Oberliga West	Endrunde DM	Gesamt
Konietzka, Timo	53/42	11/6	9/6			110/79	11/8	194/141
Konopka, Harald	17/0							17/0
Koschmieder, Paul						157/1	11/0	178/1
Koslowski						10/4		10/4
Kostedde, Erwin	48/18		6/8					54/26
Krafft, Tadeusz	3/0		1/0					4/0
Krauss, Bernd	1/0							1/0
Kree, Martin	81/1	24/1	4/1					109/3
Kronsbein, Willi						46/0		46/0
Kroth, Thomas	53/0	3/0	7/0					63/0
Kurrat, Dieter	247/9	21/1	21/0	23/3		41/2	14/1	367/16
Kurrat, Hans-Jürgen	1/1	1/0						2/1
Kurz, Marco			2/0					
Kutowski, Günter	288/3	28/0	20/2					336/5
Kwiatkowski, Heinz	3/0	10/0				297/0	24/0	334/0
Lambert, Paul	44/1	14/1	4/0					62/2
Landmann						1/0		1/0
Lehmann, Friederich	9/2							9/2
Lenz, August						48/32	1/0	49/32
Libuda, Reinhard	74/8	10/2	1/1					85/11
Lindner						12/8		12/8
Linneweber, Josef						37/20		37/20
Lippens, Willi	70/13		4/3					74/16
Loose, Ralf	120/11	2/0	13/2					135/13
Lorant, Werner	23/0				22/0			45/0
Luckenbach						39/2		39/2
Lusch, Michael	203/10	22/0	13/2					238/12
Mach					4/0			4/0
MacLeod, Murdo	103/4	12/0	13/1					127/5
Mallam, Yahaya	5/0							5/0
Margetic			1/0					
Massiske						1/0		1/0
Mathes, Reinhold	18/0		2/0					20/0
Meisen						3/0		3/0
Mehnert, Björn	3/0	1/0						4/0
Mensink, Friedel	12/0							12/0
Meyer, Herbert						23/0		23/0
Meyer, Rolf	5/0		11/0					16/0
Michallek, Max		9/0				293/17	21/3	323/20
Michel						35/0		35/0
Michel, Uwe	1/0							1/0
Mietz, Dieter	29/0		2/0					31/0
Mikuda, Alfred						76/0	6/0	82/0
Mikulasch, Willibald	2/1		1/0					3/1
Mill, Frank	187/47	22/11	12/6					221/64
Möller, Andreas	180/61	38/9	16/5					234/75

Spieler	1. Bundesliga	Europa-Pokal	DFB-Pokal	2. Bundesliga	Regionalliga West	Oberliga West	Endrunde DM	Gesamt
Müller, Lars	6/0							
Mumme, Willi			1/0		32/4			33/4
Nerlinger, Helmut	36/1		13/1	63/11	53/4			165/17
Neuberger, Willi	148/29	1/0	11/4					160/33
Niepieklo, Alfred		7/3	1/1			175/104	16/15	199/123
Nikolic, Robert	51/0	2/0	4/0					57/0
Ondera					27/8			27/8
Otten						4/0	1/0	5/0
Otto			1/1					
Pagelsdorf, Frank	102/9		15/1					117/10
Palhammer						1/0		1/0
Paul, Wolfgang	148/6	15/0	17/1			50/1	7/0	237/8
Pawlowski					4/0			4/0
Pedersen, Steinar	4/0	2/0						6/0
Peehs, Gerd	170/4	2/0	10/1		11/0			193/5
Peter, Ingo	5/0							5/0
Peters, Wolfgang		7/8				209/19	17/3	233/30
Pfeiffer, Manfred	6/0	3/0	2/0					11/0
Plechaty, Mario	1/0							1/0
Podgorski, Franz						18/5		18/5
Poltorak						4/0		4/0
Poschner, Gerhard	110/14	20/0	3/0					133/14
Povlsen, Flemming	116/20	21/1	4/2					141/23
Preißler, Alfred			1/1			241/145	19/14	261/160
Pritz						4/1		4/1
Quallo, Peter	22/0	6/0						26/0
Raducanu, Marcel	163/31	5/0	15/3					183/34
Raschke, Ulf	1/0	1/0						2/0
Rasovic, Branko	79/0		4/0		30/0			113/0
Rau, Günter		1/0				68/0	5/0	74/0
Reckels						4/1		4/1
Redder, Theo	115/2	16/0	10/0			2/0		143/2
Reich, Siegfried	14/2							14/2
Reinhardt, Knut	166/5	35/0	7/0					208/5
Remmert						2/0		2/0
Reufert				7/0				7/0
Reupert						6/1		6/1
Reuter, Stefan	161/11	47/2	6/1					214/14
Ricken, Lars	100/13	30/8	5/7					135/28
Riedle, Karl-Heinz	87/24	23/11	1/0					111/35
Rieländer, Theodor	40/6		2/1					42/7
Riethmann, Frank	5/0		1/0					6/0
Ritschel, Manfred	57/6		5/2					62/8
Ritz, Stephan	1/0							1/0

Spieler	1. Bundesliga	Europa-Pokal	DFB-Pokal	2. Bundesliga	Regionalliga West	Oberliga West	Endrunde DM	Gesamt
Rodriguez, L. Adrian	6/0	1/0						7/0
Roggensack						11/2	1/0	12/2
Roth, Oliver	1/0							1/0
Ruländer, Matthias	11/1		1/0					12/1
Ruhmhofer, Heinrich						70/0	4/0	74/0
Rummenigge, Michael	157/36	20/4	10/4					187/44
Runge, Norbert	19/5		5/0					24/5
Rüssmann, Rolf	149/18	1/0	11/0					161/18
Rylewicz, Burghard	11/5	2/1	1/0					14/6
Rynio, Jürgen	81/0		6/0		11/0			98/0
Sahm, Kurt			1/0			38/4	6/0	45/4
Sammer, Mathias	115/21	27/0	5/2					147/23
Sandmann, Herbert		10/0				183/38	14/3	207/41
Sauerland, Jörg	2/0		1/0					3/0
Savkovic, Ernst			5/0	52/0				57/0
Schanko, Erich		1/0	1/0			208/11	12/0	222/11
Schumacher						28/3		28/3
Schaub, Fred	6/1		1/0					7/1
Schildt, Hans-Gerd	8/0		11/0	67/13				86/13
Schlebrowski, Elwin		10/0				184/15	10/0	204/15
Schmedding, Franz-Josef	3/0		2/1					5/1
Schmidt, Alfred	81/19	24/3	12/3			195/57	15/6	327/88
Schmidt, Bodo	116/2	27/0	4/1					147/3
Schmidt			5/0	51/3				56/3
Schneider, Rene	11/3	2/1	1/0					14/4
Schneider, Theo	44/6		10/2					54/8
Schneider, Werner	122/7		17/0					139/7
Schüler, Wolfgang	54/10		8/6					62/16
Schulz, Rudolf						30/10	1/0	31/10
Schulz, Michael	133/5	25/3	4/0					162/8
Schumacher, Harald	1/0							1/0
Schütz, Jürgen	73/26		7/0			113/87	13/11	206/124
Schwarze, Friedhelm	2/0		9/0	44/2	38/1			93/3
Schweinsberg						13/7		13/7
Segler, Burghard	88/13		20/6	54/14	31/18			193/51
Semlits, Oswald	4/1							4/1
Siewek			1/2					1/2
Sikora, Alfons	17/0		1/0					18/0
Simmer, Heinz		2/1				4/1		6/2
Simmes, Daniel	106/11	5/0	11/3					122/14
Sippel, Lothar	39/5	9/1						48/6
Sobieray, Jürgen	13/1		3/0					16/1
Sosa, Ruben	17/3	5/0	3/0					25/3
Sousa, Paulo	27/1	9/0	2/1					38/2
Spyrka, Adrian	12/0	3/0	1/0					16/0
Steinforth						8/8		8/8

Spieler	1. Bundesliga	Europa-Pokal	DFB-Pokal	2. Bundesliga	Regionalliga West	Oberliga West	Endrunde DM	Gesamt
Steinkuhl						26/0	1/0	27/0
Stork, Bernd	147/7	2/0	16/2					165/9
Straschitz, Herrmann	24/4	2/1	3/0					29/5
Strerath, Stefan	19/1	2/0						21/1
Strudal, Marc	12/1		1/0					13/1
Sturm, Wilhelm	186/12	21/1	19/0			53/9	1/0	280/22
Szaule, Walter	4/0							4/0
Tanko, Ibrahim	33/3	10/0	2/0					45/3
Tenhagen, Franz-Josef	87/0	2/0	9/1					98/1
Theis, Amand	84/6		10/1					94/7
Thiemann, R.						37/1	7/0	44/1
Thiemann II						5/1		5/1
Tilkowski, Hans	81/0	15/0	3/0					99/0
Timm, Christian	10/0	4/0	1/0					15/0
Tretschok, Rene	61/8	20/2	2/1					83/11
Trimhold, Horst	96/12	2/1	5/0					103/13
Tschirna					5/0			5/0
Ulrich						1/0		1/0
Varga, Zoltan			8/1	62/10				70/11
Vogt			1/0			25/0		26/0
Vöge, Wolfgang	98/20		15/11	14/0				127/31
Votava, Joschi				3/0	10/0			13/0
Votava, Miroslav	189/25		30/4	68/3	10/0			297/32
Wagner, Hans-Joachim	149/6		22/3	72/3				243/12
Walz, Manfred	5/0		1/0					6/0
Weber, Jürgen	18/3	1/1	1/0					20/4
Wegmann, Jürgen	117/33	6/2	11/8					134/43
Weinkauff, Dieter	46/12		3/0					51/12
Weist, Werner	72/34		3/1					75/35
Wessel, Bernhard	87/0	7/0	14/0			20/0	6/0	134/0
Wieding			1/0			40/0		41/0
Wiercimok, Martin	2/0							2/0
Wilhelm, Jürgen	7/3		1/0		24/6			32/9
Wieschner, Ewald						97/2	1/0	98/2
Wohlert, Torsten	2/0		1/0					3/0
Wolf, Egwin	40/1		16/2	64/16	56/7			176/26
Wolters, Carsten	12/1	2/0	2/0					16/1
Wosab, Reinhold	198/61	16/8	20/6			29/13	7/2	270/90
Zelic, Nedjeljko	41/1	12/0						53/1
Zideller, August			3/0			1/0		4/0
Zielasko						5/0		5/0
Zorc, Michael	463/131	65/12	28/10					556/153

Spieler mit den meisten Spielen

(über 200 insgesamt)

Spieler	1. Bundesliga	Europa-Pokal	DFB-Pokal	2. Bundesliga	Regionalliga West	Oberliga West	Endrunde DM	Gesamt
Zorc, Michael	463	65	28					556
Kurrat, Dieter	247	21	21	23		41	14	367
Huber, Lothar	254	2	38	72				366
Kutowski, Günther	288	28	20					336
Kwiatkowski, Heinz	3	10				297	24	334
Schmidt, Alfred	81	24	12			195	15	327
Michallek, Max		9				293	21	323
Klos, Stefan	236	60	12					308
Votava, Miroslav	189		30	68	10			297
Burgsmüller, Wilhelm	19	16	4			222	22	283
Sturm, Wilhelm	186	21	19			53	1	280
Immel, Eike	247	2	28					277
Wosab, Reinhold	198	16	20			29	7	270
Preißler, Alfred			1			241	19	261
Held, Sigfried	230	11	18					259
Burgsmüller, Manfred	224	2	26					252
Emmerich, Lothar	183	21	13			32		249
Bertram, Horst	94		20	75	58			247
Bracht, Helmut	11	13	4			201	14	243
Chapuisat, Stephane	188	45	10					243
Wagner, Hans-Joachim	149		22	72				243
Cyliax, Gerhard	101	11	12			104	14	242
Lusch, Michael	203	22	13					238
Paul, Wolfgang	148	15	17			50	7	237
Möller, Andreas	180	38	16					234
Peters, Wolfgang		7				209	17	233
Helmer, Thomas	190	16	16					222
Schanko, Erich		1	1			208	12	222
Mill, Frank	187	22	12					221
Reuter, Stefan	161	47	6					214
Geyer, Peter	159		18	36				213
Kelbassa, Alfred		9				183	20	212
Beer, Wolfgang de	174	16	18					208
Reinhardt, Knut	166	35	7					208
Sandmann, Herbert		10				183	14	207
Schütz, Jürgen	73		7			113	13	206
Schlebrowski, Elwin		10				184	10	204

11 x Top Ten

Die zehn Spieler mit den meisten Bundesligaeinsätzen

Zorc, Michael	463
Kutowski, Günther	288
Huber, Lothar	254
Immel, Eike	247
Kurrat, Dieter	247
Klos, Stefan	236
Held, Sigfried	230
Burgsmüller, Manfred	224
Lusch, Michael	203
Wosab, Reinhold	198

Die zehn Spieler mit den meisten Europapokaleinsätzen

Zorc, Michael	65
Klos, Stefan	60
Reuter, Stefan	47
Chapuisat, Stephane	45
Möller, Andreas	38
Reinhard, Knut	35
Freund, Steffen	32
Ricken, Lars	30
Cesar, Julio	28
Kutowski, Günther	28

Die zehn Spieler mit den meisten Toren

Preißler, Alfred	160
Burgsmüller, Manfred	158
Zorc, Michael	153
Emmerich, Lothar	147
Konietzka, Timo	141
Kelbassa, Alfred	132
Schütz, Jürgen	124
Niepieklo, Alfred	123
Chapuisat, Stephan	115
Wosab, Reinhold	90

Die zehn Spieler mit den meisten Einsätzen in der Oberliga West und den Endrunden Spielen zur deutschen Meisterschaft

Kwiatkowski, Heinz	321
Michallek, Max	314
Preißler, Alfred	260
Burgsmüller, Wilhelm	244
Peters, Wolfgang	226
Schanko, Erich	220
Bracht, Helmut	215
Schmidt, Alfred	210
Kelbassa, Alfred	203
Sandmann, Herbert	197

Die zehn Spieler mit den meisten DFB-Pokaleinsätzen

Huber, Lothar	38
Votava, Miroslav	30
Immel, Eike	28
Zorc, Michael	28
Burgsmüller, Manfred	26
Kurrat, Dieter	21
Bertram, Horst	20
Kutowski, Günther	20
Segler, Burghard	20
Wosab, Reinhold	20

Die zehn Spieler mit den meisten Einsätzen in der 2. Bundesliga (Regionalliga West und 2. Bundesliga Nord 1972-76)

Bertram, Horst	133
Wolf, Egwin	120
Nerlinger, Helmut	116
Hartl, Hans-Werner	88
Segler, Burghard	85
Schwarze, Friedhelm	82
Votava, Miroslav	78
Wagner, Hans-Joachim	72
Schildt, Hans-Gerd	67
Czernotzky, Peter	63

Die zehn Spieler mit den meisten Bundesligatoren

Burgsmüller, Manfred	135
Zorc, Michael	131
Emmerich, Lothar	115
Chapuisat, Stephane	94
Möller, Andreas	61
Wosab, Reinhold	61
Mill, Frank	47
Held, Sigfried	44
Konietzka, Timo	42
Dickel, Norbert	40

Die zehn Spieler mit den meisten Europapokaltoren

Chapuisat, Stephane	15
Emmerich, Lothar	14
Zorc, Michael	12
Mill, Frank	11
Riedle, Karl-Heinz	11
Möller, Andreas	9
Brungs, Franz	8
Peters, Wolfgang	8
Ricken, Lars	8
Wosab, Reinhold	8

Die zehn Spieler mit den meisten DFB-Pokal-Toren

Vöge, Wolfgang	11
Zorc, Michael	10
Geyer, Peter	9
Kostedde, Erwin	8
Wegmann, Jürgen	8
Dickel, Norbert	7
Emmerich, Lothar	7
Ricken, Lars	7
Konietzka, Timo	6
Mill, Frank	6
Wosab, Reinhold	6

Die zehn Spieler mit den meisten Toren in der 2. Bundesliga (1972-76)

Segler, Burghard	32
Hartl, Hans-Peter	30
Wolf, Egwin	23
Bücker, Theo	19
Huber, Lothar	18
Bert, Horst	17
Kasperski, Gerd	15
Nerlinger, Helmut	15
Geyer, Peter	13
Schildt, Hans-Gerd	13

Die zehn Spieler mit den meisten Toren in der Oberliga West und den Meisterschaftsendrundenspielen

Preißler, Alfred	159
Kelbassa, Alfred	128
Niepieklo, Alfred	119
Schütz, Jürgen	98
Konietzka, Timo	87
Kasperski, Edmond	65
Schmidt, Alfred	63
Erdmann, Werner	58
Flügel, Hans	49
Sandmann, Herbert	41

Die Zuschauerbilanz des BVB 1947 - 1998

Oberliga West
1947/48: 24.400
1948/49: 21.900
1949/50: 19.000
1950/51: 20.000
1951/52: 19.200
1952/53: 22.600
1953/54: 19.700
1954/55: 11.600
1955/56: 17.900
1956/57: 18.900
1957/58: 16.700
1958/59: 20.900
1959/60: 19.200
1960/61: 21.900
1961/62: 15.900
1962/63: 26.700
1963/64: 22.113

Bundesliga
1964/65: 24.078
1965/66: 24.906 Vizemeisterschaft
1966/67: 26.104
1967/68: 21.877
1968/69: 23.096
1969/70: 18.709
1970/71: 17.974
1971/72: 16.011
Abstieg in die Regionalliga

Regionalliga/2. Bundesliga
1972/73: 10.600
1973/74: 8.900
1974/75: 25.400
2. Bundesliga Nord und
Umzug ins Westfalenstadion
1975/76: 26.800 Wiederaufstieg in die
1. Bundesliga

1. Bundesliga
1976/77: 42.400
1977/78: 36.764
1978/79: 27.403
1979/80: 34.243
1980/81: 33.120
1981/82: 27.409
1982/83: 26.031
1983/84: 20.306
1984/85: 24.512
1985/86: 22.573
1986/87: 32.129
UEFA-Cup-Qualifikation
1987/88: 27.921
1988/89: 29.176 DFB-Pokalsieg
1989/90: 34.810
UEFA-Cup-Qualifikation
1990/91: 33.564
1991/92: 41.188 Vizemeister
1992/93: 40.028 Kapazitätsverringerung durch Umbau der Nordtribüne; Einzug ins UEFA-Cup-Finale.
1993/94: 40.381
UEFA-Cup-Qualifikation
1994/95: 40.914; Deutscher Meister
1995/96: 41.886; Baubeginn Oberränge West und Ost; Deutscher Meister;
1996/97: 51.516; Fertigstellung Oberränge West und Ost (neue Stadionkapazität: 55.000)
1997/98: 52.274
1998/99: 62.000 (Stand nach drei Heimspielen), Ausbau der Süd- und Nordtribüne (neue Stadionkapazität: 69.500)

BVB-Zuschauerkurve 1963-99

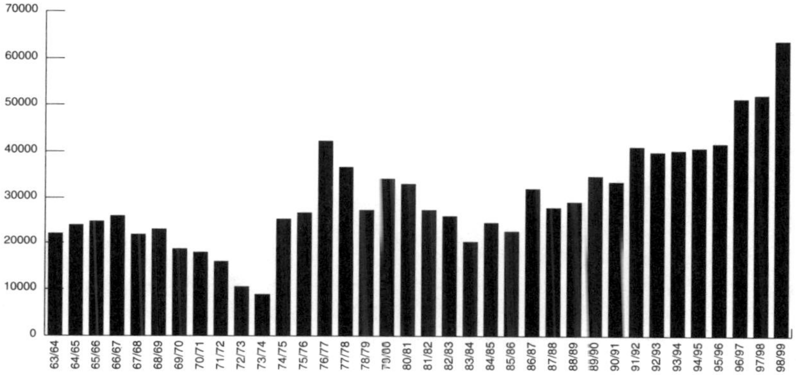

BVB-Leistungskurve in der Bundesliga

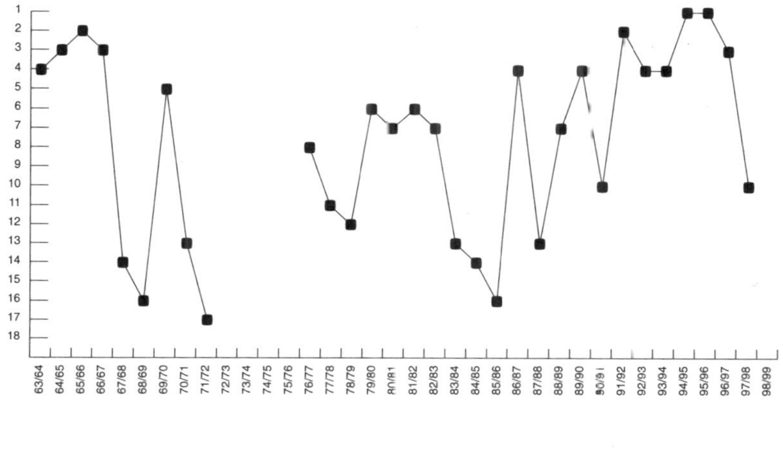

Der Weg nach oben

Der BVB in den Jahren 1986 bis 1998

Aus den folgenden Tabellen geht hervor, wie sich der BVB in der Ära Niebaum, also im Zeitraum 1986-1998, in die Spitzengruppe der Bundesliga vorgearbeitet hat. In den beiden ersten Tabellen wurde der jeweilige Durchschnittspunktewert der ersten zwölf Mannschaften des jeweiligen Berechnungszeitraums errechnet (d.h. die Gesamtzahl der erreichten Punkte wurde durch die Anzahl der jeweiligen Spielzeiten geteilt). Zugrunde gelegt wurde die heute gültige drei Punktewertung. Berücksichtigt wurden die Mannschaften, die in den Zeiträumen 1986/87-1990/91 und 1991/92-1997/98 mehr als die Hälfte der Spielzeiten in der ersten Bundesliga vertreten waren. Bei den Mannschaften, die im Berechnungszeitraum aufgestiegen oder abgestiegen sind, wurden die erreichten Punktewerte durch die gesamten Spielzeiten geteilt. Dies erklärt die Werte für den KSC, den 1. FC Kaiserslautern und Eintracht Frankfurt.

In der dritten Tabelle wird schließlich die Differenz zwischen Gewinn und Verlust aufgeführt. Es wird deutlich, daß dem BVB (neben dem KSC) der mit Abstand deutlichste Sprung nach vorne gelungen ist. Unter Berücksichtigung des Umstandes, daß der Karlsruher SC in der Saison 97/98 in die 2. Bundesliga abgestiegen ist, wirkt der Sprung des BVB noch eindrucksvoller. Der FC Bayern München hat seine alleinige und unumstrittene Spitzenposition als Klassenprimus eingebüßt und muß sich diese Position mit dem BVB teilen.

1986/87 - 1990/91		1991/92 - 1997/98		Differenz	
FC Bayern München	68,6	FC Bayern München	61,7	Karlsruher SC	16,5
SV Werder Bremen	58,6	Borussia Dortmund	61,1	Borussia Dortmund	12,9
1. FC Köln	58,0	Bayer Leverkusen	53,7	Bayer Leverkusen	6,1
Hamburger SV	55,2	SV Werder Bremen	53,6	VfB Stuttgart	0,8
VfB Stuttgart	51,6	VfB Stuttgart	52,4	1.FC Kaiserslautern	- 0,5
1. FC Kaiserslautern	48,6	Karlsruher SC	49,1	Bor. Mönchgldb.	- 0,7
Bor. Mönchengladbach	48,6	1. FC Kaiserslautern	48,1	Werder Bremen	- 5,0
Borussia Dortmund	48,4	Bor. Mönchengladbach	47,9	Bayern München	- 6,9
Bayer Leverkusen	47,6	FC Schalke 04	45,9	Eintracht Frankfurt	- 7,1
Eintracht Frankfurt	43,8	1. FC Köln	44,0	Hamburger SV	- 12,9
1. FC Nürnberg	42,8	Hamburger SV	42,3	1. FC Köln	- 14,0
1. Karlsruher SC	32,6	Eintracht Frankfurt	36,7		

Der BVB 1909 bis 1998

Ligenzugehörigkeit, Plazierungen, Meisterschaften

1911/12: C-Liga (3. Liga), 1. Platz, Aufstieg in die B-Klasse
1912/13: B-Klasse (2. Liga), 3. Platz
1913/14: B-Klasse, 1. Platz, Aufstieg in die A-Klasse
1914/15: A-Klasse, 2. Platz
1915/16: Keine Meisterschaftsrunde wegen 1. Weltkrieg
1916/17: Keine Meisterschaftsrunde wegen 1. Weltkrieg
1917/18: Meisterschaftsrunde ohne BVB, da fast alle Spieler einberufen.
1918/19: A-Klasse, 2. Platz
1919/20: A-Klasse (durch Einführung einer neuen Eliteliga nur noch 2. Liga), 3. Platz
1920/21: A-Klasse, 1. Platz
Endrunde um die Kreismeisterschaft:
Preußen Bochum - BVB 1:2
BVB - Sprockhövel 0:1
Sprockhövel - Bochum 1:3
1921/22: 1. Kreisliga (2. Liga), 9. Platz
1922/23: 1. Kreisliga, 1. Patz
1923/24: 1. Kreisliga, 13. Platz
1924/25: 1. Kreisliga, 1. Platz
1925/26: 2. Bezirksklasse (2. Liga), 2. Platz (Aufstieg in die 1. Bezirksklasse)
1926/27: 1. Bezirksklasse (1. Liga), 9. Platz (Abstieg in die 2. Bezirksklasse)
1927/28: 2. Bezirksklasse (2. Liga), 2. Platz
1928/29: 2. Bezirksklasse, 7. Platz
1929/30: 2. Bezirksklasse (durch Neueinteilung der Ligen nur noch 3. Liga), 4. Platz (Aufstieg in die 1. Bezirksklasse)
1930/31: 1. Bezirksklasse (2. Liga), 7. Platz
1931/32: 1. Bezirksklasse, 1. Platz
1932/33: 1. Bezirksklasse, 2. Platz
1933/34: Bezirksklasse (2. Liga), 6. Platz
1934/35: Bezirksklasse, 1. Platz
1935/36: Bezirksklasse, 1. Platz (Aufstieg in die Gauliga Westfalen)

Gauliga

1936/37: Gauliga Westfalen (1. Liga), 3. Platz (39:37 Tore, 19:17 Punkte)
1937/38: Gauliga Westfalen, 2. Platz (45:28 Tore, 26:10 Punkte)
1938/39: Gauliga Westfalen, 3. Platz (46:40 Tore, 20:16 Punkte)
1939/40: Gauliga Westfalen, 9. Platz (35:60 Tore, 11:25 Punkte)
1940/41: Gauliga Westfalen, 4. Platz (62:50 Tore, 24:20 Punkte)
1941/42: Gauliga Westfalen, 2. Platz (58:38 Tore, 24:12 Punkte)
1942/43: Gauliga Westfalen, 6. Platz (46:46 Tore, 17:19 Punkte)
1943/44: Gauliga Westfalen, 3. Platz (45:21 Tore, 24:12 Punkte)
1944/45: Wegen des 2. Weltkriegs Spiele nur auf lokaler Ebene.

1946: Westfalenliga (1. Liga, zweigleisig), 3. Platz
1946/47: Westfalenliga (zweigleisig), 1. Platz
Der BVB qualifiziert sich damit für die neue Oberliga West.
Endspiel um die Westfalenmeisterschaft:
Schalke 04 - BVB 2:3 (in Herne)

Meisterschaft Britische Zone 1947:
Vorrunde: BVB - Werder Bremen 4:2
Zwischenrunde: BVB - VfR Köln 5:4 n.V.
Endspiel: Hamburger SV - BVB 1:0 (in Oberhausen)

Oberliga West

1947/48: Oberliga West (1. Liga), 1. Pl. (62:22 Tore, 36:12 Punkte)
Meisterschaft Britische Zone 1948:

Vorrunde: Werder Bremen - BVB 2:3 n.V.
Zwischenrunde: FC St. Pauli - BVB 2:2 und 1:0
Spiel um den 3. Platz: BVB - TSV Braunschweig 2:0

1948/49: Oberliga West, 1. Platz (79:30 Tore, 38:10 Punkte)
Deutsche Meisterschaft Endrunde 1949:
Vorrunde: Berliner SV 92 - BVB 0:5 Michallek (2), Erdmann, Preißler, Kasperski
Zwischenrunde: BVB - 1. FC Kaiserslautern 0:0 (in München)
BVB - 1. FC Kaiserslautern 4:1 (in Köln) Preißler (2), Michallek, Erdmann
Endspiel: VfR Mannheim - BVB 3:2 n.V. (in Stuttgart). Erdmann (2)

1949/50: Oberliga West, 1. Platz (76:36 Tore, 43:17 Punkte)
Deutsche Meisterschaft Endrunde 1950:
VfR Mannheim - BVB 3:1 (in Gladbeck). Kaperski

1950/51: Oberliga West, 3. Platz (52:36 Tore, 39:21 Punkte)
1951/52: Oberliga West, 4. Platz (79:53 Tore, 34:26 Punkte)
1952/53: Oberliga West, 1. Platz (87:36 Tore, 46:16 Punkte)
Deutsche Meisterschaft Endrunde 1953, Gruppe II:
BVB - VfB Stuttgart 2:1 Niepieklo, Flügel
BVB - Hamburger SV 4:1 Flügel (2), Preißler, Kasperski
BVB - Union 06 Berlin 4:0 Preißler (2), Sandmann, Flügel
Union 06 Berlin - BVB 0:2 Sandmann (2)
Hamburger SV - BVB 3:4 Preißler (2), Niepieklo, Farke
VfB Stuttgart - BVB 2:1 Flügel

Tabelle DM '53, II	Tore	Punkte
1. VfB Stuttgart	16:6	10:2
2. BVB	17:7	10:2
3. Hamburger SV	11:15	3:9
4. Union 06 Berlin	4:20	1:11

1953/54: Oberliga West, 5. Platz (60:54 Tore, 32:28 Punkte)
1954/55: Oberliga West, 4. Platz (63:57 Tore, 30:30 Punkte)
1955/56: Oberliga West, 1. Platz (78:36 Tore, 45:15 Punkte)
Deutsche Meisterschaft Endrunde 1956, Gruppe II:
BVB - Hamburger SV 5:0 Preißler, Kelbassa, Niepieklo (3)
Hamburger SV - BVB 2:1 Kelbassa
BVB - VfB Stuttgart 4:1 Preißler (3), Niepieklo
VfB Stuttgart - BVB 0:2 Niepieklo (2)
BVB - Viktoria 89 Berlin 1:1 Niepieklo
Viktoria 89 Berlin - BVB 0:6 Kelbassa (2), Niepieklo (2), Peters, Bracht

Tabelle DM '56, II	Tore	Punkte
1. BVB	19:4	9:3
2. Hamburger SV	14:10	9:3
3. VfB Stuttgart	9:14	4:8
4. Viktoria 98 Berlin	7:21	2:10

Endspiel: BVB - Karlsruher SC 4:2 (in Berlin) Niepieklo, Kelbassa, Preißler, Peters

1956/57: Oberliga West, 1. Platz (73:33 Tore, 41:19 Punkte)
Deutsche Meisterschaft Endrunde 1957, Gruppe II:
BVB - Kickers Offenbach 2:1 (in Stuttgart) Niepieklo, Schmidt
BVB - 1. FC Kaiserslautern 3:2 (in

Hannover) Kelbassa, Preißler, Kapitulski
BVB - Hertha BSC Berlin 2:1 (in Braunschweig) Niepieklo (2)

Tabelle DM '57, II	Tore	Punkte
1. BVB	7:4	6:0
2. Kickers Offenb.	8:4	4:2
3. 1. FC Kaisersl.	17:8	2:4
4. Hertha BSC Berl.	3:19	0:6

Endspiel: BVB - Hamburger SV 4:1 (in Hannover) Kelbassa (2), Niepieklo (2)

1957/58: Oberliga West, 5. Platz (67:44 Tore, 35:25 Punkte)
1958/59: Oberliga West, 5. Platz (59:47 Tore, 35:25 Punkte)
1959/60: Oberliga West, 3. Platz (81:62 Tore, 35:25 Punkte)
1960/61: Oberliga West, 2. Platz (70:46 Tore, 39:21 Punkte)
Deutsche Meisterschaft Endrunde 1961, Gruppe I:
BVB - Eintracht Frankfurt 0:1
Eintracht Frankfurt - BVB 1:2 Schmidt, Peters
BVB - Hamburger SV 7:2 Schütz (4), Kelbassa (2), Konietzka
Hamburger SV - BVB 2:5 Kelbassa, Konietzka, Schütz (2), Schmidt
BVB - 1. FC Saarbrücken 2:2 Konietzka, Kelbassa
1. FC Saarbrücken - BVB 4:3 Cyliax (2), Kelbassa

Tabelle DM '61, I	Tore	Punkte
1. BVB	19:2	7:5
2. Eintr. Frankfurt	13:9	7:5
3. Hamburger SV	14:19	6:6
4. 1. FC Saarbrücken	11:17	4:8

Endspiel: 1. FC Nürnberg - BVB 3:0 (in Hannover)
1961/62: Oberliga West, 8. Platz (67:51 Tore, 32:28 Punkte)
1962/63: Oberliga West 2. Platz (77:39 Tore, 40:20 Punkte)
Endrunde Deutsche Meisterschaft 1963, Gruppe II
BVB - 1860 München 4:0 Schütz (2), Konietzka (2)
1860 München - BVB 3:2 Wosab, Konietzka
BVB - Borussia Neunkirchen 0:0
Borussia Neunkirchen - BVB 2:5 Schütz, Konietzka (2), Cyliax, Schmidt
BVB - Hamburger SV 3:2 Schmidt, Schütz, Kelbassa
Hamburger SV - BVB 0:1 Schütz

Die Meistermannschaft von 1963.

Tabelle DM '63, II	Tore	Punkte
1. BVB	15:7	9:3
2. 1860 München	10:12	6:6
3. Borussia Neunkir.	8:11	6:6
4. Hamburger SV	7:10	3:9

Endspiel: BVB - 1. FC Köln 3:1 (in Stuttgart) Kurrat, Wosab, Schmidt

Bundesliga

1963/64: Bundesliga (1. Liga), 4. Platz (73:57 Tore, 33:27 Punkte)
1964/65: Bundesliga, 3. Platz (67:48 Tore, 36:24 Punkte)
1965/66: Bundesliga, 2. Platz (70:36 Tore, 47:21 Punkte)
1966/67: Bundesliga, 3. Platz (70:41 Tore, 39:29 Punkte)
1967/68: Bundesliga, 14. Platz (60:59 Tore, 31:37 Punkte)
1968/69: Bundesliga, 16. Platz (49:54 Tore), 30:38 Punkte)
1969/70: Bundesliga, 5. Platz (60:67 Tore, 36:32 Punkte)
1970/71: Bundesliga, 13. Platz (54:60 Tore, 29:39 Punkte)
1971/72: Bundesliga, 17. Platz (34:83 Tore, 20:48 Punkte)

Regional- / 2. Bundesliga

1972/73: Regionalliga West (2. Liga), 4. Platz (77:45 Tore, 41:27 Punkte)
1973/74: Regionalliga West, 6. Platz (63:50 Tore, 37:31 Punkte)
1974/75: 2. Bundesliga Gruppe Nord, 6. Platz (65:44 Tore, 46:30 Punkte)
1975/76: 2. Bundesliga Gruppe Nord, 2. Platz (93:37 Tore, 52:24 Punkte)
Endscheidungsspiele um den Aufstieg in die 1. Bundesliga:
1. FC Nürnberg - BVB 0:1
BVB - 1. FC Nürnberg 3:2

1. Bundesliga

1976/77: 1. Bundesliga, 8. Platz (73:64 Tore, 34:34 Punkte)
1977/78: 1. Bundesliga, 11. Platz (57:71 Tore, 33:35 Punkte)
1978/79: 1. Bundesliga, 12. Platz (54:70 Tore, 31:37 Punkte)
1979/80: 1. Bundesliga, 6. Platz (64:56 Tore, 36:32 Punkte)
1980/81: 1. Bundesliga, 7. Platz (69:59 Tore, 35:33 Punkte)
1981/82: 1. Bundesliga, 6. Platz (59:40 Tore, 41:27 Punkte)
1982/83: 1. Bundesliga, 7. Platz (78:62 Tore, 39:29 Punkte)
1983/84: 1. Bundesliga, 13. Platz (54:65 Tore, 30:38 Punkte)
1984/85: 1. Bundesliga, 14. Platz (51:65 Tore, 30:38 Punkte)
1985/86: 1. Bundesliga, 16. Platz (49:65 Tore, 28:40 Punkte)
Relegationsspiele um den Verbleib/ Aufstieg in die 1. Bundesliga:
Fortuna Köln - BVB 2:0
BVB - Fortuna Köln 3:1
BVB - Fortuna Köln 8:0
(in Düsseldorf)
1986/87: 1. Bundesliga, 4. Platz (70:50 Tore, 40:28 Punkte)
1987/88: 1. Bundesliga, 13. Platz (51:54 Tore, 29:39 Punkte)
1988/89: 1. Bundesliga, 7. Platz (56:40 Tore, 37:31 Punkte)
1989/90: 1. Bundesliga, 4. Platz (51:35 Tore, 41:27 Punkte)
1990/91: 1. Bundesliga, 10. Platz (46:57 Tore, 34:34 Punkte)
1991/92: 1. Bundesliga, 2. Platz (66:47 Tore, 52:24 Punkte)
1992/93: 1. Bundesliga, 4. Platz (61:43 Tore, 41:27 Punkte)
1993/94: 1. Bundesliga, 4. Platz (49:45 Tore, 39:29 Punkte)
1994/95: 1. Bundesliga, 1. Platz (67:33 Tore, 49:19 Punkte)
1995/96: 1. Bundesliga, 1. Platz (76:38 Tore, 68 Punkte)
1996/97: 1. Bundesliga, 3. Platz (63:41 Tore, 63 Punkte)
1997/98: 1. Bundesliga, 10. Platz (57:55 Tore, 43 Punkte)

BRINKHOFF'S №1
№1
BRINKHOFF'S
№1
DORTMUNDER UNION
Ganz weit vorn.

DFB-Pokal

(bis 1944 „Tschammer-Pokal")

Saison 1932/33
Ruhrbezirkspokal
BVB - Westfalia Herne 0:2

Saison 1935/36
Vorrunden
SV Heeren - BVB 2:4
Westfalia Bochum - BVB 4:2

Saison 1936/37
1.Vorrunde
Paderborn 08 - BVB 0:2
2.Vorrunde
BVB - SpVg. Herten 1:0
3.Vorrunde
BVB - VfL Geseke 3:2 n.V.
1. Hauptrunde
BVB - Hamburger SV 3:1
2. Hauptrunde
Werder Bremen - BVB 3:4
3. Hauptrunde
BVB - Duisburg 08 1:1 n.V.
Duisburg 08 - BVB 1:3
Viertelfinale
SV Waldhof Mannheim - BVB 4:3

Saison 1937/38
1.Vorrunde
BVB - BV Altenessen 4:0
2.Vorrunde
SF Siegen - BVB 2:4
3.Vorrunde
BVB - RW Oberhausen 2:0
1. Hauptrunde
Phönix Lübeck - BVB 2:1

Saison 1938/39
1.Vorrunde
BVB - VfL Altenbögge 4:0
2.Vorrunde
SW Essen - BVB 1:2 n.V.
3.Vorrunde
BVB - Alemannia Aachen 4:2
1. Hauptrunde
TV Eimsbüttel - BVB 2:3
2. Hauptrunde
BVB - VfL Köln 99 1:6

Saison 1939/40
1.Vorrunde
Gelsenguß Gelsenkirchen - BVB 2:0

Saison 1940/41
1.Vorrunde
Sportring Gevelsberg - BVB 2:7
2.Vorrunde
SF Paderborn - BVB 3:2

Saison 1941/42
1.Vorrunde
BVB - Arminia Marten 4:1
2.Vorrunde
BVB - Phönix Lindenhorst 3:1
3.Vorrunde
LSV Gütersloh - BVB 4:1

Saison 1942/43
1.Vorrunde
Lüdenscheid 08 - BVB 5:4

Saison 1943/44
1.Vorrunde
HSC/VfL Hörde - BVB 1:4
2.Vorrunde
BVB - Bövinghausen 04 2:0
3.Vorrunde
SpVg. Röhlinghausen - BVB 1:0

Saison 1952/53
1.Vorrunde WFV-Pokal
SF Siegen - BVB 1:1 n.V.
BVB - SF Siegen 10:1
2.Vorrunde
SF Neheim - BVB 0:7
3.Vorrunde
Arminia Bielefeld - BVB 0:3
4.Vorrunde
BVB - Rot-Weiß Oberhausen 6:0
1. Hauptrunde
Concordia Hamburg - BVB 4:3

Saison 1953/54
1.Vorrunde WFV-Pokal
Rhenania Würselen - BVB 0:3
Halbfinale
1. FC Köln - BVB 2:1

Saison 1954/55
1.Vorrunde WFV-Pokal
Menden 09 - BVB 1:1
BVB- Menden 09 2:0
2.Vorrunde
Hamborn 07 - BVB 3:1

Saison 1955/56
1.Vorrunde WFV-Pokal
STV Horst-Emscher - BVB 0:1
2.Vorrunde
BVB - SC Dortmund 95 4:2
3.Vorrunde
BVB - Bergisch-Gladbach 9:2
4.Vorrunde
BVB - Rot-Weiß Essen 0:1

Saison 1956/57
1.Vorrunde WFV-Pokal
Westfalia Herne - BVB 4:2

Saison 1957/58
1.Vorrunde WFV-Pokal
Langendreer 04 - BVB 4:1

Saison 1958/59
1.Vorrunde WFV-Pokal
SpVg. Olpe - BVB 1:6
2.Vorrunde
Bergisch-Gladbach - BVB 3:2

Saison 1959/60
1.Vorrunde WFV-Pokal
VfL Schwerte - BVB 1:10
2.Vorrunde
VfB Bottrop - BVB 2:5
3.Vorrunde
BVB - Hamborn 07 3:2
Halbfinale WFV-Pokal
BVB - Borussia Mönchengladbach 3:4

Saison 1960/61
1.Vorrunde WFV-Pokal
SF Neheim - BVB 2:1

Saison 1961/62
1.Vorrunde WFV-Pokal
VfB Bielefeld - BVB 1:3
2.Vorrunde
BVB - SpVg. Marl 3:2
3.Vorrunde
Fortuna Düsseldorf - BVB 2:1

Saison 1962/63
1.Vorrunde WFV-Pokal
Teutonia Lippstadt - BVB 1:5
2.Vorrunde
Eintr. Gelsenkirchen - BVB 2:2 n.V.
BVB - Eintracht Gelsenkirchen 3:0
3.Vorrunde
BVB - Fortuna Düsseldorf 4:3
4.Vorrunde
Rot-Weiß Oberhausen - BVB 1:2
1. Hauptrunde
BVB - Sportfreunde Saarbrücken 4:2
Viertelfinale
BVB - 1860 München 3:1
Halbfinale
BVB - Werder Bremen 2:0
Endspiel
BVB - Hamburger SV 0:3

Saison 1963/64
1. Hauptrunde
BVB - 1860 München 0:2

Saison 1964/65
1. HR: Preußen Münster - BVB 0:1
2. HR: Tennis Borussia Berlin - BVB 1:2
Viertelfinale
Eintracht Braunschweig - BVB 0:2
Halbfinale
BVB - 1. FC Nürnberg 4:2
Endspiel
BVB - Alemannia Aachen 2:0

Saison 1965/66
Qualifikation
Bayern München - BVB 2:0

Saison 1966/67
1. HR: BVB-1.FC Köln 2:2 n.V.
1. FC Köln - BVB 1:0

Saison 1967/68
1. HR: VfB Oldenburg - BVB 2:3
2. HR: SSV Reutlingen - BVB 1:3
Viertelfinale
BVB - Hertha BSC Berlin 2:1
Halbfinale
1. FC Köln - BVB 3:0

Saison 1968/69
1. HR: Eintracht Frankfurt - BVB 6:2

Saison 1969/70
1. HR: Schwarz-Weiß Essen - BVB 1:2
2. HR: Kickers Offenbach - BVB 2:1 n.V.

Saison 1970/71
1. HR: TSV Westerland - BVB 0:4
2. HR: Hamburger SV - BVB 3:1 n.V.

Saison 1971/72
1. HR: BVB - Kickers Offenbach 1:1
Kickers Offenbach - BVB 3:0

Saison 1972/73
BVB nicht für die Hauptrunde qualifiziert

Saison 1973/74
1. HR: BVB - Hannover 96 1:4

Saison 1974/75
1. HR: BVB - VfR Heilbronn 3:0
2. HR: SpVg. Fürth - BVB 1:1
BVB - SpVg. Fürth 1:0
3. HR: BVB - Sportfreunde Siegen 2:1
Achtelfinale
Viktoria Köln - BVB 0:0
BVB - Viktoria Köln 3:0
Viertelfinale
VfB Stuttgart (A) - BVB 0:4
Halbfinale
MSV Duisburg - BVB 2:1 n.V.

Saison 1975/76
1. HR: SpVg. Ludwigsburg - BVB 0:6
2. HR: Schalke 04 - BVB 2:1

Saison 1976/77
1. HR: BVB - Concordia Haaren 10:0
2. HR: Alemannia Aachen - BVB 0:0
BVB - Alemannia Aachen 2:0
3. HR: VfL Osnabrück - BVB 3:1 n.V.

Saison 1977/78
1. HR: TSV Ottobrunn - BVB 0:9
2. HR: Fortuna Düsseldorf - BVB 3:1

Saison 1978/79
1. HR: BVB - BSV Schwennigen 14:1
2. HR: Borussia Neunkirchen - BVB 0:0
BVB - Borussia Neunkirchen 2:0
3. HR: BVB - Kickers Offenbach 6:1
Achtelfinale
BVB - Eintracht Frankfurt 1:3

Saison 1979/80
1. HR: BVB - Bremer SV 7:0
2. HR: FSV Frankfurt - BVB 1:3 n.V.
3. HR: BVB - Arminia Bielefeld 3:1 n.V.
Achtelfinale
BVB - Bayer Uerdingen 2:1
Viertelfinale
BVB - VfB Stuttgart 3:1
Halbfinale
Fortuna Düsseldorf - BVB 3:1

Saison 1980/81
1. HR: VfB Stuttgart (A) - BVB 2:5 n.V.
2. HR: BVB - 1860 München 3:1
3. HR: Fortuna Düsseldorf - BVB 3:0

Saison 1981/82
1. HR: FC Grone - BVB 0:4
2. HR: SpVg. Elversberg - BVB 1:4
3. HR: Bayern München - BVB 4:0

Saison 1982/83
1. HR: Rot-Weiß Essen - BVB 1:3
2. HR: Rot-Weiß Oberhausen - BVB 0:1
Achtelfinale
BVB - Darmstadt 98 4:2
Viertelfinale
BVB - VfL Bochum 3:1 n.V.
Halbfinale
Fortuna Köln - BVB 5:0

Saison 1983/84
1. HR: Hamburger SV - BVB 4:1

Saison 1984/85
1. HR: ASC Dudweiler - BVB 1:5
2. HR: BVB - Schalke 04 1:1 n.V.
Schalke 04 - BVB 3:2

Saison 1985/86
1. HR: SC Neunkirchen - BVB 2:9
2. HR: TuS Paderborn-Neuhaus - BVB 2:4
Achtelfinale
FC Homburg - BVB 1:3 n.V.
Viertelfinale
SV Sandhausen - BVB 1:3
Halbfinale
VfB Stuttgart - BVB 4:1

Saison 1986/87
1. HR: Rot-Weiß Oberhausen - BVB 1:3
2. HR: Borussia Mönchengladbach - BVB 6:1

Saison 1987/88
1. HR: FV Offenburg - BVB 3:3 n.V.
BVB - FV Offenburg 5:0
2. HR: FSV Salmrohr - BVB 0:1
Achtelfinale
Bayer Uerdingen - BVB 3:3 n.V.
BVB - Bayer Uerdingen 1:2

Saison 1988/89
1. HR: BVB - Eintracht Braunschweig 6:0
2. HR: BVB - FC Homburg 2:1
Achtelfinale
Schalke 04 - BVB 2:3

Viertelfinale
BVB - Karlsruher SC 1:0
Halbfinale
BVB - VfB Stuttgart 2:0
Finale
BVB - Werder Bremen 4:1

Saison 1989/90

1. HR: BVB - Fortuna Köln 3:0
2. HR: BVB - Eintracht Braunschweig 2:3

Saison 1990/91

1. HR: SpVg. Fürth - BVB 3:1

Saison 1991/92

1. HR: Arminia Bielefeld - BVB 0:2
2. HR: BVB - Hannover 96 2:3

Saison 1992/93

1. HR: Hallescher FC - BVB 1:4
2. HR: BVB - Bayern München 2:2
   (7:6 nach Elfmeterschießen)

Achtelfinale
SSV Ulm 46 - BVB 1:3
Viertelfinale
Werder Bremen - BVB 2:0

Saison 1993/94

1. HR: SpVgg. Erkenschwick - BVB 0:2
2. HR: BVB - Carl Zeiss Jena 0:1

Saison 1994/95

1. HR: Altona 93 - BVB 0:2
2. HR: 1. FC Kaiserslautern - BVB 6:3 n.V.

Saison 1995/96

1. HR: TSG Pfeddersheim - BVB 1:1
   (3:4 nach Elfmeterschießen)

2. Hauptrunde
BVB - KFC Uerdingen 3:0
Viertelfinale
BVB - Karlsruher SC 1:3

Saison 1996/97

1. HR: SG Wattenscheid 09 - BVB 4:3 n.V.

Saison 1997/98

1. HR: SV Warnemünde - BVB 0:8
2. HR: SpVgg. Greuther Fürth - BVB 2:4

Achtelfinale
Eintracht Trier - BVB 2:1

Saison 1998/99

1. HR: 1.FC Saarbrücken - BVB 1:1 n.V.
   (3:4 nach Elfmeterschießen)

2.HR: BVB - Schalke 04 1:0 n.V.

ESSEN-TRINKEN-FEIERN IM
WESTFALENSTADION

Wir erfüllen all Ihre Verpflegungswünsche - ganz nach Ihrem Geschmack. Das Spektrum unserer Dienstleistungen ist vielfältig: Betriebliche Gemeinschaftsverpflegung, Zwischenverpflegung über Automaten und Kioske, Konferenzservice, Messestand-Catering, Großveranstaltungen, Refreshment-Services, Sport- und Freizeitgastronomie

ARAMARK wünscht der Mannschaft und allen Fans eine tolle Saison!

ARAMARK GmbH · Hauptverwaltung
Martin-Behaim-Str. 6 · 63263 Neu Isenburg
Tel.: 06102/ 745-219 · Fax: 06102/745-141
Internet: http://www.aramark.de

ARAMARK
Die Catering Company

Der BVB in Europa

Landesmeister 1956/57

1. Runde:
BVB - Spora Luxemburg 4:3
Bracht, Niepieklo, Preißler (2)
Spora Luxemburg - BVB 2:1
Preißler
BVB - Spora Luxemburg 7:0
Preißler (2), Kelbassa (3), Simmer, Peters
2. Runde:
Manchester United - BVB 3:2
Kapitulski, Preißler
BVB - Manchester United 0:0

Landesmeister 1957/58

1. Runde:
BVB - Armeeklub Bukarest 4:2
Peters (3), Niepieklo
Armeeklub Bukarest - BVB 3:1
Niepieklo
BVB - Armeeklub Bukarest 3:1
Dulz, Kelbassa, Preißler
2. Runde:
BVB - AC Mailand 1:1
Bergamaschi (Eigentor)
AC Mailand - BVB 4:1
Preißler

Landesmeister 1963/64

1. Runde:
Lyn Oslo - BVB 2:4
Emmerich, Schmidt, Wosab (2)
BVB - Lyn Oslo 3:1
Konietzka (2), Cyliax
2. Runde:
Benfica Lissabon - BVB 2:1
Wosab
BVB - Benficia Lissabon 5:0
Brungs (3), Konietzka, Wosab
3. Runde:
Dukla Prag - BVB 0:4
Brungs, Konietzka, Wosab (2)
BVB - Dukla Prag 1:3
Rylewicz
4. Runde:
BVB - Inter Mailand 2:2, Brungs (2)
Inter Mailand - BVB 2:0

Messepokal 1964/65

1. Runde:
BVB - Girondins Bordeaux 4:1
Straschitz, Konietzka, Brungs (2)
Girondins Bordeaux - BVB 2:0
2. Runde:
BVB - Manchester United 1:6
Kurrat
Manchester United - BVB 4:0

Pokalsieger 1965/66

1. Runde:
Floriana La Valetta - BVB 1:5
Emmerich, Held, Weber, Wosab (2)
BVB - Floriana La Valetta 8:0
Emmerich (6), Schmidt (2)
2. Runde:
BVB - CSKA Sofia 3:0
Sturm, Held, Libuda
CSKA Sofia - BVB 4:2
Held, Emmerich
3. Runde:
Atletico Madrid - BVB 1:1
Emmerich
BVB - Atletico Madrid 1:0
Emmerich
4. Runde:
West Ham United - BVB 1:2
Emmerich (2)
BVB - West Ham United 3:1
Emmerich (2), Cyliax
Finale:
BVB - FC Liverpool 2:1 n.V.
Held, Libuda

Pokalsieger 1966/67

1. Runde:
Glasgow Rangers - BVB 2:1
Trimhold
BVB - Glasgow Rangers 0:0

UEFA-Pokal 1982/83

BVB - Glasgow Rangers 0:0
Glasgow Rangers - BVB 2:0

UEFA-Pokal 1987/88

1. Runde:
Glasgow Celtic - BVB 2:1
Mill
BVB - Glasgow Celtic 2:0
Dickel (2)
2. Runde:
BVB - Velez Mostar 2:0
Hupe, Dickel
Velez Mostar - BVB 2:1
Mill
3. Runde:
BVB - FC Brügge 3:0
Mill (2), Anderbrügge
FC Brügge - BVB 5:0 n.V.

Pokalsieger 1989/90

1. Runde:
Besiktas Istanbul - BVB 0:1
Mill
BVB - Besiktas Istanbul 2:1
Driller, Wegmann
2. Runde:
BVB - Sampdoria Genua 1:1
Wegmann
Sampdoria Genua - BVB 2:0

UEFA-Pokal 1990/91

1. Runde:
BVB - Chemnitzer FC 2:0
Helmer, Mill
Chemnitzer FC - BVB 0:2
Helmer, Rummenigge
2. Runde:
Universitatae Craiova - BVB 0:3
Zorc, Mill (2)
BVB - Universitatae Craiova 1:0
Zorc
3. Runde:
RSC Anderlecht - BVB 1:0
BVB - RSC Anderlecht 2:1
Gorlukowitsch, Schulz

UEFA-Pokal 1992/93

1. Runde:
FC Floriana La Valetta - BVB 0:1
Rummenigge
BVB - FC Floriana La Valetta 7:2
Zorc, Franck, Rummenigge, Mill (3), Delia (Eigentor)
2. Runde:
BVB - Glasgow Celtic 1:0
Chapuisat
Glasgow Celtic - BVB 1:2
Chapuisat, Zorc
3. Runde:
BVB - Real Saragossa 3:1
Chapuisat, Zorc, Povlsen
Real Saragossa - BVB 2:1
Chapuisat
4. Runde:
AS Rom - BVB 1:0
BVB - AS Rom 2:0
Schulz, Sippel
5. Runde:
BVB - AJ Auxerre 2:0
Karl, Zorc
AJ Auxerre - BVB 2:0 n.V. (Elfmeterschießen 6:5 für BVB. Elfmeterschützen: Karl, Chapuisat, Reinhardt, Schulz, Zorc, Rummenigge)
Finale:
BVB - Juventus Turin 1:3
Rummenigge
Juventus Turin - BVB 3:0

UEFA-Pokal 1993/94

1. Runde:
BVB - Spartak Wladikawkas 0:0
Spartak Wladikawkas - BVB 0:1
Chapuisat
2. Runde:
Branik Maribor - BVB 0:0
BVB - Branik Maribor 2:1
Chapuisat (2)
3. Runde:
Bröndby IF Kopenhagen - BVB 1:1
Chapuisat
BVB - Bröndby IF Kopenhagen 1:0
Zorc
4. Runde:
BVB - Inter Mailand 1:3
Schulz
Inter Mailand - BVB 1:2
Zorc, Ricken

UEFA-Pokal 1994/95
1. Runde:
BVB - FC Motherwell 1:0
Möller
FC Motherwell - BVB 0:2
Riedle (2)
2. Runde:
Slovan Bratislava - BVB 2:1
Tomaschek (Eigentor)
BVB - Slovan Bratislava 3:0
Möller, Riedle (2)
Achtelfinale:
Deportiva La Coruna - BVB 1:0
BVB - Deportiva La Coruna 3:1 n.V.
Zorc, Riedle, Ricken
Viertelfinale:
Lazio Rom - BVB 1:0
BVB - Lazio Rom 2:0
Chapuisat, Riedle
Halbfinale:
Juventus Turin - BVB 2:2
Reuter, Möller
BVB - Juventus Turin 1:2
Cesar

Champions League 1995/96 (ehemals Europapokal der Landesmeister)
Gruppenspiele:
BVB - Juventus Turin 1:3
Möller
Glasgow Rangers - BVB 2:2
Herrlich, Kree
BVB - Steaua Bukarest 1:0
Ricken
Steaua Bukarest - BVB 0:0
Juventus Turin - BVB 1:2
Zorc, Ricken
BVB - Glasgow Rangers 2:2
Möller, Riedle
Der BVB wird mit 8:8 Toren und
9 Punkten Gruppenzweiter
Viertelfinale:
BVB - Ajax Amsterdam 0:2
Ajax Amsterdam - BVB 1:0

Champions League 1996/97
Gruppenspiele:
BVB - Widzew Lodz 2:1
Herrlich (2)
Steaua Bukarest - BVB 0:3
Ricken, Heinrich, Chapuisat
Atletico Madrid - BVB 0:1
Reuter
BVB - Atletico Madrid 1:2
Herrlich
Widzew Lodz - BVB 2:2
Lambert, Kohler
BVB - Steaua Bukarest 5:3
Chapuisat (2), Tretschok, Riedle, Zorc
Der BVB wird mit 14:8 Toren und
13 Punkten Gruppenzweiter
Viertelfinale:
BVB - AJ Auxerre 3:1
Riedle, Schneider, Möller
AJ Auxerre - BVB 0:1
Ricken
Halbfinale:
BVB - Manchester United 1:0
Tretschok
Manchester United - BVB 0:1
Ricken
Finale (München):
BVB - Juventus Turin 3:1
Riedle (2), Ricken
Finale **Weltpokal** (Tokio):
BVB - Cruzeiro Belo Horizonte 2:0
Zorc, Herrlich

Champions League 1997/98
Gruppenspiele:
Galatasaray Istanbul - BVB 0:1
Chapuisat
BVB - Sparta Prag 4:1
Herrlich, Chapuisat (2), Heinrich
AC Parma - BVB 1:0
BVB - AC Parma 2:0
Möller (2)
BVB - Galatasaray Istanbul 4:1
But, Herrlich, Zorc (2)
Sparta Prag - BVB 0:3
Möller, Kirovski, Booth
Der BVB wird mit 14:3 Toren und
15 Punkten Gruppenerster
Viertelfinale:
Bayern München - BVB 0:0
BVB - Bayern München 1:0 n.V.
Chapuisat
Halbfinale:
Real Madrid - BVB 2:0
BVB - Real Madrid 0:0

Die Partnerschaft

Die Continentale
mehr als eine Versicherung

DIE CONTINENTALE – PARTNER DES BVB SEIT 1986

BVB 09

ALLES
für
das
FUSSBALL
LEBEN

AGON
Sportverlag

Frankfurter Straße 92a
34121 Kassel
Tel: 0561/927 98 27
Fax: 0561/28 34 39

Größte Sportbuchhandlung auf dem Kontinent!
Über 1.500 Sportbücher und Videos aus dem In- und Ausland im Angebot.

Fordern Sie unseren kostenlosen Katalog an!

Zu den Autoren

Dietrich Schulze-Marmeling, geboren 1956 in Kamen/Westfalen, lebt und arbeitet als Autor und Lektor in Altenberge bei Münster. BVB-Fan seit über 30 Jahren. Zahlreiche Buch- und Zeitschriftenveröffentlichungen über Friedenspolitik und über Fußball. Unter anderem erschienen im Verlag Die Werkstatt die historische Skizze „Der gezähmte Fußball" (1992) sowie Bücher über den FC Bayern und Preußen Münster.

Werner Steffen, Jahrgang 1954, BVB-Fan seit 1964, arbeitet als Sozialpädagoge und freier Autor in Dortmund.

Fotonachweis

BVB-Archiv Gerd Kolbe: S. 18, 26, 29, 33, 35, 36, 39, 40, 42, 43, 45, 49, 51, 53, 56, 57, 58/59, 63, 67, 69, 71, 75 unten, 87, 91, 95, 106/107, 119, 121, 130, 137, 157, 161, 163, 359, 360, 367.

Horst Müller: S. 7, 10, 13, 16, 127, 138, 139, 143, 149, 151, 173, 175, 177, 179, 180, 181, 183, 195, 196, 205, 207, 211, 219, 220, 223, 228, 229, 239, 240, 241, 248, 255, 257, 261, 262, 263, 264/265, 271, 275, 278, 279, 283, 289, 291, 294, 296/297, 301, 307, 310, 312, 319, 321, 324, 326, 330, 331, 333, 334, 337, 341, 345, 347, 355, 359, 372, 377 sowie Umschlagfotos.

Archiv Herbert Sandmann: S. 75 oben, 99, 102, 113, 126, 140.

Archiv Heinz Hilse: S. 85, 135.

Bodo Goeke: S. 165.

Foto Dax: S. 226, 232, 243.

FUSSBALLBÜCHER IM VERLAG DIE WERKSTATT
FÜR FANS, DIE MEHR WISSEN WOLLEN

Geheimnis Fußball. Auf den Spuren eines Phänomens. Christoph Bausenweins furioser Gang durch die Geschichte des Spiels der Spiele. »Das beste aller Fußballbücher.« (Bayer. Rundfunk)

576 Seiten, Leineneinband mit Schutzumschlag, ca. 100 Abbildungen ISBN 3-89533-139-2, DM 68,– / sFr 61,– / öS 503,–

Schwarze Sterne und Pharaonen.
Vom Aufstieg des afrikanischen Fußballs. „Sachkundig und mit Begeisterung geschrieben." (Tagesspiegel)
240 Seiten, Paperback, zahlreiche Abbildungen
ISBN 3-89533-218-6, DM 28,– / sFr 26,– / öS 204,–

Schalke 04: Der Mythos lebt
»Eine lückenlose Chronologie, kenntnisreich geschildert und glaubwürdig analysiert.« (Hattrick)
368 Seiten, Fotos, Spielerporträts, statistischer Anhang.
ISBN 3-89533-164-3, DM 39,80 / sFr 37,– / öS 291,–

1. FC Kaiserslautern: Die Roten Teufel sind wieder da
Die Erfolgsgeschichte des Traditionsvereins und die drei wilden Jahre 1996-98 mit Pokalsieg, Abstieg, Meisterschaft.
384 Seiten, Fotos, Spieler-ABC, statistischer Anhang.
ISBN 3-89533-221-6, DM 39,80 / sFr 37,– / öS 291,–

FC St. Pauli: You'll never walk alone.
René Martens »gelungener Versuch« (taz), am Mythos des Kultklubs zu kratzen und dabei die Fan-Perspektive zu wahren.
352 Seiten, Fotos, Spielerporträts, statistischer Anhang.
ISBN 3-89533-204-6, DM 39,80 / sFr 37,– / öS 291,–

Bitte auch Gesamtprospekt anfordern.

VERLAG DIE WERKSTATT
LOTZESTR. 24a · 37083 GÖTTINGEN